COMPUTER APPLICATIONS & COMMUNICATION

# 컴퓨터 활용과 의사소통

김우완 · 장상동 지음

도서출판 한산

# 머리말

정보화 시대의 현대사회에서는 매일 엄청난 양의 정보가 생성되고 소멸된다. 이렇게 생성된 수 많은 정보 중 필요한 정보를 수집, 분석, 활용하는 정보 능력과 정보의 전달, 관계형성, 유지를 위한 의사소통 능력은 현대인의 필수 능력들이다. 정보 능력은 조직과 팀의 효율성을 제고하여 생산성을 높이거나 사기를 진작시키며, 의사소통 능력은 상호간에 정보를 전달하여 구성원 모두 정보를 공유하고 이해시키는 중요한 기능을 한다. 따라서 이 시대를 사는 모든 사람들에게 컴퓨터에 대한 기본적인 이해와 활용능력은 필수적인 지식이다. 이를 위한 도구로 스프레트시트 소프트웨어와 프레젠테이션 소프트웨어를 활용한 컴퓨터 능력은 정보 능력과 의사소통능력의 근간이 된다. 특히 다량의 정보를 처리하는 스프레드시트를 대표하는 엑셀, 프레젠테이션 도구의 대표인 파워포인트, 그리고 클라우드 기반의 프레젠테이션 서비스인 프레지는 컴퓨터 활용 능력의 가장 중요한 부분을 차지하고 있다.

이와 같은 시의성(時宜性)을 충족시키기 위해서 저자는 엑셀과 파워포인트, 프레지를 중심으로 책을 편찬하였다. 이 책은 현장에서 실질적으로 요구되는 '엑셀'과 '파워포인트' 활용 능력에 중점을 두고 기초부터 응용까지 자세히 다루었으며, 최근 새로운 프레젠테이션 기술로 부상하고 있는 '프레지'를 포함시켰다. 책에 소개된 내용들을 빠짐없이 습득한다면, 개인의 일상생활은 물론 직업 현장의 요구에 맞는 정보 능력과 의사소통 능력의 초석을 다지게 될 것이다.

제1부는 엑셀의 기초와 엑셀을 실질적으로 업무에 활용할 수 있는 정보 능력 배양을 중심으로 다루었다. 제2부는 파워포인트 및 프레지를 이용하여 각종 자료를 작성하고 발표하는데 필요한 의사소통 능력 향상에 초점을 맞추어 저술함으로써 업무에 직접 적용할 수 있도록 구성하였다.

끝으로 집필에 참여해주신 경남대학교 컴퓨터공학과 교수님들께 깊은 감사의 말씀을 드리며, 특히 집필에 많은 도움을 주신 정미숙, 현미진, 이수진 선생께 고마움을 표한다.

저자

# 차례

## PART 01 정보능력과 엑셀


**Chapter 01** 정보능력과 엑셀 ········ 3

01 엑셀이란 무엇인가? ········ 4

1.1 엑셀의 주요 기능 ········ 4

02 엑셀 2013 인터페이스와 사용 환경 설정 ········ 5

2.1 엑셀 실행 첫 화면 구성 ········ 5

2.2 엑셀의 기본 화면 구성 ········ 6

2.3 엑셀 사용 환경 설정하기 ········ 15

03 엑셀의 시작과 종료 ········ 19

3.1 엑셀의 실행 ········ 19

3.2 엑셀의 종료 ········ 20

04 통합문서 관리 ········ 20

4.1 새 통합문서의 추가 ········ 20

4.2 통합문서의 저장 ········ 21

4.3 통합문서 열기 ········ 23

▣ 연습문제 ········ 24

**Chapter 02** 홈 탭을 이용한 엑셀의 기초 ········ 27

01 워크시트 및 통합자료 관리 ········ 27

1.1 워크시트 삽입 ········ 28

1.2 워크시트 삭제 ········ 29

1.3 워크시트 이름 바꾸기 ········ 30

1.4 워크시트 복사 ········ 31

1.5 워크시트 이동 ········ 32

02 자료의 입력 ········ 33

2.1 숫자 입력하기 ········ 33

2.2 문자 입력하기 ········ 34

2.3 날짜/시간 데이터 입력 ········ 35

2.4 한자 입력하기 ········ 36

03 셀 서식 ········ 37

3.1 글꼴 서식 ········ 38

3.2 테두리 서식 ········ 39

3.3 맞춤서식 ········ 47

3.4 표시형식 ········ 51

04 자료 편집 ···· 54
4.1 자료의 삭제 ···· 54
4.2 자료 수정하기 ···· 54
05 자료의 복사와 이동 ···· 55
5.1 자료의 복사 ···· 55
5.2 자료의 이동 ···· 57
06 채우기 핸들 ···· 58
6.1 데이터 자동 채우기 ···· 58
6.2 사용자 정의 목록에 새로운 항목 추가하기 ···· 62
07 셀 스타일과 표 서식 ···· 64
7.1 셀 스타일 ···· 64
7.2 표 만들기와 표 서식 ···· 65
08 자료 정렬 ···· 68
09 셀과 행/열 다루기 ···· 73
9.1 셀 선택하기 ···· 73
9.2 셀 크기조절 ···· 75
9.3 열 삽입 및 열 삭제 ···· 78
10 조건부 서식 ···· 84
10.1 조건부 서식 적용하기 ···· 84
▣ 연습문제 ···· 90

Chapter 03 수식 ···· 97

01 수식 입력 ···· 97
1.1 수식의 구조 ···· 97
1.2 수식 입력방법 ···· 98
02 연산자 ···· 99
2.1 연산자 종류 ···· 99
03 수식의 셀 참조 ···· 101
3.1 상대 참조 ···· 101
3.2 절대 참조 ···· 102
3.3 혼합 참조 ···· 103
3.4 시트 간 참조 ···· 104
3.5 이름 정의 ···· 105
04 수식을 사용한 조건부 서식과 규칙관리 ···· 108
4.1 수식을 사용한 셀 강조 규칙 ···· 108
4.2 조건부 서식 규칙 관리자 ···· 110
4.3 조건부 서식 삭제하기 ···· 111
▣ 연습문제 ···· 112

Chapter 04 다양한 함수의 활용 ······ 113

01 함수의 시작 ······ 113

1.1 함수의 형식 ······ 113

1.2 함수 마법사 ······ 114

02 많이 쓰이는 함수 ······ 118

2.1 [홈] 탭의 자동합계 함수 ······ 118

2.2 통계함수 ······ 120

2.3 수학함수 ······ 128

2.4 문자열함수 ······ 134

2.5 날짜 및 시간함수 ······ 138

2.6 논리함수 ······ 144

2.7 찾기/참조함수 ······ 149

2.8 데이터베이스 함수 ······ 155

03 수식분석 ······ 161

3.1 참조되는 셀 추적 ······ 161

3.2 참조하는 셀 추적 ······ 162

3.3 연결선 제거 ······ 163

3.4 수식표시 ······ 164

▣ 연습문제 ······ 165

Chapter 05 그래픽 ······ 168

01 차트 ······ 168

1.1 표준 종류 차트 ······ 168

1.2 차트의 구성요소 ······ 170

1.3 차트 만들기 ······ 172

1.4 차트 도구 리본 탭 ······ 174

1.5 용도별로 차트 만들기 ······ 180

02 스파크 라인 ······ 186

2.1 스파크 라인 만들기 ······ 186

2.2 [스파크 라인]-[디자인] 탭 ······ 188

03 피벗 테이블 ······ 189

3.1 피벗 테이블 만들기 ······ 190

3.2 피벗 테이블 도구 ······ 192

3.3 피벗 테이블 편집하기 ······ 194

3.4 피벗 테이블 삭제하기 ······ 199

04 피벗 차트 ········· 199
4.1 피벗 차트 만들기 ········· 200
4.2 피벗 차트에서 필터링 ········· 202
■ 연습문제 ········· 203

Chapter 06 데이터 처리 및 관리 ········· 206

01 데이터베이스에 대한 이해 ········· 206
1.1 데이터베이스의 구성 ········· 207
1.2 데이터베이스를 만족하기 위한 조건 ········· 207
02 자료 필터링 ········· 208
2.1 자동 필터 ········· 208
2.2 고급 필터 ········· 215
03 부분합 ········· 218
04 가상분석 ········· 223
4.1 시나리오 ········· 223
4.2 목표값 찾기 ········· 227
4.3 데이터 표 ········· 230
05 데이터 통합 ········· 233

Chapter 07 화면보기와 인쇄 ········· 236

01 화면 보기 ········· 236
1.1 페이지 레이아웃 보기 ········· 237
1.2 다양한 화면 보기 상태 ········· 238
1.3 대량 데이터가 입력된 상태의 화면 보기 ········· 238
02 인쇄하기 ········· 241
2.1 페이지 레이아웃 설정 ········· 241
2.2 인쇄 백스테이지와 인쇄설정 ········· 247
■ 연습문제 ········· 249

PART 02

# 의사소통과 프레젠테이션


**Chapter 01** 의사소통과 프레젠테이션 ······ 253

01 의사소통과 프레젠테이션 ······ 253

02 프레젠테이션이란? ······ 255

2.1 프레젠테이션의 정의 ······ 255

2.2 프레젠테이션 도구 ······ 255

2.3 프레젠테이션의 세가지 핵심 ······ 256

2.4 이상적인 프레젠테이션 구조 ······ 256

2.5 프레젠테이션 실행 단계 ······ 257

03 프레젠테이션 제작 과정과 기법 ······ 258

3.1 프레젠테이션 기획 ······ 258

3.2 프레젠테이션 제작 ······ 261

3.3 전달 ······ 262

▣ 연습문제 ······ 267

**Chapter 02** 파워포인트의 기초 ······ 270

01 파워포인트란 ······ 270

1.1 파워포인트의 기능 ······ 271

02 사용자 인터페이스와 환경 설정 ······ 272

03 파워포인트의 시작과 종료 ······ 280

3.1 파워포인트의 실행 ······ 280

3.2 파워포인트의 종료 ······ 281

04 파워포인트의 문서 관리 ······ 282

4.1 프레젠테이션 만들기 ······ 282

4.2 프레젠테이션 문서 저장 ······ 287

05 슬라이드 ······ 289

5.1 첫 번째 슬라이드 ······ 289

5.2 슬라이드 삽입 ······ 290

5.3 슬라이드 레이아웃 변경 ······ 298

5.4 기타 슬라이드 조작하기 ······ 299

Chapter 03 다양한 개체 편집 ········ 303

01 텍스트 삽입 ········ 304

1.1 기본 레이아웃의 개체 틀에 제목 또는 본문 텍스트 삽입하기 ··· 304

02 도형 ········ 305

2.1 도형 삽입 ········ 305

2.2 도형 선택 ········ 307

2.3 도형 크기 및 모양 조절하기 ········ 307

2.4 도형 서식 ········ 308

2.5 도형 꾸미기 ········ 309

2.6 도형 편집 ········ 313

03 텍스트 상자 ········ 321

3.1 텍스트 상자 및 텍스트 삽입 ········ 321

3.2 텍스트 방향 조정 ········ 321

3.3 텍스트 맞춤 ········ 322

04 텍스트 서식 ········ 324

4.1 글꼴 바꾸기 ········ 324

4.2 서식 복사 ········ 325

4.3 단락 바꾸기/줄 바꾸기 ········ 325

4.4 목록 수준 늘림과 줄임 ········ 326

4.5 글머리 기호 및 번호 매기기 ········ 327

4.6 줄 간격 조절하기 ········ 329

4.7 단 나누기 ········ 331

4.8 목록 순서 변경 ········ 332

05 그림 ········ 333

5.1 그림 삽입 ········ 333

5.2 그림 편집 ········ 334

06 사진 앨범 ········ 337

6.1 사진앨범 만들기 ········ 337

07 표 만들기 ········ 339

7.1 표 삽입하기 ········ 339

7.2 표에 텍스트 입력 ········ 340

7.3 표 편집 ········ 341

08 차트 만들기 ········ 347

8.1 차트 삽입하기 ········ 347

8.2 차트 편집하기 ········ 350

09 스마트아트 그래픽 개체 353
9.1 SmartArt 그래픽 개체 삽입하기 353
9.2 텍스트 상자를 SmartArt로 변환 354
9.3 SmartArt 그래픽 개체 편집 354

Chapter 04 슬라이드 마스터와 디자인 366

01 슬라이드 마스터의 이해 367
1.1 슬라이드 마스터란? 367
1.2 슬라이드 마스터 도구 모음 368
02 슬라이드 마스터에서 테마활용 369
03 슬라이드 마스터 편집 371
3.1 본문 슬라이드 마스터 편집 371
3.2 개별 레이아웃 마스터 만들기 374
04 슬라이드 크기 375

Chapter 05 프레젠테이션 준비 377

01 화면전환 효과 및 애니메이션 적용하기 377
1.1 슬라이드 화면전환 효과 주기 377
02 애니메이션 효과 주기 379
2.1 애니메이션 만들기 379
03 배포준비 및 슬라이드 쇼 380
3.1 슬라이드 쇼 381
3.2 쇼 재구성 387
3.3 예행연습 389
3.4 인쇄 392
▣ 연습문제 394

Chapter 06 프레지의 기초 395

01 프레지란 395
1.1 프레지의 기능 396
02 프레지 회원 가입 398
2.1 사이트 접속 398
2.2 회원가입 401
03 프레지의 인터페이스 405
3.1 프레지 접속 화면 구성 405
3.2 새 프레지 파일 생성 408

Chapter 07 다양한 개체의 사용 ··· 413

01 캔버스에 다양한 개체의 사용 ··· 413
1.1 텍스트 ··· 414
1.2 이미지 ··· 417
1.3 심볼&모양 ··· 419
1.4 화살표 ··· 421
1.5 프레임 ··· 422
1.6 레이아웃 ··· 425
1.7 유튜브 동영상 ··· 427
1.8 배경 음악 ··· 429
1.9 내 컬렉션 ··· 430
1.10 파워포인트 ··· 432
1.11 테마 ··· 433

02 패스 설정 ··· 434
2.1 패스 설정 ··· 435
2.2 패스 순서 변경 및 제거 ··· 437
2.3 패스 중간 삽입 및 재설정 ··· 439
2.4 패스 삭제 ··· 441
2.5 특정 패스에 음악 설정 ··· 442

Chapter 08 실행과 관리 ··· 444

01 프레지의 실행 ··· 444
1.1 웹에서의 실행 ··· 444
1.2 다운로드를 이용한 실행 ··· 445
1.3 PC용 어플리케이션에서의 실행 ··· 446

02 내 프레지 관리 ··· 448
2.1 폴더관리 ··· 448
2.2 공유 ··· 450
▣ 연습문제 ··· 452

# 정보능력과 엑셀

Chapter 01_ 정보능력과 엑셀

Chapter 02_ 홈 탭을 이용한 엑셀의 기초

Chapter 03_ 수식

Chapter 04_ 다양한 함수의 활용

Chapter 05_ 그래픽

Chapter 06_ 데이터 처리 및 관리

Chapter 07_ 화면보기와 인쇄

PART | 01

Chapter 01

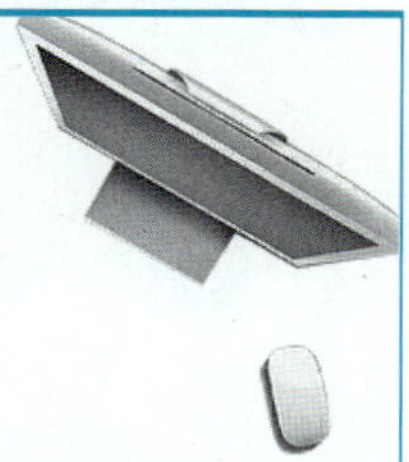

# 정보능력과 엑셀



정보화 시대는 매일 엄청난 양의 정보가 생성되고 소멸될 정도로 변화가 빠르다. 수 많은 정보 중에서 필요한 정보를 수집하고 분석하고 활용할 수 있는 능력의 함양은 현대인의 필수라 하겠다. 특히, 기본적인 컴퓨터를 활용하여 필요한 정보를 수집하거나 분석, 활용하는 능력은 현대인의 직업생활에서 필수요소이다. 이러한 정보능력은 업무 수행에 필요한 정보를 수집, 분석, 조직, 관리, 활용하는데 있어 컴퓨터를 사용하는 컴퓨터활용능력과 업무 수행에 필요한 정보를 수집하고, 분석하여 의미있는 정보를 찾아내며, 찾아낸 정보를 업무 수행에 적절하도록 조직·관리하고 활용하는 능력인 정보처리능력으로 구성된다.

최근 정보능력으로서 컴퓨터활용능력과 정보처리능력의 중요성은 점차 확산되고 있다. 수많은 데이터 중에서 컴퓨터로 처리·가공하여 특정한 의미를 가지는 것들을 추출함으로서 재생산된 정보를 활용하는 능력은 업무를 수행하는데 있어서 더없이 중요한 자본이며 기술이다. 컴퓨터활용 분야는 매우 광범위하게 늘어나고 있다. 수많은 정보를 인간이 직접 관리하고 처리하는데는 한계가 있기 때문에 기업, 행정, 산업, 가정, 교육 등의 거의 전분야에 걸쳐 컴퓨터가 활용되고 있다. 직업인으로서 원할한 업무를 수행하려면 특정 업무에 해당하는 소프트웨어를 선택하여 활용할 수 있어야한다. 소프트웨어 업무처리는 특성에 따라 여러 종류가 있으며, 대표적인 소프트웨어로는 워드프로세서, 스프레드시트, 프레젠테이션, 각종 유틸리티 프로그램이 있다. 다양한 프로그램 중에서 스프레드시트을 학습하여 주어진 데이터로부터 유용한 정보를 추출하고, 추출된 자료를 효율적으로 관리하고 활용함으로써 컴퓨터활용능력과 정보처리능력의 향상 뿐아니라 의사소통의 도구로서 활용될 수 있도록 하자.

# 01 엑셀이란 무엇인가?

엑셀은 일반 사용자들이 쉽게 배우고 사용할 수 있는 마이크로소프트 오피스 제품군에 속해 있는 스프레드시트 프로그램이다. 스프레드시트란 우리말로 표 계산 프로그램이라고 하며, 가로(행 : Row), 세로(열 : Column)로 구분된 칸(셀 : Cell)들이 표시된 표 형태의 화면(워크시트 : Worksheet)에서 데이터를 입력, 계산, 인쇄하는 작업을 할 수 있는 프로그램들의 분류 명칭이다. 각종 차트나 도표를 이용한 보고서 작성은 물론 자료를 요약할 수 있는 여러 가지 도표나 차트, 그리고 많은 함수를 포함하고 있다. 데이터베이스 프로그램에 견줄만한 자료 관리 기능도 가지고 있다. 또한 통계자료분석을 할 수 있는 분석도구가 마련되어 있어 기본적인 통계분석이 가능하다. 여러 종류의 스프레드시트 프로그램이 있으나 가장 보편적으로 이용되고 있는 것이 엑셀 프로그램이다.

## 1.1 엑셀의 주요 기능

엑셀의 가장 큰 특징은 수식의 계산과 차트에 있다. 더불어 데이터 관리, 자료에 의한 데이터 추출과 예측, 분석 등을 할 수 있다. 엑셀의 기능은 다음과 같다.

### 1 문서 편집 기능

문서 작성용 전문 프로그램은 아니지만, 엑셀을 이용하여 문서를 작성할 수 있다. 특히 표나 도표가 삽입된 문서 작성에 효과적이다.

### 2 계산 기능

각종 계산식을 이용하여 수치계산을 할 수 있으며, 데이터 입력에 따라 자동으로 값을 구할 수 있는 기능도 있다.

### 3 데이터베이스 기능

각종 데이터를 원하는 조건으로 정렬하거나 검색할 수 있으며, 데이터 분석이 가능하다.

### 4 차트 기능

데이터를 각종 차트 형태로 쉽게 표현할 수 있다.

### 5 매크로 기능

반복된 작업을 자동화할 수 있으며, 비주얼베이직을 이용하여 프로그래밍 작업이 가능하다.

### 6 전문 함수 지원 기능

전문영역에서 필요한 각종 함수를 지원하여 통계나 예측정보를 얻을 수 있다.

# 02 엑셀 2013 인터페이스와 사용 환경 설정

## 2.1 엑셀 실행 첫 화면 구성

엑셀을 실행하면 나타나는 엑셀의 첫 화면 구성은 [그림 1-1]과 같다.

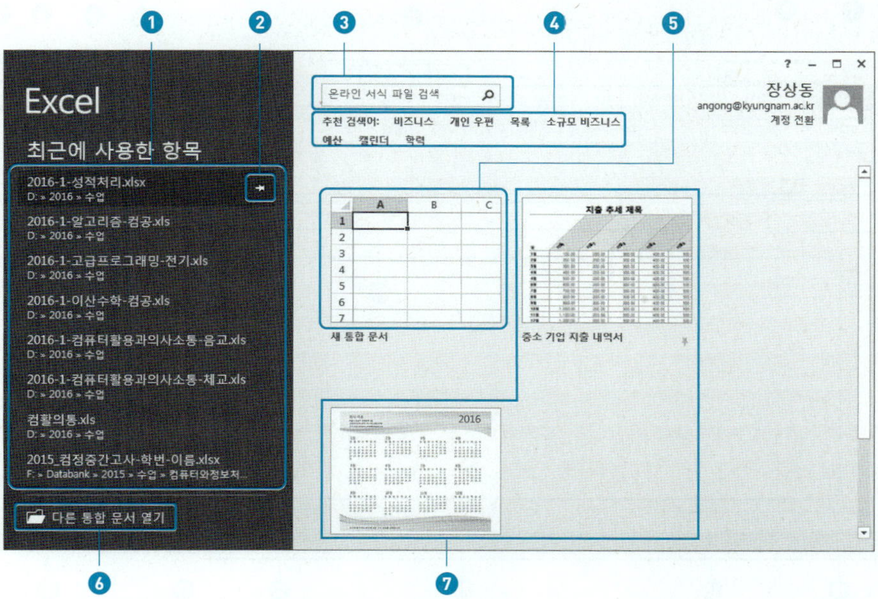


| 그림 1-1 | 엑셀 실행 첫 화면

❶ 최근에 사용한 항목
❷ 고정 단추
❸ 온라인 서식 파일 검색 상자
❹ 추천 검색어
❺ 새 통합 문서
❻ 다른 통합 문서 열기
❼ 예제 서식 파일

❶ 최근에 사용한 항목 최근에 사용한 파일 목록을 표시하며, 파일이름을 클릭하면 파일을 바로 실행시킬 수 있다.

❷ 고정 단추 파일 목록을 고정/해제 한다.

❸ 온라인 서식 파일 검색 상자 인터넷에 연결되어 있는 경우, 온라인으로 서식 파일을 검색하고 다운로드하여 사용한다.

❹ 추천 검색어 온라인 서식 파일에서 자주 사용될 예제를 모아 놓았다.

❺ 새 통합 문서 빈 새 통합 문서를 만든다.

❻ 다른 통합 문서 열기 기존 통합 문서를 불러온다.

❼ 예제 서식 파일 특정 주제나 목적에 맞는 서식을 제공한다. 온라인 서식 파일 검색 상자를 이용하여 검색한 내용을 고정 단추를 이용하여 고정가능 하다.

## 2.2 엑셀의 기본 화면 구성

엑셀의 새 통합 문서의 구성은 [그림 1-2]와 같다.

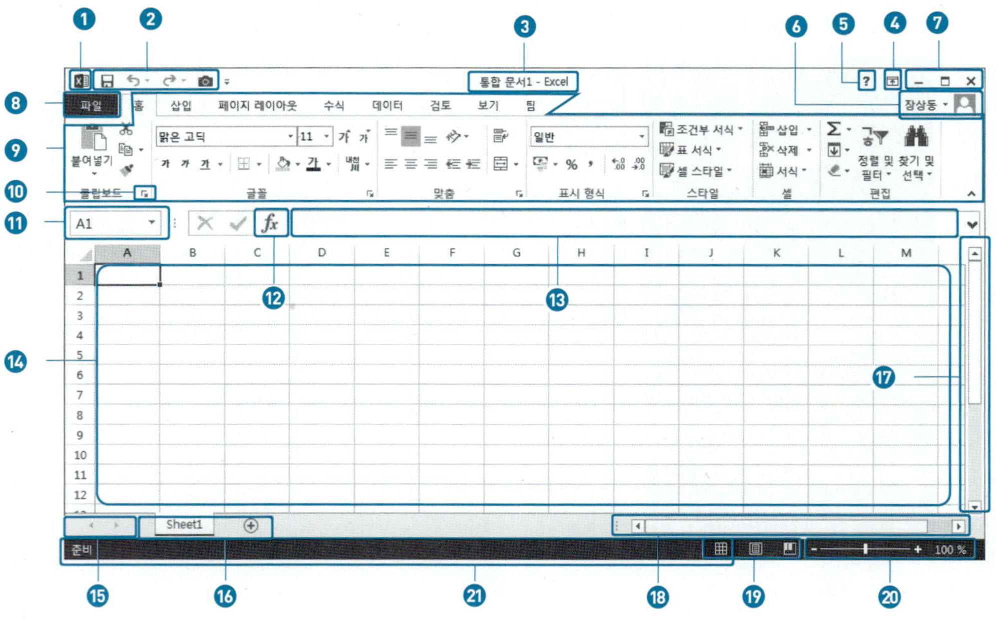

| 그림 1-2 | 엑셀 기본 화면

❶ 창조절 메뉴
❷ 빠른 실행 도구 모음
❸ 제목 표시줄
❹ 리본 메뉴 표시 옵션
❺ Microsoft Excel 도움말(F1) 실행 버튼
❻ 오피스 로그인 버튼
❼ 엑셀 창 조절 버튼
❽ [파일] 탭
❾ 리본 메뉴
❿ 대화상자 표시 버튼
⓫ 이름상자
⓬ 함수 마법사 실행 버튼
⓭ 수식 입력줄
⓮ 작업영역
⓯ 시트 탭 이동 버튼
⓰ 워크시트 선택/삽입 탭
⓱ 수직 이동줄
⓲ 수평 이동줄
⓳ 보기 버튼
⓴ 화면 축소/확대

### ❶ 창 조절 메뉴

창 조절 메뉴를 클릭하면 [그림 1-3]과 같이 엑셀 창을 조절하는 메뉴가 표시되고, 더블 클릭하면 엑셀이 종료된다.

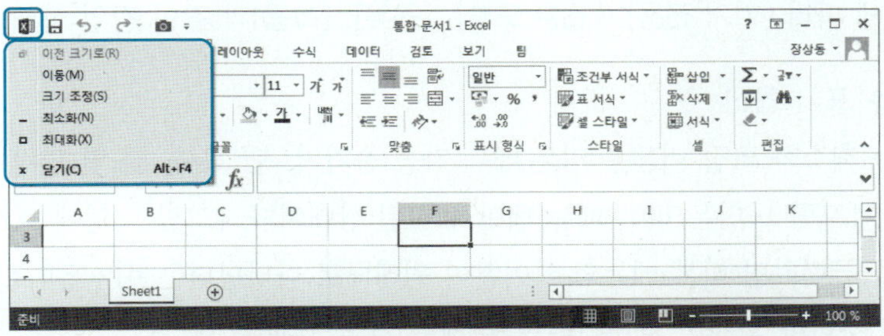


| **그림 1-3** | 창 조절 메뉴

### ❷ 빠른 실행 도구 모음

빠른 실행 도구 모음은 자주 사용하는 기능을 모아두고 신속히 사용할 수 있도록 한다. 빠른 실행 도구 모음에는 기본적으로 저장, 취소, 다시실행 명령이 있다. [그림 1-4]와 같이 빠른 실행 도구 모음의 오른쪽에 있는 [빠른 실행 도구 모음 사용자 지정]을 이용하여 사용자 편의에 따라 명령을 체크하거나 제거하여 빠른 실행 도구 모음을 재구성한다.

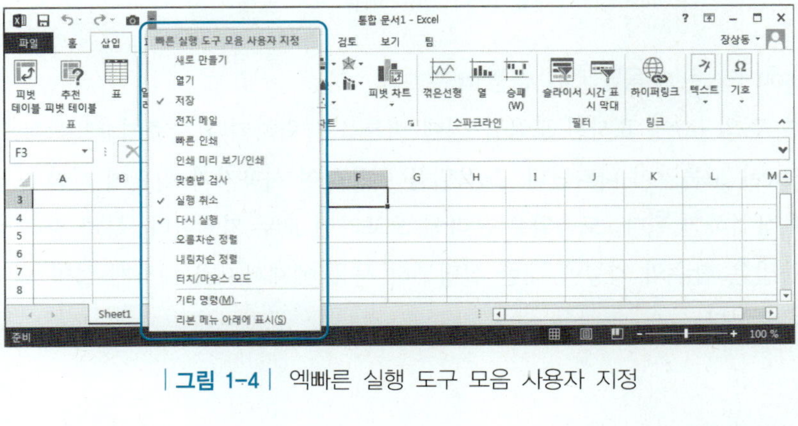


| **그림 1-4** | 엑빠른 실행 도구 모음 사용자 지정

### ❸ 제목 표시줄

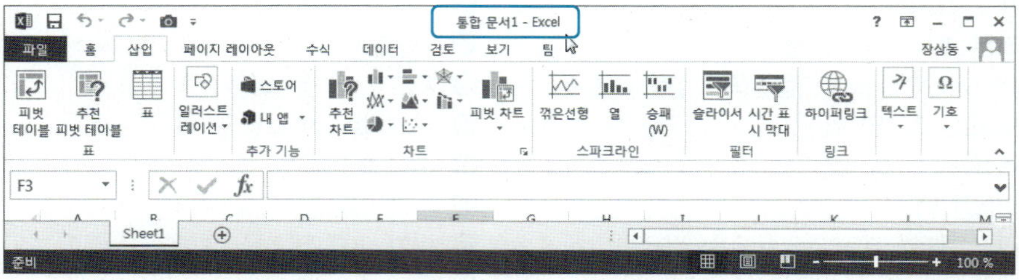


| 그림 1-5 | 제목 표시줄

제목 표시줄은 현재 작업 중인 파일명과 프로그램 이름이 표시된다. 새 통합 문서를 처음 열면 [그림 1-5]에 표시된 것처럼 파일명은 '통합 문서1'이다. 이후 파일명을 설정하여 저장하면 설정된 파일명이 표시된다. 또한 응용 프로그램 이름은 'Excel'로 표시된다. 경우에 따라 [읽기 전용], [호환 모드], [공유], [그룹]과 같이 작업 상태도 표현된다.

### ❹ 리본 메뉴 표시 옵션

리본 메뉴 최소화/확장 버튼은 리본 메뉴 자동 숨기기, 탭 표시, 탭 및 명령 표시 기능을 수행한다. [그림 1-6]은 리본 메뉴 탭만 표시된 상태이다. [그림 1-5]에 표시된 리본 메뉴 확장을 클릭하면 리본 메뉴의 아이콘이 원래대로 나타난다(Ctrl + F1 조합키를 이용하거나 최소화나 확장할 탭을 더블클릭해도 같은 효과를 낸다).

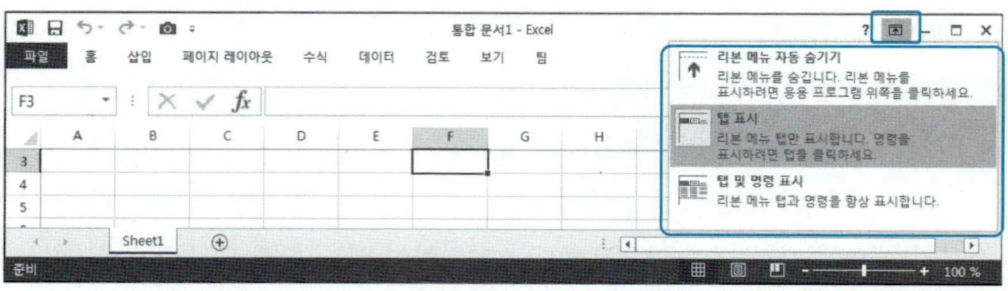


| 그림 1-6 | 리본 메뉴 표시 옵션

### ❺ Microsoft Excel 도움말(F1) 실행 버튼

[그림 1-7]의 (a)에 표시된 도움말 실행 버튼을 클릭하거나 단축키 F1을 누르면 (b)와 같이 Excel 도움말이 나타난다. 도움말을 이용하여 사용자가 필요에 따라 도움말을 검색하여 작업하면 된다. 도움말은 온라인/오프라인 모두 지원한다. 특히 관련 함수에 대한 도움말은 함수의 기능에 대한 설명부터 사용 예제까지 상세하게 설명 되어 있어서 매우 유용하다.

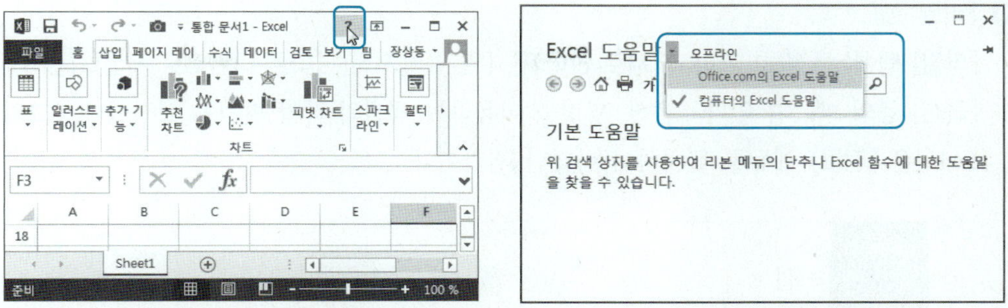


(a) 도움말 실행 버튼　　　　(b) Excel 도움말

| **그림 1-7** | Microsoft Excel 도움말 실행 버튼과 Excel 도움말

### ❻ 오피스 로그인 버튼

오피스 라이브 계정으로 로그인한 다음 오피스 문서를 스카이드라이브(SkyDrive)에 온라인으로 [업로드], [열기], [공유]할 수 있다. 스카이드라이브는 마이크로소프트에서 제공하는 클라우드 서비스다. [그림 1-8]은 임의 사용자로 로그인한 후 모습을 나타낸다.

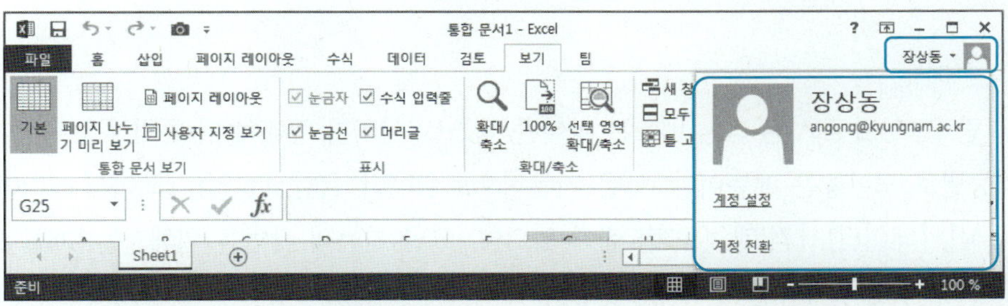


| **그림 1-8** | 오피스 로그인 버튼

### ❼ 엑셀 창 조절 버튼

[그림 1-9]에 표시된 엑셀 창 조절 버튼은 엑셀 프로그램 자체의 창에 대한 조절을 한다. 창을 작업 표시줄로 최소화하거나 축소/확대, 엑셀을 종료할 때 사용한다. 이 버튼은 대부분의 프로그램에서 공통적으로 사용하는 버튼이다.

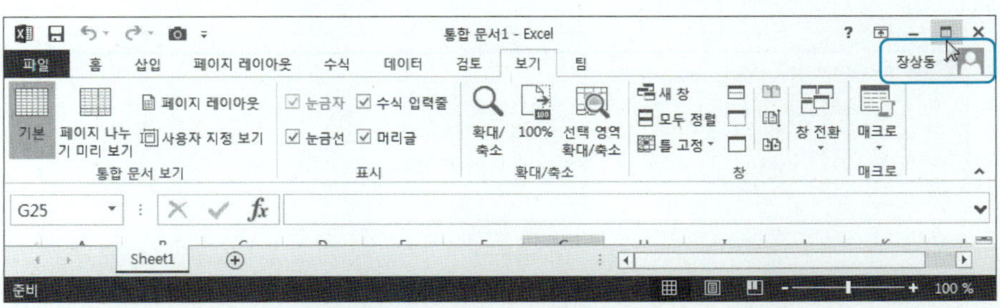

| **그림 1-9** | 엑셀 창 조절 버튼

### ❽ [파일] 탭

[파일] 탭에는 [정보] 그리고 [새로 만들기], [열기], [저장], [다른 이름으로 저장], [인쇄], [옵션] 등의 메뉴가 있다. '옵션' 명령을 이용하여 엑셀의 작업 환경을 설정한다. [그림 1-10]은 [정보] 메뉴를 클릭하여 나타난 결과이다.

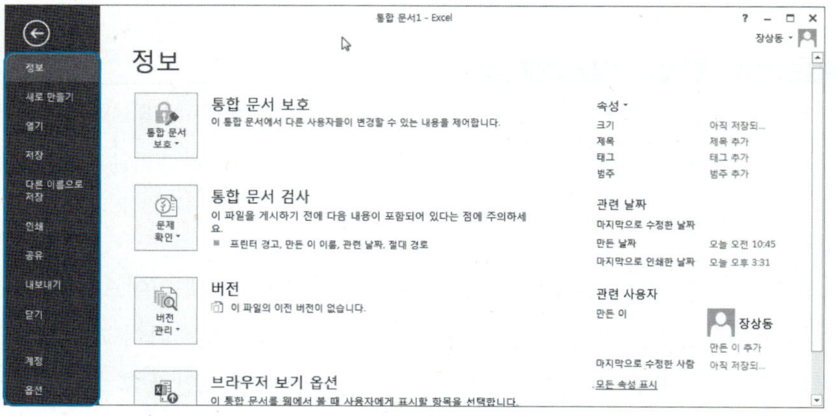

| 그림 1-10 | [파일] 탭

### ❾ 리본 메뉴

[그림 1-11]에 표시된 리본 메뉴는 아이콘/텍스트/이미지 형태의 명령 버튼을 관련 탭에 기능별로 모아놓은 메뉴이다. 탭은 기본적으로 [파일], [홈], [삽입], [페이지 레이아웃], [수식], [데이터], [검토], [보기] 탭이 있으며, 고급 기능의 작업을 위해서는 [개발 도구] 탭을 추가하여 사용한다.

엑셀 2013에서는 리본 메뉴에 원하는 탭만 나타내거나 사용자가 지정한 탭을 추가할 수 있으며, 탭의 이름이나 순서도 변경가능하다. 또한 작업 시 선택한 개체에 따라 관련 서식 탭이 나타난다. 차트를 선택하면 [차트 도구]가 나타나고, 도형을 선택하면 [그리기 도구], 그림 개체를 선택하면 [그림 도구], 표를 선택하면 [표 도구], SmartArt를 선택하면 [SmartArt 도구], 피벗 차트를 선택하면 [피벗차트 도구], 피벗 테이블을 선택하면 [피벗 테이블 도구]가 나타난다.

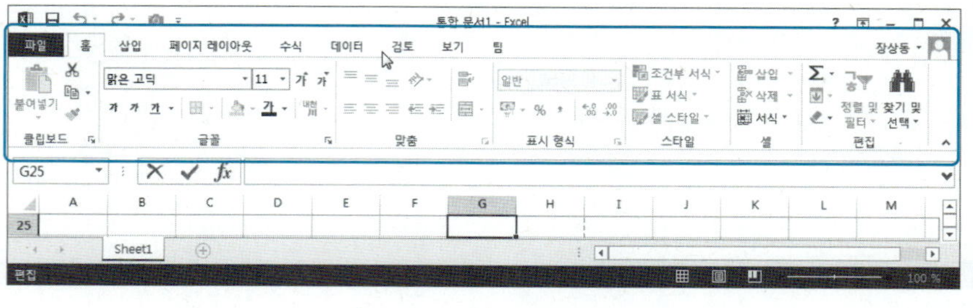

| 그림 1-11 | 리본메뉴

### ⑩ 대화상자 표시 버튼

[그림 1-12]에 표시된 대화상자 표시 버튼은 아이콘으로 표시되지 않은 세부 기능에 대한 명령을 설정할 수 있도록 표시된 그룹에 대한 대화상자를 연다.

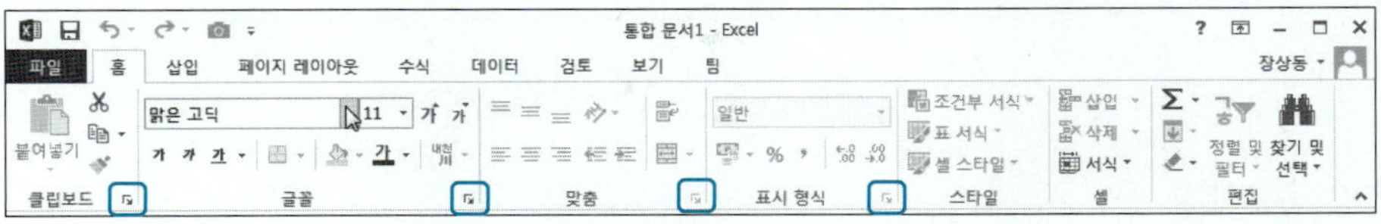


| 그림 1-12 | 대화상자 표시 버튼

### ⑪ 이름상자

[그림 1-13]에 표시된 이름상자에는 선택된 셀의 주소가 나타난다. 셀에 이름을 지정할 경우에는 지정한 범위에 해당하는 셀의 이름이 나타난다. 개체를 선택한 경우에는 개체 이름이 표시되고, 함수를 입력한 셀을 선택했을 경우에는 함수 목록이 표시된다.

| 그림 1-13 | 이름상자

### ⑫ 함수 마법사 실행 버튼

함수를 입력하는 방법은 셀에 직접 입력하는 방법과 함수 마법사를 이용하여 입력하는 방법이 있다. 함수 마법사를 이용하면 함수를 더욱 쉽게 사용할 수 있다.

| 그림 1-14 | 함수 마법사 실행 버튼

[그림 1-14]에 표시된 함수 마법사 실행 버튼을 클릭하면 [그림 1-15]와 같이 함수 마법사 대화상자가 나타나 함수 사용을 편리하게 도와준다.

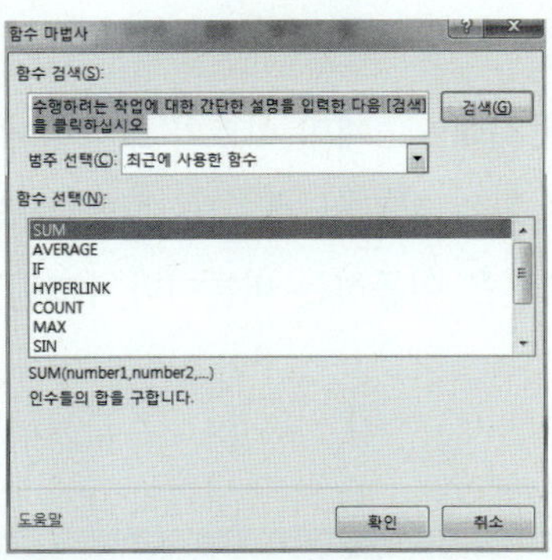


| 그림 1-15 | 함수 마법사 대화상자

### ⑬ 수식 입력줄

[그림 1-16]에 표시된 수식 입력줄에는 선택된 셀에 입력된 데이터나 수식이 표시된다.

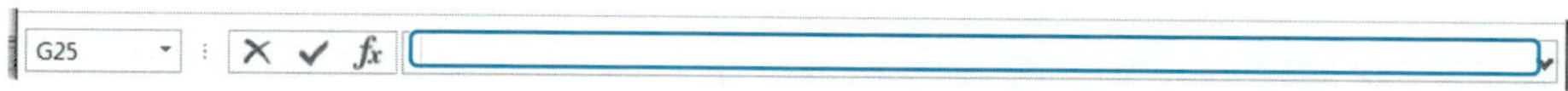


| 그림 1-16 | 수식 입력줄

### ⑭ 작업 영역

[그림 1-17]은 사용자가 실제 데이터 또는 수식을 입력하거나 개체를 삽입하는 실제 작업 영역이다. 작업 영역 위의 A, B, C ... 로 구분되는 인덱스는 열 머리글이고, 왼쪽의 1, 2, 3 ... 으로 구분되는 인덱스는 행 머리글이다. 열 머리글과 행 머리글을 이용해서 데이터가 입력된 위치를 나타낸다. [그림 1-17]의 네모 박스로 표시된 위치는 D열과 3행의 교차되는 지점으로 D3이라고 위치를 지정한다. D3과 같이 하나의 위치를 가지는 영역을 작업의 기본 단위인 셀이라고 하고, 이러한 셀들이 모여 하나의 워크시트를 구성한다. 엑셀을 처음 실행하면 기본적으로 한 개의 워크시트가 부여된다. 기본적으로 생성된 워크시트에 주어지는 이름은 'Sheet1'이고, 화면 하단에 나타난다. 워크시트가 모여 파일 단위로 저장되고 이를 통합문서라고 한다.

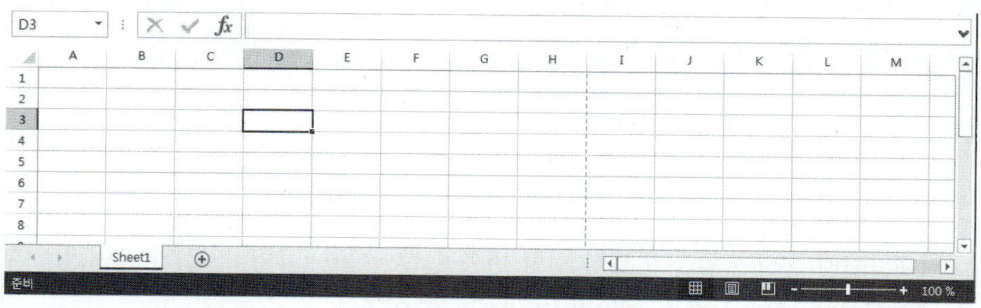


| 그림 1-17 | 작업 영역

### ⑮ 시트 탭 이동 버튼

엑셀은 하나의 통합 문서에 최대 255개의 시트가 포함될 수 있다. 많은 시트가 포함되었을 때 시트 탭에 표시될 수 있는 시트의 개수가 제한적이므로 가려져 보이지 않은 시트를 볼 수 있도록 시트 탭 화면을 이동하는 버튼이다. [그림 1-18]은 시트 탭 이동 버튼을 나타낸다.

| 그림 1-18 | 시트 탭 이동 버튼

### ⑯ 워크시트 선택/삽입 탭

워크시트를 선택하거나 삽입할 때 사용되는 탭으로 선택된 워크시트는 밝은 색으로 표시된다. [그림 1-19]에는 첫 번째 시트 'Sheet1'이 선택되어 있다. 'Sheet2' 오른쪽에 있는 추가 버튼으로 새로운 워크시트를 추가한다.

| 그림 1-19 | 워크시트 선택 삽입 탭

### ⑰ ⑱ 수직/수평 이동줄

워크시트의 오른쪽과 오른쪽 하단에 나타나는 스크롤바 형태의 막대는 화면에 표시되는 워크시트 화면을 이동할 때 이용한다. 워크시트는 상당히 큰 작업공간으로 모니터 화면으로 표현하기에는 한계가 있으므로, 표시되는 화면을 수직으로 이동할 때에는 수직 이동줄을, 수평으로 이동할 때에는 수평 이동줄을 이용한다. [그림 1-20]에 표시된 영역이 수평/수직 이동줄이다.

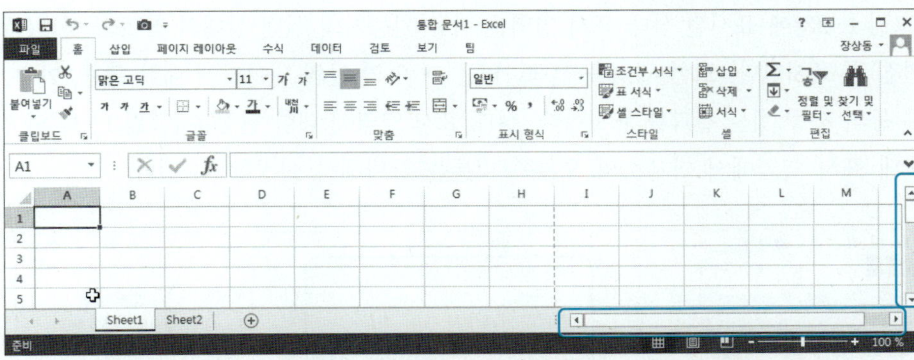


| 그림 1-20 | 수평/수직 이동줄

### ⑲ 보기 버튼

| 그림 1-21 | 보기 버튼

[그림 1-21]에 표시된 보기 버튼은 '기본', '페이지 레이아웃', '페이지 나누기 미리 보기' 버튼으로 구성되어 있다. '기본'은 처음 엑셀을 시작했을 때와 같은 기본 화면보기이고, '페이지 레이아웃'은 인쇄될 페이지 레이아웃 형태로 보기이며, '페이지 나누기 미리보기'는 여러 페이지로 구성되었을 때 나누어진 페이지 형태로 미리보기를 하는 버튼이다.

## ⑳ 화면 축소/확대

| 그림 1-22 | 화면 축소/확대 영역

[그림 1-22]는 작업 영역의 크기를 축소하거나 확대할 수 있는 화면 축소/확대 영역을 나타낸다. 이 영역의 왼쪽에 축소/확대 비율이 표시되며 +버튼과 −버튼을 이용하여 축소/확대할 수 있다. 버튼을 클릭할 때마다 10%씩 작업 영역이 축소/확대된다. 또한 스크롤 막대를 이용하여 축소/확대할 수도 있다. 작업 영역을 최대 400%, 최소 10%까지 조절할 수 있다.

## ㉑ 상태 표시 영역

| 그림 1-23 | 상태 표시 영역

[그림 1-23]에 표시된 상태 표시 영역은 각종 기능키의 선택 상태와 작업의 상태(준비/편집)를 표시한다. 또한 영역을 선택하였을 때 영역 안의 데이터에 대한 평균, 개수, 합계 등의 자동 계산 결과를 표시한다. 상태 표시 영역에 대한 편집은 [그림 1-24]와 같이 상태 표시 영역에서 마우스의 오른쪽 버튼을 클릭해서 설정할 수 있다.

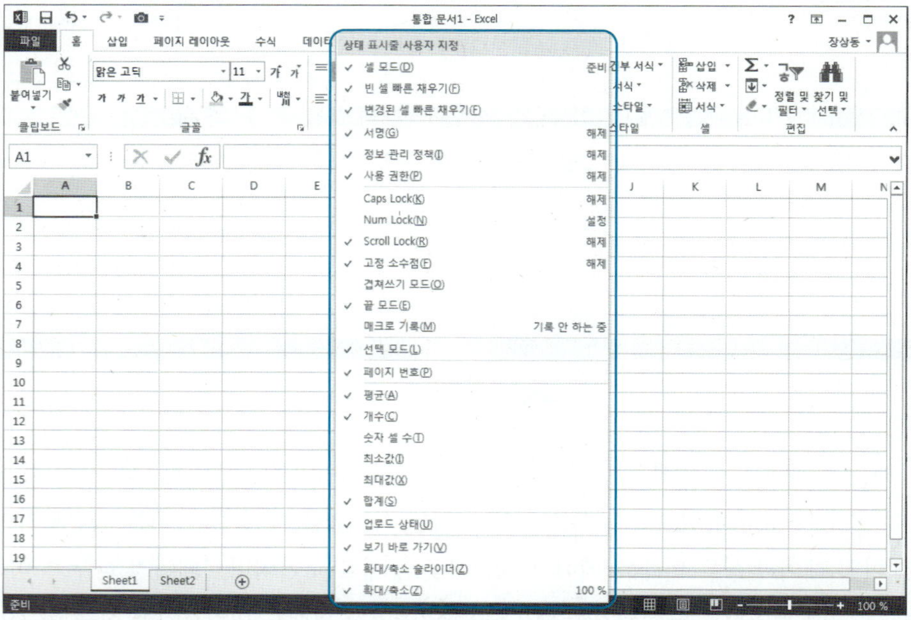

| 그림 1-24 | 상태 표시줄 사용자 지정 창

## 2.3 엑셀 사용 환경 설정하기

엑셀에서 작업을 효율적으로 진행하기 위해서는 작업 환경을 사용자가 작업하기 편한 상태로 만들어놓는 것이 중요하다. 앞에서 엑셀의 화면 구성 요소에 대해서 살펴보았다. [파일] 탭에는 [옵션]이 있다. [옵션]에는 엑셀 작업을 위한 다양한 환경 설정 옵션이 있다.

### 2.3.1 Excel 옵션

[그림 1-25]는 [파일]탭을 클릭하면 나타나는 화면이다. Excel 옵션을 설정하기 위해서는 [그림 1-25]의 오른쪽 하단의 [옵션] 메뉴를 클릭한다. 앞으로 설명의 편의를 위해서 클릭해야 하는 단계를 [파일]-[옵션]과 같이 간결하게 표현한다.



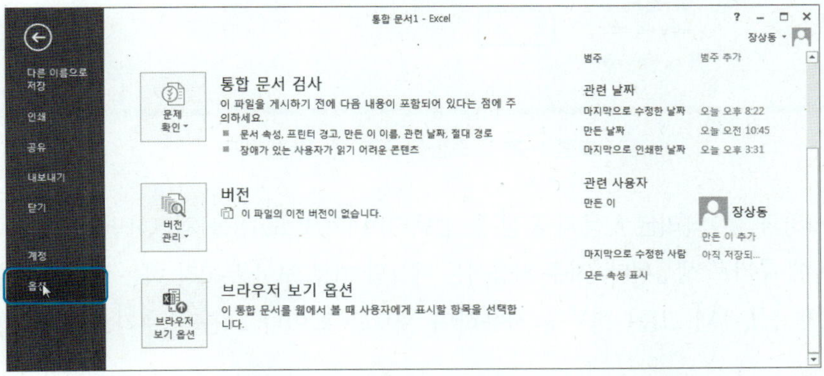


| 그림 1-25 | [파일]탭의 [옵션] 메뉴

[그림 1-26]은 [그림 1-25]의 [옵션] 메뉴를 클릭하면 나타나는 [Excel 옵션] 대화상자이다.

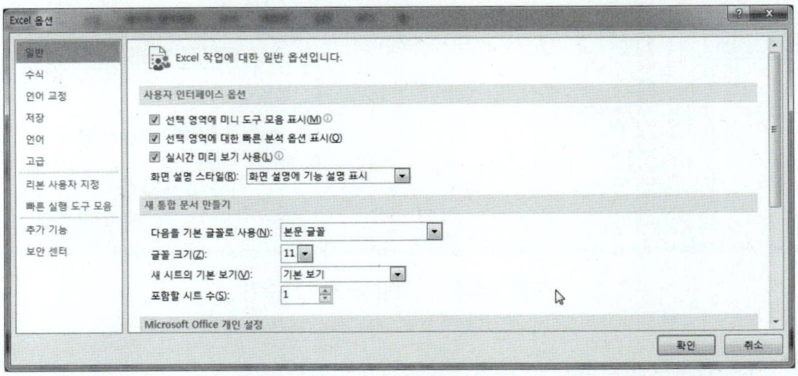


| 그림 1-26 | [Excel 옵션] 대화상자

[Excel 옵션] 대화상자에는 '일반'부터 '보안 센터'까지 엑셀의 옵션을 설정하는 메뉴가 다양하게 있다. 예로 기본적으로 제공되는 워크시트의 개수를 1개에서 3개로 변경하는 방법과 리본 메뉴에 [개발도구] 탭을 추가하는 작업을 살펴보자.

[그림 1-27]과 같이 [Excel 옵션] 대화상자의 메뉴 [일반]-[새 통합 문서 만들기]에서 '포함할 시트 수'를 3개로 수정한 뒤 엑셀을 재시작하면 워크시트가 기본 1개에서 3개로 변경된다.

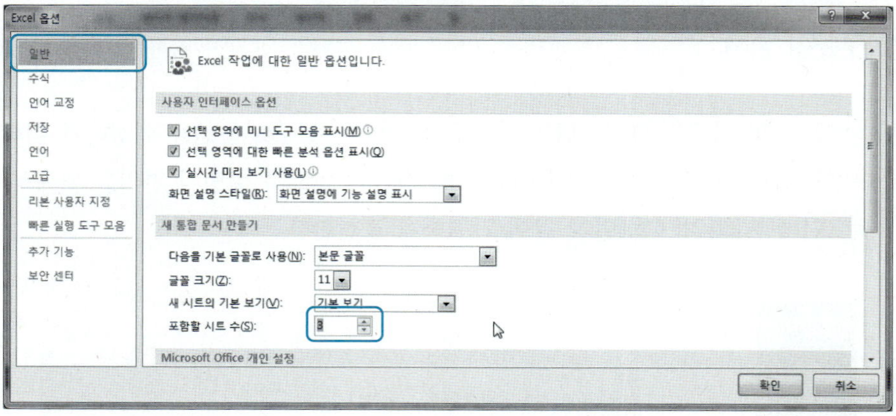


| 그림 1-27 | 포함할 시트 수 변경 화면

[그림 1-28]과 같이 [리본 사용자 지정]을 선택하여 [개발 도구]를 체크하면 [개발 도구] 탭이 리본 메뉴에 추가로 생성된다. 자주 사용하는 메뉴만 따로 모아 두고자 하는 경우에는 아래쪽에 위치한 [새 탭], [새 그룹] 버튼을 사용하여 새로운 탭이나 그룹을 추가로 지정한다.

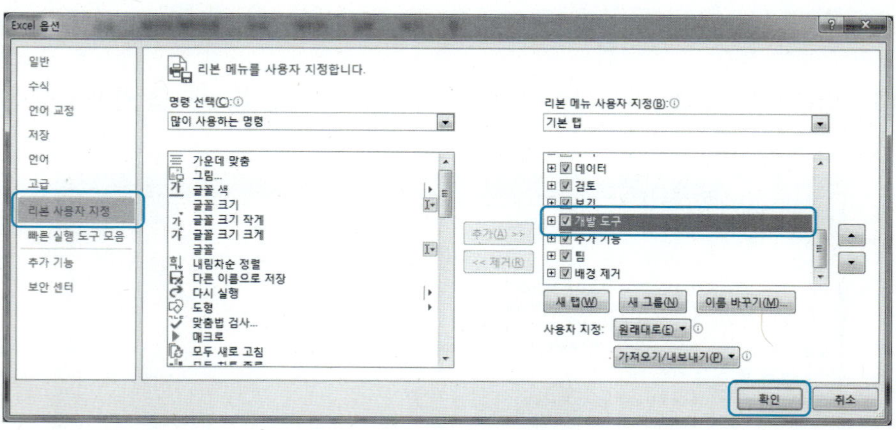


| 그림 1-28 | [개발 도구]탭 추가

엑셀을 재시작하면 [그림 1-29]와 같이 리본 메뉴의 탭에 [개발 도구]탭이 추가되고 워크시트의 개수가 기본적으로 3개가 나타난다.

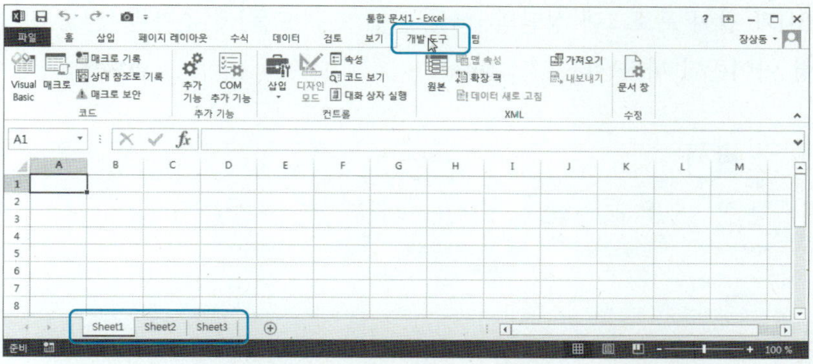

| 그림 1-29 | 워크시트 개수 변경과 [개발 도구] 탭 추가 결과

### 2.3.2 빠른 실행 도구 모음 편집하기

'빠른 실행 도구 모음'은 사용자가 자주 사용하는 기능을 모아놓고 언제든지 한 번에 실행할 수 있도록 한다. '빠른 실행 도구 모음'의 편집은 [Excel 옵션] 대화상자의 [빠른 실행 도구 모음]에서 한다. [파일]-[옵션] 메뉴를 사용하거나 프로그램 제일 상단에 있는 [빠른 실행 도구 모음]의 오른쪽에 있는 [빠른 실행 도구 모음 사용자 지정]-[기타 명령]을 클릭하면 [Excel 옵션] 대화상자를 실행할 수 있다. [Excel 옵션] 대화상자의 [빠른 실행 도구 모음]을 클릭하여 왼쪽의 목록에서 추가하고자 하는 기능을 선택하고 [추가] 버튼을 클릭하거나, 오른쪽 목록에서 제거 하고자 하는 기능을 선택하고 [제거] 버튼을 클릭하여 빠른 실행 도구 모음에 포함되거나 제거될 명령아이콘을 지정한다.

[인쇄 미리 보기 및 인쇄] 명령아이콘을 추가해보자. [그림 1-30]과 [Excel 옵션] 대화상자의 [빠른 실행 도구 모음]을 클릭하여 왼쪽 목록에서 [인쇄 미리 보기 및 인쇄] 명령을 선택한 후, [추가] 버튼을 클릭하여 오른쪽의 목록에 [인쇄 미리 보기 및 인쇄] 명령이 나타나면 [확인] 버튼을 클릭한다.

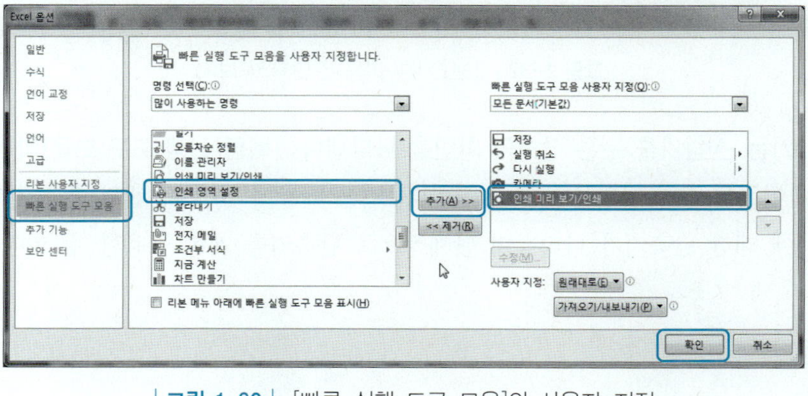

| 그림 1-30 | [빠른 실행 도구 모음]의 사용자 지정

[그림 1-31]과 같이 프로그램 상단의 [빠른 실행 도구 모음]에 추가된 [인쇄 미리 보기 및 인쇄] 명령 아이콘이 나타난다.

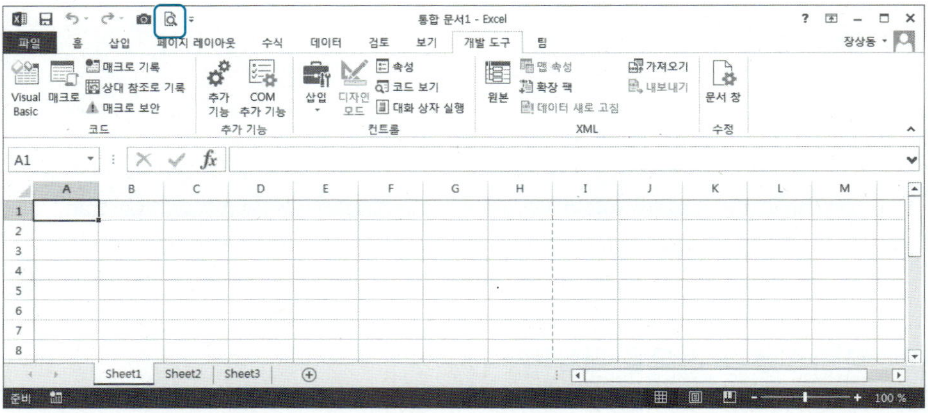


| 그림 1-31 | [빠른 실행 도구 모음]에 추가된 [인쇄 미리 보기 및 인쇄] 명령 아이콘

### 2.3.3 단축키 보기

Alt 키를 누르면 단축키가 나타난다. 자주 사용하는 기능에 대한 단축키를 익히고 사용하면 작업 시간이 상당히 단축된다.

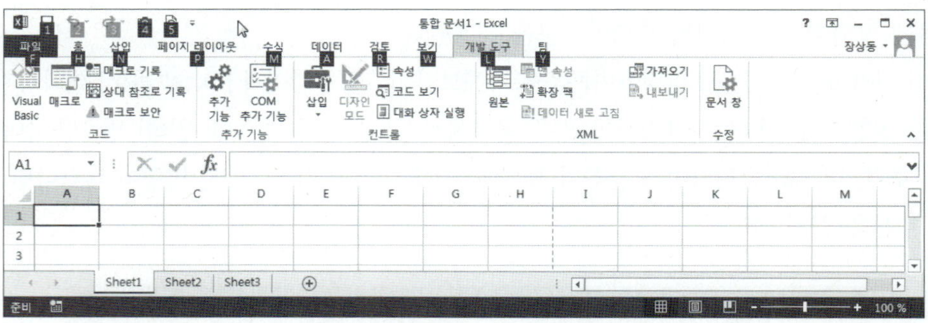


| 그림 1-32 | Alt 키를 이용한 단축키 보기

[그림 1-32]는 Alt 키를 누른 상태의 화면을 나타낸다. [빠른 실행 도구 모음]의 단축키는 각 명령 아이콘에 대한 명령을 바로 실행한다. 리본 메뉴에 있는 각 탭의 단축키를 누르면 세부 메뉴에 대한 단축키가 나타나며 단계적으로 단축키를 계속 적용할 수 있다.

# 03 엑셀의 시작과 종료

엑셀의 시작과 종료는 일반적인 윈도우즈 응용 프로그램과 마찬가지로 [시작]메뉴를 이용하는 방법과 단축 아이콘을 이용하는 방법 등이 있다.

## 3.1 엑셀의 실행

### [시작] 메뉴를 이용한 엑셀의 실행

[그림 1-33]의 (a)와 같이 [시작]-[Excel 2013]을 선택하여 실행하거나, (b)와 같이 [시작]-[모든 프로그램]을 선택한 뒤 [Microsoft Office 2013]-[Excel 2013]을 클릭하여 엑셀 프로그램을 시작한다.

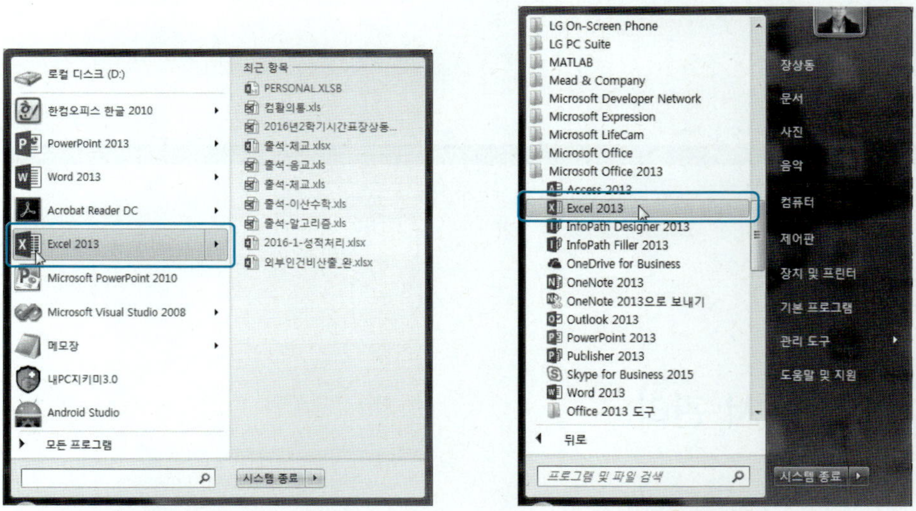


(a) [모든 프로그램] 선택 (b) [Excel 2013] 선택

| 그림 1-33 | 시작 메뉴를 이용한 엑셀의 실행

### 단축아이콘을 이용한 엑셀의 실행

바탕화면에 이미 단축아이콘이 만들어져 있을 경우에는 단축아이콘을 더블 클릭한다.

## 3.2 엑셀의 종료

엑셀을 종료 하는 방법은 여러 가지가 있다. 다음 몇 가지를 소개한다.

① 방법 1 [파일]–[닫기] 메뉴를 클릭한다.
② 방법 2 메뉴표시줄 왼쪽 끝에 있는 단추를 클릭하여 [닫기]한다.
③ 방법 3 메뉴표시줄 오른쪽 끝에 있는 [닫기] 아이콘을 클릭한다.
④ 방법 4 단축키 [Alt+F4]를 입력한다.

[그림 1-34]는 이러한 엑셀의 종료 방법 중 방법 1과 방법 2를 나타낸다.

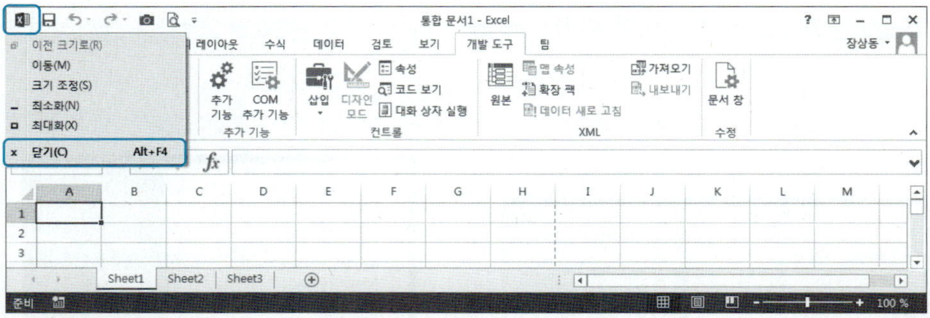


| 그림 1-34 | 엑셀의 종료 방법

# 04 통합문서 관리

엑셀프로그램에서 문서 파일을 통합문서라고 하며, 통합문서를 기초로 작업을 실시한다. 하나의 통합문서는 하나 이상의 워크시트로 구성되어 있다. 통합문서를 다루기 위해 통합문서 관리에 대해서 알아보자.

## 4.1 새 통합문서의 추가

작업 중 새로운 통합문서가 필요한 경우, [파일]메뉴를 클릭하여 메뉴가 나타나면, [그림 1-35]와 같이 [새로 만들기] 메뉴를 클릭한 뒤, [새 통합 문서]를 클릭한다.

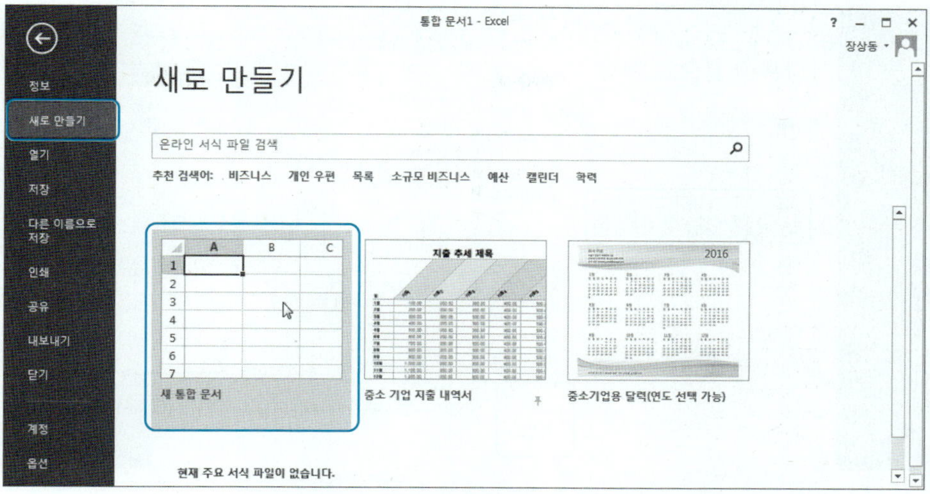


| 그림 1-35 | 새 통합 문서 만들기 과정

## 4.2 통합문서의 저장

작업 중인 통합문서를 다음의 순서로 파일에 저장할 수 있다.

❶ 빠른 실행 도구 모음의 [저장] 명령 단추 또는 [파일]-[저장] 메뉴를 선택한다.
❷ [다른 이름으로 저장] 대화상자가 나타나면 파일의 저장할 위치와 이름을 지정한다.
❸ [저장] 버튼을 클릭한다.

파일에 내용을 작성하였다고 가정하고, 파일을 저장하는 과정을 살펴보자. [파일] 메뉴를 클릭하여 [그림 1-36]과 같이 메뉴가 나타나면 [저장] 메뉴를 클릭한다. 파일을 처음 저장하는 경우에는 기본으로 [다른 이름으로 저장] 메뉴가 선택된다. 저장 위치는 클라우드를 지원하는 OneDrive, 다른 웹 위치, 컴퓨터 등 다양하다. [그림 1-36]에서는 [컴퓨터]를 선택한다. [최근 폴더]에서 원하는 위치를 지정하여 [파일 이름]을 입력하거나 [찾아보기]를 클릭하여 [다른 이름으로 저장] 대화상자가 나타나면 원하는 위치를 지정하고 파일 이름을 입력한 후 [저장]버튼을 클릭한다.

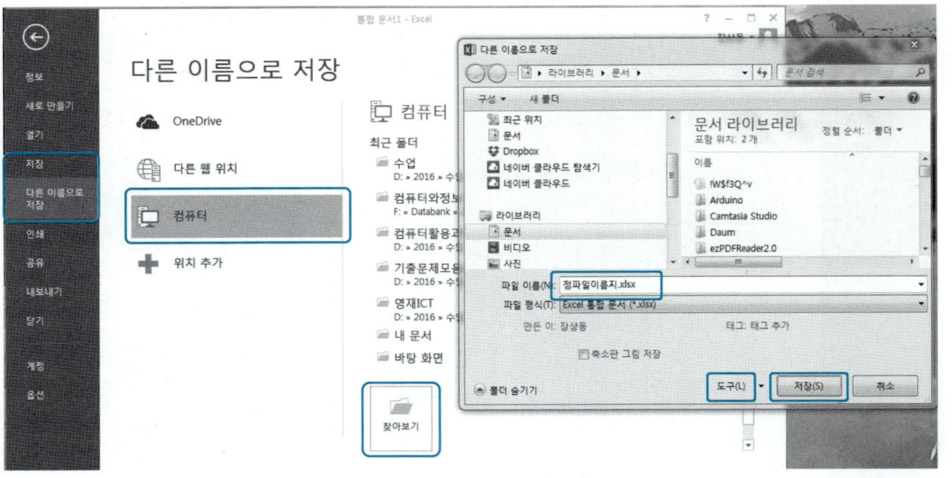

| 그림 1-36 | 통합 문서의 저장 과정

[그림 1-36]의 [다른 이름으로 저장] 대화 상자의 [저장] 버튼의 왼쪽에 있는 [도구]-[일반 옵션]을 클릭하면 [그림 1-37]과 같이 쓰기 암호와 읽기 암호가 지정 가능한 [일반 옵션] 대화 상자가 나타난다. 열기 또는 쓰기 암호를 지정한 후 파일을 저장하면, 엑셀 파일을 다시 사용할 때 지정한 암호를 정확하게 입력해야 열기 또는 쓰기 용도로 파일을 사용할 수 있다.

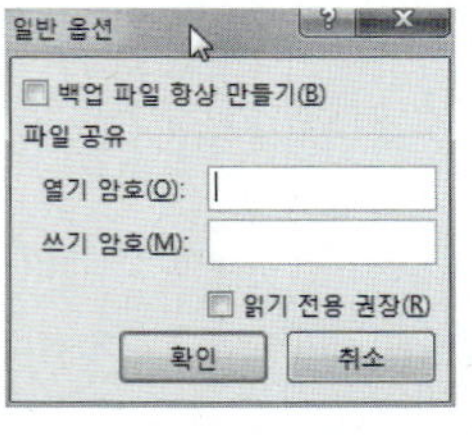


| 그림 1-37 | 일반 옵션

파일을 처음 저장하는 경우에는 [다른 이름으로 저장] 대화상자가 나타나고, 두 번째 저장부터는 [다른 이름으로 저장] 대화상자가 나타나지 않고 파일을 처음 저장할 때 지정한 파일 경로와 이름으로 저장된다. 즉, [다른 이름으로 저장] 대화상자는 통합문서를 최초로 저장할 때만 나타나고, 이미 저장된 문서인 경우에는 바로 저장된다. 따라서 저장된 통합문서를 다른 이름으로 또는 다른 경로에 저장하고자 할 때는 [파일]-[다른 이름으로 저장] 메뉴를 이용하여 저장한다.

## 4.3 통합문서 열기

이미 저장된 통합문서를 다음과 같은 방법으로 화면에 다시 불러 작업을 할 수 있다.

❶ [파일]–[열기] 메뉴를 선택한다.
❷ [열기] 대화상자가 나타나면 불러 올 데이터가 있는 위치와 파일명을 찾아서 선택한다
❸ [열기]버튼을 클릭한다.

[파일] 메뉴를 클릭하여 [그림 1–38]과 같이 메뉴가 나타나면 [열기] 메뉴를 클릭한다. 파일을 불러올 위치 및 파일을 지정한 후 [열기] 버튼을 클릭한다. [최근에 사용한 통합 문서]를 클릭하며 최근 사용한 문서를 바로 불러 올 수 있다. [그림 1–38]은 컴퓨터에 저장된 통합 문서를 불러오는 과정을 나타낸다.

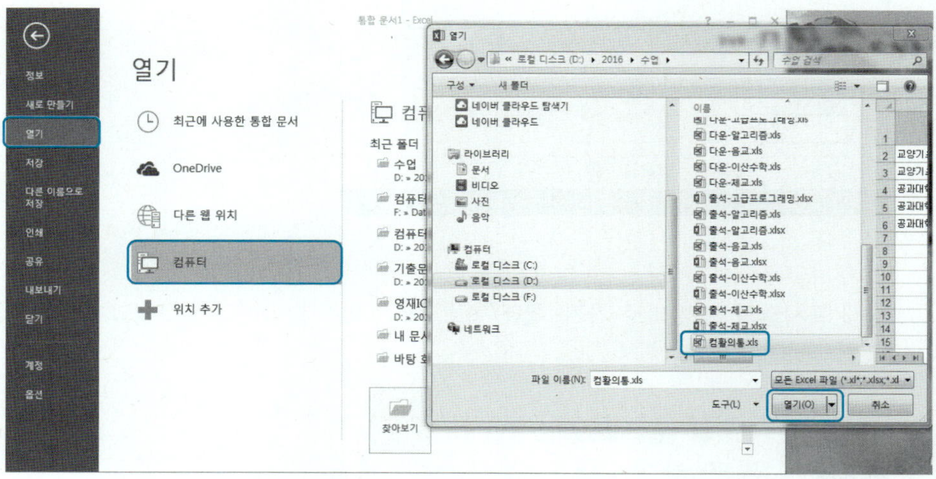


| 그림 1–38 | 저장된 통합 문서를 불러오는 과정

[열기]버튼에 있는 아랫방향 화살표를 클릭하면 [그림 1–39]와 같은 다양한 파일 열기 옵션을 사용할 수 있다.

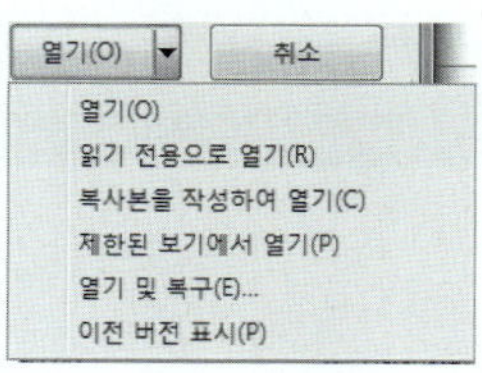


| 그림 1–39 | [열기] 옵션

## 연습문제

**1** 엑셀을 실행 시켜 워크시트의 화면을 130%로 확대 해보시오.

**2** 엑셀의 전체 화면의 크기를 조절하여 다음 그림과 같이 [홈]탭의 [그룹]을 간단히 나타나도록 해보시오.

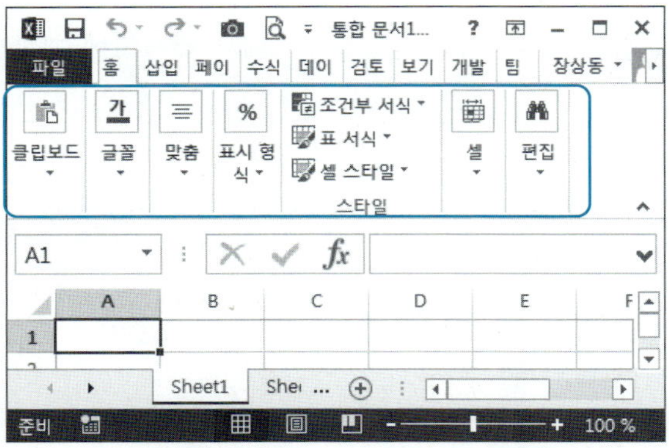


**3** 상태 표시줄의 보기 바로 가기, 확대/축소, 확대/축소 슬라이더가 그림과 같이 사라지도록 설정해 보시오.

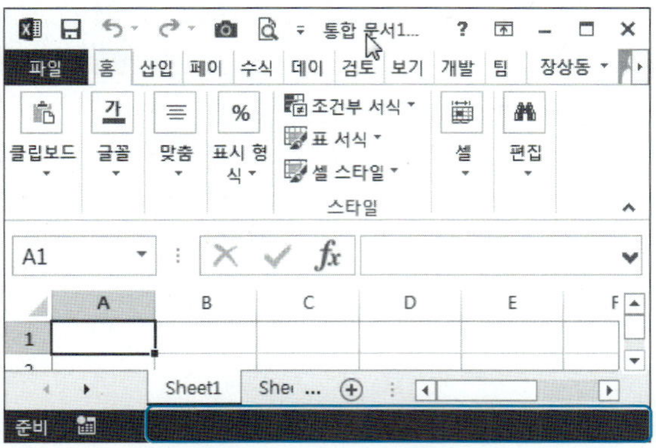

**4** 빠른 실행 도구 모음에 [서식 복사] 명령 단추를 그림과 같이 추가시켜 보시오.

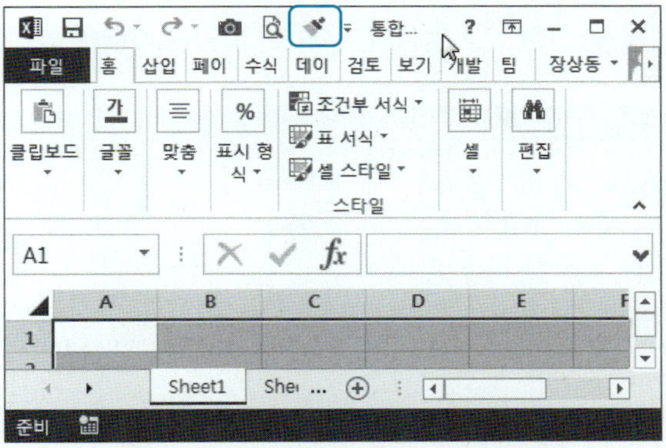


**5** 그림과 같이 빠른 실행 도구 모음의 위치를 바꾸고 리본 메뉴는 탭 표시만 되도록 설정 하시오.

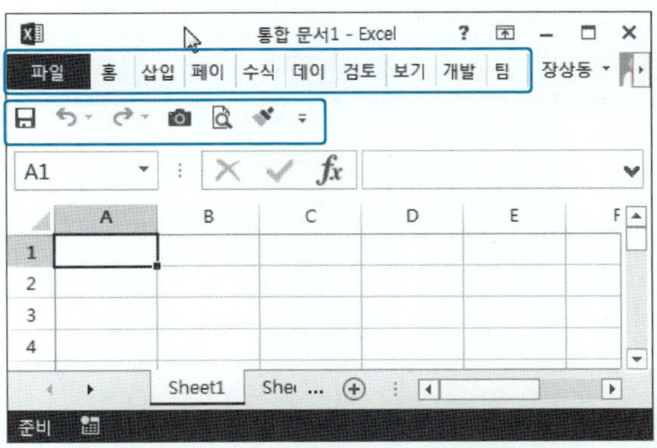

*6* 온라인 서식 파일 검색을 기능을 이용하여 '학년도 달력'을 검색하여 새로운 파일로 만들고 [문서] 폴더에 "2020년도계획" 이라는 파일 이름을 지정하고 열기/쓰기 암호를 모두 "2020"으로 설정하여 저장한 뒤, 읽기 전용으로 파일을 여시오.

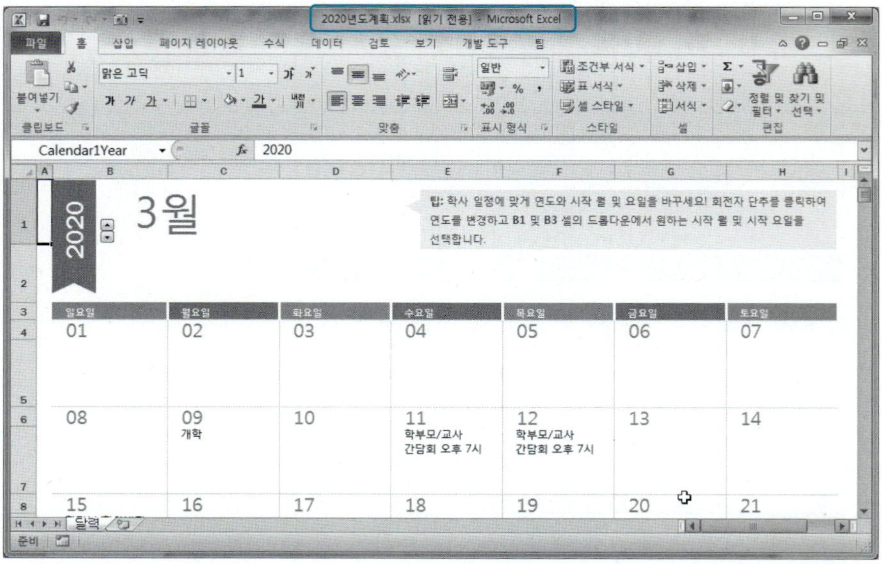

Chapter 02

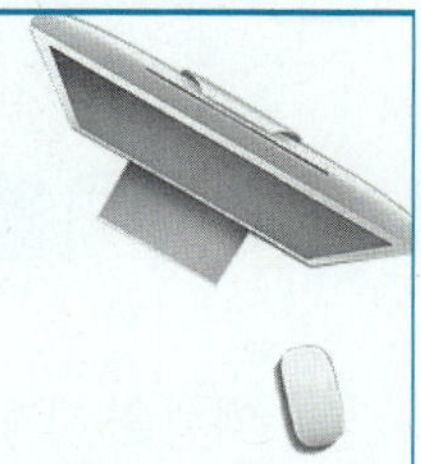

# 홈 탭을 이용한 엑셀의 기초



## 01 워크시트 및 통합자료 관리

엑셀은 셀이라는 데이터 입력 단위로 구성되어 있으며 셀들의 집합으로 구성된 워크시트 단위로 작업이 이루어진다. 엑셀은 기본적으로 문서철과 문서 그리고 문서의 데이터 개념처럼 셀 단위로 입력된 데이터들의 집합인 워크시트들이 한 장 또는 여러 장 구성되어 하나의 엑셀 문서 파일인 통합문서파일로 저장된다. 데이터를 입력하기 전에 워크시트 관리부터 살펴보자.

## 1.1 워크시트 삽입

엑셀을 시작하면 통합문서에는 기본적으로 1개의 워크시트가 포함되어 있다. 물론 통합문서에는 워크시트뿐만 아니라 다른 시트들을 포함시킬 수 있다. 워크시트를 추가하기 위한 간단한 방법은 Sheet 탭 끝에 위치한 [새 시트] 명령 단추를 클릭하면 워크시트의 끝에 새로운 워크시트가 삽입된다.

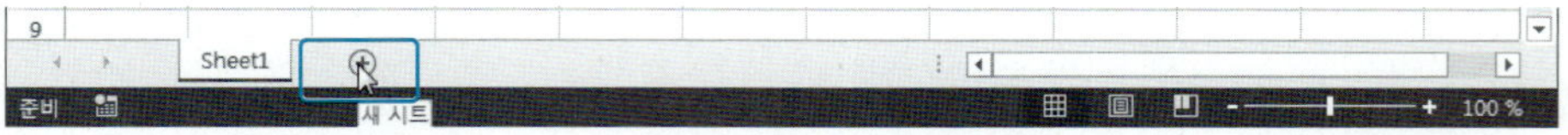

그림 2-1 [새 시트] 명령 단추를 이용한 워크시트 추가

다음과 같은 순서에 의해 워크시트 앞에 새로운 워크시트를 삽입한다.

❶ 임의의 Sheet 탭에서 마우스 오른쪽을 클릭한 후, [삽입] 메뉴를 선택한다.
❷ [삽입] 대화상자가 나타나면 일반 탭에 디폴트로 '워크시트'가 선택되어 있다.
❸ [확인]버튼을 클릭하면 해당 시트 앞에 새로운 시트가 삽입된다.

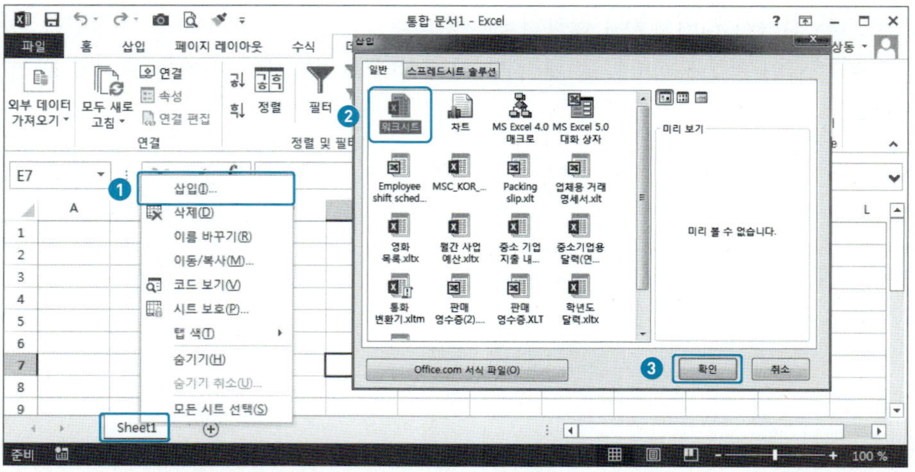

그림 2-2 워크시트 삽입

## 1.2 워크시트 삭제

워크시트를 삭제하려면 [그림 2-3]과 같이 삭제하고자 하는 시트 탭에서 마우스 오른쪽 버튼을 누르고 [삭제] 메뉴를 클릭한다. 삭제하려는 시트 상에 데이터가 존재하지 않으면 바로 삭제되고 데이터가 존재하면 저장 여부를 묻는 메시지 창이 표시된다. 시트 삭제는 바로 앞 명령 실행 취소 기능이 적용되지 않으므로 시트를 삭제할 때는 주의해야한다.

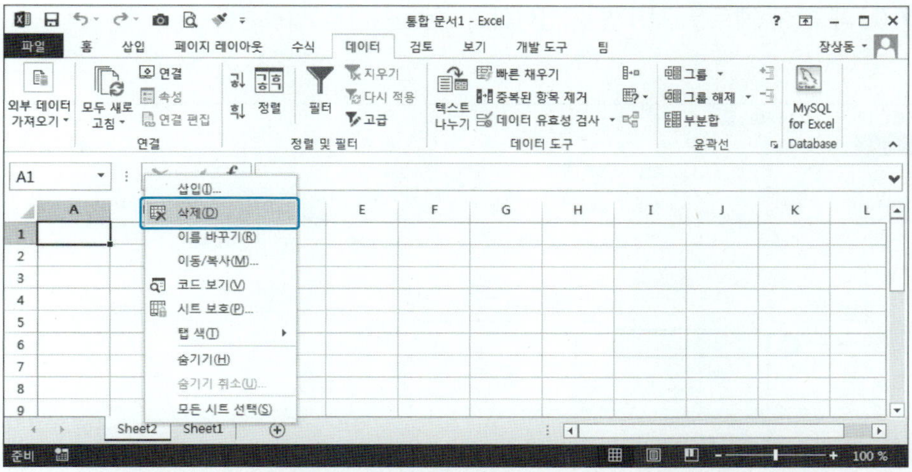


| 그림 2-3 | 워크시트 삭제

## 1.3 워크시트 이름 바꾸기

### 1 팝업 메뉴를 이용한 워크시트 이름 바꾸기

다음과 같은 순서에 의해 워크시트의 이름을 바꾼다.

❶ [그림 2-4]의 (a)와 같이 해당 시트 탭에서 마우스 오른쪽 버튼을 클릭한다.
❷ [이름 바꾸기] 메뉴를 선택한다.
❸ (b)와 같이 새로운 시트명을 입력하고 Enter↵키를 입력한다.

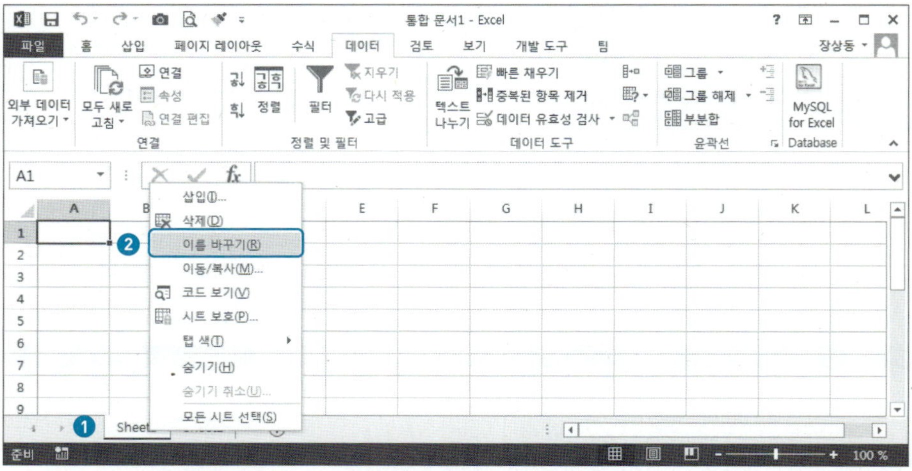

(a) 해당 시트 오른쪽 클릭후 [이름 바꾸기] 선택

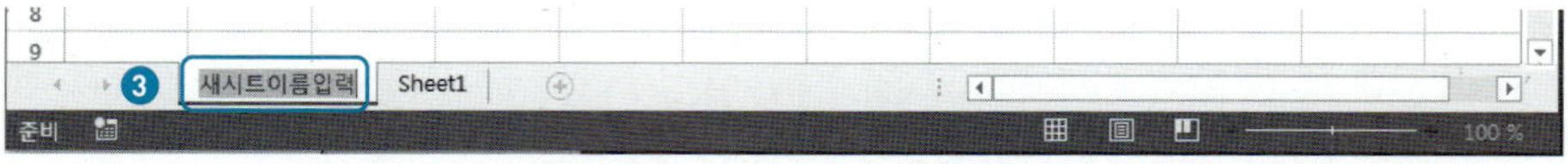

(b) 새시트이름 입력 후 Enter↵ 키 입력

| 그림 2-4 | 워크시트 이름 바꾸기

### 2 더블클릭을 이용한 워크시트 이름 바꾸기

시트 탭에서 바꾸고자 하는 시트의 이름을 더블클릭한 후 시트 탭에서 새로운 시트명을 입력한다.

## 1.4 워크시트 복사

### 1 단축 키를 이용한 워크시트 복사

시트 탭에서 복사할 시트를 선택한 후 Ctrl 키를 누른 상태에서 마우스로 드래그하여 원하는 위치에 놓으면 시트가 복사된다.

### 2 팝업 메뉴를 이용한 워크시트 복사

다음과 같은 순서에 의해 워크시트를 원하는 위치에 복사한다.

❶ [그림 2-5]의 (a)와 같이 해당 시트 탭에서 마우스 오른쪽 버튼을 클릭한다.
❷ [이동/복사] 메뉴를 선택하면 [이동/복사] 대화상자가 나타난다.
❸ [이동/복사] 대화상자에서 [대상 통합 문서]에서 시트가 복사될 파일을 선택한다.
❹ [다음 시트의 앞에]에서 원하는 시트의 위치를 선택한다.
❺ [복사본 만들기]를 체크하고 [확인]버튼을 클릭한다.
❻ (b)와 같이 해당 위치에 시트가 복사된다.

시트명은 기존 시트명에 '(2)'가 붙여진다. [이동/복사] 대화상자의 [대상 통합 문서]에서 선택할 파일은 이미 열려 있어야한다.

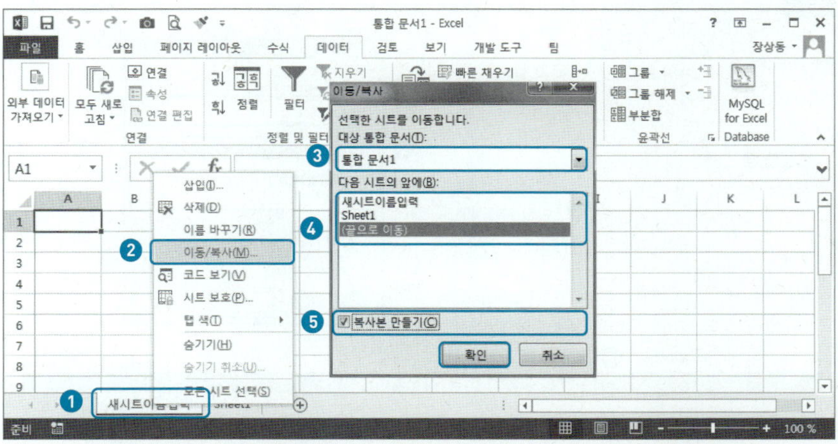


(a) [이동/복사] 메뉴 선택 후, 복사 위치 지정 및 [복사본 만들기] 체크

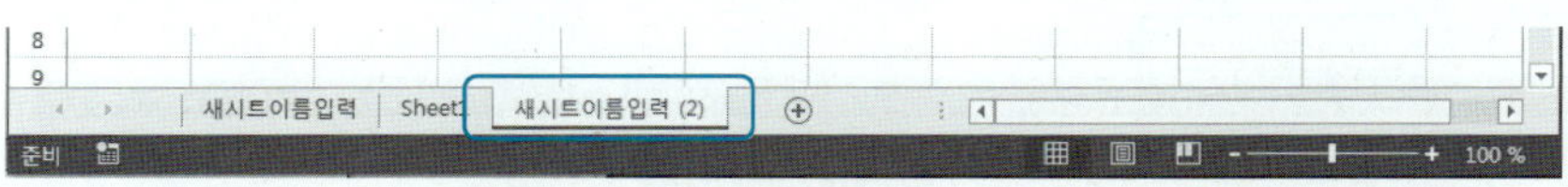


(b) 복사된 시트

| 그림 2-5 | 팝업 메뉴를 이용한 워크시트 복사

## 1.5 워크시트 이동

### 1 드래그를 이용한 워크시트 이동

시트 탭에서 이동할 시트를 선택한 후 마우스로 드래그 하여 원하는 위치에서 마우스를 놓으면 시트가 이동된다.

### 2 팝업 메뉴를 이용한 워크시트 이동

다음과 같은 순서에 의해 워크시트를 원하는 위치로 이동한다.

❶ [그림 2-6]의 (a)와 같이 해당 시트 탭에서 마우스 오른쪽 버튼을 클릭한다.
❷ [이동/복사] 메뉴를 선택하면 [이동/복사] 대화상자가 나타난다.
❸ [이동/복사] 대화상자에서 [대상 통합 문서]에서 시트가 이동할 파일을 선택한다.
❹ [다음 시트의 앞에]에서 원하는 시트의 위치를 선택한다.
❺ [확인] 버튼을 클릭한다.
❻ (b)와 같이 해당 위치로 시트가 이동한다.

[이동/복사] 대화상자의 [대상 통합 문서]에서 선택할 파일은 이미 열려 있어야한다.

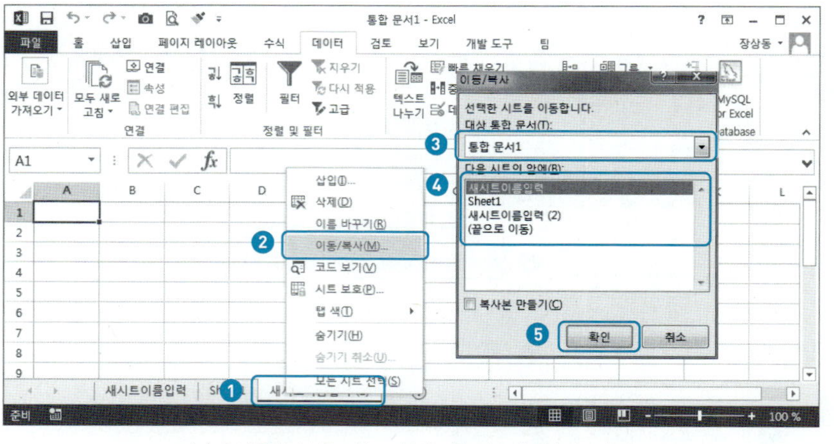


(a) [이동/복사] 메뉴 선택 후, 복사 위치 지정

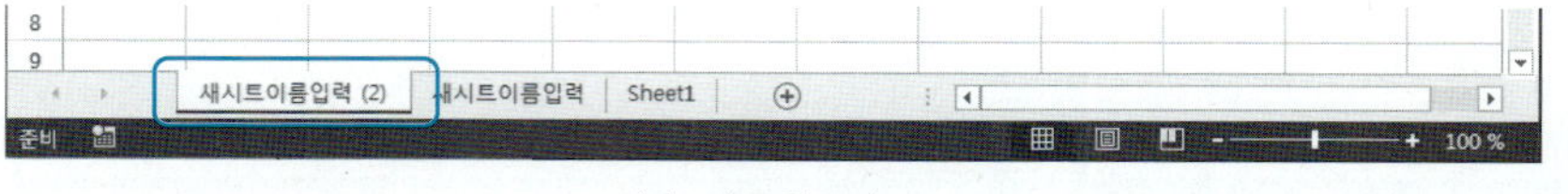


(b) 이동한 시트

| 그림 2-6 | 워크시트 이동

# 02 자료의 입력

엑셀은 입력하는 데이터가 문자인지, 숫자인지, 날짜/시간인지에 따라 지정되는 기본 서식이 다르며, 함께 사용하는 기호에 따라 지정되는 서식 또한 다르다. 문자 데이터는 영문, 한글, 한자, 특수 문자 등을 말하며, 숫자와 문자가 혼합된 데이터도 문자 데이터로 취급된다. 문자 데이터는 기본적으로 왼쪽으로 정렬된다. 열 너비보다 긴 문자는 오른쪽 셀이 비어있을 경우에는 오른쪽 셀에 이어서 표시되고, 오른쪽 셀에 데이터가 있는 경우에는 열 너비를 초과하는 만큼의 나머지 데이터는 숨겨서 표시된다. 데이터는 셀 단위로 입력하고, 셀 단위로 편집해야 한다. 데이터의 입력은 데이터를 입력하고자 하는 셀을 선택하고 직접 셀에 입력하는 방법과 셀을 선택하고 수식 입력줄에 입력하는 방법이 있다. 각 데이터의 입력에 따른 서식들을 자세히 살펴보자.



## 2.1 숫자 입력하기

수치 데이터는 숫자, 날짜, 시간과 같이 계산할 수 있는 데이터를 말한다. 숫자는 +, −, 콤마(,), 소수점(.), %, \, $ 기호를 붙여 입력 할 수 있는데 반드시 형식에 맞추어 써야 한다.

수치데이터를 입력하면 셀 오른쪽으로 정렬된다. 숫자와 관련하여 셀에 적용되는 기본 서식은 다음과 같고 [그림 2-7]은 숫자에 적용되는 서식의 예를 나타낸다.

❶ 숫자 입력은 숫자로 인식하고 오른쪽 정렬된다.
❷ 숫자 11자리까지 원래의 숫자로 표시된다.
❸ 12자리 이상은 지수로 표시된다.
❹ 세자리 마다 ,(콤마)를 입력해도 숫자로 인식한다.
❺ 열 너비 보다 길이가 긴 숫자를 입력하면 열 너비는 자동으로 늘어난다. 열 너비를 강제로 줄이면 서식이 지정된 숫자 데이터는 #으로 표시된다. 열 너비를 다시 넓히면 정상적으로 표시되며, 계산도 정상적으로 수행된다.
❻ − 는 음수로 인식한다.
❼ 괄호 속 숫자는 음수로 인식한다.
❽ 화폐단위를 입력하면 숫자로 인식한다.
❾ 백분율(%)을 입력하면 숫자로 인식한다.

|  | A | B–G |
|---|---|---|
| 1 |  |  |
| 2 | 화면 표시 | 설명(실제 입력값) |
| 3 | 123 | ① 숫자 입력은 숫자로 인식, 오른쪽 정렬(123) |
| 4 | 12345678901 | ② 숫자 11자리까지 원래의 숫자로 표시(12345678901) |
| 5 | 1.23457E+11 | ③ 12자리 이상은 지수로 표시(123456789012) |
| 6 | 123,456,789 | ④ 세자리 마다 ,(콤마)를 입력해도 숫자로 인식(123,456,789) |
| 7 | ########## | ⑤ 숫자 길이가 열 너비보다 길면 #으로 표시(123456789123) |
| 8 | -122 | ⑥ - 는 음수로 인식(-122) |
| 9 | -123 | ⑦ 괄호 속 숫자는 음수로 인식((123)) |
| 10 | $100 | ⑧ 화폐단위를 입력하면 숫자로 인식($100) |
| 11 | 80% | ⑨ 백분율(%)을 입력하면 숫자로 인식, 0.8에 해당(80%) |
| 12 |  |  |

| 그림 2-7 | 숫자의 기본 서식

## 2.2 문자 입력하기

문자 데이터는 한글, 영문, 일본어, 한자, 특수문자와 같이 계산할 수 없는 데이터를 말한다. 숫자와 문자가 혼합된 데이터는 문자 데이터로 취급되며, 문자 데이터를 셀에 입력하면 왼쪽으로 정렬된다. 문자와 관련하여 셀에 적용되는 기본 서식은 다음과 같고 [그림 2-8]은 문자의 기본 서식에 적용되는 기본 서식의 예를 나타낸다.

❶ 별도의 지정이 없다면 문자는 왼쪽, 숫자는 오른쪽 기준으로 정렬된다.
❷ 열 너비 보다 긴 문자는 오른쪽 셀이 비어있을 경우에는 오른쪽 셀에 이어서 표시
❸ 오른쪽 셀에 데이터가 있는 경우에는 긴 만큼의 나머지 데이터는 숨겨서 표시된다.
❹ 한 셀에 두 줄로 입력하려면, Alt 키를 누른 상태에서 Enter↵ 키를 치면 된다.
❺ 어퍼스트로피(') 기호를 앞에 붙이고 숫자를 입력하면 문자로 인식한다.

|  | A | B | C | D–J |
|---|---|---|---|---|
| 1 |  |  |  | 설명 |
| 2 | 엑셀 |  |  | ① 문자 입력 |
| 3 | 컴퓨터활용과 의사소통 |  |  | ② 열 너비 보다 긴 데이터는 오른쪽 셀에 이어서 표시 |
| 4 | 컴퓨터활용과 | 발표와 스토리텔링 |  | ③ 오른쪽 셀에 데이터가 있으면 데이터의 일부는 숨겨서 표시 |
| 5 | 컴퓨터활용과<br>의사소통 |  |  | ④ "데이터처리와"를 입력 후 ALT+ENTER 입력, "프리젠테이션" 입력 |
| 6 | 1/2 |  |  | ⑤ 어퍼스트로피(') 입력 후 1/2 입력 |

| 그림 2-8 | 문자의 기본 서식

## 2.3 날짜/시간 데이터 입력

문서를 작성한 날짜를 표시할 때는 날짜 형식에 맞춰 입력하지 않아도 된다. 하지만 근속일수, 나이, 야간 근무수당을 계산할 때 쓰는 날짜나 시간이라면 날짜/시간 데이터 형식에 맞게 입력해야 한다. 날짜/시간 데이터도 수치 데이터에 속하므로 오른쪽으로 정렬된다. 날짜와 시간에 관련하여 셀에 적용되는 기본 서식은 다음과 같고 [그림 2-9]는 날짜와 시간에 적용되는 기본 서식의 예를 나타낸다.

❶ 숫자 – 숫자는 월–일로 인식한다.
❷ 숫자 – 숫자 – 숫자는 년 – 월 – 일로 인식한다.
❸ 숫자 : 숫자는 시 : 분으로 인식한다.
❹ AM 또는 PM을 뒤에 붙여도 시간으로 인식한다.
❺ Ctrl + ; 키를 누르면 오늘 날짜가 자동으로 입력된다.
❻ Ctrl + Shift + ; 키를 누르면 현재 시간이 자동으로 입력된다.
❼ 열 너비보다 길이가 길어지면, #으로 채워져서 표시된다.

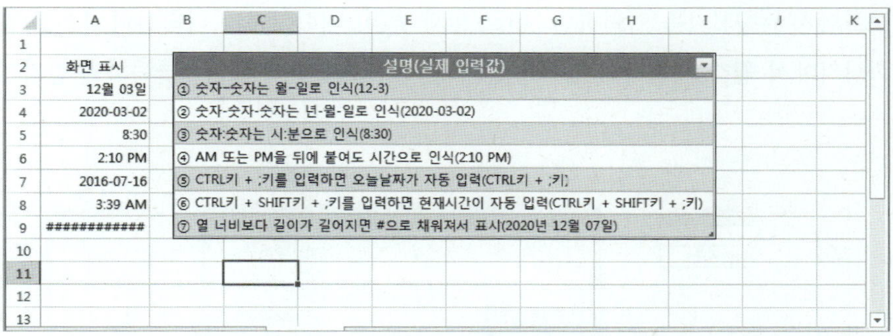


| 그림 2-9 | 날짜/시간의 기본 서식

## 2.4 한자 입력하기

한자를 글자별로 입력할 때는 [그림 2-10]과 같이 한자로 바꿀 글자(경)를 입력한 다음, 글자의 배경이 검정색인 상태에서 키보드에 있는 [한자] 키를 입력하면 해당 한자의 목록이 나타난다, 숫자키, 이동키, 마우스 중 하나를 선택해서 원하는 한자를 선택한다.

| 그림 2-10 | [한자]키를 이용한 한자 입력

단어별로 한자를 바꿀 수도 있다. [그림 2-11]과 같이 해당 단어를 입력하고 한 칸 띄운 다음, 키보드에서 [한자]키를 입력하면 [한글/한자 변환] 대화상자가 나타난다. [한글/한자 변환] 대화상자에서 원하는 한자와 입력형태를 선택하고 [변환] 버튼을 클릭하면 한자가 입력된다.

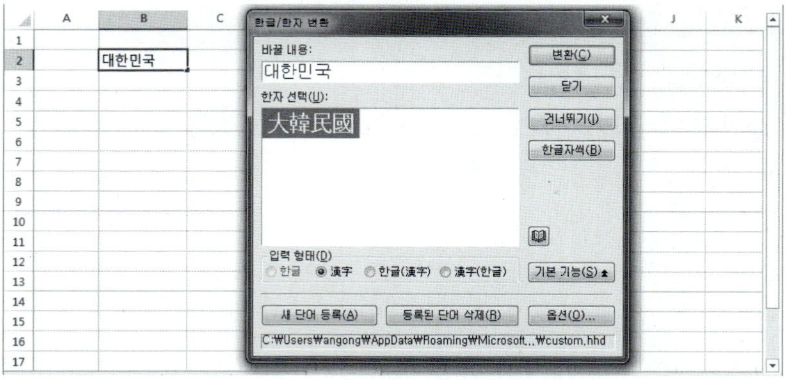

| 그림 2-11 | [한자]키를 이용한 단어별 한자 변환

# 03 셀 서식

[홈]탭의 [글꼴], [맞춤], [표시형식]그룹에서는 다양한 글꼴 서식이나 문단의 정렬, 자료의 표시형식을 지정하는 기능이 모여 있어 쉽고 빠르게 서식을 적용할 수 있다. 리본 메뉴에서 글꼴 서식으로 마우스 포인터를 가져가면 실시간 미리 보기로 적용 결과를 미리 확인할 수 있다. 자주 바꿔야 하는 셀 서식은 [홈]탭의 [스타일]그룹에서 찾아 사용한다. 직접 셀 서식을 변경해야 할 경우 [홈]탭의 [글꼴], [맞춤], [표시형식]그룹을 이용해서 글꼴, 맞춤, 표시형식과 관련한 서식을 지정한다. [홈]탭에 나타나지 않는 셀 서식은 [그림 2-12]와 같이 [글꼴], [맞춤], [표시형식]그룹에 있는 [셀 서식] 대화상자 표시단추를 클릭하면 나타나는 [셀 서식] 대화상자를 이용하여 서식을 설정한다.

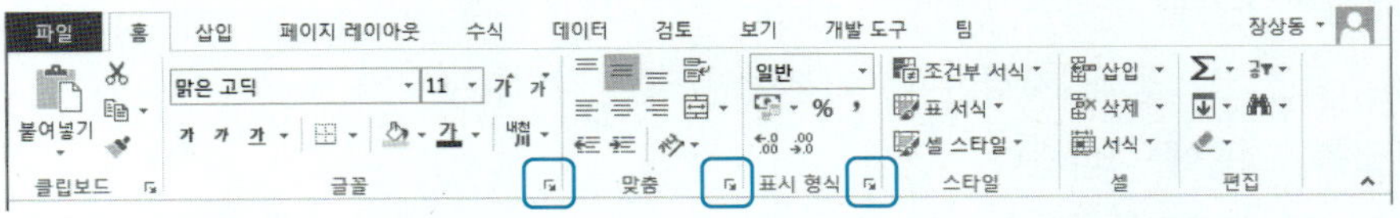


| 그림 2-12 | [홈] 탭의 [글꼴], [맞춤], [표시형식]그룹과 대화 상자 표시단추

[그림 2-13]은 [셀 서식]대화상자를 나타낸다. [셀 서식] 대화상자에서 표시형식, 맞춤, 글꼴, 테두리, 색 채우기 등 셀 서식과 관련된 모든 사항을 수정한다.

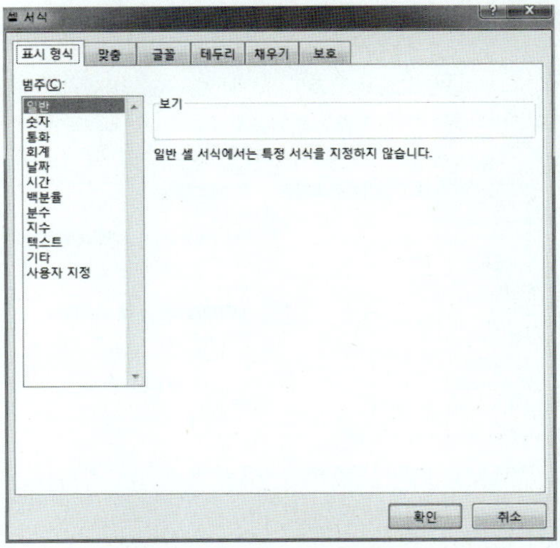


| 그림 2-13 | [셀 서식] 대화상자

[그림 2-13]에 있는 각 탭의 기능은 다음과 같다.

❶ [표시 형식]탭　입력한 숫자와 문자, 날짜 등을 어떻게 화면에 표시할지 지정한다.
❷ [맞춤]탭　가로/세로, 위/아래와 같이 데이터가 놓일 위치와 방향을 지정한다.
❸ [글꼴]탭　글꼴, 글자 스타일, 글자 크기, 글자 색과 같이 글꼴과 관련한 내용을 지정하는데 표준도구 모음을 더 많이 사용한다.
❹ [테두리]탭　셀 영역의 테두리 모양, 위치, 색을 지정한다.
❺ [무늬]탭　셀 영역에 채워질 색과 무늬를 지정한다.
❻ [보호]탭　셀 영역이 변경, 이동, 크기 조정, 삭제되지 않도록 보호한다.

## 3.1 글꼴 서식

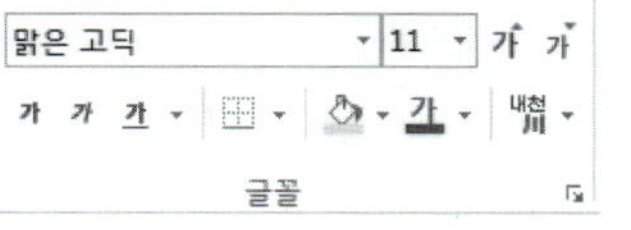


| 그림 2-14 | [글꼴] 그룹

글꼴 서식은 문자를 꾸미는 방법으로 글꼴, 글꼴 크기, 글꼴 스타일, 글꼴 색 등을 지정한다. 기본적인 글꼴 서식은 [홈]-[글꼴] 그룹에 나타난다.
[그림 2-14]의 글꼴 그룹에 있는 아이콘은 [그림 2-15]의 [글꼴]탭에 있는 글꼴, 글꼴 스타일, 크기, 밑줄, 색, 효과 등에서 자주 사용되는 기능을 빠르게 사용할 수 있도록 한 것이다. [홈]-[글꼴]-[글꼴] 대화상자 표시단추를 클릭하면 [그림 2-15]의 [셀 서식]-[글꼴] 탭이 바로 나타난다. 이 대화상자에서 취소선, 위첨자, 아래첨자와 같이 [글꼴] 그룹에 없는 글꼴 서식을 지정할 수 있다.

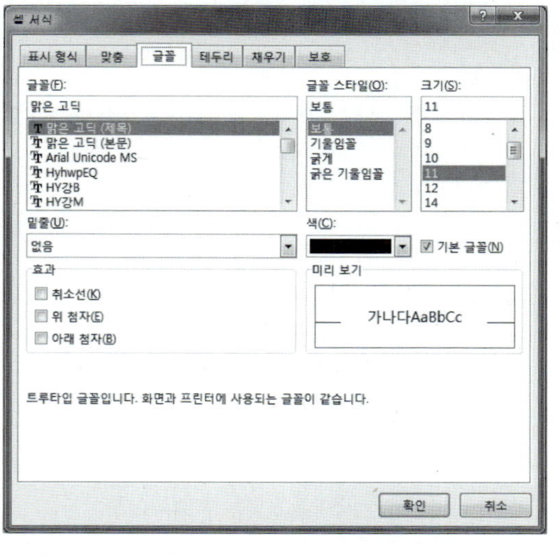


| 그림 2-15 | [셀 서식] 대화상자의 [글꼴]탭

간단한 셀 서식이라면 [그림 2-16]과 같이 셀 서식관련 미니 도구 모음을 이용해도 편리하다. 워크시트에서 작업하다가 마우스 오른쪽 버튼을 클릭하면 [그림 2-16]의 (a)와 같은 셀 서식 미니 도구 모음이 나타난다. 원하는 서식을 바로 지정할 수 있다.
글꼴 서식만 바꾸고 싶을 때는 글꼴 서식 미니 도구 모음을 이용해도 편리하다. 글꼴 서식 미니 도구모음은 텍스트를 드래그해서 범위로 지정하거나 셀을 더블클릭 후 마우스 오른쪽 버튼을 클릭하면 [그림 2-16]의 (b)와 같이 나타난다.

(a) 미니도구 (b) 글꼴 서식 미니도구

| 그림 2-16 | 미니도구 모음



## 3.2 테두리 서식

[홈]-[글꼴]그룹에 있는 테두리 도구의 확장단추를 클릭하면 [그림 2-17]과 같이 테두리 그리기 목록 상자가 나타난다.

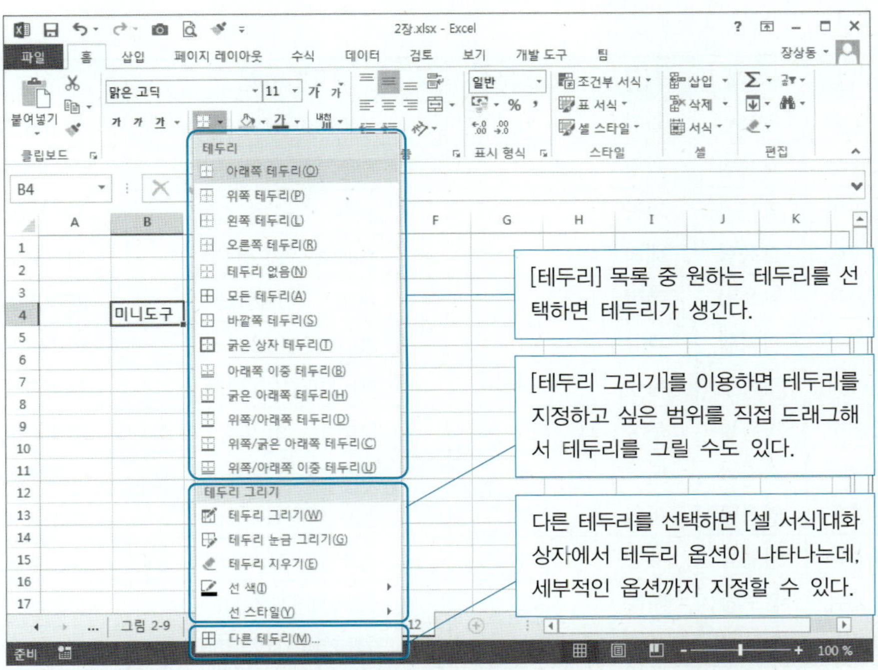


| 그림 2-17 | 테두리 도구의 확장

[그림 2-17]에서 표현하기 곤란한 테두리의 경우 [셀 서식] 대화상자를 직접 이용하면 된다. [그림 2-18]은 테두리 기능을 지원하는 [셀 서식] 대화상자의 [테두리] 탭을 나타낸다.

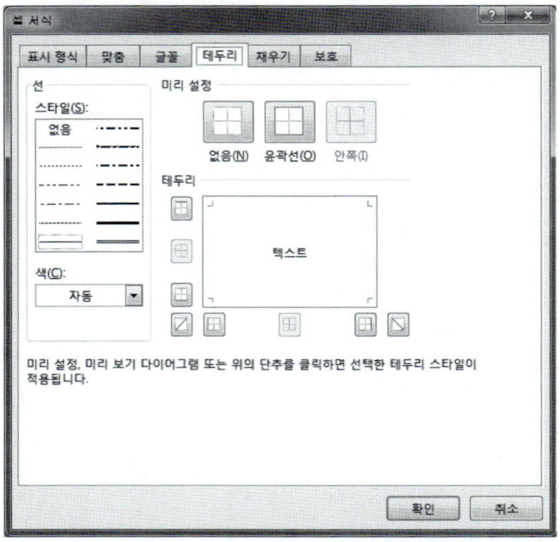


| 그림 2-18 | [셀 서식] 대화상자의 [테두리]탭

셀에 테두리를 적용한 네 가지 예를 살펴보자. 우선 〈표 2-1〉의 데이터를 B4번 셀에서부터 입력하고 시트명을 "인사기록표"로 지정하자.

| 표 2-1 | 인사기록표

| 성명 | 부서 | 직급 | 교육횟수 | 주민번호 | 연봉 |
|---|---|---|---|---|---|
| 김팔쥐 | 교육팀 | 과장 | 1 | 700716-1123456 | 17460000 |
| 강준우 | 교육팀 | 과장 | 3 | 641213-1123456 | 20160000 |
| 김경민 | 교육팀 | 과장 | 5 | 580403-1123456 | 17910000 |
| 박광현 | 교육팀 | 대리 | 3 | 720912-2123456 | 11808000 |
| 함공유 | 교육팀 | 부방 | 6 | 601018-1123456 | 27000000 |
| 구선녀 | 기획팀 | 과장 | 1 | 720617-2123456 | 17640000 |
| 윤미래 | 기획팀 | 사원 | 4 | 700110-2123456 | 10998000 |
| 박승주 | 기획팀 | 부장 | 2 | 591010-2123456 | 27900000 |
| 장나라 | 기획팀 | 대리 | 5 | 580912-2123456 | 15238800 |
| 이민우 | 영업팀 | 사원 | 2 | 620303-1123456 | 13338000 |
| 차승현 | 영업팀 | 부장 | 4 | 601212-1123456 | 25200000 |
| 한콩쥐 | 홍보팀 | 대리 | 2 | 711010-1123456 | 13338000 |
| 김삼순 | 홍보팀 | 부장 | 8 | 640823-1123456 | 15080400 |

## 1 모든 테두리 적용하기

모든 테두리를 적용하려면 [그림 2-19]와 같이 입력된 데이터에 대해 테두리를 적용할 범위를 드래그하여 선택한 다음 [테두리] 목록 중 [모든 테두리]를 선택하면 [그림 2-20]과 같이 지정된 범위의 모든 선에 테두리가 나타난다.

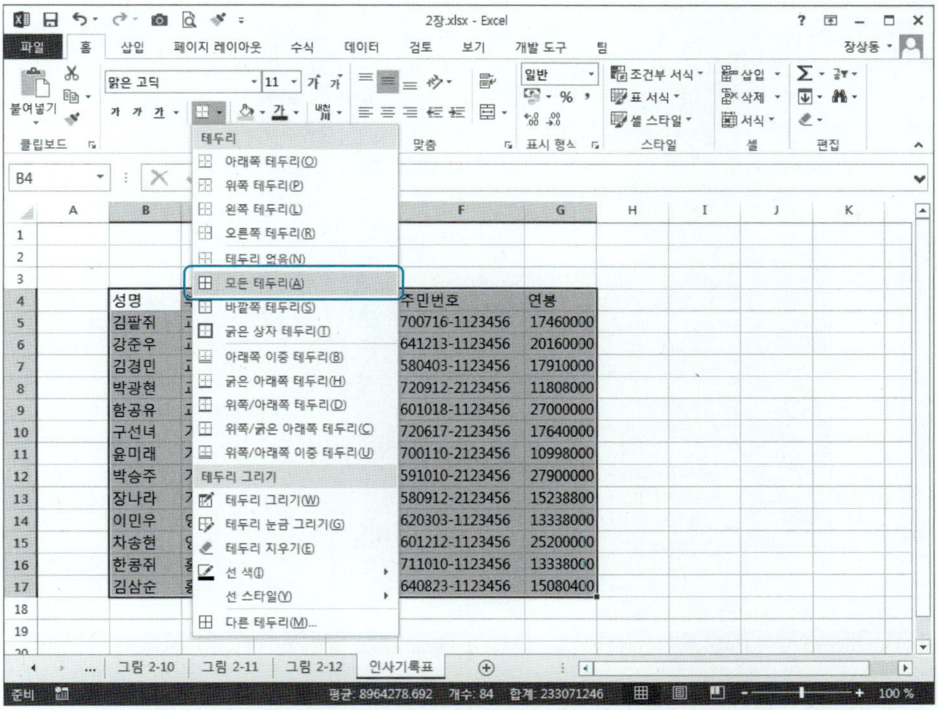


| 그림 2-19 | [모든 테두리] 적용

## 2 표 전체 윤곽선 진하게 지정하기

표 전체 윤곽선을 진하게 지정하기 위해서는 [그림 2-20]과 같이 테두리를 적용할 범위를 지정한 다음 [테두리] 목록 중 [굵은 상자 테두리]를 선택한다.

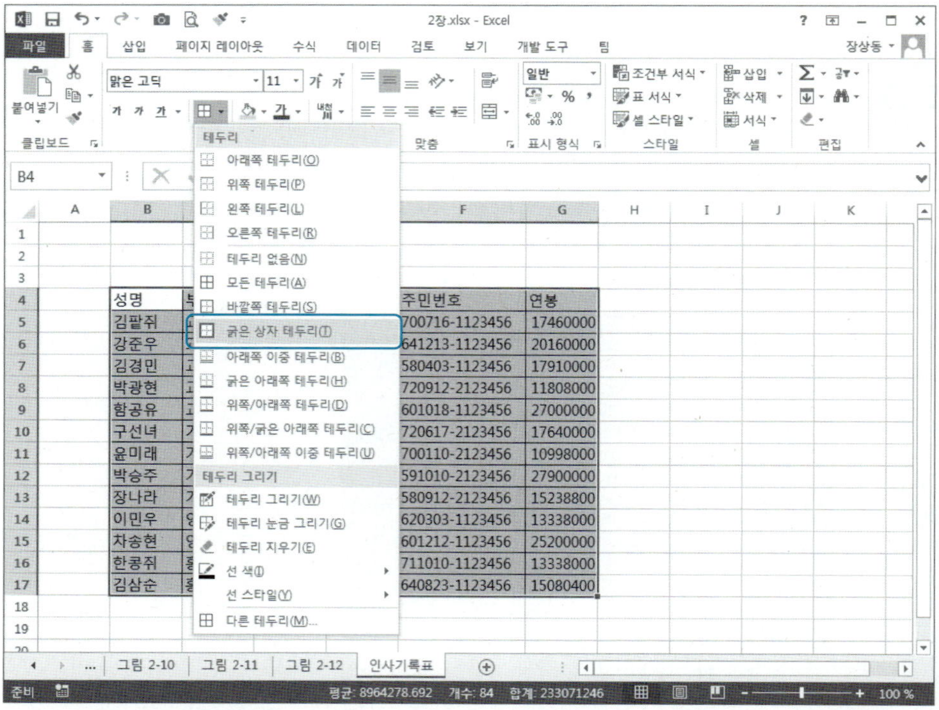

| 그림 2-20 | [굵은 상자 테두리] 적용

[셀 서식]대화상자에서 [테두리]를 이용하는 방법은 다음과 같다.

1. 윤곽선을 나타내야 할 범위를 지정한다.
2. [셀 서식]대화상자에서 선 스타일을 지정한다.
3. [미리 설정]란에서 윤곽선을 선택한다.

[그림 2-21]은 [셀 서식]대화상자에서 윤곽선을 지정하는 방법을 나타낸다. [선]을 먼저 지정한 뒤 나머지 기능을 적용하여야 한다. [미리 설정]에서는 [윤곽선]과 [안쪽]을 선택하자. [윤곽선]은 바깥쪽 테두리 선을 나타내며 [안쪽]은 바깥쪽을 제외한 안쪽선을 나타낸다. [테두리]의 가운데 있는 표를 보면서 작업하면 된다. [테두리] 주변으로 있는 작은 버튼을 이용하면 개별 선을 설정할 수 있다.

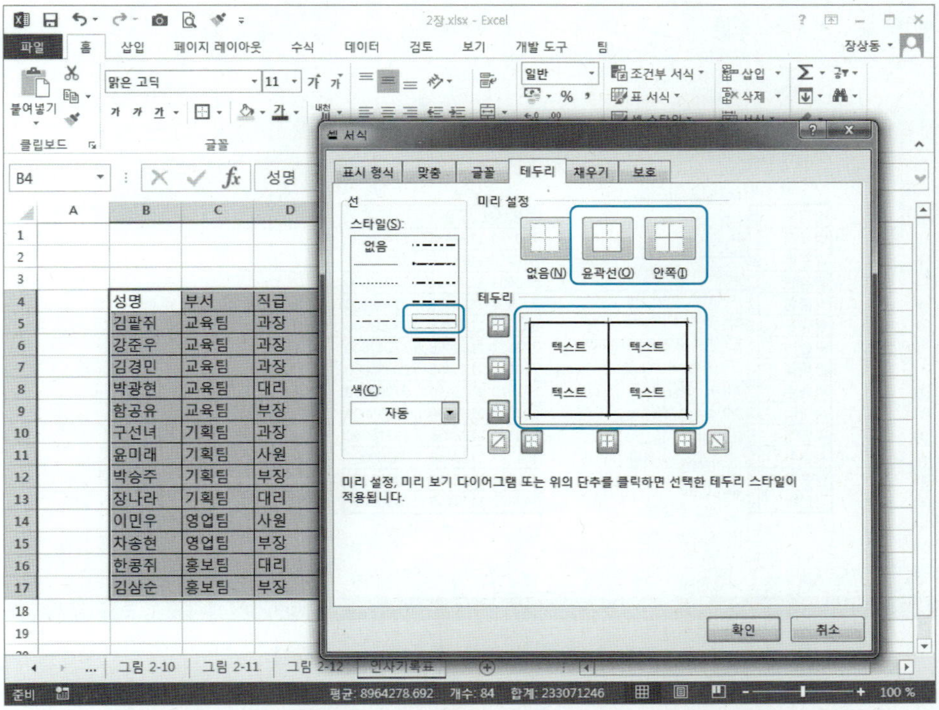

| 그림 2-21 | [셀 서식]대화상자에서 윤곽선 지정하기

## 3 이중선 지정하기

이중선을 지정하기 위해서는 [그림 2-22]와 같이 제목줄 '성명' ~ '연봉'까지의 범위를 선택한 다음 [테두리] 목록 중 [아래쪽 이중 테두리]를 선택한다.

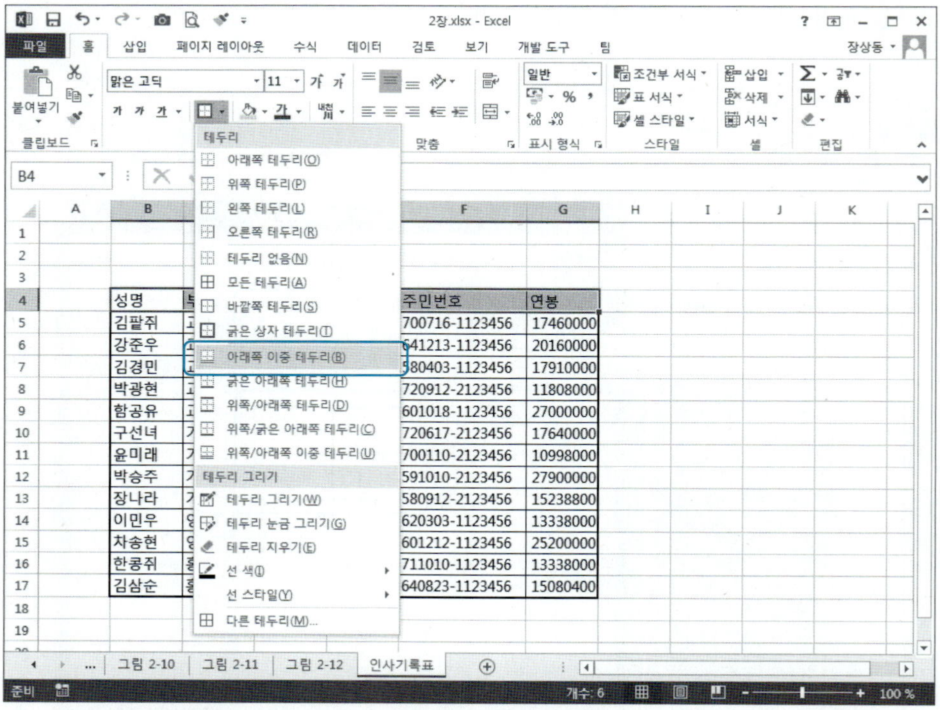

| 그림 2-22 | [아래쪽 이중 테두리] 지정

[셀 서식]대화상자의 테두리 탭을 이용하여 아래쪽 이중 테두리를 지정하는 방법은 [그림 2-23]과 같다.

❶ 제목 한 줄만 범위 지정한다.
❷ [셀 서식]대화상자에서 선 스타일을 이중선으로 지정한다.
❸ 테두리에서 아래쪽을 선택한다.

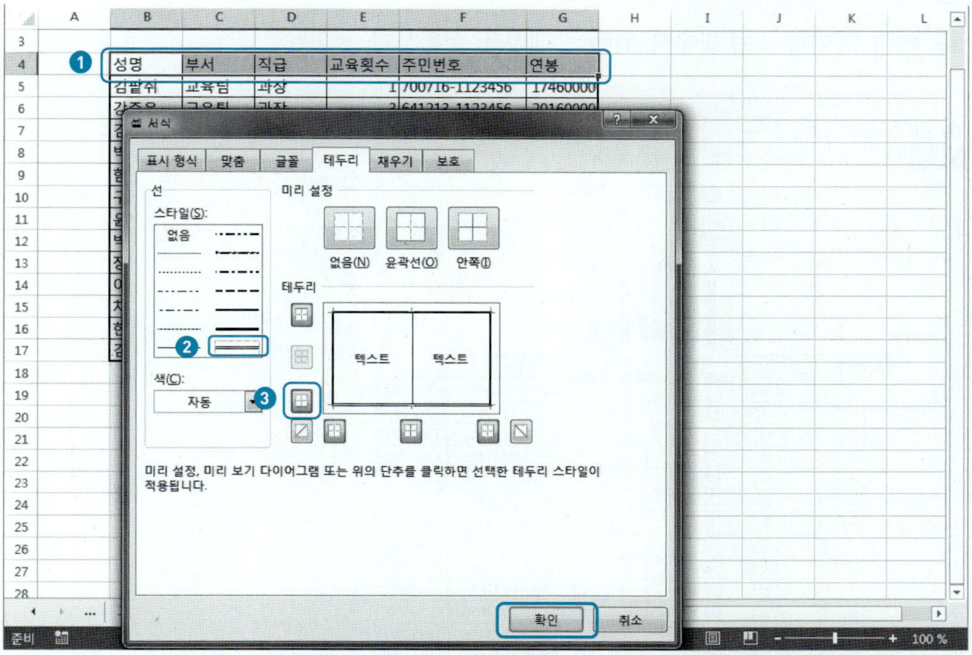

| 그림 2-23 | [셀 서식]대화상자의 [테두리]탭에서 아래쪽 이중 테두리 지정하기

## 4 색 채우기와 무늬 지정

[홈]탭의 [글꼴]그룹에 있는 채우기 색 도구의 확장단추를 클릭하면 테마 색 50개와 표준 색 10개가 나타난다.

다음은 표의 머리글에 색을 적용하는 예이고 [그림 2-24]는 그 과정을 나타낸다.

❶ 표의 머리글을 범위 지정한다.

❷ 채우기 색 도구의 확장단추를 클릭한다.

❸ 테마 색이나 표준색에서 원하는 색상을 선택한다.

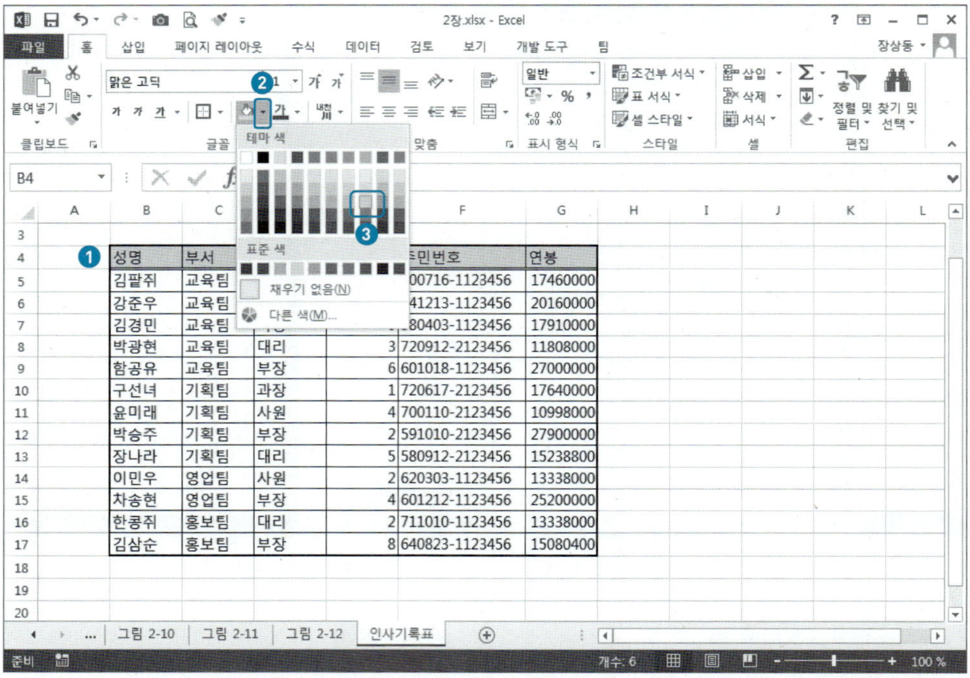

| 그림 2-24 | 표의 머리글에 색상 지정

[셀 서식]대화상자에서 [채우기]탭을 이용하면 채우기 색뿐만 아니라 채우기 색 효과와 무늬를 지정할 수 있다. [그림 2-25]와 같이 [채우기]탭의 배경색 색상표 아래 〈채우기 효과〉 버튼을 선택하면 그라데이션 효과를 지정할 수 있다. 다음은 [셀서식]대화상자의 [채우기]탭을 이용하는 방법이다.

❶ 제목 한 줄만 범위 지정한다.

❷ [셀 서식] 대화상자에서 채우기 탭을 선택 한 후 〈채우기 효과〉 버튼을 클릭한다.

❸ [채우기 효과] 대화상자가 나타나면 두 가지 색을 지정한다.

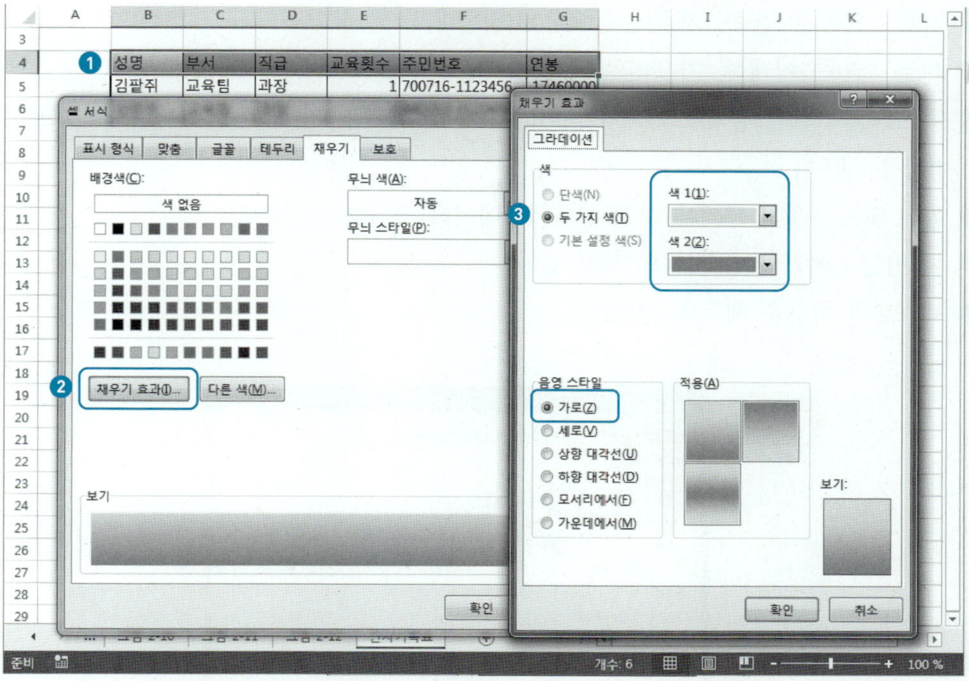

| 그림 2-25 | [셀 서식]대화상자를 이용한 색 채우기

## 3.3 맞춤서식

[맞춤] 그룹은 셀에 입력되어 있는 데이터의 쓰기 방향, 회전 방향, 병합, 줄 바꿈 등을 설정한다.

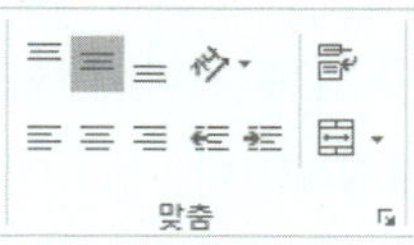

| 그림 2-26 | [맞춤]서식

[그림 2-26]의 [맞춤] 그룹에 있는 명령어는 ① 텍스트 세로 맞춤 그리고 ② 텍스트 가로 맞춤, ③ 텍스트 방향과 세로 쓰기 방향, ④ 내어쓰기/들여쓰기, ⑤ 텍스트 줄 바꿈/해제, ⑥ 병합하고 가운데 맞춤/해제, ⑦ [셀 서식]-[맞춤] 대화상자 표시가 있다.

[셀 서식]-[맞춤] 대화상자는 셀 안의 데이터를 가로나 세로 기준으로 어느 쪽에 위치시킬 것인지와 글자 방향을 지정하는 기능들이 있다. 셀 병합과 셀 안에서의 줄바꿈 기능도 여기에 속한다. 다음은 [그림 2-27]에 있는 [셀 서식]대화상자의 [맞춤]탭의 기능에 대한 설명이다.

❶ 가로 왼쪽, 오른쪽, 가운데 등으로 지정한다.

❷ 세로 위쪽, 아래쪽, 가운데 등으로 지정한다.

❸ 텍스트 줄 바꿈 셀의 크기보다 데이터의 길이가 더 긴 경우 셀 내에서 자동적으로 줄 바꿈을 해준다.

❹ 셀에 맞춤 셀의 크기에 맞게 셀 내의 데이터 크기를 결정한다.

❺ 셀 병합 여러 셀을 하나의 셀로 합친다.

❻ 텍스트의 방향을 세로로 지정한다.

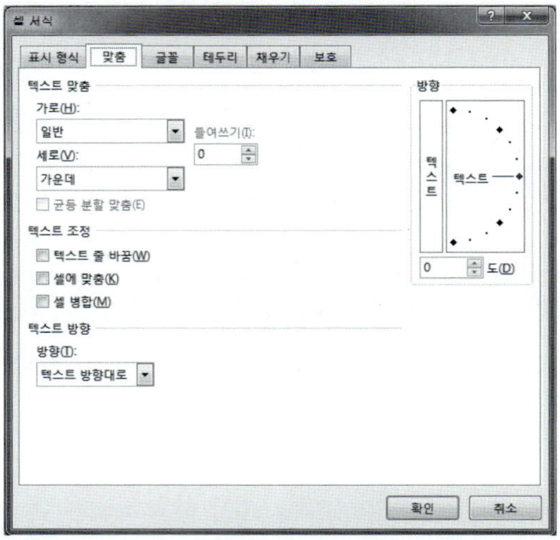


| 그림 2-27 | [셀 서식] 대화상자의 맞춤탭

맞춤 형식을 적용한 예를 몇 가지 살펴보자.

## 1 텍스트 세로 맞춤 및 가로 맞춤

정렬을 하고자 하는 셀을 선택한 후, [셀 서식] 대화상자의 가로에 대해 맞춤 방식을 왼쪽, 가운데, 오른쪽 중의 하나로 지정하거나, 세로에 대해 위쪽, 가운데, 아래쪽 중 하나를 지정한다. [그림 2-28]은 각 셀에 있는 "경남대학교"라는 글자에 대해 세로 맞춤과 가로 맞춤에 대해 각각의 맞춤 방식을 지정한 것이다.

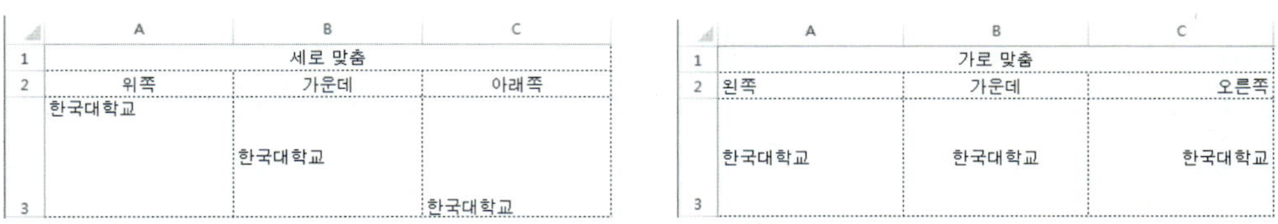


| 그림 2-28 | 텍스트 세로 맞춤과 가로 맞춤

## 2 텍스트 방향

[그림 2-29]와 같이 셀을 기준으로 텍스트 세로 쓰기 방향과 회전 등을 지정할 수 있다.

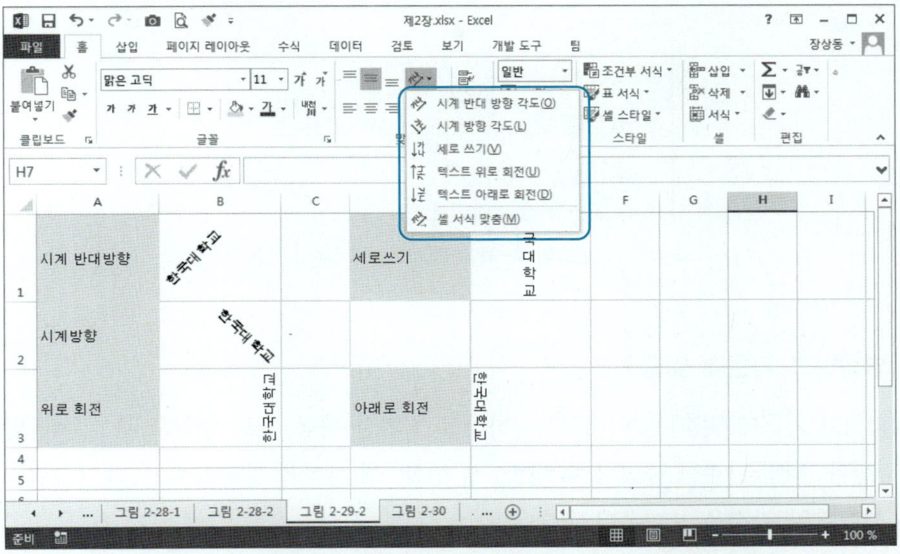


| 그림 2-29 | 텍스트 세로 맞춤과 가로 맞춤

## 3 내어쓰기/들여쓰기

글자를 내어 쓰거나 들여 쓸 수 있다. 문자 또는 숫자를 들여 쓰면 왼쪽을 기준으로 한 단계 안으로 들여 쓰면서 셀과 테두리 사이에 여백이 생긴다. 반대로 내어쓰기를 하면 한단계 밖으로 내어 쓰면서 세로가 테두리 사이에 여백을 줄이고 숫자나 문자가 왼쪽에 다다르면 더 이상 내어쓰기를 할 수 없다. [그림 2-30]은 들여쓰기와 내어쓰기의 예를 보여준다.

| | A | B | C | D | E |
|---|---|---|---|---|---|
| 1 | 숫자 들여/내어쓰기 | | | 문자 들여/내여쓰기 | |
| 2 | 입력값 | 1000 | | 입력값 | 한국대학교 |
| 3 | 들여쓰기 | 1000 | | 들여쓰기 | 한국대학교 |
| 4 | 들여쓰기 | 1000 | | 들여쓰기 | 한국대학교 |
| 5 | 내어쓰기 | 1000 | | 내어쓰기 | 한국대학교 |
| 6 | 내어쓰기 | 1000 | | 내어쓰기 | 한국대학교 |

| 그림 2-30 | 들여쓰기와 내어쓰기

## 4 텍스트 줄바꿈

[텍스트 줄바꿈]은 한 셀에 많은 데이터가 입력되어 있는 경우 여러 줄로 표시되도록 한다. [그림 2-31]은 텍스트 줄바꿈의 예를 보여준다.

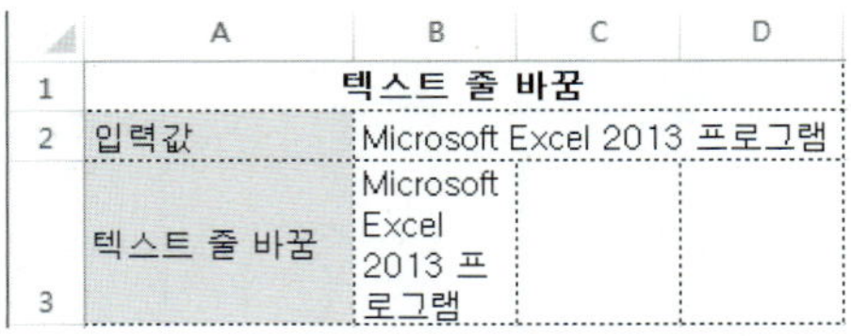


| 그림 2-31 | 텍스트 줄바꿈

## 5 병합하고 가운데 맞춤

[병합하고 가운데 맞춤]은 여러 셀을 하나로 병합한 다음 가로 방향으로 가운데 맞춤을 지정한다. 확장 단추를 눌러 전체 병합, 셀 병합, 셀 분할을 설정할 수 있다. [그림 2-32]는 셀병합의 과정을 보여준다.

❶ 병합할 셀을 지정한다.

❷ 셀병합 확장단추를 클릭해서 [병합하고 가운데 맞춤]을 선택한다. 한번 더 선택하면 셀병합이 취소된다.

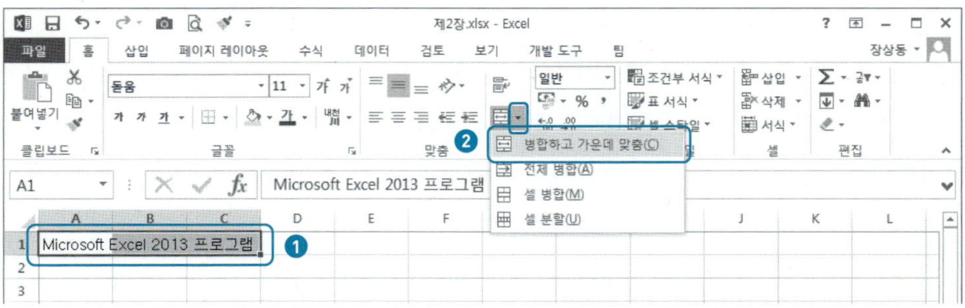


| 그림 2-32 | 셀 병합

## 3.4 표시형식

셀에 입력된 문자와 수치 데이터를 화면에 어떻게 보일지 결정하는 것이 표시 형식이다. 표시 형식 일반, 숫자, 통화, 회계, 날짜, 시간, 백분율, 분수, 지수, 텍스트, 기타, 사용자 지정형식이 있다. 기본적으로 표시 형식은 [홈]탭의 [표시 형식]그룹에 모여 있다. 아이콘 모양의 명령어를 클릭하는 것만으로 데이터의 서식을 쉽게 지정할 수 있다.

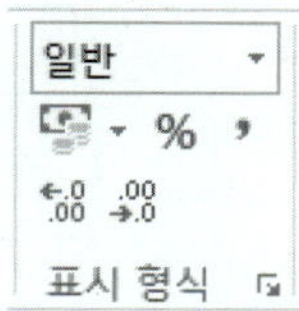


| 그림 2-33 | 표시 형식

[그림 2-33]의 [표시 형식]그룹에 있는 명령어는 표시형식 지정상자 그리고 회계표시형식, 백분율 스타일, 쉼표 스타일, 자릿수 늘림, 자릿수 줄임, [셀 서식]대화상자 표시가 있다. [그림 2-34]와 같이 표시형식 지정 목록 상자를 이용하면 다양한 형식의 표시 형식을 지정할 수 있다.

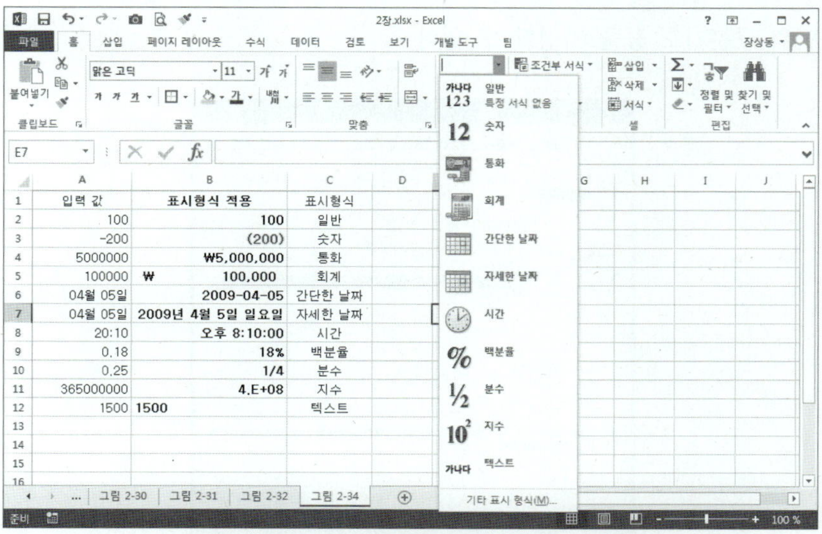


| 그림 2-34 | 표시 형식 지정 목록상자 및 사용 예

[그림 2-35]와 같이 [통화] 기호 지정 상자를 클릭하면 원화(₩), 달러($), 엔화(¥)등을 지정 할 수 있다. 숫자 세 자리마다 쉼표를 지정한다. 그리고 회계형식으로 지정되므로 통화 기호와 소수점에 맞추어 열이 정렬된다.

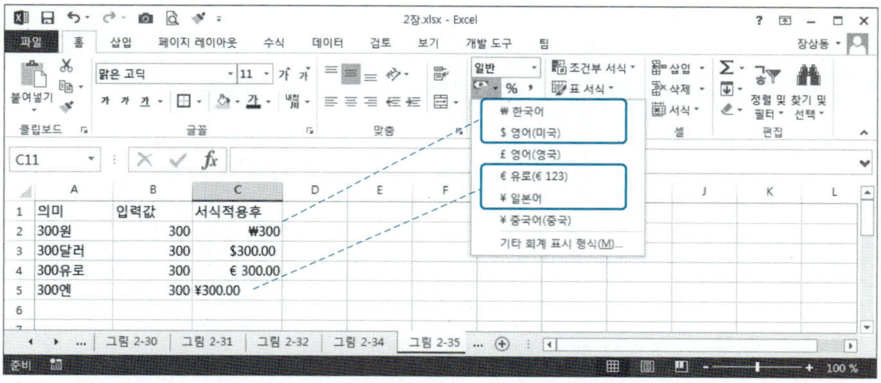


| 그림 2-35 | 통화 기호와 사용 예

또 다른 방법으로 [셀 서식]대화상자의 [표시형식]탭에서 옵션을 바꿀 수 있다.

## 1 숫자형식

[그림 2-36]과 같이 숫자 형식은 일반적인 숫자를 나타내는데 사용한다. 소숫 자릿수나 1000 단위 구분기호 등을 지정할 수 있다.

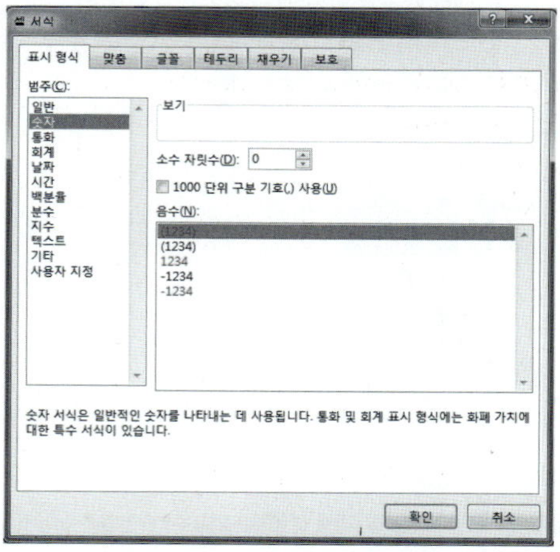


| 그림 2-36 | 숫자 형식

## 2 통화 형식

통화형식 및 회계형식에서는 각 나라의 화폐기호를 선택하여 표현할 수 있다. 통화형식은 화폐기호가 숫자 바로 앞에 표시되지만 회계형식은 통화기호와 소수점에 맞추어 열이 정렬된다. [그림 2-37]은 통화 형식을 나타낸다.

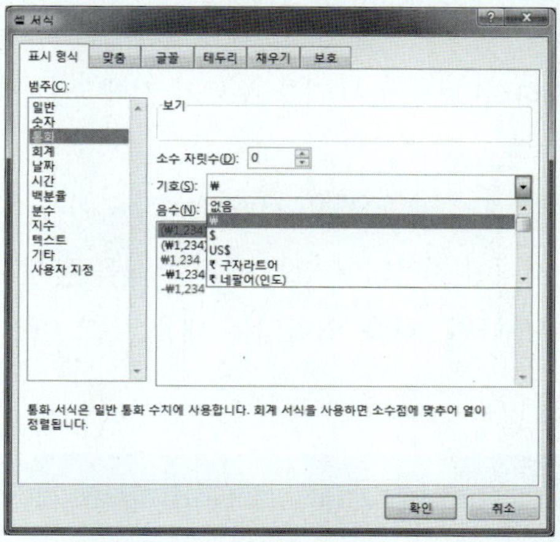


| 그림 2-37 | 통화 형식

## 3 날짜형식

기본적인 날짜 입력형식은 "년-월-일" 또는 "년/월/일"이지만 필요에 의해 표현방법을 다르게 나타낼 수 있다. [그림 2-38]은 날짜 형식을 나타낸다.

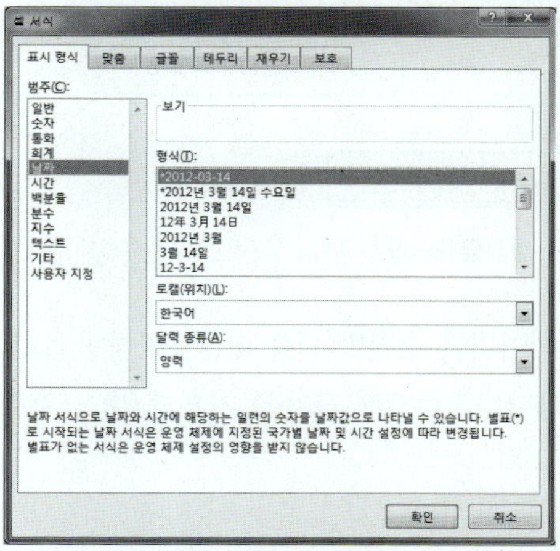


| 그림 2-38 | 날짜 형식

# 04 자료 편집

## 4.1 자료의 삭제

❶ 자료를 입력 중에 취소하려면 Enter↵ 키를 누르기 전에 Esc 키를 누르거나, 수식 입력줄에서 취소 단추를 누른다.

❷ 입력이 된 내용만 지울 때는 해당 셀을 선택하고, Delete 키를 누른다.

❸ 셀에 날짜, 백분율 등 서식이 지정되어 있을 때는 서식을 함께 지워야 한다. 내용을 지울 때처럼 Delete 키만으로 지운다면, 다음 입력되는 내용은 그 이전 서식을 따르게 된다.

## 4.2 자료 수정하기

간단한 데이터를 수정할 때는 데이터를 지우고 입력하는 것이 아니라, 해당 셀을 선택된 상태에서 데이터를 입력하면 이전 데이터가 자동으로 지워진다. 셀에 입력된 데이터 중 일부 글자만 수정 하려면 세 가지 방법을 사용한다.

❶ 수식 입력줄에서 수정하기 [그림 2-39]와 같이 해당 셀 선택 후 수식 입력줄을 클릭하면 커서가 나타난다. 수정할 글자를 지우고 새 글자를 입력한 후 Enter↵ 키를 누른다.

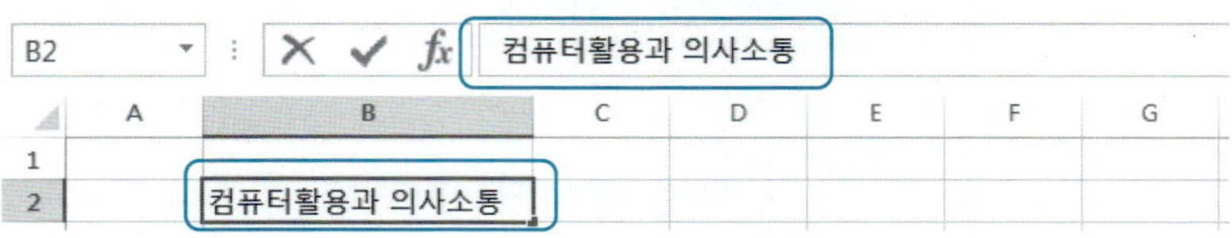


| 그림 2-39 | 수식 입력줄에서 수정하기

❷ 셀을 직접 더블클릭 데이터를 수정할 셀을 더블클릭하면 [그림 2-40]과 같이 더블클릭 한 위치에 커서가 나타난다. 수정할 글자를 지우고 새 글자를 입력한 후 Enter↵ 키를 입력한다.

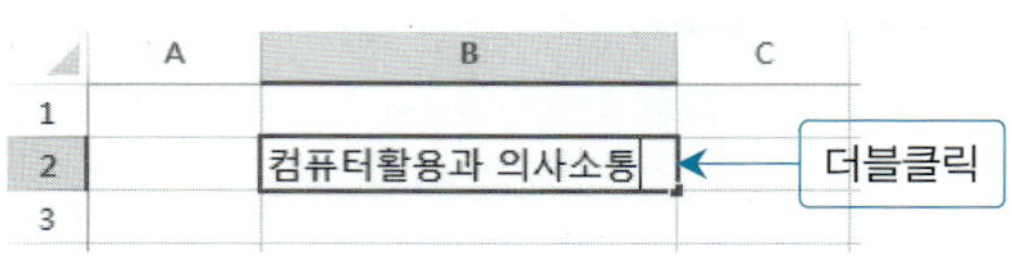


| 그림 2-40 | 셀에서 직접 수정하기

❸ F2 사용 : 데이터를 수정할 셀을 선택한 후 키보드에서 F2 키를 누르면 셀의 데이터 맨 끝에 커서가 나타난다. 수정할 글자를 지우고 새 글자를 입력한 후 Enter↵ 키를 누른다.

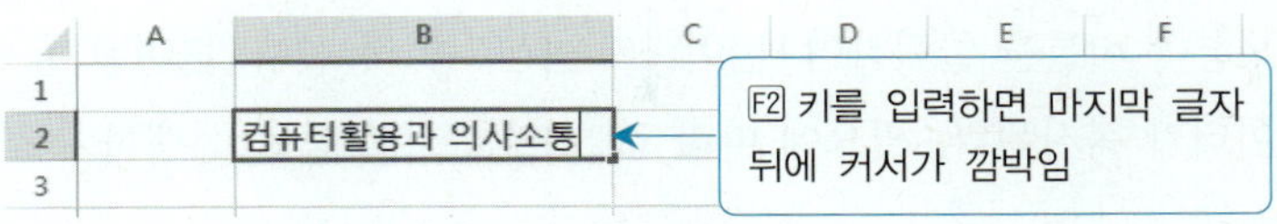


| 그림 2-41 | 기능키 F2 를 사용하여 수정하기

# 05 자료의 복사와 이동

셀 단위로 입력된 데이터는 다른 셀 위치로 이동되거나, 복사하여 다른 셀 영역에 붙여넣기 할 수 있다. [편집]메뉴, 아이콘, 바로가기 메뉴 및 단축 키 등 다양한 방법으로 실행이 가능하다.

## 5.1 자료의 복사

### 1 바로가기 메뉴를 이용한 복사

우선 시트의 B2셀에 "컴퓨터 재고 현황"을 입력하여 B2셀과 C2셀을 병합한 뒤 [위쪽 테두리]와 [아래쪽 이중 테두리]를 적용한 후 〈표 2-2〉의 데이터를 B4번 셀에서부터 입력하고 [모든 테두리]와 [굵은 상자 테두리]를 적용하자. 바로가기 메뉴를 이용한 복사과정은 [그림 2-42]와 같다.

| 표 2-2 | 컴퓨터 재고 현황

| 구분 | 수량 |
|---|---|
| 하드디스크 | 15 |
| 그래픽카드 | 57 |
| 모니터 | 45 |
| 키보드 | 14 |
| 마우스 | 68 |
| 메모리 | 55 |

❶ 데이터가 있는 셀 영역(B2:C10)을 지정한다.
❷ 마우스 오른쪽 버튼을 클릭하여 [복사] 메뉴를 선택한다.
❸ 붙여넣을 셀(E2)을 지정한다.
❹ 마우스 오른쪽 버튼을 클릭하여 [붙여넣기 옵션] 중 첫 번째 [붙여넣기] 아이콘을 선택하면 데이터가 복사된다. 필요에 따라 값, 수식, 서식 등을 선택하여 붙여넣기 할 수 있다.

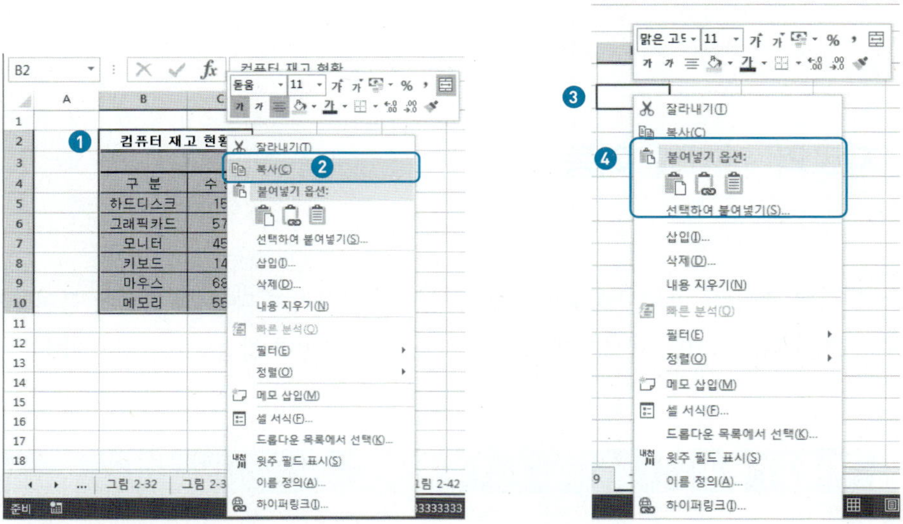

(a) 복사　　(b) 붙여넣기

| 그림 2-42 | 복사와 붙여넣기

## 2 단축 키를 이용한 복사

바로 가기 메뉴와 방법은 유사하나 단축키를 쓴다는 것만 다르다.

❶ 데이터가 있는 셀 영역을 지정한다.
❷ Ctrl 키를 누른 상태에서 키보드에서 C를 누른다(Ctrl + C).
❸ 붙여넣을 셀을 지정한다.
❹ 대상 위치에 마우스 포인터를 위치시키고 Ctrl 키를 누른 상태에서 키보드의 V를 누르면 데이터가 복사된다.

## 3 마우스를 이용한 복사

❶ 데이터가 있는 셀 영역을 지정 한다(선택된 셀의 윤곽선이 선택되어야 함).
❷ Ctrl 키를 누른 상태에서 마우스로 붙여넣을 셀 위치로 자료를 드래그 한다.

[그림 2-43]은 마우스를 이용한 복사 방법을 나타낸다.

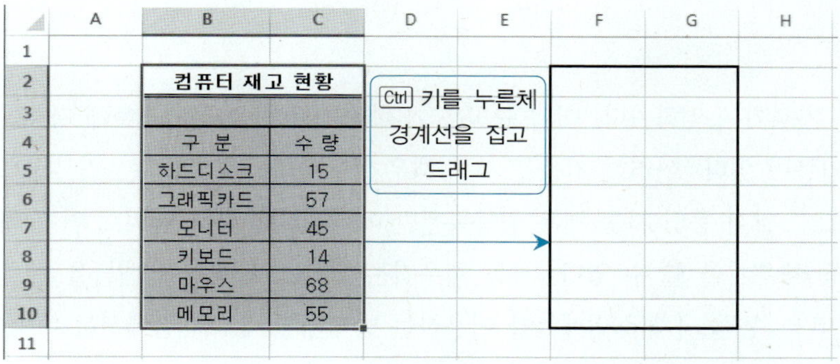


| 그림 2-43 | 마우스 드래그를 이용한 복사

## 5.2 자료의 이동

### 1 바로가기 메뉴를 이용한 이동

❶ 데이터가 있는 셀 영역을 선택한 후 마우스 오른쪽 버튼을 클릭하여 [잘라내기] 메뉴 선택한다.

❷ 이동될 셀 위치에 마우스 포인터를 위치시키고, [붙여넣기] 메뉴를 선택하면 데이터가 이동한다.

### 2 단축 키를 이용한 복사

데이터가 있는 셀 영역을 선택한 후 Ctrl 키를 누른 상태에서 키보드에서 X를 누른다 (Ctrl + X). 이동될 셀 위치에 마우스 포인터를 위치시키고 [붙여넣기] 메뉴를 선택하면 데이터가 이동한다.

### 3 마우스를 이용한 복사

데이터가 있는 셀 영역을 선택한 후 선택된 범위의 윤곽선에서 Ctrl 키를 누르지 말고 그냥 마우스로 자료를 드래그 해서 이동한다.

# 06 채우기 핸들

엑셀에서는 자료가 동일하거나, 어떤 규칙을 가지고 계속 반복되는 경우에 자료를 자동으로 입력하는 기능이 있다. 이러한 기능을 자동 채우기라 한다. 엑셀에서는 기본적으로 제공되는 숫자, 요일, 날짜 등의 자동 채우기 목록뿐만 아니라 사용자가 임의로 연속 데이터를 지정하여 자동 채우기를 할 수 있다. 자동 채우기는 마우스로 채우기 핸들을 누른 상태에서 드래그 하거나, [편집]-[채우기]메뉴를 이용하는 방법이 있다. 이 절에서는 데이터 자동 채우기에 대해서 설명한다.

## 6.1 데이터 자동 채우기

연속 데이터를 자동으로 복사하려면 채우기 핸들을 이용한다. 채우기 핸들은 셀 포인터 오른쪽 아래 까만점을 말하는데, 마우스 포인터를 갖다 대면 큰 십자가가 작은 십자가로 바뀐다. 이 때 작은 십자가를 클릭해서 드래그하면, 드래그 해서 놓은 데까지 데이터가 채워진다. [그림 2-44]는 채우기 핸들의 모양을 나타낸다.

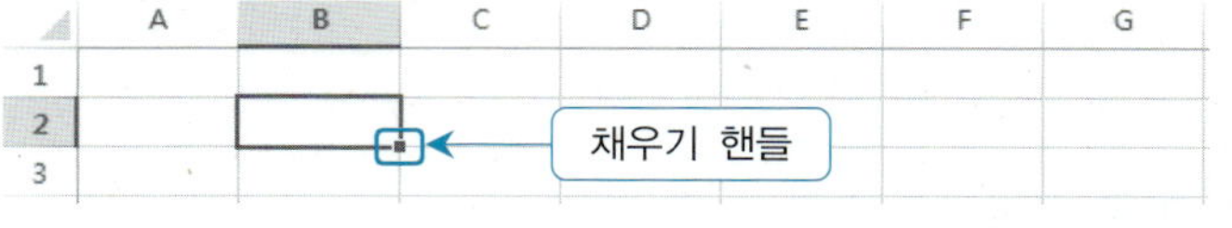


| 그림 2-44 | 채우기 핸들

### 1 1씩 증가 하는 숫자 채우기

첫 번째 숫자를 입력한 후 Ctrl 키를 누르면서 채우기 핸들로 드래그 하여 원하는 위치에서 마우스를 놓는 데까지 숫자가 입력된다. 여기서 Ctrl 키를 누르지 않고 드래그하면 똑같은 숫자가 셀에 채워진다. [그림 2-45]는 채우기 핸들을 사용하여 1씩 자동 증가시키는 예이다.

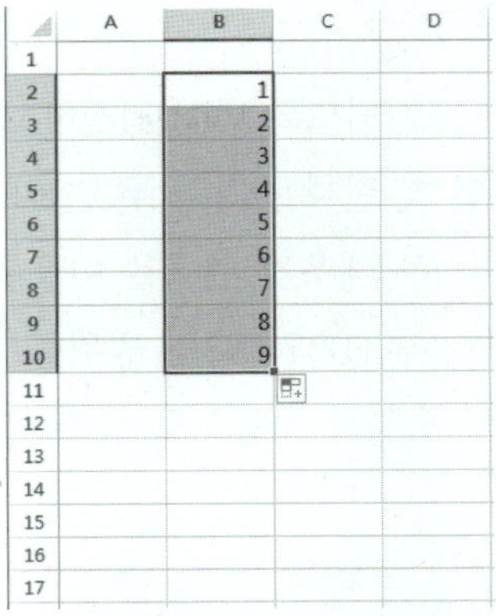

(a) CTRL을 이용한 채우기 핸들

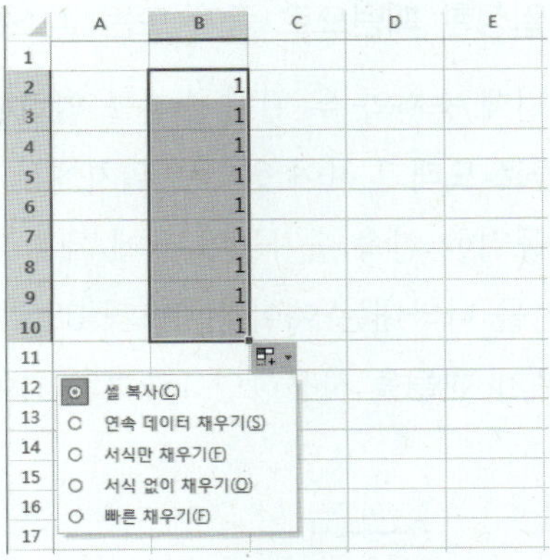

(b) 채우기 핸들 결과

| 그림 2-45 | 숫자채우기 핸들

또는, 첫 번째 숫자를 입력한 후 채우기 핸들로 드래그 하여 원하는 위치에서 마우스를 놓으면 [자동 채우기 옵션] 버튼이 생긴다. [자동 채우기 옵션] 버튼을 클릭한 후 연속 데이터 채우기를 선택하면 1씩 증가하는 숫자로 채워진다. [그림 2-46]은 연속 데이터 채우기 기능을 사용하는 방법을 나타낸다. [그림 2-46]의 [자동 채우기 옵션]은 셀 복사, 연속 데이터 채우기, 서식만 채우기, 서식 없이 채우기 기능이 있으며, 자동 채우기 하려는 데이터의 형식이 무엇인지에 따라 이 옵션의 개수나 형태가 달라진다.

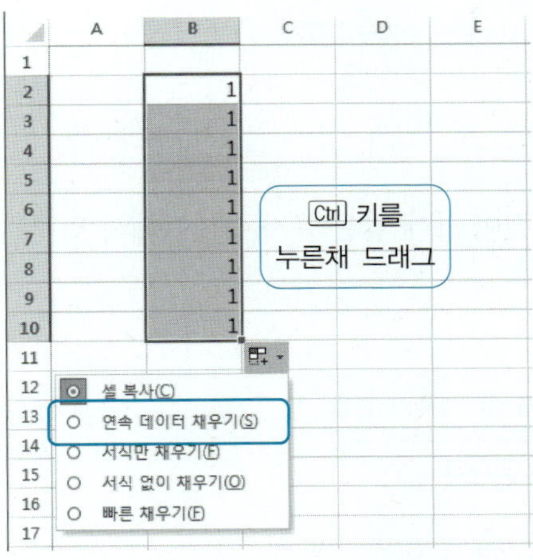


(a) [자동 채우기 옵션]의 연속 데이터 채우기

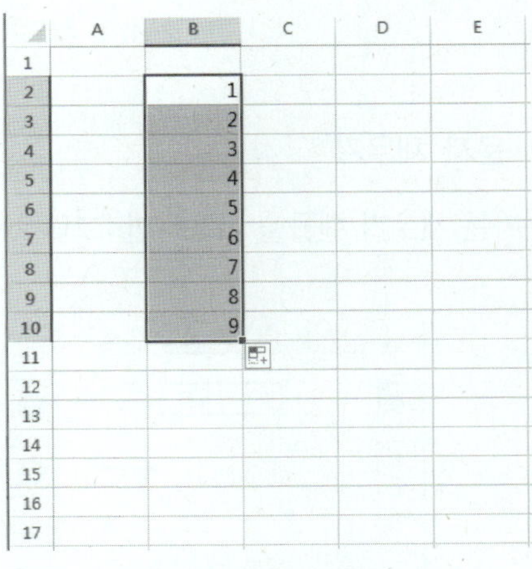

(b) 연속 데이터 채우기 결과

| 그림 2-46 | [자동 채우기 옵션] 버튼의 사용

## 2 일정한 패턴으로 증가 또는 감소하는 숫자 채우기

첫 번째 숫자와 두 번째 숫자를 입력한 후 두 숫자가 포함되도록 범위 지정하고, 채우기 핸들로 드래그 하여 원하는 위치에서 마우스를 놓으면 첫 번째 숫자와 두 번째 숫자간격과 동일한 연속 숫자들이 셀에 채워진다. [그림 2-47]은 채우기 핸들을 이용한 숫자의 증가를 나타내는 예이다. B2와 B3셀에 1, 3을 입력한 후, B2와 B3의 범위를 지정하고 채우기 핸들을 사용하면 1과 3의 차이값이 2 만큼씩 숫자가 자동으로 증가한다.

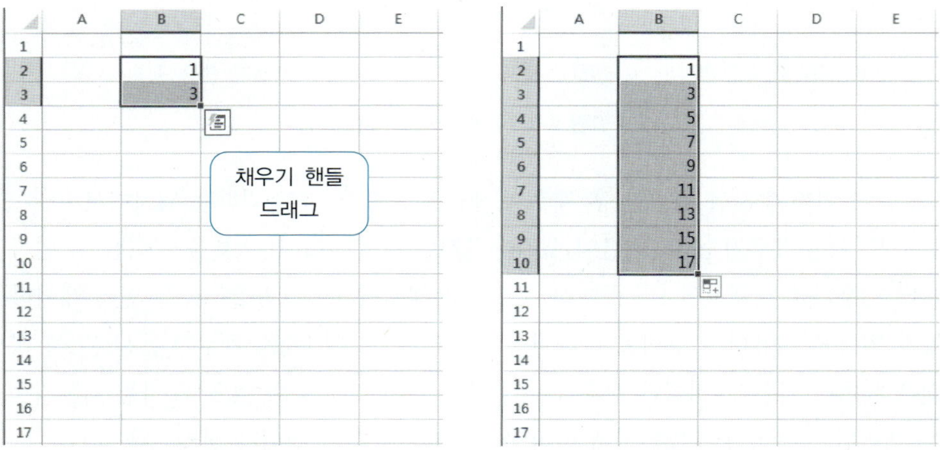


(a) 일정 패턴 증가 (b) 일정 패턴 증가 채우기 결과

| 그림 2-47 | 채우기 핸들을 이용한 숫자의 증가

## 3 문자 채우기

문자는 채우기 핸들을 이용하면 [그림 2-48]과 같이 셀에 같은 문자가 반복해서 입력된다.

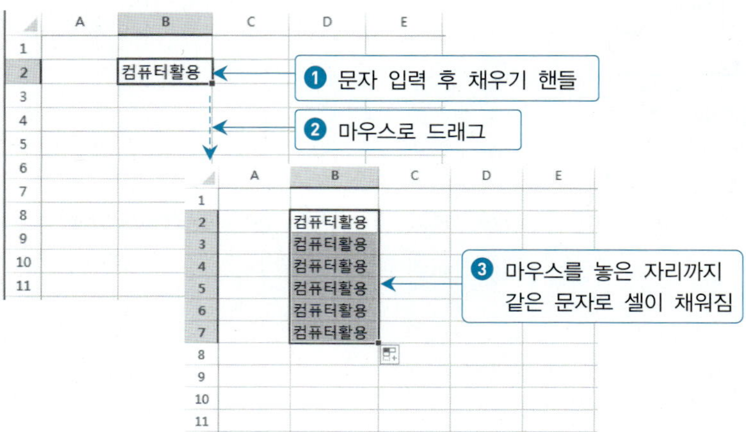


| 그림 2-48 | 채우기 핸들을 이용한 문자 채우기

## 4 문자와 숫자가 혼합된 데이터 채우기

문자와 숫자가 혼합된 데이터는 연속 데이터로 취급하여 문자는 그대로 입력되고 데이터에 포함된 숫자만 증가시키면서 채운다. [그림 2-49]는 문자와 숫자가 혼합된 데이터의 채우기 사용 방법을 나타낸다.

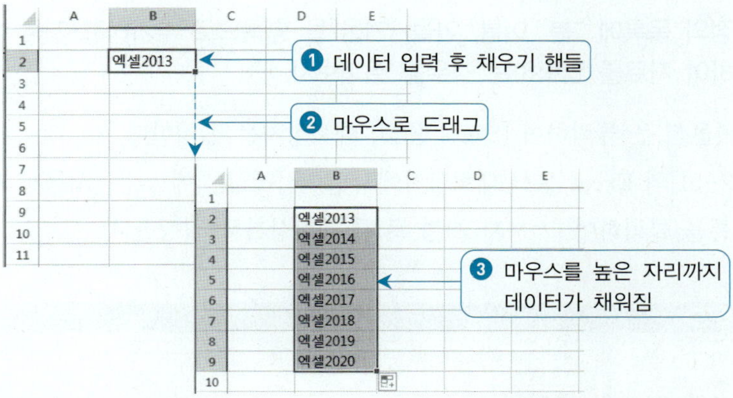


| 그림 2-49 | 채우기 핸들을 이용한 문자와 숫자가 혼합된 데이터 채우기

## 5 날짜 채우기

날짜 데이터 채우기 기능은 원하는 셀에 날짜를 입력하고, 해당 셀을 선택 후 해당 셀의 우측 하단에 있는 채우기 핸들을 원하는 위치까지 드래그 한 후, [자동 채우기] 버튼을 클릭하면 [그림 2-50]의 (a)와 같이 다양한 메뉴가 나타난다. 날짜와 관련하여서는 일 단위 채우기, 평일 단위 채우기, 월 단위 채우기, 연 단위 채우기가 있다. [그림 2-50]의 (a)에서 평일 단위 채우기를 선택하면, (b)와 같이 토요일(2020-01-06), 일요일(2020-01-07)은 목록에서 제외하고 자동채우기를 수행한다.

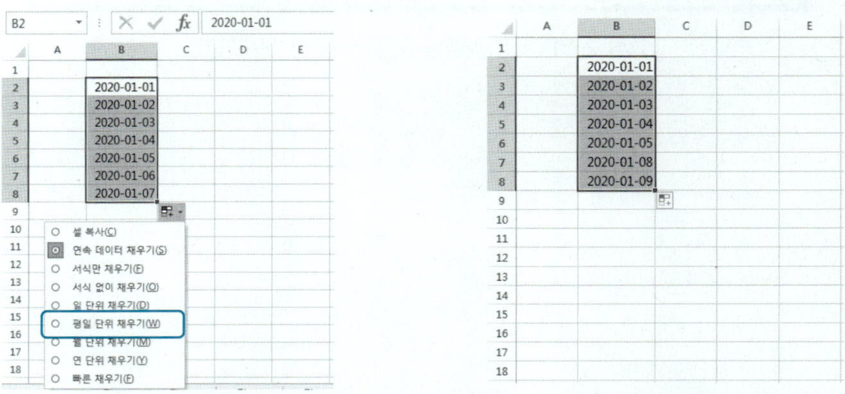


(a) 평일 단위 채우기 (b) 평일 단위 채우기 결과

| 그림 2-50 | 날짜 채우기

## 6.2 사용자 정의 목록에 새로운 항목 추가하기

자주 사용하는 연속 데이터는 [도구]-[옵션]메뉴를 선택하여 [사용자 정의 목록]탭에 등록해 두면, 언제든지 등록된 데이터를 채우기 핸들로 자동 채우기를 할 수 있다.

> 사용자 정의 목록에 "봄, 여름, 가을, 겨울"을 항목으로 추가하고 자동 채우기 기능을 이용하여 자료를 입력하는 경우를 살펴보자.

❶ [파일]-[옵션]을 클릭하여 [Excel 옵션] 대화상자를 실행한다.

❷ [그림 2-51]의 Excel 옵션 대화상자에서 [고급]-[일반]에 있는 [사용자 지정 목록 편집] 버튼을 클릭하여 [사용자 지정 목록] 대화상자를 실행한다.

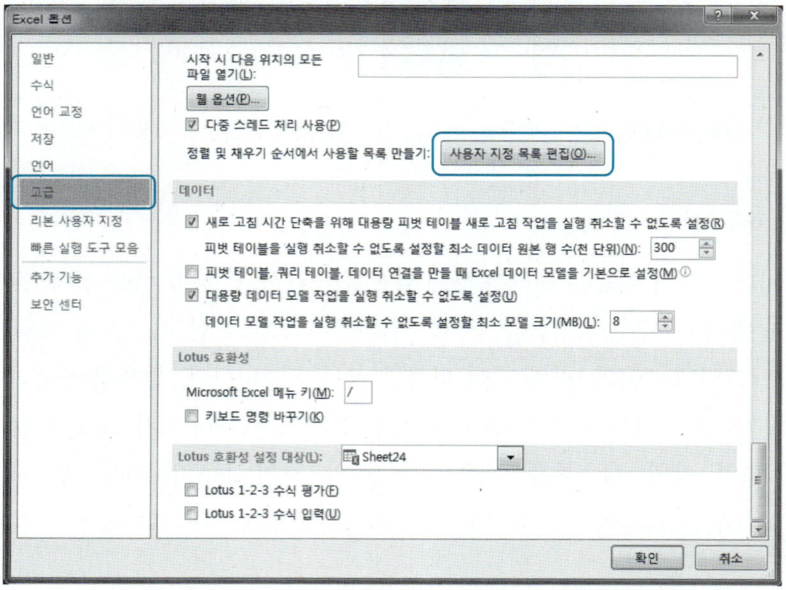


| 그림 2-51 | [고급]탭의 [사용자 지정 목록 편집]

❸ [사용자 지정 목록] 대화상자가 나타나면 [목록 항목]에서 "봄", "여름", "가을", "겨울"을 입력한 후 [추가] 버튼을 클릭하면 [그림 2-52]와 같이 사용자 지정목록의 맨 마지막 줄에 봄, 여름, 가을, 겨울이 등록된다. [확인] 버튼을 클릭하여 대화상자를 닫는다.

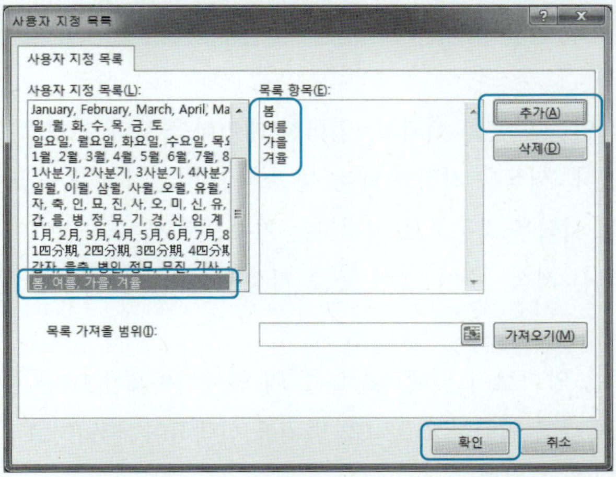


| 그림 2-52 | [사용자 지정 목록] 대화상자를 이용한 목록 추가

❹ B2셀에 "봄"을 입력하고, 채우기 핸들을 B5까지 마우스로 드래그하면 [그림 2-53]과 같이 자동 채우기가 적용된다.

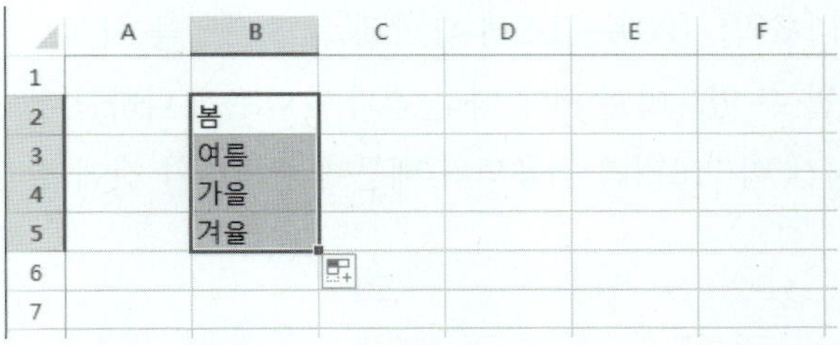


| 그림 2-53 | 추가된 사용자 지정 목록의 적용

# 07 셀 스타일과 표 서식

## 7.1 셀 스타일

셀 서식이란 입력 작업을 단순화 시키고, 입력한 데이터를 보다 예쁘고 보기 편하게 만드는 과정이라고 할 수 있다. 서식을 지정할 때는 셀 스타일이나 서식 도구 모음 및 셀 서식 대화 상자를 이용한다. 셀 서식을 자동으로 지정하는 기능으로 셀 스타일이 있다. 셀 스타일에서는 글꼴, 셀 색, 무늬, 서식, 숫자 형식 등을 지정할 수 있는 다양한 셀 스타일 갤러리가 제공된다.

셀 스타일 사용방법을 알아보기 위해 〈표 2-1〉의 인사기록표를 B4셀 부터 다시 입력하자. B2셀에 "인사 기록표"라고 입력하고 B2:G2 범위를 선택하여 [병합하고 가운데 맞춤]을 적용하자. 사용방법은 다음과 같다.

❶ 셀 스타일을 적용할 셀 또는 셀 범위를 지정한다. 여기서는 B2를 지정한다.
❷ [홈]-[스타일]-[셀 스타일]을 선택하면 다양한 형태의 셀 스타일이 나타난다.
❸ 셀 스타일 갤러리에 나타나는 스타일을 선택하면 바로 적용된다.

[그림 2-54]와 같이 [요약], [20%-강조색 4], [제목] 스타일을 차례로 지정해보자. 셀에는 여러 스타일이 적용될 수 있으며 순서에 따라 결과가 다르게 나타난다. 셀 스타일에 마우스를 위치 시키면 실시간 미리보기가 적용되기 때문에 클릭하기 전에 결과를 미리 확인할 수도 있다.

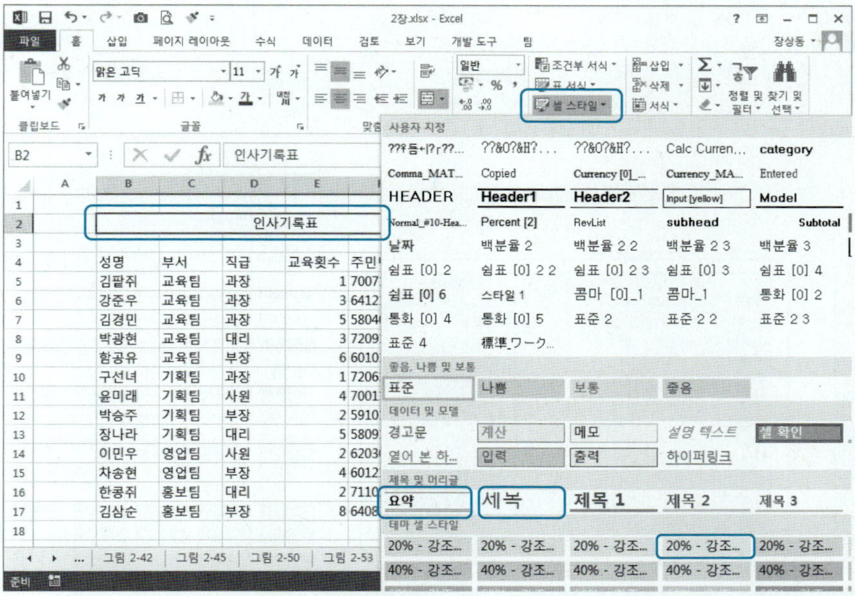

| 그림 2-54 | 셀 스타일의 사용

지정한 셀 스타일이 마음에 들지 않아 표준 상태로 되돌리려면 [홈]-[스타일]그룹-[셀 스타일]을 선택한 후 셀 스타일 갤러리에서 [표준]을 선택한다. 그러나 처음 입력한 데이터 형식이 백분율이거나 날짜 또는 시간 일 때도 표준 표시 형식인 숫자 형태로 되돌아가므로 주의한다.

## 7.2 표 만들기와 표 서식

[표 만들기]와 [표 서식]은 클릭 한번으로 입력한 데이터를 표로 바꿔주는 것은 물론 셀 스타일까지 지정하는 기능이다. 표로 변환된 범위에 행과 열을 추가하면 기존 스타일이 자동으로 지정되어 편리할 뿐만 아니라 표 스타일 갤러리에 있는 스타일이 반영되는 결과를 실시간으로 미리 보면서 바꿀 수 있다.

### 1 데이터가 입력된 영역을 표로 만들기

표 서식을 지정해서 데이터 범위를 표로 바꿀 수도 있다.

❶ 표로 만들 데이터 범위(B4:G17)를 지정한다.

❷ [홈]-[스타일]-[표 서식]을 선택을 선택하면 [그림 2-55]와 같이 표 서식 갤러리가 나타난다.

❸ 표 서식 갤러리에서 원하는 스타일(표 스타일 밝게 9)을 선택하면 [표 서식] 대화상자가 나타난다.

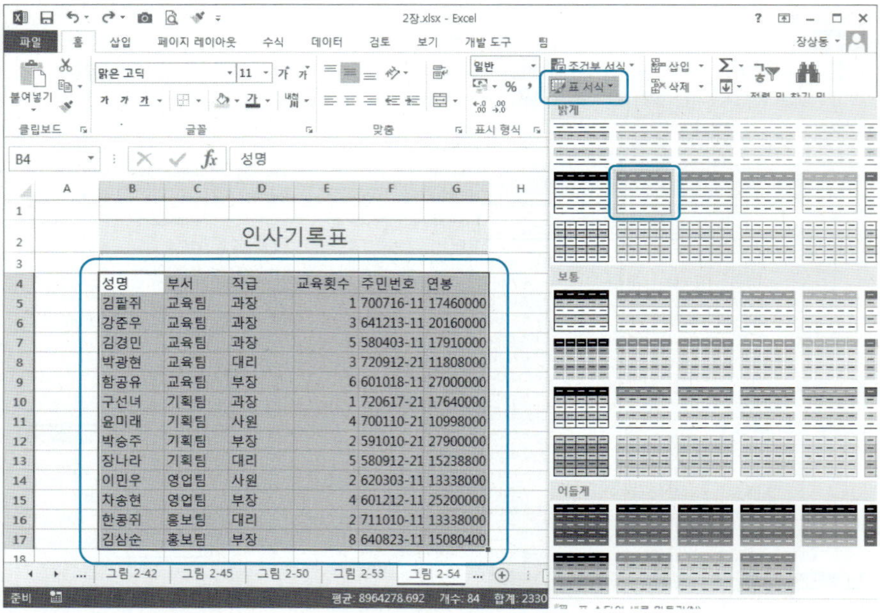


| 그림 2-55 | 표 서식 적용

❹ [표 서식] 대화상자가 나타나면, 표에 사용할 데이터 범위와 머리글 포함 여부가 맞으면 [확인] 버튼을 클릭한다.

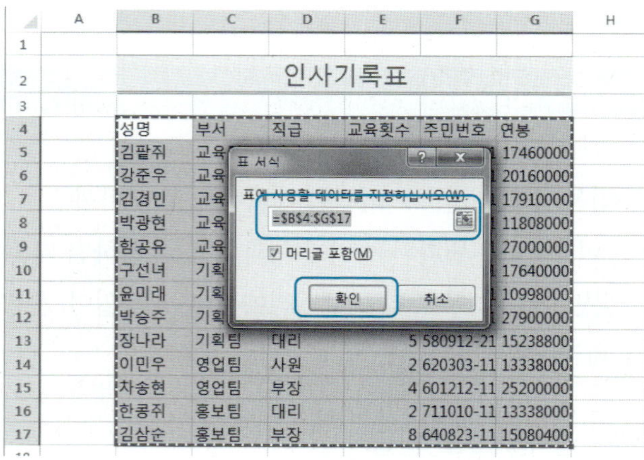


| 그림 2-56 | [표 서식] 대화상자를 이용한 범위 지정

❺ [그림 2-57]과 같이 데이터가 입력된 영역이 표로 바뀐다. 맨 마지막셀(G17)에서 [Tab]키를 입력하면 한줄 추가 입력할 수 있다.

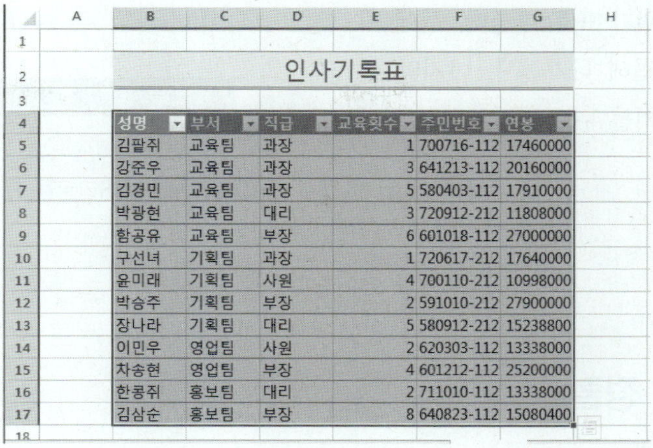

| 성명 | 부서 | 직급 | 교육횟수 | 주민번호 | 연봉 |
|---|---|---|---|---|---|
| 김팔쥐 | 교육팀 | 과장 | 1 | 700716-112 | 17460000 |
| 강준우 | 교육팀 | 과장 | 3 | 641213-112 | 20160000 |
| 김경민 | 교육팀 | 과장 | 5 | 580403-112 | 17910000 |
| 박광현 | 교육팀 | 대리 | 3 | 720912-212 | 11808000 |
| 함공유 | 교육팀 | 부장 | 6 | 601018-112 | 27000000 |
| 구선녀 | 기획팀 | 과장 | 1 | 720617-212 | 17640000 |
| 윤미래 | 기획팀 | 사원 | 4 | 700110-212 | 10998000 |
| 박승주 | 기획팀 | 부장 | 2 | 591010-212 | 27900000 |
| 장나라 | 기획팀 | 대리 | 5 | 580912-212 | 15238800 |
| 이민우 | 영업팀 | 사원 | 2 | 620303-112 | 13338000 |
| 차송현 | 영업팀 | 부장 | 4 | 601212-112 | 25200000 |
| 한공쥐 | 홍보팀 | 대리 | 2 | 711010-112 | 13338000 |
| 김삼순 | 홍보팀 | 부장 | 8 | 640823-112 | 15080400 |

| 그림 2-57 | 표 서식 적용 결과

## 2 표를 만든 다음 데이터를 입력하기

❶ 표로 만들 영역의 일부 또는 전체를 선택한다.

❷ [홈]-[스타일]-[표 서식] 또는 [삽입]-[표]-[표]를 선택한다.

❸ [표 만들기] 대화상자가 나타나면, 표에 사용할 데이터가 자동으로 지정된다. 표로 사용할 데이터 범위를 확인한다.

❹ [그림 2-58]과 같이 [머리글 포함]을 선택하고 [확인] 버튼을 클릭한다.

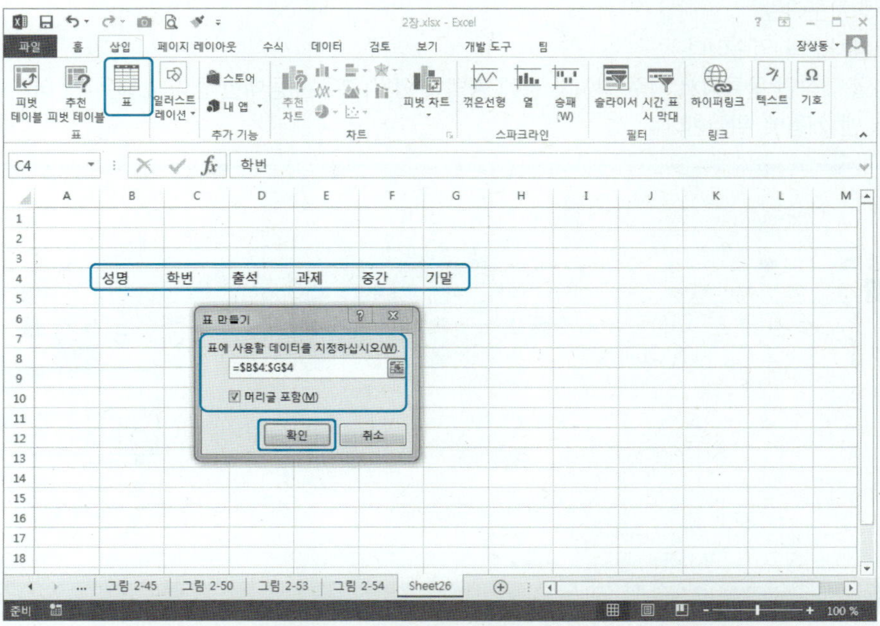


| 그림 2-58 | 머리글을 표로 만들기

❺ 데이터 범위가 표로 바뀐다. 셀에 데이터를 입력해 나가면서, 마지막 셀에서 [Tab] 키를 누르면 자동으로 행이 추가된다.

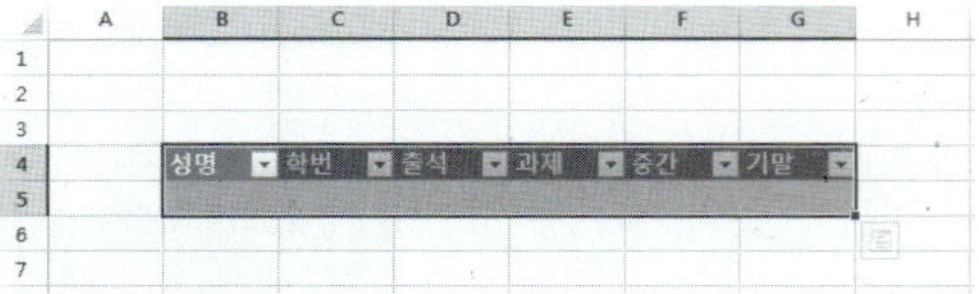

| 그림 2-59 | 머리글을 표로 만든 결과

# 08 자료 정렬

자료 정렬이란 입력된 자료를 일정 기준에 맞게 그 순서를 다시 배열하는 작업을 말한다. 기본적으로 오름차순 또는 내림차순으로 정렬할 수 있는데, 정렬 기준을 64가지까지 지정할 수 있다.

**자료 정렬의 특징**

- 오름차순이란
  숫자의 경우는 작은 수에서 큰 수로
  문자열인 경우는 ㄱ, ㄴ, ㄷ... 순으로 정렬하는 것을 말한다.
  숫자 > 문자 > 논리 값 > 오류 값 > 빈 셀 순으로 정렬
- 내림차순이란
  오름차순의 역순이다.
- 정렬 대상인 목록에서 기준 열이나 행에 공백이 있을 경우는 공백인 행이나 열은 맨 마지막이나 맨 처음에 위치한다

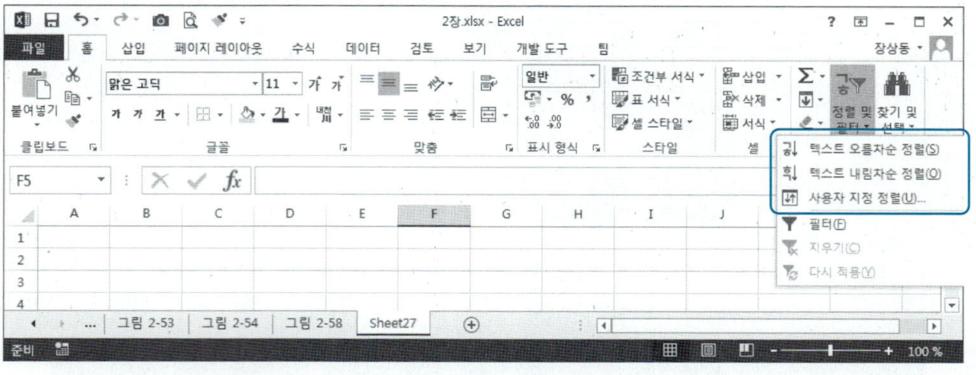

| 그림 2-60 | 정렬

[그림 2-60]은 데이터를 정렬하는 메뉴를 나타내며 텍스트 오름차순 정렬, 텍스트 내림차순 정렬, 사용자 지정 정렬이 있다.

[그림 2-57]에서 작업한 인사기록표를 이용하여 정렬 기능을 알아보자. 표에서 연봉이 가장 많은 사람이 맨 처음에 오도록 하려고 한다(내림차순 정렬). 도구상자를 이용하면, [그림 2-61]과 같이 연봉이 기록되어 있는 G열의 임의의 셀을 선택한 후 [홈]-[편집]-[정렬 및 필터]-[숫자 내림차순 정렬]을 선택하면 된다. 정렬하고자 하는 내용이 숫자 형식이기 때문에 [텍스트 내림차순 정렬] 메뉴가 [숫자 내림차순 정렬]로 변경되었다. 정렬 전에 목록 내 정렬 기준이 되는 열의 임의의 셀이 선택되어 있어야 하는 것에 주의해야 한다. 그렇지 않으면 에러 메시지가 표시된다.

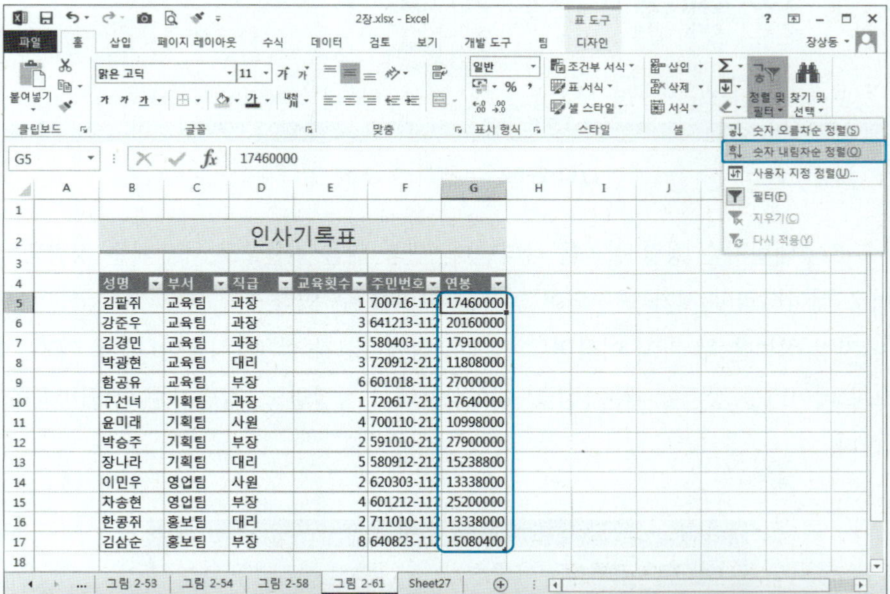


| 그림 2-61 | 내림차순 정렬

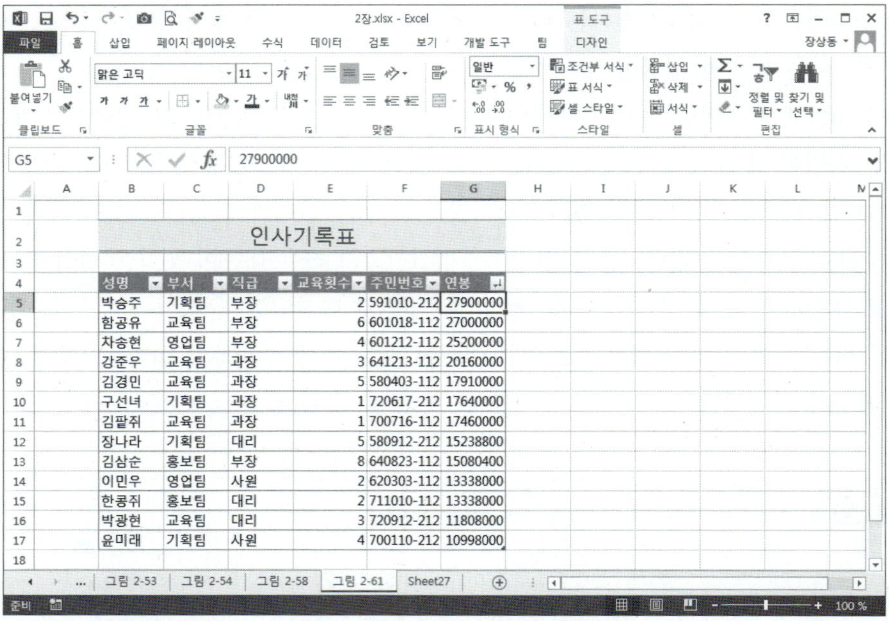


| **그림 2-62** | 내림차순 정렬 결과

[그림 2-62] 내림차순 정렬 결과를 나타낸다. 연봉 열을 기준으로 내림차순 정렬되었으며 행단위로 데이터의 순서가 변경되어 있음을 확인할 수 있다.

사용자 지정 정렬은 두 가지 이상의 조건으로 정렬하고자 할 때 사용한다. 두 가지 이상의 기준으로 데이터를 정렬할 때는 [정렬] 대화상자에서 정렬필드, 정렬기준, 정렬방식을 지정해야 한다.

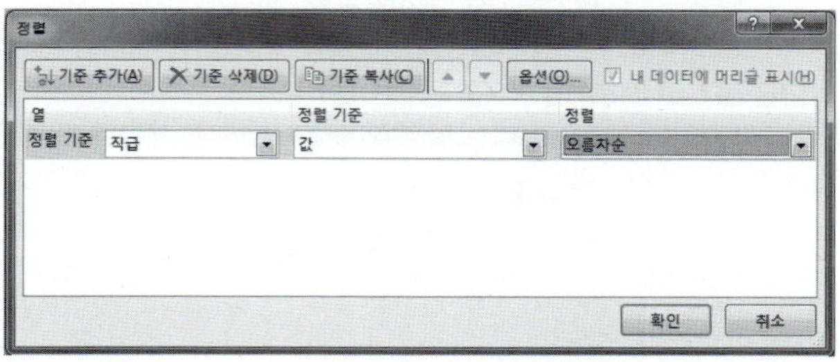


| **그림 2-63** | 정렬 방식 지정을 위한 [정렬] 대화상자

[그림 2-63]은 데이터 정렬 방식을 지정하는 [정렬] 대화상자를 나타낸다. [정렬] 대화상자에 있는 메뉴의 기능은 다음과 같다.

❶ 기준추가 정렬 기준을 추가한다.

❷ 기준삭제 정렬 기준을 삭제한다.

❸ 기준복사 정렬 목록상자에 있는 정렬기준 중 하나를 복사한다.

❹ 위/아래로 이동 정렬 기준 순서를 위/아래로 이동한다

❺ 옵션 대소문자구분 및 정렬 방향을 위/아래 또는 왼쪽/오른쪽 방향으로 지정한다

❻ 내 데이터에 머리글 표시 첫 행이 데이터 제목일 경우에는 머리글 표시를 선택하고, 첫 행에 제목이 아닐 경우에는 머리글 표시를 해제한다.

❼ 열 정렬 필드를 지정한다.

❽ 정렬 기준 정렬한 기준 값을 데이터 값, 글꼴 색, 셀 색, 셀 아이콘 등으로 지정한다. 조건부 서식에서 데이터를 강조하기 위해 조건에 따라 셀 색, 글꼴 색, 아이콘 집합을 지정한 후에 셀 색, 글꼴 색, 아이콘 집합순으로도 데이터를 정렬 할 수 있다.

❾ 정렬 정렬 기준을 내림차순, 오름차순, 사용자 지정 순으로 정렬한다.

인사기록표에 대해 두 가지 정렬 기준으로 정렬해 보자. 첫 번째는 "부서"를 기준으로 오름차순 정렬 하고, 두 번째 기준은 "성명"을 기준으로 오름차순 정렬해보자.

❶ 표의 전체 또는 표 내의 임의의 셀을 선택한다.

❷ [홈]–[편집]–[정렬 및 필터]–[사용자 지정 정렬]을 선택하면 [정렬] 대화상자가 나타난다.

❸ [정렬] 대화상자에서 첫 번째 [정렬기준]은 "부서"로 "오름차순"을 선택한다.

❹ [기준 추가] 버튼을 클릭하여 [다음 기준]으로 "성명"과 "오름차순"을 선택하고 [확인] 버튼을 클릭한다.

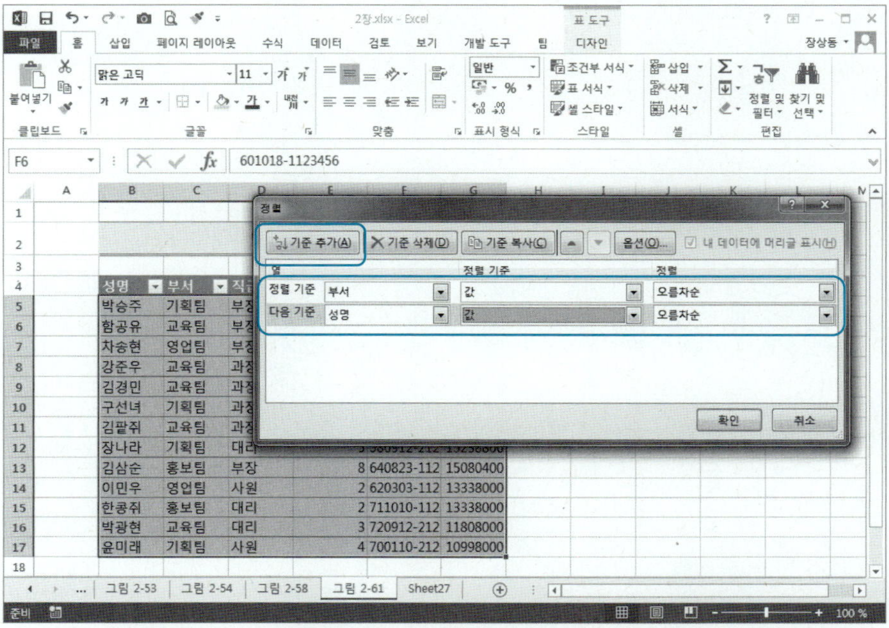

| 그림 2-64 | 부서별로 성명순으로 정렬

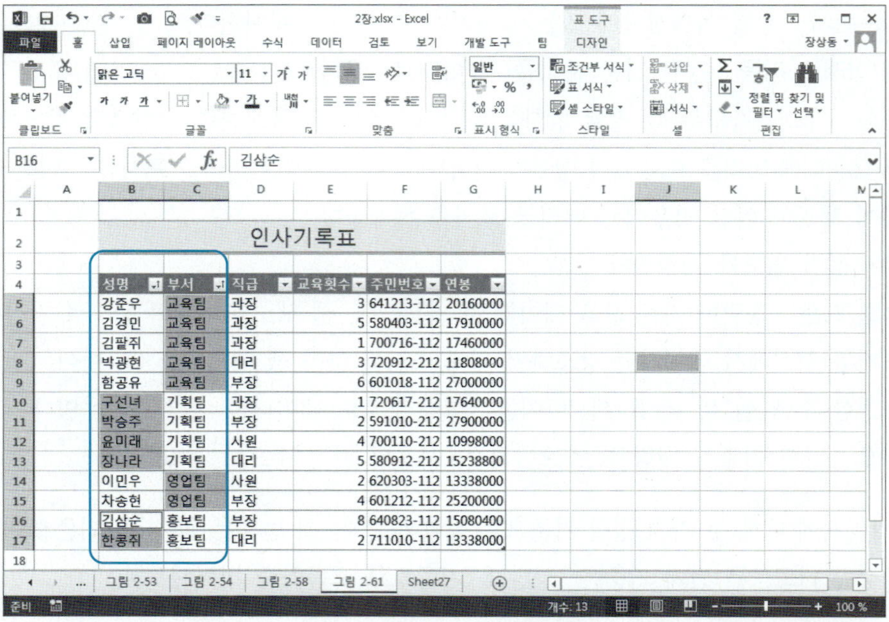

| 성명 | 부서 | 직급 | 교육횟수 | 주민번호 | 연봉 |
|---|---|---|---|---|---|
| 강준우 | 교육팀 | 과장 | 3 | 641213-112 | 20160000 |
| 김경민 | 교육팀 | 과장 | 5 | 580403-112 | 17910000 |
| 김팔쥐 | 교육팀 | 과장 | 1 | 700716-112 | 17460000 |
| 박광현 | 교육팀 | 대리 | 3 | 720912-212 | 11808000 |
| 함공유 | 교육팀 | 부장 | 6 | 601018-112 | 27000000 |
| 구선녀 | 기획팀 | 과장 | 1 | 720617-212 | 17640000 |
| 박승주 | 기획팀 | 부장 | 2 | 591010-212 | 27900000 |
| 윤미래 | 기획팀 | 사원 | 4 | 700110-212 | 10998000 |
| 장나라 | 기획팀 | 대리 | 5 | 580912-212 | 15238800 |
| 이민우 | 영업팀 | 사원 | 2 | 620303-112 | 13338000 |
| 차송현 | 영업팀 | 부장 | 4 | 601212-112 | 25200000 |
| 김삼순 | 홍보팀 | 부장 | 8 | 640823-112 | 15080400 |
| 한콩쥐 | 홍보팀 | 대리 | 2 | 711010-112 | 13338000 |

| 그림 2-65 | 부서별 성명순 정렬 결과

[그림 2-65]는 부서를 기준으로 오름차순 정렬하고, 부서별 성명순으로 정렬한 결과를 나타낸다. 정렬 결과를 보면 부서는 교육팀, 기획팀, 영업팀, 홍보팀 순으로 정렬되었고, 부서별 성명 또한 가나다 순으로 정렬되었음을 알 수 있다.

# 09 셀과 행/열 다루기

## 9.1 셀 선택하기

### 1 마우스를 이용한 셀 선택하기

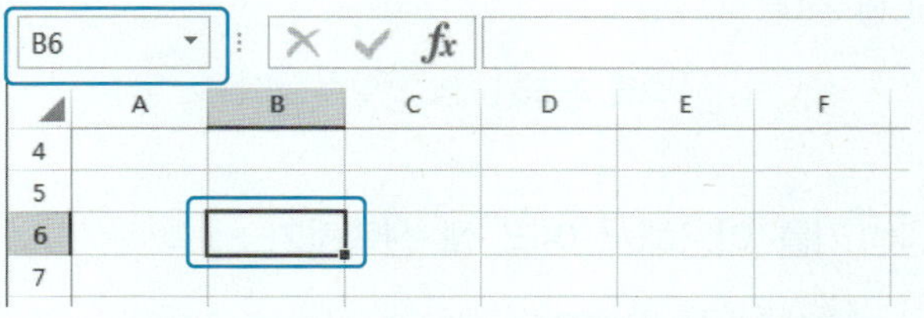


| 그림 2-66 | 마우스를 이용한 셀 선택

[그림 2-66]과 같이 워크시트 안에서 작업하고자 하는 곳을 클릭하여 셀(B6)을 선택한다. 클릭한 셀에는 해당 셀이 선택되었다는 표시로 셀 포인터가 나타나고, 이름상자에는 셀 주소 B6가 표시된다.

[그림 2-67]의 (a)와 같이 연속되는 셀을 선택하려면 첫 번째 셀을 클릭한 상태에서 마지막 셀까지 드래그 하고, (b)와 같이 워크시트 전체 셀을 선택하려면 좌측 제일 상단의 모두 선택 단추를 클릭한다.

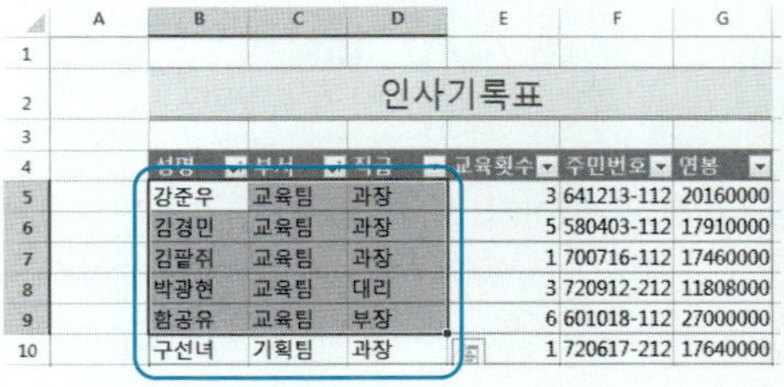


(a) 연속된 셀 선택

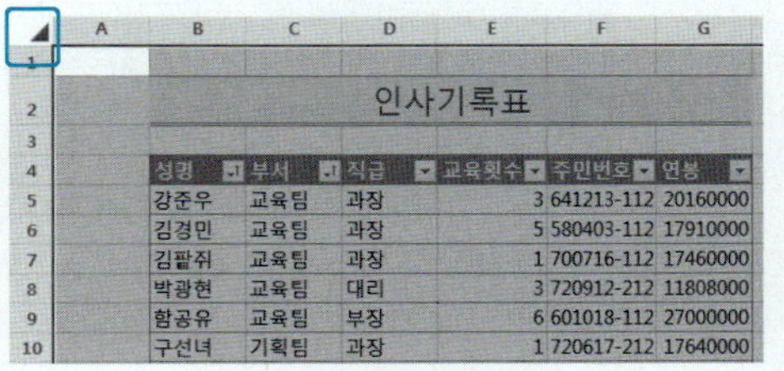


(b) 전체 셀 선택

| 그림 2-67 | 연속된 셀 선택과 모든 셀 선택

일부 행이나 일부 열 전체를 선택하려면 행 머리글 또는 열 머리글을 클릭한다. [그림 2-68]의 (a)는 5행의 머리글을 클릭한 결과로 5행 전체가 선택되었고, (b)는 D열의 머리글을 클릭해서 D열 전체가 선택되었다.

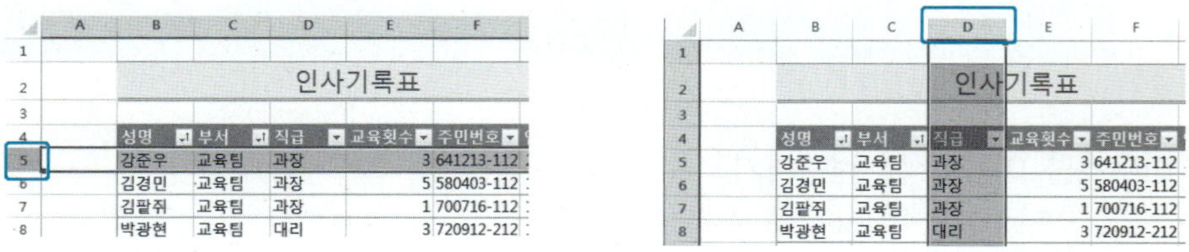

(a) 행 선택 (b) 열 선택

| 그림 2-68 | 행과 열의 선택

## 2 Shift 키와 Ctrl 키를 이용해서 여러 셀 선택하기

Shift 키와 Ctrl 키를 이용하면 원하는 셀만을 선택할 수 있다. Shift 키는 처음 선택한 셀과 마지막 선택한 셀은 물론 그 사이에 있는 셀까지 모두 선택한다. Ctrl 키는 비연속적인 셀만 선택한다. [그림 2-69]의 왼쪽은 Shift 키를 이용한 선택방법을 오른쪽은 Ctrl 키를 이용한 방법을 나타낸다.

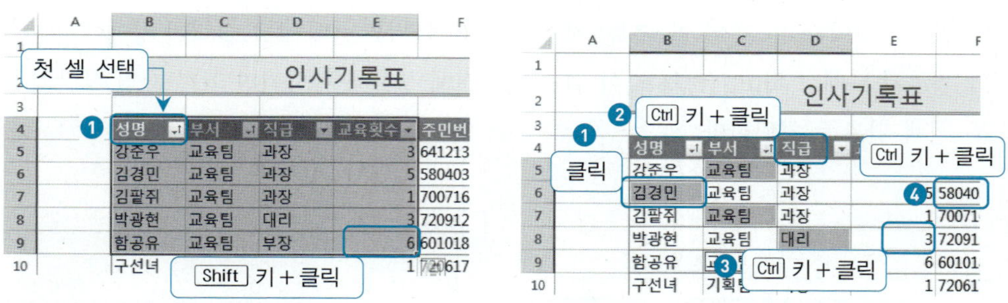


| 그림 2-69 | 연속데이터 선택과 임의 데이터 선택

## 9.2 셀 크기조절

### 9.2.1 모든 셀의 크기 조절

엑셀을 시작하거나 새 통합 문서를 열면 셀의 크기는 기본적으로 100%로 지정되어 있다. 셀의 크기를 [그림 2-70]의 방법으로 사용자의 필요에 따라 조절할 수 있다.

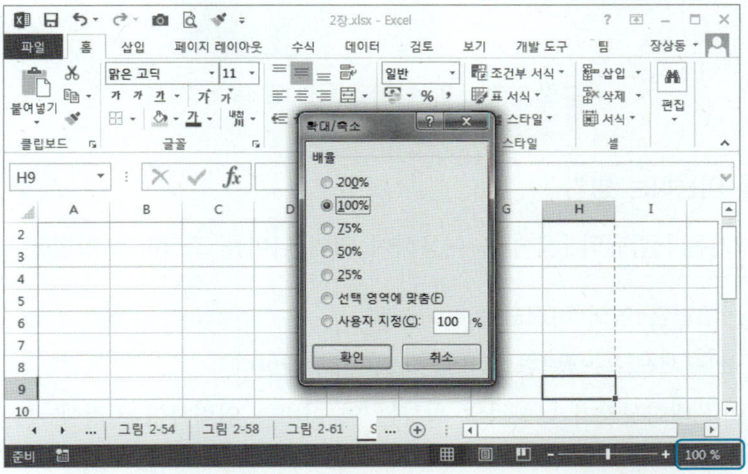


| 그림 2-70 | 화면의 확대/축소

❶ 상태표시줄에 있는 [확대/축소]를 클릭하면 [확대/축소] 대화상자가 나타난다.

❷ [확대/축소] 대화상자가 나타나면 배율을 지정한다.

❸ 대화상자에서 적당한 배율을 찾을 수 없다면, 사용자 지정을 선택하여 직접 배율을 지정하고 [확인] 버튼을 클릭한다.

### 9.2.2 열 너비 조절

엑셀 작업 중 모든 셀의 크기를 조절하는 경우 보다는 필요에 따라 부분적으로 셀의 크기를 조절해야할 필요가 생긴다. 마우스를 이용하는 방법과 메뉴를 이용하는 방법이 있다.

#### 1 마우스를 이용하는 방법

너비를 조절할 열의 열 머리글 오른쪽 경계선에 마우스 포인터를 위치시키면 마우스 포인터의 모양이 변한다. 이 때 더블클릭하면 입력된 데이터 크기에 맞게 자동으로 조절이 되고, 마우스를 끌면 원하는 만큼의 열 너비를 조절할 수 있다. 여러 셀의 너비를 동일하게 맞추고 싶을 때는 원하는 열 머리글만큼 범위 지정한 후 조절하면 된다. [그림 2-71]은 마우스를 이용한 열 너비 조절 방법을 나타낸다.

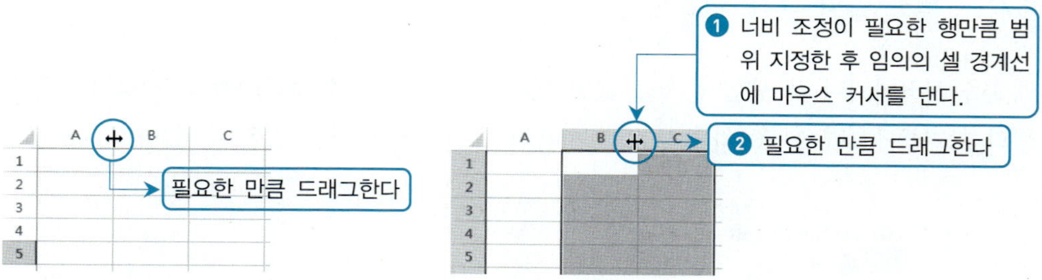


| 그림 2-71 | 마우스를 이용한 열 너비 조절

## 2 메뉴를 이용하는 방법

[그림 2-72]는 [셀]탭의 [서식]을 이용하여 열의 너비를 조절하는 방법을 나타낸다.

❶ 너비를 조절할 열의 머리글(A)을 선택한다.

❷ [홈]-[셀]-[서식]을 클릭한 후 [열 너비]를 선택한다.

❸ [열 너비] 대화상자가 나타나면 원하는 열 너비를 입력하여 지정할 수 있다.

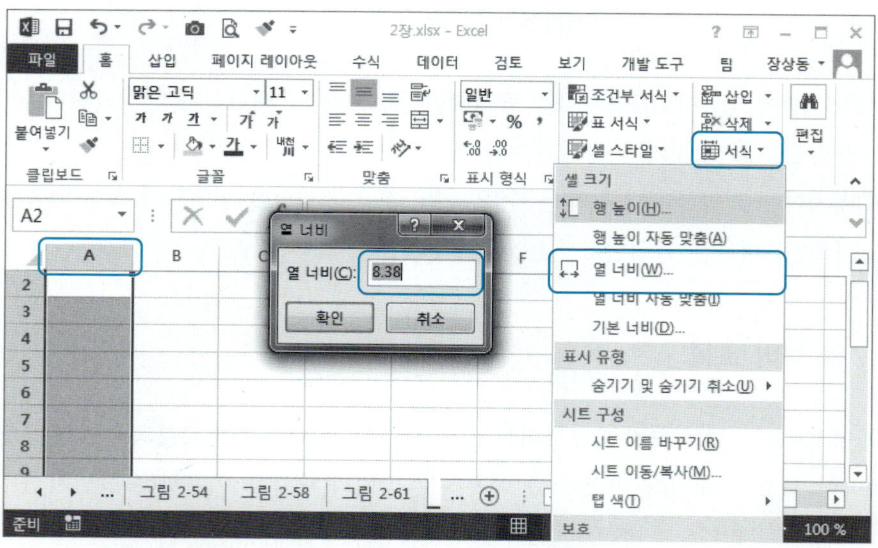


| 그림 2-72 | [셀]탭의 [서식]을 이용한 열 너비 조절

### 9.2.3 행 높이 조절

#### 1 마우스를 이용하는 방법

행 높이 조절도 열 너비 조절과 마찬가지로 행 머리글의 아래쪽 경계선에 마우스 포인터를 위치시키면 마우스 포인터의 모양이 변한다. 이 때 마우스를 끌어서 행 높이를 조절할 수 있다. 여러 셀의 높이를 동일하게 맞추고 싶을 때는 원하는 행 머리글 만큼 범위 지정한 후 조절하면 하면 된다. [그림 2-73]은 마우스를 이용한 행 높이 조절 방법을 나타낸다.

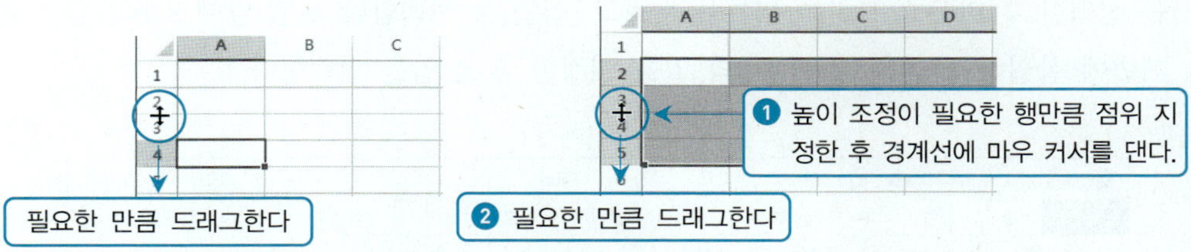


| 그림 2-73 | 마우스를 이용한 행 높이 조절

#### 2 메뉴를 이용하는 방법

[그림 2-74]는 [셀]탭의 [서식]을 이용하여 행의 높이를 조절하는 방법을 나타낸다.

❶ 높이를 조절할 행 머리글(3)을 선택한다.
❷ [홈]-[셀]-[서식]을 클릭한 후 [행 높이]를 선택한다.
❸ [행 높이] 대화상자가 나타나면 원하는 행 높이를 지정할 수 있다.

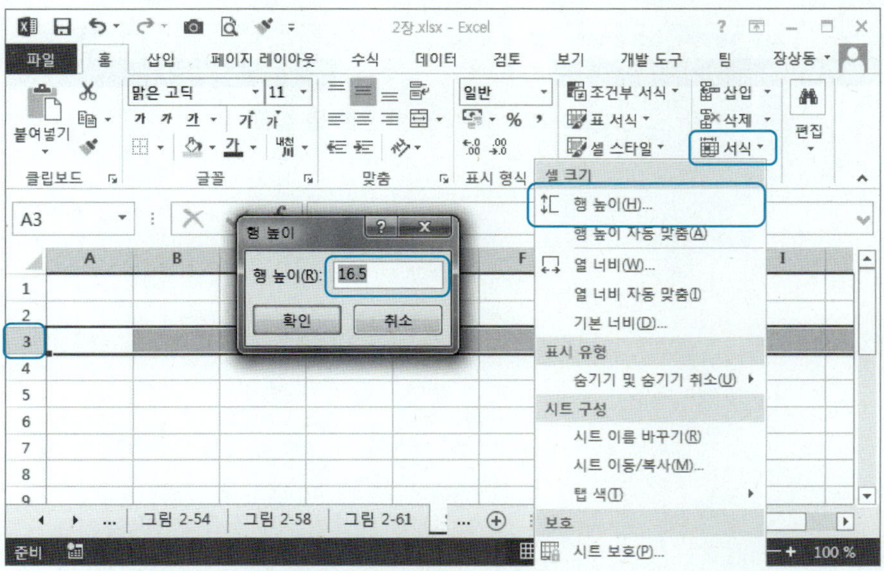


| 그림 2-74 | [셀]탭의 [서식]을 이용한 행 높이 조절

## 9.3 열 삽입 및 열 삭제

### 9.3.1 열 삽입

#### 1 마우스를 이용하는 방법

새로운 열을 추가하고자 할 때는 [그림 2-75]와 같이 열 머리글을 선택한 후 마우스 오른쪽 버튼을 누르고 삽입을 선택하면 된다. A열 앞에 새로운 열을 삽입하고자 할 때는 A열을 선택한 후 마우스 오른쪽 버튼을 누르고 [삽입]을 선택한다. A열 앞에 2개의 열을 한꺼번에 삽입하고 싶을 때는 2개의 열을 지정한 후 삽입을 선택한다.

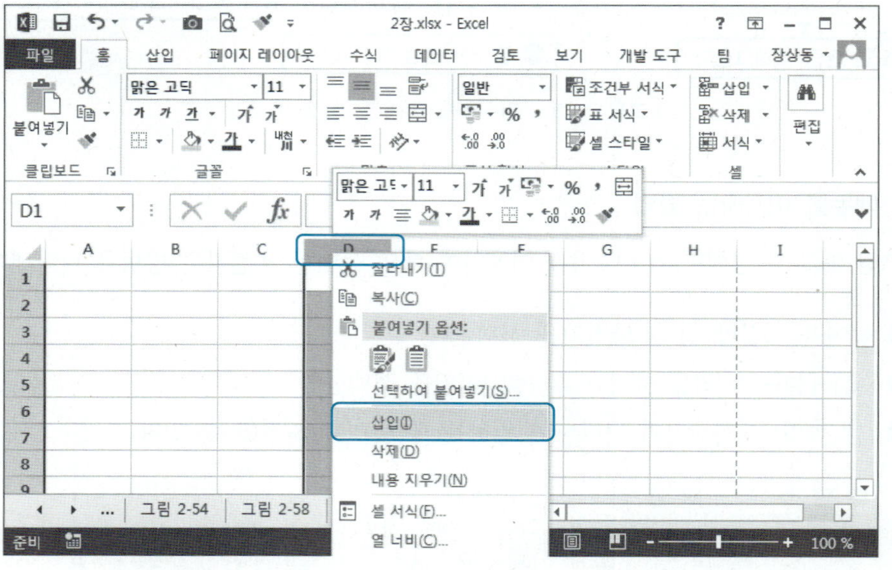


| 그림 2-75 | 마우스를 이용한 열 삽입

## 2 메뉴를 이용하는 방법

그림 2-76은 [셀]탭의 [삽입]을 이용하여 열을 추가하는 방법을 나타낸다.

❶ 열 머리글을 선택한다. 만약 여러 개의 열을 한꺼번에 삽입하려면, 열 머리글 여러 개를 한꺼번에 선택해야 한다.

❷ 홈 탭의 [삽입]을 클릭한 후 [셀 삽입]을 선택한다.

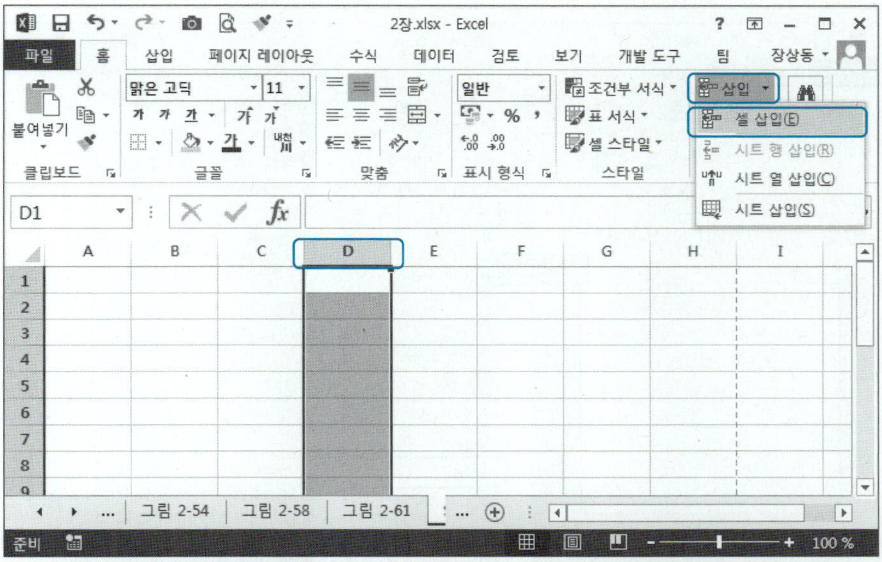


| 그림 2-76 | [셀]탭의 [삽입]을 이용한 열 삽입

## 9.3.2 열 삭제

### 1 마우스를 이용하는 방법

열을 삭제하고자 하는 경우에는 [그림 2-77]과 같이 열 머리글을 선택한 후 마우스 오른쪽 버튼을 누르고 삭제를 선택하면 된다. 만약 여러 개의 열을 한꺼번에 삭제하려면, 열 머리글 여러 개를 한꺼번에 선택해야 한다.

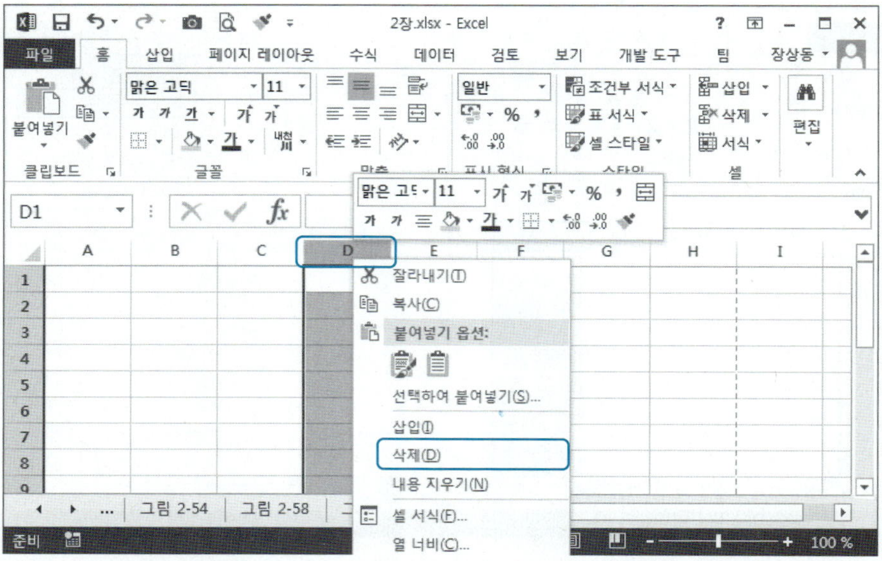


| 그림 2-77 | 마우스를 이용한 열 삭제

### 2 메뉴를 이용하는 방법

[그림 2-78]은 [셀]탭의 [삽입]을 이용한 열 삭제 방법을 나타낸다.

❶ 열 머리글을 선택한다. 만약 여러 개의 열을 한꺼번에 삽입하려면, 열 머리글 여러 개를 한꺼번에 선택해야 한다.

❷ [홈]-[셀]-[삭제]을 클릭한 후 [셀 삭제]를 선택한다.

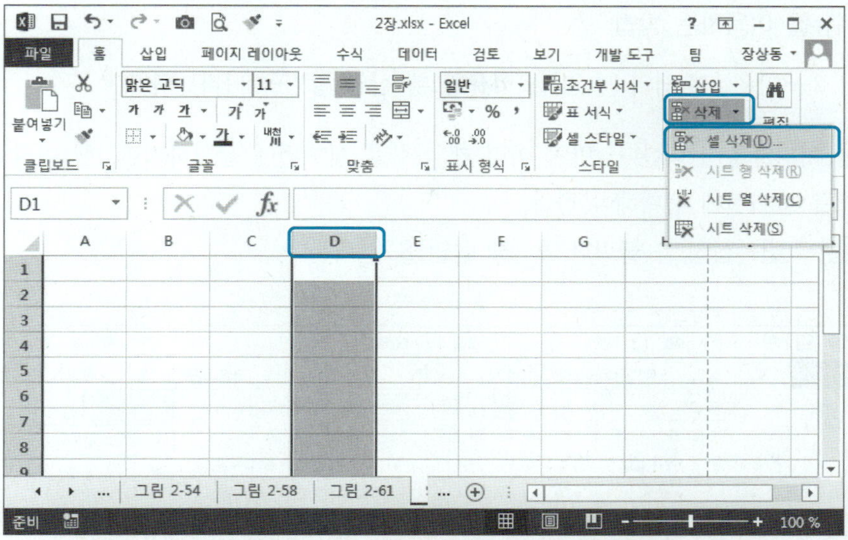


| 그림 2-78 | [셀]탭의 [삽입]을 이용한 열 삭제

## 9.3.3 행 삽입

### 1 마우스를 이용하는 방법

새로운 행을 추가하고자 할 때는 [그림 2-79]와 같이 행 머리글을 선택한 후 마우스 오른쪽 버튼을 누르고 삽입을 선택한다. 만약 여러 개의 행을 한꺼번에 삽입하려면, 행 머리글 여러 개를 한꺼번에 선택해야 한다.

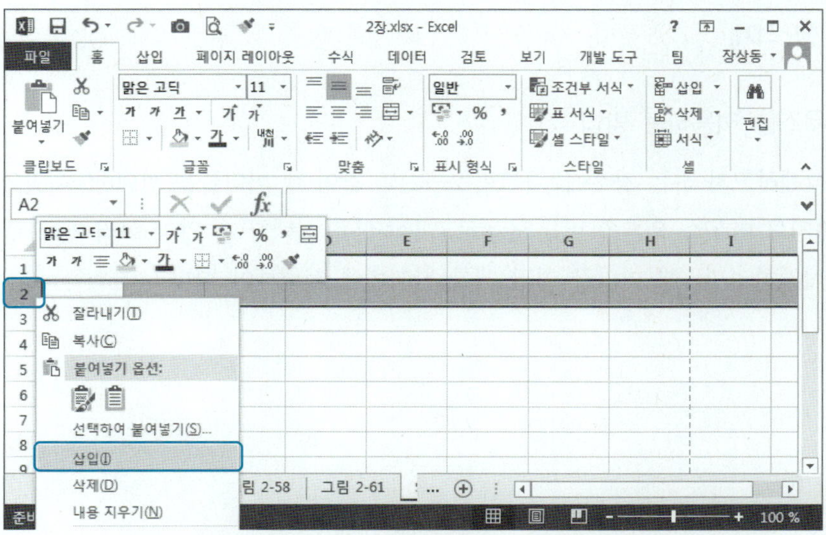


| 그림 2-79 | 마우스를 이용한 행 삽입

### 2 메뉴를 이용하는 방법

[그림 2-80]은 [셀]탭의 [삽입]을 이용한 행 삽입 방법을 나타낸다.

❶ 행 머리글을 선택한다. 만약 여러 개의 행을 한꺼번에 삽입하려면, 행 머리글 여러 개를 한꺼번에 선택해야 한다.

❷ [홈]-[셀]-[삽입]을 클릭한 후 [셀 삽입]을 선택한다.

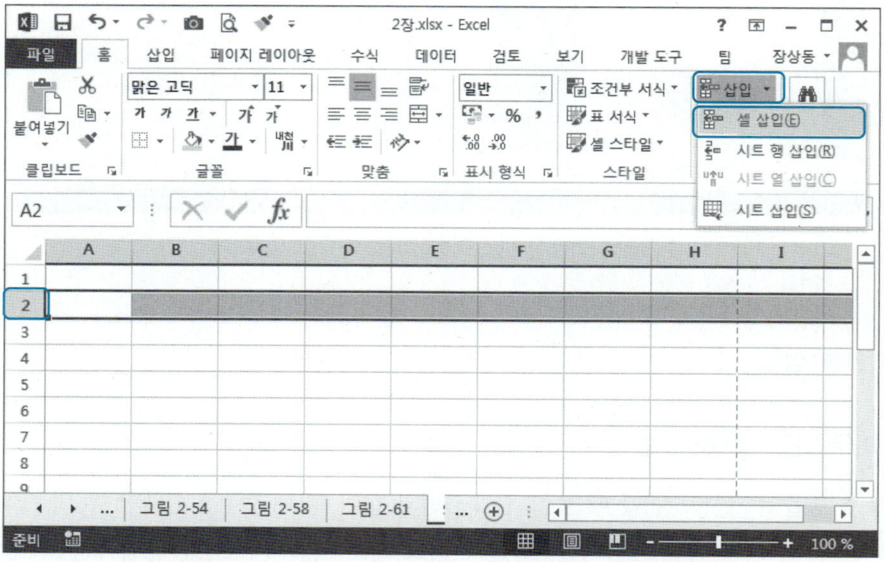


| 그림 2-80 | [셀]탭의 [삽입]을 이용한 행 삽입

## 9.3.4 행 삭제

### 1 마우스를 이용하는 방법

행을 삭제하고자 하는 경우에는 [그림 2-81]과 같이 행 머리글을 선택한 후 열의 삭제와 마찬가지로 마우스 오른쪽 버튼을 누르고 [삭제]를 선택한다. 만약 여러 개의 행을 한꺼번에 삭제하려면, 행 머리글 여러 개를 한꺼번에 선택해야 한다.

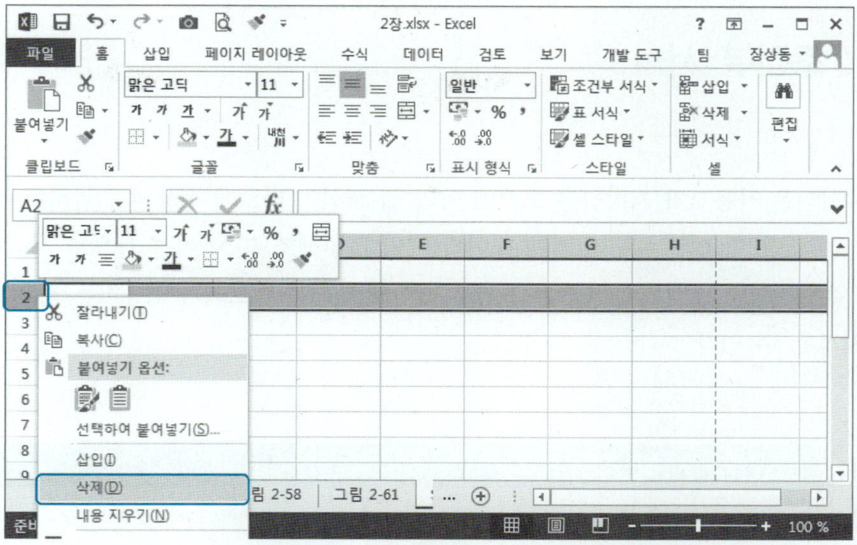

| 그림 2-81 | 마우스를 이용한 행 삭제

## 2 메뉴를 이용하는 방법

[그림 2-82]는 [셀]탭의 [삽입]을 이용한 행 삭제 방법을 나타낸다.

❶ 행 머리글을 선택한다. 만약 여러 개의 행을 한꺼번에 삭제하려면, 행 머리글 여러 개를 한꺼번에 선택해야 한다.

❷ [홈]-[셀]-[삭제]을 클릭한 후 [셀 삭제]를 선택한다.

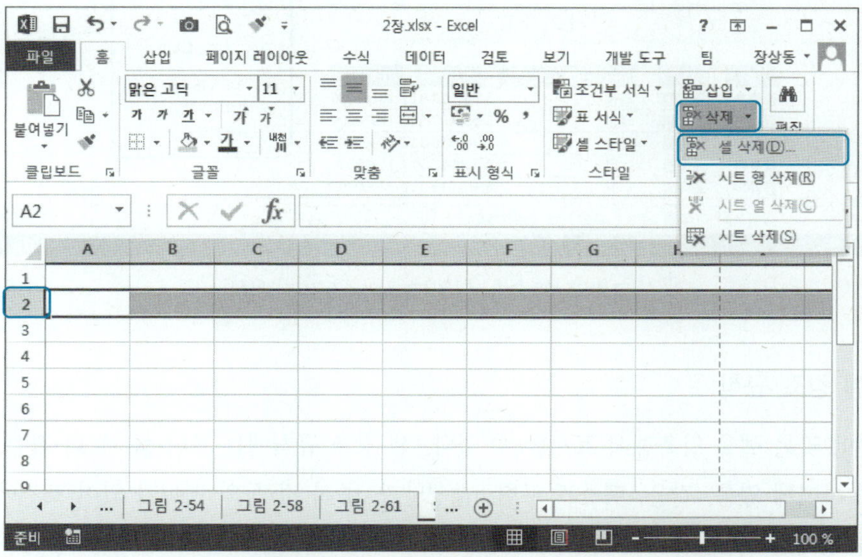

| 그림 2-82 | [셀]탭의 [삽입]을 이용한 행 삭제

# 10 조건부 서식

조건부 서식은 사용자가 지정하는 조건에 따라 셀 서식이 다르게 적용되도록 하는 것이다. 단순히 셀 값을 강조할 수도 있지만 데이터를 막대나 색조 및 아이콘 등으로 시각화해서 보여줄 수도 있다. 엑셀 2007부터는 조건부 서식의 조건을 메모리가 허용하는 범위 내에서 계속 지정할 수 있다.

## 10.1 조건부 서식 적용하기

[홈]-[스타일]그룹에 있는 [조건부 서식]목록 상자 안에 셀 강조 규칙, 상위/하위 규칙, 데이터 막대, 색조, 아이콘 등을 선택하여 다양한 서식과 조건을 사용하여 만들 수 있다. [그림 2-83]은 [조건부 서식]의 기능을 확장하여 나타낸다.

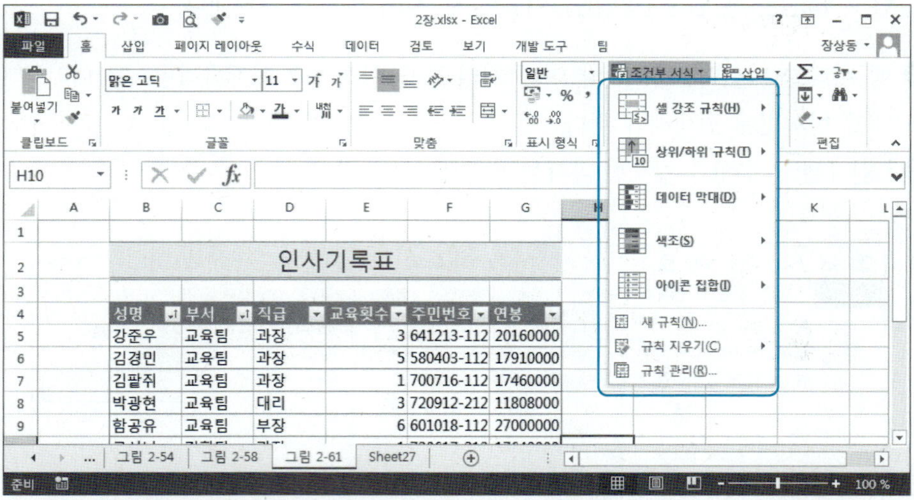


| 그림 2-83 | [스타일]그룹의 [조건부 서식]

### 1 셀 강조 규칙

조건에 맞는 셀을 강조해서 표시할 수 있다. 셀 강조 규칙에는 보다 큼, 보다 작음, 다음 값의 사이에 있음, 같음, 텍스트 포함, 발생날짜, 중복 값 등의 메뉴가 있어 조건에 맞는 것을 선택한다.

[그림 2-83]의 인사기록표에서 연봉이 20,000,000원 이상인 셀은 [진한 녹색 텍스트가 있는 녹색 채우기] 서식을 적용하고, 연봉이 15,000,000원 이하이면 연한 빨강 채우기 서식을 적용해보자.

❶ [그림 2-84]와 같이 서식을 적용할 데이터 G5:G17을 범위 지정한다.

❷ [홈]-[스타일]-[조건부 서식]에서 [셀 강조 규칙]-[보다 큼]을 선택한다.

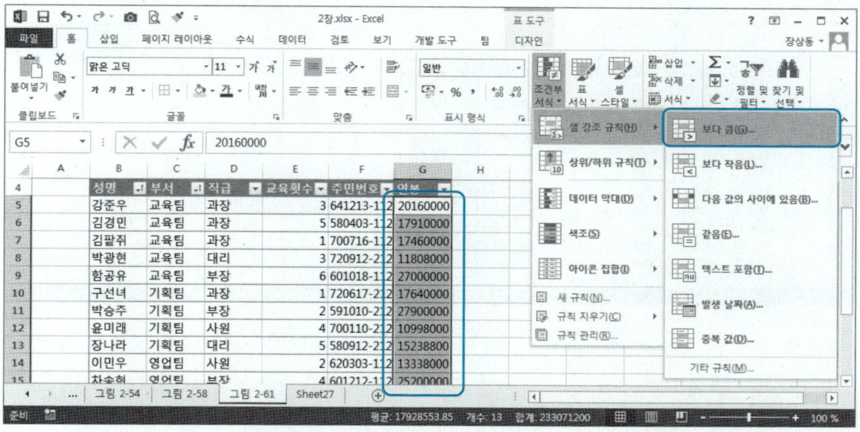


| 그림 2-84 | [셀 강조 규칙]-[보다 큼] 실행

❸ [보다 큼] 대화상자가 나타나면, [다음 값보다 큰 셀의 서식 지정]란에 20,000,000을 입력한다. [그림 2-85]와 같이 조건을 만족하는 여러 셀의 색상이 변경되는 것을 볼 수 있다.

❹ [적용할 서식]에서 [진한 녹색 텍스트가 있는 녹색 채우기]를 선택하고 [확인] 버튼을 클릭한다.

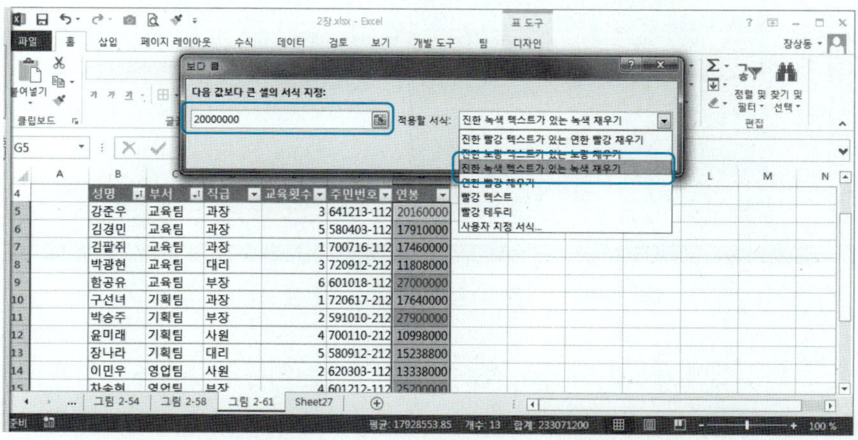


| 그림 2-85 | [보다 큼] 대화상자의 조건 및 서식 지정

❺ 연봉이 15,000,000이하의 셀에 연한 빨강 채우기 서식을 적용하기 위해 [그림 2-86]과 같이 서식 적용할 데이터 범위 G5:G17을 다시 지정한다.

❻ [홈]-[스타일]-[조건부 서식]에서 [셀 강조 규칙]-[보다 작음]을 선택한다.

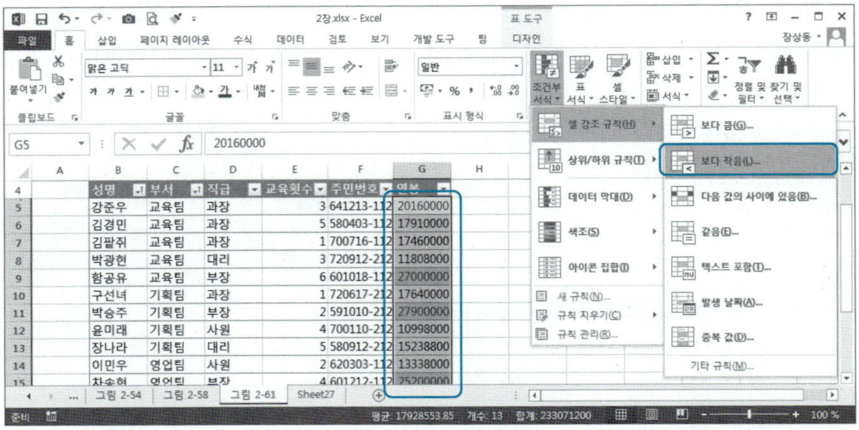

| 그림 2-86 | [셀 강조 규칙]-[보다 작음] 실행

❼ [보다 작음] 대화상자가 나타나면, [다음 값보다 작은 셀의 서식 지정]란에 '15000000'을 입력한다. [그림 2-87]과 같이 조건을 만족하는 셀의 색상이 변경되는 것을 볼 수 있다.

❽ 적용할 서식에서 [연한빨강 채우기]를 선택하고 보다 작음 대화상자를 닫으면, 조건에 맞는 셀에 서식이 적용된 것을 확인할 수 있다.

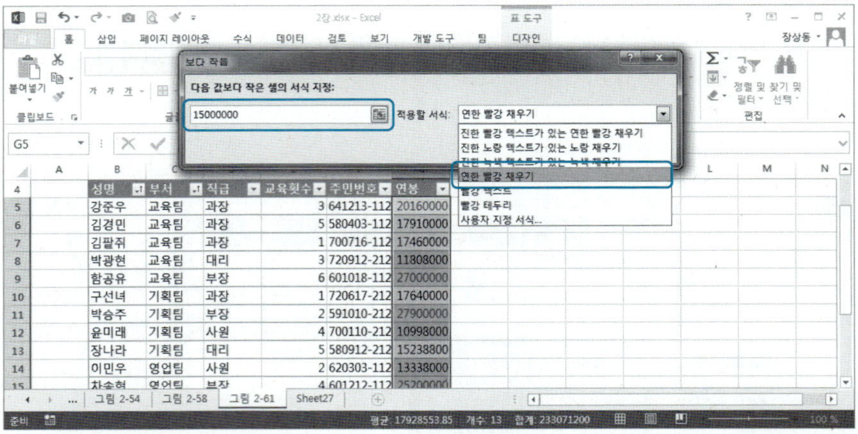

| 그림 2-87 | 조건의 범위와 셀에 적용할 서식 지정

규칙을 적용한 셀에 새로운 규칙을 적용하기 위해서는 기존의 규칙을 지워야할 때가 있다. 규칙의 삭제는 [홈]-[스타일]-[조건부 서식]-[규칙 지우기]에 있는 메뉴를 이용하여

수행한다. [그림 2-88]과 같이 셀 G5:G17 범위를 선택하고 [선택한 셀의 규칙 지우기]를 클릭하면 규칙을 적용하기 이전의 상태로 돌아간다.

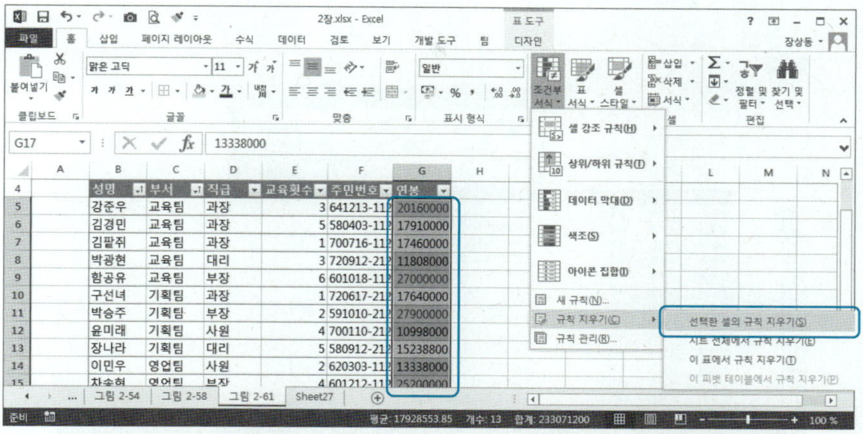

| 그림 2-88 | 적용한 규칙의 삭제

## 2 상위/하위 규칙

지정한 데이터 범위의 셀 값을 기준으로 상위 값 또는 하위 값을 찾아 셀 서식을 지정할 수 있다. 출장비 정산 내역 데이터 목록에서 금액이 큰 상위 3가지 항목에 대해서만 진한 노랑 텍스트가 있는 노랑 채우기 서식을 적용해보자. [그림 2-89]는 [상위 10개 항목]에 대한 규칙을 지정하는 과정이고, [그림 2-90]은 그 조건에 맞는 셀 서식을 지정하는 과정이다.

❶ 서식을 적용할 데이터 G5:G17을 범위지정한다.

❷ [홈]-[스타일]-[조건부 서식]에서 [상위/하위 규칙]-[상위 10개 항목]을 선택한다.

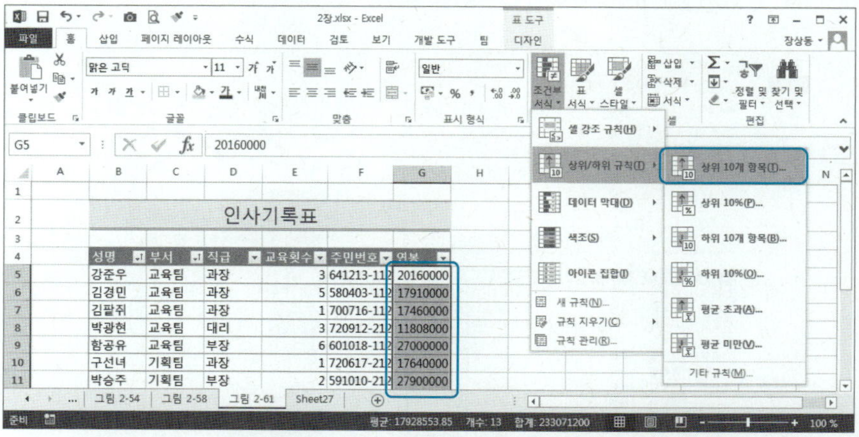

| 그림 2-89 | [상위 10개 항목] 규칙 지정하기

❸ [상위 10개 항목] 대화상자가 나타나면, [다음 값보다 큰 셀의 서식 지정]란에 3을 입력한다. 조건을 만족하는 3개 셀의 색상이 변경되는 것을 볼 수 있다.
❹ [적용할 서식]란에서 [진한 노랑 텍스트가 있는 노랑 채우기]를 지정한다.

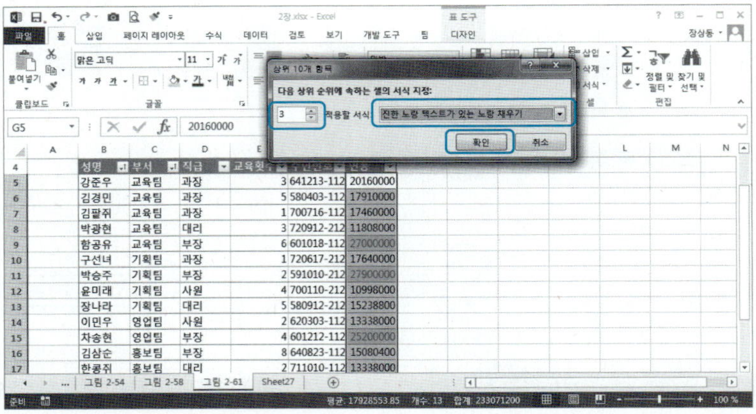

| 그림 2-90 | [상위 10개 항목] 대화상자를 이용한 조건 및 서식 지정

## 3 데이터 막대

특정 셀 값을 다른 셀과 비교하여 데이터 막대 길이로 표시할 수 있다. 많은 양의 데이터에서 최대값의 막대는 길게 표시하고, 최소값의 막대는 짧게 표시한다. 막대 길이를 가지고 셀 값을 비교하는데 유용하다. 인사기록표에서 연봉을 빨강 데이터 막대로 나타내보자. [그림 2-91]은 [데이터 막대] 규칙을 지정하는 과정이다.

❶ 서식을 적용할 데이터 범위인 G5:G17을 선택한다.
❷ [홈]–[스타일]–[조건부 서식]에서 [데이터 막대]–[빨강 데이터 막대]를 선택한다. 연봉 셀이 값에 따라 막대로 표현되는 것을 볼 수 있다.

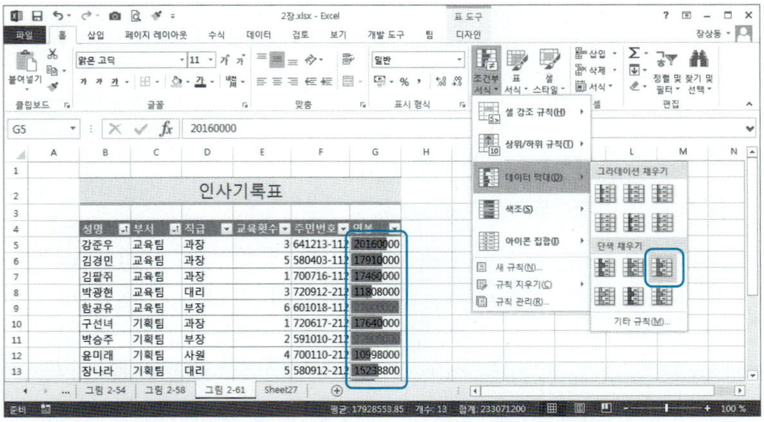

| 그림 2-91 | [데이터 막대] 규칙 지정

## 4 아이콘 집합

임계값을 3~5개 정해서 값의 범위에 따라 3~5개 범주의 아이콘이 셀에 표시되도록 할 수 있다. 예를 들어 아이콘의 집합을 3가지 화살표로 선택하였다면, 상위값 범위에는 초록색 화살표, 중간 값 범위에는 노란색 화살표, 하위 값 범위에는 빨간색 화살표를 표시하여 특정 임계값 범위에 있음을 표시한다. 인사기록표에서 연봉 셀에 아이콘을 표시해 보자. [그림 2-92]는 [3가지 기호] 규칙을 적용하는 과정이다.

1. 서식을 적용할 데이터 범위인 G5:G17을 지정한다.
2. [홈]-[스타일]-[조건부 서식]에서 [아이콘 집합]-[3가지 기호]를 선택한다. 연봉 셀에 아이콘이 나타난다.

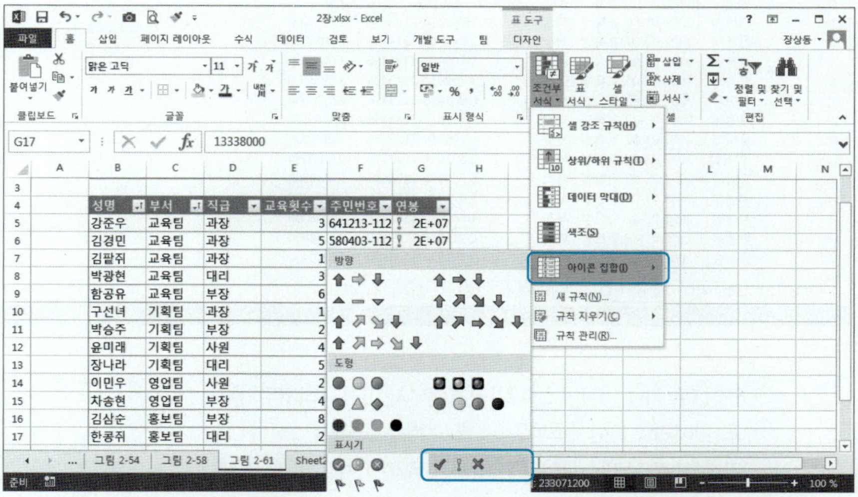

| 그림 2-92 | [아이콘 집합]의 [3가지 기호] 규칙 적용

## 연습문제

**1** '인사기록표' 파일을 불러와서 아래 그림과 같이 모든 서식을 없애자.

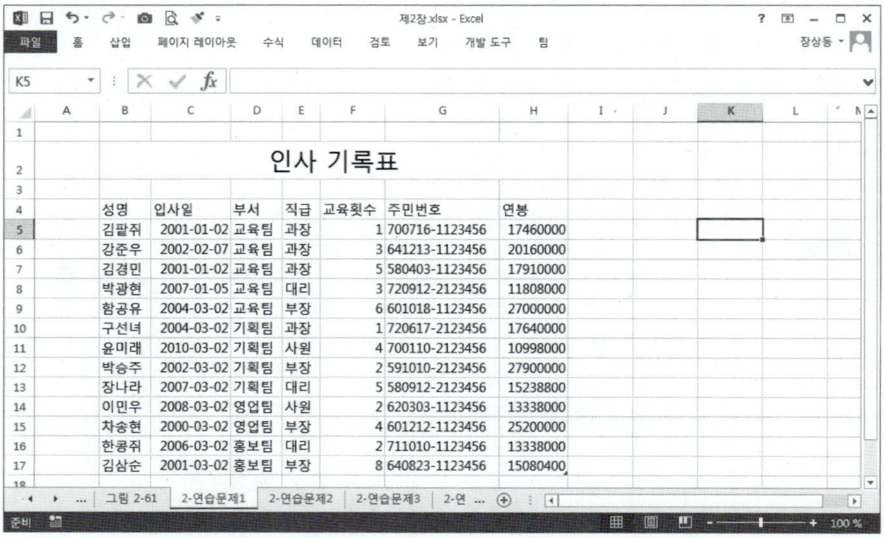

인사 기록표

| 성명 | 입사일 | 부서 | 직급 | 교육횟수 | 주민번호 | 연봉 |
|---|---|---|---|---|---|---|
| 김팔쥐 | 2001-01-02 | 교육팀 | 과장 | 1 | 700716-1123456 | 17460000 |
| 강준우 | 2002-02-07 | 교육팀 | 과장 | 3 | 641213-1123456 | 20160000 |
| 김경민 | 2001-01-02 | 교육팀 | 과장 | 5 | 580403-1123456 | 17910000 |
| 박광현 | 2007-01-05 | 교육팀 | 대리 | 3 | 720912-2123456 | 11808000 |
| 함공유 | 2004-03-02 | 교육팀 | 부장 | 6 | 601018-1123456 | 27000000 |
| 구선녀 | 2004-03-02 | 기획팀 | 과장 | 1 | 720617-2123456 | 17640000 |
| 윤미래 | 2010-03-02 | 기획팀 | 사원 | 4 | 700110-2123456 | 10998000 |
| 박승주 | 2002-03-02 | 기획팀 | 부장 | 2 | 591010-2123456 | 27900000 |
| 장나라 | 2007-03-02 | 기획팀 | 대리 | 5 | 580912-2123456 | 15238800 |
| 이민우 | 2008-03-02 | 영업팀 | 사원 | 2 | 620303-1123456 | 13338000 |
| 차승현 | 2000-03-02 | 영업팀 | 부장 | 4 | 601212-1123456 | 25200000 |
| 한공쥐 | 2006-03-02 | 홍보팀 | 대리 | 2 | 711010-2123456 | 13338000 |
| 김삼순 | 2001-03-02 | 홍보팀 | 부장 | 8 | 640823-1123456 | 15080400 |

**Tip**

- 규칙지우기 : [홈]–[스타일]–[조건부서식]–[규칙지우기]
- 표 없애기 : [홈]–[스타일]–[셀스타일]–[표준]
- 기본서식지우기 : [홈]–[편집]–[지우기]

**2** '순번'과 '사원번호', '입사일', '당직일'을 위한 열을 추가하고 아래 그림과 같이 데이터를 수정하자.

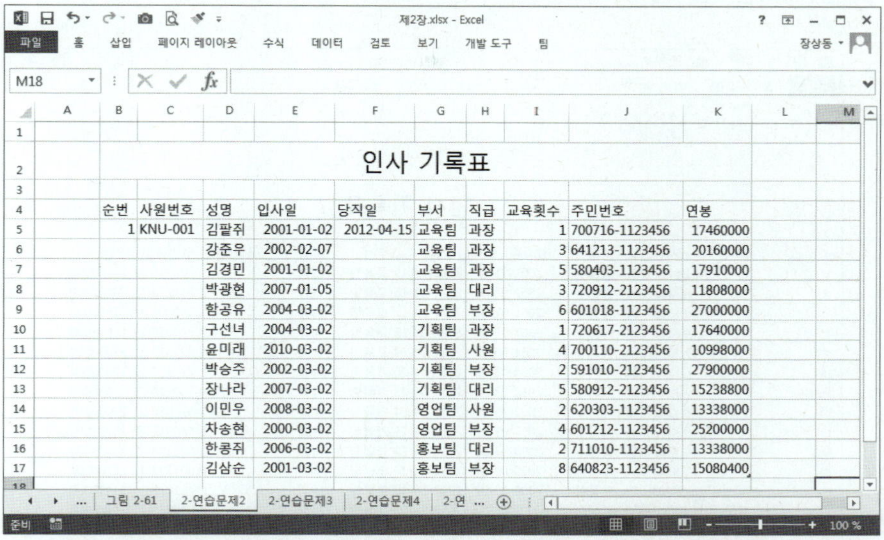

인사 기록표

| 순번 | 사원번호 | 성명 | 입사일 | 당직일 | 부서 | 직급 | 교육횟수 | 주민번호 | 연봉 |
|---|---|---|---|---|---|---|---|---|---|
| 1 | KNU-001 | 김팔쥐 | 2001-01-02 | 2012-04-15 | 교육팀 | 과장 | 1 | 700716-1123456 | 17460000 |
| | | 강준우 | 2002-02-07 | | 교육팀 | 과장 | 3 | 641213-1123456 | 20160000 |
| | | 김경민 | 2001-01-02 | | 교육팀 | 과장 | 5 | 580403-1123456 | 17910000 |
| | | 박광현 | 2007-01-05 | | 교육팀 | 대리 | 3 | 720912-2123456 | 11808000 |
| | | 함공유 | 2004-03-02 | | 교육팀 | 부장 | 6 | 601018-1123456 | 27000000 |
| | | 구선녀 | 2004-03-02 | | 기획팀 | 과장 | 1 | 720617-2123456 | 17640000 |
| | | 윤미래 | 2010-03-02 | | 기획팀 | 사원 | 4 | 700110-2123456 | 10998000 |
| | | 박승주 | 2002-03-02 | | 기획팀 | 부장 | 2 | 591010-2123456 | 27900000 |
| | | 장나라 | 2007-03-02 | | 기획팀 | 대리 | 5 | 580912-2123456 | 15238800 |
| | | 이민우 | 2008-03-02 | | 영업팀 | 사원 | 2 | 620303-1123456 | 13338000 |
| | | 차송현 | 2000-03-02 | | 영업팀 | 부장 | 4 | 601212-1123456 | 25200000 |
| | | 한콩쥐 | 2006-03-02 | | 홍보팀 | 대리 | 2 | 711010-1123456 | 13338000 |
| | | 김삼순 | 2001-03-02 | | 홍보팀 | 부장 | 8 | 640823-1123456 | 15080400 |

Tip 행/열 추가 및 삭제 : [홈]–[셀]

**3** 채우기 핸들을 이용하여 순번은 1번부터 차례로 1씩 증가되는 코드값을 입력하고, 사원번호는 'KNU-001'부터 차례로 번호를 부여하고, 당직일은 '2012-04-15'부터 주말을 제외한 날짜를 차례로 하루씩 증가하도록 하여 아래 그림과 같이 완성하자.

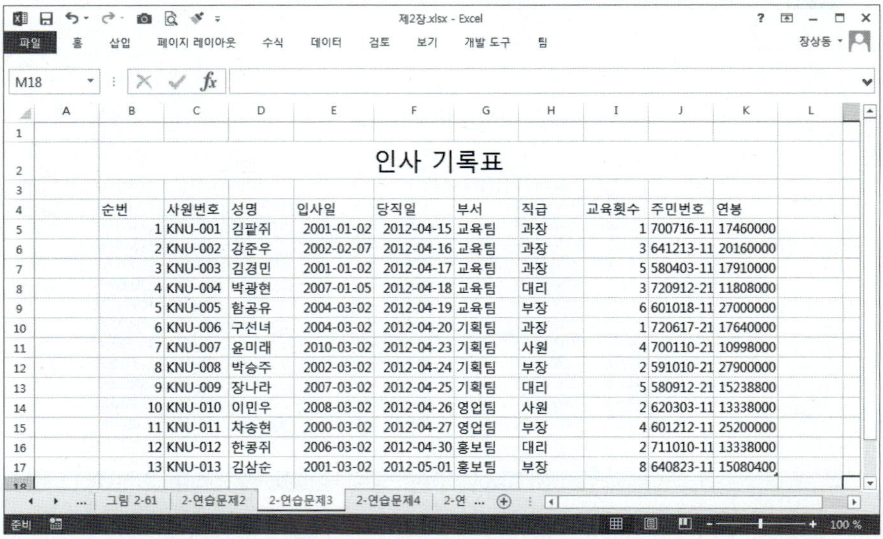

인사 기록표

| 순번 | 사원번호 | 성명 | 입사일 | 당직일 | 부서 | 직급 | 교육횟수 | 주민번호 | 연봉 |
|---|---|---|---|---|---|---|---|---|---|
| 1 | KNU-001 | 김팔쥐 | 2001-01-02 | 2012-04-15 | 교육팀 | 과장 | 1 | 700716-11 | 17460000 |
| 2 | KNU-002 | 강준우 | 2002-02-07 | 2012-04-16 | 교육팀 | 과장 | 3 | 641213-11 | 20160000 |
| 3 | KNU-003 | 김경민 | 2001-01-02 | 2012-04-17 | 교육팀 | 과장 | 5 | 580403-11 | 17910000 |
| 4 | KNU-004 | 박광현 | 2007-01-05 | 2012-04-18 | 교육팀 | 대리 | 3 | 720912-21 | 11808000 |
| 5 | KNU-005 | 함공유 | 2004-03-02 | 2012-04-19 | 교육팀 | 부장 | 6 | 601018-11 | 27000000 |
| 6 | KNU-006 | 구선녀 | 2004-03-02 | 2012-04-20 | 기획팀 | 과장 | 1 | 720617-21 | 17640000 |
| 7 | KNU-007 | 윤미래 | 2010-03-02 | 2012-04-23 | 기획팀 | 사원 | 4 | 700110-21 | 10998000 |
| 8 | KNU-008 | 박승주 | 2002-03-02 | 2012-04-24 | 기획팀 | 부장 | 2 | 591010-21 | 27900000 |
| 9 | KNU-009 | 장나라 | 2007-03-02 | 2012-04-25 | 기획팀 | 대리 | 5 | 580912-21 | 15238800 |
| 10 | KNU-010 | 이민우 | 2008-03-02 | 2012-04-26 | 영업팀 | 사원 | 2 | 620303-11 | 13338000 |
| 11 | KNU-011 | 차송현 | 2000-03-02 | 2012-04-27 | 영업팀 | 부장 | 4 | 601212-11 | 25200000 |
| 12 | KNU-012 | 한공쥐 | 2006-03-02 | 2012-04-30 | 홍보팀 | 대리 | 2 | 711010-11 | 13338000 |
| 13 | KNU-013 | 김삼순 | 2001-03-02 | 2012-05-01 | 홍보팀 | 부장 | 8 | 640823-11 | 15080400 |

Tip 자동채우기와 옵션 : [채우기 핸들]–[자동채우기 옵션]

**4** 데이터 연봉의 내림차순으로 정렬하고, [홈]탭의 기능을 전체적으로 활용하여 데이터 전체를 임의의 서식으로 적절히 꾸며보자.

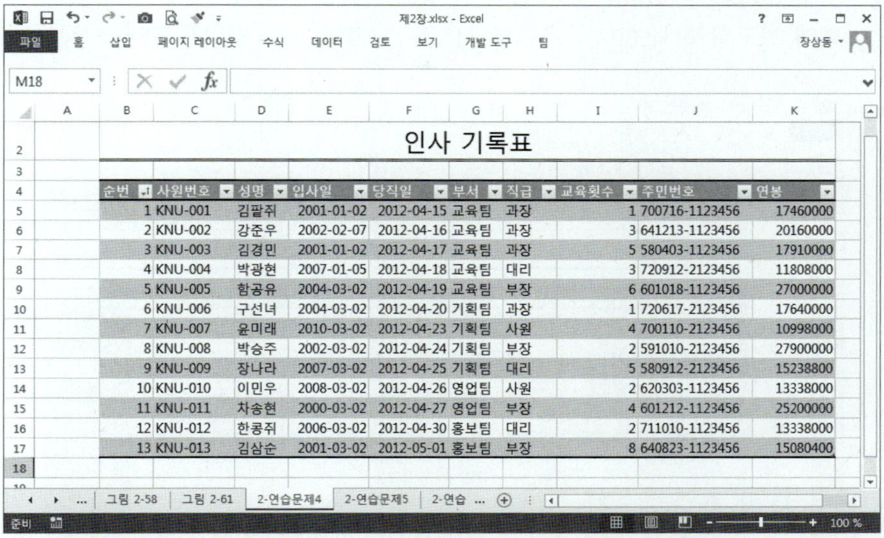
인사 기록표

| 순번 | 사원번호 | 성명 | 입사일 | 당직일 | 부서 | 직급 | 교육횟수 | 주민번호 | 연봉 |
|---|---|---|---|---|---|---|---|---|---|
| 1 | KNU-001 | 김팔쥐 | 2001-01-02 | 2012-04-15 | 교육팀 | 과장 | 1 | 700716-1123456 | 17460000 |
| 2 | KNU-002 | 강준우 | 2002-02-07 | 2012-04-16 | 교육팀 | 과장 | 3 | 641213-1123456 | 20160000 |
| 3 | KNU-003 | 김경민 | 2001-01-02 | 2012-04-17 | 교육팀 | 과장 | 5 | 580403-1123456 | 17910000 |
| 4 | KNU-004 | 박광현 | 2007-01-05 | 2012-04-18 | 교육팀 | 대리 | 3 | 720912-2123456 | 11808000 |
| 5 | KNU-005 | 함공유 | 2004-03-02 | 2012-04-19 | 교육팀 | 부장 | 6 | 601018-1123456 | 27000000 |
| 6 | KNU-006 | 구선녀 | 2004-03-02 | 2012-04-20 | 기획팀 | 과장 | 1 | 720617-2123456 | 17640000 |
| 7 | KNU-007 | 윤미래 | 2010-03-02 | 2012-04-23 | 기획팀 | 사원 | 4 | 700110-2123456 | 10998000 |
| 8 | KNU-008 | 박승주 | 2002-03-02 | 2012-04-24 | 기획팀 | 부장 | 2 | 591010-2123456 | 27900000 |
| 9 | KNU-009 | 장나라 | 2007-03-02 | 2012-04-25 | 기획팀 | 대리 | 5 | 580912-2123456 | 15238800 |
| 10 | KNU-010 | 이민우 | 2008-03-02 | 2012-04-26 | 영업팀 | 사원 | 2 | 620303-1123456 | 13338000 |
| 11 | KNU-011 | 차송현 | 2000-03-02 | 2012-04-27 | 영업팀 | 부장 | 4 | 601212-1123456 | 25200000 |
| 12 | KNU-012 | 한콩쥐 | 2006-03-02 | 2012-04-30 | 홍보팀 | 대리 | 2 | 711010-1123456 | 13338000 |
| 13 | KNU-013 | 김삼순 | 2001-03-02 | 2012-05-01 | 홍보팀 | 부장 | 8 | 640823-1123456 | 15080400 |

Tip 정렬 : [홈]–[편집]–[정렬 및 필터]

**5** 연봉이 높은 순으로 1등부터 3등까지 상위 3개의 항목에 대해 아래 그림과 같이 조건부 서식(진한 빨강 텍스트가 있는 연한 빨강 채우기)을 지정하고, 연봉에 아이콘 집합의 [4등급]을 지정해보자. 조건부 서식(진한 빨강 텍스트가 있는 연한 빨강 채우기)을 없애 보도록 하자(힌트 : 조건부 서식을 지정할 때의 범위를 모두 지정해야 한다).

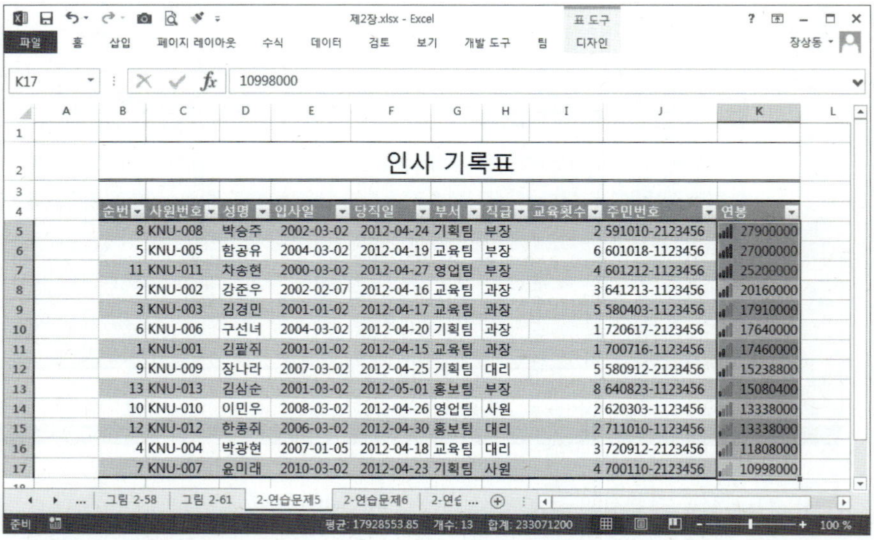

인사 기록표

| 순번 | 사원번호 | 성명 | 입사일 | 당직일 | 부서 | 직급 | 교육횟수 | 주민번호 | 연봉 |
|---|---|---|---|---|---|---|---|---|---|
| 8 | KNU-008 | 박승주 | 2002-03-02 | 2012-04-24 | 기획팀 | 부장 | 2 | 591010-2123456 | 27900000 |
| 5 | KNU-005 | 함공유 | 2004-03-02 | 2012-04-19 | 교육팀 | 부장 | 6 | 601018-1123456 | 27000000 |
| 11 | KNU-011 | 차송현 | 2000-03-02 | 2012-04-27 | 영업팀 | 부장 | 4 | 601212-1123456 | 25200000 |
| 2 | KNU-002 | 강준우 | 2002-02-07 | 2012-04-16 | 교육팀 | 과장 | 3 | 641213-1123456 | 20160000 |
| 3 | KNU-003 | 김경민 | 2001-01-02 | 2012-04-17 | 교육팀 | 과장 | 5 | 580403-1123456 | 17910000 |
| 6 | KNU-006 | 구선녀 | 2004-03-02 | 2012-04-20 | 기획팀 | 과장 | 1 | 720617-2123456 | 17640000 |
| 1 | KNU-001 | 김팔쥐 | 2001-01-02 | 2012-04-15 | 교육팀 | 과장 | 1 | 700716-1123456 | 17460000 |
| 9 | KNU-009 | 장나라 | 2007-03-02 | 2012-04-25 | 기획팀 | 대리 | 5 | 580912-2123456 | 15238800 |
| 13 | KNU-013 | 김삼순 | 2001-03-02 | 2012-05-01 | 홍보팀 | 부장 | 8 | 640823-1123456 | 15080400 |
| 10 | KNU-010 | 이민우 | 2008-03-02 | 2012-04-26 | 영업팀 | 사원 | 2 | 620303-1123456 | 13338000 |
| 12 | KNU-012 | 한콩쥐 | 2006-03-02 | 2012-04-30 | 홍보팀 | 대리 | 2 | 711010-1123456 | 13338000 |
| 4 | KNU-004 | 박광현 | 2007-01-05 | 2012-04-18 | 교육팀 | 대리 | 3 | 720912-2123456 | 11808000 |
| 7 | KNU-007 | 윤미래 | 2010-03-02 | 2012-04-23 | 기획팀 | 사원 | 4 | 700110-2123456 | 10998000 |

Tip
- 상위 3개 항목 : [홈]–[스타일]–[조건부서식]–[상위/하위 규칙]–[상위 10개 항목]
- 4등급 : [홈]–[스타일]–[조건부서식]–[아이콘 집합]

**6** 다음의 지시사항을 처리하시오.

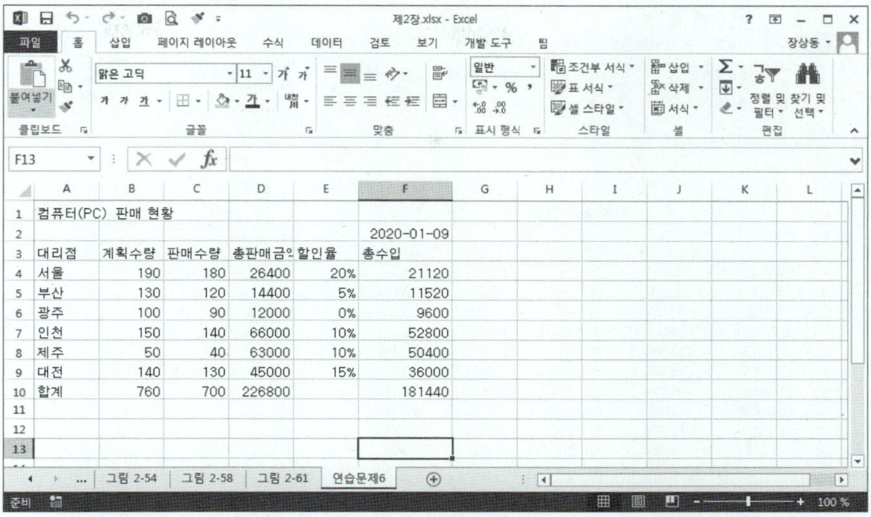

| | A | B | C | D | E | F |
|---|---|---|---|---|---|---|
| 1 | 컴퓨터(PC) 판매 현황 | | | | | |
| 2 | | | | | | 2020-01-09 |
| 3 | 대리점 | 계획수량 | 판매수량 | 총판매금액 | 할인율 | 총수입 |
| 4 | 서울 | 190 | 180 | 26400 | 20% | 21120 |
| 5 | 부산 | 130 | 120 | 14400 | 5% | 11520 |
| 6 | 광주 | 100 | 90 | 12000 | 0% | 9600 |
| 7 | 인천 | 150 | 140 | 66000 | 10% | 52800 |
| 8 | 제주 | 50 | 40 | 63000 | 10% | 50400 |
| 9 | 대전 | 140 | 130 | 45000 | 15% | 36000 |
| 10 | 합계 | 760 | 700 | 226800 | | 181440 |

- [A1:F1]영역은 ‘셀 병합 후 가로, 세로 가운데 맞춤’, 글꼴 ‘굴림체’, 크기 ‘16’, 글꼴 스타일 ‘굵게’로 지정하시오
- [F2]셀의 날짜 표시 형식을 사용자정의 서식을 이용하여 ‘yyyy年 mm月’로 지정하시오.
- [D4:D10], [F4:F10] 영역의 셀 서식을 ‘통화 스타일’(₩)로 지정하시오.
- [A3:F3] 영역은 ‘가로 가운데 맞춤’으로 정렬하고 셀을 연한노랑으로 채우시오.
- 셀에 테두리를 지정하는데, 안쪽은 일반 테두리로 지정하고, 윤곽선은 진하게 지정하시오.

**7** 다음의 지시사항을 처리하시오.

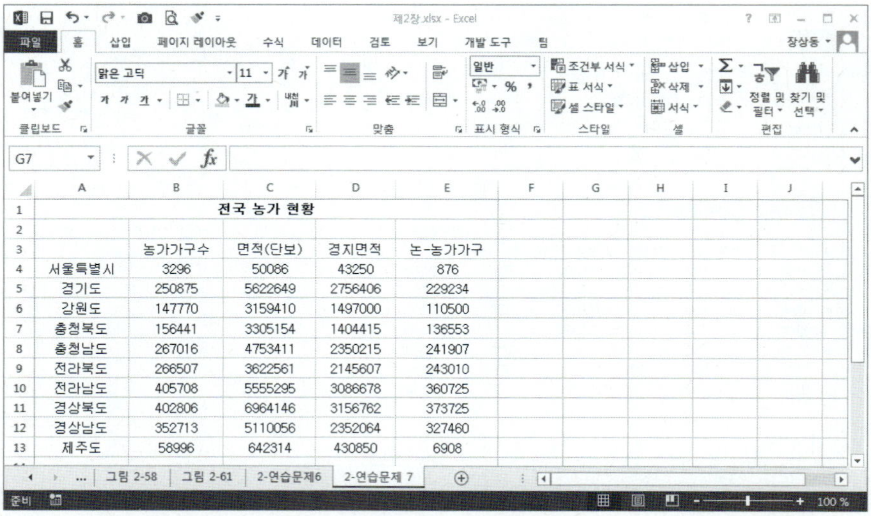

| | A | B | C | D | E |
|---|---|---|---|---|---|
| 1 | 전국 농가 현황 | | | | |
| 2 | | | | | |
| 3 | | 농가가구수 | 면적(단보) | 경지면적 | 논-농가가구 |
| 4 | 서울특별시 | 3296 | 50086 | 43250 | 876 |
| 5 | 경기도 | 250875 | 5622649 | 2756406 | 229234 |
| 6 | 강원도 | 147770 | 3159410 | 1497000 | 110500 |
| 7 | 충청북도 | 156441 | 3305154 | 1404415 | 136553 |
| 8 | 충청남도 | 267016 | 4753411 | 2350215 | 241907 |
| 9 | 전라북도 | 266507 | 3622561 | 2145607 | 243010 |
| 10 | 전라남도 | 405708 | 5555295 | 3086678 | 360725 |
| 11 | 경상북도 | 402806 | 6964146 | 3156762 | 373725 |
| 12 | 경상남도 | 352713 | 5110056 | 2352064 | 327460 |
| 13 | 제주도 | 58996 | 642314 | 430850 | 6908 |

- [B4:E113] 영역의 데이터는 1000자리 구분기호(,)를 넣어서 표시하시오.
- 셀에 테두리를 지정하는데, 윤곽선은 진하게, 제목 아래줄은 이중선으로 지정하시오.

Chapter 03

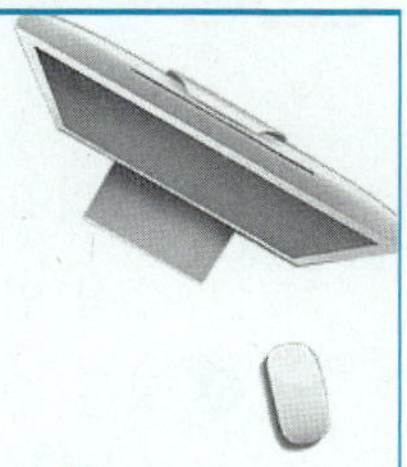

# 수식

엑셀 프로그램은 수치 데이터가 담겨있는 표 계산을 쉽게한다. 수치 데이터를 계산을 위해 기본적으로 수식을 사용한다.



## 01 수식 입력

워크시트에서의 수식 사용은 수치 데이터의 산술처리나 문자 데이터의 결합 또는 비교연산 등의 작업을 쉽게해준다. 워크시트에서 수식을 이용하는 방법에 대해 알아보자.

### 1.1 수식의 구조

수식은 셀에 등호(=)를 시작으로 연산자, 피연산자, 함수 등을 조합하여 만든다. 피 연산자는 숫자나 셀 주소를 사용한다. 또는 등호 없이, 양수(+), 또는 음수(-) 부호를 입력해도 자동으로 수식 맨 앞에 등호가 입력된다. 수식구조는 [그림 3-1]과 같다.

| = | 피연산자 | 연산자 | 피연산자 |
|---|---|---|---|
| ① 등호 | ② 숫자 또는 셀 주소 | ③ 산술, 문자, 비교연산자 등 | ④ 숫자 또는 셀 주소 |

| 그림 3-1 | 수식의 구조

❶ [그림 3-1]과 같이 수식을 입력하면 셀에는 수식의 결과 값이 표시되며, 입력한 수식은 수식 입력줄에 표시된다.

❷ 모든 수식은 셀 주소를 기준으로 계산된다.

## 1.2 수식 입력방법

수식을 입력할 때는 수식의 구성요소 중 등호와 연산자는 직접 타이핑해야 한다. 계산될 데이터가 있는 셀 주소는 직접 타이핑하거나 마우스 클릭으로 입력한다.

### 1 직접 타이핑하기

[그림 3-2]와 같이 연산 결과가 나타날 셀을 선택해 놓고, 등호와 연산자, 셀 주소를 직접 타이핑하여 입력한다. 셀 주소를 입력할 때 열 머리글의 영문자는 소문자로 입력해도, 입력 완료 Enter↵ 키를 누르거나 다른 셀을 선택하면 대문자로 표시된다.

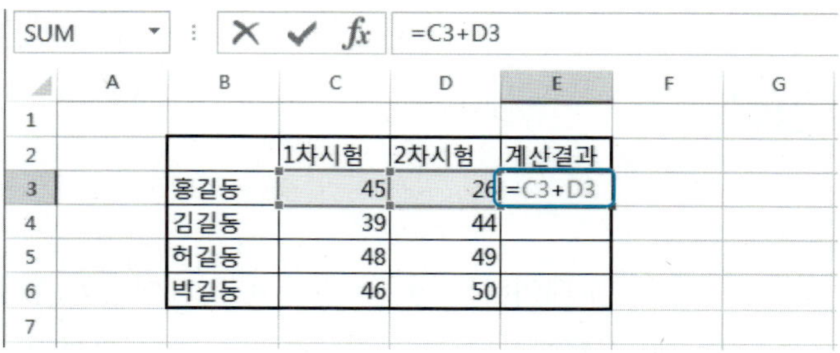


**그림 3-2** 직접 수식 입력

### 2 마우스 클릭으로 자동 입력하기

수식을 입력하다 보면, 데이터가 있는 셀 주소들을 일일이 파악하여 입력하기가 번거롭다. 수식을 시작하는 기호인 등호나, 연산자 등을 입력한 후에 계산할 데이터가 있는 셀을 마우스로 클릭하면, 자동으로 클릭한 셀의 주소가 기록된다. [그림 3-3]은 마우스로 수식을 입력하는 방법을 나타낸다. E4셀에 "="을 입력하고 C4셀을 클릭하면 자동으로 "=" 뒤에 "C4"가 붙는다. "+"를 입력한다. D4셀을 클릭한다. Enter를 입력한다.

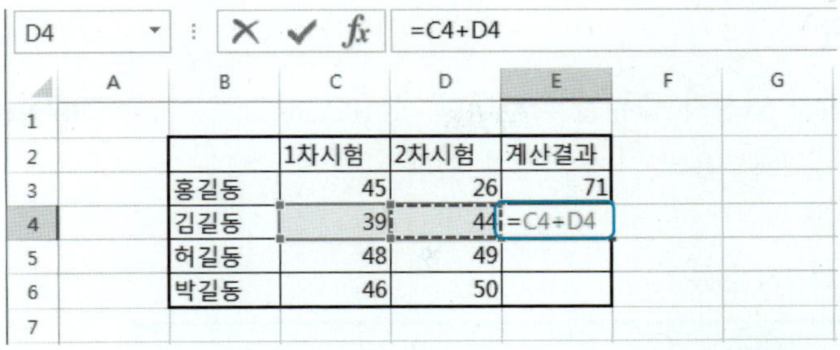


| 그림 3-3 | 마우스로 수식 입력

Tip

'=45+26' 과 '=C3+D3'의 차이

[그림 3-2]에서와 같이 [C3]와 [D3]의 값이 '45'과 '26'일 경우 [E3]에 '=45+26'과 '=C3+D3'라고 입력한 결과는 모두 71이라는 값을 갖게 된다. 하지만 같은 결과임에도 불구하고 데이터의 활용도 측면에서는 큰 차이가 있다. 만약 71의 값을 얻기 위하여 '=45+26'이라고 [E3]에 입력을 하였다면 [C3]와 [D3] 값이 변하더라도 그 결과는 항상 70으로 고정되기 때문이다.



# 02 연산자

엑셀에서 활용할 수 있는 연산자의 종류는 산술 연산자, 비교 연산자, 문자열 연산자, 참조 연산자 등이 있다.

## 2.1 연산자 종류

하나의 수식에서 여러 연산자를 사용하는 경우, 연산자의 우선순위는 백분율 → 지수 → 곱하기 → 나누기 → 더하기 → 빼기 → 문자열 연결 → 비교 연산자 순이다. 우선순위가 같은 연산자는 왼쪽에 있는 연산자를 먼저 계산하고, 연산자 우선순위를 바꾸려면 괄호( )를 쓴다. 괄호 연산자 안에 있는 수식을 가장 먼저 계산한다.

## 1 산술연산자

〈표 3-1〉은 산술 연산자 종류를 나타낸다. 산술 연산자로는 곱하기(*), 나누기(/), 더하기(+), 빼기(-), 백분율(%), 지수(^)가 있다.

| 표 3-1 | 산술 연산자 종류

| 종 류 | 연산자 | 의 미 |
|---|---|---|
| 산술 연산자 | + | 셀 데이터간의 더하기 |
| | - | 셀 데이터간의 빼기 |
| | * | 셀 데이터간의 곱하기 |
| | / | 셀 데이터간의 나누기 |
| | % | 특정 셀의 백분율 |
| | ^ | 특정 셀의 지수승 |

## 2 비교 연산자

〈표 3-2〉는 비교 연산자 종류를 나타낸다. 비교 연산자로는 크다(>), 작다(<), 이상(>=), 이하(<=), 같다(=), 같지 않다(< >)가 있다. 비교 연산자는 두 값을 비교하여 참이나 거짓의 논리 값을 산출한다. 결과가 참이면 논리값 1로, 거짓이면 0으로 할당된다. 단독으로 쓰는 경우는 드물고, 조건식을 필요로 하는 함수에서 두 값을 비교한 후 참 또는 거짓을 구분하여 값을 내보낼 때 쓰인다.

| 표 3-2 | 비교 연산자 종류

| 종 류 | 연산자 | 의 미 |
|---|---|---|
| 비교 연산자 | = | '같다'의 비교 |
| | < | '~보다 작다'의 비교 |
| | > | '~보다 크다'의 비교 |
| | <= | '~보다 작거나 같다'의 비교 |
| | >= | '~보다 크거나 같다'의 비교 |
| | <> | '같지 않다'의 비교 |

## 3 문자 연산자

문자열 연산자로는 &가 있고 여러 개의 문자열을 연결하여 하나의 문자열을 만든다.

### 4 참조 연산자

〈표 3-3〉은 참조 연산자 종류를 나타낸다. 참조 연산자는 : , 공백이 있고, 계산에 필요한 셀 범위를 결합한다.

| 표 3-3 | 참조 연산자 종류

| 종 류 | 연산자 | 의 미 |
|---|---|---|
| 참조 연산자 | : | 연결된 셀 영역 참조 |
| | , | 떨어진 셀 영역 참조 |
| | 공백 | 공통인 셀 영역 참조 |



## 03 수식의 셀 참조

수식을 입력할 때, 피연산자로 숫자를 직접 입력하지 않고 숫자가 입력된 셀 주소를 사용하는 것을 셀 참조라고 한다. 참조 형식에는 상대 참조, 그리고 절대 참조와 혼합 참조가 있다.

### 3.1 상대 참조

상대 참조는 가장 일반적인 셀 주소 유형이다. 상대 참조는 말 그대로 "결과 셀의 위치에 따라 참조할 값의 위치를 바꾼다"는 의미이다. 채우기 핸들을 상하로 드래그해서 수식을 복사하면 셀 참조의 숫자 부분이 자동증감하고, 좌우로 드래그해서 복사하면 셀 참조의 알파벳이 자동 증감한다. 주로 피연산자가 되는 셀이 나란히 같은 방향으로 되어 있는 표에서는 상대 참조 형태로 수식을 사용한다. E4셀의 수식은 '=C4 + D4'이다. [그림 3-4]와 같이 채우기 핸들로 수식을 복사하면 E5셀의 수식은 '=C5 + D5', E6셀의 수식은 '=C6 + D6'로 자동채우기 된다. 아래쪽으로 채우기 핸들을 사용했기 때문에 수식내에 있는 셀의 위치 중에서 숫자 부분만 증가한다.

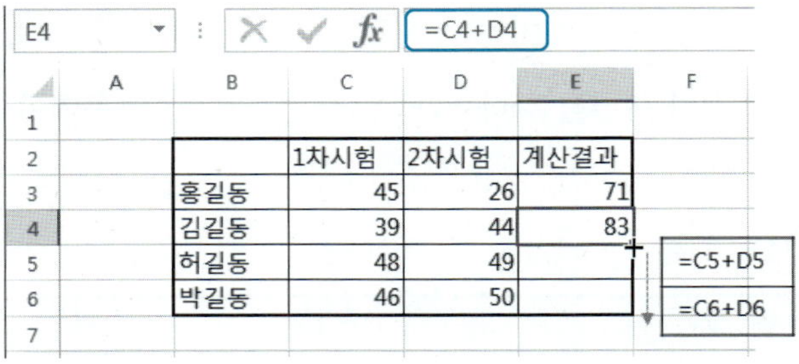


| 그림 3-4 | 상대참조로 자동 채우기

## 3.2 절대 참조

절대 참조란 "결과 셀의 위치가 바뀌어도 참조 값의 위치는 바뀌지 않는다"는 의미이다. 따라서 수식을 복사하면 결과 셀의 위치가 바뀌어도 셀 주소의 행, 열번호가 바뀌지 않는다. 절대 참조의 표시 방법은 행, 열번호 앞에 $ 기호를 붙여주는데 셀을 선택한 후 F4를 입력하면 설정된다. 기존의 시험 점수에 모든학생에게 3점의 가산점이 추가되는 상황이라고 가정하자. [그림 3-5]와 같이 E3셀에 수식(=C3+D3+$H$2)을 입력 후 채우기 핸들로 수식을 복사하면 $H$2와 같이 $가 붙은 셀 참조는 변하지 않는다.

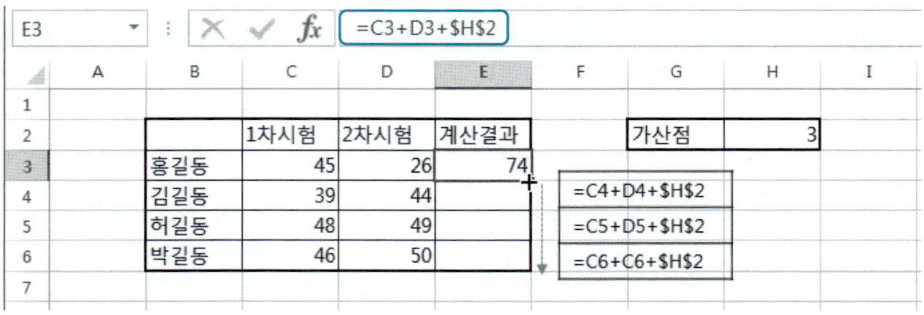


| 그림 3-5 | 절대참조로 자동 채우기

## 3.3 혼합 참조

혼합 참조는 상대 참조와 절대 참조를 혼합한 형태이다. 열만 고정하거나 행만 고정할 필요가 있을 때 사용하는데, 표시 형식은 행, 열 번호 중 한쪽에만 $가 붙어있는 형태이다. 수식에 포함된 셀의 위치가 변하지 않는 경우는 절대 참조를 쓰지만, 행이나 열 중에서 한쪽 방향만 수식을 복사해야 하는 경우 혼합 참조를 사용한다. [그림 3-6]은 혼합 참조로 자동 채우기 하는 예를 나타내며, C3셀에 적용된 수식을 기준으로 설명한다. 아래로 채우기 핸들을 하는 경우는 숫자의 증감에 중점을 둔다. B열 운임료의 경우는 지역마다 다른값으로 계산되어야 하기 때문에 셀 위치의 숫자 앞에 $를 붙이지 않지만 C열 할인율은 C2에서 변하지 않아야 하기 때문에 숫자앞에 $를 붙인 후 아래쪽 채우기를 수행한다. 셀범위 C3:C6이 지정되어 있는 상태에서 오른쪽 채우기를 바로 수행한다. 오른쪽 채우기의 경우, 할인율은 차등 적용되어야 하기 때문에 수식의 C열이 D열, E열로 증가하도록 C앞에는 $를 붙이지 않는 반면, 운임료인 B열은 변하면 안되기 때문에 B앞에 $를 붙였다.

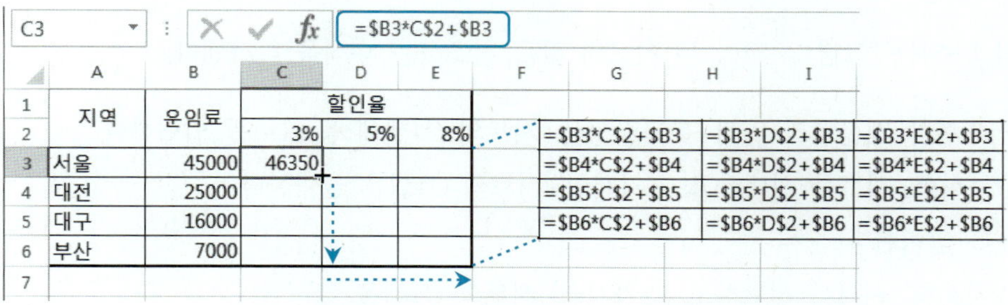


| 그림 3-6 | 혼합 참조로 자동 채우기

> **참조유형 빠르게 변경하기**
> 참조영역을 고정할 때는 $ 기호를 직접 입력할 수도 있지만 F4를 반복 입력하면 셀 참조유형을 상대 참조 → 절대 참조 → 행 절대 참조 → 열 절대 참조 순으로 빠르게 변경할 수 있다.

## 3.4 시트 간 참조

다른 시트의 셀을 참조해서 수식을 입력할 수도 있다. 등호를 입력한 후 참조되는 셀이 다른 시트에 있다면, 그냥 해당 시트의 셀을 클릭하면 된다.

[그림 3-7]의 '1차시험' 시트에 1차 시험점수가 있고, '2차시험' 시트에 2차 시험 점수가 있다. 그리고 이 두 시험 점수와 가산점의 합을 '점수합계' 시트에서 계산하고자 한다.

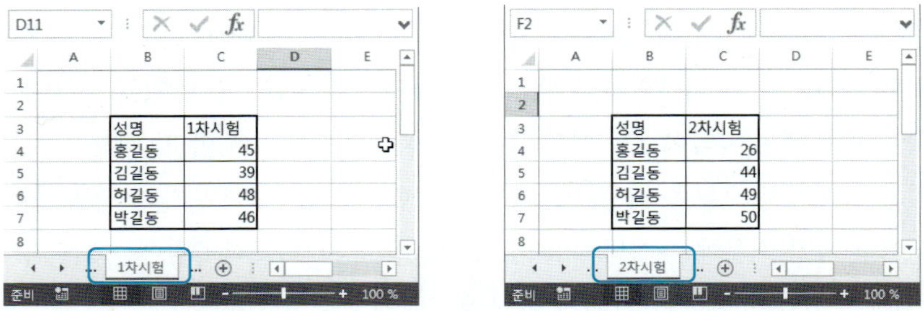


| 그림 3-7 | '1차시험' 시트와 '2차시험' 시트

[그림 3-8]는 [그림 3-7]의 두 시트의 값을 참조하는 수식을 나타낸다.

❶ 점수합을 계산하기 위해 '목표달성율' 시트의 C4셀에 등호(=)를 입력한다.
❷ '1차시험' 시트를 선택하고, '1차시험' 시트의 C4셀을 클릭한다.
❸ +를 입력한다.
❹ '2차시험' 시트를 선택하고, '2차시험' 시트의 C4셀을 클릭한다.
❺ +를 입력한다.
❻ E4셀을 선택하고 F4를 이용하여 숫자앞에 $를 붙인 후 Enter↵ 키를 입력하거나 바로 채우기 핸들을 사용하여 C7셀까지 자동채우기를 한다.

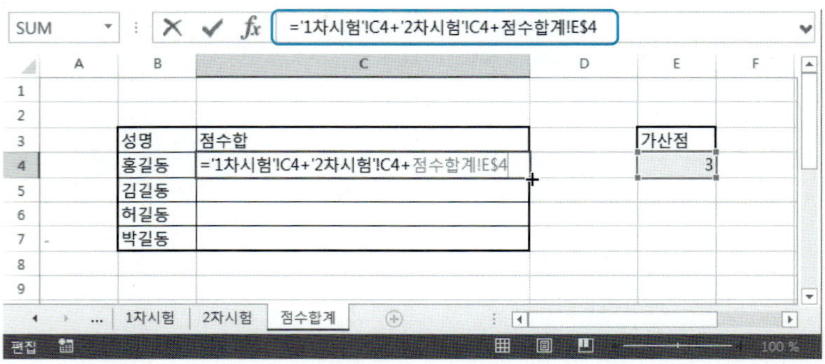


| 그림 3-8 | 시트 간 참조 수식의 완성 및 자동 채우기

## 3.5 이름 정의

특정한 위치의 셀 영역을 자주 편집한다면, 그 영역에 이름을 지정하여 편리하게 사용할 수 있다. 이름을 지정해 놓으면 행이나 열이 삽입되어 위치가 변하더라도 변한 셀 주소 값을 자동으로 인식하므로 편리하다.

### 1 이름을 정의할 때 지켜야 할 규칙

셀, 셀 범위, 상수, 수식 등에 이름을 정의할 때 다음 규칙을 반드시 지켜야 한다.

- 이름은 문자나 밑줄로 시작해야 한다. 나머지 글자는 문자, 숫자, 밑줄, 마침표 등이 될 수 있다.
- K5, $K$5 등과 같은 셀 참조를 이름으로 사용할 수 없다.
- 이름에 공백을 포함시킬 수 없다.
- 최대 255글자까지 사용할 수 있다.
- 영어 대소문자를 모두 사용할 수 있지만 대소문자를 구분하지 않는다.
- 하나의 통합 문서에서 같은 이름을 두 번 이상 정의할 수 없다.
- 기본적으로 절대 참조로 정의되지만 필요에 따라 상대 참조를 사용할 수도 있다.



### 2 셀 이름 정의하기

[그림 3-9]와 같이 셀 이름을 정의해 보자.

❶ A2셀에서 E6셀까지 드래그해서 범위를 지정한다.

❷ [수식]-[정의된 이름]-[이름 정의]를 선택한다.

❸ [새 이름] 대화상자의 [이름]에 "시험결과종합"을 입력하고 [확인] 버튼을 클릭한다.

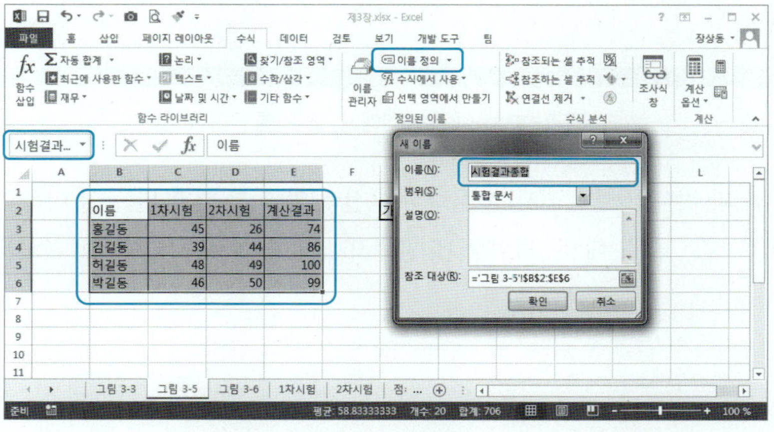


| 그림 3-9 | 셀 이름 정의

이름 정의가 완료된 후에 A2셀에서 E6셀까지 드래그해서 범위를 지정하면 이름상자에 '시험결과종합'이 나타난다.

### 3 선택 영역에서 셀 이름 정의하기

[선택 영역에서 만들기]를 이용하면 셀 이름을 정의할 때마다 매번 범위를 지정하지 않고 데이터의 첫 행(제목 행)이나 왼쪽 열(제목 열) 이름을 한꺼번에 셀 이름으로 지정할 수 있다.

[그림 3-10]은 선택 영역에서 셀 이름을 행/열 이름으로 한꺼번에 정의하는 과정을 나타낸다. 필요에 따라 행만 지정하거나 열만 지정할 수도 있다.

❶ A3셀에서 E7셀까지 드래그해서 범위를 지정한다.
❷ [수식]–[정의된 이름]–[선택 영역에서 만들기]를 선택한다.
❸ [선택 영역에서 이름 만들기] 대화상자가 나타나면 첫 행과 왼쪽 열이 선택하고 [확인] 버튼을 클릭한다.
❹ [확인] 단추를 클릭한다.

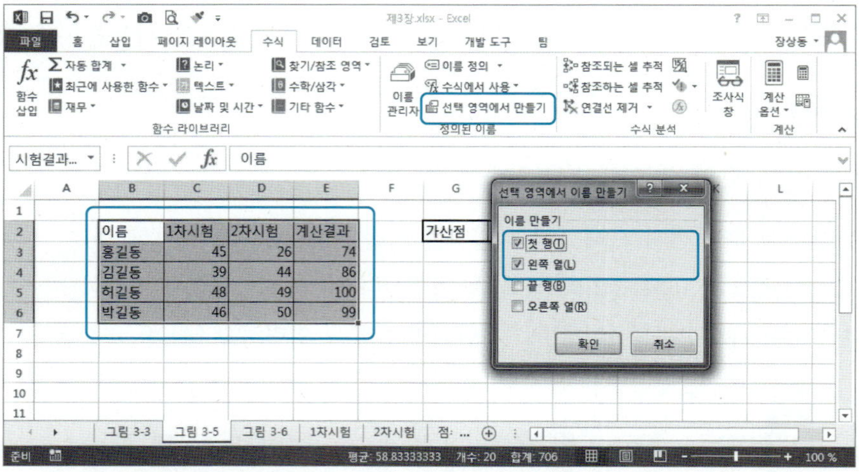


| 그림 3-10 | 선택 영역에서 셀 이름 정의하기

[그림 3-11]과 같이 [이름관리자]를 클릭하면 선택 영역 첫 행과 왼쪽 열 이름으로 만들어진 셀 이름, 값, 참조 대상, 범위를 [이름관리자]대화 상자에서 확인할 수 있다.

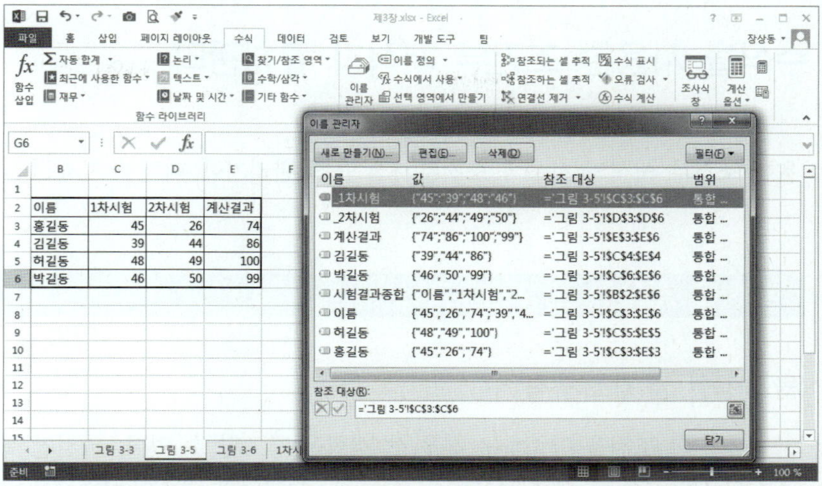

| 그림 3-11 | [이름 관리자]에서 이름에 해당하는 값, 참조대상, 범위 확인

제목 열이나 제목 행의 이름이 숫자일 때는 셀 이름으로 만들 수 없다. 첫 글자나 마지막 글자가 숫자일 때는 숫자 앞이나 뒤에 _(언더바)가 자동으로 셀 이름에 붙는다. [이름 관리자] 대화상자에서 이름을 새로 만들거나 수정, 삭제한다. [선택 영역에서 이름 만들기]를 통해 만들어진 셀 이름은 실행 취소가 되지 않으므로 잘못 만들어진 이름이나 범위는 반드시 [이름 관리자] 대화상자에서 삭제한다. 범위가 자동으로 바뀌면 반드시 [이름 관리자]에서 범위를 새로 수정해야 한다.

## 4 정의한 이름으로 수식 만들기

정의한 이름을 이용하여 수식을 만들면 수식만 보고도 셀의 범위를 쉽게 이해할 수 있다. [그림 3-12]는 이름을 포함하는 수식작성의 예를 나타낸다. D8셀에 "=AVERAGE(2차시험)"를 입력하고 Enter↵ 키를 입력하면 '2차시험'으로 지정된 범위(D3:D6)의 평균을 구한다.

| 그림 3-12 | 정의한 이름으로 수식 만들기

# 04 수식을 사용한 조건부 서식과 규칙관리

수식을 이용한 조건부 서식의 사용과 조건부서식 규칙 관리자에 대해서 자세히 알아보자.

## 4.1 수식을 사용한 셀 강조 규칙

### 1 수식을 사용한 셀 강조 규칙

조건을 지정하여 그 조건을 만족하는 경우 셀 서식을 강조할 수 있다. 하지만 특정 셀이 조건을 만족하였을 경우 그 셀에 포함되어 있는 행 전체에 셀 서식을 적용하고 싶을 때는 수식을 사용해서 조건부 수식을 적용해야 한다.

인사기록표에서 비회원의 행 전체를 굵은 빨간색으로 지정해 보자. [그림 3-13]은 [새 규칙]을 적용하는 과정을 나타낸다.

❶ 제목을 제외한 셀 범위 B5:G17을 지정한다.

❷ [홈]-[스타일]-[조건부 서식]-[새 규칙]을 선택한다.

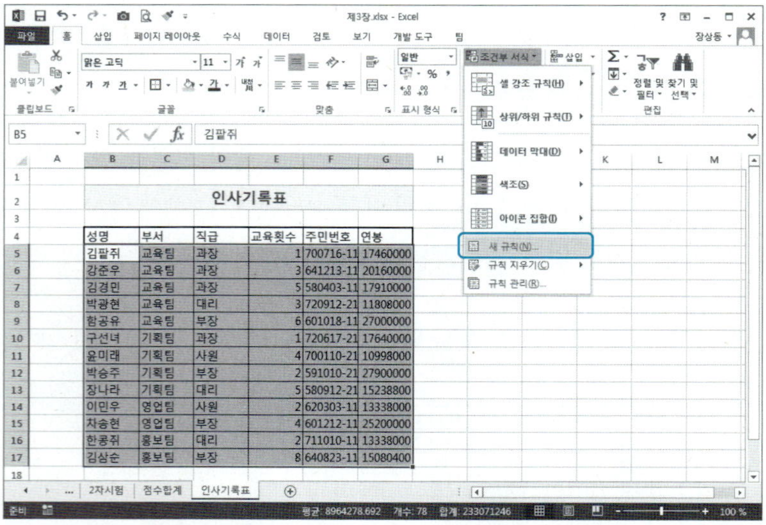

| 그림 3-13 | 조건부 서식의 [새 규칙] 만들기

❸ [그림 3-14]와 같이 [새 서식 규칙] 대화상자가 나타나면, '수식을 사용하여 서식을 지정할 셀 결정'을 선택한다.

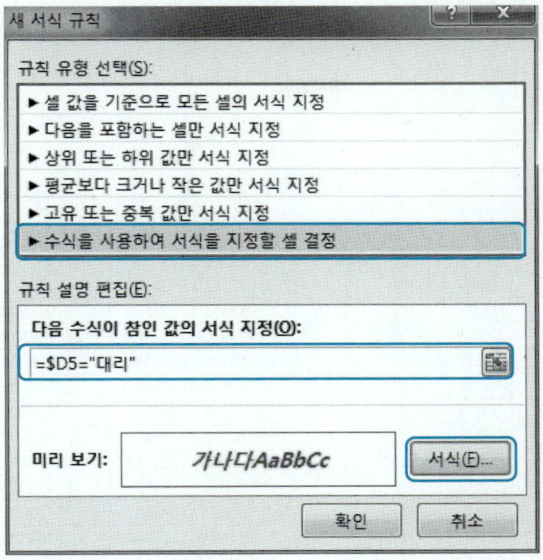


| 그림 3-14 | [새 서식 규칙] 대화상자

❹ [다음 수식이 참인 값의 서식 지정]에 $D5="대리"를 직접 입력한다. D열의 내용이 대리일 때만 해당 행에 대해 서식을 적용하기 위해서이다.

❺ 서식을 지정하기 위해 [서식] 버튼을 클릭한다.

❻ [그림 3-15]와 같이 [셀 서식] 대화상자가 나타나면 글꼴 스타일은 '굵은 기울임꼴', 글자색은 '빨강'으로 지정한다.

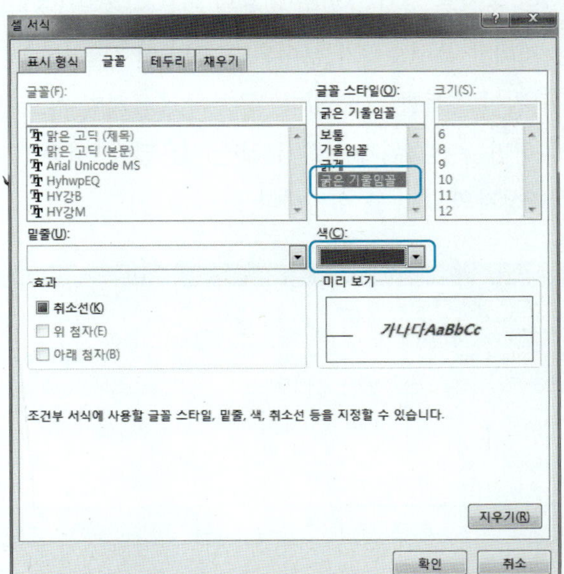


| 그림 3-15 | [셀 서식] 대화상자

❼ [그림 3-16]은 조건부 서식이 적용된 결과이다.

| | A | B | C | D | E | F | G | H | I |
|---|---|---|---|---|---|---|---|---|---|
| 1 | | | | | | | | | |
| 2 | | 인사기록표 | | | | | | | |
| 3 | | | | | | | | | |
| 4 | | 성명 | 부서 | 직급 | 교육횟수 | 주민번호 | 연봉 | | |
| 5 | | 김팔쥐 | 교육팀 | 과장 | 1 | 700716-1123456 | 17460000 | | |
| 6 | | 강준우 | 교육팀 | 과장 | 3 | 641213-1123456 | 20160000 | | |
| 7 | | 김경민 | 교육팀 | 과장 | 5 | 580403-1123456 | 17910000 | | |
| 8 | | *박광현* | *교육팀* | *대리* | *3* | *720912-2123456* | *11808000* | | |
| 9 | | 함공유 | 교육팀 | 부장 | 6 | 601018-1123456 | 27000000 | | |
| 10 | | 구선녀 | 기획팀 | 과장 | 1 | 720617-2123456 | 17640000 | | |
| 11 | | 윤미래 | 기획팀 | 사원 | 4 | 700110-2123456 | 10998000 | | |
| 12 | | 박승주 | 기획팀 | 부장 | 2 | 591010-2123456 | 27900000 | | |
| 13 | | *장나라* | *기획팀* | *대리* | *5* | *580912-2123456* | *15238800* | | |
| 14 | | 이민우 | 영업팀 | 사원 | 2 | 620303-1123456 | 13338000 | | |
| 15 | | 차송현 | 영업팀 | 부장 | 4 | 601212-1123456 | 25200000 | | |
| 16 | | *한콩쥐* | *홍보팀* | *대리* | *2* | *711010-1123456* | *13338000* | | |
| 17 | | 김삼순 | 홍보팀 | 부장 | 8 | 640823-1123456 | 15080400 | | |

| **그림 3-16** | 조건부 서식 적용 결과

## 4.2 조건부 서식 규칙 관리자

[조건부 서식 규칙 관리자] 대화상자에서 규칙 목록을 편집, 삭제하거나 새로운 규칙을 만든다. 셀 범위에 둘 이상의 조건부 서식 규칙이 적용될 경우 규칙은 [조건부 서식 규칙 관리자] 대화상자에 나열된 순서대로 우선순위가 부여된다. 하지만 둘 이상의 조건부 서식 규칙이 True로 평가될 때는 규칙이 충돌할 수도 있다. 규칙이 충돌하지 않으면 두 규칙이 모두 적용되지만, 규칙이 충돌하면 우선순위가 높은 규칙만 적용된다. 다음 [그림 3-17]은 [조건부 서식 규칙 관리자] 대화상자의 기능을 설명한다.

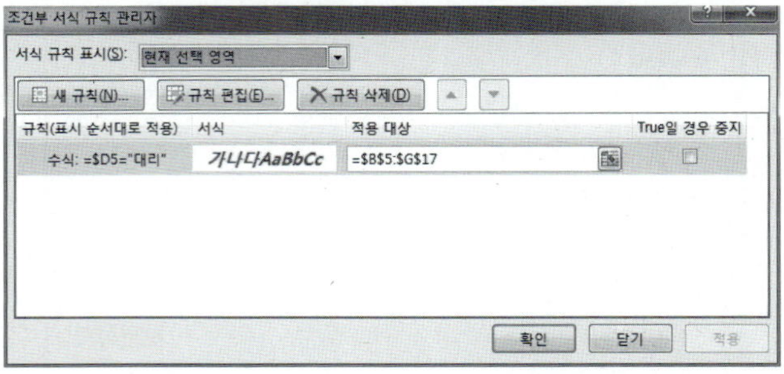


| **그림 3-17** | [조건부 서식 규칙 관리자] 대화상자

❶ 서식 규칙 표시　서식 규칙을 설정해 놓은 대상(현재 선택 영역, 현재 시트, 시트 2, 시트 3…)을 선택한다.

❷ 새 규칙　새 조건부 서식 규칙을 만든다.

❸ 규칙 편집　[서식 규칙 편집] 대화상자에서 이미 정의해 놓은 규칙의 조건을 수정하거나 다른 유형의 규칙으로 변경한다.

❹ 규칙 삭제　규칙 목록 상자에 나타나 있는 규칙을 삭제한다.

❺ ▲　선택한 규칙의 우선순위를 위쪽으로 옮긴다.

❻ ▼　선택한 규칙의 우선순위를 아래쪽으로 옮긴다.

❼ True일 경우 중지　여러 개의 조건부 서식 규칙을 지원하지 않는 엑셀 2013 이전 버전과의 호환성을 위해 True일 경우 중지를 체크해 두면 엑셀 이전 버전으로 저장 시 규칙 평가를 중지한다.

❽ 규칙목록　조건부 서식의 규칙 목록이 표시되며 나열한 순서대로 우선순위가 부여된다.



## 4.3 조건부 서식 삭제하기

조건부 서식이 적용된 셀을 범위로 지정하고 [홈]-[스타일]-[조건부 서식]-[규칙 지우기]-[선택한 셀의 규칙 지우기] 또는 [시트 전체에서 규칙 지우기]를 선택하면 적용했던 조건부 서식을 제거할 수 있다. [그림 3-18]은 [그림 3-16]에서 적용했던 조건부 서식을 제거하는 과정을 나타낸다.

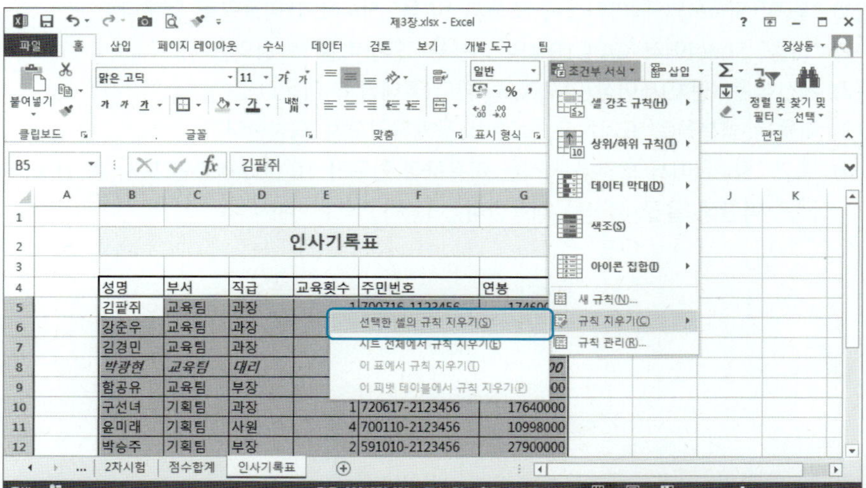


| 그림 3-18 | 적용된 조건부 서식의 제거

## 연습문제

**1** 다음의 지시사항을 처리하시오.

| | A | B | C |
|---|---|---|---|
| 1 | 만 19세 이상 시도별 주민등록인구 현황 | | |
| 2 | | | 2016. 8. 15 기준 |
| 3 | 시도별 | 인구계 | 만19세이상 |
| 4 | 서울 | 10,190,249 | 8,079,750 |
| 5 | 부산 | 3,590,349 | 2,855,402 |
| 6 | 대구 | 2,492,505 | 1,906,426 |
| 7 | 인천 | 2,657,878 | 2,012,373 |
| 8 | 광주 | 1,412,900 | 1,036,138 |
| 9 | 대전 | 1,474,394 | 1,103,619 |
| 10 | 울산 | 1,097,065 | 809,430 |
| 11 | 경기 | 11,055,658 | 8,245,198 |
| 12 | 강원 | 1,503,572 | 1,171,135 |
| 13 | 충북 | 1,503,733 | 1,151,466 |
| 14 | 충남 | 1,990,557 | 1,540,840 |
| 15 | 전북 | 1,860,599 | 1,432,624 |
| 16 | 전남 | 1,932,170 | 1,508,853 |
| 17 | 경북 | 2,681,468 | 2,108,441 |
| 18 | 경남 | 3,190,204 | 2,426,447 |
| 19 | 제주 | 559,786 | 417,120 |
| 20 | 계 | 49,193,087 | 37,805,262 |
| 21 | | | |

| | A | B | C | D |
|---|---|---|---|---|
| 1 | 인구수 대비 만 19세 이상비율 | | | |
| 2 | | | 단위:% | |
| 3 | | 시도별 | 비율 | |
| 4 | | 서울 | | |
| 5 | | 부산 | | |
| 6 | | 대구 | | |
| 7 | | 인천 | | |
| 8 | | 광주 | | |
| 9 | | 대전 | | |
| 10 | | 울산 | | |
| 11 | | 경기 | | |
| 12 | | 강원 | | |
| 13 | | 충북 | | |
| 14 | | 충남 | | |
| 15 | | 전북 | | |
| 16 | | 전남 | | |
| 17 | | 경북 | | |
| 18 | | 경남 | | |
| 19 | | 제주 | | |
| 20 | | 계 | | |
| 21 | | | | |

**처리조건**

1) "통계" Sheet의 데이터를 참조해서 "비율" Sheet의 비율란을 채운다.
2) "비율" Sheet에서 C4:C19셀의 이름을 "인구비율"로 정의한다.
2) 계산식은 (만19세이상/인구계)로 한다(절대참조 이용).
3) 비율은 백분율로 표시하고, 소수점 둘째자리까지 표현한다.
4) "통계" Sheet에서 조건부 서식을 이용하여 인구가 10,000,000인 도시 행 전체 데이터에 굵은 파란색 글꼴 서식을 적용한다.

Computer Applications & Communication

Chapter 04

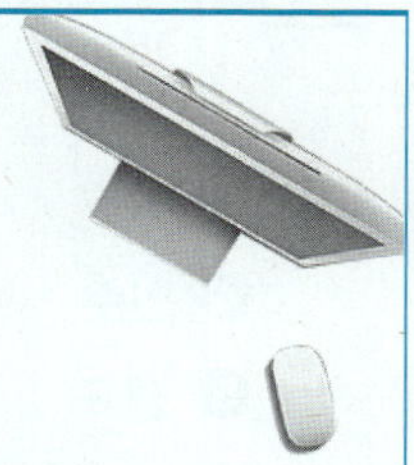

# 다양한 함수의 활용



함수는 엑셀기능 중 가장 대표적이고 핵심적인 기능이다. 함수란 미리 프로그래밍 해 놓은 수식과 논리식을 일정한 규칙에 따라 사용하는 계산방법이다. 엑셀에서의 함수는 일종의 약속된 계산식이므로 함수를 이용하면 복잡한 계산이나 반복되는 작업을 쉽게 할 수 있다. 함수를 사용하기 전 함수에 대한 용어 및 개념부터 살펴보자.

## 01 함수의 시작

### 1.1 함수의 형식

함수는 어떤 결과를 얻기 위해 특별히 준비된 수식으로 인수를 받아 결과를 되돌려 준다. 그러므로 함수는 함수의 이름과 인수 및 결과 값으로 구성된다. 함수의 사용은 구문에 맞게 사용되어야 한다. 다음은 함수의 구문 형식을 보여준다.

| = 함수이름(인수1, 인수2, 인수3, …, 인수n) |
|---|
| ❶ ❷ ❸ ❹ ❺ |

❶ **등호(=)** 수식을 선언하는 표시이다.

❷ **함수이름** 계산식이 약속되어 있는 이름이다.

❸ 괄호 인수를 묶어주는 역할을 한다.
❹ 인수 결과 값을 출력하기 위해 입력하는 값으로 숫자, 문자열, 논리값, 배열 등이 있다.
❺ 쉼표(,) 인수와 인수를 구분한다.

## 1.2 함수 마법사

함수를 입력하는 방법에는 수식 입력 상자나 셀에 직접 함수 이름과 인수를 구문에 맞게 입력하는 방법, 그리고 메뉴를 이용하는 방법, [함수 마법사]를 이용하는 방법이 있다.

### 1.2.1 직접 입력방법

[그림 4-1]은 학생들의 합계 점수를 구하기 위하여 sum함수를 사용하는 예이다. 직접 셀에 입력하면 수식 입력 줄에 수식이 표시되고, 입력이 끝나면 Enter↵ 키를 입력한다.

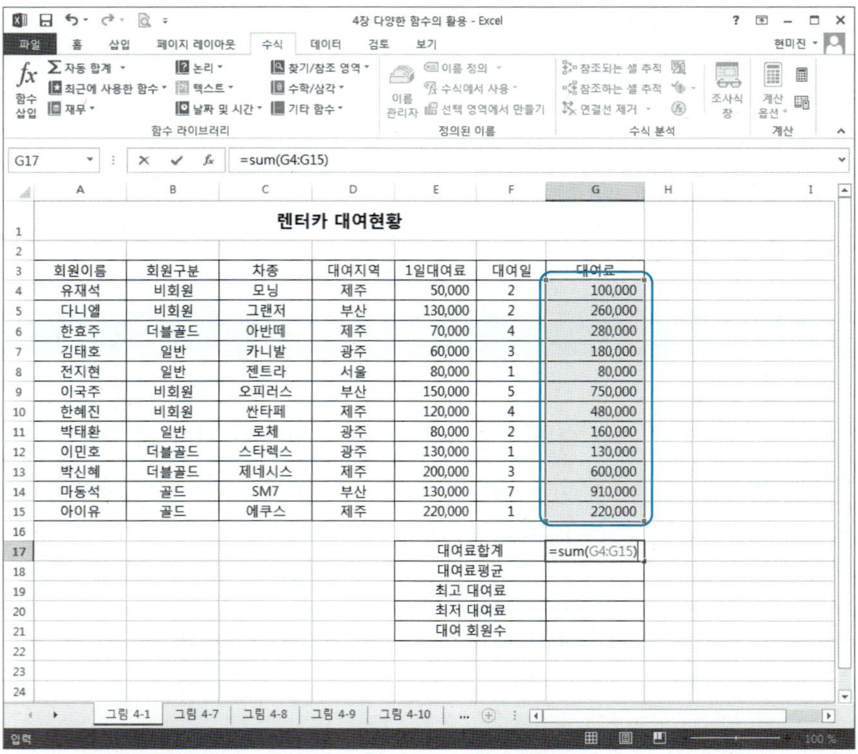


| 그림 4-1 | 함수 직접 입력

### 1.2.2 함수 마법사 이용

엑셀에서는 함수를 사용하는 가장 보편적인 방법이 [함수 마법사]이다. [함수 마법사]에서는 함수들을 용도에 따라 분류하여 그 목록을 제공한다.
함수 마법사는 [수식]-[함수 라이브러리] 그룹에 있는 [함수삽입]을 선택하거나 수식 입력 줄에 있는 함수 마법사 아이콘 을 선택하면 나타난다.
[그림 4-2]는 [함수 마법사]를 실행하는 방법을 나타낸다.

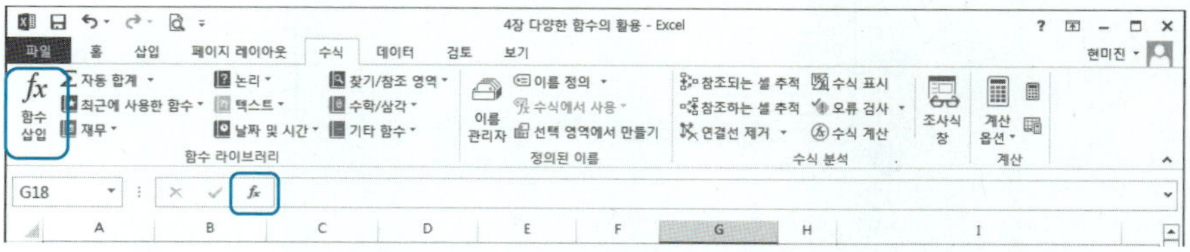

| 그림 4-2 | 함수 마법사 실행방법

#### 1 함수 라이브러리 그룹에서 함수 삽입하기

[수식]-[함수 라이브러리] 그룹에 나타나는 함수는 [그림 4-3]과 같다. 이 중 원하는 함수 범주를 선택하고, 그 아래에 나타나는 함수 중 원하는 함수를 선택하면 해당 함수의 인수를 입력할 수 있는 창이 나타난다.

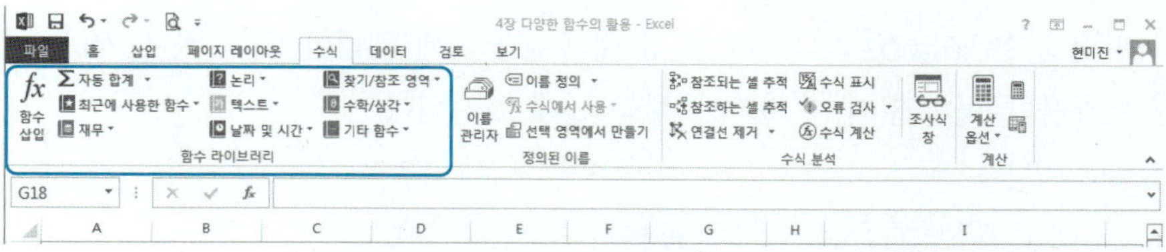

| 그림 4-3 | 함수 라이브러리 그룹

#### 2 함수 마법사에서 함수 삽입하기

함수 마법사에서의 단계별 사용법은 다음과 같다.

**(1) 1단계 : 함수이름 선택**

수식 입력 줄의 함수마법사 아이콘 을 클릭하면, [그림 4-4]와 같은 함수 마법사 대화 상자가 나타난다.

❶ 원하는 함수가 있는 범주를 선택한다.
❷ 원하는 함수를 선택한다.
❸ 함수 설명이 표시된다.

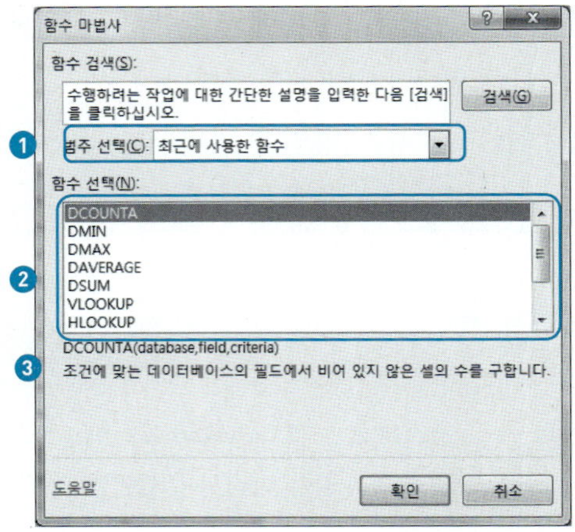


| 그림 4-4 | [함수 마법사] 대화상자

### (2) 2단계 : 함수 인수 입력

해당 함수의 대화상자가 나타나면, 값을 구하기 위한 인수를 입력해야 하는데, 인수는 함수에 따라 차이가 있지만, 최대 30개까지 사용할 수 있다. 인수 입력란을 선택하면, [그림 4-5]와 같이 해당 인수에 대한 설명이 아래에 표시된다. 그리고 인수들의 범위는 직접 입력을 할 수도 있고, 마우스로 드래그 함으로써 입력할 수도 있다. 인수 입력 후 확인 버튼을 클릭하면 계산 결과가 해당 셀에 표시된다.

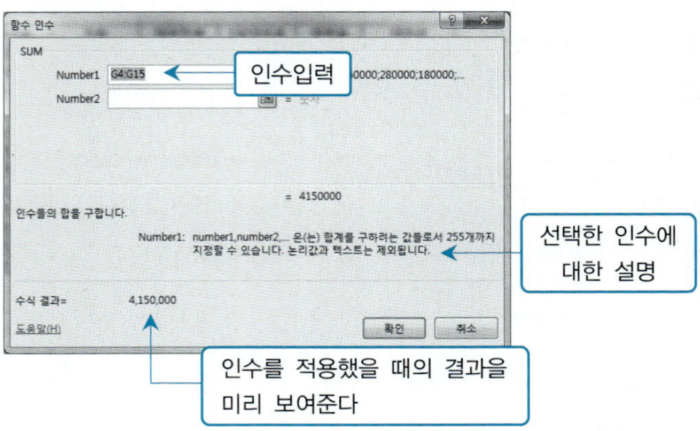


| 그림 4-5 | [함수 인수] 대화상자

### (3) 함수의 종류와 도움말

엑셀에서 제공되는 함수는 300여개가 넘는다. 이 모든 함수들의 이름을 기억하기 어렵다. 엑셀은 이 점을 고려하여 [함수 마법사]의 어느 단계에서나 현재의 작업에 필요한 도움말을 제공한다.

엑셀에서는 함수의 종류를 〈표 4-1〉과 같이 분류한다.

| 표 4-1 | 함수의 종류

| 함수종류 | 함수설명 |
|---|---|
| 재무 | 금리나 반제금액 등의 재무 계산에 사용하는 함수 |
| 날짜/시간 | 날짜나 시간을 계산하는 함수 |
| 수학/삼각 | 사칙 연산의 조합이나 삼각함수 등의 함수 |
| 통계 | 숫자들에 대한 통계 데이터를 구하는 함수 |
| 찾기/참조영역 | 셀의 범위나 목록 중에서 데이터를 추출하는 함수 |
| 데이터베이스 | 데이터베이스를 이용하는 함수들을 모아 놓은 곳 |
| 텍스트 | 텍스트 데이터를 처리하는데 유용한 함수 |
| 논리 | IF 함수 및 논리값을 반환하는 함수 |
| 정보 | 셀의 정보를 알아내는데 유용한 함수 |
| 공학 | 공학에서 쓰이는 함수 |

[함수 인수] 대화 상자에서 도움말을 사용할 때는 [도움말] 단추를 클릭하면 [그림 4-6]과 같이 해당 도움말이 나타난다.

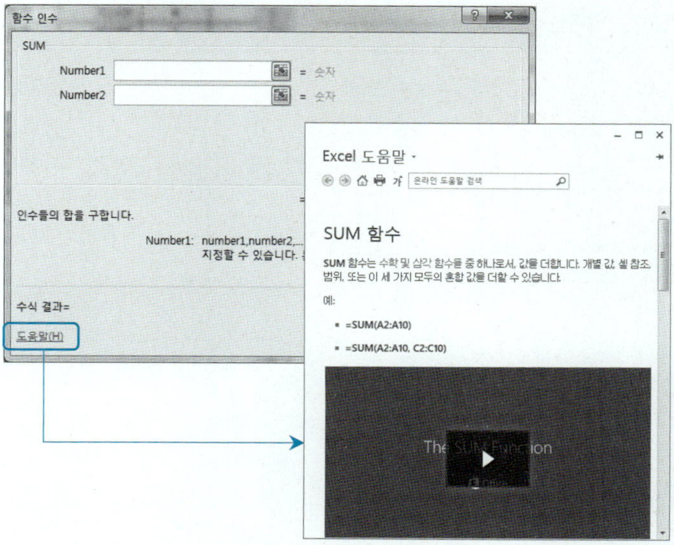


| 그림 4-6 | 도움말 상자

# 02 많이 쓰이는 함수

엑셀에서 가장 많이 활용되고 있는 함수를 소개한다.

## 2.1 [홈] 탭의 자동합계 함수

합계, 평균, 숫자개수, 최댓값, 최솟값을 구하는 SUM, AVERAGE, COUNT, MAX, MIN 함수는 매우 자주 사용되는 함수들이다. 그래서 엑셀은 [홈]-[편집]-[자동합계] 도구와 [빠른 분석]도구 형태로도 이 함수들의 기능을 지원한다.

| | |
|---|---|
| 형식 | • SUM(number1, number2, … )<br>• AVERAGE(number1, number2, … )<br>• COUNT(number1, number2, … )<br>• MAX(number1, number2, … )<br>• MIN(number1, number2, … ) |
| 인수 | • number1, number2, … : 원하는 값을 구하기 위해 데이터 값을 쉼표로 구별하여 나열한다. 255개까지 입력할 수 있고, 연속된 범위라면 마우스로 지정할 수 있다. |

[그림 4-7]과 같이 함수가 적용될 셀을 선택한 후 [홈]-[자동합계] 옆의 확장단추를 클릭한다. 함수를 선택하면 수식과 셀 범위가 자동으로 지정되고, 원하는 범위가 아닐 때는 마우스로 범위([그림 4-7]에서는 합계를 선택하고 G4:G15)를 다시 지정한다. G17셀부터 G21셀의 값을 자동합계 함수를 이용하여 채워보자.

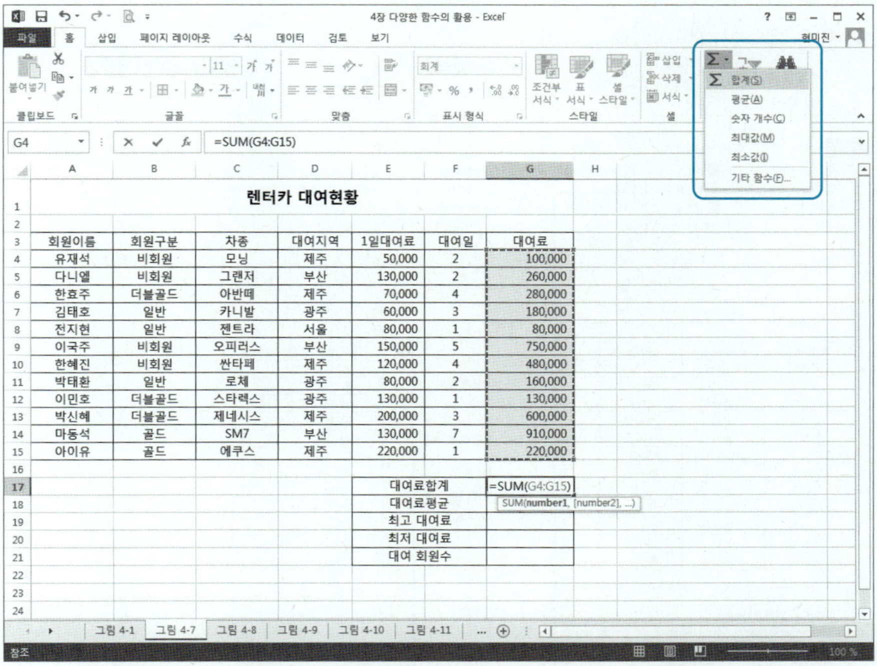

렌터카 대여현황

| 회원이름 | 회원구분 | 차종 | 대여지역 | 1일대여료 | 대여일 | 대여료 |
|---|---|---|---|---|---|---|
| 유재석 | 비회원 | 모닝 | 제주 | 50,000 | 2 | 100,000 |
| 다니엘 | 비회원 | 그랜저 | 부산 | 130,000 | 2 | 260,000 |
| 한효주 | 더블골드 | 아반떼 | 제주 | 70,000 | 4 | 280,000 |
| 김태호 | 일반 | 카니발 | 광주 | 60,000 | 3 | 180,000 |
| 전지현 | 일반 | 젠트라 | 서울 | 80,000 | 1 | 80,000 |
| 이국주 | 비회원 | 오피러스 | 부산 | 150,000 | 5 | 750,000 |
| 한혜진 | 비회원 | 싼타페 | 제주 | 120,000 | 4 | 480,000 |
| 박태환 | 일반 | 로체 | 광주 | 80,000 | 2 | 160,000 |
| 이민호 | 더블골드 | 스타렉스 | 광주 | 130,000 | 1 | 130,000 |
| 박신혜 | 더블골드 | 제네시스 | 제주 | 200,000 | 3 | 600,000 |
| 마동석 | 골드 | SM7 | 부산 | 130,000 | 7 | 910,000 |
| 아이유 | 골드 | 에쿠스 | 제주 | 220,000 | 1 | 220,000 |
| | | | | 대여료합계 | | =SUM(G4:G15) |
| | | | | 대여료평균 | | |
| | | | | 최고 대여료 | | |
| | | | | 최저 대여료 | | |
| | | | | 대여 회원수 | | |



| 그림 4-7 | 자동합계 함수

## 2.2 통계함수

엑셀을 사용할 때 통계량들의 값을 구하기 위해서 사용되는 함수이다. 이 중 LARGE, SMALL, COUNT, COUNTIF, COUNTIFS, AVERAGEIF, AVERAGEIFS, RANK.AVG/RANK.EQ 함수에 대해서 알아본다. 통계함수는 [그림 4-8]과 같이 [수식]-[함수 라이브러리]-[기타 함수]-[통계]에서 찾을 수 있다.

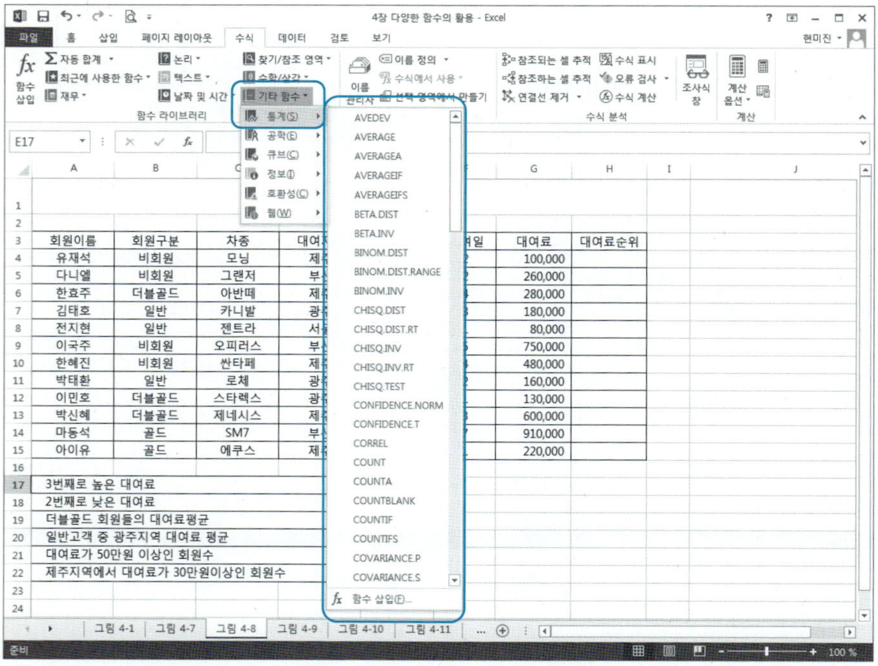

| 그림 4-8 | 통계 함수

### 1 K번째로 큰 수, 작은 수를 구하는 LARGE/SMALL 함수

전체 데이터에서 몇 번째로 크거나 작은 값을 구해야 하는 경우가 있다. 데이터 집합에서 K번째로 큰 수를 구하는 함수가 LARGE 함수이고, K번째로 작은 수를 구하는 함수가 SMALL 함수이다.

| | |
|---|---|
| 형식 | • LARGE(Array, K)<br>• SMALL(Array, K) |
| 인수 | • Array : 순번을 구할 데이터 범위이다.<br>• K : 순번을 지정한다. |

데이터 집합에서 3번째로 큰 수를 구해보자. [E17]셀을 클릭한 후 [수식]–[함수 라이브러리]–[기타 함수]–[통계]–[LARGE]를 선택한다. [그림 4-9]와 같이 [함수 인수] 대화상자가 나타나면, 'Array'에 셀 범위(G4:G15)를 마우스로 지정하고, 'K'에 "3"을 입력한다. 'K'에 1을 입력하면 최댓값을 나타낸다.

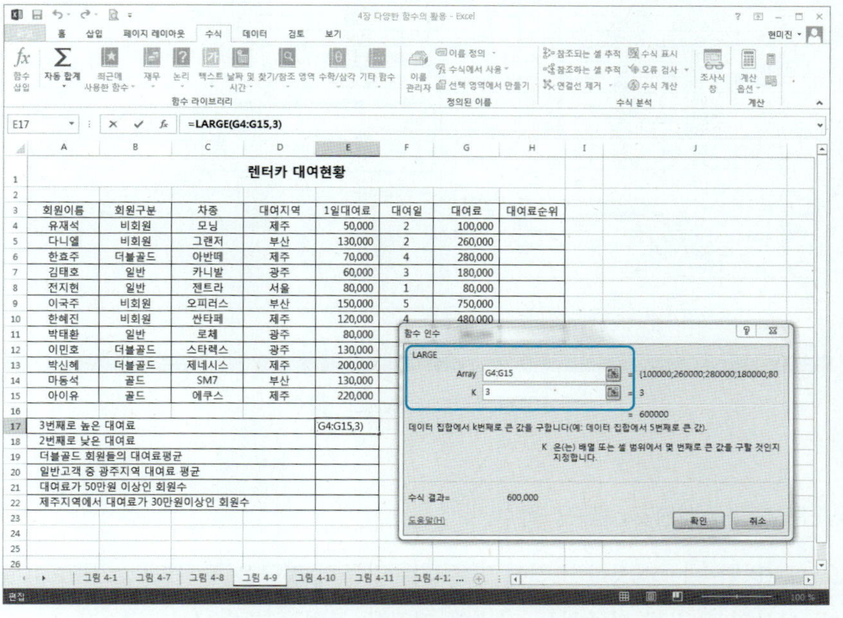


**| 그림 4-9 |** LARGE 함수

데이터 집합에서 2번째로 작은 수를 구해보자. [E18]셀을 클릭한 후 [수식]–[함수 라이브러리]–[기타 함수]–[통계]–[SMALL]을 선택한다. [그림 4-10]과 같이 [함수 인수] 대화상자가 나타나면, 'Array'에 셀 범위(G4:G15)를 마우스로 지정하고, 'K'에 "2"를 입력한다. 'K'에 1을 입력하면 최솟값을 나타낸다.

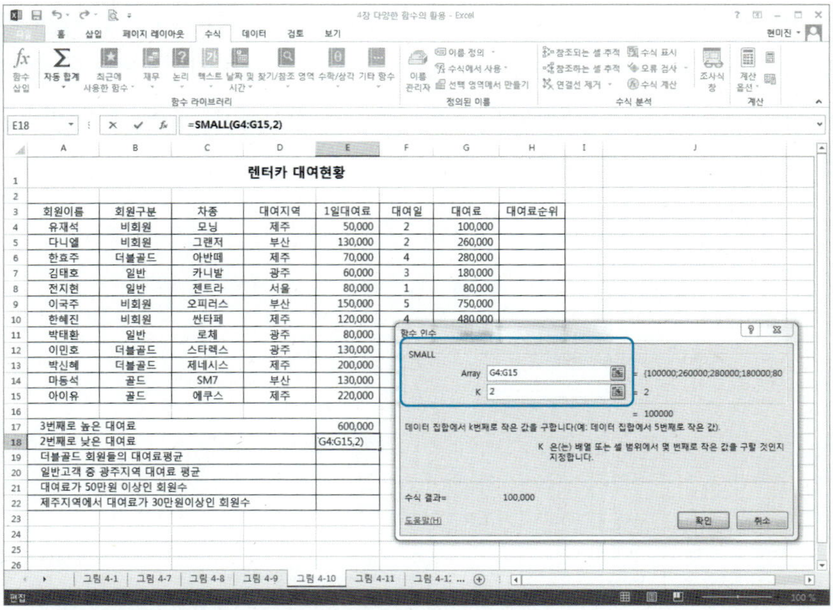


| 그림 4-10 | SMALL 함수

## 2 AVERAGEIF/AVERAGEIFS 함수

AVERAGEIF 함수는 지정한 조건에 만족하는 값들의 평균을 구하고, AVERAGEIFS 함수는 2개 이상의 조건에 만족하는 값들의 평균을 구하는 함수이다.

| 구분 | 내용 |
|---|---|
| 형식 | • AVERAGEIF(Range, Criteria, Average_range)<br>• AVERAGEIFS(Average_range, Criteria_range1, criteria1, Criteria_range2, criteria2, … ) |
| 인수 | • number1, number2, … : 평균을 구하려는 범위를 쉼표로 구별하여 나열한다. 255개까지 입력할 수 있고, 연속된 범위라면 마우스로 지정할 수 있다.<br>• Range : 평균을 구할 셀 범위이다.<br>• Criteria : 평균을 구할 조건이다.<br>• Average_range : 평균을 구할 셀 범위이다.<br>• Criteria_range : 평균을 구할 조건이 포함된 셀 범위이다 |

데이터 집합에서 더블골드 회원들의 대여료 평균값을 구해보자. [그림 4-11]은 AVERAGEIF 함수의 적용과정을 나타낸다.

❶ E19셀을 클릭한 후 [수식]-[함수 라이브러리]-[기타 함수]-[통계]-[AVERAGEIF]를 선택한다

❷ [함수 인수] 대화상자가 나타나면 'Range'에 "B4:B15"을 지정한다.

❸ 'Criteria'에 "더블골드"를 입력한다. 함수마법사 내에서 큰따옴표는 입력하지 않아도 자동으로 생성된다.

❹ 'Average_range'에 "G4:G15"를 지정한다.

❺ [확인] 버튼을 클릭한다.

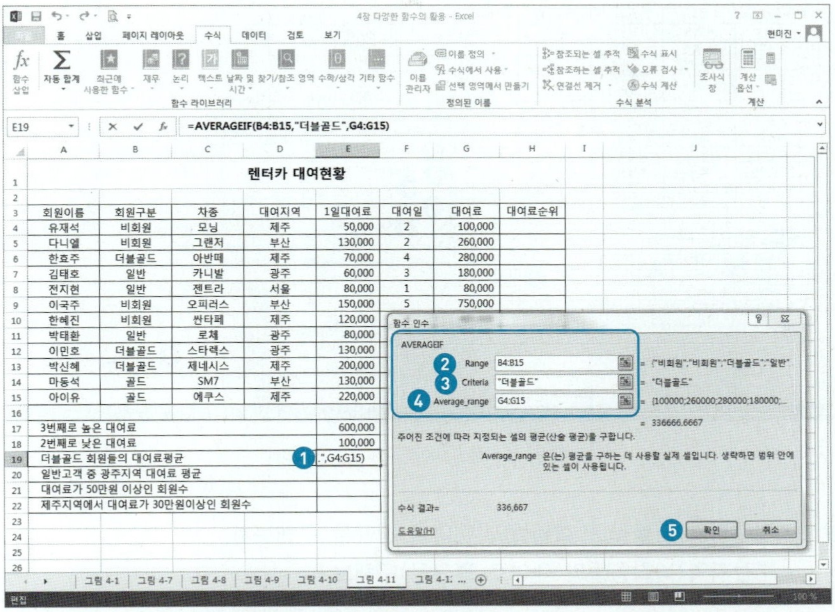

| 그림 4-11 | AVERAGEIF 함수

실습 • 일반회원과 골드회원들의 대여료 평균을 구해보자.
• 제주, 부산, 광주, 서울지역 회원들의 대여료 평균을 구해보자.

데이터 집합에서 일반 회원들 중 광주지역 회원들의 대여료 평균값을 구해보자. [그림 4-12]는 AVERAGEIFS 함수의 적용과정을 나타낸다.

❶ E20셀을 클릭한 후 [수식]-[함수 라이브러리]-[기타 함수]-[통계]-[AVERAGEIFS]를 선택한다

❷ [함수 인수] 대화상자가 나타나면 'Average_range'에 "G4:G15"를 지정한다.

❸ 'Criteria_range1'에 "B4:B15"를 지정한다.

❹ 'Criteria1'에 "일반"을 입력한다. 함수마법사 내에서 큰따옴표는 입력하지 않아도 자동으로 생성된다.

❺ 'Criteria_range2'에 "D4:D15"를 지정한다.

❻ 'Criteria2'에 "광주"를 입력한다.

❼ [확인] 버튼을 클릭한다.

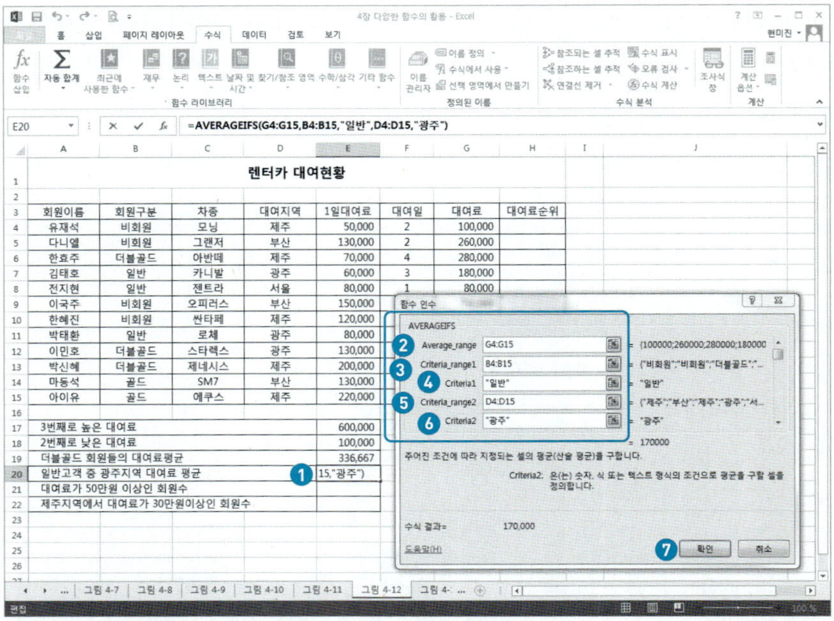


| 그림 4-12 | AVERAGEIFS 함수

**실습** • 제주지역 더블골드 회원들의 대여료 평균을 구해보자.
• 부산지역 비회원들의 대여료 평균을 구해보자.

## 3 COUNTIF/COUNTIFS 함수

개수를 세는 함수는 셀 데이터의 형태에 따라 여러 가지 종류가 있다. COUNT 함수는 데이터 목록 중 숫자가 입력되어 있는 셀 개수만 세고, COUNTA 함수는 숫자든 문자든 가리지 않고 내용이 채워져 있는 셀의 개수를 세고, COUNTBLANK 함수는 비어있는 셀 개수를 세며, COUNTIF 함수는 지정한 조건에 맞는 셀의 개수를 센다. 이 중 COUNTIF, COUNTIFS 함수에 대해서 알아본다.

| 형식 | • COUNTIF(Range, Criteria)<br>• COUNTIFS(range1, criteria1, range2, criteria2, … ) |
|---|---|
| 인수 | • Range : 셀의 개수를 세려는 범위이다.<br>• Criteria : 찾을 조건이다. |

데이터 집합에서 대여료가 50만원 이상인 회원수를 구해보자. [그림 4-13]은 COUNTIF 함수의 적용과정을 나타낸다.

❶ E21셀을 클릭한 후 [수식]-[함수 라이브러리]-[기타 함수]-[통계]-[COUNTIF]를 선택한다

❷ [함수 인수] 대화상자가 나타나면 'Range'에 "G4:G15"을 지정한다.

❸ 'Criteria'에 ">=500000"을 입력한다. 함수마법사 내에서 큰따옴표는 입력하지 않아도 자동으로 생성된다.

❹ [확인] 버튼을 클릭한다.

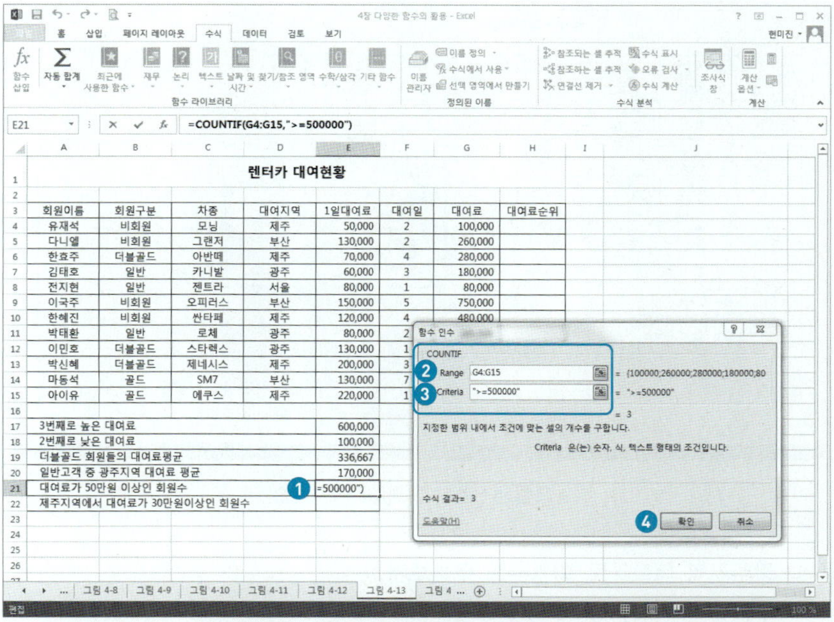

| 그림 4-13 | COUNTIF 함수

**실습**
- 대여료가 20만원 이하인 회원수를 구해보자.
- 1일 대여료가 15만원 이상인 차의 개수를 구해보자.

데이터 집합에서 제주지역 회원 중 대여료가 30만원 이상인 회원수를 구해보자. [그림 4-14]는 COUNTIFS 함수의 적용과정을 나타낸다.

❶ E22셀을 클릭한 후 [수식]-[함수 라이브러리]-[기타 함수]-[통계]-[COUNTIFS]를 선택한다

❷ [함수 인수] 대화상자가 나타나면 'Criteria_range1'에 "D4:D15"를 지정한다.

❸ 'Criteria1'에 "제주"를 입력한다. 함수마법사 내에서 큰따옴표는 입력하지 않아도 자동으로 생성된다.

❹ 'Criteria_range2'에 "G4:G15"를 지정한다.

❺ 'Criteria2'에 ">=300000"를 입력한다.

❻ [확인] 버튼을 클릭한다.

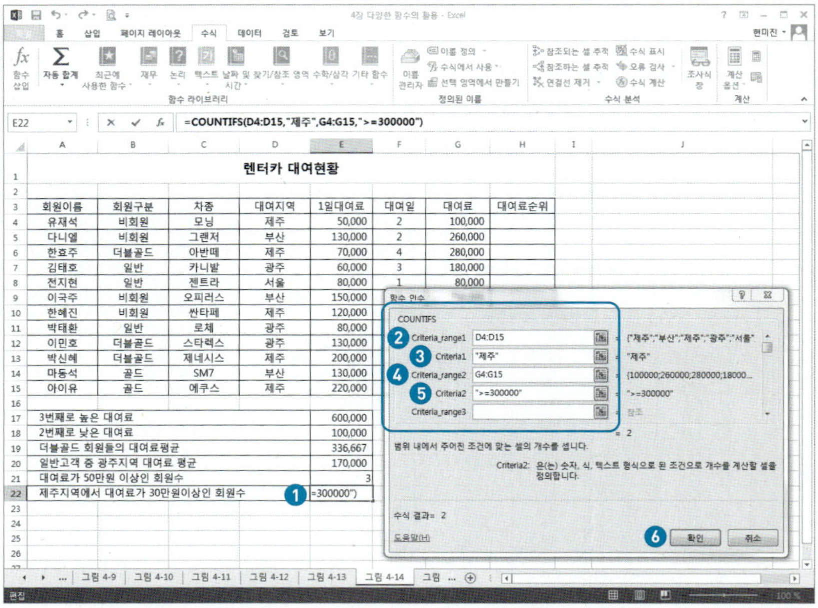


| 그림 4-14 | COUNTIFS 함수

**실습**
- 광주지역 더블골드 회원수를 구해보자.
- 부산지역 비회원 수를 구해보자.

## 4 RANK.AVG / RANK.EQ 함수

RANK 함수 데이터 집합에 있는 수 중에서 지정한 수 또는 셀 값의 순위를 구하는 함수이다. 순위는 목록에 있는 다른 수와의 상대 크기를 말한다. 오피스 2010 버전부터는 기존의 RANK 함수 대신에 RANK.AVG 와 RANK.EQ가 새로 추가되었다. RANK.AVG는 둘 이상의 순위가 같으면 평균 순위가 반환되고, RANK.EQ는 해당 값 집합에서 가장 높은 순위가 반환된다.

| | |
|---|---|
| 형식 | • RANK.AVG(Number, Ref, Order)<br>• RANK.EQ(Number, Ref, Order) |
| 인수 | • Number : 순위를 구하려는 수이다.<br>• Ref : 순위를 비교할 데이터 범위이다.<br>• Order : '0'을 쓰거나 생략하면 내림차순으로 순위를 계산하고, '1'을 입 력하면 오름차순으로 순위를 계산한다. |

데이터 집합에서 대여료 순위를 구해보자. 대여료가 가장 많은 항목을 1순위로 계산하기로 한다. [그림 4-15]는 RANK.EQ 함수의 적용과정을 나타낸다.

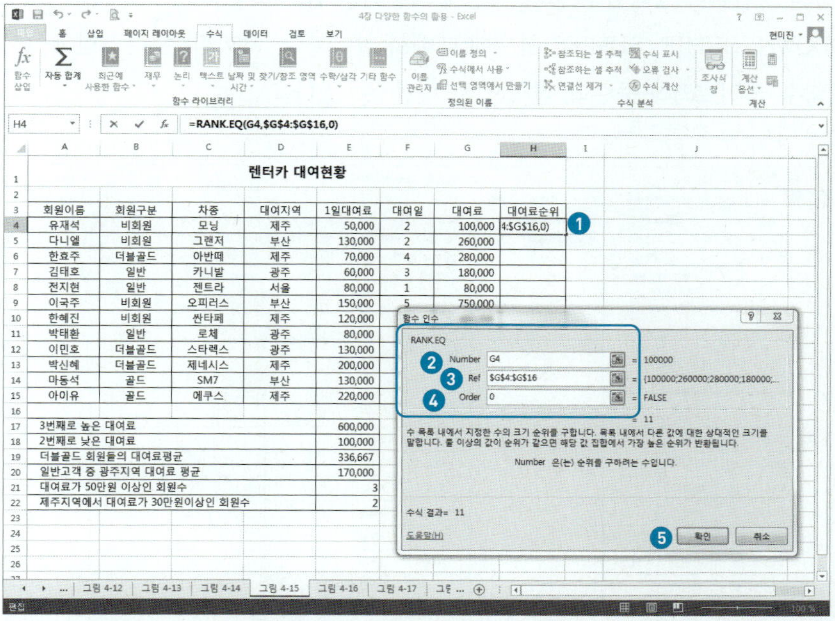


| 그림 4-15 | RANK.EQ 함수

❶ H4셀을 클릭한 후 [수식]-[함수 라이브러리]-[기타 함수]-[통계]-[RANK.EQ]를 선택한다

❷ [함수 인수] 대화상자가 나타나면 'Number'에 "G4"를 선택한다.

❸ 'Ref'에 "G4:G15"를 지정한 뒤 절대참조 "$G4$:$G$15"로 변환한다.

❹ 'Order'에 "0"을 입력하거나 생략한다.

❺ [확인] 버튼을 클릭하면, H4열에 순위가 구해진다. 나머지 순위는 자동 채우기로 구한다.

## 2.3 수학함수

사칙 연산의 조합이나 삼각함수 등의 계산에 이용되는 함수이다. 이 중 ROUND, ROUNDUP, ROUNDDOWN, SUMIF, SUMIFS 함수에 대해서 알아본다. 수학함수는 [그림 4-16]과 같이 [수식]-[함수 라이브러리]-[수학/삼각]에서 찾을 수 있다.

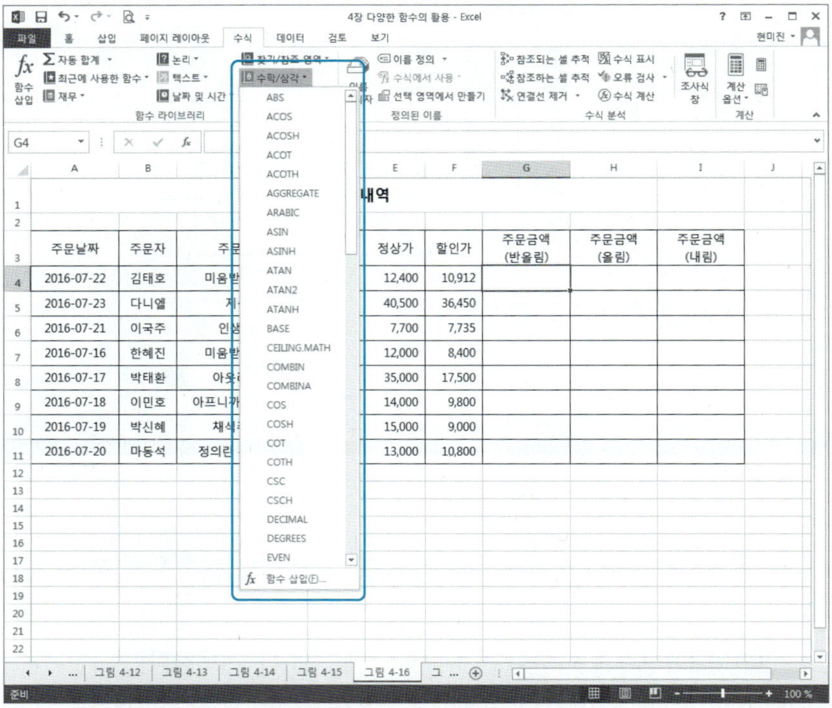

그림 4-16 수학함수

### 1 ROUND/ROUNDUP/ROUNDDOWN 함수

ROUND, ROUNDUP, ROUNDDOWN 함수는 자릿수로 반올림, 올림, 내림하는 함수이다. ROUND 함수는 지정한 자릿수 다음 숫자가 5이상일 때 숫자를 올리고, 5미만이면 내리는 함수이다. ROUNDUP 함수는 지정한 자릿수 아래의 값이 1이상인 경우 숫자를 올리고, ROUNDDOWN 함수는 자릿수 다음 숫자는 무조건 내리는 함수이다.

| | |
|---|---|
| 형식 | • ROUND(Number, Num_digits)<br>• ROUNDUP(Number, Num_digits)<br>• ROUNDDOWN(Number, Num_digits) |
| 인수 | • Number : 반올림, 올림, 내림할 수이다.<br>• Num_digits : 표시해야 할 자릿수를 지정한다. 0이면 가장 가까운 정수로, 1보다 크면 소수점 오른쪽에서 처리, 0보다 작으면 소수점 왼쪽에서 처리한다.<br>4 9 5 1 • 6 2 7 3<br>−3자리 −2자리 −1자리 0자리 1자리 2자리 3자리 4자리 |

도서 주문 내역서에서 실제 판매되는 할인 금액을 구해보자. G4셀에는 이 금액에 대하여 ROUND 함수로 1원단위에서 반올림하여 10원 단위까지 표시해 보자.
[그림 4-17]은 ROUND 함수의 적용과정을 나타낸다.

❶ G4셀을 클릭한 후 [수식]-[함수 라이브러리]-[수학/삼각]-[ROUND]를 선택한다
❷ [함수 인수] 대화상자가 나타나면 'Number'에 "F4"를 지정한다.
❸ 'Num_digits'에 "-1"을 입력한다.
❹ [확인] 버튼을 클릭하면, G4셀에 반올림한 값이 구해진다. 나머지 셀은 자동 채우기로 구한다.

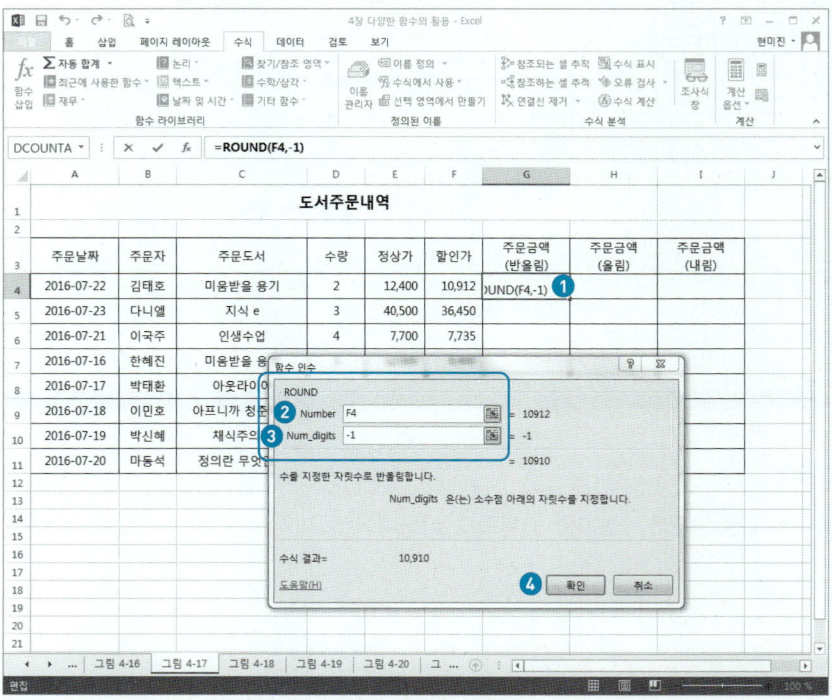


| 그림 4-17 | ROUND 함수

**실습** • 100원 단위와 1000원 단위로도 나타내어 보자.

도서 주문 내역서에서 실제 판매되는 할인 금액에 대하여 H4셀에는 10원단위에서 올림하여 100원 단위까지 표시해 보자.
[그림 4-18]은 ROUNDUP 함수 적용과정을 나타낸다.

❶ H4셀을 클릭한 후 [수식]-[함수 라이브러리]-[수학/삼각]-[ROUNDUP]를 선택한다
❷ [함수 인수] 대화상자가 나타나면 'Number'에 "F4"를 지정한다.
❸ 'Num_digits'에 "-2"을 입력한다.
❹ [확인] 버튼을 클릭하면, H4셀에 올림한 값이 구해진다. 나머지 셀은 자동 채우기로 구한다.

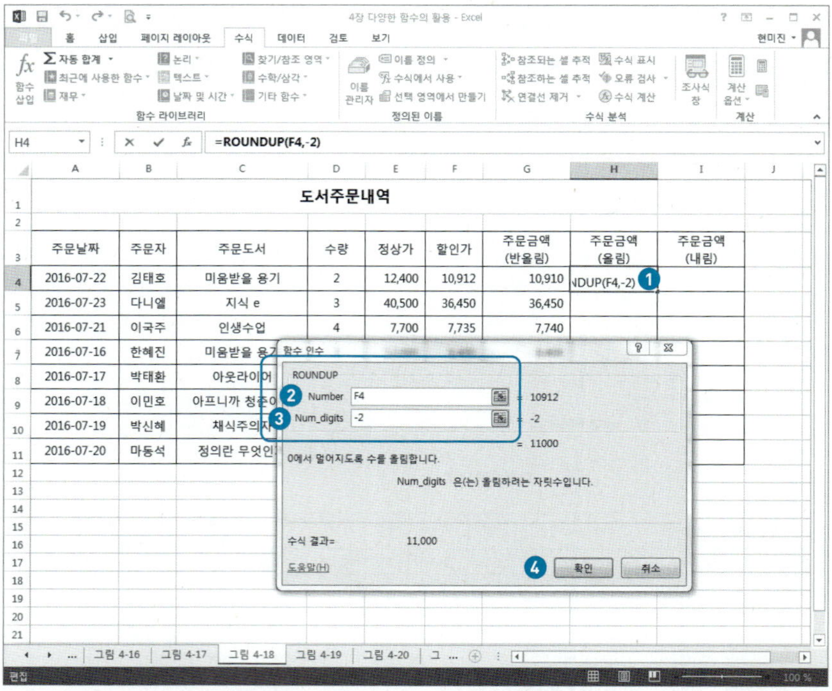

| 그림 4-18 | ROUNDUP 함수

**실습** • 10원 단위와 1000원 단위로도 나타내어 보자.

도서 주문 내역서에서 실제 판매되는 할인 금액에 대하여 I5 셀에는 100원단위에서 내림하여 1000원 단위로 표시해 보자.

[그림 4-19]는 ROUNDDOWN 함수 적용과정을 나타낸다.

❶ I4셀을 클릭한 후 [수식]-[함수 라이브러리]-[수학/삼각]-[ROUNDDOWN]를 선택한다

❷ [함수 인수] 대화상자가 나타나면 'Number'에 "F4"를 지정한다.

❸ 'Num_digits'에 "-3"을 입력한다.

❹ [확인] 버튼을 클릭하면, I4셀에 내림한 값이 구해진다. 나머지 셀은 자동 채우기로 구한다.

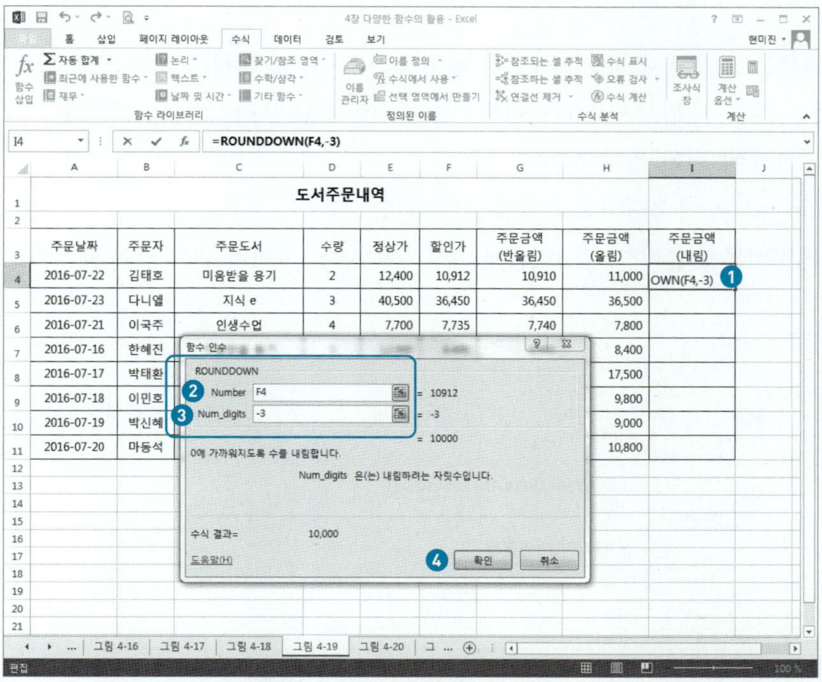


| 그림 4-19 | ROUNDDOWN 함수

**실습** • 10원 단위와 100원 단위로도 나타내어 보자.

## 2 SUMIF/SUMIFS 함수

SUM 함수는 지정된 범위 안에 있는 값들을 무조건 합한다면, SUMIF 함수는 지정한 조건에 만족하는 값들의 총합계를 구하고, SUMIFS 함수는 다중 조건에 만족하는 값들의 총합계를 구하는 함수이다.

| 형식 | • SUMIF(Range, Criteria, Sum_range)<br>• SUMIFS(Sum_range, Criteria_range1, Criteria1, Criteria_range2, Criteria2, … ) |
|---|---|
| 인수 | • Range : 조건을 적용할 셀 범위이다.<br>• Criteria : 찾을 조건이다.<br>• Sum_range : 합계를 구할 셀 범위이다.<br>• Criteria_range : 조건이 포함된 셀 범위이다 |

데이터 집합에서 회원구분별로 대여료의 합계를 구해보자. [그림 4-20]은 SUMIF 함수 적용과정을 나타낸다.

1. B18셀을 클릭한 후 [수식]-[함수 라이브러리]-[수학/삼각]-[SUMIF]를 선택한다
2. [함수 인수] 대화상자가 나타나면 'Range'에 "$B$4:$B$15"를 입력한다.
3. 'Criteria'에 "A18"을 지정한다.
4. 'Sum_range'에 "$G$4:$G$15"를 입력한다.
5. [확인] 버튼을 클릭하면, B18셀에 값이 구해진다. 나머지 셀은 자동 채우기로 구한다.

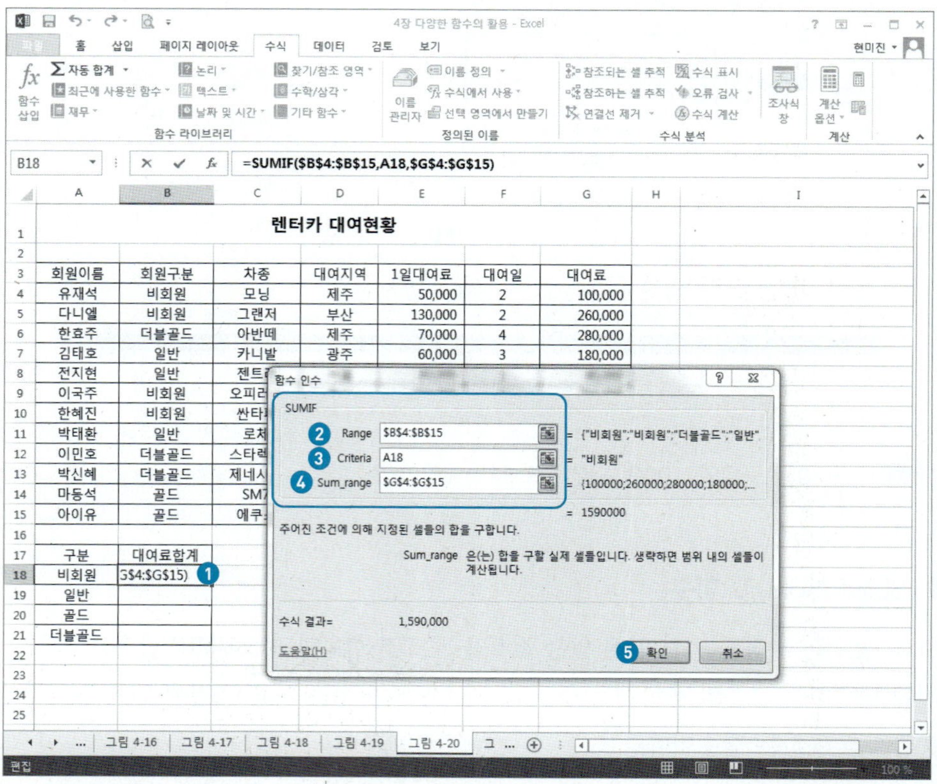

| 그림 4-20 | SUMIF 함수

**실습** 대여지역(제주, 부산, 제주, 광주)별로 대여료의 합계를 SUMIF 함수를 이용하여 구해보자.

데이터 집합에서 제주지역 더블골드 회원들의 대여료 합계를 구해보자. [그림 4-21]은 SUMIFS 함수 적용과정을 나타낸다.

❶ E4셀을 클릭한 후 [수식]-[함수 라이브러리]-[수학/삼각]-[SUMIFS]를 선택한다.
❷ [함수 인수] 대화상자가 나타나면 'Sum_range'에 "G4:G15"를 지정한다.
❸ 'Criteria_range1'에 "D4:D15"를 지정한다.
❹ 'Criteria1'에 "제주"를 직접 입력, 또는 값이 들어있는 셀을 참조한다.
❺ 'Criteria_range2'에 두 번째 조건의 범위인 "B4:B15"를 지정한다.
❻ 'Criteria2'에 "더블골드"를 직접 입력, 또는 값이 들어있는 셀을 참조한다.
❼ [확인] 버튼을 클릭한다.

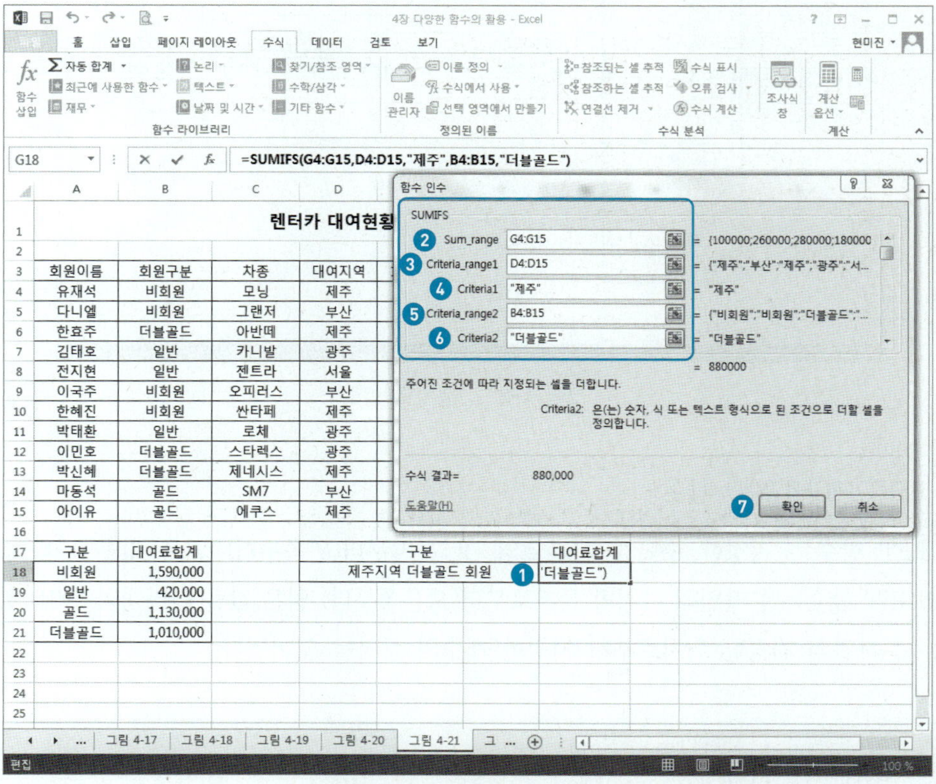

| 그림 4-21 | SUMIFS 함수

**실습** 부산지역 비회원들의 대여료 합계와 광주지역 일반회원들의 대여료 합계도 구해보자.

## 2.4 문자열함수

엑셀에서 문자열을 다루는데 이용되는 함수이다. 이 중 LEFT, MID, RIGHT 함수에 대해서 알아본다. 문자열함수는 [그림 4-22]와 같이 [수식]-[함수 라이브러리]-[텍스트]에서 찾을 수 있다.

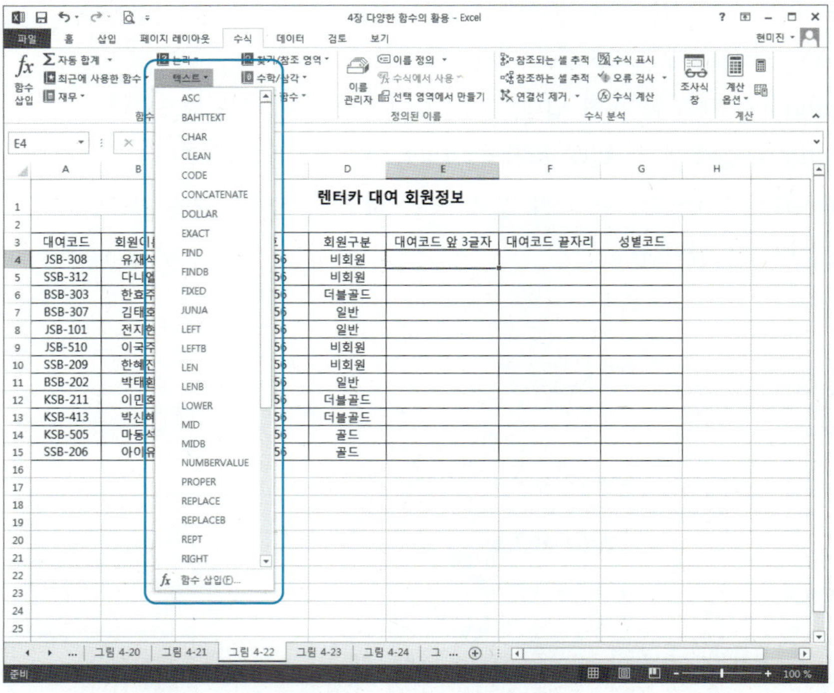

| 그림 4-22 | 문자열 함수

### LEFT/RIGHT/MID 함수

LEFT 함수는 지정한 수만큼 문자열의 첫 문자부터(왼쪽부터) 읽은 값을 나타내고, RIGHT 함수는 문자열의 마지막 문자로부터(오른쪽부터) 읽은 값을 나타내며, MID 함수는 문자열의 지정한 위치로부터 지정한 개수의 문자를 읽어낸다.

| | |
|---|---|
| 형식 | • LEFT(Text, Num_chars)<br>• RIGHT(Text, Num_chars)<br>• MID(Text, Start_num, Num_chars) |
| 인수 | • text : 추출하려는 원본 문자이다.<br>• num_chars : 추출할 문자개수이다.<br>• start_num : 추출을 시작할 문자의 자릿수이다. 첫 문자를 1로 인식한다 |

데이터 집합에서 대여코드에서 처음 3글자를 추출해보자. [그림 4-23]은 LEFT 함수의 적용과정을 나타낸다.

❶ E4셀을 클릭한 후 [수식]-[함수 라이브러리]-[텍스트]-[LEFT]를 선택한다

❷ [함수 인수] 대화상자가 나타나면 'Text'에 "A4"를 선택 또는 입력한다.

❸ 'Num_chars'에 왼쪽으로부터 3자리만 읽으면 되므로 "3"을 입력한다.

❹ [확인] 버튼을 클릭하면, E4셀에 대여코드의 3글자가 추출된다. 나머지 셀은 자동 채우기로 구한다.

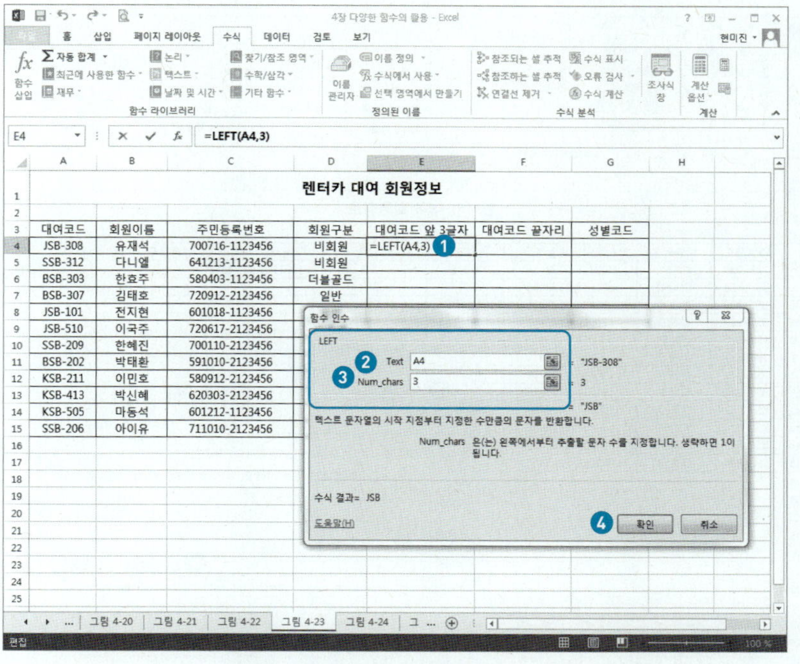


| 그림 4-23 | LEFT 함수

**실습** 대여코드 앞의 세 자리를 추출해보자.

데이터 집합에서 대여코드에서 맨 마지막 자리만 추출해보자. [그림 4-24]는 RIGHT 함수의 적용과정을 나타낸다.

❶ F4셀을 클릭한 후 [수식]-[함수 라이브러리]-[텍스트]-[RIGHT]를 선택한다

❷ [함수 인수] 대화상자가 나타나면 'Text'에 "A4"를 선택 또는 입력한다.

❸ 'Num_chars'에 오른쪽으로부터 1자리만 읽으면 되므로 "1"을 입력한다.

❹ [확인] 버튼을 클릭하면, F4셀에 첫 번째 회원의 대여코드 끝자리가 추출된다. 나머지 셀은 자동 채우기로 구한다.

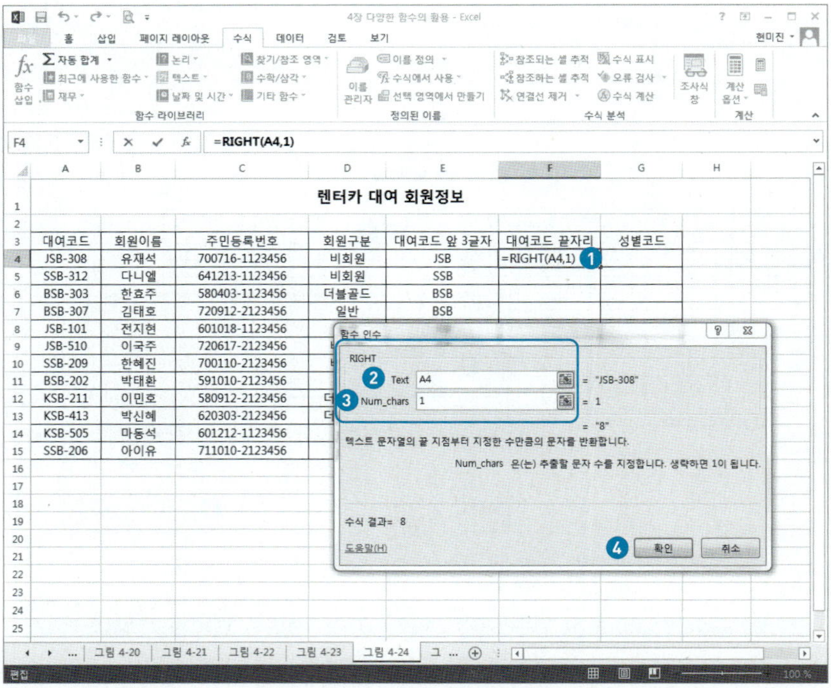


| 그림 4-24 | RIGHT 함수

**실습**
- 주민등록번호에서 끝자리만 추출해보자.
- 대여코드 끝의 세자리를 추출해보자.

주민등록번호에서 성별코드를 추출해보자. 주민등록번호 중 8번째 위치한 한 자리가 성별을 의미한다.

[그림 4-25]는 MID 함수의 적용과정을 나타낸다.

❶ G4셀을 클릭한 후 [수식]–[함수 라이브러리]–[텍스트]–[MID]를 선택한다.

❷ [함수 인수] 대화상자가 나타나면 'Text'에 "C4"를 선택 또는 입력한다.

❸ 'Start_num'에 "8"을 입력한다.

❹ 'Num_chars'에 읽어 와야 하는 숫자는 1개 이므로 "1"을 입력한다.

❺ [확인] 버튼을 클릭하면, G4셀에 첫 번째 회원의 성별코드가 추출된다. 나머지 셀은 자동 채우기로 구한다.

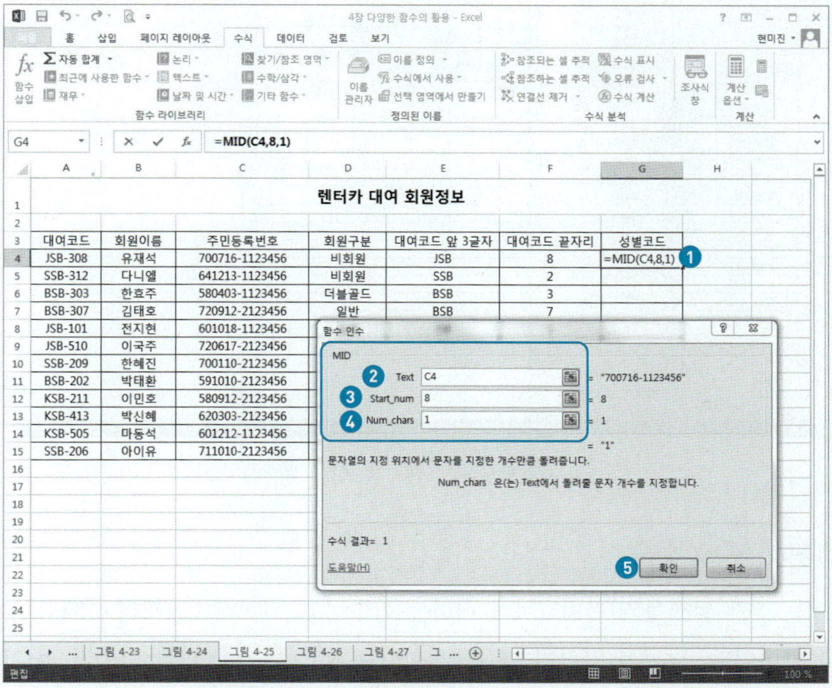


| 그림 4-25 | MID 함수

**실습** 대여코드에서 다섯 번째 한자리만 추출해보자.

## 2.5 날짜 및 시간함수

날짜와 시간을 계산하기 위한 함수이다. 이 중 TODAY, NOW, YEAR, MONTH, DAY, DATE, DATEDIF 함수에 대해서 알아본다. 문자열함수는 [그림 4-26]과 같이 [수식]-[함수 라이브러리]-[날짜 및 시간]에서 찾을 수 있다.

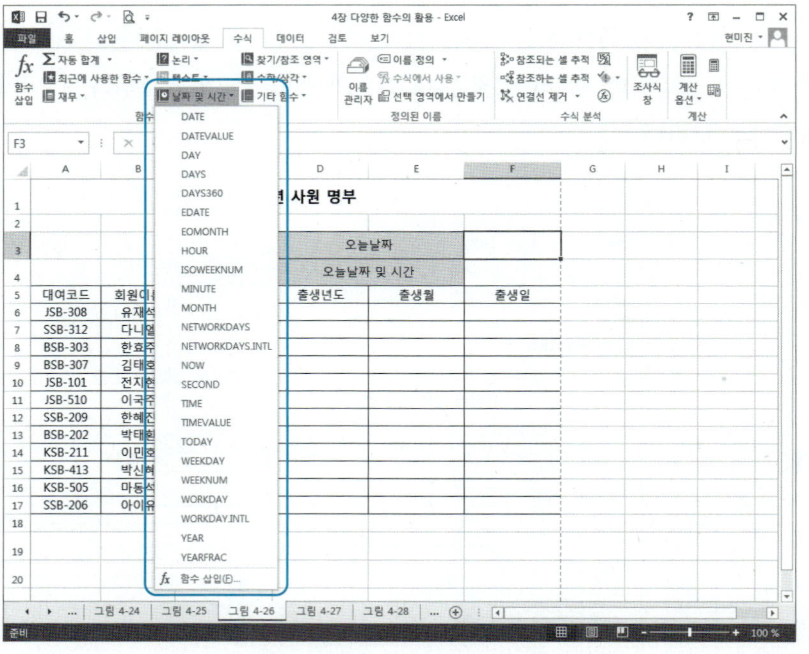

| 그림 4-26 | 날짜 및 시간 함수

### 1 TODAY/ NOW 함수

TODAY는 현재 날짜를 일련번호로 표시하는 함수이고, NOW는 현재의 날짜와 시간을 표시하는 함수이다. 날짜를 일련번호로 표시한다는 것은 날짜에 대한 더하기, 빼기와 같은 계산이 가능하다는 것을 의미한다.

| 형식 | • TODAY()<br>• NOW() |
|---|---|
| 인수 | 인수를 사용하지 않습니다 |

TODAY 함수는 [그림 4-27]과 같이 해당 셀에 직접 "=TODAY()" 라고 입력한 후 Enter↵ 키를 누르거나, [수식]-[함수 라이브러리]-[날짜 및 시간]-[TODAY]를 선택한 후 [확인] 버튼을 클릭한다.

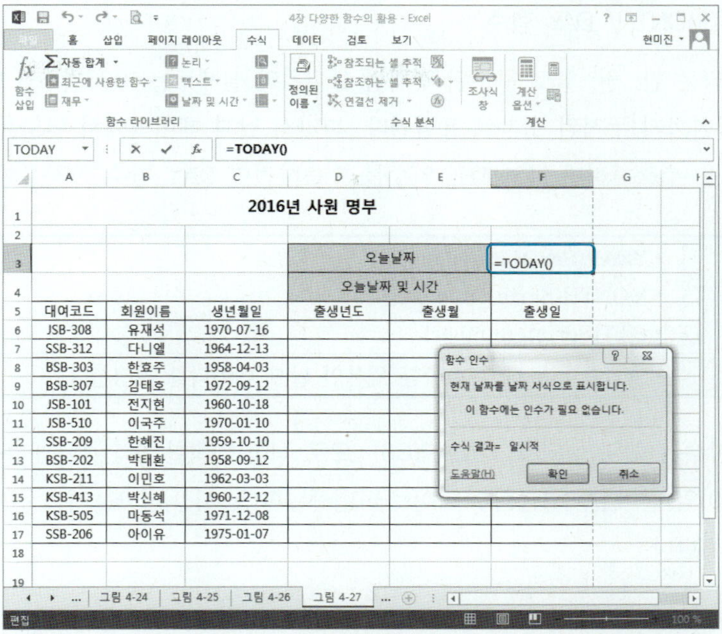

| 그림 4-27 | TODAY 함수

NOW 함수는 해당 셀에 직접 "=NOW()" 라고 입력한 후 Enter↵ 키를 누르거나, [그림 4-28]과 같이 [수식]-[함수 라이브러리]-[날짜 및 시간]-[NOW]를 선택한 후 [확인] 버튼을 클릭한다.

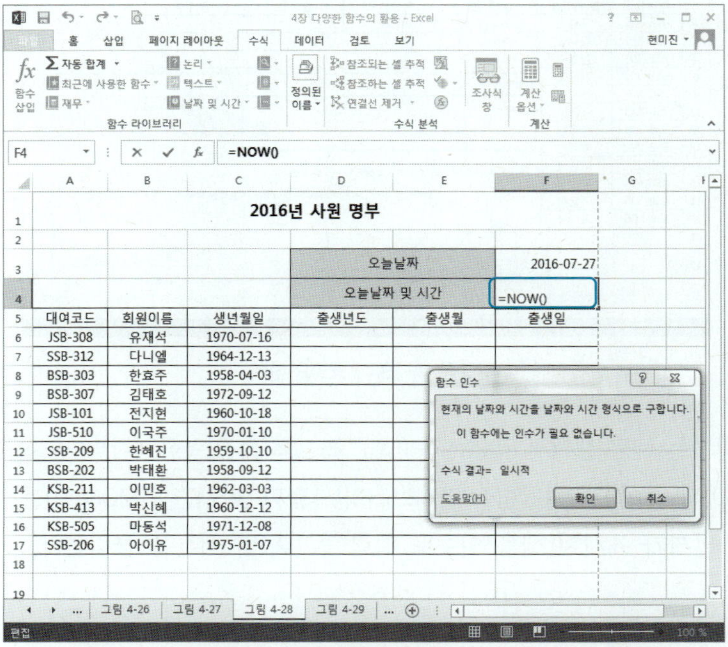

| 그림 4-28 | NOW 함수

## 2 YEAR/ MONTH/ DAY 함수

날짜 데이터는 연, 월, 일로 구분된 것처럼 보이지만 실제로는 1900년 1월 1일을 기준으로 특정 날짜까지 누적된 숫자로 표현된다. 따라서 날짜 데이터에서 년도를 추출하려면 YEAR, 월을 추출하려면 MONTH, 일수를 추출하려면 DAY 함수를 사용한다.

| 형식 | • YEAR(Serial_number)<br>• MONTH(Serial_number)<br>• DAY(Serial_number) |
|---|---|
| 인수 | • Serial_number: 추출할 원본인 날짜 데이터를 지정한다 |

MONTH 함수는 해당 셀에서 "=YEAR(C6)" 으로 직접 입력한 후 Enter 키를 누르거나, [그림 4-29]와 같이 [수식]-[함수 라이브러리]-[날짜 및 시간]-[YEAR]을 선택하고 [확인] 버튼을 클릭한다.

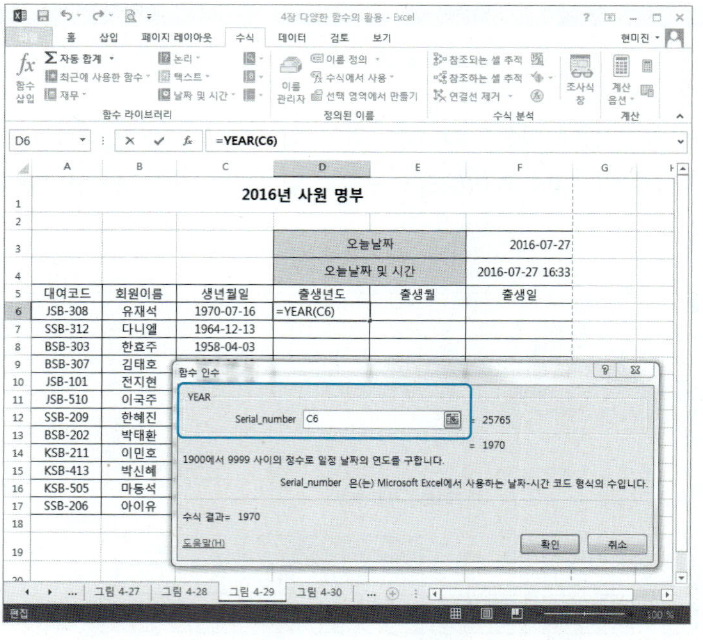

| 그림 4-29 | YEAR 함수

MONTH 함수는 해당 셀에서 "=MONTH(C6)" 라고 직접 입력한 후 Enter 키를 누르거나, [그림 4-30]과 같이 [수식]-[함수 라이브러리]-[날짜 및 시간]-[MONTH]를 선택하고, 월을 추출할 날짜가 표시된 셀을 인수로 입력 후 [확인] 버튼을 클릭한다.

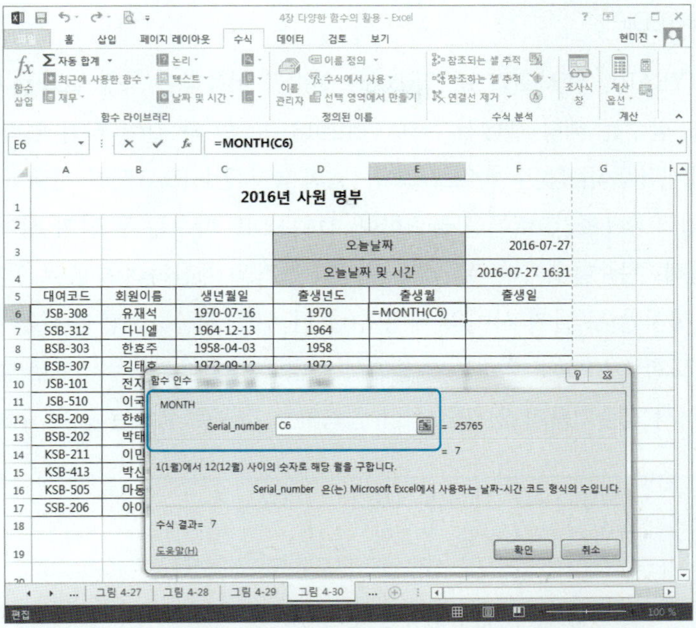


| 그림 4-30 | MONTH 함수

DAY 함수는 해당 셀에서 "=DAY(C6)" 라고 직접 입력한 후 Enter↵ 키를 누르거나, [그림 4-31]과 같이 [수식]-[함수 라이브러리]-[날짜 및 시간]-[DAY]를 선택하고, 일수를 추출할 날짜가 표시된 셀을 인수로 입력 후 [확인] 버튼을 클릭한다.

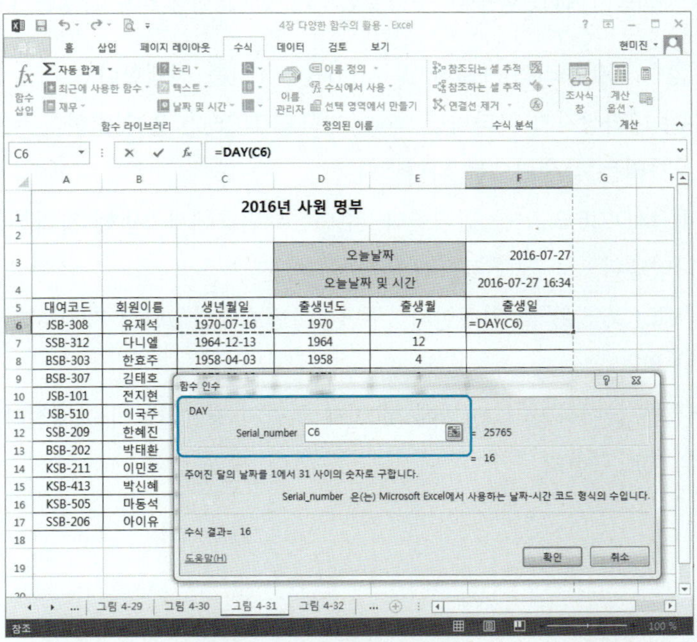


| 그림 4-31 | DAY 함수

## 3 DATE/DATEDIF

DATE는 년(YEAR), 월(MONTH), 일(DAY) 인수를 이용하여 특정 날짜를 나타내는 함수이다. DATE 함수는 해당 셀에서 "=DATE(2016, 3, 5)"과 같이 직접 입력한 후 Enter↵ 키를 누르거나, [수식]-[함수 라이브러리]-[날짜 및 시간]-[DATE]를 선택하고, 년, 월, 일을 인수로 입력 후 [확인] 버튼을 클릭한다. DATEDIF 함수는 두 날짜 사이의 년, 월, 일 간격을 계산해 주는 함수이다. 두 날짜 사이의 간격을 계산하려면 종료 일자에서 시작일자를 뺀다. 하지만 두 날짜 사이의 개월 수나 년 수를 계산하려면 수식을 복잡하게 만들어야 한다. 또한 DATEDIF 함수는 엑셀에서 지원해주는 함수가 아니므로 함수마법사에서 찾을 수 없어서 함수이름과 인수를 직접 입력하는 것으로 원하는 값을 구해야 한다.

| | |
|---|---|
| 형식 | • DATE(Year, Month, Day)<br>• DATEDIF(시작일, 종료일, 옵션) |
| 옵션 | • y : 두 날짜 사이 경과된 년 수<br>• d : 두 날짜 사이 경과된 일 수<br>• yd : 두 날짜 사이 경과 년도를 제외한 나머지 일 수<br>• md : 두 날짜 사이 경과 년도와 개월 수를 제외한 나머지 일 수<br>• m : 두 날짜 사이 경과된 개월 수<br>• ym : 두 날짜 사이 경과 년도를 제외한 나머지 개월 수 |

주민등록번호에서 문자열 함수를 이용하여 연, 월, 일을 추출한 후 생년월일을 입력해보자. [그림 4-32]는 DATE 함수와 문자열함수가 함께 적용되는 과정을 나타낸다.

❶ [수식]-[함수 라이브러리]-[날짜 및 시간]-[DATE]를 선택한다.

❷ [함수 인수] 대화상자가 나타나면 'Year'에 "LEFT(C6,2)"을 입력한다. 주민등록번호에서 앞의 2자리는 출생년도를 나타낸다.

❸ 'Month'에 "MID(C6,3,2)"를 입력한다. 주민등록번호에서 3번째 자리부터 2자리는 출생월을 나타낸다.

❹ 'Day'에 "MID(C6,5,2)"를 입력한다. 주민등록번호에서 5번째 자리부터 2자리는 출생일을 나타낸다.

❺ [확인] 버튼을 클릭하면, [D6]셀에 첫 번째 회원의 생년월일이 구해진다. 나머지 셀은 자동 채우기로 구한다.

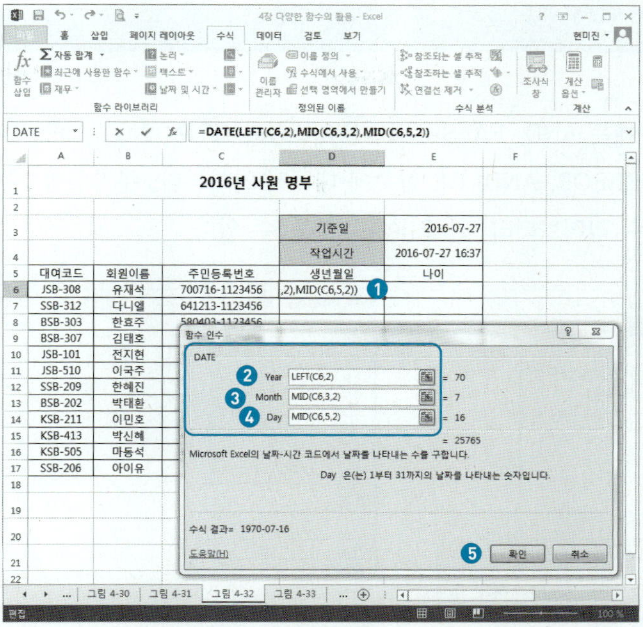


| 그림 4-32 | DATE 함수

생년월일에서 기준일(E3셀)을 기준으로 나이를 계산해 보자. [그림 4-33]은 DATEDIF 함수를 적용하는 예이다. E6 셀을 클릭하고 '=DATEDIF(D6, $E$3, "Y")'라고 입력한 후 나머지 셀은 자동 채우기로 구한다.

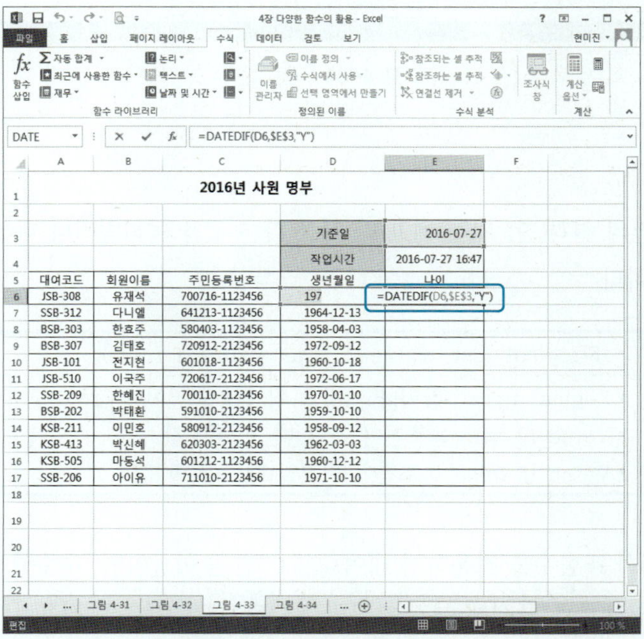


| 그림 4-33 | DATEDIF 함수

## 2.6 논리함수

엑셀의 논리함수에는 AND, FALSE, IF, IFERROR, IFNA, NOT, OR, TRUE, XOR가 있다. 이 중 IF, IFERROR, AND, OR 함수에 대해서 알아본다. 문자열함수는 [그림 4-34]와 같이 [수식]-[함수 라이브러리]-[논리]에서 찾을 수 있다.

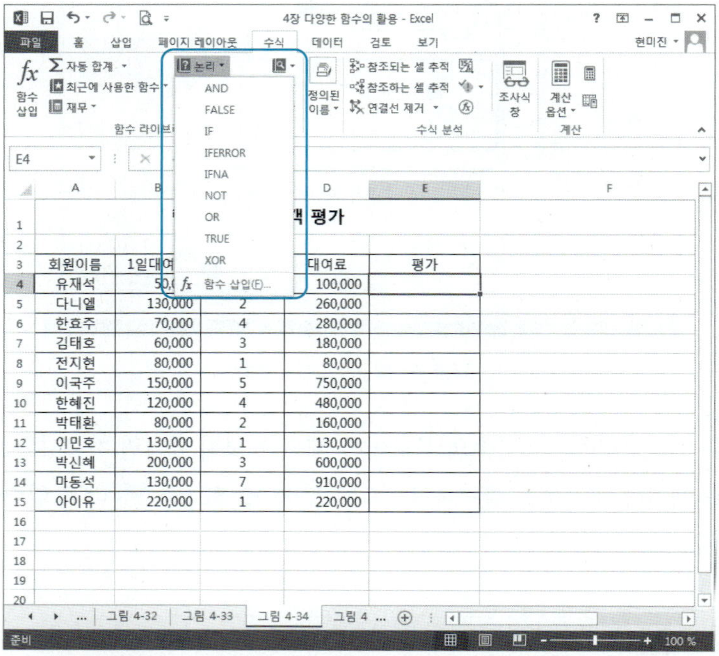

| 그림 4-34 | 논리함수

### 1 IF 함수

IF 함수는 조건의 결과(참, 거짓)에 따라 각각 다른 값을 돌려받거나 다른 함수를 실행하는 것이 가능하다.

| 형식 | • IF(logical test, value_if_true, value_if_false) |
|---|---|
| 인수 | • Logical test : 참이나 거짓을 평가할 조건이나 값<br>• Value_if_true : 조건이 참일 때 표시할 값<br>• Value_if_false : 조건이 거짓일 때 표시할 값 |

데이터 집합에서 IF함수를 적용하여 대여료가 60만원 이상이면 "우수고객"이라 하고, 그렇지 않으면 공백으로 표시해 보자. [그림 4-35]는 IF 함수의 적용과정을 나타낸다.

❶ E4셀을 클릭한 후 [수식]-[함수 라이브러리]-[논리]-[IF]를 선택한다.

❷ [함수 인수] 대화상자가 나타나면 'Logical_test'에 "D4>=600000"을 입력한다.

❸ 'Value_if_true'에 "우수고객"을 입력한다. 큰 따옴표는 자동 생성된다.

❹ 'Value_if_false'에 ""을 입력한다.

❺ [확인] 버튼을 클릭하고 나면, E4셀에 값이 구해진다. 나머지 셀은 자동 채우기로 구한다.

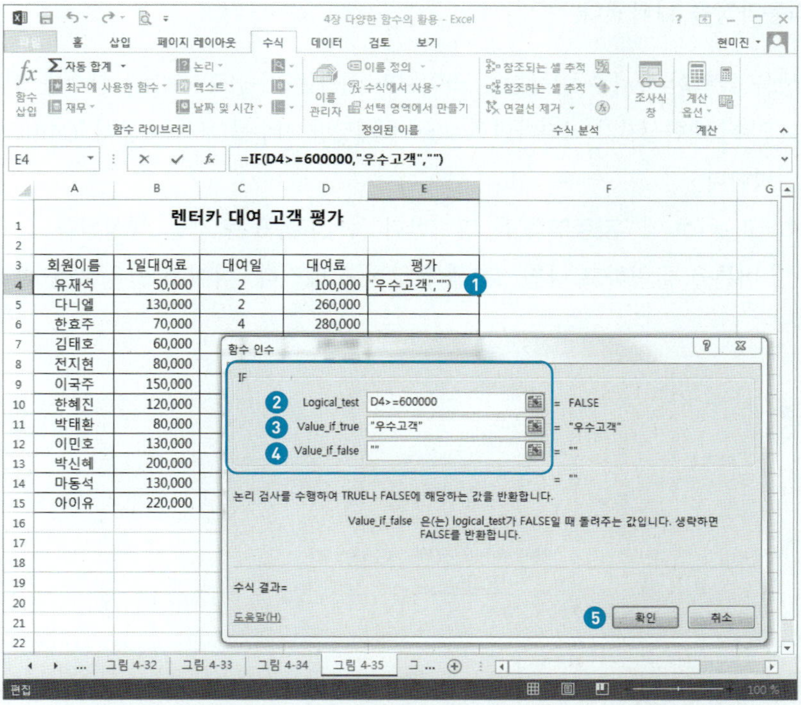


| 그림 4-35 | IF 함수

실습 대여일이 4일 이상이면 '장기 대여 고객', 그렇지 않으면 공백으로 표시해보자.

## 2 IFERROR 함수

엑셀에서 수식을 계산하다 보면, 특정 셀의 예기치 않은 오류 때문에 전체 셀의 합계와 같은 수식에서 에러가 종종 발생한다. 이럴 때 사용하는 ISERROR 함수는 수식에 에러가 있는 경우에는 TRUE로 표시하고, 에러가 아닌 경우에는 FALSE로 표시한다. 이러한 ISERROR 함수가 IF 함수와 결합되면 수식 계산이 굉장히 편리해지는데, 엑셀 2010부터는 IF + ISERROR 함수를 결합한 IFERROR 함수를 제공한다.

| 형식 | • IFERROR(Value, Value_if_error) |
|---|---|
| 인수 | • Value : 값, 식 또는 참조<br>• Value_if_error : 값이 에러 일 때 표시할 값 |

데이터집합에서 체질량 지수(=몸무게(kg)/키$^2$(m$^2$))를 계산해보자. 그런데 키 자료가 없어 체질량 지수를 구하지 못해 에러(#DIV/0!)가 나타나는 경우에는 IFERROR 함수를 적용하여 "자료부족"이라는 에러 메시지를 출력하기로 한다. [그림 4-36]은 IFERROR 함수의 적용과정을 나타낸다.

1. D4셀을 클릭한 후 [수식]-[함수 라이브러리]-[논리]-[IFERROR] 함수를 선택한다
2. [함수 인수] 대화상자가 나타나면 'Value'에 체질량 지수를 구하는 공식 "C4/((B4/100)^2)"을 입력한다.
3. 'Value_if_error'에 "자료부족"을 입력한다. 큰 따옴표는 자동 생성된다.
4. [확인] 버튼을 클릭하고 나면, D4셀에 값이 구해진다. 나머지 셀은 자동 채우기로 구한다.

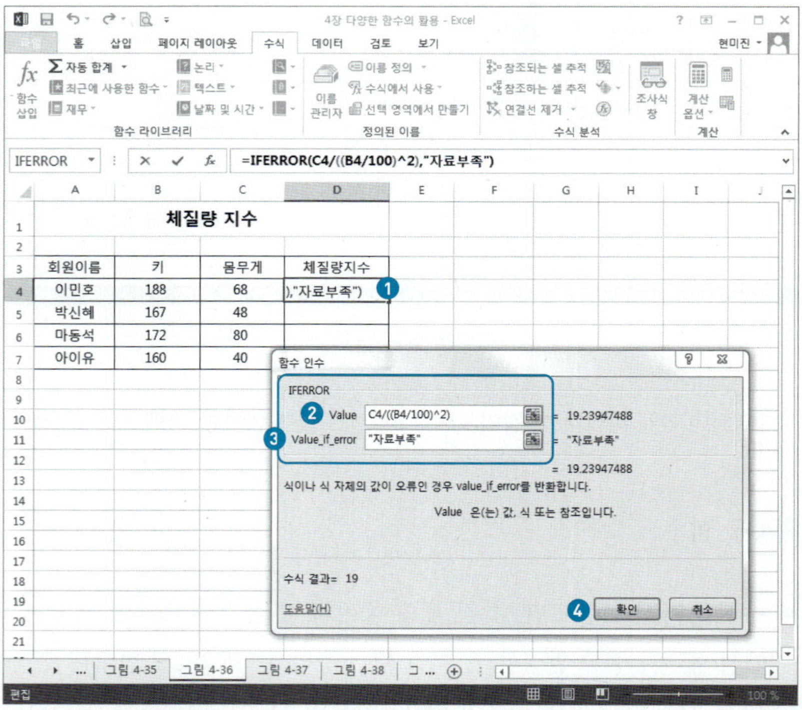

| 그림 4-36 | IFERROR 함수

## 3 AND/OR 함수

OR 함수는 지정한 조건이 하나라도 맞을 경우 참(True, 1)값을 갖게 되고, AND 함수는 모든 조건을 만족할 경우에 참 값을 갖게 된다. 이들 함수는 IF 함수와 함께 자주 응용된다.

| | |
|---|---|
| 형식 | • AND(Logical1, Logical2, … )<br>• OR(Logical1, Logical2, … ) |
| 인수 | • Logical1, Logical2, … : 참이나 거짓을 평가할 조건이다. 255개까지 입력할 수 있다. |

데이터 집합에서 대여료가 30만원 이상이거나, 3일 이상 대여한 사람을 찾아보자. [그림 4-37]은 OR 함수의 적용과정을 나타낸다.

❶ E4셀을 클릭한 후 [수식]–[함수 라이브러리]–[논리]–[OR]를 선택한다.
❷ [함수 인수] 대화상자가 나타나면 'Logical1'에 "D4>=300000"을 입력한다.
❸ 'Logical2'에 "C4>=3"을 입력한 후 [확인]버튼을 클릭한다.
❹ [확인] 버튼을 클릭하고 나면, E4셀에 값이 구해진다. 나머지 셀은 자동 채우기로 구한다.

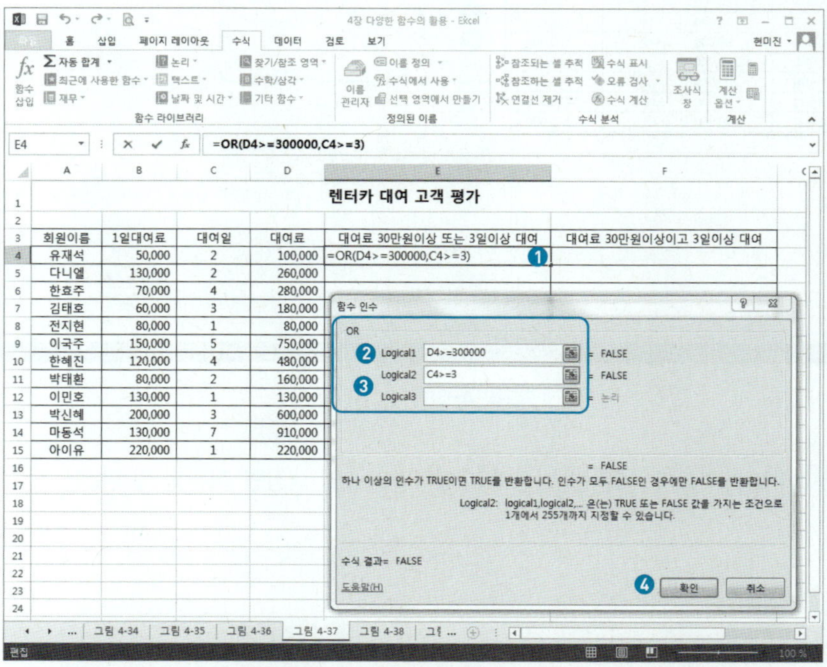

| 그림 4-37 | OR 함수

**실습** 대여료가 50만원 이상이거나 대여일이 5일 이상인 회원을 찾아보자.

데이터 집합에서 대여료가 30만원 이상이고, 3일 이상 대여한 사람을 찾아보자. [그림 4-38]은 AND 함수의 적용과정을 나타낸다.

❶ F4셀을 클릭한 후 [수식]-[함수 라이브러리]-[논리]-[AND]를 선택한다.
❷ [함수 인수] 대화상자가 나타나면 'Logical1'에 "D4>=300000"을 입력한다.
❸ 'Logical2'에 "C4>=3"을 입력한 후 [확인]버튼을 클릭한다.
❹ [확인] 버튼을 클릭하고 나면, F4셀에 값이 구해진다. 나머지 셀은 자동 채우기로 구한다.

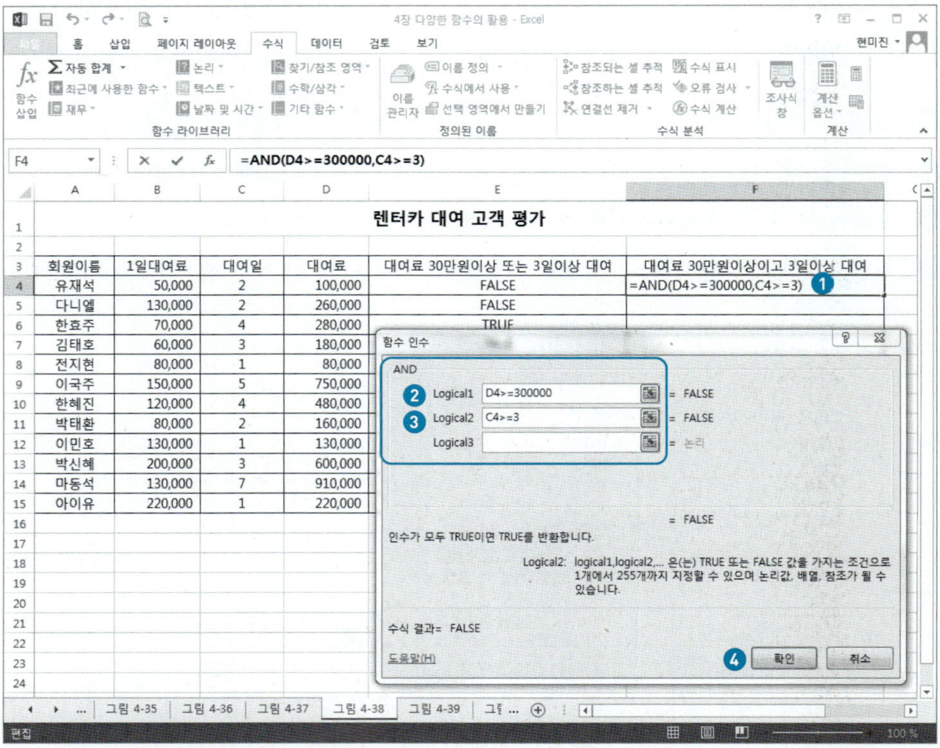


| 그림 4-38 | AND 함수

**실습** 1일 대여료가 10만원 이상이고 대여일이 3일 이상인 회원을 찾아보자.

## 2.7 찾기/참조함수

찾기/참조 함수는 배열이나 셀 범위를 참조하여 특정한 값을 찾아주거나 특정한 셀에 입력된 값을 가져오거나 셀의 주소에서 필요한 정보를 가져오는 함수이다. 찾기/참조 함수는 총 19개의 함수가 있으나 이 중 가장 많이 쓰이는 VLOOKUP과 HLOOKUP함수에 대해서 알아본다. 찾기/참조함수는 [그림 4-39]와 같이 [수식]-[함수 라이브러리]-[찾기/참조 영역]에서 찾을 수 있다.

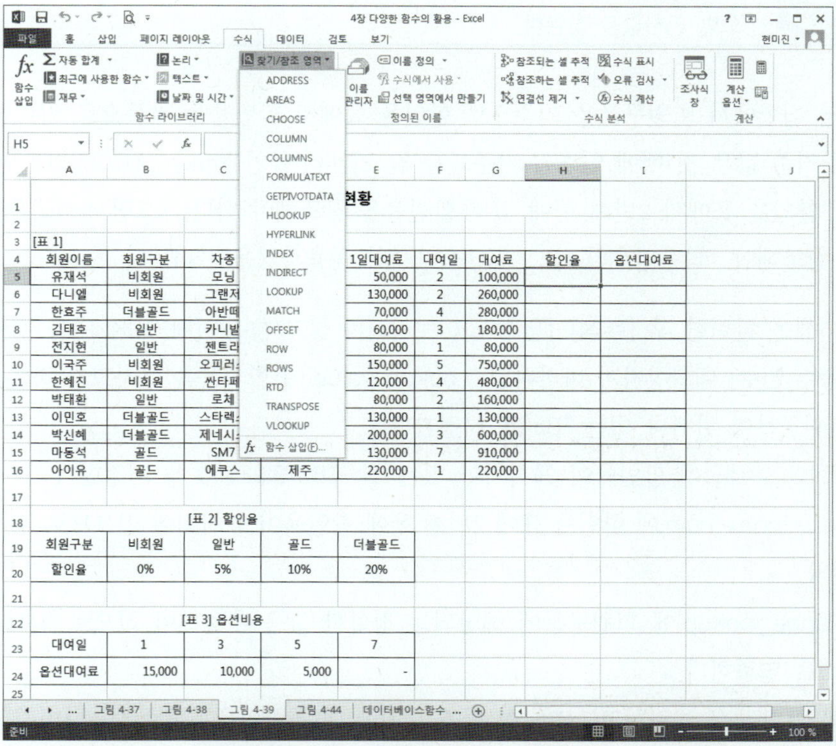


| 그림 4-39 | 찾기/참조 함수

## 1 HLOOKUP 함수

HLOOKUP은 목록 범위의 첫 번째 행에서 가로 방향으로 검색하면서 원하는 값을 추출하는 함수이고, HLOOKUP함수의 형식과 인수는 다음과 같다.

| 형식 | • HLOOKUP(Lookup_value, Table array, Row_index_num, Range_lookup) |
|---|---|
| 인수 | • Lookup_value : 찾을 조건 값<br>• Table array : 참조할 셀 범위<br>• Row_index_num : 참조할 셀 범위에서 필요한 행번호<br>• Range_lookup : '0' 이나 'false'를 쓰면 일치하는 값을 찾고, '1' 이나 'true'를 쓰면 근사값을 찾는다. |

데이터 집합에서 회원구분을 기준으로 할인율 표에서 할인율을 자동으로 입력해 보자. 이 때 기준 값은 첫 행에 입력된 기준표를 참조한다. 할인율 표는 A19:B23에 위치하고 있고, 할인율 표에서 2번째 행에 있는 할인율을 참조해야 한다. [그림 4-40]은 정확한 값을 참조해야 하는 경우의 HLOOKUP 함수의 적용과정을 나타낸다.

❶ H5셀을 클릭한 후 [수식]-[함수 라이브러리]-[찾기/참조]-[HLOOKUP]을 선택한다.

❷ [함수 인수] 대화상자가 나타나면 'Lookup_value'에 할인율을 구하고자 하는 회원의 회원구분이 나타나 있는 "B5"를 지정한다.

❸ 'Table_array'에 할인율이 표시되어 있는 셀 "$B$19:$E$20"을 지정한다.

❹ 'Row_index_num'에 할인율 표에 2번째 행에 할인율이 표시되어 있으므로 "2"을 입력한다.

❺ 'Range_lookup'에 회원구분에 해당되는 정확한 값을 추출해야 하므로 "false" 또는 "0"을 입력한다.

❻ [확인] 버튼을 클릭하고 나면, 첫 번째 회원에 대한 할인율을 찾는다. 나머지 셀은 자동 채우기로 구한다.

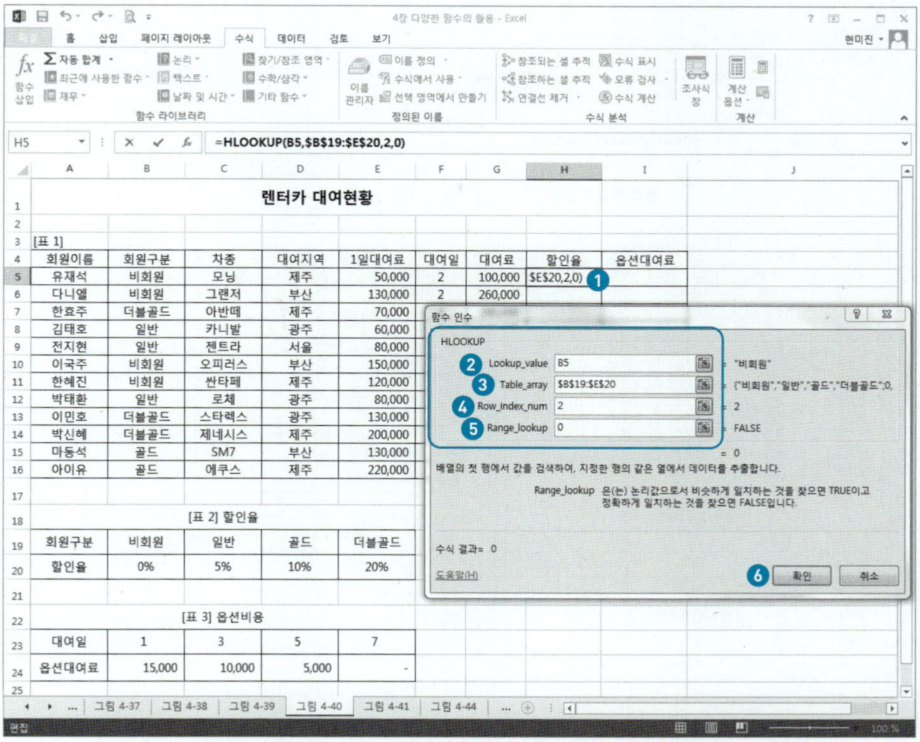

| 그림 4-40 | HLOOKUP 함수(옵션이 false 또는 0 일 때)

데이터 집합에서 대여일을 기준으로 옵션비용 표에서 옵션 대여료를 자동으로 입력해 보자. 이 때 기준 값은 첫 행에 입력된 기준표를 참고 하려고 한다. 옵션비용 표는 A23:E24에 위치하고 있고, 옵션비용 표에서 2번째 행에 있는 옵션 대여료를 참조하도록 해야 한다. [그림 4-41]은 근사값을 찾아 참조해야 하는 경우의 HLOOKUP 함수의 적용과정을 나타낸다.

❶ I5셀을 클릭한 후 [수식]–[함수 라이브러리]–[찾기/참조]–[HLOOKUP]을 선택한다.

❷ [함수 인수] 대화상자가 나타나면 'Lookup_value'에 옵션대여료를 구하고자 하는 회원의 대여일이 나타나 있는 "F5"를 지정한다.

❸ 'Table_array'에 옵션대여료가 표시되어 있는 셀 "$B$23:$E$24"를 지정한다.

❹ 'Row_index_num'에 할인율 표에 2번째 행에 옵션대여료가 표시되어 있으므로 "2"을 입력한다.

❺ 'Range_lookup'에 대여일이 속하는 구간의 값을 추출해야 하므로 "true" 또는 "1"을 입력한다.

❻ [확인] 버튼을 클릭하고 나면, 첫 번째 회원에 대한 옵션대여료를 찾는다. 나머지 셀은 자동 채우기로 구한다.

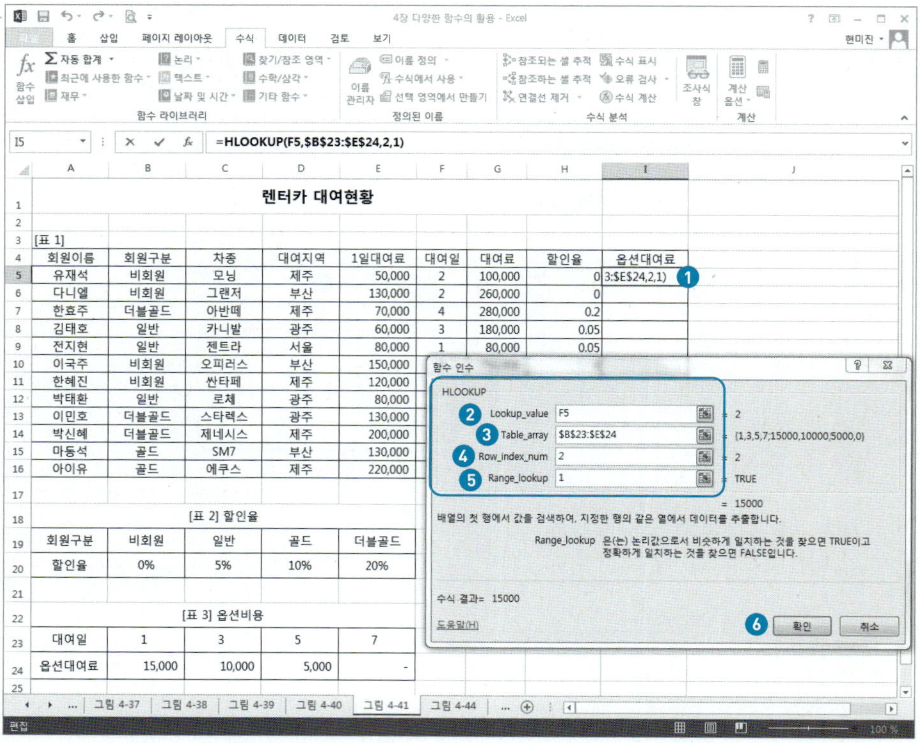


| 그림 4-41 | HLOOKUP 함수(옵션이 true 또는 1 일 때)

## 2 VLOOKUP 함수

VLOOKUP함수는 목록 범위의 첫 번째 열에서 세로 방향으로 검색하면서 원하는 값을 추출하는 함수이고, VLOOKUP 함수의 형식과 인수는 다음과 같다.

| 형식 | • VLOOKUP(Lookup_value, Table array, Col_index_num, Range_lookup) |
|---|---|
| 인수 | • Lookup_value : 찾을 조건 값<br>• Table array : 참조할 셀 범위<br>• Col_index_num : 참조할 셀  범위에서 필요한 열번호<br>• Range_lookup : '0' 이나 'false'를 쓰면 일치하는 값을 찾고, '1' 이나 'true'를 쓰면 근사값을 찾는다. |

데이터 집합에서 회원구분을 기준으로 할인율 표에서 할인율을 자동으로 입력해 보자. 이 때 기준 값은 첫 열에 입력된 기준표를 참고 하려고 한다. 할인율 표는 A19:E23에 위치하고 있고, 할인율 표에서 2번째 열에 있는 할인율을 참조하도록 해야 한다. [그림 4-42]는 정확한 값을 참조해야 하는 경우의 VLOOKUP 함수의 적용과정을 나타낸다.

❶ H5셀을 클릭한 후 [수식]–[함수 라이브러리]–[찾기/참조]–[VLOOKUP]을 선택한다.

❷ [함수 인수] 대화상자가 나타나면 'Lookup_value'에 할인율을 구하고자 하는 회원의 회원구분이 나타나 있는 "B5"를 지정한다.

❸ 'Table_array'에 할인율이 표시되어 있는 셀 "$A$20:$B$23"을 지정한다.

❹ 'Col_index_num'에 할인율 표에 2번째 열에 할인율이 표시되어 있으므로 "2"를 입력한다.

❺ 'Range_lookup'에 회원구분에 해당되는 정확한 값을 추출해야 하므로 "false" 또는 "0"을 입력한다.

❻ [확인] 버튼을 클릭하고 나면, 첫 번째 회원에 대한 할인율을 찾는다. 나머지 셀은 자동 채우기로 구한다.

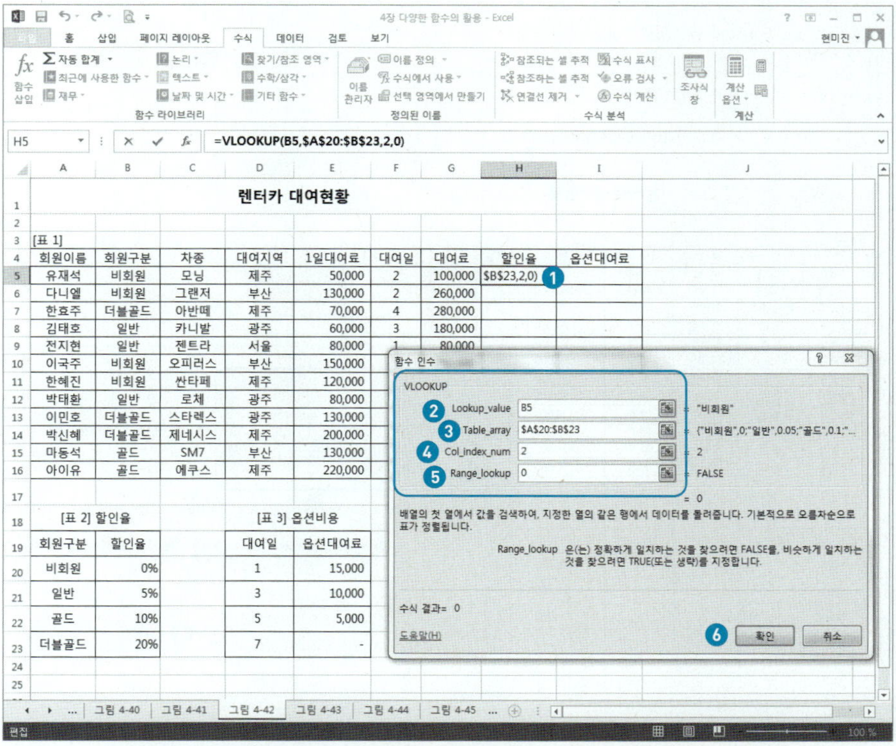

| 그림 4-42 | VLOOKUP 함수(옵션이 false 또는 0 일 때)

데이터 집합에서 대여일을 기준으로 옵션비용 표에서 옵션 대여료를 자동으로 입력하는 작업이다. 이 때 기준 값은 첫 열에 입력된 기준표를 참고 하려고 한다. 옵션비용 표는 D19:E23에 위치하고 있고, 옵션비용 표에서 2번째 열에 있는 옵션 대여료를 참조하도록 해야 한다. [그림 4-43]은 근사값을 찾아 참조해야 하는 경우의 VLOOKUP 함수의 적용 과정을 나타낸다.

❶ I5셀을 클릭한 후 [수식]-[함수 라이브러리]-[찾기/참조]-[VLOOKUP]을 선택한다.

❷ [함수 인수] 대화상자가 나타나면 'Lookup_value'에 옵션대여료를 구하고자 하는 회원의 대여일이 나타나 있는 "F5"를 지정한다.

❸ 'Table_array'에 옵션대여료가 표시되어 있는 셀 "$D$20:$E$23"을 지정한다.

❹ 'Co1_index_num'에 할인율 표에 2번째 열에 옵션대여료가 표시되어 있으므로 "2"를 입력한다.

❺ 'Range_lookup'에 대여일이 속하는 구간의 값을 추출해야 하므로 "true" 또는 "1"을 입력한다.

❻ [확인] 버튼을 클릭하고 나면, 첫 번째 회원에 대한 옵션대여료를 찾는다. 나머지 셀은 자동 채우기로 구한다.

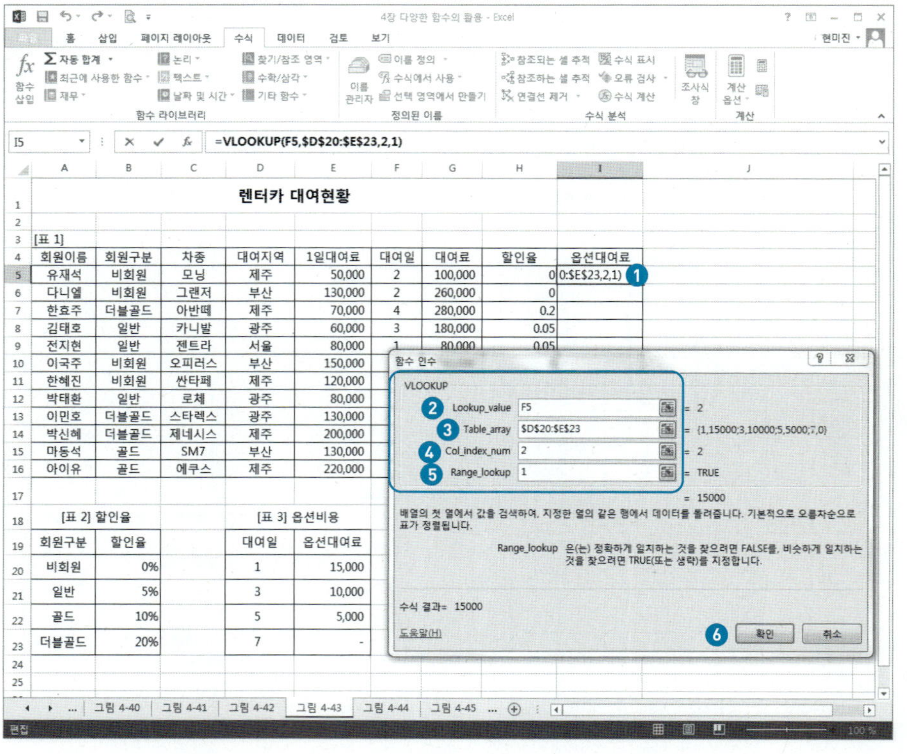


| 그림 4-43 | VLOOKUP 함수(옵션이 true 또는 1 일 때)

## 2.8 데이터베이스 함수

데이터베이스 함수는 데이터베이스 목록에서 각 필드의 조건에 맞는 항목의 합계, 평균, 개수, 최대값, 최소값, 분산, 표준편차 등을 계산하는 함수이다. 데이터베이스 함수는 총 12개의 함수가 있으나 이 중 DSUM, DAVERAGE, DMIN, DMAX, DCOUNT만 설명하기로 한다. 데이터베이스 함수를 사용할 때는 미리 조건을 셀에 입력해 놓아야 한다. 조건을 입력하는 인수를 지정할 때는 반드시 조건을 지정할 제목 필드를 입력하고, 그 제목 필드 밑에 조건을 입력해서 사용한다. 조건을 만들 때 같은 행에 조건을 입력하면 AND조건, 행을 다르게 조건을 입력하면 OR 조건이 된다. 데이터베이스 함수는 다른 함수와는 달리 [수식]-[함수 라이브러리]에서 찾을 수 없으므로 [함수 삽입] 아이콘을 클릭해서 [함수 마법사] 대화상자가 나타나면 데이터베이스 범주에서 찾아야 한다. 데이터베이스 함수의 형식과 인수는 다음과 같다.

| 형식 | • 함수이름(Database, Field, Criteria) |
|---|---|
| 인수 | • Database : 데이터베이스나 목록으로 지정할 셀 범위로서, 데이터베이스는 레코드(관련 정보 행)와 필드(데이터 열)로 이루어진 관련 데이터 목록이다. 목록의 첫째 행에는 각 열의 레이블이 있다.<br>• Field : 함수에 사용되는 열을 지정한다. field 인수는 열 레이블을 큰 따옴표로 묶어 텍스트로 지정하거나 열 레이블이 있는 셀을 클릭하거나 첫째 열을 1, 둘째 열을 2 등 목록 내의 열 위치를 나타내는 숫자로 지정할 수 있다.<br>• Criteria : 지정하는 조건이 포함된 셀 범위이다. 범위에 최소 하나의 열 레이블이 있고 지정한 열 조건이 있는 열 레이블 아래 최소 하나의 셀이 있으면 그 범위는 criteria 인수로 사용할 수 있다. |

## 1 DSUM

DSUM함수는 조건에 맞는 항목의 합계를 나타낸다.
데이터 집합에서 부산지역 회원들의 대여료 합계를 나타내어 보자. [그림 4-44]는 DSUM 함수의 적용과정을 나타낸다.

❶ B19셀을 클릭한 후 [함수 삽입] 아이콘을 클릭해서 [함수 마법사] 대화상자가 나타나면 [데이터베이스] 범주에서 [DSUM]을 선택한다.

❷ [함수 인수] 대화상자가 나타나면 'Database'에 데이터 목록 범위인 "A3:G15"를 지정한다.

❸ 'Field'에 대여료가 위치한 필드([그림 4-44]에서는 "7")를 숫자로 입력한다. 숫자대신 'G3'나 '대여료'를 입력해도 같은 결과가 나타난다.

❹ 'Criteria'에 조건이 있는 셀의 범위 "A18:A19"를 지정한다.

❺ [확인] 버튼을 클릭한다.

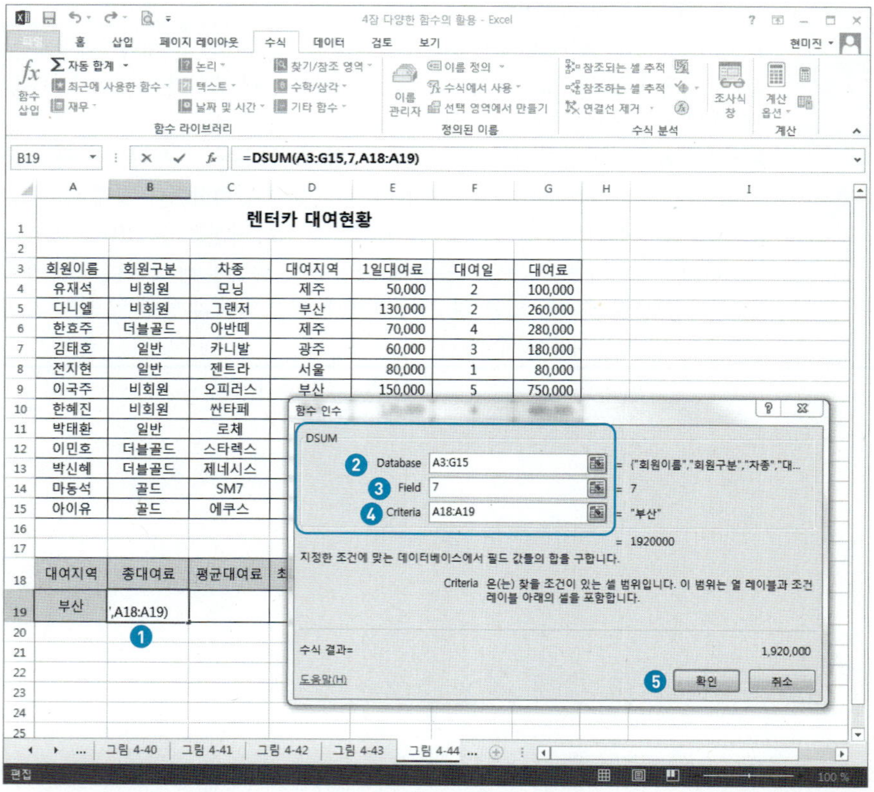

| 그림 4-44 | DSUM 함수

## 2 DAVERAGE

DAVERAGE함수는 조건에 맞는 항목의 평균을 나타낸다.

데이터 집합에서 부산지역 회원들의 평균 대여료를 나타내어 보자. [그림 4-45]는 DAVERAGE 함수의 적용과정을 나타낸다.

❶ C19셀을 클릭한 후 [함수 삽입] 아이콘–[함수 마법사] 대화상자가 나타나면 [데이터베이스] 범주에서 [DAVERAGE]를 선택한다.

❷ [함수 인수] 대화상자가 나타나면 'Database'에 데이터 목록 범위인 "A3:G15"를 지정한다.

❸ 'Field'에 대여료가 위치한 필드([그림 4-44]에서는 "7")를 숫자로 입력한다. 숫자대신 'G3'나 '대여료'를 입력해도 같은 결과가 나타난다.

❹ 'Criteria'에 조건이 있는 셀의 범위 "A18:A19"를 지정한다.

❺ [확인] 버튼을 클릭한다.

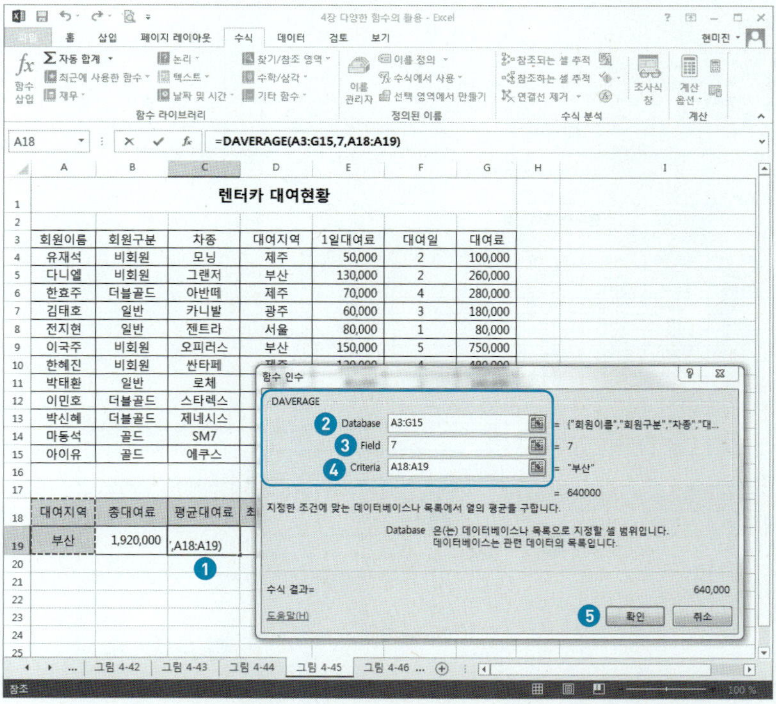


| 그림 4-45 | DAVERAGE 함수

## 3 DMAX

DMAX함수는 조건에 맞는 항목의 최댓값을 나타낸다.
데이터 집합에서 부산지역 회원들의 최고 대여료를 나타내어 보자. [그림 4-46]는 DMAX 함수의 적용과정을 나타낸다.

❶ D19셀을 클릭한 후 [함수 삽입] 아이콘–[함수 마법사] 대화상자가 나타나면 [데이터베이스] 범주에서 [DMAX]를 선택한다.
❷ [함수 인수] 대화상자가 나타나면 'Database'에 데이터 목록 범위인 "A3:G15"를 지정한다.
❸ 'Field'에 대여료가 위치한 필드([그림 4-44]에서는 "7")를 숫자로 입력한다. 숫자대신 'G3'나 '대여료'를 입력해도 같은 결과가 나타난다.
❹ 'Criteria'에 조건이 있는 셀의 범위 "A18:A19"를 지정한다.
❺ [확인] 버튼을 클릭한다.

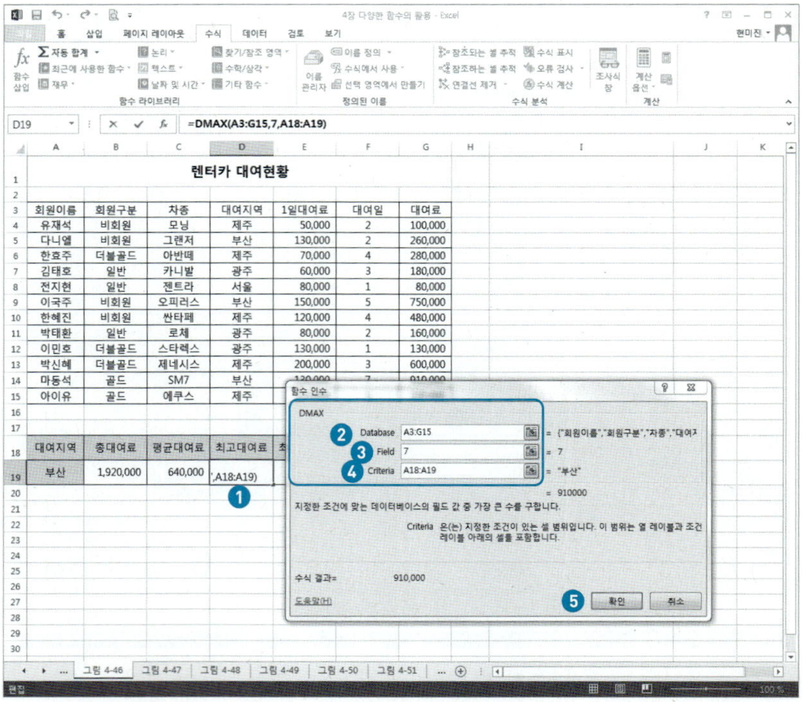

| 그림 4-46 | DMAX 함수

## 4 DMIN

DMIN함수는 조건에 맞는 항목의 최솟값을 나타낸다.
데이터 집합에서 부산지역 회원들의 최소 대여료를 나타내어 보자. [그림 4-47]은 DMIN 함수의 적용과정을 나타낸다.

❶ E19셀을 클릭한 후 [함수 삽입] 아이이콘-[함수 마법사] 대화상자가 나타나면 [데이터베이스] 범주에서 [DMIN]을 선택한다.
❷ [함수 인수] 대화상자가 나타나면 'Database'에 데이터 목록 범위인 "A3:G15"를 지정한다.
❸ 'Field'에 대여료가 위치한 필드([그림 4-44]에서는 "7")를 숫자로 입력한다. 숫자대신 'G3'나 '대여료'를 입력해도 같은 결과가 나타난다.
❹ 'Criteria'에 조건이 있는 셀의 범위 "A18:A19"를 지정한다.
❺ [확인] 버튼을 클릭한다.

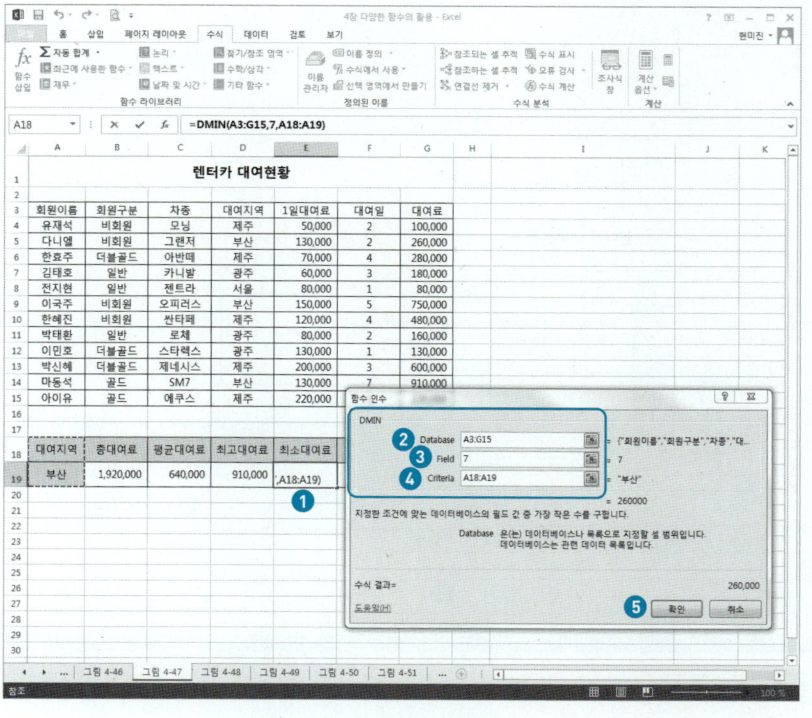


| 그림 4-47 | DMIN 함수

## 5 DCOUNTA

DCOUNTA함수는 조건에 맞는 항목의 개수를 나타낸다.

데이터 집합에서 부산지역 회원 수를 나타내어 보자. 조건에 맞는 항목의 개수를 나타내는 DCOUNT가 있으나 여기서는 '부산'이 문자이므로 DCOUNTA를 사용한다. [그림 4-48]은 DCOUNTA 함수의 적용과정을 나타낸다.

1. F19셀을 클릭한 후 [함수 삽입] 아이콘–[함수 마법사] 대화상자가 나타나면 [데이터베이스] 범주에서 [DCOUNTA]를 선택한다.
2. [함수 인수] 대화상자가 나타나면 'Database'에 데이터 목록 범위인 "A3:G15"를 지정한다.
3. 'Field'에 대여료가 위치한 필드([그림 4-44]에서는 "7")를 숫자로 입력한다. 숫자대신 'G3'나 '대여료'를 입력해도 같은 결과가 나타난다.
4. 'Criteria'에 조건이 있는 셀의 범위 "A18:A19"를 지정한다.
5. [확인] 버튼을 클릭한다.

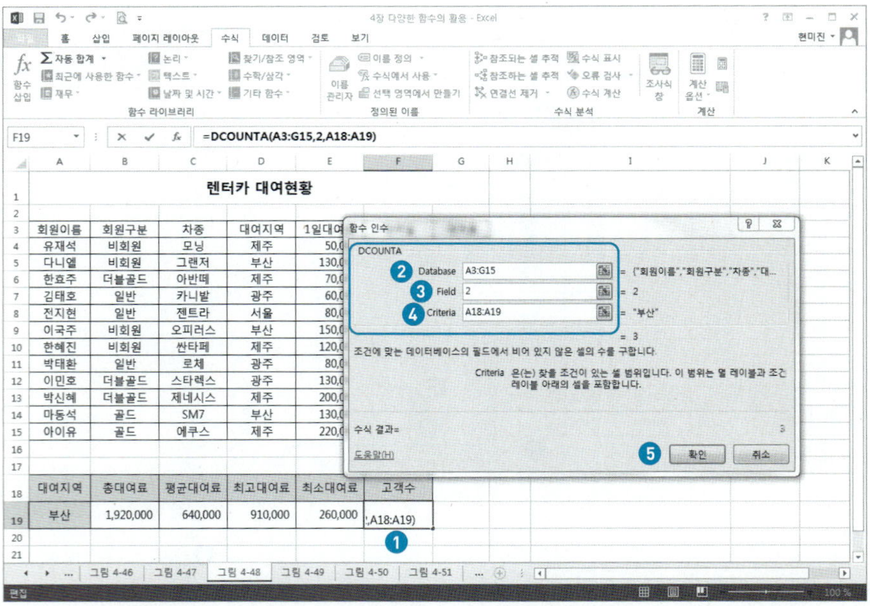


| 그림 4-48 | DCOUNTA 함수

**실습** 5개의 데이터베이스 함수에 대하여,

- 대여지역을 부산 외 제주, 광주, 서울로 바꾸어서 값의 변화를 살펴보자.
- 조건을 회원구분(비회원, 일반, 골드, 더블골드)으로 변경하여 값을 구해보자.

# 03 수식분석

수식 분석 도구를 이용하여 수식과 참조 셀들 간의 관계를 눈으로 추적할 수 있다. 수식분석을 사용하면 셀과 수식간의 관계를 시각적으로 추적하여 다른 사람이 작성한 통합 문서라도 수식이 참조하거나 수식에 의해 참조되는 셀의 상관관계를 쉽게 분석할 수 있으며, 수식의 결과가 잘못되었거나 오류가 생겼을 경우 잘못된 데이터를 확인하여 내용을 수정할 수 있다. 수식분석에 사용되는 기능으로는 참조되는 셀 추적, 참조하는 셀 추적, 조사식 창 등이 있다. 참조되는 셀 추적과 참조하는 셀 추적에 대해 살펴보자.



## 3.1 참조되는 셀 추적

참조되는 셀 추적은 현재 선택한 셀 값에 영향을 주는 셀을 추적해서 표시한다. 현재 셀의 결과가 어느 셀 값의 영향을 받았는지 확인할 때 사용한다.

[그림 4-49]는 [참조되는 셀 추적]을 사용하는 방법과 그 결과를 나타낸다.

❶ E17셀을 클릭한다.

❷ [수식]-[수식분석]-[참조되는 셀 추적]을 클릭한다.

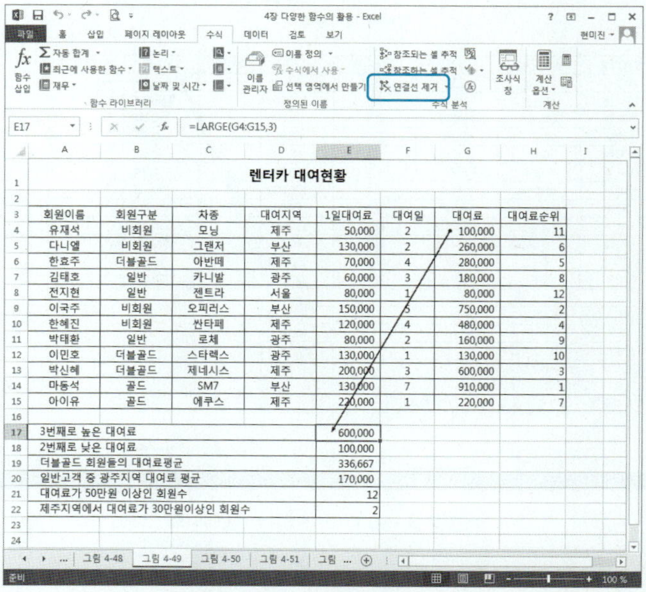


| 그림 4-49 | 참조되는 셀 추적

[그림 4-49]에서 E17셀에 작성된 SUM 함수에서 참조하는 범위(G4:G15)가 파랑색 선으로 되어 있으며 대표로 G4셀을 화살표로 지정한다. 만약 G4셀에도 수식이나 함수로 다른 셀을 참조하고 있고, 참조되는 셀 추적을 단계적으로 모두 추적하고 싶다면, 추적하고 싶은 단계만큼 [참조되는 셀 추적]을 클릭한다.

## 3.2 참조하는 셀 추적

참조하는 셀 추적은 현재 선택한 셀 값의 영향을 받는 셀을 추적해서 표시한다. 현재 셀을 변경함으로 인해 어느 셀 값에 영향을 미치는지 확인할 때 사용한다.
[그림 4-50]은 [참조하는 셀 추적] 기능을 사용하는 방법과 그 결과를 나타낸다. E4셀이 참조하는 모든 셀이 나타나 있다. G4, E17:E27, H4:H15 셀이 참조하는 셀을 추가적으로 계속 추적하고 싶으면 [참조하는 셀 추적]을 필요한 만큼 클릭한다.

❶ E4셀을 클릭한다.
❷ [수식]–[수식분석]–[참조하는 셀 추적]을 클릭한다.

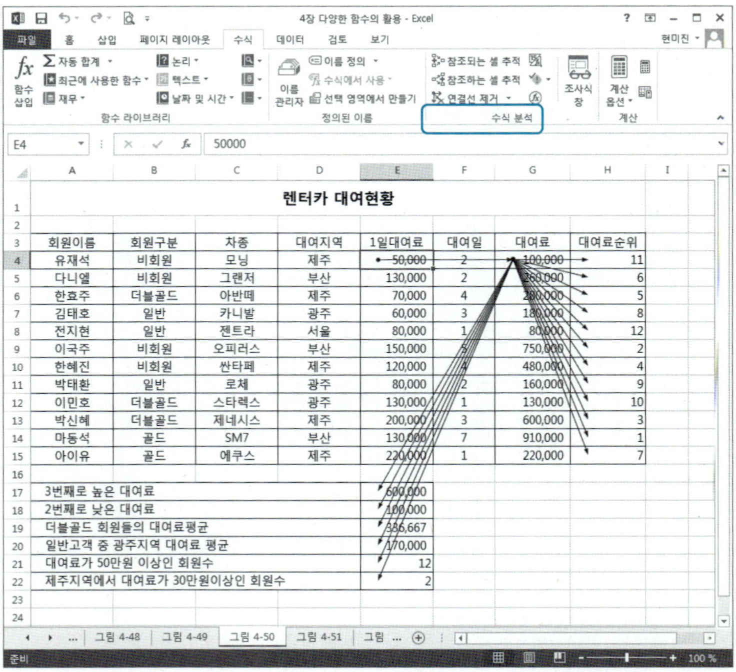


| 그림 4–50 | 참조하는 셀 추적

## 3.3 연결선 제거

참조되는 셀 추적과 참조하는 셀 추적 기능으로 추적하여 표시된 연결선을 모두 제거하려면 연결선 제거 기능을 사용한다. [그림 4-51]은 연결선 제거 기능을 나타낸다. [그림 4-50]에서 추적된 연결선을 모두 제거하려면 [연결선 제거]를 클릭하고, 필요에 따라서 [참조되는 셀 연결선 제거]나 [참조하는 셀 연결선 제거]를 사용할 수 있다.

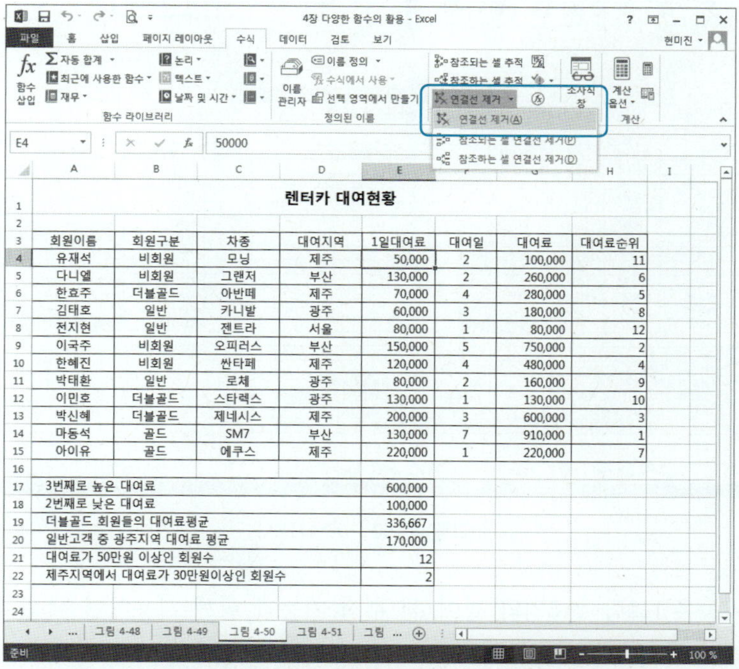


렌터카 대여현황

| 회원이름 | 회원구분 | 차종 | 대여지역 | 1일대여료 | 대여일 | 대여료 | 대여료순위 |
|---|---|---|---|---|---|---|---|
| 유재석 | 비회원 | 모닝 | 제주 | 50,000 | 2 | 100,000 | 11 |
| 다니엘 | 비회원 | 그랜저 | 부산 | 130,000 | 2 | 260,000 | 6 |
| 한효주 | 더블골드 | 아반떼 | 제주 | 70,000 | 4 | 280,000 | 5 |
| 김태호 | 일반 | 카니발 | 광주 | 60,000 | 3 | 180,000 | 8 |
| 전지현 | 일반 | 젠트라 | 서울 | 80,000 | 1 | 80,000 | 12 |
| 이국주 | 비회원 | 오피러스 | 부산 | 150,000 | 5 | 750,000 | 2 |
| 한혜진 | 비회원 | 싼타페 | 제주 | 120,000 | 4 | 480,000 | 4 |
| 박태환 | 일반 | 로체 | 광주 | 80,000 | 2 | 160,000 | 9 |
| 이민호 | 더블골드 | 스타렉스 | 광주 | 130,000 | 1 | 130,000 | 10 |
| 박신혜 | 더블골드 | 제네시스 | 제주 | 200,000 | 3 | 600,000 | 3 |
| 마동석 | 골드 | SM7 | 부산 | 130,000 | 7 | 910,000 | 1 |
| 아이유 | 골드 | 에쿠스 | 제주 | 220,000 | 1 | 220,000 | 7 |

|  |  |
|---|---|
| 3번째로 높은 대여료 | 600,000 |
| 2번째로 낮은 대여료 | 100,000 |
| 더블골드 회원들의 대여료평균 | 336,667 |
| 일반고객 중 광주지역 대여료 평균 | 170,000 |
| 대여료가 50만원 이상인 회원수 | 12 |
| 제주지역에서 대여료가 30만원이상인 회원수 | 2 |

| 그림 4-51 | 그림 4-50에서 연결선 제거한 화면

## 3.4 수식표시

수식 표시 기능은 수식의 결과가 아닌 수식 자체가 셀에 표시되도록 한다. [수식]–[수식 분석]–[수식 표시] 기능을 사용하면 [그림 4–52]와 같이 수식이 포함된 모든 셀에는 수식을 계산한 결과가 아닌 수식 자체가 나타난다.

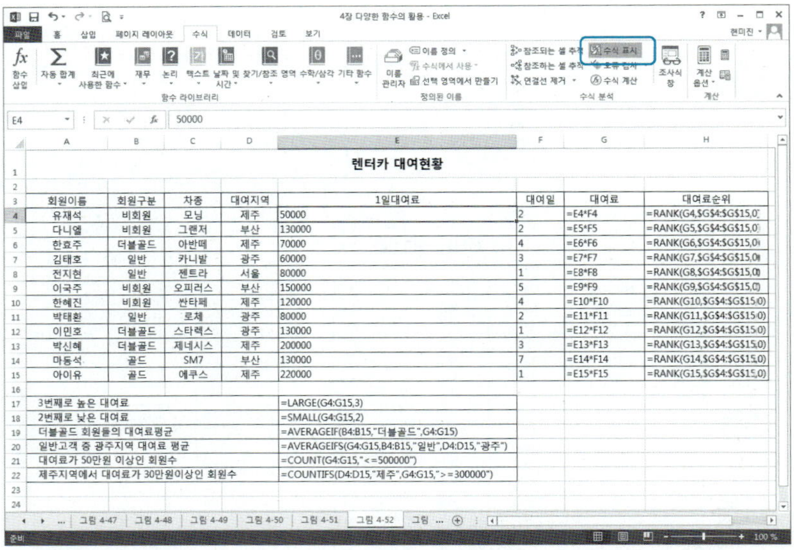


| 그림 4–52 | 수식표시

수식 표시 기능은 [그림 4–53]와 같이 셀 추적 기능과 함께 사용하면 더욱 유용하다.

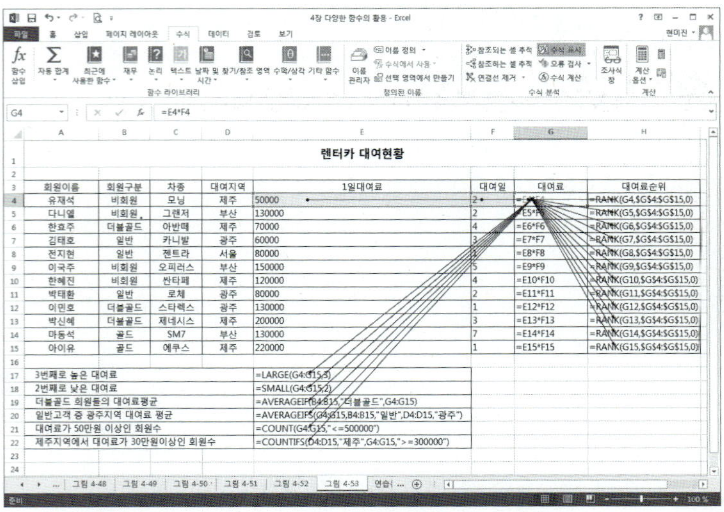


| 그림 4–53 | 셀 추적과 수식표시 함께 사용하기

# 연습문제

**1** 다음의 지시사항을 처리하시오.

| | A | B | C | D | E | F |
|---|---|---|---|---|---|---|
| 1 | | 금전출납부 | | | | |
| 2 | | 일자 | 내용 | 수입 | 지출 | 차액 |
| 3 | | 01월 01일 | 이월 | | | 1,200,000 |
| 4 | | 01월 02일 | 급여 | 1,000,000 | | |
| 5 | | 01월 03일 | 관리비 | | 54,100 | |
| 6 | | 01월 05일 | 외식비 | | 30,000 | |
| 7 | | 01월 06일 | 시장비 | | 75,000 | |
| 8 | | 01월 07일 | 상여금 | 1,000,000 | | |
| 9 | | 01월 08일 | 주유 | | 40,000 | |
| 10 | | 01월 09일 | 자동차수리비 | | 330,000 | |
| 11 | | 01월 11일 | 난방비(보일러기름) | | 190,000 | |
| 12 | | 01월 12일 | 통신료 | | 67,400 | |
| 13 | | 01월 13일 | 결혼축의금 | | 30,000 | |
| 14 | | 01월 14일 | 책구입 | | 15,000 | |
| 15 | | 01월 15일 | 핸드폰구입 | | 460,000 | |
| 16 | | | | | | |
| 17 | | | 소계 | | | |
| 18 | | | | | | |

**처리조건**

1) [F4:F15]까지 각각 수입과 지출에 따른 계산식을 넣으시오.
2) [D17]은 수입 합계를 구하는 식을 넣으시오.
3) [E17]은 지출 합계를 구하는 식을 넣으시오.
4) [F17]은 일자별 차액을 합하는 식을 넣으시오.

**2** 다음은 성적처리를 위한 데이터 목록이다. 워크시트를 완성하시오.

**성적처리 현황**

| 작성일 | 2013年 12月 28日 | | | | | 경남대학교 컴퓨터 공학과 | | | |
|---|---|---|---|---|---|---|---|---|---|
| 학번 | 이름 | 중간 | 기말 | 과제 | 출석 | 합계 | 등급 | 평점 | 순위 |
| 200712412 | 박호호 | 24 | 27 | 14 | 18 | | | | |
| 200712412 | 김수미 | 27 | 24 | 16 | 19 | | | | |
| 200712412 | 이기진 | 28 | 22 | 13 | 18 | | | | |
| 200712412 | 김태왕 | 25 | 26 | 13 | 18 | | | | |
| 200712412 | 박이산 | 17 | 25 | 12 | 18 | | | | |
| 200712412 | 이조영 | 27 | 26 | 19 | 19 | | | | |
| 200712412 | 윤성진 | 26 | 24 | 12 | 17 | | | | |
| 200712412 | 왕차민 | 25 | 25 | 15 | 17 | | | | |
| 200712412 | 진영주 | 27 | 29 | 19 | 19 | | | | |
| 200712412 | 김인정 | 26 | 27 | 12 | 18 | | | | |
| 200712412 | 김미지 | 19 | 14 | 16 | 17 | | | | |
| 200712412 | 엄태웅 | 28 | 27 | 19 | 19 | | | | |
| 200712412 | 김길순 | 24 | 23 | 14 | 17 | | | | |
| 200712412 | 오채리 | 26 | 22 | 19 | 18 | | | | |

| 참고사항 | 평 균 | | | | | |
|---|---|---|---|---|---|---|
| | 최고점 | | | | | |
| | 최저점 | | | | | |

| 등급별 인원수 분포 | | A+ | A | B+ | B | C+ | C | D+ | D |
|---|---|---|---|---|---|---|---|---|---|
| 총인원 | 취득인원수 | | | | | | | | |
| | 배분기준율 | 30% | | 30% | | 30% | | 10% | |
| F학점 | 실취득율 | | | | | | | | |
| | 차이율 | | | | | | | | |

처리조건

1) 등급과 평점을 구하기 위한 기준표는 다음과 같습니다. 위와 다른 워크시트에 만들어서 참조하시오.

기준표

| 점수 | 등급 | 평점 |
|---|---|---|
| | F | 0.0 |
| 60 | D | 1.0 |
| 65 | D+ | 1.5 |
| 70 | C | 2.0 |
| 75 | C+ | 2.5 |
| 80 | B | 3.0 |
| 85 | B+ | 3.5 |
| 90 | A | 4.0 |
| 95 | A+ | 4.5 |

## 3 다양한 함수를 이용하여 다음의 워크시트를 완성하시오.

**[표1] 컴퓨터와 정보처리 시험 점수 결과**

| 수험자 | 필기 | 실기 | 평균 | 순위 | 판정 |
|---|---|---|---|---|---|
| 유재석 | 75 | 69 | | | |
| 샘헤밍턴 | 83 | 71 | | | |
| 한효주 | 50 | 87 | | | |
| 김태호 | 79 | 91 | | | |
| 전지현 | 59 | 77 | | | |
| 맹승지 | 41 | 49 | | | |
| 수지 | 63 | 81 | | | |
| 강민호 | 61 | 71 | | | |

| 필기가 70점이상인 학생들의 실기 평균점수 | |
|---|---|

**[표2] 인사기록표**

| 사원번호 | 사원명 | 승진시험 | 결과 |
|---|---|---|---|
| 20070101 | 유재석 | 86 | |
| 20070102 | 샘헤밍턴 | 78 | |
| 20070103 | 한효주 | 96 | |
| 20070104 | 김태호 | 74 | |
| 20070105 | 전지현 | 80 | |
| 20070106 | 맹승지 | 92 | |
| 20070107 | 수지 | 68 | |
| 20070108 | 강민호 | 90 | |

**[표3] 성적표**

| 이름 | 학과 | 성적 |
|---|---|---|
| 유재석 | 전자과 | 89.5 |
| 샘헤밍턴 | 기계과 | 91.6 |
| 한효주 | 기계과 | 85.4 |
| 김태호 | 경영과 | 90.5 |
| 전지현 | 경영과 | 93.6 |
| 맹승지 | 기계과 | 83.4 |
| 수지 | 경영과 | 78.5 |
| 강민호 | 전자과 | 81.7 |

**[표4] 점수 분포도**

| 성명 | 수학 | 영어 |
|---|---|---|
| 유재석 | 72 | 78 |
| 샘헤밍턴 | 85 | 80 |
| 한효주 | 90 | 56 |
| 김태호 | 94 | 94 |
| 전지현 | 76 | 80 |
| 맹승지 | 68 | 76 |
| 수지 | 94 | 82 |
| 강민호 | 86 | 90 |
| 이서진 | 80 | 80 |

| 80점대 학생수 |
|---|
| |

### 처리조건

1) [표1]의 데이터를 이용하여 다음을 구하시오.
   - ☞ 필기와 실기성적의 평균을 구하여 [D3:D10]에 표시하시오(AVERAGE 함수 이용).
   - ☞ 순위는 평균 성적이 높은 순으로 구하여 [E3:E10]에 표시하시오(RANK 함수 사용).
   - ☞ 판정은 평균필기[B3:B10]가 70이상이고 실기[C3:C10]와 평균[D3:D10]이 70이상이면 '합격', 나머지는 '불합격'이라고 판정[F3:F10]에 표시하시오(IF와 AND 함수 사용).
2) [표2]에서 승진시험[J3:J10]에 대한 순위를 구하여 1위와 2위는 '승진', 3위와 4위는 '보너스', 나머지는 '현상유지'로 결과[K3:K10]에 표시하시오(IF와 RANK 함수 사용하고, 순위는 승진시험 성적이 높을수록 1순위)
3) [표3]에서 기계과와 전자과에서 가장 높은 점수와 낮은 점수의 차이를 구하시오(DMAX,DMIN,ABS사용). 그리고 SUMIF를 사용하여 경영과에서 가장 높은 점수와 낮은 점수의 차이를 구하시오.
4) [표4]에서 수학[I27:I35] 성적이 80점 이상 90점 미만인 학생의 인원수를 [E34] 셀에 구하시오(COUNTIFS 사용)

Chapter 05

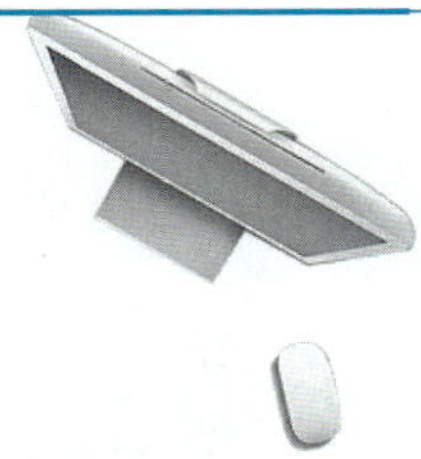

# 그래픽

## 01 차트

그래프는 수치 데이터를 도형으로 나타내어 수량의 크기를 비교하거나, 데이터가 변하는 추세를 알기 쉽게 나타내기 위해 만드는 그림이다. 표의 형태로 기록된 수치데이터를 다양한 그래프 형태로 만들고, 그래프에 데이터 테이블 등의 구성요소 등을 추가시켜 시각화한 것을 '차트'라고 한다. 셀에 입력된 숫자는 모두 차트로 만들 수 있고, 데이터를 한눈에 파악하고 비교, 분석하는데 아주 유용하다.

차트는 크게 세로 막대형, 가로 막대형, 꺾은선형, 원형, 분산형 등으로 나눌 수 있다. 수많은 차트가 있지만 모든 차트는 다섯 가지 차트를 변형하거나 혼합하여 작성한다.

### 1.1 표준 종류 차트

엑셀에서 지원하는 11가지 표준 차트는 세로막대형, 가로막대형, 꺾은선형, 원형, 분산형, 영역형, 도넛형, 방사형, 표면형, 거품형, 주식형이 있다. 엑셀에서는 표준 2차원 차트를 만들 수 있고, 대부분 3차원 차트를 지원한다. 11가지 표준 차트에 하위 차트까지 더하면 모두 73가지이다. 73가지 중 원하는 차트를 선택한 후 수정하거나 혼합해서 다양한 차트를 만들 수 있다.

## 1 세로 막대형 차트

막대형 차트는 데이터의 많고 적음을 표현하는데 적합하고, 세로 막대형은 일정기간의 데이터 변화에 따른 각 항목을 나타내는데 쓰이기도 한다. 계열을 수평으로 구성하고, 값을 수직으로 구성하면 시간에 따른 변화를 강조할 수 있다. 세로 막대형 차트의 종류는 [그림 5-1]과 같이 2차원 세로 막대형, 3차원 세로 막대형이 있다. [세로 막대형 차트 더보기(M)...]를 선택하면, 모든 차트종류가 있는 차트 삽입 대화상자가 나타난다.

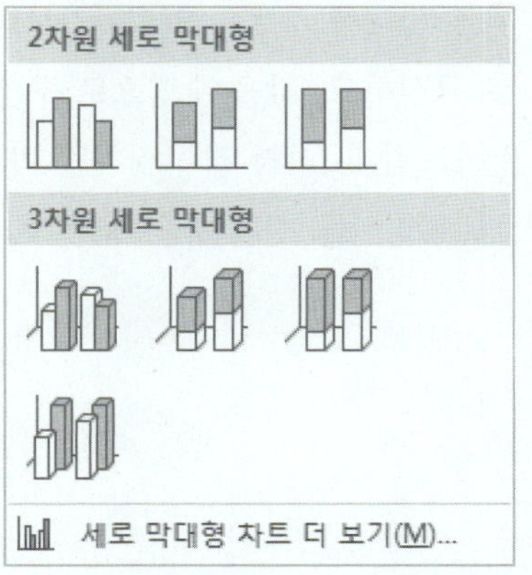


| 그림 5-1 | [세로 막대형] 차트

## 2 꺾은선형 차트

꺾은선형 차트는 일정한 기간 동안의 데이터 변화를 선으로 표시한 차트이다. 특정한 데이터를 바탕으로 데이터가 변하는 추세를 한 눈에 알아볼 수 있다. 꺾은선형 차트의 종류는 [그림 5-2]와 같이 2차원 꺾은선형과 3차원 꺾은선형 등이 있고, [다른 꺾은선형 차트(M)...]를 선택하면, 모든 차트종류가 있는 차트 삽입 대화상자가 나타난다.

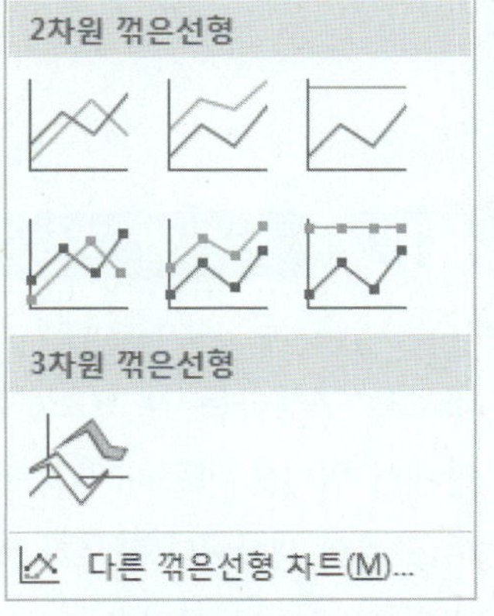


| 그림 5-2 | [꺾은선형] 차트

## 3 원형 차트

원형 차트는 하나의 데이터 계열을 구성하는 각각의 항목을 합계에 대한 크기 비율로 나타낸다. 원형 차트의 종류는 2차원 원형과 3차원 원형이 있고, 이 중 원형 대 가로 막대형 차트를 이용하면 중요한 요소를 확연히 드러나게 할 수 있다. 데이터 계열이 하나일 때만 사용할 수 있다. [다른 원형 차트(M)...]를 선택하면, 모든 차트종류가 있는 차트 삽입 대화상자가 나타난다.

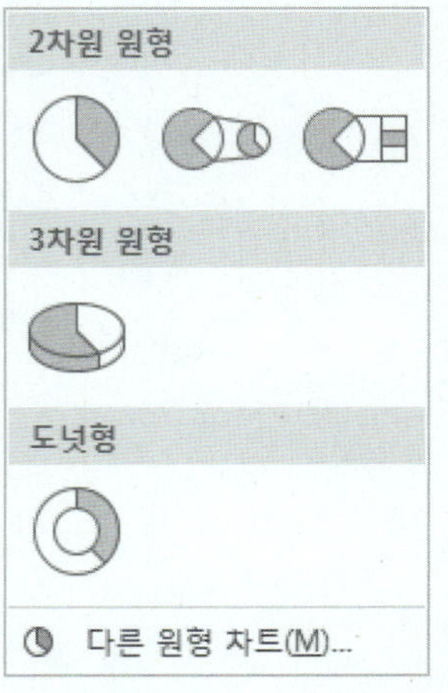


| 그림 5-3 | [원형] 차트

### 4 가로 막대형 차트

가로 막대형 차트는 일정기간보다 각 항목의 값을 비교할 때 자주 사용한다. 계열을 수직으로 구성하고, 값을 수평으로 구성하면 비교 값을 강조할 수 있다. 가로 막대형 차트의 종류는 [그림 5-4]와 같이 2차원 가로 막대형, 3차원 가로 막대형이 있다. [다른 가로 막대형 차트(M)...]를 선택하면, 모든 차트종류가 있는 차트 삽입 대화상자가 나타난다.

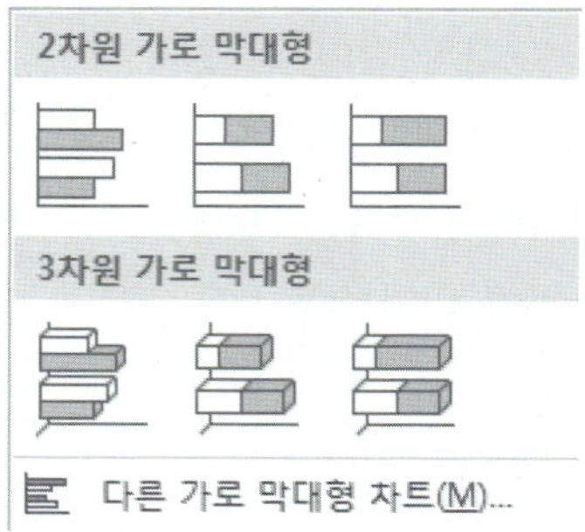


| 그림 5-4 | [원형] 차트

## 1.2 차트의 구성요소

차트를 구성하는 각 요소들은 차트 안에서 각각 분리되어, 일반 도형 개체를 다루듯 차트 안에서 위치를 이동하거나 크기 조절, 또는 삭제가 가능하다. 또한 그리기 도구 모음을 사용하여 도형의 색상이나 채우기 효과를 지정하듯 각 구성요소 서식을 지정할 수 있다. [그림 5-5]의 내용을 시트에 입력하고 시트 이름을 "브랜드별 판매량 비교"로 수정해보자.

| | A | B | C | D | E |
|---|---|---|---|---|---|
| 1 | 우리 대리점 브랜드별 판매량 | | | | |
| 2 | | | | | |
| 3 | 브랜드 | 2014년 | 2015년 | 2016년 | 2017년 |
| 4 | 갤럭시 | 123 | 132 | 140 | 121 |
| 5 | 옵티머스 | 86 | 88 | 102 | 116 |
| 6 | 베가 | 53 | 76 | 52 | 84 |
| 7 | 넥서스 | 46 | 50 | 36 | 55 |
| 8 | 합계 | 308 | 346 | 330 | 376 |

| 그림 5-5 | 브랜드별 판매량 비교

[그림 5-6]은 [그림 5-5]의 표를 이용하여 만든 차트로 각 구성요소를 설명하고 있다. 차트를 만드는 과정은 다음 절에서 설명한다.

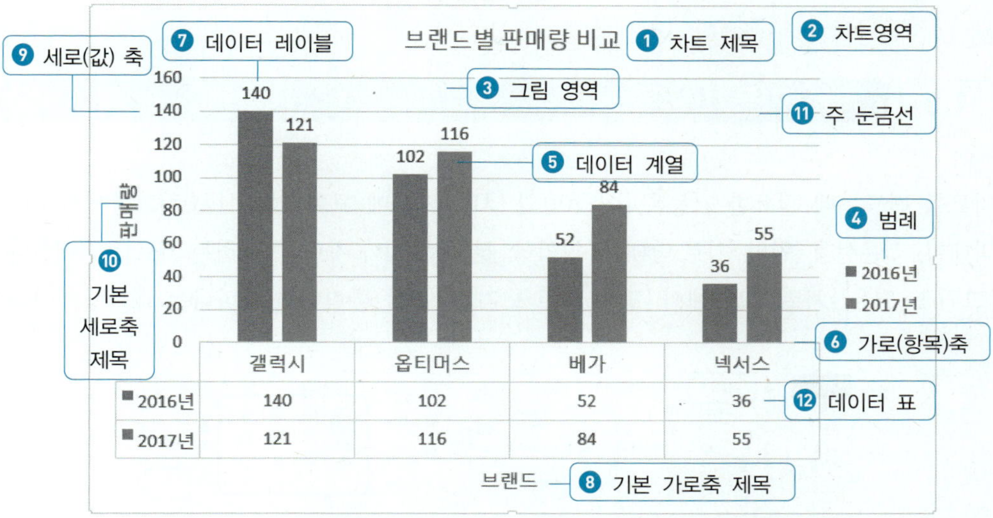


| | 갤럭시 | 옵티머스 | 베가 | 넥서스 |
|---|---|---|---|---|
| 2016년 | 140 | 102 | 52 | 36 |
| 2017년 | 121 | 116 | 84 | 55 |

**그림 5-6** 차트의 구성 요소

❶ 차트 제목 　차트의 내용을 대표하는 제목이 텍스트 상자에 입력되어 있다.

❷ 차트 영역 　차트의 전체 영역으로 모든 구성요소를 포함한다. 차트의 위치와 크기 조절 및 글꼴 조절을 할 수 있다.

❸ 그림 영역 　차트가 그려지는 영역으로 X축과 Y축을 이루는 사각형 안에 데이터계열, 항목, 항목이름, 눈금선, 레이블 등을 포함한다.

❹ 범례 　각 데이터 계열의 요소별 이름과 색(무늬)을 표시하는 상자로 위치를 바꿀 수 있다.

❺ 데이터 계열 　수치자료를 막대나 선의 도형으로 표현한 것으로 범례에 있는 한 가지 종류를 데이터 계열이라 하며, 데이터 계열 중에 하나 이상의 특정 막내나 선을 데이터 요소라고 한다.

❻ 가로(항목) 축 　데이터 계열의 이름을 축으로 표시하며 축 아래 데이터 계열의 이름이 표시된다. 가로 축은 주 눈금과 보조 눈금 값을 지정할 수 있다.

❼ 데이터 레이블 　데이터 계열 또는 요소의 값과 이름을 표시한다.

❽ 기본 가로 축 제목 　가로축 문자열이 무엇을 의미하는지 알려주는 문자열이다.

❾ 세로(값) 축 　데이터 계열의 값을 표시하는 축으로 축의 왼쪽에 값이 표시된다. 세로 축은 계열 값과 주 눈금, 보조 눈금 사이의 간격을 지정할 수 있다.

❿ 기본 세로 축 제목 　세로 축 숫자가 무엇을 의미하는지 알려주는 문자열이다.

⓫ 주 눈금선  데이터 값을 쉽게 알 수 있도록 가로 축이나 세로 축의 눈금 간격을 그림 영역 안에 선으로 표시한다.

⓬ 데이터 표  차트를 그리는 요소 데이터의 원본 데이터 값을 표시한다.

## 1.3 차트 만들기

차트를 만드는데 필요한 기능은 [삽입]탭의 [차트]그룹에 모여 있다. [차트]그룹에서 세로 막대형, 꺾은선형, 원형, 가로 막대형, 영역형, 분산형, 기타 차트 중 원하는 차트를 선택한다. [그림 5-7]은 [차트] 그룹에서 [모든 차트 보기] 단추를 클릭하면 나타나는 대화상자이다.

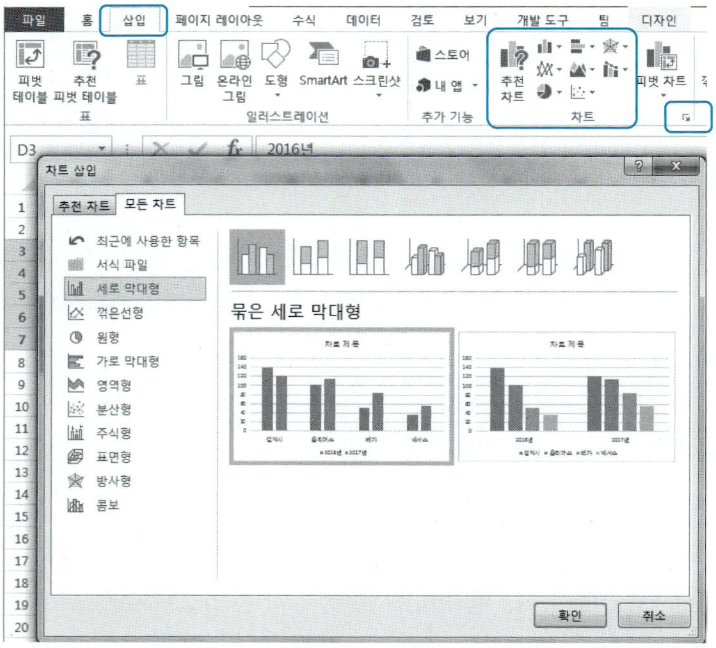


| 그림 5-7 | 차트 삽입 대화상자

예로 세로 막대형 차트를 만들어 보자.

[그림 5-8]은 묶은 세로 막대를 추가하는 과정을 나타낸다.

❶ 차트로 만들어질 데이터 범위(A3:E8)를 지정하거나 데이터 범위에 있는 임의의 셀을 선택한다.

❷ [삽입] 탭의 [차트] 그룹에서 원하는 차트 종류를 선택한다.

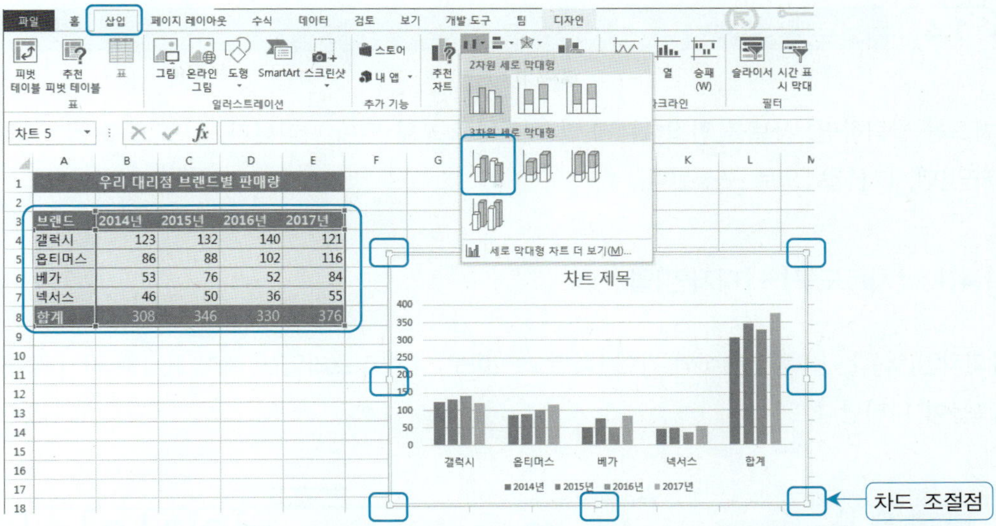


| 그림 5-8 | 묶은 세로 막대를 추가하는 과정

❸ 차트가 만들어지면, 차트를 드래그해서 차트 위치를 옮길 수 있고, 차트 조절점을 드래그해서 차트 크기를 조절 할 수 있다.

❹ [그림 5-9]는 묶은 세로 막대 차트를 추가한 결과이다.

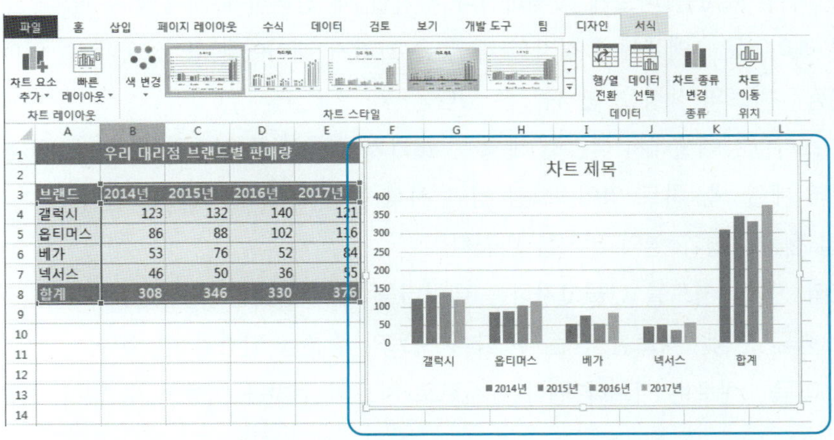


| 그림 5-9 | 추가된 묶은 세로 막대 차트

## 1.4 차트 도구 리본 탭

차트를 클릭하면, 차트를 편집하는데 필요한 차트 도구 탭이 나타난다. 차트 도구 탭은 [디자인]탭, [서식]탭으로 구성된다.

### 1.4.1 [차트도구] – [디자인]탭

[디자인]탭에는 [그림 5-10]와 같이 [차트 레이아웃], [차트 스타일], [데이터], [종류], [위치] 그룹이 나타난다.

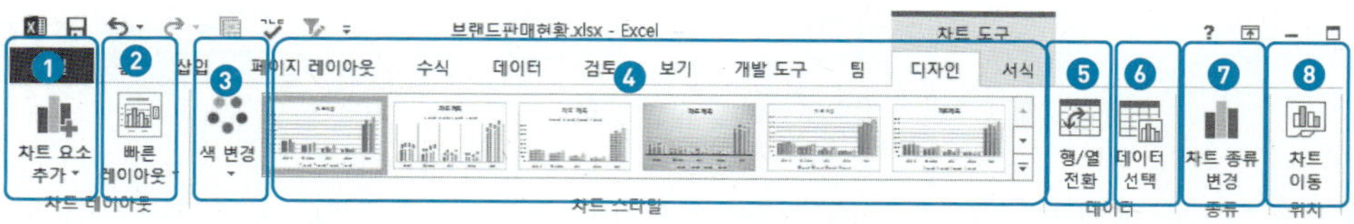


| 그림 5-10 | [차트도구]-[디자인] 탭의 구성

❶ 차트 요소 추가　차트 제목이나 범례등 차트 구성 요소를 활성화 또는 비활성화 할 수 있다. 구성 요소를 빠르게 삭제하거나 추가할 때 편리하게 사용할 수 있다.

❷ 빠른 레이아웃　엑셀에서 디자인 해 놓은 11가지 레이아웃 중 선택할 수 있다.

❸ 색변경　차트의 색상을 변경할 수 있다

❹ 차트 스타일　엑셀에서 디자인 해 놓은 48가지 스타일 중 선택할 수 있다. 현재 차트의 데이터 계열 색, 차트 영역, 그림 영역 서식 등을 빠르게 바꿀 수 있다.

❺ 행/열 전환　행과 열의 위치를 바꾼다.

❻ 데이터 선택　차트를 만들고자하는 데이터를 다시 선택할 수 있다.

❼ 차트 종류 변경　차트를 만든 후 다시 차트의 종류를 변경할 수 있다.

❽ 차트 이동　새로운 시트나 원하는 시트로 차트의 위치를 이동할 수 있다.

## 1 차트 요소 추가

차트를 만들고 난 후, [그림 5-11]과 같이 차트의 축, 축제목, 차트제목, 데이터 레이블, 데이터표, 오차막대, 눈금선, 범례, 추세선을 선택해서 바꿀 수 있다.

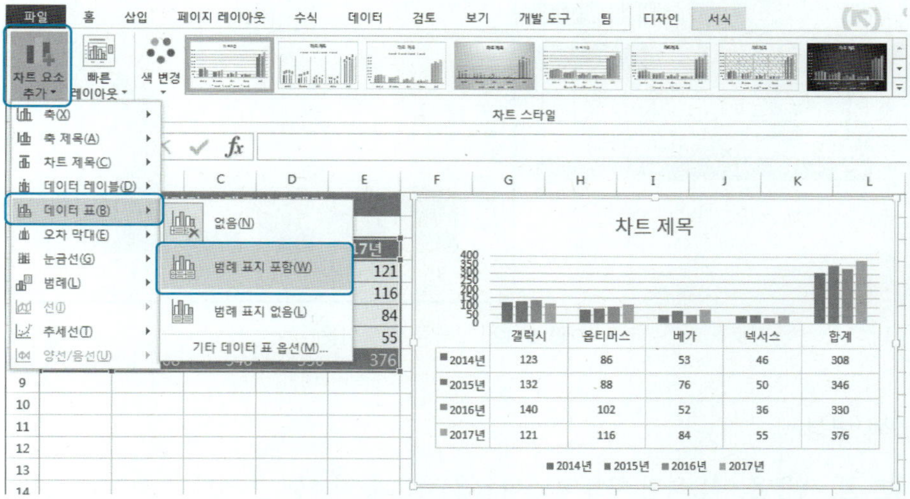


| 그림 5-11 | [차트요소 추가]

## 2 빠른 레이아웃

빠른 레이아웃에서 레이아웃을 손쉽게 바꿀 수 있다. 차트가 선택된 상태에서 [차트 레이아웃]그룹의 빠른 레이아웃을 선택하면 11가지 종류의 레이아웃이 나타난다.
[그림 5-12]는 차트이 레이아웃을 변경하는 과정을 그림으로 나타낸 것이다.

❶ [디자인] 탭의 [차트 레이아웃]그룹의 빠른 레이아웃을 클릭한다.
❷ 11가지의 레이아웃이 나타난다.
❸ 변경하고자 하는 레이아웃을 선택한다([그림 5-12]는 [레이아웃 10]을 선택하는 과정을 나타낸다).

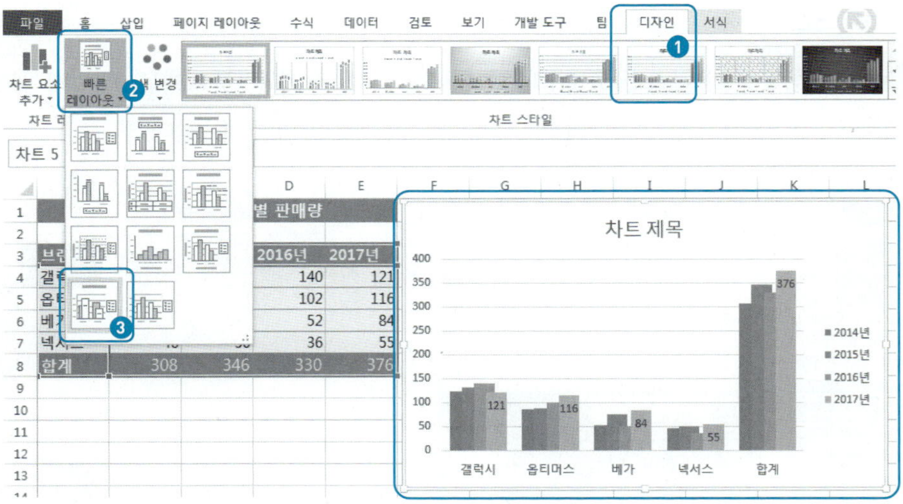

| 그림 5-12 | [빠른 레이아웃]

## 3 색 변경

[색변 경] 기능을 이용하면 차트의 스타일을 빠르게 적용할 수 있다. [그림 5-13]과 같이 색상표에서 차트 요소의 색상을 변경할 수 있다.

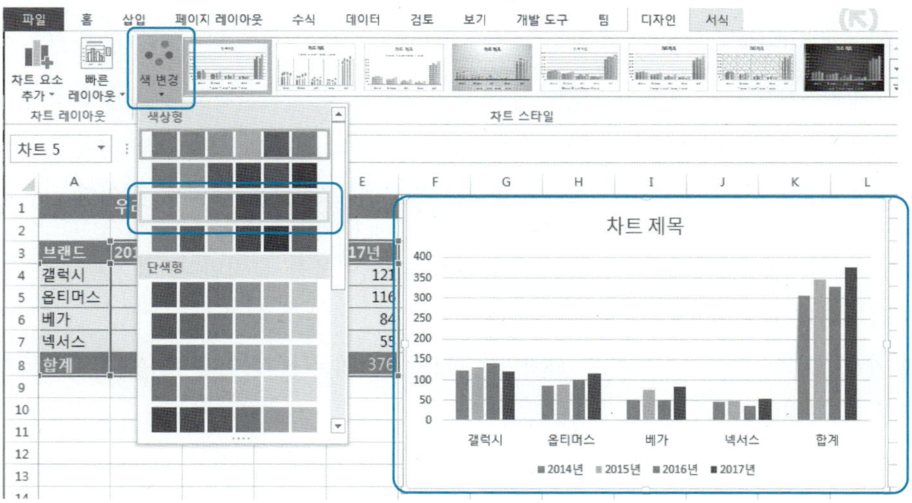

| 그림 5-13 | [색 변경]

## 4 차트 스타일

차트를 만들고 난 후에도 차트 스타일을 바꿀 수 있는데, 차트 스타일 확장의 [자세히] 단추를 클릭하면 다양한 디자인 서식들이 나타난다.

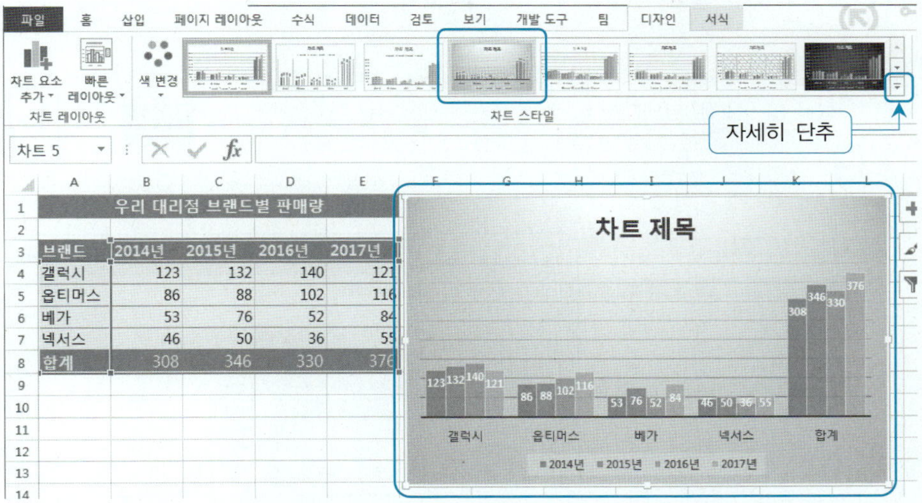


| 그림 5-14 | [차트 스타일]

## 5 행/열 전환

차트의 가로축(행)과 세로축(열)의 데이터를 바꿔서 표시 한다. [그림 5-15]는 브랜드와 년도 데이터를 행/열 전환한 결과이다.

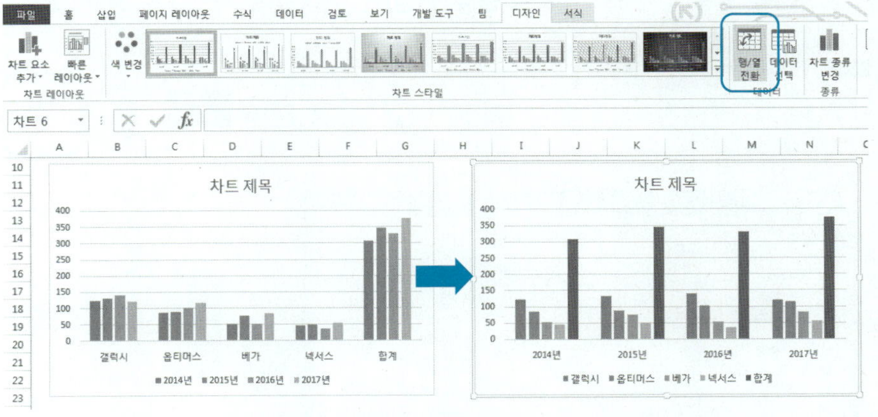


| 그림 5-15 | [행/열 전환]

## 6 데이터 선택

차트의 원본 데이터 범위를 편집해서 필요한 계열이나 항목을 추가/제거할 수 있다. [그림 5-16]과 같이 [디자인] 탭의 [데이터 선택]을 클릭한 뒤 나타나는 [데이터 원본 선택] 대화상자에서 추가 또는 편집, 제거 할 수 있다.

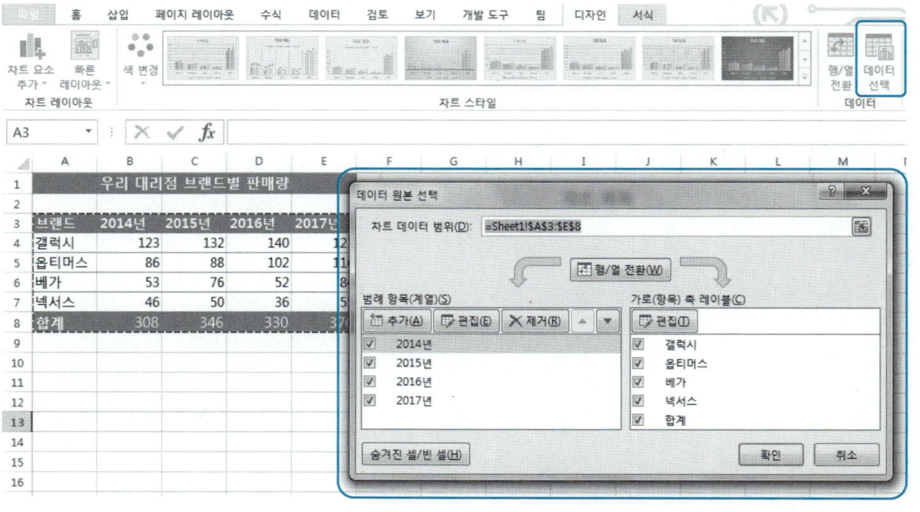


| 그림 5-16 | [데이터 선택]

## 7 차트 종류 변경

차트를 만들고 [그림 5-17]과 같이 메뉴에 있는 [차트 종류 변경]을 선택하거나, 차트에서 마우스 오른쪽 단추를 누르고 [차트 종류 변경]을 선택하여 차트 종류를 바꿀 수 있다.

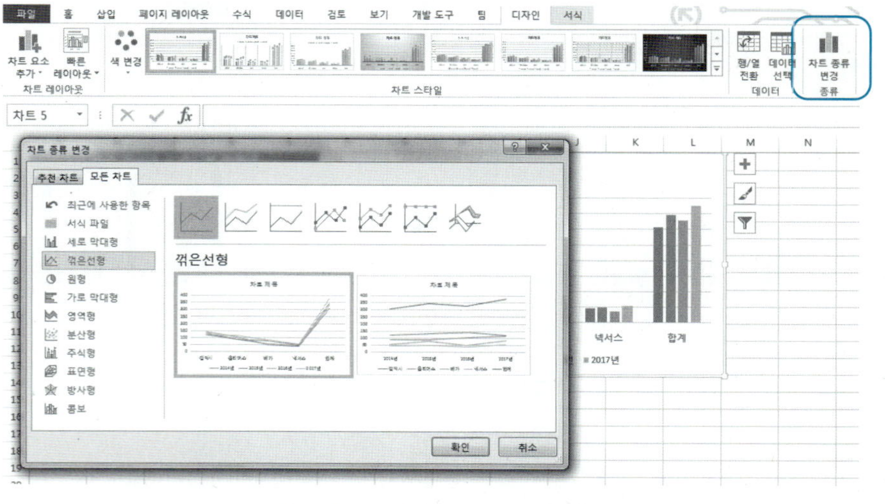


| 그림 5-17 | [차트 종류 변경]

## 8 차트 이동

차트를 드래그 해서 시트 내 임의의 위치로 이동시킬 수 있고, 마우스 오른쪽 단추를 클릭하여 [차트 이동]을 선택하여 다른 시트로 옮길 수도 있다. 다음은 차트를 'Chart1'이라는 이름의 새 시트로 이동하는 과정을 설명한다. [그림 5-18]은 차트를 이동하는 과정을 나타낸다. 작업완료 후 파일을 저장하자.

❶ [차트 도구]-[디자인]-[위치]의 [차트 이동]을 선택한다.

❷ [차트 이동] 대화상자가 나타난다.

❸ 새 시트를 클릭하고, 시트명은 'Chart1' 으로 나타난다. [확인] 버튼을 클릭하면 결과가 나타난다.

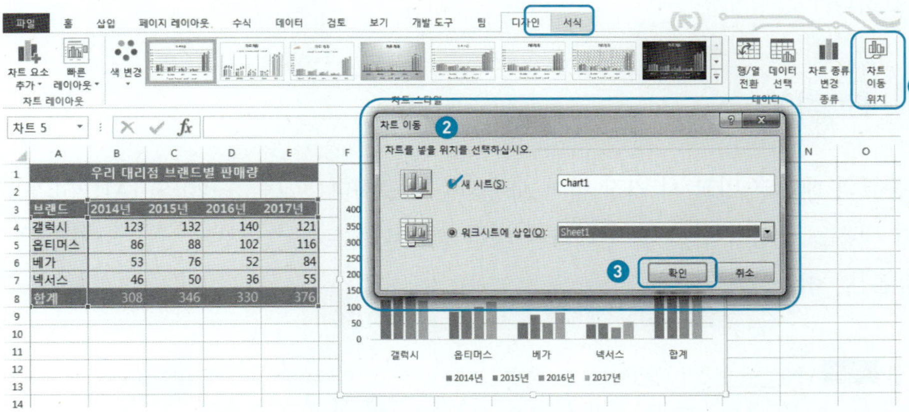


| 그림 5-18 | 새 시트로 이동 과정

## 9 차트 삭제하기

차트를 삭제하려면 차트 영역을 클릭하고 Delete 키를 입력하면 된다.

### 1.4.2 [차트도구]-[서식] 탭

[서식]탭에는 [현재 선택 영역]과 [도형 삽입], [도형 스타일 그룹], [WordArt 스타일], [정렬], [크기] 그룹이 있다. 여기서는 [현재 선택 영역]과 [도형 스타일] 그룹만 설명한다. [그림 5-19]는 [차트도구]-[서식]탭의 구성을 나타낸다.

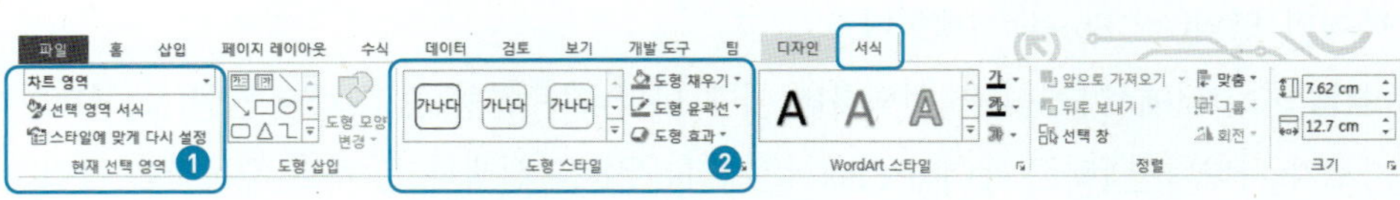


| 그림 5-19 | [차트도구]-[서식]탭의 구성

❶ 현재 선택 영역 현재 선택한 차트의 구성 요소 이름과 서식을 지정한다. 사용자가 직접 정의한 서식을 원래의 차트스타일에 맞게 다시 설정한다.

❷ 도형 스타일 차트의 구성요소 중 데이터 계열과 차트영역, 그림 영역 등의 채우기 색, 윤곽선, 3차원 효과 등을 지정할 수 있다.

## 1.5 용도별로 차트 만들기

차트는 수치 데이터를 직관적이고 이해하기 쉽도록 전달하는 도구이다. 즉, 단순히 보기 좋은 차트보다는 데이터의 내용을 가장 효과적으로 전달할 수 있는 차트 종류를 사용하는 것이 중요하다.

### 1.5.1 원형차트

단일 종류의 데이터 비교 시 가장 많이 사용되는 차트이다. [그림 5-20]의 [A1:B5]와 같은 데이터 내용을 작성하여 년 간 판매량에 대한 점유율 차트를 그려보자. 시트의 이름은 "판매점유율"로 저장하자.

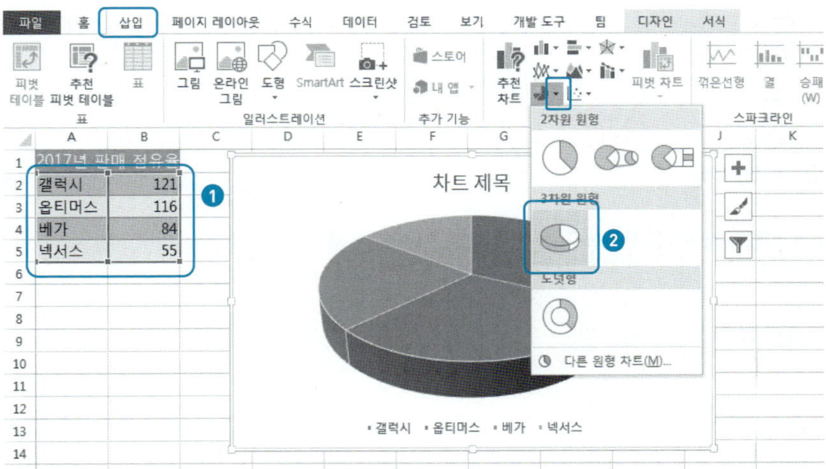


| 그림 5-20 | '판매 점유율'데이터의 원형 차트 작성 과정

❶ 데이터 영역(A2:B5)을 선택한다.

❷ [삽입]-[차트]에서 [원형]을 선택하면 아래 나타나는 유형 중 [3차원 원형]을 선택한다.

❸ 차트가 나타나면 [빠른 레이아웃]에서 [레이아웃1]을 선택하고, 차트 제목란을 클릭하여 제목을 "브랜드별 판매점유율"로 입력한다.

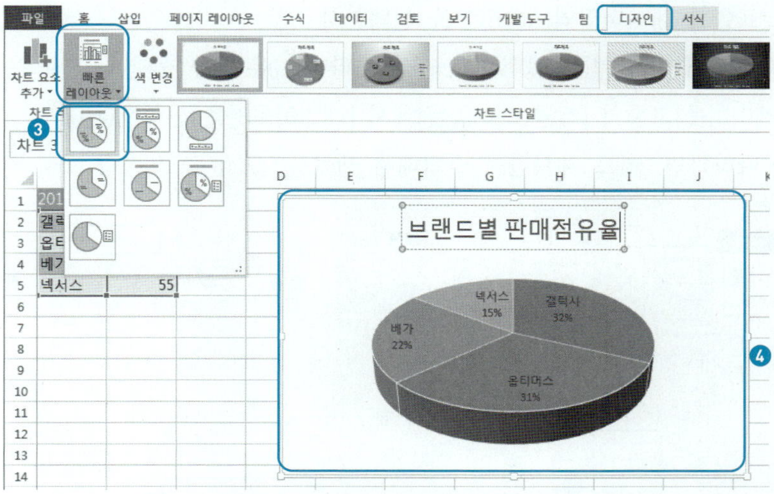


| 그림 5-21 | 원형 차트 작성 결과

❹ [그림 5-21]은 원형 차트를 작성한 결과를 나타낸다.

## 1.5.2 원형 대 원형 차트

보통 원형 차트에서 원의 분할은 조각 5~6개가 적당하다. 데이터 항목이 너무 많으면, 하나의 원형에 너무 많은 조각들이 생기기 때문에, 데이터를 표현하는데 효과적이지 않다. 이럴 경우 원형 대 원형 차트를 사용하게 된다. 다음의 간단한 데이터 대해서 원형 대 원형 차트를 만들어보자. [그림 5-22]는 원형 대 원형 차트를 작성하는 과정을 나타낸다.

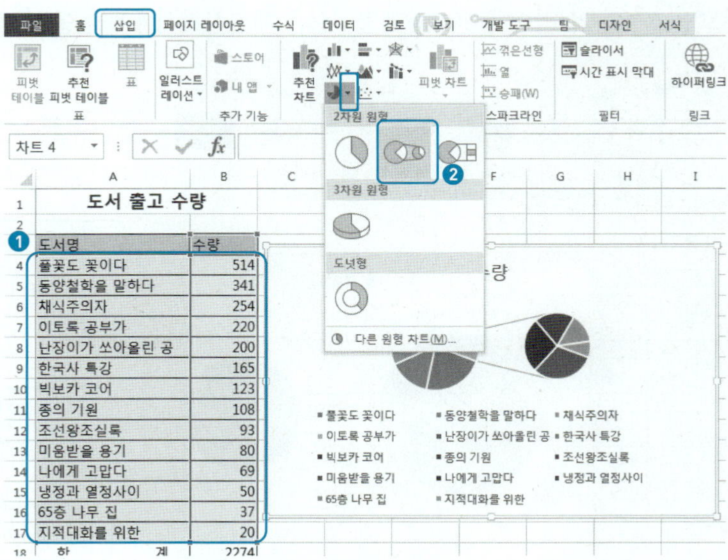


| 그림 5-22 | 원형 대 원형 차트 작성

❶ 차트로 표현할 데이터영역(A3:B17)을 선택한다.

❷ [삽입]–[차트]에서 [원형]을 선택하고, 아래 나타나는 유형 중 [원형 대 원형]을 선택한다.

❸ [차트 레이아웃]그룹의 [빠른 레이아웃]에서 [레이아웃8]을 선택한다.

❹ 차트가 나타나면, 차트 제목란을 클릭해서 제목을 "도서 출고 수량"으로 입력한다.

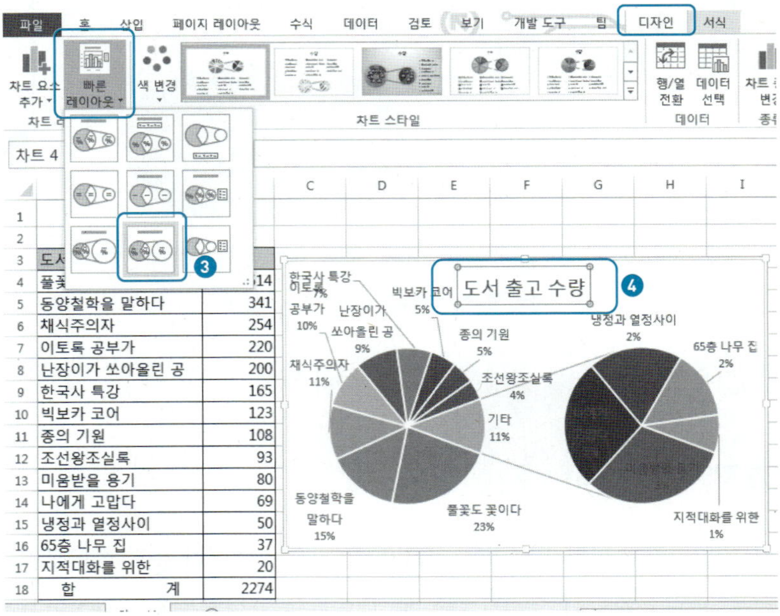


| 그림 5-23 | 데이터 요소 서식 지정 방법

❺ 차트 영역을 클릭하여 차트를 선택한 후, 수정하고자 하는 임의의 데이터계열을 더블클릭한다. [그림 5-24]와 같이 [데이터 계열 서식] 대화상자의 [계열 옵션]을 수정한다.

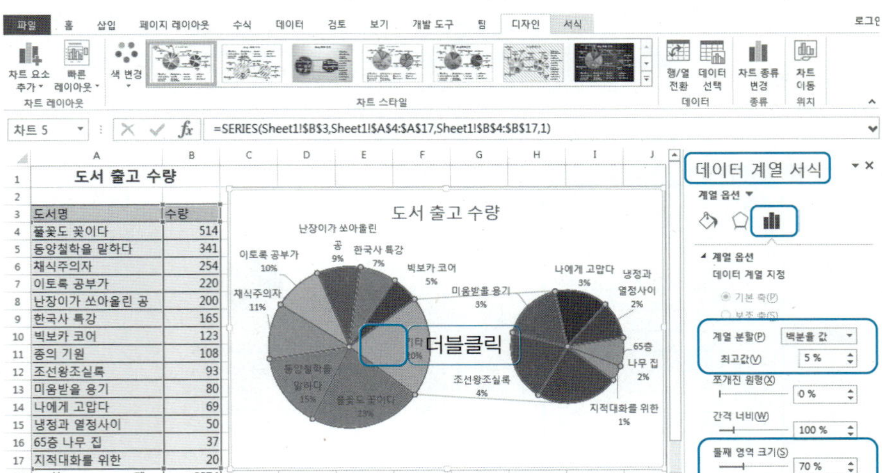


| 그림 5-24 | 데이터 계열 서식 수정

❻ [그림 5-25]는 완성된 차트를 나타낸다.

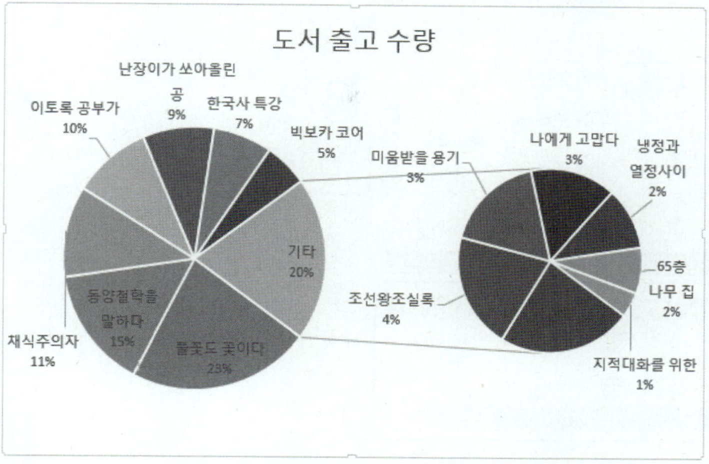


| 그림 5-25 | 완성된 원형 대 원형 차트

## 1.5.3 막대/꺾은선형을 이용한 혼합차트

막대차트는 주로 데이터 값의 많고 적음을 비교할 때 유용하다. 꺾은 선 차트는 일정기간에 따른 데이터 값의 변화를 분석하는데 사용하며, 원형차트는 전체에 대한 항목별 비율을 보여주는데 적합하다. 혼합 차트는 이러한 두 가지의 차트를 하나의 차트로 표현한 것이다. [그림 5-26]는 막대/꺾은선형을 이용한 혼합 차트의 예를 나타낸다. 매출액과 매출비율처럼 서로 다른 데이터를 한 번에 비교하거나, 같은 데이터라도 양적 비교와 기간변화, 배율을 함께 표시하고자 하는 경우 혼합차트를 사용하면 좋다. [5-27]은 연도별 판매량의 변화 추이를 혼합차트로 표현한 과정이다.

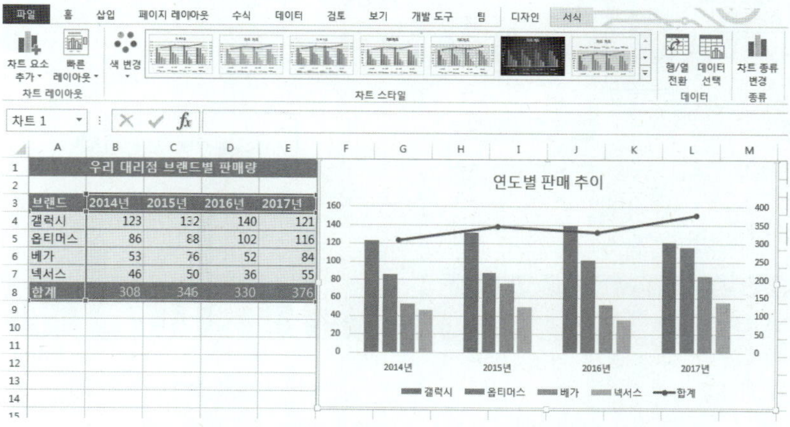


| 그림 5-26 | 막대/꺾은선형을 이용한 혼합 차트의 예

❶ 차트로 표현할 데이터 범위(A3:E8)를 지정한다.

❷ [삽입]-[차트]에서 [세로막대형]-[2차원 세로 막대형]-[묶은 세로막대형]을 선택한다.

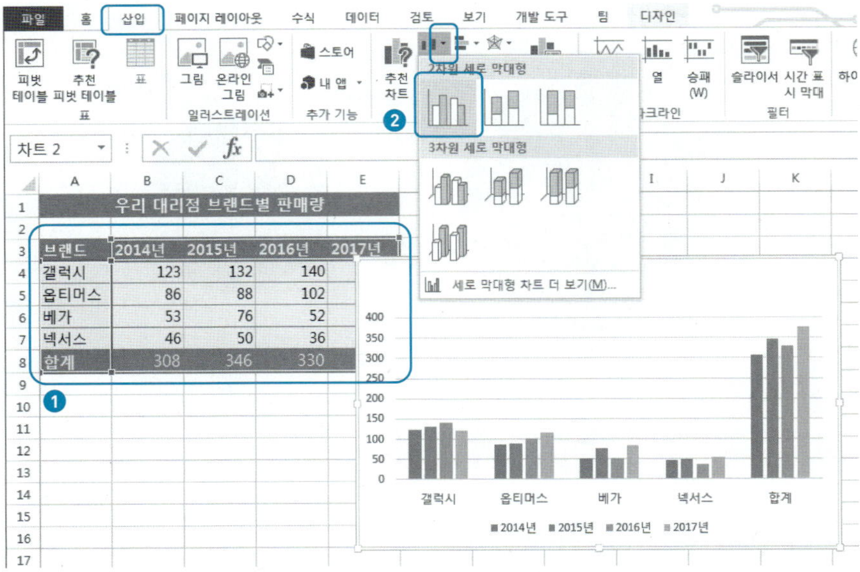

| 그림 5-27 | 2차원 묶은 세로 막대형 삽입

❸ 차트가 나타나면 [디자인]메뉴의 데이터에서 [행/열 전환]을 선택하여 연도와 합계 데이터를 데이터 계열로 표시한다.

❹ [그림 5-28]과 같이 [빠른 레이아웃]에서 [레이아웃 3]을 선택한 후, 차트 제목란을 클릭하여 제목을 "연도별 판매 추이"로 입력한다.

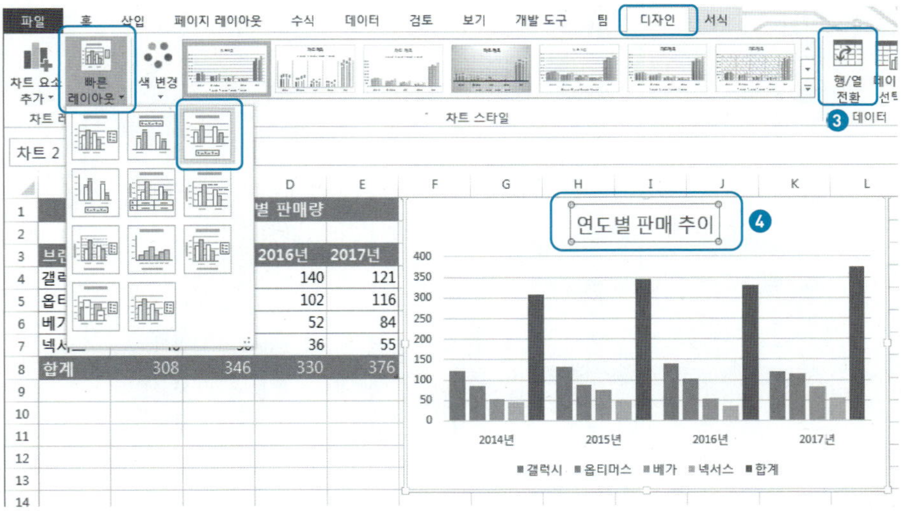

| 그림 5-28 | 행/열 바꿈으로 데이터 계열 항목의 전환

❺ [그림 5-29]와 같이 "합계" 막대를 선택(클릭)한 후 [종류]그룹의 [차트종류변경]을 클릭하면, [차트 종류 변경]대화 상자가 나타난다. 합계의 차트종류를 [표식이 있는 꺾은 선형]으로 변경하고, 보조축항목을 선택한 후 [확인]버튼을 클릭한다.

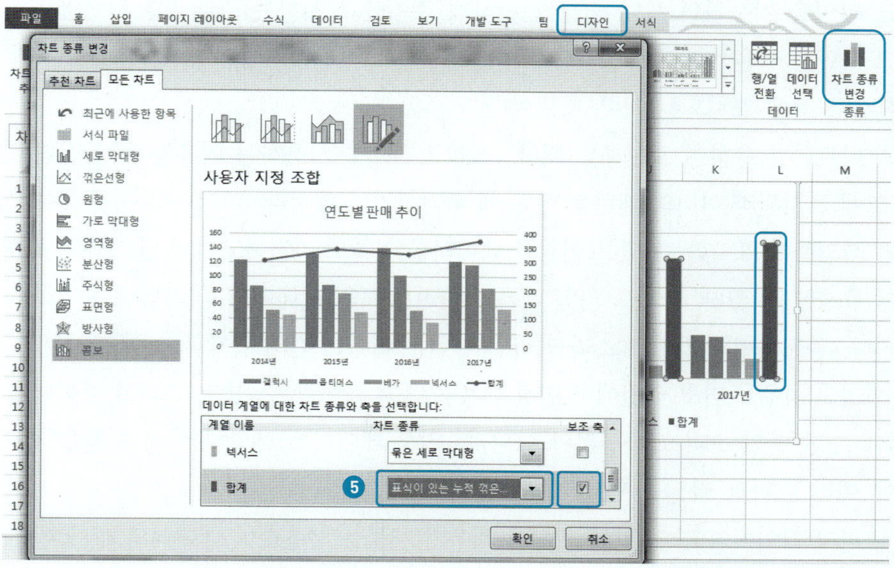


| 그림 5-29 | [차트 종류 변경]

❻ [그림 5-30]은 완성된 혼합 차트를 나타낸다.

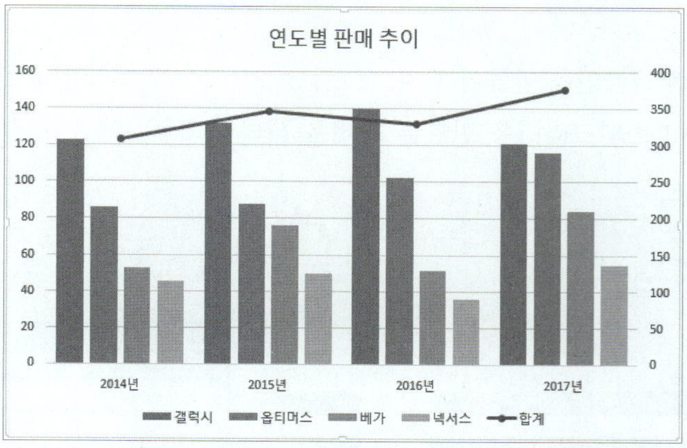


| 그림 5-30 | 혼합 차트 완성 결과

# 02 스파크 라인

스파크 라인을 이용하면 보다 쉽고 간단하게 추이를 표시하는 그래프를 작성할 수 있다. 스파크 라인은 꺾은선형, 열, 승패 3가지가 제공되고 있으며 이는 차트와 달리 개체가 아니며, 실제로 셀에 표시되는 작은 차트이다.

기존의 차트를 사용하여 표현해도 되나, 스파크 라인을 사용하는 이유는 보다 간편하게 행이나 열에 표시된 데이터의 패턴을 한 눈에 파악하기 위해서다. 데이터의 근처 셀에 스파크 라인을 삽입하여 표시할 수 있고 인접한 데이터를 기초로 간결하고 축소된 그래픽 표현으로 추세를 표시할 수 있다. 스파크 라인 셀은 일반적으로 원본 데이터 바로 옆에 표시하는 것이 적합하다. 차트와 마찬가지로 스파크 라인과 원본 데이터 간의 관계를 쉽게 파악하고, 데이터가 변경된 경우 스파크 라인에서 변경 내용을 즉시 확인할 수 있다. 그리고 데이터의 행이나 열에 대한 단일 스파크 라인뿐만 아니라, 원본 데이터에 해당하는 여러 셀을 선택하여 동시에 여러 스파크 라인을 만들 수도 있다.

또한 스파크 라인이 포함된 인접 셀에서 채우기 핸들을 사용하여 데이터의 추가 행에 대한 스파크 라인을 만들 수도 있다.

## 2.1 스파크 라인 만들기

수치 데이터로 스파크라인을 만들어 보자. [그림 5-31], [그림 5-32], [그림 5-33]은 수치 데이터를 이용하여 스파크라인을 만드는 과정을 나타낸다.

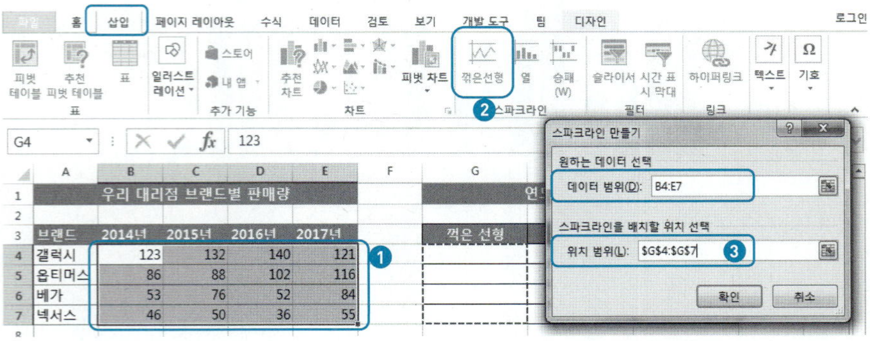


그림 5-31 스파크 라인 삽입 메뉴 선택

❶ 데이터 영역(B4:E7)을 선택한다.

❷ [삽입]-[스파크라인]의 [꺾은선형]을 선택한다.

❸ [스파크 라인 만들기] 대화상자의 데이터 범위와 스파크 라인을 배치할 위치를 지정한다. 데이터는 이미 지정했으므로, 배치 위치만 지정하면 된다.

❹ 지정한 위치에 꺾은 선형의 작은 차트가 표시된 것을 확인할 수 있다.

❺ 꺾은 선형과 같은 방법으로 열, 승패도 표시할 수 있다.

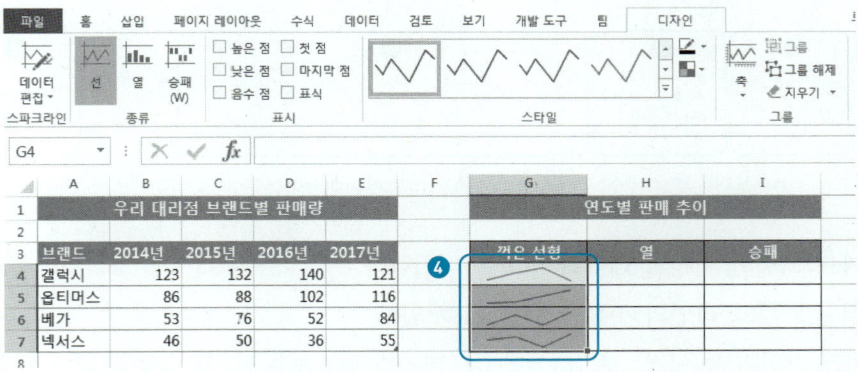


| 그림 5-32 | 스파크라인의 꺾은선 형 완성

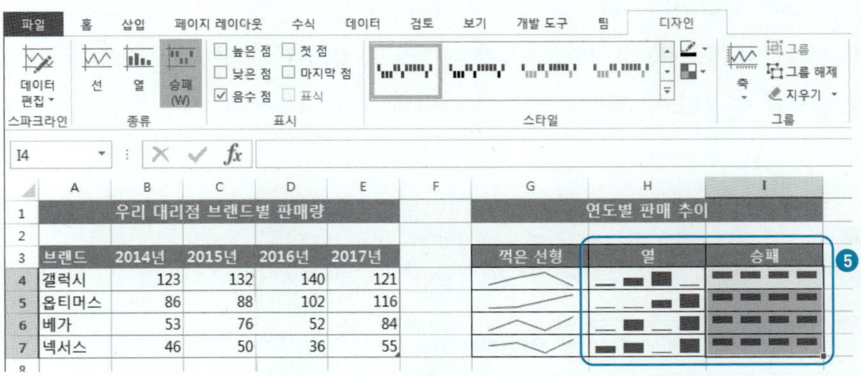


| 그림 5-33 | 스파크라인의 꺾은선 형, 열, 승패 완성

## 2.2 [스파크 라인]-[디자인] 탭

스파크 라인의 [디자인]탭에는 현재 지정된 스파크 라인을 편집할 수 있는 메뉴가 표시되어 있다. 스파크 라인의 데이터 편집, 표시된 스파크 라인 종류 및 표시 항목과 서식 등을 편집할 수 있으며 작성된 스파크 라인의 지우기 메뉴도 포함되어 있다. 다음 [그림 5-34]와 [그림 5-35]는 이러한 스파크 라인의 메뉴를 보여주고 있다.

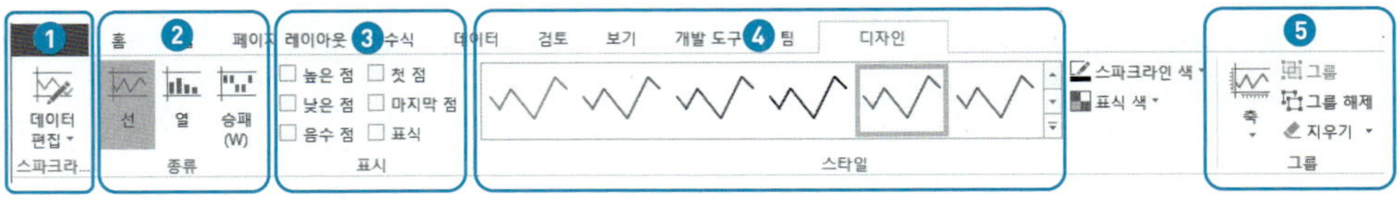

| 그림 5-34 | 스파크라인의 메뉴

❶ 스파크 라인의 지정된 데이터 영역을 편집한다.

❷ 지정된 스파크 라인의 종류를 변경할 수 있다.

❸ 스파크 라인의 높은 점, 첫 점, 낮은 점, 마지막 점, 음수 점, 표식 등 표시 항목을 선택한다.

❹ 지정된 스파크 라인의 색과 표식의 색 등을 지정할 수 있는 스타일 메뉴이다.

❺ 스파크 라인의 가로 축 옵션과 세로 축 옵션으로 축의 표시 및 세로 축의 최솟값과 최댓값을 변경할 수 있으며, 작성한 스파크 라인의 그룹/그룹해제, 지우기 기능을 적용할 수 있다.

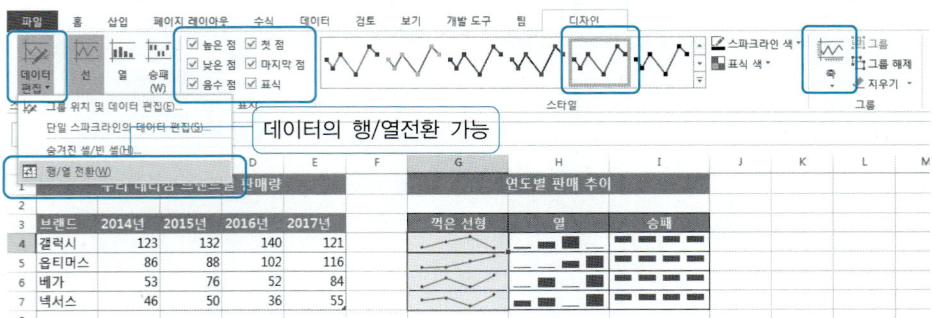


| 그림 5-35 | 스파크 라인의 디자인 메뉴의 세부 항목

# 03 피벗 테이블

피벗(Pivot)이란 '요점, 중심축, 주축을 중심으로 회전하다'를 뜻하며, 피벗 테이블은 사용자가 작성한 표로 만들어진 데이터를 원하는 항목으로 집계하여 일목요연하게 정리해주는 보고서 기능을 말한다.

- 피벗 테이블은 엑셀목록, 데이터베이스, 외부 데이터, 다중 통합 범위, 다른 피벗 테이블 등의 데이터를 사용한다.
- 원본 데이터 목록의 행이나 열의 위치를 변경하여 다양한 형태로 표시한다.
- 각 필드에 다양한 조건을 지정할 수 있으며, 일정한 그룹별로 데이터 집계가 가능하다.
- 피벗 테이블은 현재 작업중인 워크시트나 새로운 워크시트, 기존의 다른 워크시트에 작성한다.
- 원본 데이터가 변경되면 새로 고침 기능으로 피벗 테이블의 데이터도 변경한다.
- 피벗 테이블을 작성한 후에 사용자가 새로운 수식을 추가하여 표시한다.
- 실행 [삽입]-[표]-[피벗 테이블]을 이용한다.

피벗 테이블 만들기 대화상자의 내용은 [그림 5-36]와 같다.

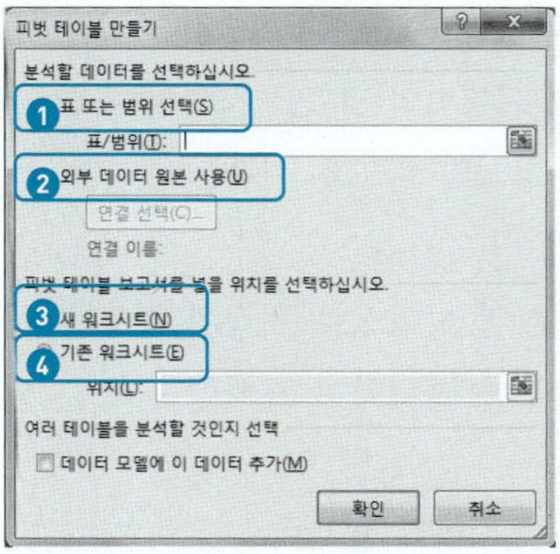


| 그림 5-36 | 피벗 테이블 만들기 대화상자

❶ 표 또는 범위 선택 엑셀 워크시트의 표나 데이터를 사용한다.

❷ 외부 데이터 원본 사용 외부에 있는 데이터베이스 파일, 엑셀 파일, 텍스트 파일, 웹 페이지 파일 등을 사용한다.

❸ 새 워크시트 피벗 테이블이 새 워크시트에 작성된다.

❹ 기존 워크시트 현재 작업중인 워크시트의 원하는 위치에 피벗 테이블을 작성한다.

## 3.1 피벗 테이블 만들기

### 1 피벗 테이블 구성요소

피벗 테이블은 [그림 5-37]과 같이 보고서 필터 필드, 값 필드, 열 레이블, 행 레이블, 값 영역으로 구성된다.

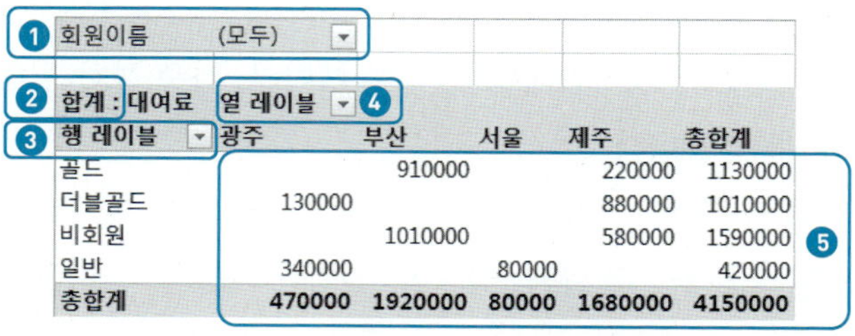

| ① 회원이름 | (모두) | | | | |
|---|---|---|---|---|---|
| ② 합계 : 대여료 | 열 레이블 ④ | | | | |
| ③ 행 레이블 | 광주 | 부산 | 서울 | 제주 | 총합계 |
| 골드 | | 910000 | | 220000 | 1130000 |
| 더블골드 | 130000 | | | 880000 | 1010000 |
| 비회원 | | 1010000 | | 580000 | 1590000 |
| 일반 | 340000 | | 80000 | | 420000 |
| 총합계 | 470000 | 1920000 | 80000 | 1680000 | 4150000 |

⑤

| 그림 5-37 | 피벗 테이블 구성요소

**① 보고서 필터 필드**

- 보고서 필터 필드는 값 영역에 페이지별로 구분하여 나타낼 필드들이 들어 있다. 모두 나타내거나 특정 필드만 나타낼 수 있다.
- 보고서 필터 필드 단추를 클릭하여 표시할 필드를 선택한다.

**② 값 필드**

- 값 필드는 데이터가 들어있는 원본 목록으로, 분석할 대상을 나타낸다.
- 일반적으로 값 필드는 숫자 형식의 필드를 사용하여 평균, 개수, 최대값 등을 구하지만 개수를 구할 때는 문자 형식의 필드도 사용된다.

**③ 행 레이블/ ④ 열 레이블**

- 피벗 테이블에서 행 방향/열 방향으로 지정된 필드를 나타낸다.
- 행 레이블/열 레이블 단추를 클릭하여 표시할 필드를 선택한다.

**⑤ 값 영역**

- 값 영역은 요약·분석한 데이터가 표시되는 곳으로 기본적으로 데이터가 문자일 때는 개수(COUNTA), 숫자일 때는 합계(SUM)가 표시된다.
- 요약한 값은 값 필드에서 지정한 함수에 따라 합계, 평균, 개수, 최댓값, 최솟값, 곱, 분산, 표준 편차, 표본 표준편차, 표준 분산, 숫자 개수로 표시된다.
- 행과 열 레이블을 요약·분석한 값이 값 영역의 각 셀에 표시된다.
- 값 영역의 특정 항목을 마우스로 더블클릭하면 해당 데이터에 대한 세부적인 데이터가 새로운 시트에 표시된다.

## 2 피벗 테이블 작성하기

[그림 5-37]과 같이 피벗 테이블을 작성해 보자. 피벗 테이블을 만들려면, 먼저 데이터의 범위와 테이블 보고서가 나타날 위치를 지정해야 한다. [그림 5-38]은 피벗 테이블 만들기 대화상자에서 데이터의 범위와 테이블 보고서가 나타날 위치를 지정하는 과정을 나타낸다.

❶ 데이터 목록 중 임의의 셀을 선택한다.

❷ [삽입]-[표]-[피벗 테이블]을 클릭한다.

❸ 피벗 테이블 만들기 대화상자가 나타난다.

❹ 피벗 테이블을 만들 데이터 범위 A3:G15를 지정하면 자동으로 워크시트 이름과 절대참조로 입력된다.

❺ 피벗 테이블 보고서를 넣을 위치(새 워크시트, 기존 워크시트) 중 기존 워크시트를 선택하고, A20셀을 클릭하면 절대참조로 입력된다. 이 때 보고서 필터 필드는 피벗 테이블 보고서의 위치에 포함되지 않는다.

❻ [확인]을 클릭한다.

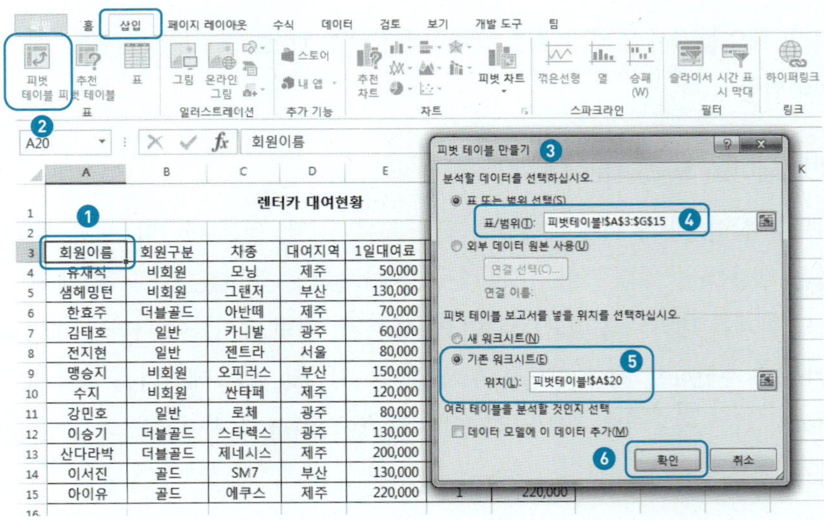


| 그림 5-38 | 데이터의 범위와 테이블 보고서가 나타날 위치를 지정하는 과정

[그림 5-38]의 [피벗 테이블 만들기] 대화상자에서 [확인] 버튼을 클릭하면, [그림 5-39]과 같이 오른쪽에 [피벗 테이블 필드 목록]이 작업창에 나타나고, 왼쪽 화면에는 피벗 테이블이 만들어질 셀 위치가 나타난다. 보고서 필터에 "회원이름", 열 레이블에 "대여지역", 행 레이블에 "회원구분", 값 필드에 "대여료"를 드래그 앤 드랍(Drag and drop)한다.

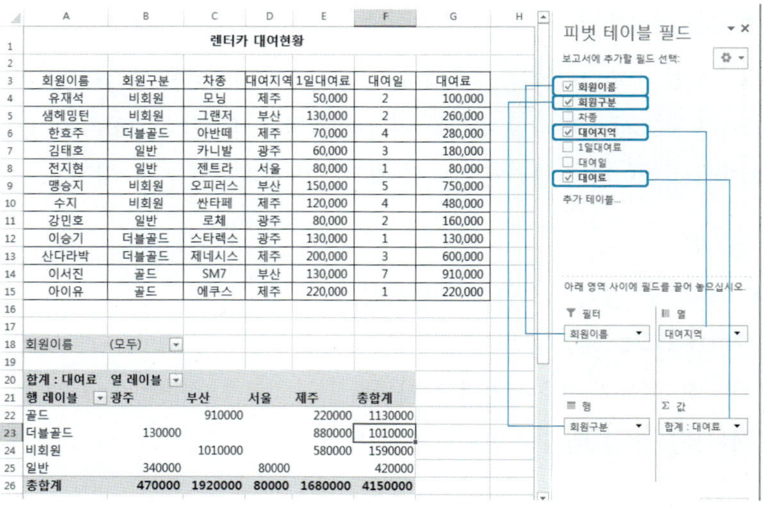

| 그림 5-39 | 피벗 테이블 작성 과정

## 3.2 피벗 테이블 도구

작성된 피벗 테이블에서 임의의 셀을 클릭하면 [피벗 테이블 도구]가 나타나는데, [분석]탭과 [디자인]탭이 있다.

### 1 [피벗 테이블 도구]-[분석]탭

피벗차트를 삽입하거나 피벗 테이블의 필드 목록, 정렬, 원본 데이터, 필드 설정 등 세부사항들을 지정한다. 예를 들어, [그림 5-39]에서 [피벗 테이블 필드 목록]의 값 설정에서 대여료의 합계를 대여료의 평균으로 변경한다든지, 피벗 테이블에 나타난 대여료의 합계에 부가세를 계산하는 계산 필드를 추가 한다든지, 몇 개의 데이터를 그룹으로 묶어서 나타내고자 하는 경우이다. [그림 5-40]은 [피벗 테이블 도구]-[분석]의 구성에 대해 나타낸다.

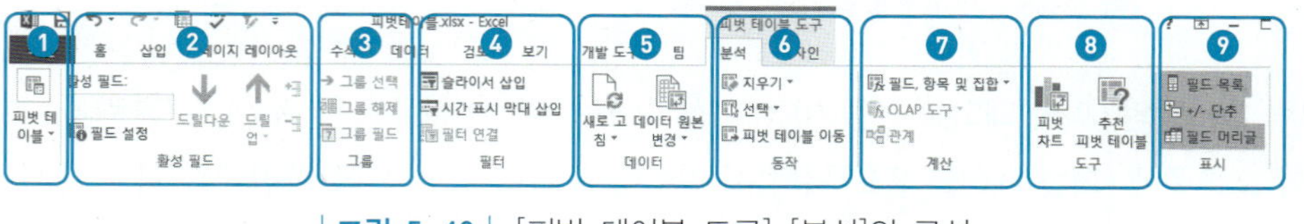

| 그림 5-40 | [피벗 테이블 도구]-[분석]의 구성

❶ 피벗 테이블 피벗 테이블 이름이 표시된다. 피벗 테이블의 세부사항을 설정할 수 있는 옵션이 나타난다.

❷ 활성필드 피벗 테이블 보고서 안에서 각 필드를 선택할 때마다 현재 선택되어 있는 필드 이름이 나타난다. 각 필드의 세부사항을 설정한다.

❸ 그룹 피벗 테이블의 범위를 지정해서 직접 그룹을 선택하거나 숫자나 날짜 필드를 그룹 지정 단위별로 그룹하거나 해제한다.

❹ 필터 피벗 테이블의 데이터를 필터링 한다.

❺ 데이터 데이터 원본 변경으로 원본 데이터의 범위를 변경할 수 있고, 새로 고침으로 원본 데이터의 변경 내용을 피벗 테이블에 반영한다.

❻ 동작 피벗 테이블을 지우거나 선택할 수 있으며 피벗 테이블 전체를 통합 문서의 다른 위치로 옮길 수 있다.

❼ 계산 계산 필드와 항목을 만들고 변경한다.

❽ 도구 피벗 테이블을 원본으로 피벗 차트를 만들거나 피벗 테이블에 추가로 계산 필드를 삽입한다.

❾ 표시 필드 목록 창의 표시여부를 지정하거나, 필드 목록 창이나 필드가 그룹화 되어 있을 때 표시되는 +/- 단추, 필드 머리글을 표시하고나 숨긴다.

### 피벗 테이블 옵션 대화상자

작성된 피벗 테이블에서 임의의 셀을 클릭한 후 [피벗 테이블 도구]–[분석]–[피벗 테이블]–[옵션]을 클릭하거나 바로가기 메뉴에서 [피벗 테이블 옵션]을 선택하면 표시된다. '피벗 테이블 옵션 대화상자'를 이용하여 피벗 테이블에 대한 다양한 내용을 설정한다. [그림 5-41]은 피벗 테이블 옵션 대화상자의 [레이아웃 및 서식]탭과 [요약 및 필터]탭의 내용이다.

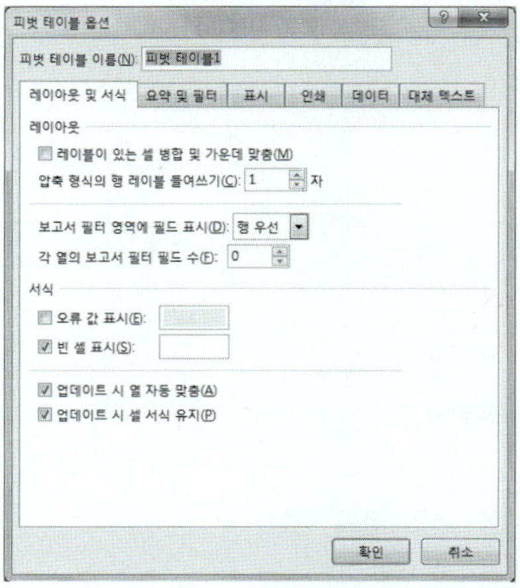


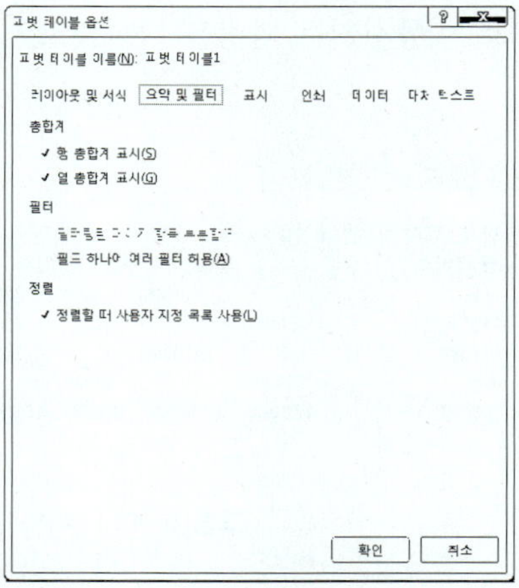


| 그림 5-41 | 피벗 테이블 옵션 대화상자

## 2 [피벗 테이블 도구]-[디자인]탭

[피벗 테이블 도구]-[디자인]에서 피벗 테이블의 레이아웃이나 스타일을 빠르게 지정한다. [그림 5-42]는 [피벗 테이블 도구]의 [디자인]탭 구성을 나타낸다.

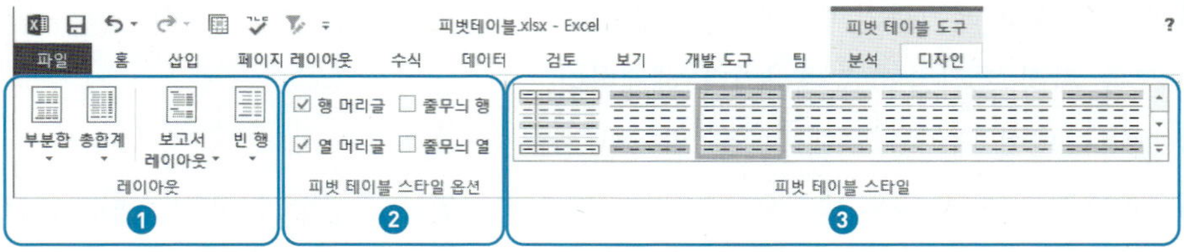


| 그림 5-42 | [피벗 테이블 도구]-[디자인]의 구성

❶ 레이아웃 부분합의 표시여부를 지정하거나 행/열의 총합계 표시 여부를 지정할 수 있으며, 보고서의 레이아웃 및 피벗 테이블의 레이아웃을 설정한다.

❷ 피벗 테이블 스타일 옵션 행 머리글/ 열 머리글/ 줄무늬 행/ 줄무늬 열의 표시여부를 지정하여 피벗 테이블의 스타일 옵션을 선택한다.

❸ 피벗 테이블 스타일 피벗 테이블의 스타일을 변경한다.

# 3.3 피벗 테이블 편집하기

## 1 피벗 테이블에서의 필드 이동

피벗 테이블을 구성하는 필드를 이동시키려면 '피벗 테이블 필드 목록' 작업창에서 해당 필드를 원하는 영역으로 드래그 한다. [그림 5-43]은 열 레이블에 있는 대여지역을 행 레이블로 이동시키는 과정을 나타내고, [그림 5-44]는 이동결과이다.

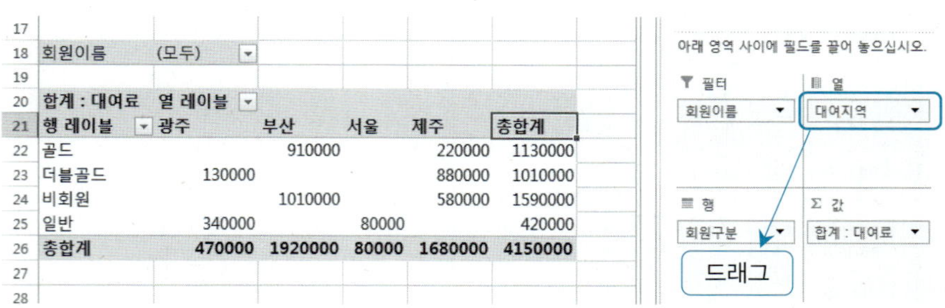

| 회원이름 | (모두) | | | | |
|---|---|---|---|---|---|
| 합계 : 대여료 | 열 레이블 | | | | |
| 행 레이블 | 광주 | 부산 | 서울 | 제주 | 총합계 |
| 골드 | | 910000 | | 220000 | 1130000 |
| 더블골드 | 130000 | | | 880000 | 1010000 |
| 비회원 | | 1010000 | | 580000 | 1590000 |
| 일반 | 340000 | | 80000 | | 420000 |
| 총합계 | 470000 | 1920000 | 80000 | 1680000 | 4150000 |



| 그림 5-43 | 피벗 테이블에서의 필드 이동

| 17 | | |
|---|---|---|
| 18 | 회원이름 | (모두) |
| 19 | | |
| 20 | **행 레이블** | **합계 : 대여료** |
| 21 | ⊟**골드** | **1130000** |
| 22 | 부산 | 910000 |
| 23 | 제주 | 220000 |
| 24 | ⊟**더블골드** | **1010000** |
| 25 | 광주 | 130000 |
| 26 | 제주 | 880000 |
| 27 | ⊟**비회원** | **1590000** |
| 28 | 부산 | 1010000 |
| 29 | 제주 | 580000 |
| 30 | ⊟**일반** | **420000** |
| 31 | 광주 | 340000 |
| 32 | 서울 | 80000 |
| 33 | **총합계** | **4150000** |
| 34 | | |

| **그림 5-44** | 피벗 테이블에서의 필드 이동 결과

## 2 피벗 테이블에서의 필드 추가 및 삭제

피벗 테이블에 필드를 추가하려면 '피벗 테이블 필드 목록' 작업창의 '보고서에 추가할 필드 선택'에서 필드를 선택하여 해당 영역으로 드래그 한다. 피벗 테이블에서 필드를 삭제하려면 Σ 값 설정 영역에서 창 밖으로 드래그한다. [그림 5-45]은 1일 대여료 필드를 값 영역으로 드래그하여 추가하는 과정을 나타낸다. [그림 5-46]은 1일 대여료 필드가 추가된 결과를 나타낸다.

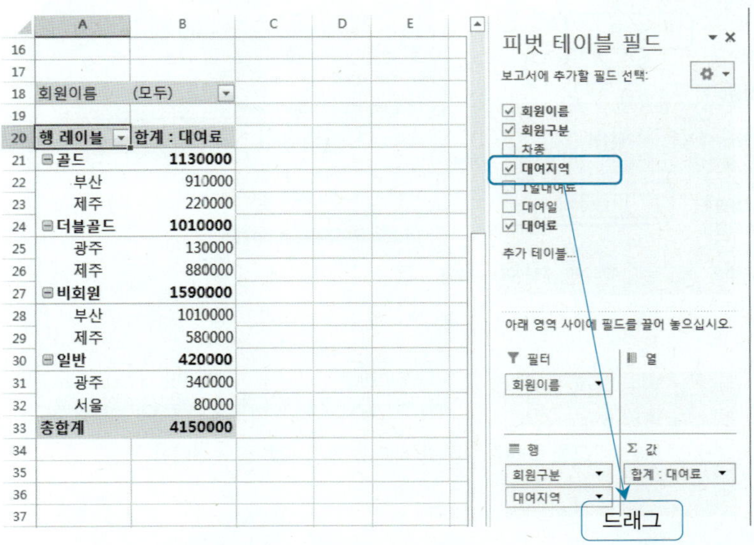


| **그림 5-45** | 피벗 테이블에서의 필드 추가

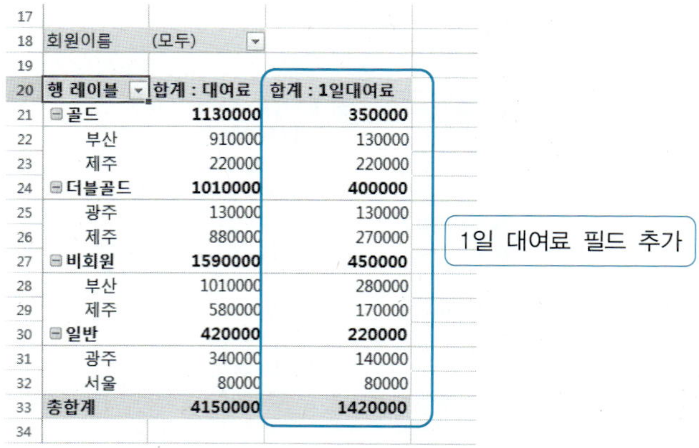

| | A | B | C |
|---|---|---|---|
| 17 | | | |
| 18 | 회원이름 | (모두) | |
| 19 | | | |
| 20 | 행 레이블 | 합계 : 대여료 | 합계 : 1일대여료 |
| 21 | ⊟골드 | 1130000 | 350000 |
| 22 | 부산 | 910000 | 130000 |
| 23 | 제주 | 220000 | 220000 |
| 24 | ⊟더블골드 | 1010000 | 400000 |
| 25 | 광주 | 130000 | 130000 |
| 26 | 제주 | 880000 | 270000 |
| 27 | ⊟비회원 | 1590000 | 450000 |
| 28 | 부산 | 1010000 | 280000 |
| 29 | 제주 | 580000 | 170000 |
| 30 | ⊟일반 | 420000 | 220000 |
| 31 | 광주 | 340000 | 140000 |
| 32 | 서울 | 80000 | 80000 |
| 33 | 총합계 | 4150000 | 1420000 |
| 34 | | | |



| 그림 5-46 | 필드 추가 결과

## 3 피벗 테이블에서의 계산 유형 및 표시형식 변경

피벗 테이블에서 값 필드의 표시 형식을 변경하려면 [그림 5-47]과 같이 피벗 테이블에서 임의의 셀을 클릭하고 [피벗 테이블 도구]-[활성 필드]-[필드 설정]을 클릭하거나, Σ 값 설정 영역에서 해당 필드를 더블클릭하면 값 필드 설정 대화상자가 나타난다. [그림 5-48]은 1일 대여료의 값 필드 설정 대화상자에서 대여료의 합계를 최댓값으로 변경하고, 표시형식을 통화기호(₩) 없는 회계형식으로 나타내는 과정을 나타낸다.

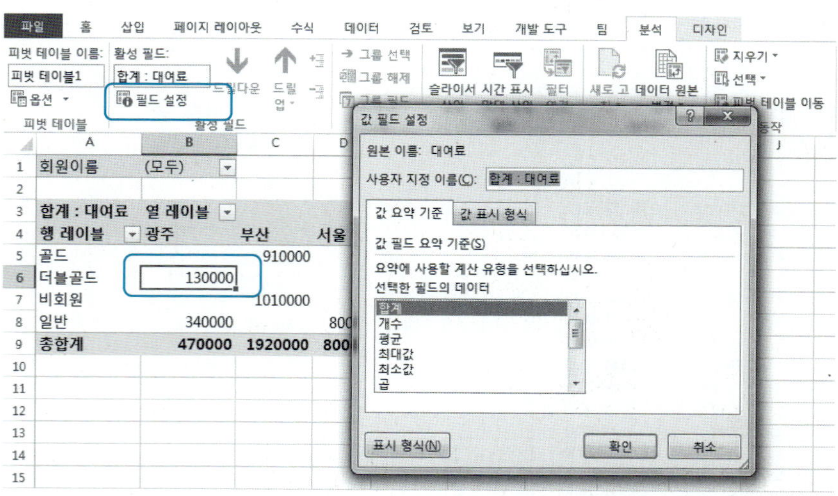


| 그림 5-47 | 피벗 테이블에서 [값 필드 설정]

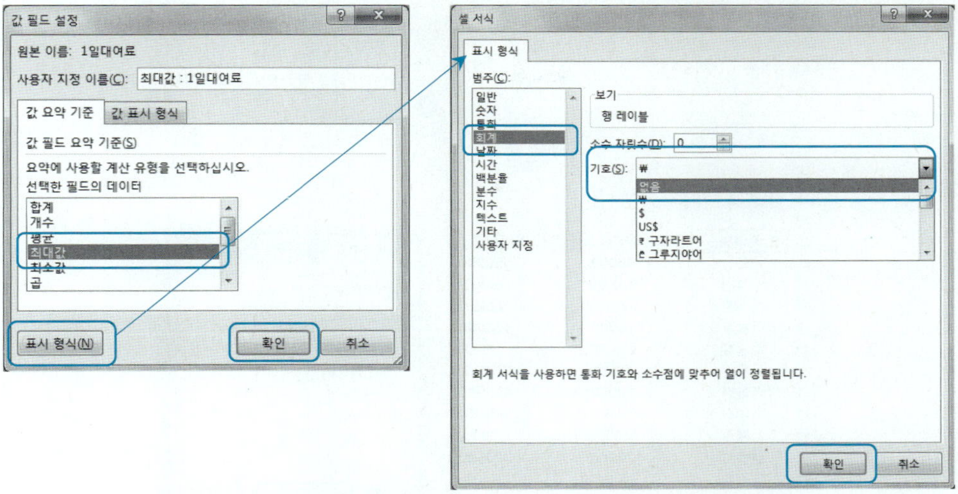


| 그림 5-48 | 피벗 테이블에서 값 필드의 표시형식 변경

## 4 슬라이서

슬라이서는 피벗 테이블의 데이터를 필터링해주는 역할을 한다. 피벗 테이블 자체 내에서도 필드별로 필터를 사용할 수 있지만 슬라이서는 별도의 필터창을 열어주어 좀 더 편리하게 사용할 수 있는 기능이다. 피벗 테이블의 원본 데이터를 변경할 때 피벗 테이블에 반영하는 방법도 함께 살펴본다.

[그림 5-49]에서 피벗 테이블을 구성하는 필드는 회원이름, 회원구분, 대여료, 1일 대여료, 대여지역이다. 각각 필터링 단추가 있기 때문에 각각의 영역에서 필터링을 할 수 있지만 슬라이서를 이용하면 피벗 테이블에는 없는 필드로도 필터링 결과를 볼 수 있다. [그림 5-49]는 [차종] 필드를 슬라이서로 삽입하는 과정을 나타낸다.

❶ [피벗 테이블 도구]-[분석]-[필터]-[슬라이서 삽입]을 클릭한다.
❷ 슬라이서 삽입 대화상자가 나타난다.
❸ 차종을 선택한다.
❹ [확인] 버튼을 클릭한다.

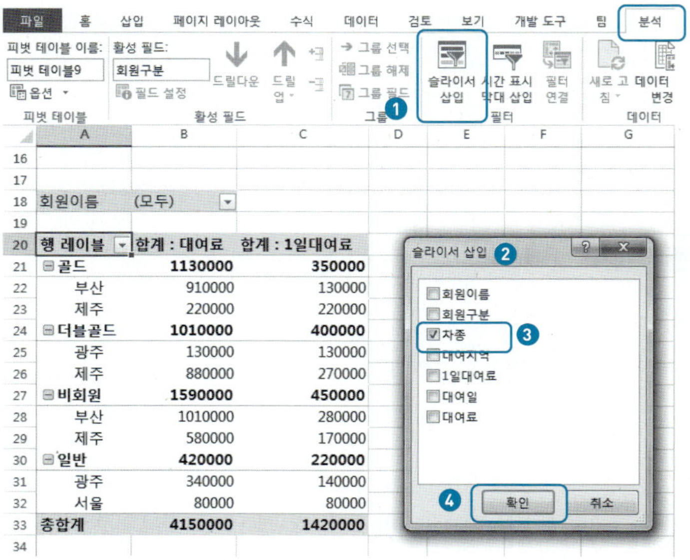

| 그림 5-49 | 슬라이서를 삽입하는 과정

[그림 5-50]과 같이 워크시트 안에 슬라이서가 만들어지고, [슬라이서 도구]도 함께 나타난다.

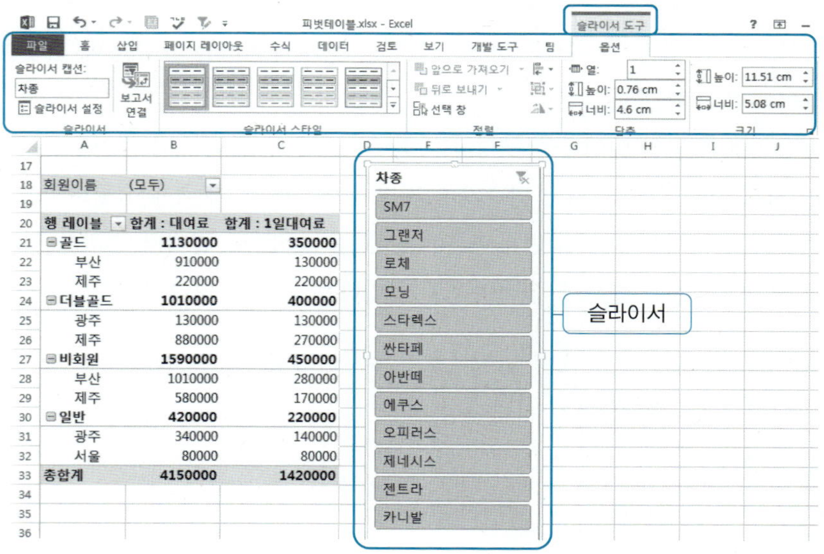

| 그림 5-50 | 슬라이서와 슬라이서 도구

슬라이서에서 [모닝]을 클릭하여 자료를 필터링 해보자. 필터링 결과는 [그림 5-51]과 같다. 필터를 해제하기 위해서는 슬라이서의 필터 지우기를 클릭한다.

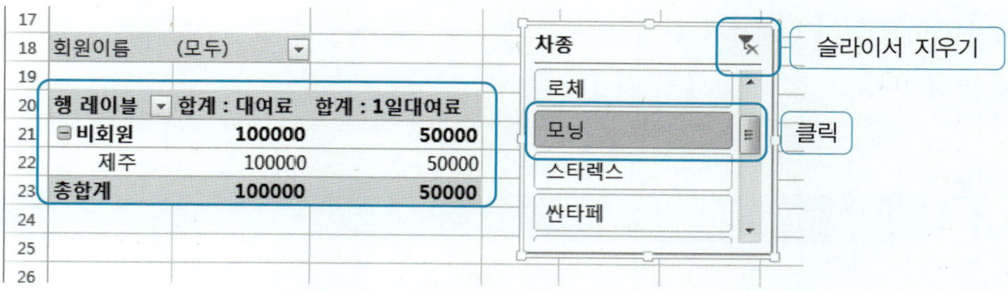


| 그림 5-51 | 슬라이서를 이용한 필터링

## 3.4 피벗 테이블 삭제하기

피벗 테이블을 삭제하려면 [그림 5-52]와 같이 [피벗 테이블 도구]-[분석]탭에서 [지우기]-[모두 지우기]를 선택한다.

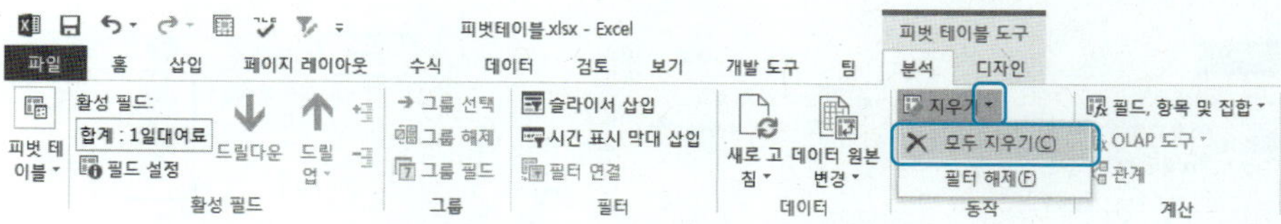


| 그림 5-52 | 피벗 테이블의 삭제

# 04 피벗 차트

피벗 차트는 피벗 테이블로 요약하고 분석한 데이터를 시각화하여 그래픽으로 표시한 것으로 피벗 테이블의 행 레이블 그리고 열 레이블, 데이터 필드를 이용하여 차트 보고서를 만든다. 피벗 차트는 일반 차트와는 달리 차트 상에서 데이터를 분석하고 필터링 하는 것이 가능하다.

- 피벗 테이블의 항목이나 필드에 변화를 주면, 피벗 차트도 변경되는 대화형 차트이다.
- 피벗 차트를 작성하면 자동으로 피벗 테이블도 작성된다. 즉, 피벗 테이블을 만들지 않고서는 피벗 차트를 작성할 수 없다.
- 피벗 테이블과 피벗 차트를 함께 만든 후 피벗 테이블을 삭제하면 피벗 차트는 일반 차트로 변경된다.

## 4.1 피벗 차트 만들기

피벗 테이블로 피벗차트를 만들어 보자. [그림 5-53]은 피벗 테이블에서 피벗차트를 만드는 과정을 나타낸다.

❶ 피벗 테이블 내 임의의 셀을 선택한다.
❷ [피벗 테이블 도구]-[분석]-[피벗차트]를 선택한다.
❸ [차트 삽입] 대화상자가 나타난다.
❹ '묶은 세로 막대형'이 기본설정으로 나타나는데, 이 단계에서 다른 차트를 선택해도 된다.
❺ [확인] 버튼을 클릭한다.

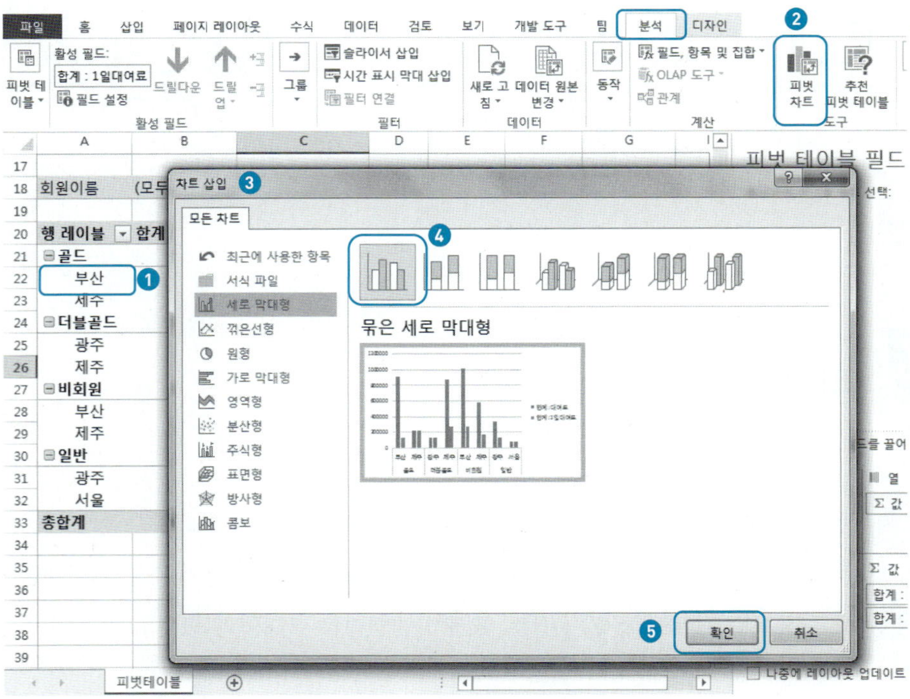


| 그림 5-53 | 피벗차트 작성 과정

[그림 5-53]에서 [확인]버튼을 클릭하면, 워크시트 안에 피벗차트가 나타난다. 피벗 테이블 보고서 아래로 차트를 옮기고, 크기도 적당히 조절한다. 피벗차트가 선택되면, [그림 5-54]와 같이 [피벗 차트 도구]가 나타나고, 차트와 마찬가지로 차트의 디자인, 레이아웃, 서식 등을 지정한다.

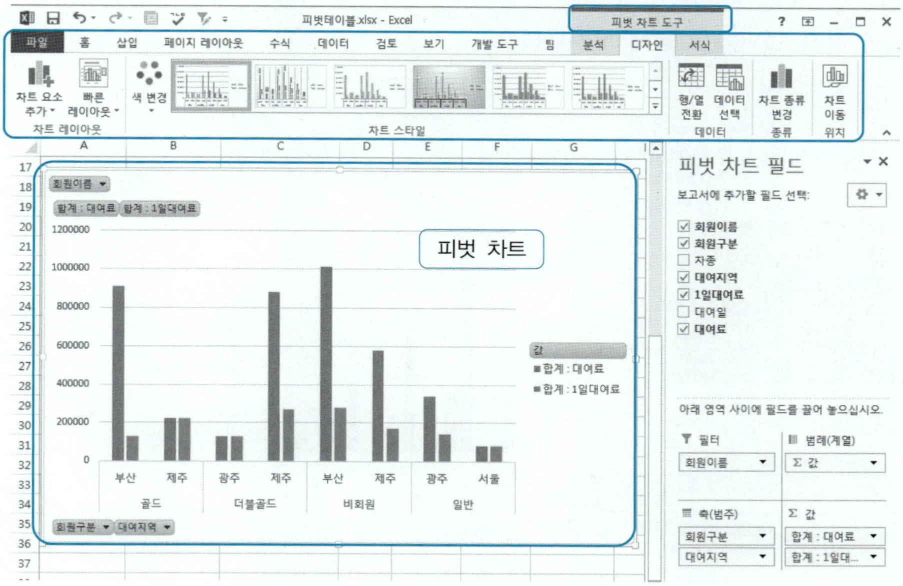


| 그림 5-54 | 완성된 피벗차트와 피벗차트 도구

## 4.2 피벗 차트에서 필터링

피벗 차트는 자체에서 필드별로 필터링이 된다. [그림 5-55]와 같이 [회원구분] 필터링 단추를 클릭한다. 필터링을 원하는 항목을 체크하고, 확인 단추를 클릭하면 해당하는 자료에 대해서만 차트에 표시된다. 회원구분 필드에서 골드와 더블골드 회원만 체크하면 [그림 5-56]과 같은 결과가 차트에 나타난다.

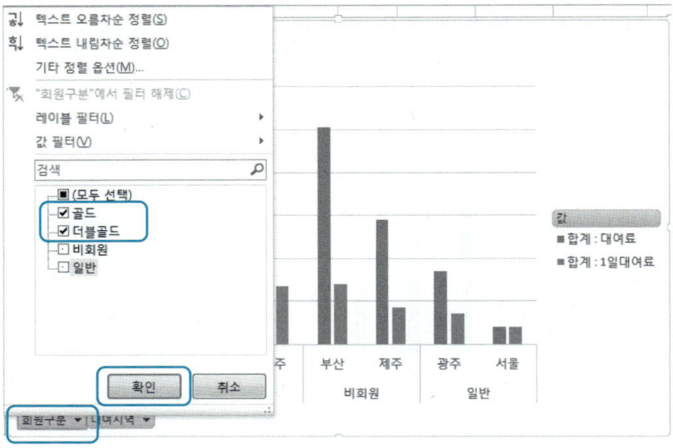


| 그림 5-55 | 피벗 차트 내에서 필터링

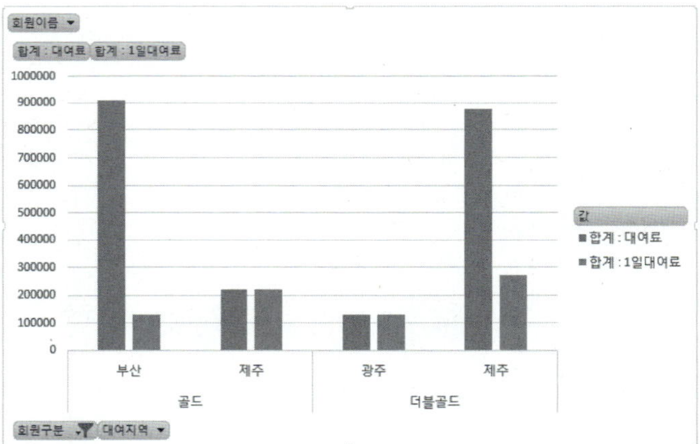


| 그림 5-56 | 피벗 차트 내에서 필터링 결과

# 연습문제

**1** 다음의 컴퓨터 생산량 및 가동율 데이터중 생산량을 이용하여 아래와 같이 차트를 작성하고 차트 서식을 설정하시오.

[입력데이터]

| | A | B | C | D | E |
|---|---|---|---|---|---|
| 1 | 컴퓨터 생산량 및 가동율 | | | | |
| 2 | | | | | |
| 3 | 구분 | 생산단가 | 목표량 | 생산량 | 가동율 |
| 4 | 하드디스크 | 2000 | 120 | 100 | 120% |
| 5 | 그래픽카드 | 8000 | 280 | 250 | 112% |
| 6 | 모니터 | 4500 | 450 | 412 | 109% |
| 7 | 키보드 | 8200 | 390 | 320 | 122% |
| 8 | 마우스 | 5100 | 385 | 325 | 118% |
| 9 | 메모리 | 2300 | 850 | 730 | 116% |

[완성 차트]

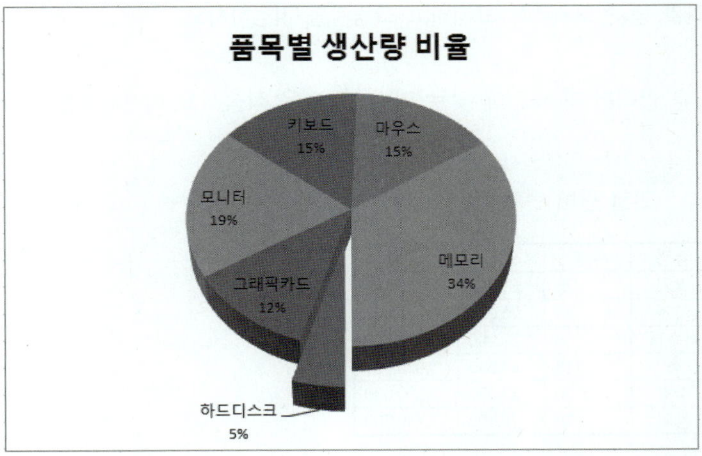


**처리조건**

1) 차트 작성 데이터 범위는 A3:A9, D3:D9로 지정하시오.
2) 차트 레이아웃 스타일은 레이아웃 5를 지정하시오.
3) 차트 제목을 "품목별 생산량 비율"로 입력하고 적당히 서식을 편집하시오.
4) 데이터 레이블 서식에서 레이블을 항목이름, 백분율을 표시, 자동맞춤으로 지정하시오.
5) 3차원 회전 서식에서 X축 회전을 180도, Y축 회전을 50도로 지정하시오.
6) 데이터 계열의 요소 중 '하드디스크' 요소만 돌출되도록 위치 조정 하시오.
7) 차트의 위치와 크기는 적절히 조정하시오.

**2** 위의 데이터중 목표량과 가동율 데이터를 이용하여 아래의 차트를 작성하시오.

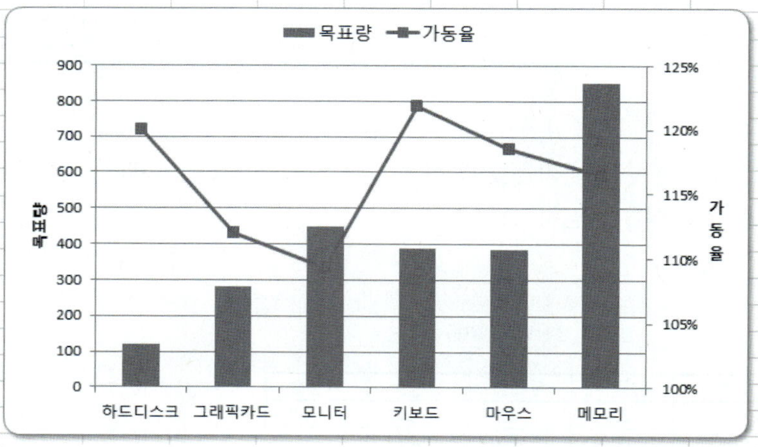


**처리조건**

1) 목표량은 묶은 세로막대형의 기본축으로 가동율은 꺾은선형으로 보조축을 읽도록 차트에 나타내시오.
2) 범례는 위쪽에 배치하고 기본축과 보조축의 제목을 그림과 같이 표시하시오.
3) 차트 테두리를 둥근 모서리로 표시하고 그림자를 지정하시오.

**3** 다음의 데이터를 입력한 후 조건에 맞는 피벗테이블을 작성하고 피벗차트를 표시하시오.

| | A | B | C | D | E |
|---|---|---|---|---|---|
| 1 | 과일 판매 현황 | | | | |
| 2 | | | | | |
| 3 | 판매자 | 품명 | 수량 | 단가 | 금액 |
| 4 | 김혜수 | 딸기 | 75 | 31,000 | 2,325,000 |
| 5 | 하지원 | 사과 | 55 | 25,000 | 1,375,000 |
| 6 | 문근영 | 복숭아 | 58 | 29,000 | 1,682,000 |
| 7 | 이보영 | 배 | 115 | 44,000 | 5,060,000 |
| 8 | 송혜교 | 수박 | 50 | 22,000 | 1,100,000 |
| 9 | 손예진 | 참외 | 59 | 29,500 | 1,740,500 |
| 10 | | | | | |

**처리조건**

1) 데이터(C) - 금액, 행 필드 - 판매자, 열 필드 - 품명.

**4** 피벗테이블 기능을 이용하여 직급과 부서를 기준으로 연봉의 평균을 제시하고 피벗차트를 작성하시오.

**인사 기록표**

| 성명 | 출신지역 | 부서 | 직급 | 주민번호 | 연봉 |
|---|---|---|---|---|---|
| 김팔쥐 | 진해 | 교육팀 | 과장 | 700716-1123456 | 17460000 |
| 강준우 | 창원 | 교육팀 | 과장 | 641213-1123456 | 20160000 |
| 김경민 | 진해 | 교육팀 | 과장 | 580403-1123456 | 17910000 |
| 박광현 | 창원 | 교육팀 | 대리 | 720912-2123456 | 11808000 |
| 함공유 | 진해 | 교육팀 | 부장 | 601018-1123456 | 27000000 |
| 구선녀 | 마산 | 기획팀 | 과장 | 720617-2123456 | 17640000 |
| 윤미래 | 마산 | 기획팀 | 사원 | 700110-2123456 | 10998000 |
| 박승주 | 창원 | 기획팀 | 부장 | 591010-2123456 | 27900000 |
| 장나라 | 마산 | 기획팀 | 대리 | 580912-2123456 | 15238800 |
| 이민우 | 진해 | 영업팀 | 사원 | 620303-1123456 | 13338000 |
| 차송현 | 마산 | 영업팀 | 부장 | 601212-1123456 | 25200000 |
| 한콩쥐 | 창원 | 홍보팀 | 대리 | 711010-1123456 | 13338000 |
| 김삼순 | 마산 | 홍보팀 | 부장 | 640823-1123456 | 15080400 |

Chapter 06

# 데이터 처리 및 관리

## 01 데이터베이스에 대한 이해

일정한 기준에 따라 체계적으로 데이터를 모아놓은 집합체를 '데이터베이스'라고 한다. 엑셀에서 데이터를 데이터베이스로 인식하려면 몇 가지 입력 기준이 있어야 하며, 이를 만족해야만 각종 데이터 관련 기능을 사용할 수 있다.

## 1.1 데이터베이스의 구성

❶ 필드 표를 구성하는 열 방향 데이터 모음이다. [그림 6-1]에서 A3:A15셀 범위는 '회원이름' 필드이며, '회원이름' 은 이 필드의 필드명이 된다.

❷ 레코드 행 방향으로 나열된 서로 관련있는 필드의 집합체이다. [그림 6-1]에서 A10:G10 셀 범위가 한 레코드가 된다.

❸ 데이터베이스 필드와 레코드로 구성된 데이터 표이다. [그림 6-1]에서 A3:G15셀 범위이다.

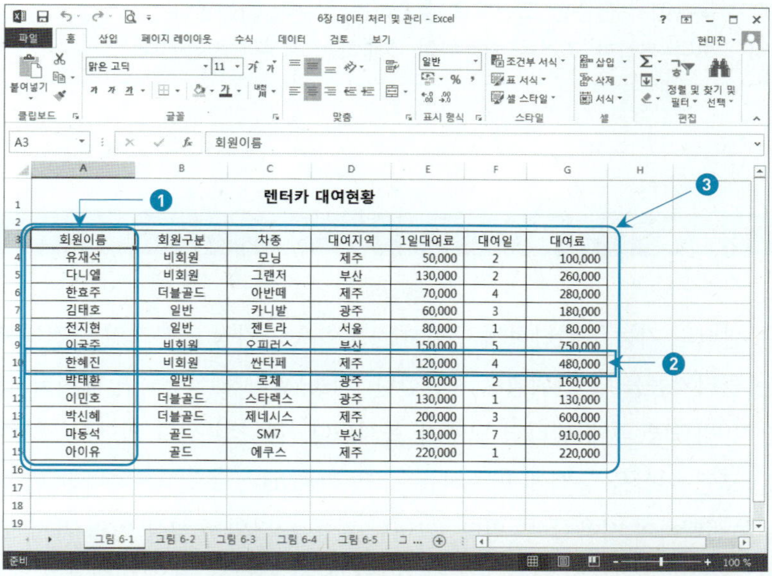


| 그림 6-1 | 데이터베이스의 구성

## 1.2 데이터베이스를 만족하기 위한 조건

❶ 각 필드는 같은 성격의 데이터로만 구성해야 한다.

❷ 하나의 필드에는 한 가지 정보로만 존재해야 한다. 즉, 데이터베이스를 효율적으로 관리하기 위해서는 필요한 정보를 최대한 세분화하여 필드를 구성해야 한다.

❸ 각 필드의 첫 행에는 반드시 필드명이 있어야 한다. 이 때 필드명은 한 행에만 입력해야 하며, 만약 셀을 병합하여 입력하면 데이터베이스로 인식할 수 없다.

❹ 하나의 데이터베이스 안에는 빈 행이나 빈 열이 있어서는 안된다.

# 02 자료 필터링

필터링이란 데이터 집합에서 사용자가 필요한 자료를 골라내는 작업을 의미한다. 필터 기능을 이용하면 데이터 순서를 변경시키지 않고도 조건에 맞는 데이터만 찾아 워크시트에 나타낼 수 있다. 필터기능으로 추출된 데이터는 기존 데이터와 같이 삭제와 편집이 가능하고, 데이터로 활용할 수 있다. 엑셀에서 제공하는 필터링 종류에는 다음의 2가지가 있다.

- 자동 필터 : 목록에서 단순한 조건으로 추출하는 경우에 사용된다.
- 고급 필터 : 보다 복잡한 조건을 지정하여 추출하는 경우에 사용된다.

## 2.1 자동 필터

자동 필터는 필터의 기능을 간단하게 구현하는 방법으로 가장 기본적인 조건에서의 데이터를 골라내는 필터기능을 열 단위별로 지원한다. 자동 필터가 실행되면 데이터 전체 범위에서 첫 행의 각 필드명 옆에 필터링 단추가 표시된다. 하나의 필드 안에서 조건이 두 가지 이상일 때는 조건 이상을 동시에 만족하는 '그리고(AND)', 조건 중 하나만 만족해도 되는 '또는(OR)' 중 선택하여 사용할 수 있다. 그러나 자동 필터의 속성상 여러 가지 조건을 표현한다는 것은 주어진 조건들이 모두 동시에 만족되어야 한다는 것을 의미하기 때문에 두 가지 이상의 필드에 대해 '또는(OR)' 조건을 만족하는 레코드를 추출할 수 없다.

### 1 자동 필터 설정

[그림 6-2]는 자동 필터를 설정하는 방법이다. 자동 필터의 실행은 데이터 집합 중 임의의 셀을 선택한 후 [데이터]-[정렬 및 필터]-[필터]를 선택하면, 각 필드명에 필터링 단추 ▾가 표시된다. 필터링 단추를 없애고 싶다면 [필터]를 한 번 더 클릭하고, 필터링 후 원래의 데이터로 돌아가고 싶다면, 필터링 후 활성화 된 [지우기]를 클릭한다.

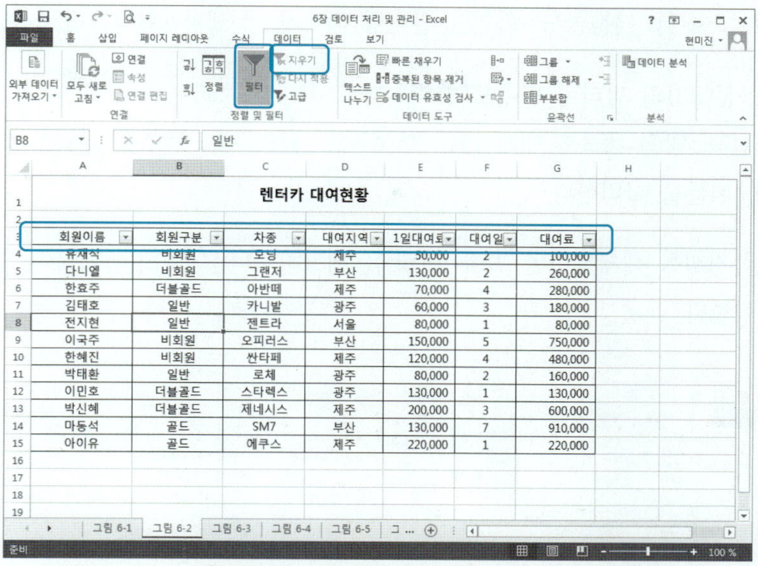

| 그림 6-2 | 자동 필터 설정 방법

## 2 문자 필터 조건

각 필드명 옆에 필터링 단추가 생성된 후 검색하려는 필드 열의 데이터가 문자 형식이라면, [그림 6-3]과 같이 '텍스트 필터'의 조건으로 [같음], [같지 않음], [시작문자], [끝 문자] 등을 지정하여 검색하거나 [사용자 지정 필터]를 선택하여 찾을 조건을 직접 입력할 수 있다.

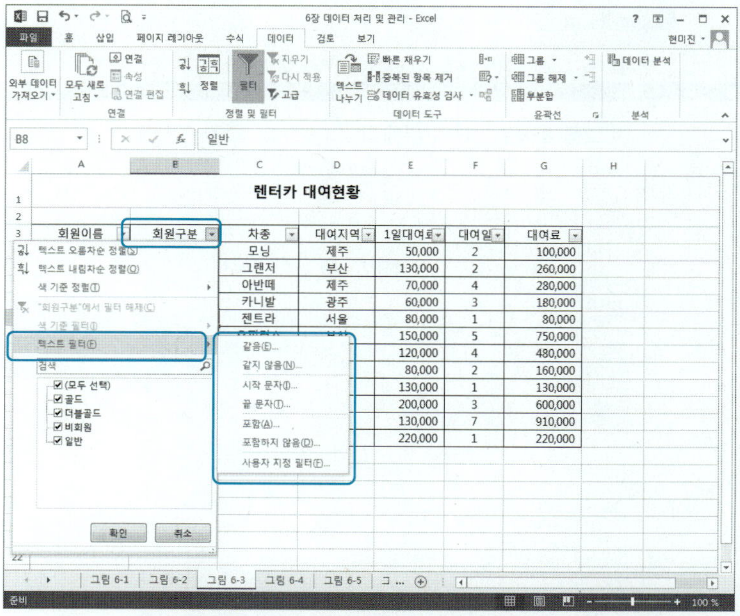

| 그림 6-3 | 문자 필터 조건

데이터베이스에서 '더블골드' 회원만 필터링 해보자. 실행과정은 [그림 6-4]와 같다.

❶ 회원구분(B3)의 필터링 단추를 클릭한다.
❷ "모두선택" 앞의 체크를 해제하고, "더블골드" 앞의 체크 박스를 클릭한다.
❸ [확인] 버튼을 클릭한다.

필터링 된 결과를 해제하려면 "모두 선택"을 체크하거나 [데이터]–[정렬 및 필터]–[지우기]를 클릭한다.

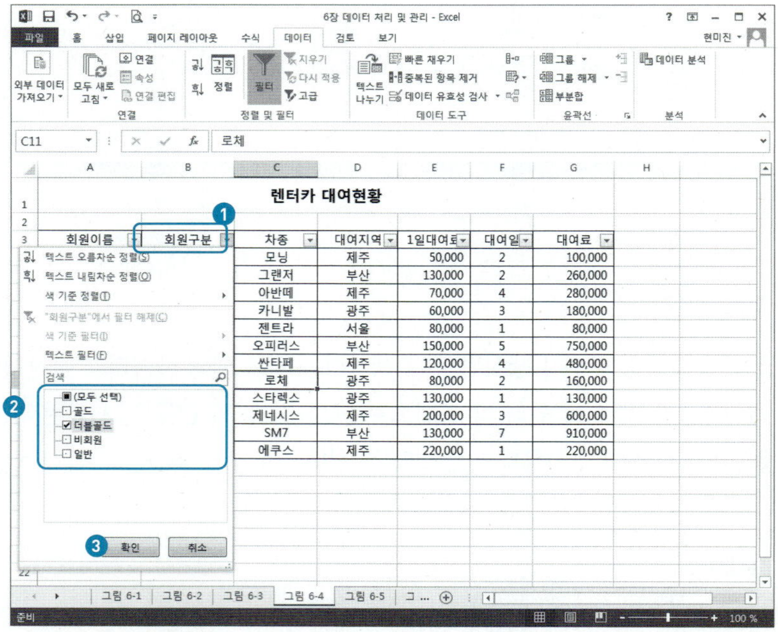

| 그림 6-4 | 회원구분에서 '더블골드' 회원 필터링

회원이름에서 성이 '이'인 회원들만 필터링 해보자. 실행과정은 [그림 6-5]와 같다.

❶ 회원이름(A3)의 필터링 단추를 클릭한 후 [텍스트 필터]에서 [시작문자]를 선택한다.
❷ [사용자 지정 자동 필터] 대화상자가 나타나면 "이"를 입력한다.
❸ [확인] 버튼을 클릭한다.

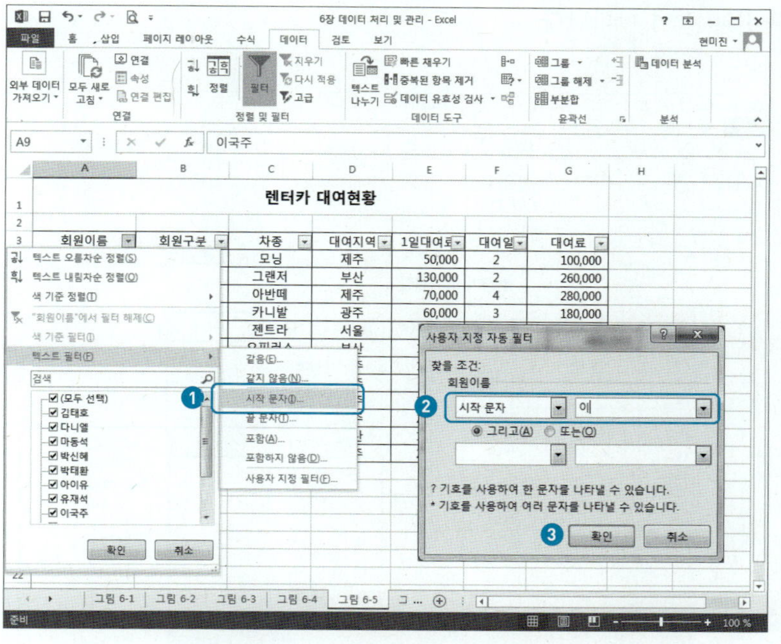


| 그림 6-5 | 성이 '이'인 회원들의 필터링

## 3 숫자 필터 조건

필터링 단추가 생성된 후 검색하려는 필드 열의 데이터가 숫자 형식이라면 [숫자 필터]는 [같음], [같지 않음], [보다 큼], [크거나 같음], [크거나 작음], [상위 10], [평균 초과], [평균 미만] 등과 같은 조건으로 값을 검색할 수 있으며, [사용자 지정 필터]를 이용하여 찾을 조건을 직접 입력할 수 있다. 대여료와 같이 숫자로 된 데이터에 대한 필터링을 할 때 [그림 6-6]과 같이 나타난다.

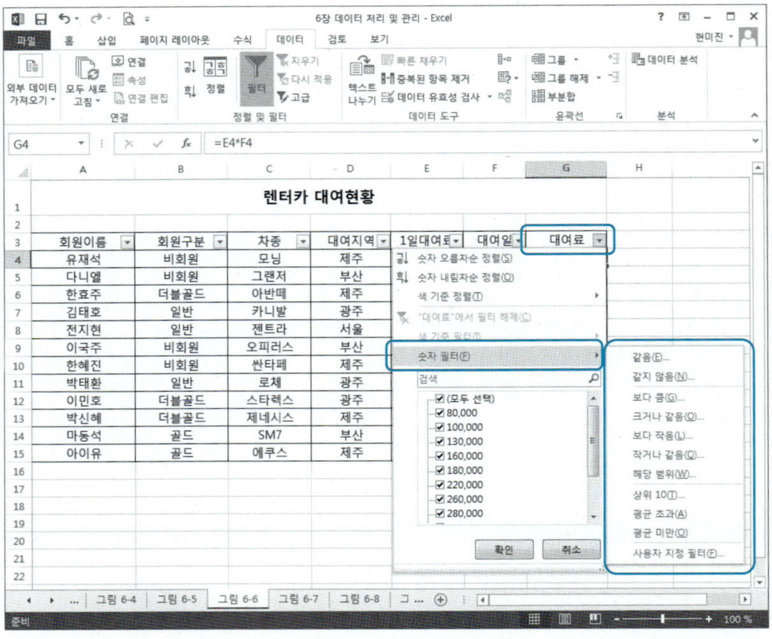

| 그림 6-6 | '대여료'에 대한 필터 조건 표시

대여료가 50만원 이상인 회원들을 필터링 해보자. 대여료(G3)의 필터링 단추를 클릭한 후 [숫자 필터]에서 [크거나 같음]을 선택하면, [그림 6-7]과 같이 [사용자 지정 자동 필터] 대화상자가 나타난다. ">=" 과 "500,000"을 차례로 입력하고 [확인] 버튼을 클릭한다.

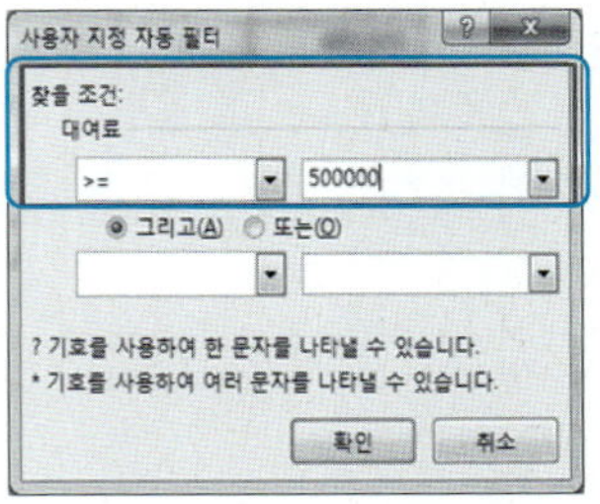

| 그림 6-7 | '대여료'가 50만원 이상인 회원들의 필터링

1일 대여료가 상위 20%에 속하는 차종을 필터링 해보자. 1일 대여료(E3)의 필터링 단추에서 [숫자 필터]-[상위 10]을 선택한다. [그림 6-8]과 같이 [상위 10 자동 필터] 대화상자가 나타나면 "20" 과 "%"를 입력한 후 [확인] 버튼을 클릭한다.

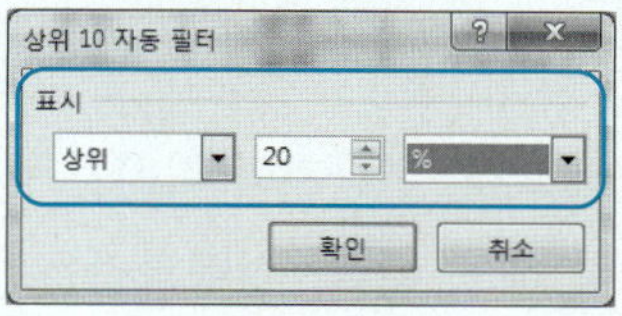


| 그림 6-8 | '1일 대여료'가 상위 20%에 속하는 회원들의 필터링

대여일 3~5일인 회원들을 필터링 해보자. 대여일(F3)의 필터링 단추에서 [숫자 필터]-[해당범위]를 선택한다. [그림 6-9]와 같이 [사용자 지정 자동 필터] 대화상자가 나타나면 ">=" 과 "3"을 입력한 후 "<="와 "5"를 차례로 입력한 후 [확인] 버튼을 클릭한다.

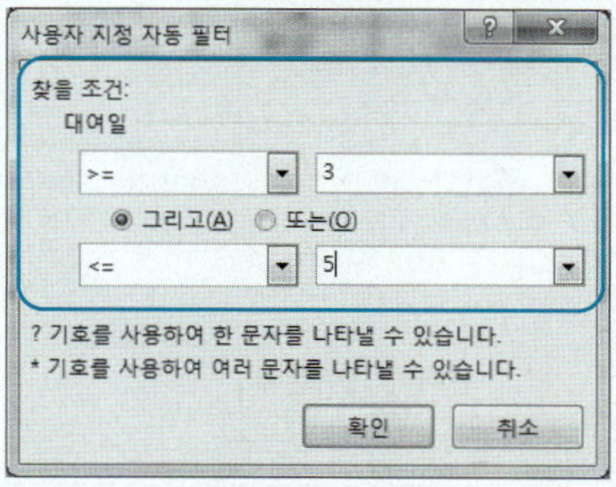


| 그림 6-9 | 대여일 3~5일인 회원들의 필터링

대여료가 10만원 이하이거나 70만원 이상인 회원들을 필터링 해보자. 대여료(G3)의 필터링 단추에서 [숫자 필터]-[사용자 지정 필터]를 선택한다. [그림 6-10]과 같이 [사용자 지정 자동 필터] 대화상자가 나타나면 "<=" 과 "100,000"을 입력하고, "또는"을 선택한 후 ">="와 "700,000"를 차례로 입력한 후 [확인] 버튼을 클릭한다.

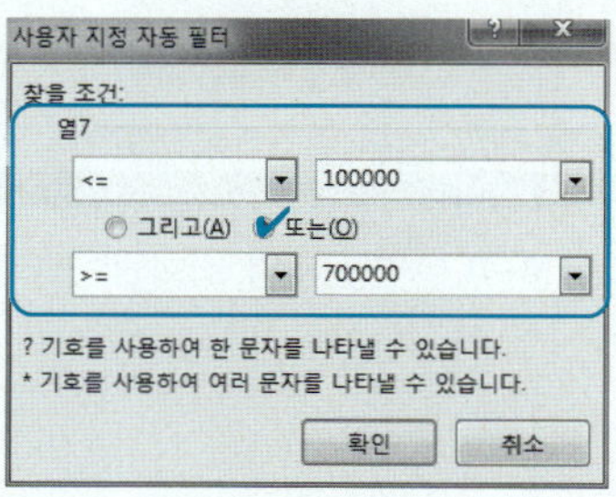


| 그림 6-10 | 대여료가 10만원 이하이거나 70만원 이상인 회원들의 필터링

## 4 두 가지 이상의 필터 조건 적용

자동 필터에서도 필터링 단추를 여러 번 적용하여 원하는 데이터를 추출할 수 있다. 여러 가지 조건을 표현한다는 것은 주어진 조건들이 모두 동시에 만족되어야 한다는 것을 의미하기 때문에, 두 개 이상의 필드에 대해 '그리고(AND)' 조건을 만족하는 레코드만 추출할 수 있다.

부산지역 비회원들을 필터링 해보자. 부산지역 회원들 중 비회원을 찾아도 되고, 비회원들 중 부산지역 회원을 필터링 해도 된다. 실행과정은 [그림 6-11]과 같다.

1. 대여지역에서 먼저 "부산"을 조건으로 데이터를 필터링 한다.
2. "부산"지역 회원들만 필터링 된 데이터에서 다시 회원구분이 "비회원"인 데이터를 필터링한다.
3. [확인] 버튼을 클릭한다.

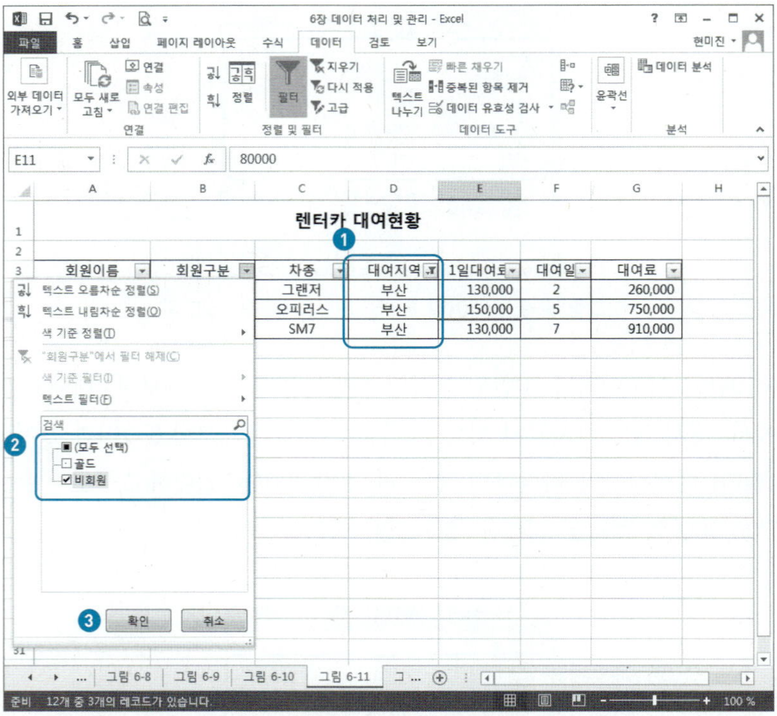

| 그림 6-11 | '부산지역 비회원' 필터링

## 2.2 고급 필터

자동 필터는 여러 필드에 중복적으로 사용하여 여러 조건을 만족하는 레코드를 선택한다. 그러나 자동 필터의 속성상 여러 가지 조건을 표현한다는 것은 주어진 조건들이 모두 동시에 만족되어야 한다는 것을 의미하기 때문에, 두 개 이상의 필드에 대해 '또는(OR)' 조건을 만족하는 레코드를 추출할 수 없다. 이러한 조건을 만족하는 레코드 추출을 위해서는 고급 필터를 이용해야 한다. 고급 필터를 사용하기 위해서는 조건 목록을 먼저 만들어야 한다. 조건 목록의 첫 행에는 필드명을 입력하고 조건의 구체적인 내용은 각 필드에 해당하는 열에 나타낸다. 조건을 나타내는 방법에는 '그리고(AND)' 조건과 '또는(OR)' 조건이 있다. 조건 범위에서 각 필드에 해당하는 열에 주어진 조건들은 '또는(OR)'의 조건에 해당하고, 여러 필드에 걸쳐 같은 행에 나열된 조건은 '그리고(AND)' 조건에 해당한다. 고급 필터는 데이터베이스에서 집합 중 임의의 셀을 선택한 후 [데이터]–[정렬 및 필터]–[고급]을 이용한다. [그림 6-12]는 고급 필터 대화상자를 나타낸다.

❶ 현재 위치에 필터　원본 데이터 목록이 위치한 곳에 추출된 결과를 표시한다.
❷ 다른 장소에 복사　다른 위치에 추출된 결과를 표시한다.
❸ 목록 범위　추출할 원본 데이터 목록의 범위를 지정한다.
❹ 조건 범위　찾을 조건이 입력된 범위를 지정한다.
❺ 복사 위치　'다른 장소에 복사'를 선택한 경우 추출된 결과의 표시 위치를 지정한다.
❻ 동일한 레코드는 하나만　추출된 결과 중 동일한 레코드가 있을 경우 하나만 표시한다.

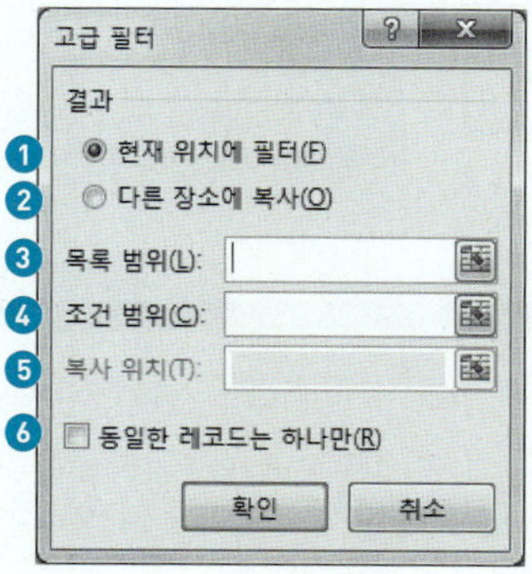


| 그림 6-12 | 고급 필터 대화상자

고급 필터에서도 필터가 적용된 상태를 해제하려면, 자동 필터와 마찬가지로 [데이터]–[정렬 및 필터]–[지우기]를 선택하면 된다.

제주지역의 더블골드 회원을 필터링 해보자. 필터링 된 결과는 A22셀부터 나타내도록 한다. 실행과정은 [그림 6-13]과 같다.

❶ 먼저 조건범위를 A18:B19에 먼저 입력한다. 주어진 조건은 AND 조건이므로 두 조건을 나란히 입력한다.

❷ 데이터베이스 내 임의의 셀을 선택한 후 [데이터]-[정렬 및 필터]-[고급]을 선택한다.

❸ 목록범위($A$3:$G$15)가 지정된 [고급 필터] 대화상자가 나타난다.

❹ '조건범위'란에 클릭한 후 A18:B19를 마우스로 지정하면 자동으로 절대참조가 설정된다.

❺ '다른 장소에 복사' 항목을 선택, '복사 위치'란에 클릭하고 A22셀을 지정하면 자동으로 절대참조가 설정된다.

❻ [확인] 버튼을 클릭한다.

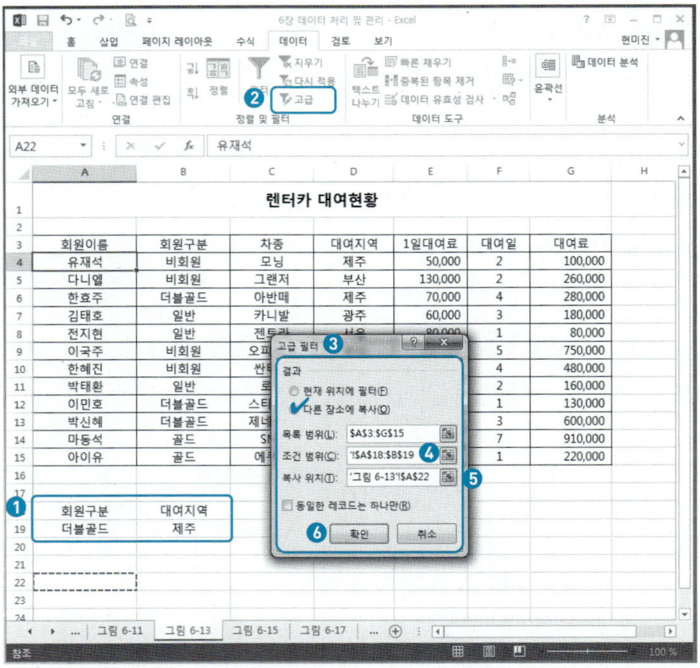


| 그림 6-13 | AND조건을 사용한 고급 필터

[그림 6-13]에서 [확인] 버튼을 클릭하면, [그림 6-14]와 같이 데이터베이스에서 제주지역 더블골드 회원만 추출되어 나타난다.

| | 회원이름 | 회원구분 | 차종 | 대여지역 | 1일대여료 | 대여일 | 대여료 |
|---|---|---|---|---|---|---|---|
| 22 | 회원이름 | 회원구분 | 차종 | 대여지역 | 1일대여료 | 대여일 | 대여료 |
| 23 | 한효주 | 더블골드 | 아반떼 | 제주 | 70,000 | 4 | 280,000 |
| 24 | 박신혜 | 더블골드 | 제네시스 | 제주 | 200,000 | 3 | 600,000 |

| 그림 6-14 | 고급 필터 적용 결과

대여료가 50만원 이상인 더블골드 회원과 대여료가 30만원 이상인 비회원 데이터를 함께 필터링 해보자. 조건범위는 A18:B20에 미리 입력하고, 필터링 된 결과는 A22셀부터 나타내도록 한다. 조건을 입력할 때 첫 번째 조건인 대여료가 50만원 이상인 더블골드 회원은 '그리고(AND)' 조건이므로 '회원구분' 필드와 '대여료' 필드에 나란히 입력하고, 두 번째 조건인 대여료가 30만원 이상인 비회원도 '그리고(AND)' 조건이므로 '회원구분' 필드와 '대여료' 필드에 나란히 입력한다. 최종 결과는 첫 번째 조건과 두 번째 조건 중 어느 조건을 만족하더라도 결과로 출력해야 하므로, '또는(OR)' 조건이다. 이를 표현하기 위해서 첫 번째 조건의 다음 행에 두 번째 조건을 입력한다. 실행과정은 [그림 6-15]와 같다.

❶ 먼저 조건범위를 A18:B20에 먼저 입력한다.
❷ 데이터베이스 내 임의의 셀을 선택한 후 [데이터]-[정렬 및 필터]-[고급]을 선택한다.
❸ 목록범위($A$3:$G$15)가 지정된 [고급 필터] 대화상자가 나타난다.
❹ '조건범위'란에 클릭한 후 A18:B20을 마우스로 지정하면 자동으로 절대참조가 설정된다.
❺ '다른 장소에 복사' 항목을 선택한 후, '복사 위치'란에 클릭하고 A22셀을 지정하면 자동으로 절대참조가 설정된다.
❻ [확인] 버튼을 클릭한다.

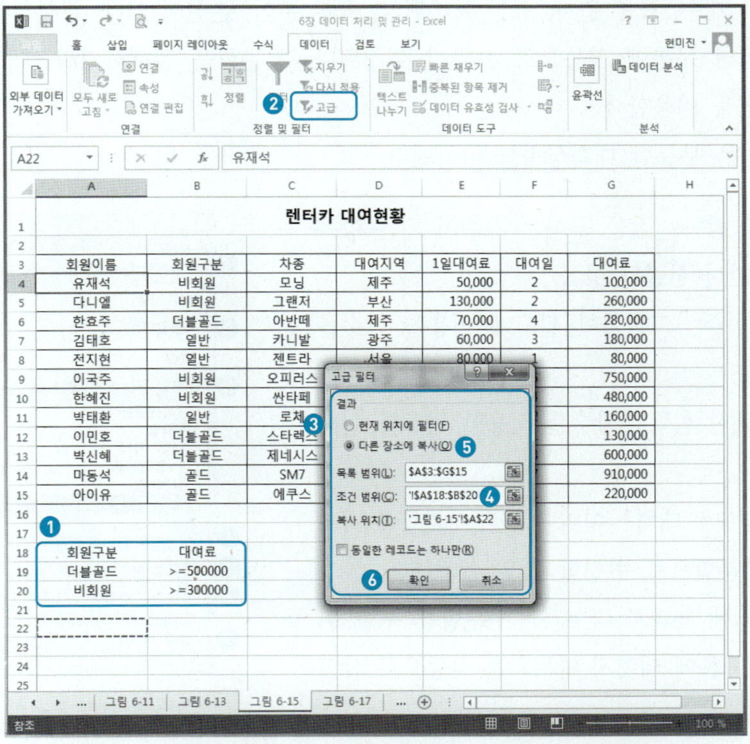

| 그림 6-15 | AND조건과 OR조건을 사용한 고급 필터

[그림 6-15]에서 [확인] 버튼을 클릭하면, [그림 6-16]과 같이 대여료가 50만원 이상인 더블골드 회원과 대여료가 30만원 이상인 비회원 레코드가 추출된다.

| | | | | | | | |
|---|---|---|---|---|---|---|---|
| 21 | | | | | | | |
| 22 | 회원이름 | 회원구분 | 차종 | 대여지역 | 1일대여료 | 대여일 | 대여료 |
| 23 | 이국주 | 비회원 | 오피러스 | 부산 | 150,000 | 5 | 750,000 |
| 24 | 한혜진 | 비회원 | 싼타페 | 제주 | 120,000 | 4 | 480,000 |
| 25 | 박신혜 | 더블골드 | 제네시스 | 제주 | 200,000 | 3 | 600,000 |
| 26 | | | | | | | |

| 그림 6-16 | AND조건과 OR조건을 사용한 고급 필터 적용 결과

## 03 부분합

부분합은 많은 양의 데이터를 그룹(필드)별로 분류하고, 각 그룹별로 계산을 수행하는 데이터 분석도구이다. 부분합을 작성하려면 기준이 되는 필드를 반드시 오름차순이나 내림차순으로 정렬해야 한다. 부분합에서 사용할 수 있는 함수에는 합계, 개수, 평균, 최댓값, 최솟값, 곱, 숫자 개수, 표준 편차, 표본 표준편차, 표본 분산, 분산이 있다. 부분합을 작성하면 부분합 데이터 목록에 자동으로 윤곽이 설정된다. 부분합을 실행하려면 [데이터]–[윤곽선]–[부분합]을 이용한다.

[그림 6-17]은 부분합 대화상자를 나타낸다.

❶ 그룹화할 항목 값을 구하는 기준이 되는 항목을 선택한다(정렬된 항목).

❷ 사용할 함수 그룹화할 필드에 적용할 함수를 선택한다.

❸ 부분합 계산 항목 함수를 적용할 필드를 선택한다.

❹ 새로운 값으로 대치 이미 작성된 부분합을 지우고, 새 부분합으로 변경할 경우 선택한다.

❺ 그룹 사이에 페이지 나누기 부분합을 구한 뒤 각 그룹 다음에 페이지 나누기를 자동으로 삽입한다.

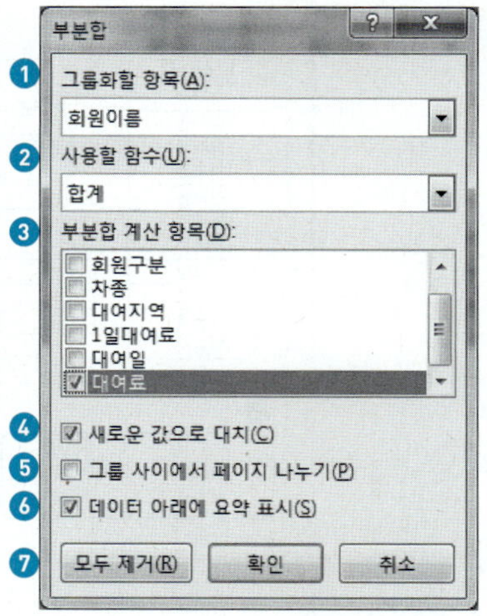


| 그림 6-17 | 부분합 대화상자

❻ 데이터 아래에 요약 표시 부분합의 결과를 각 그룹의 아래 또는 위에 표시할지 결정한다.

❼ 모두 제거 부분합을 제거하고, 원래 데이터 목록을 표시한다.

회원구분별 1일 대여료와 대여료의 평균을 부분합으로 나타내보자. 부분합을 실행하기 전에 데이터 내 임의의 셀을 선택한 후 [그림 6-18]과 같이 먼저 회원구분별로 정렬(비회원, 일반, 골드, 더블골드 순)을 실행해야 한다.

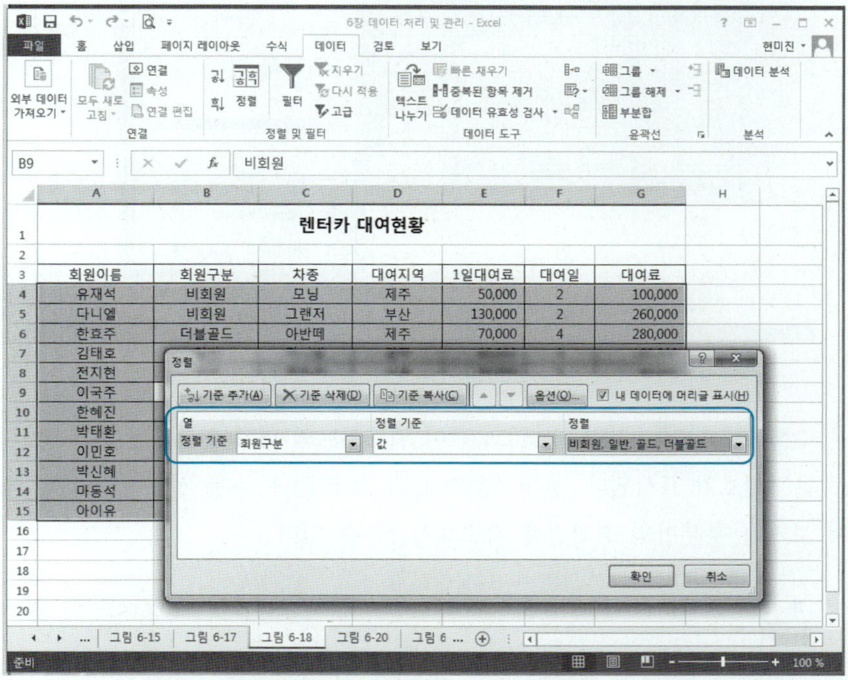

| 그림 6-18 | 부분합 실행 전 정렬 대화상자

부분합 실행과정은 [그림 6-19]와 같다.

❶ 회원구분별로 정렬된 데이터베이스 내 임의의 셀을 클릭한 후 [데이터]-[윤곽선]-[부분합]을 선택한다.

❷ [부분합] 대화상자에서 '그룹화할 항목'은 "회원구분"을 선택한다.

❸ '사용할 함수'는 "평균"으로 지정한다.

❹ '부분합 계산 항목'은 "1일 대여료"와 "대여료"를 체크한다.

❺ [확인] 버튼을 클릭한다.

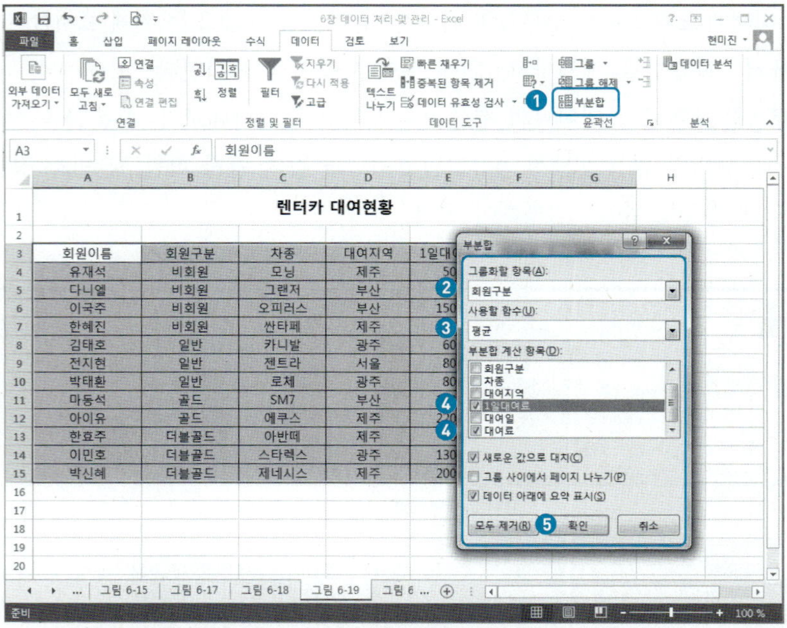


| 그림 6-19 | 부분합 실행과정

부분합을 수행하고 나면, [그림 6-20]과 같이 워크시트의 왼쪽에 부분합을 계산한 하위 그룹단위로 윤곽기호가 표시된다. 윤곽기호의 1, 2, 3 또는 +, −를 선택하면 세부 데이터를 확장해서 보거나 부분합의 결과만을 축소해서 볼 수 있다.

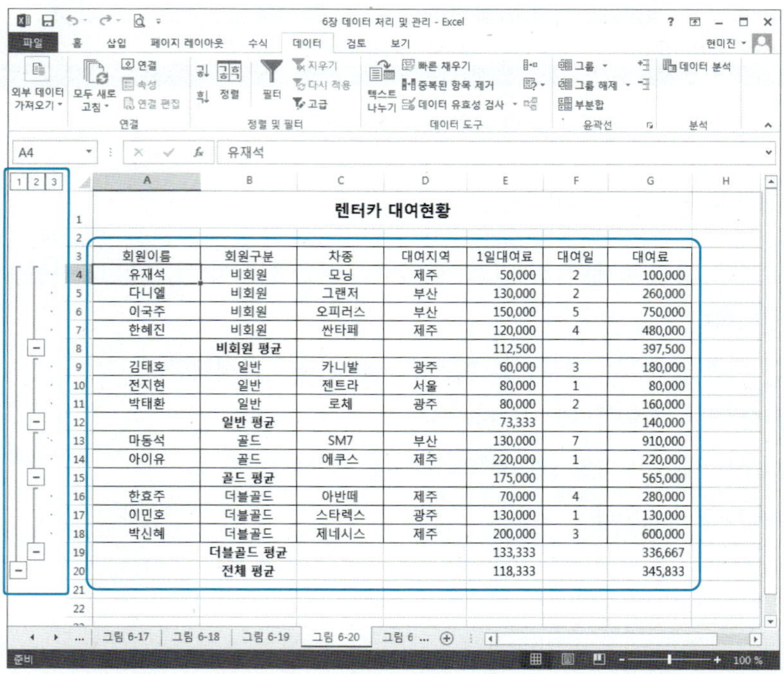


| 그림 6-20 | 회원구분별 1일 대여료와 대여료의 평균

[그림 6-20]의 결과에 회원구분별로 1일 대여료와 대여료의 최댓값을 추가해보자. 실행과정은 [그림 6-21]과 같다.

❶ [데이터]-[윤곽선]-[부분합]을 선택한다.

❷ [부분합] 대화상자에서 '사용할 함수'를 "최대값"으로 지정한다. 부분합 계산항목인 1일 대여료와 대여료는 [그림 6-20]의 실행 결과로 그대로 체크되어 있다.

❸ '새로운 값으로 대치'에 체크표시를 해제한다.

❹ [확인] 버튼을 클릭한다.

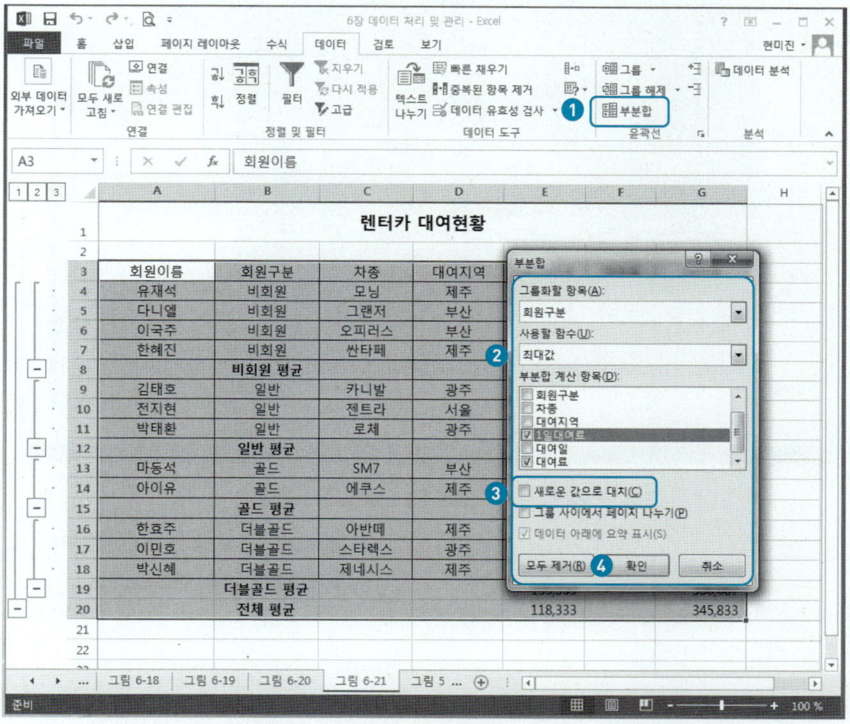


| 그림 6-21 | 1일 대여료와 대여료의 최대값 추가

부분합을 추가한 결과는 [그림 6-22]와 같다. 만약 부분합을 제거하고 원본 데이터로 표시하려면, [부분합] 대화상자에서 [모두제거] 버튼을 클릭하면 된다.

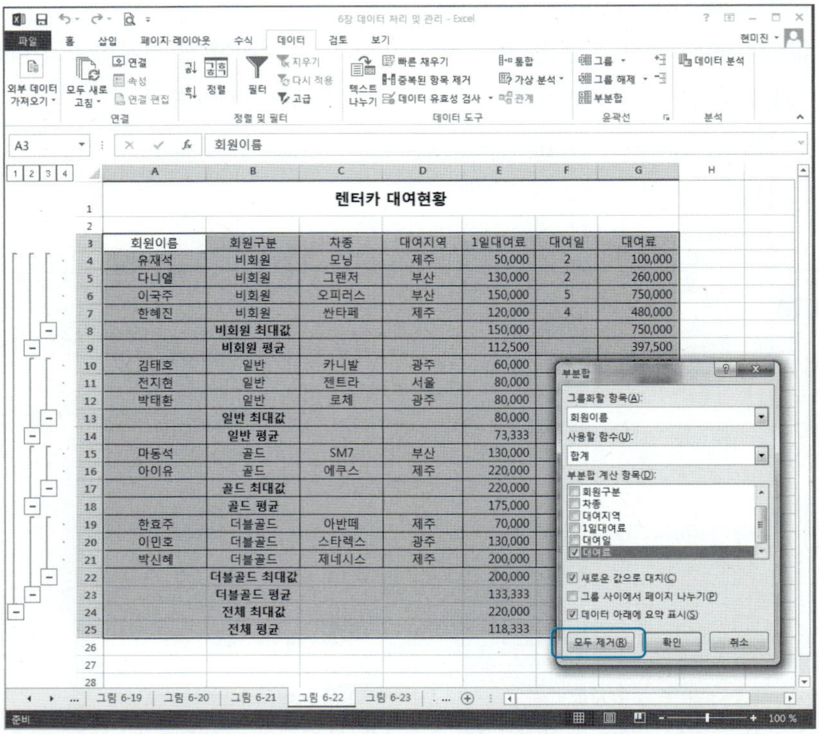

| 그림 6-22 | 최종 결과 및 모두 제거 버튼의 사용

# 04 가상분석

## 4.1 시나리오

시나리오는 가상 분석 도구의 일부로 다양한 상황과 변수에 따른 여러 가지 결과 값의 변화를 가상으로 예측하여 분석하는 도구이다. 시나리오를 실행할 때 결과 셀은 반드시 변경 셀을 참조하는 수식으로 입력되어야 하고, 하나의 시나리오에 최대 32개까지 변경 셀을 지정할 수 있다. 시나리오의 결과는 요약보고서나 피벗테이블 보고서로 작성할 수 있으며 이자율, 손익분기점, 주가 분석 등에 많이 사용된다. 시나리오의 실행은 [그림 6-23]과 같이 [데이터]-[데이터 도구]-[가상분석]-[시나리오 관리자]를 이용한다.

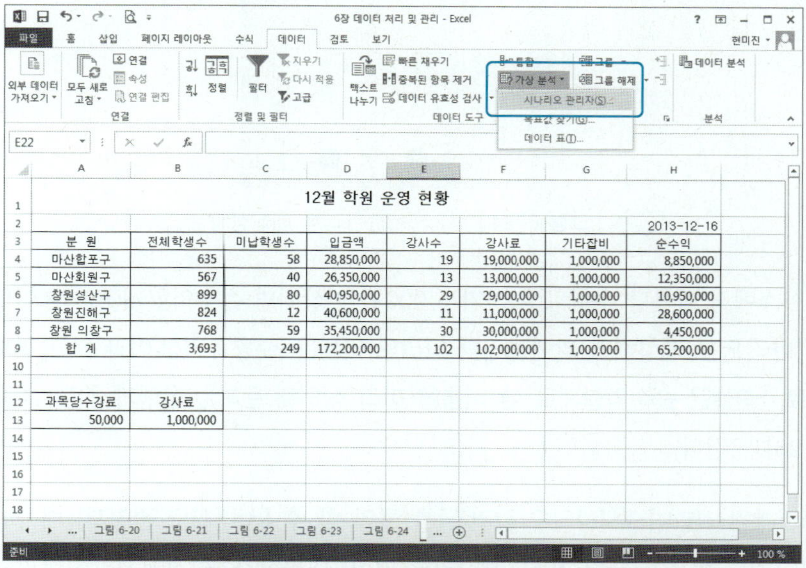

| 그림 6-23 | 시나리오 관리자 실행

시나리오 관리자 대화상자의 내용은 [그림 6-24]와 같다.

❶ 추가　시나리오를 추가하고, 변경 셀을 입력할 수 있는 대화상자를 표시한다.
❷ 삭제　선택한 시나리오를 삭제한다.
❸ 편집　선택한 시나리오를 변경할 수 있는 대화상자를 표시한다.
❹ 병합　선택한 시나리오를 병합한다.
❺ 요약　시나리오 요약 보고서나 시나리오 피벗 테이블 보고서를 작성한다.
❻ 표시　선택한 시나리오 결과 값을 워크시트에 표시한다.
❼ 닫기　대화상자를 닫는다.

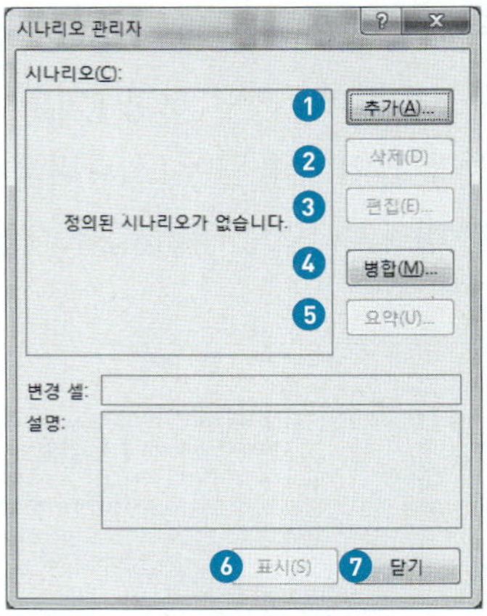


| 그림 6-24 | 시나리오 관리자 대화상자

데이터베이스에서 과목당 수강료(A13)가 5,000원 인상되면 순수익합계(H9)가 어떻게 변화하는지 시나리오를 작성해서 알아보자(시나리오 이름은 '수강료인상'이라 하고, A13셀은 과목당수강료, H9셀은 순수익합계로 셀 이름을 미리 정의해 둔다). 실행과정은 [그림 6-25], [그림 6-26]과 같다.

❶ [데이터]–[가상분석]–[시나리오 관리자]를 클릭 한 후 [시나리오 관리자] 대화상자가 나타나면 [추가]버튼을 클릭한다. [시나리오 편집] 대화상자가 나타나면 시나리오 이름에 "수강료인상"이라고 입력한다.
❷ 변경 셀에 마우스로 A13셀을 지정하면 자동으로 절대참조로 입력이 된다.
❸ [확인] 버튼을 클릭한다.
❹ [그림 6-26]과 같이 [시나리오 값] 대화상자가 나타나면, 과목당 수강료에 "55,000"을 입력한다.
❺ [확인] 버튼을 클릭하면 [시나리오 관리자] 대화상자로 돌아간다.

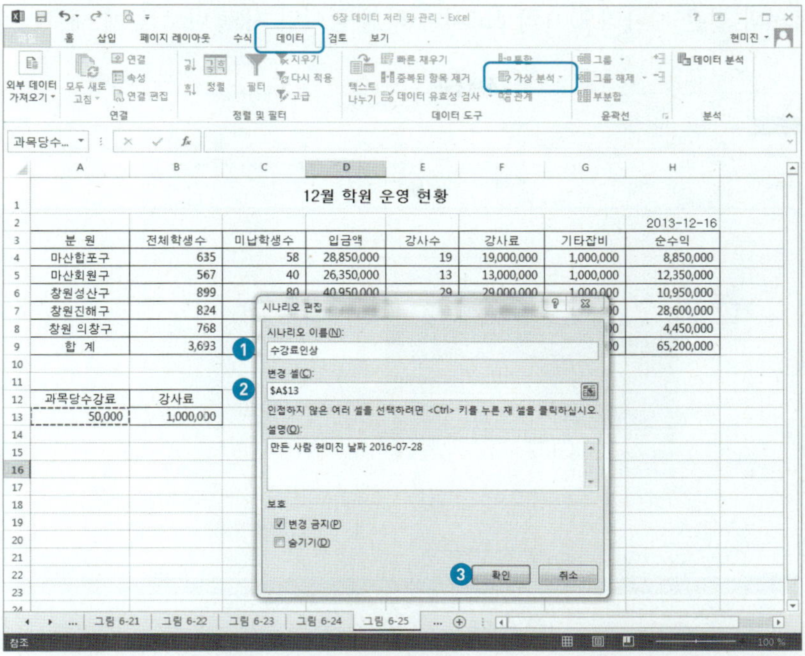

| 그림 6-25 | 첫 번째 시나리오 작성

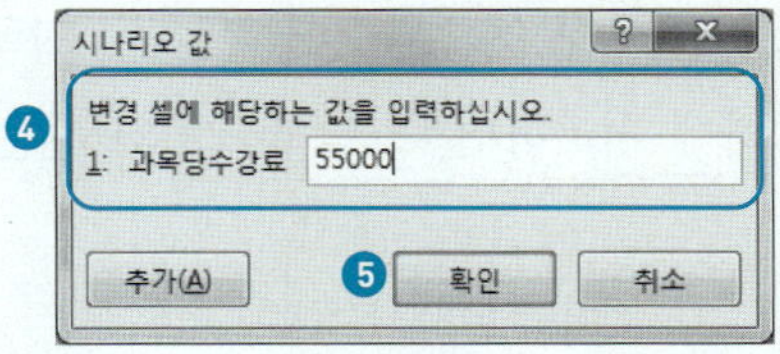

| 그림 6-26 | 시나리오 값 대화상자

[요약]버튼을 클릭하면 [그림 6-27]과 같은 [시나리오 요약] 대화상자가 나타나고, 결과 셀인 순이익합계(H9)를 지정한 후 [확인]버튼을 클릭한다.

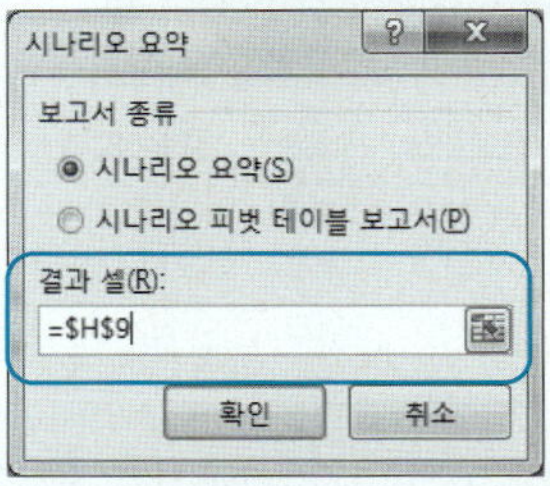

| 그림 6-27 | 시나리오 요약 대화상자

[그림 6-28]과 같은 시나리오 요약보고서가 작업 중이던 시트 바로 앞에 새로 만들어진다.

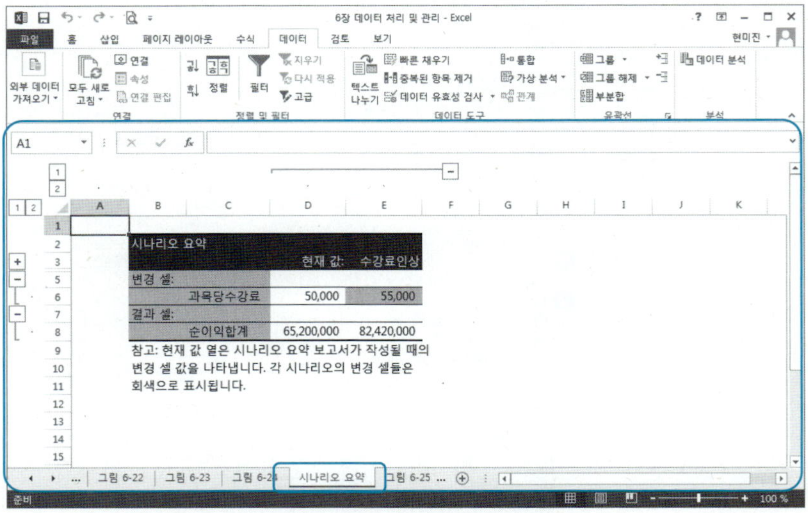


| 그림 6-28 | 시나리오 요약 보고서

데이터베이스에서 과목당 수강료(A13)가 5,000원 인하되면 순이익합계(H9)가 어떻게 변화하는지 알아보기 위한 시나리오를 더 추가해 보자. [그림 6-24]의 [시나리오 관리자] 대화상자에서 시나리오를 추가하고, 시나리오 이름은 "수강료인하", 과목당 수강료를 "45000"이라고 입력한 후 앞의 과정과 동일하게 처리하면 [그림 6-29]와 같은 요약보고서가 만들어진다.

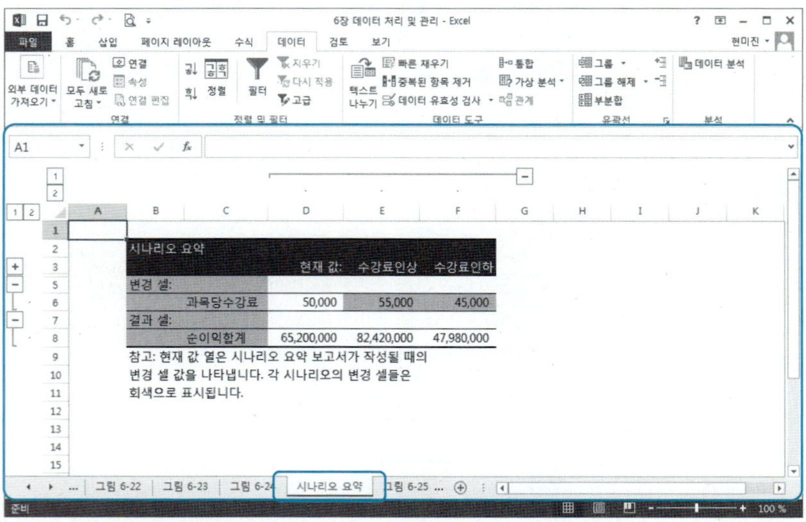


| 그림 6-29 | 2개의 시나리오가 있는 요약 보고서

## 4.2 목표값 찾기

목표값 찾기는 가상 분석 도구의 일부로 수식에서 원하는 결과(목표)값은 알고 있지만 그 결과값을 계산하기 위해 필요한 입력값을 모를 경우에 사용하는 도구이다. 목표값 찾기는 주어진 결과값에 대해 하나의 입력값만 변경할 수 있고, 결과값은 입력값을 참조하는 수식으로 작성되어야 한다. 찾는 값(목표값)에는 셀 주소를 입력할 수 없으므로 사용자가 원하는 데이터를 직접 입력해야 한다. 목표값 찾기의 실행은 [그림 6-30]과 같이 [데이터]-[데이터도구]-[가상분석]-[목표값 찾기]를 이용한다.

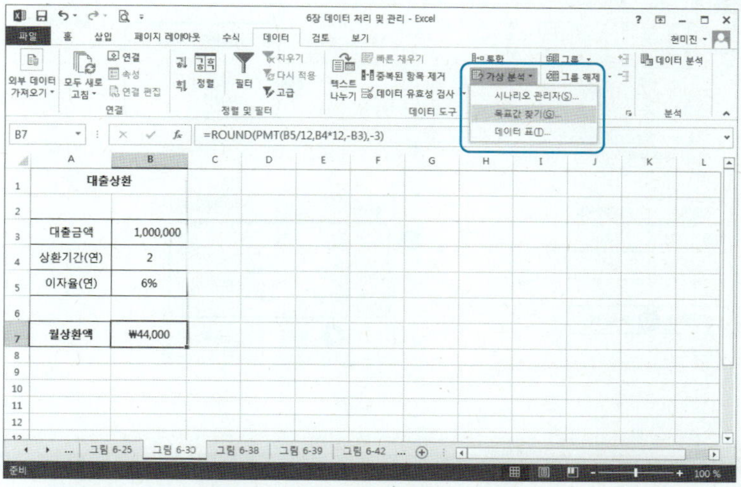


| 그림 6-30 | 목표값 찾기 실행

목표값 찾기 대화상자의 내용은 [그림 6-31]과 같다.

❶ 수식 셀 결과 값이 출력되는 셀 주소로, 해당 셀에는 반드시 '값을 바꿀 셀'의 주소를 사용하는 수식이 있어야 한다.

❷ 찾는 값 목표로 하는 값을 직접 입력한다. 수식 셀의 값이 얼마로 변경되어야 하는지를 입력한다.

❸ 값을 바꿀 셀 목표값을 만들기 위해 변경되어야 할 값이 들어 있는 셀의 주소를 지정한다.

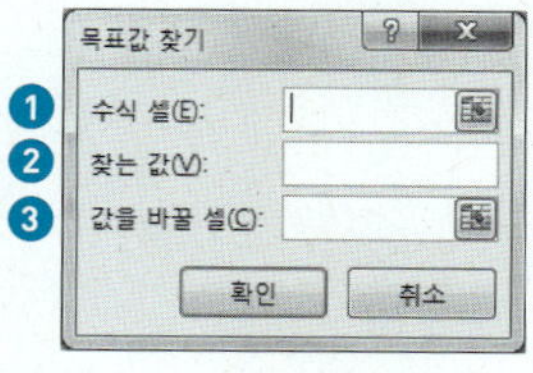


| 그림 6-31 | 목표값 찾기 대화상자

대출상환표에서 월상환액(B7)을 20,000으로 조정하려면 상환기간(B4)을 얼마로 하여야 하는지 목표값 찾기로 알아보자. 실행과정은 [그림 6-32]와 같다.

❶ 수식 셀(B7)에 커서를 두고 목표값을 구하는 것이 편리하다.

❷ [데이터]-[가상분석]-[목표값 찾기]를 선택한다.

❸ 수식 셀에 B7셀을 지정하고, 찾는 값에는 "20,000"을 직접 입력해야 하며, 값을 바꿀 셀에 B4셀을 지정한다.

❹ [확인] 버튼을 클릭한다.

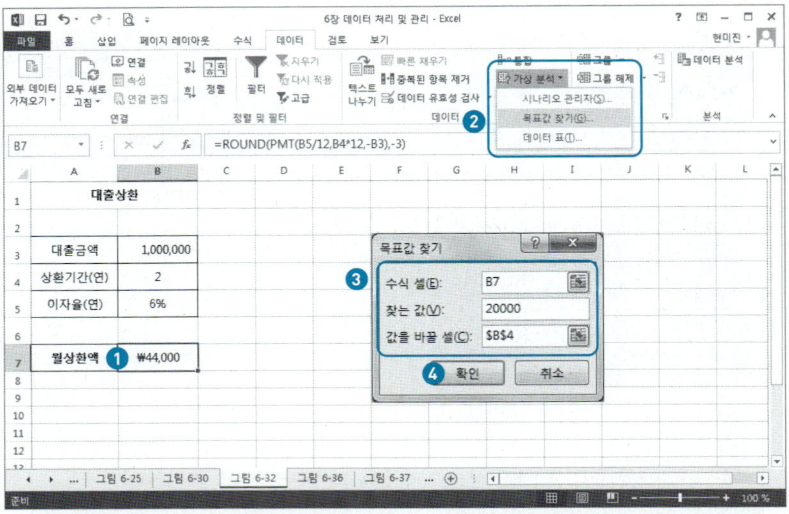


| 그림 6-32 | 목표값 찾기 실행과정

[그림 6-32]에서 [확인] 버튼을 클릭하면, [그림 6-33]과 같이 [목표값 찾기 상태] 대화상자가 나타나고, B4셀과 B7셀의 값이 조건에 맞게 바뀐 것을 확인할 수 있다.

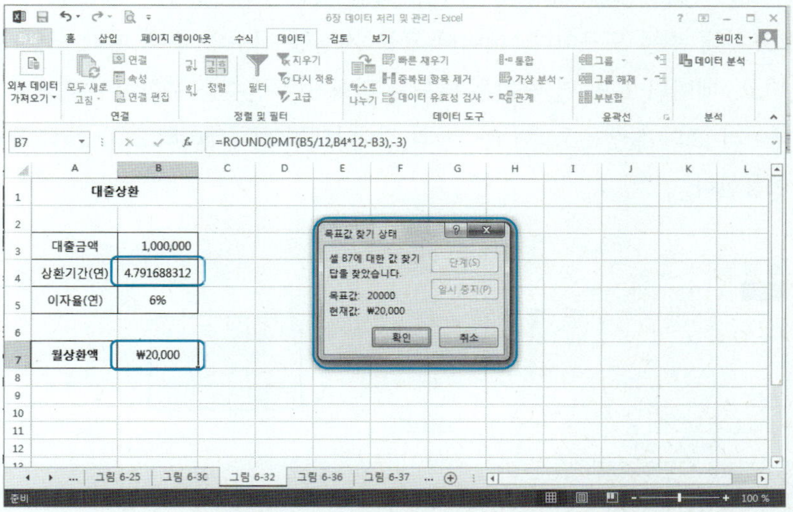


| 그림 6-33 | 목표값 찾기 결과

## 4.3 데이터 표

데이터 표 기능은 가상 분석 도구의 일부로 특정 값의 변화에 따른 결과 값 변화 과정을 표 형태로 표시해 주는 도구이다. 데이터 표는 지정한 변수의 수에 따라 단일 표와 이중 표로 구분되고, 데이터 표의 결과 값은 반드시 변화하는 변수를 포함한 수식으로 작성되어야 한다. 데이터 표의 실행은 [그림 6-34]와 같이 [데이터]-[데이터도구]-[가상분석]-[데이터 표]를 이용한다.

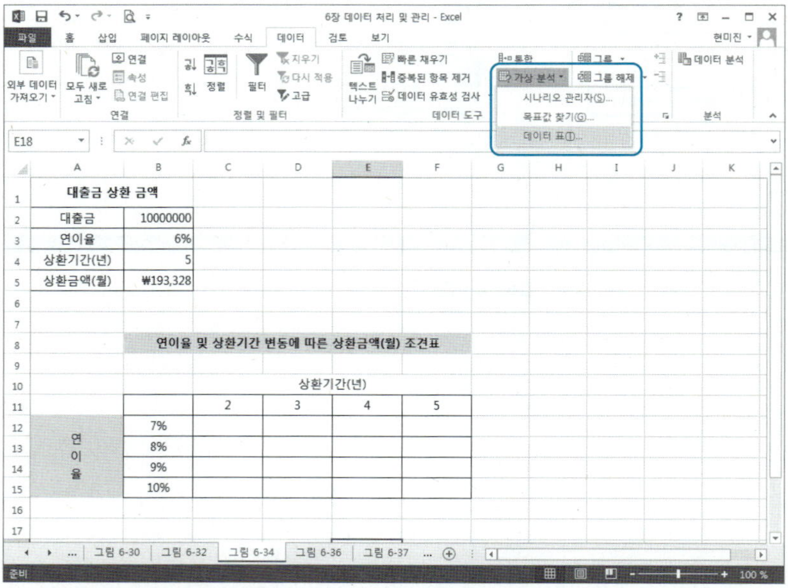


| 그림 6-34 | 데이터 표 실행

데이터 표 대화상자의 내용은 [그림 6-35]와 같다.

❶ 행 입력 셀　변화되는 값이 행에 있을 때 변화되는 셀의 원래 주소를 지정한다.
❷ 열 입력 셀　변화되는 값이 열에 있을 때 변화되는 셀의 원래 주소를 지정한다.

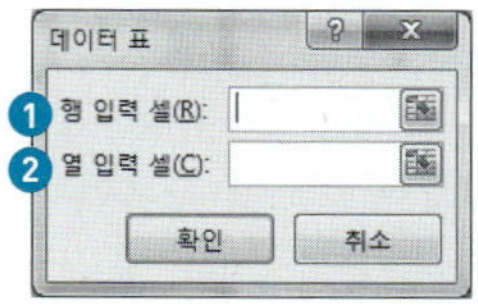


| 그림 6-35 | 데이터 표 대화상자

대출금, 연이율, 상환기간을 이용하여 월 상환금액을 데이터 표 기능을 이용하여 연이율과 상환기간의 변동에 따른 월 상환금액의 변화를 [C12:F15] 영역에 나타낼 수 있다. 실행 과정은 [그림 6-36]과 같다.

❶ 행 머리글과 열 머리글이 만나는 지점인 B11셀에 B5셀의 수식을 복사한다(이 때 수식을 복사하는 방법은 B11셀에 수식("=PMT(B3/12,B4 *12,-B2)")을 직접 입력하거나, B5셀의 수식입력줄에서 복사한 후 Esc를 누르고, B11셀에 붙여넣기 하는 방법이 있다).

❷ B11:F15를 범위설정 한다.

❸ [데이터]-[데이터 도구]-[가상분석]-[데이터 표]를 선택한다.

❹ [데이터 표] 대화상자가 나타나면, 행 입력 셀에 "B4"를 지정하고, 열 입력 셀에 "B3"을 지정한다.

❺ [확인] 버튼을 클릭한다.

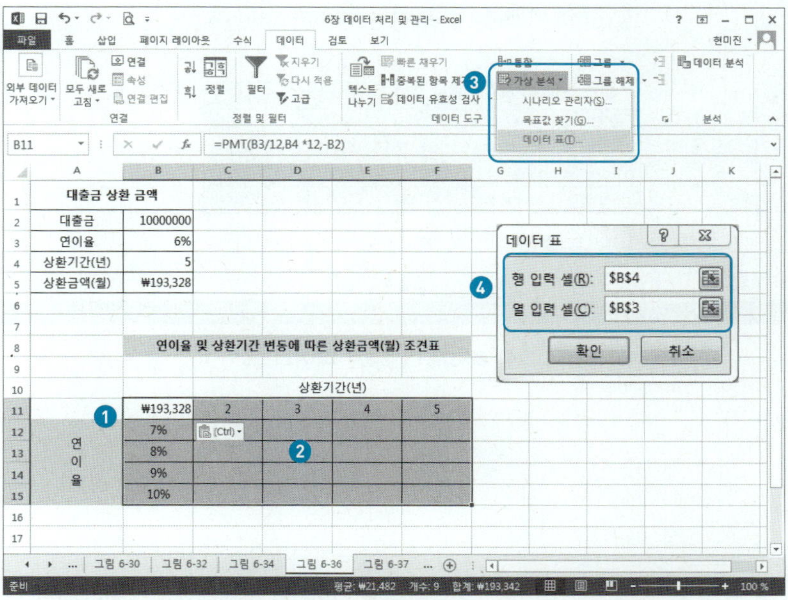


| 그림 6-36 | 데이터 표의 적용과정

[그림 6-36]에서 [확인]버튼을 클릭하면, [그림 6-37]과 같이 작성하고자 하는 표의 행 머리글에 있는 값들과 열 머리글에 있는 값들이 각각 차례대로 '행 입력 셀'과 '열 입력 셀'에 대체되어 공백이었던 나머지 모든 셀에 대한 계산 결과가 자동으로 채워진다.

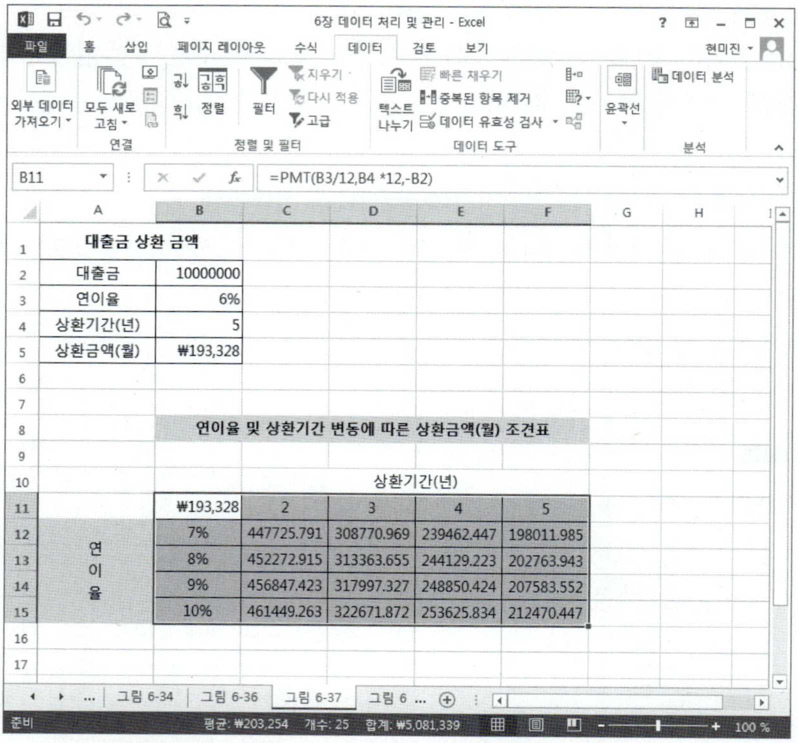


| 그림 6-37 | 완성된 데이터 표

# 05 데이터 통합

데이터 통합은 비슷한 형식의 여러 데이터를 하나의 표로 통합·요약하여 표시해 주는 도구이다. 통합 기능은 여러개의 데이터 베이스를 그대로 두고 정렬을 시키지 않고 그룹별 연산을 할 수 있는 방법이다. 사용할 데이터의 형태가 다르더라도 같은 이름표를 사용하면 항목을 기준으로 통합할 수 있으며, 사용할 수 있는 함수에는 합계, 개수, 평균, 최댓값, 최솟값, 곱, 숫자 개수, 표본 표준편차, 표준편차, 표본 분산, 분산 등이 있다. 통합할 여러 데이터의 순서와 위치가 동일할 경우 위치를 기준으로 통합할 수 있고, 여러 시트에 입력되어 있는 데이터 및 다른 통합 문서에 입력되어 있는 데이터도 통합할 수 있다. 데이터 통합의 실행은 [그림 6-38]과 같이 [데이터]-[데이터도구]-[통합]을 이용한다.

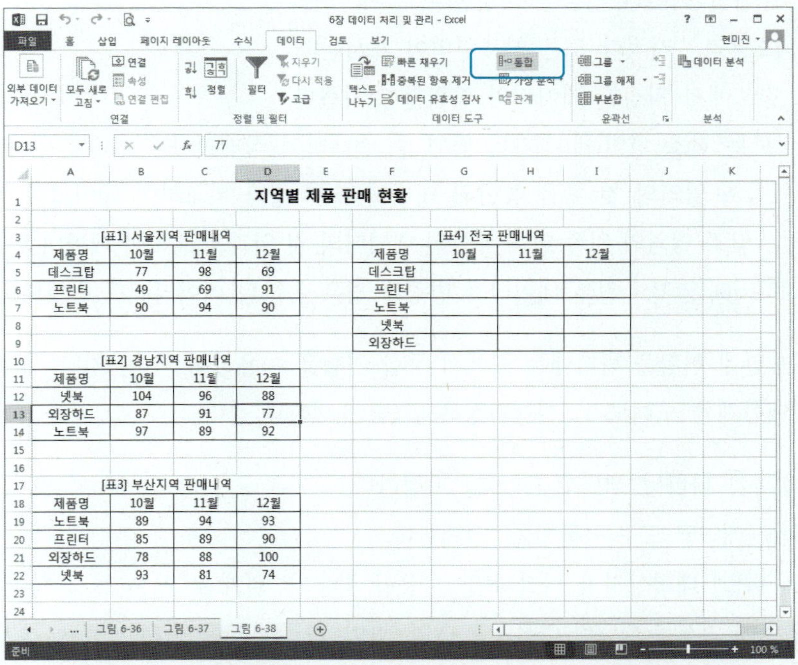


| 그림 6-38 | 데이터 통합의 실행

데이터 통합 대화상자의 내용은 [그림 6-39]와 같다.

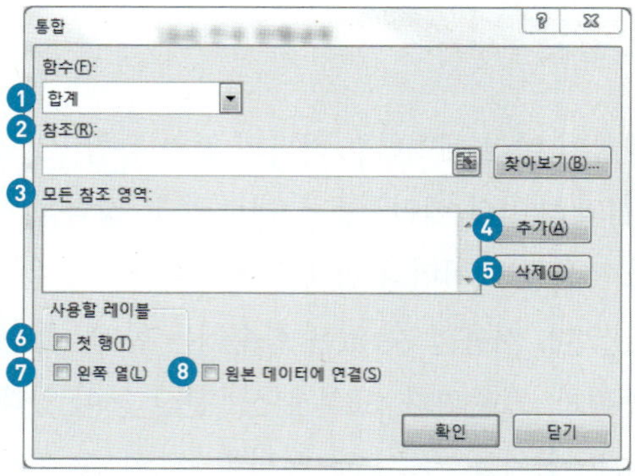


| 그림 6-39 | 통합 대화상자

❶ 함수　사용할 함수를 선택한다.

❷ 참조　통합할 데이터 영역을 지정한다.

❸ 모든 참조영역　지정한 모든 참조영역이 표시된다.

❹ 추가　참조에서 지정한 데이터의 범위를 추가한다.

❺ 삭제　'모든 참조 영역'에 추가된 범위 중 선택하여 삭제한다.

❻ 첫 행　참조 영역의 첫 행을 통합된 데이터의 첫 행과 비교하여 데이터를 통합한다.

❼ 왼쪽 열　참조 영역의 왼쪽 열을 통합된 데이터의 첫 열과 비교하여 데이터를 통합한다.

❽ 원본 데이터에 연결　원본 데이터가 변경될 경우 통합된 데이터에도 반영되도록 한다.

지역별 제품판매 현황을 나타내는 표에서 통합 기능을 이용하여 서울, 경남, 부산 지역의 제품별 판매합계를 구해보자. 실행과정은 [그림 6-40]과 같다.

❶ 통합 결과가 나타날 셀범위 F4:I9를 지정한다.

❷ [데이터]-[데이터 도구]-[통합]을 선택한다.

❸ [데이터 통합] 대화상자가 나타나면, 사용할 함수가 '합계'로 기본 설정 되어있다.

❹ 참조 영역에 커서를 클릭한 다음 〈표 1〉의 셀 범위인 A4:D7을 드래그 하고 [추가] 버튼을 클릭한다. 그 외 〈표 2〉와 〈표 3〉에 있는 셀 범위도 차례대로 지정한 후 [추가] 버튼을 클릭한다.

❺ 사용할 레이블로 '첫 행', '왼쪽 열'을 선택한다.

❻ [확인] 버튼을 클릭한다.

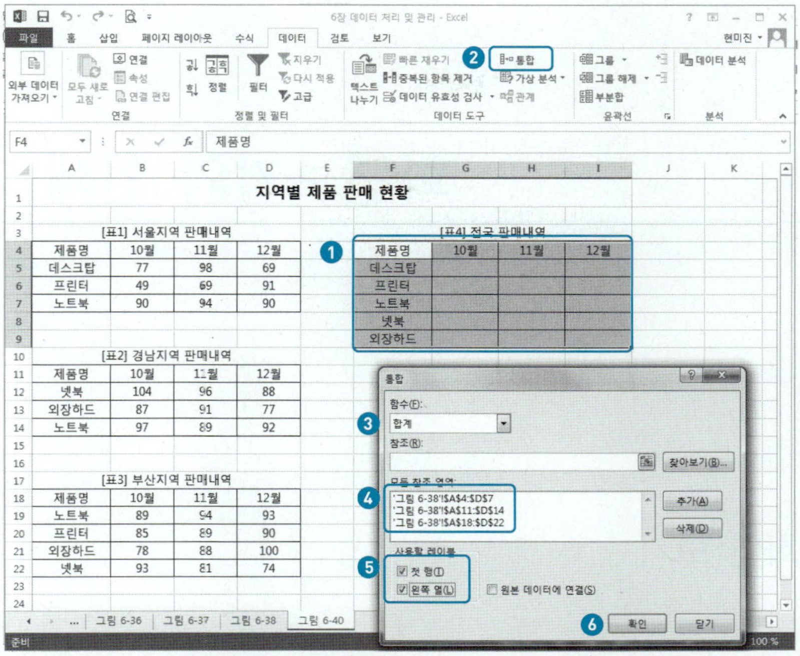

| 그림 6-40 | 데이터 통합 적용과정

[그림 6-41]과 같이 데이터 통합결과가 나타난다.

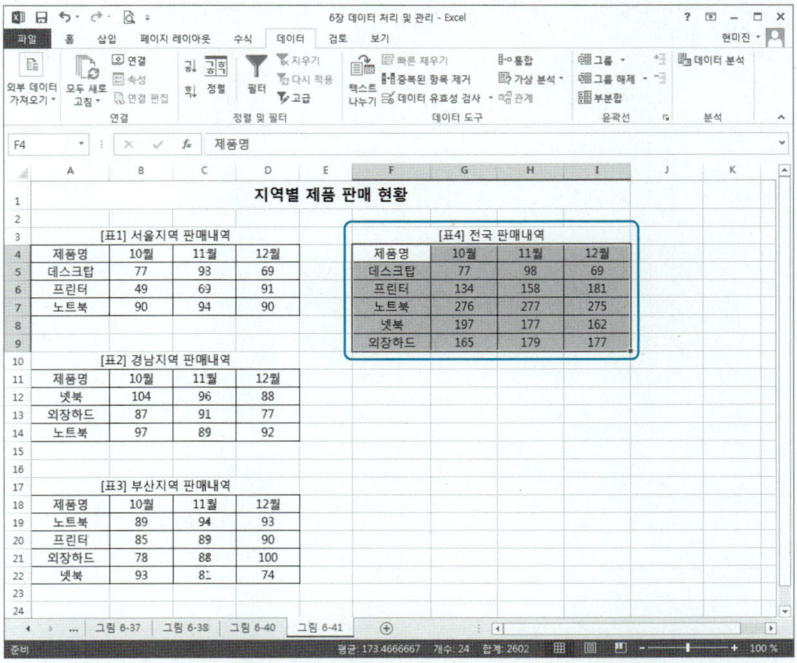

| 그림 6-41 | 데이터 통합 결과

Chapter 07

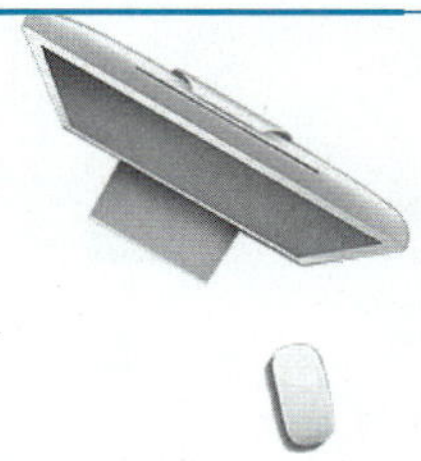

# 화면보기와 인쇄

## 01 화면 보기

엑셀에서도 문서를 작성할 수 있는데, 데이터 위주의 문서 작성이 대부분이나 각종 표 형식의 문서 양식도 인쇄물로 편집 가능하다. 그리고 [페이지 레이아웃] 메뉴 리본의 다양한 메뉴를 통하여 다량의 데이터 문서 보기 옵션과 인쇄를 위한 옵션을 조정하여 연속된 셀로 구성되어 있는 시트 기준의 엑셀 데이터를 보다 효율적으로 관리할 수 있다.

## 1.1 페이지 레이아웃 보기

[보기]–[페이지 레이아웃]은 엑셀 시트 상의 입력된 데이터를 인쇄 모양으로 상태를 전환하여 보여준다. [페이지 레이아웃]탭을 이용하면 다양한 인쇄관련 편집이 가능하다. [보기]–[페이지 레이아웃]을 선택하면 페이지 레이아웃 보기 상태의 화면을 보여주며 [그림 7–1]의 문서는 한 페이지 이상임을 알 수 있다.

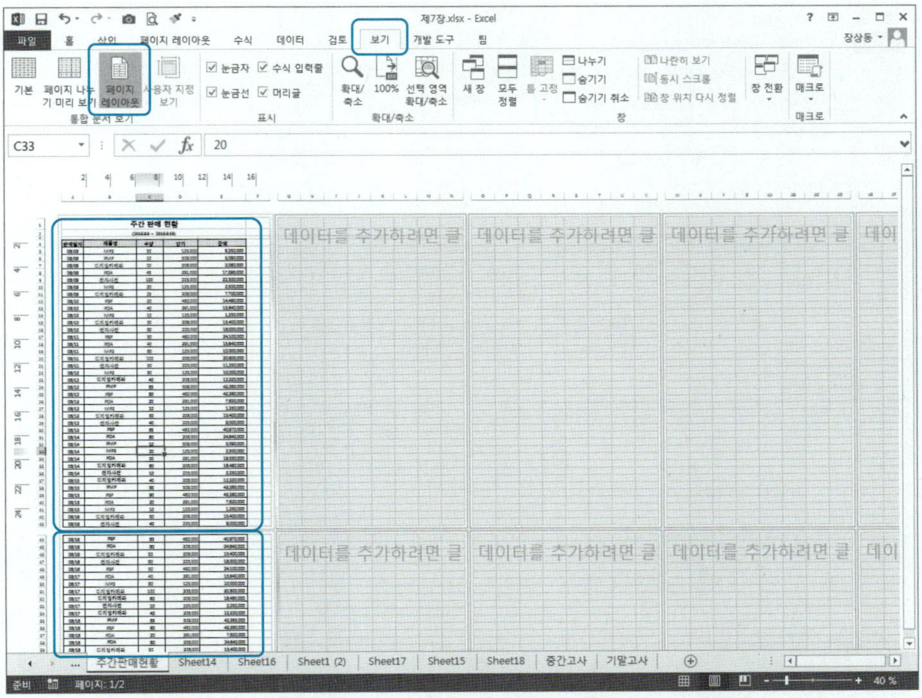

| 그림 7–1 | 페이지 레이아웃 보기

## 1.2 다양한 화면 보기 상태

엑셀 시트의 셀 구분선인 눈금선과 눈금자, 수식 입력줄, 머리글 등의 요소 표시를 조절할 수 있다. 각종 문서 양식에서 셀 테두리를 지정한 후 화면을 깨끗하게 보이게 하기 위하여 눈금선을 해제하여 표시하기도 한다. [그림 7-2]는 문서 양식을 작성한 후 눈금선을 해제한 문서 양식이다.

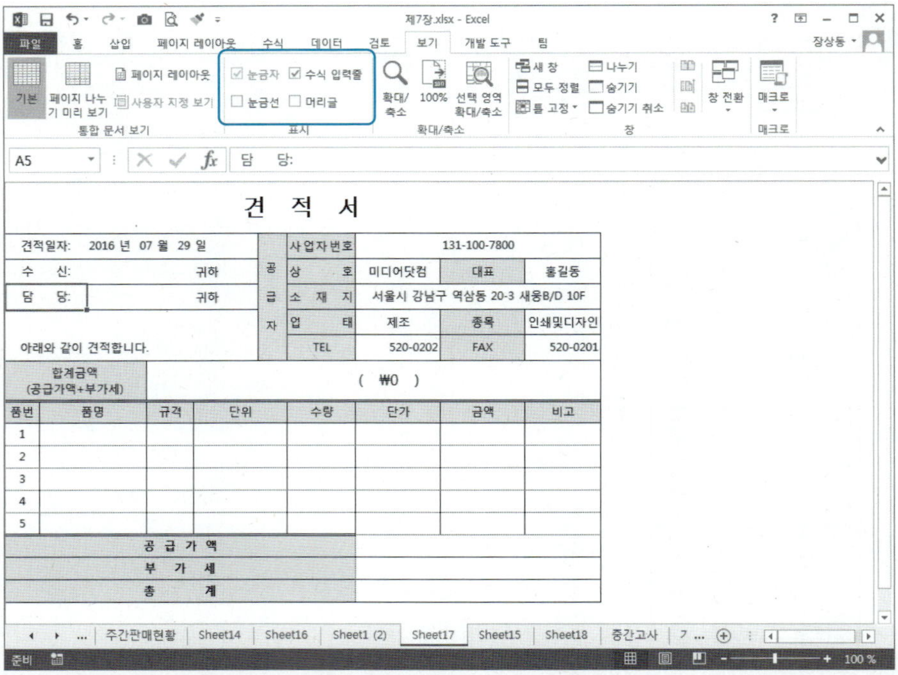

| 그림 7-2 | 눈금선, 머리글 해제 화면 보기

## 1.3 대량 데이터가 입력된 상태의 화면 보기

### 1.3.1 틀 고정 하기

한 화면에서 볼 수 없을 만큼 데이터가 많이 입력되어 있는 경우 화면에 데이터가 보이지 않아 불편한 상황이 있을 수 있다. 이 때 특정 행이나 특정 열을 고정해서 데이터를 볼 수 있는 틀 고정 기능을 이용하면 작업이 편리해진다. [그림 7-3]과 같이 [기본] 통합문서보기 상태에서 표 머리글 바로 다음 셀인 A5셀을 선택하고, [보기]-[창]-[틀 고정]-[틀 고정]을 선택하면 4행과 5행 사이에 구분선이 생긴다. 만약 B5셀을 선택하고 틀 고정을 실행한다면 B5셀의 위쪽과 왼쪽에 구분선이 생긴다.

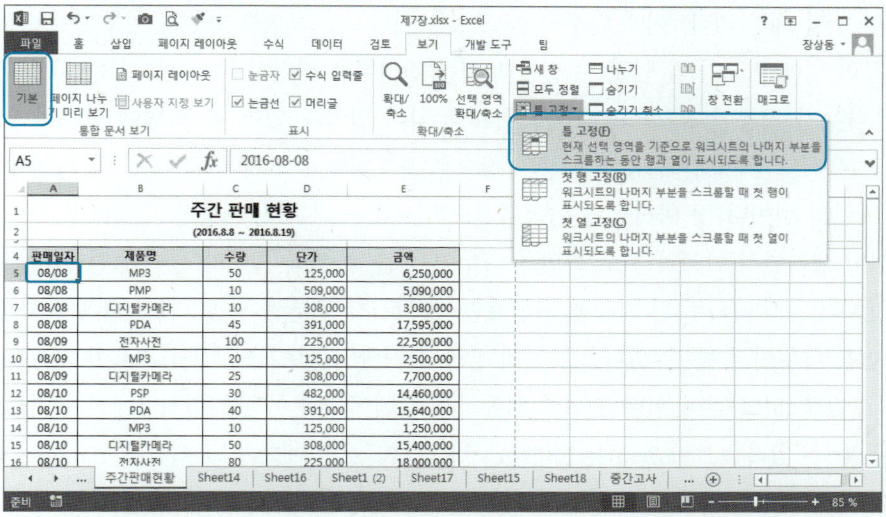


| 그림 7-3 | 화면 틀 고정

[그림 7-4]는 4행 아래 열의 임의의 위치가 선택된 상태에서 화면을 스크롤한 결과를 나타낸다. 4행까지는 고정된 상태로 60행의 내용을 함께 볼 수 있는데 앞에 위치한 데이터는 잠시 숨겨진다. 틀 고정을 취소할 때는 커서의 위치가 중요하지 않기 때문에 임의의 셀에 커서를 두고 [보기]-[창]-[틀고정]-[틀 고정 취소]를 클릭하면 틀 고정 기능이 해제된다.

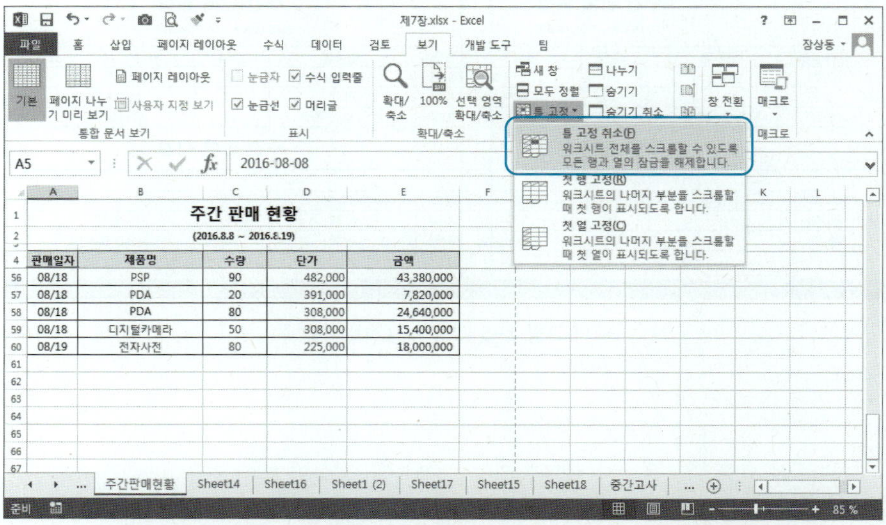


| 그림 7-4 | 틀 고정 상태에서 화면 스크롤 기능 사용

### 1.3.2 창 나누기

대량의 데이터를 읽는 경우, 상대적으로 멀리 떨어진 거리에 있는 셀의 데이터를 비교하면서 보아야 할 때가 있다. 이때 단순히 틀 고정을 시키고 스크롤로 화면을 이동하여 순서대로 읽어도 한 번에 비교가 잘 안될 수 있는데 이를 편리하게 해결해주는 기능이 한 시트 화면에서 창 나누기 기능이다. 한 화면에서 위치상 멀리 떨어져 있어 한 화면에 표시하기 힘든 경우 같은 시트의 데이터를 2개 이상의 창으로 표시하여 스크롤 조절 후에 한 화면에 표시한다. A열의 셀이나 행 머리글을 선택 후 [보기]–[창]–[나누기] 기능을 수행하면 가로로 창 구분선이 생기면서 아래와 위로 화면을 나누어서 볼 수 있다. 1행의 셀이나 열 머리글을 선택 후 [보기]–[창]–[나누기] 기능을 수행하면 세로로 창 구분선이 생기면서 왼쪽과 오른쪽으로 화면을 나누어서 볼 수 있다. 그 외의 셀을 클릭한 후 [보기]–[창]–[나누기] 기능을 수행하면 [그림 7–5]와 같이 선택된 셀의 위쪽과 왼쪽에 구분선이 생기면서 4개의 영역으로 데이터를 볼 수 있다. [그림 7–5]는 E8셀을 선택한 후 [보기]–[창]–[나누기]를 선택하여 4개의 화면에 같은 내용을 보도록 조정한 결과이다. [보기]–[창]–[나누기]를 한번 더 클릭하면 창 나누기 기능이 해제된다.

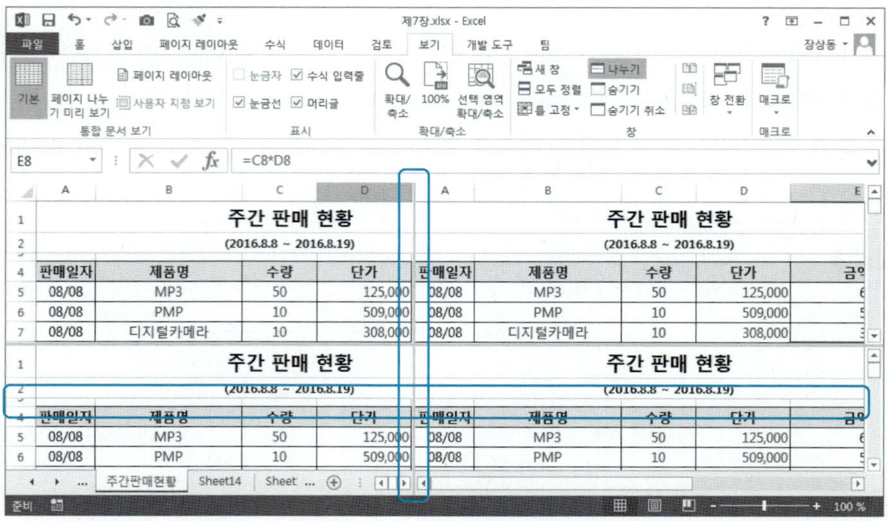


| 그림 7–5 | 화면 창 나누기

# 02 인쇄하기

## 2.1 페이지 레이아웃 설정

엑셀에서 작성한 내용을 인쇄하려면 먼저 페이지 레이아웃을 정해야 한다. 엑셀은 작업영역이 넓기 때문에 어디서부터 어디까지가 한 페이지인지 지정해야 한다. [페이지 레이아웃] 탭은 인쇄를 위해 여백, 용지방향, 크기, 인쇄영역 등을 설정하는 곳이다. [그림 7-6]은 [페이지 레이아웃] 탭의 구성을 나타낸다.

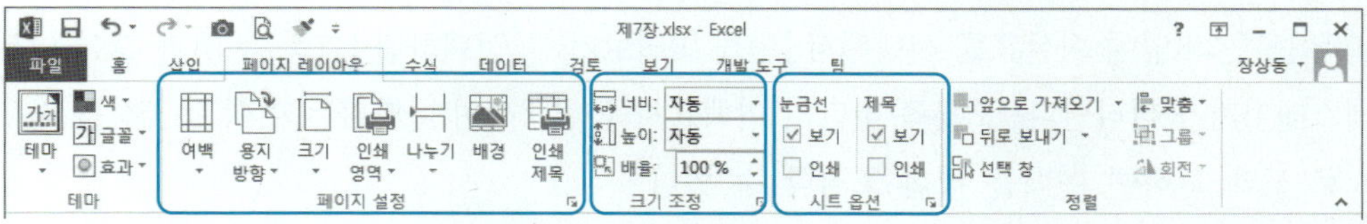


| 그림 7-6 | [페이지 레이아웃] 탭의 구성

❶ 페이지 설정  여백, 용지방향, 크기, 인쇄영역, 인쇄 제목 등을 설정한다.

❷ 크기 조정  한 페이지에 인쇄될 인쇄 배율을 조정한다.

❸ 시트 옵션  눈금선과 행/열 머리글의 보기와 인쇄 유무를 선택한다. [보기]메뉴 탭의 표시 항목과 동일한 기능이다.

### 2.1.1 여백

페이지에 인쇄될 내용을 기준으로 상하좌우 여백과 머리글/바닥글 영역의 크기를 설정한다. [페이지 레이아웃]-[페이지 설정]-[여백]을 선택하여 나타나는 메뉴에서 여백을 설정한다. [페이지 설정] 대화상자의 [여백]탭에서 위쪽, 아래쪽, 왼쪽, 오른쪽 여백 크기, 머리글, 바닥글 크기, 인쇄될 내용을 용지의 가로 또는 세로 방향으로 페이지 가운데 맞춤 등을 설정한다. [페이지 설정] 대화상자는 [그림 7-7]과 같이 [페이지 레이아웃]-[페이지 설정]-[여백]-[사용자 지정 여백]을 클릭하면 나타난다. 페이지 레이아웃 리본 메뉴의 그룹 옆에 있는 대화상자 표시 단추를 선택해도 같은 화면이 나타난다.

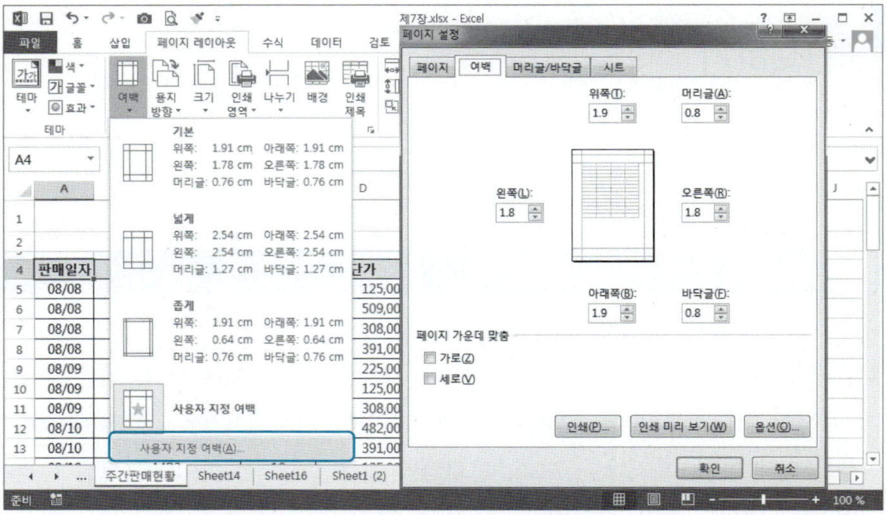


| 그림 7-7 | [페이지 설정] 대화 상자

[파일]-[인쇄]옆에 화살표를 선택해서 [인쇄 미리보기]를 선택하면 [그림 7-8]과 같이 인쇄 백스테이지가 나타난다. 오른쪽 하단의 여백표시를 선택하여 나타나는 여백 눈금선을 마우스로 드래그 하여 여백을 직접 조절할 수 있다.

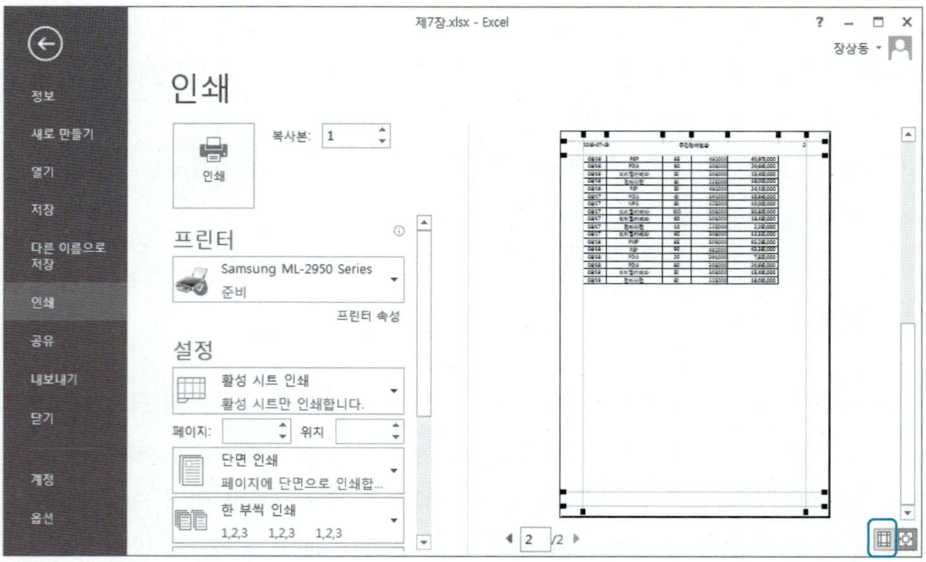


| 그림 7-8 | 인쇄 백스테이지에서 여백조정

### 2.1.2 용지 방향/크기

페이지 영역은 기본적으로 세로방향 A4 용지로 설정되어 있다. [페이지 설정]-[용지방향]에서 용지방향을 [가로] 또는 [세로] 중에서 선택한다. 용지크기는 [페이지 설정]-[크기]를 선택하여 나타나는 용지크기 중 원하는 크기를 선택한다. [그림 7-9]는 용지방향을 설정하는 방법을 나타낸다.

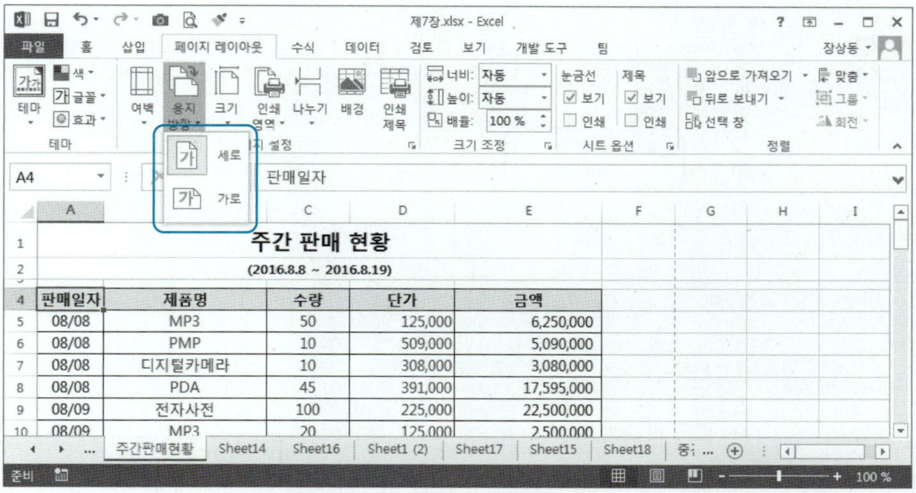


| 그림 7-9 | 용지 방향 설정 방법

[그림 7-10]은 용지 크기를 설정하는 방법을 나타낸다.

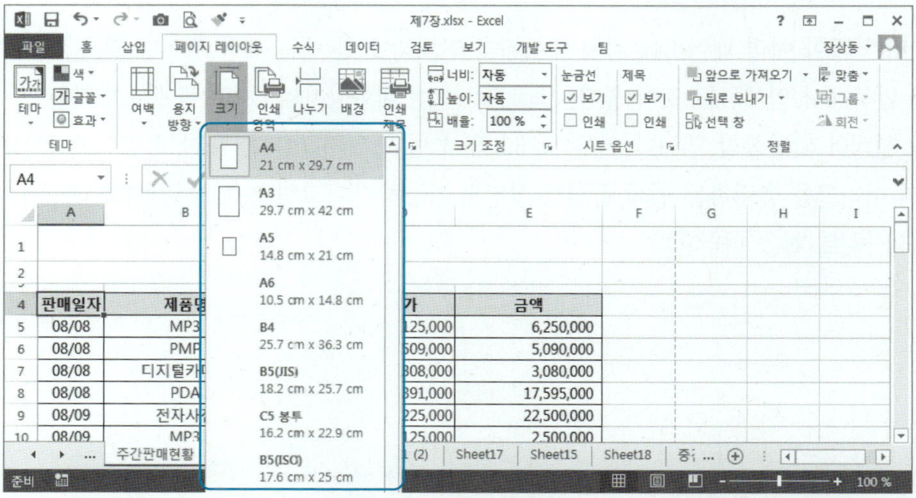


| 그림 7-10 | 용지 크기 설정

### 2.1.3 인쇄영역 설정 및 해제

워크시트의 내용 중 일부만 인쇄할 경우, 인쇄할 영역을 드래그해서 범위로 지정하고 [페이지 레이아웃]-[페이지 설정]-[인쇄 영역]-[인쇄 영역 설정]을 클릭하면 인쇄 영역에 테두리가 표시된다. 인쇄 영역을 해제하려면 [페이지 레이아웃]-[페이지 설정]-[인쇄영역]-[인쇄영역 해제]를 선택한다. [그림 7-11]은 인쇄영역을 설정하거나 해제하는 메뉴를 나타낸다.

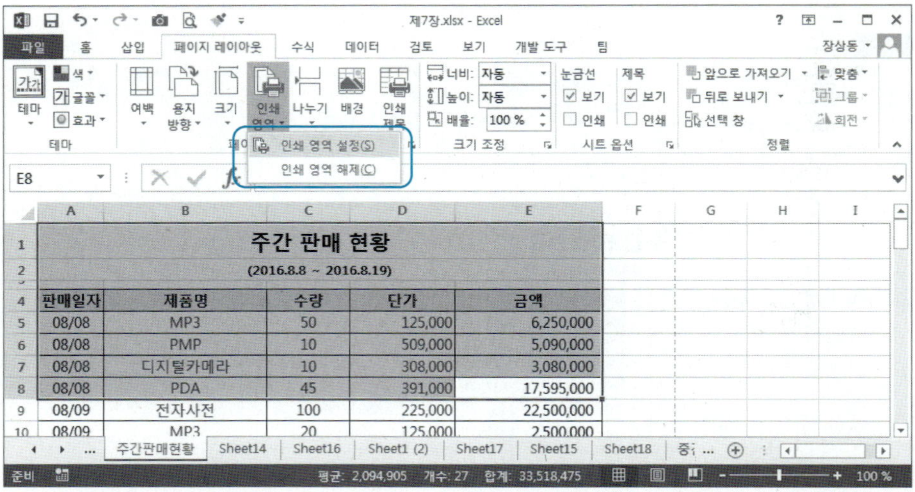


| 그림 7-11 | 인쇄영역 설정

### 2.1.4 인쇄 제목

데이터가 많아 여러 페이지에 걸쳐 데이터를 인쇄해야 할 때는 제목 행이나 열을 매 페이지마다 반복해서 인쇄하는 것이 좋다. [페이지 설정] 대화상자의 [시트]탭에서 반복할 행이나 열을 선택하고 반복할 행이나 열을 드래그해서 범위로 지정한다. 또한 화면의 눈금선이나 행/열 머리글을 출력하는 인쇄 옵션의 설정도 가능하다. [그림 7-12]는 [페이지 설정] 대화상자의 [시트]탭을 나타낸다.

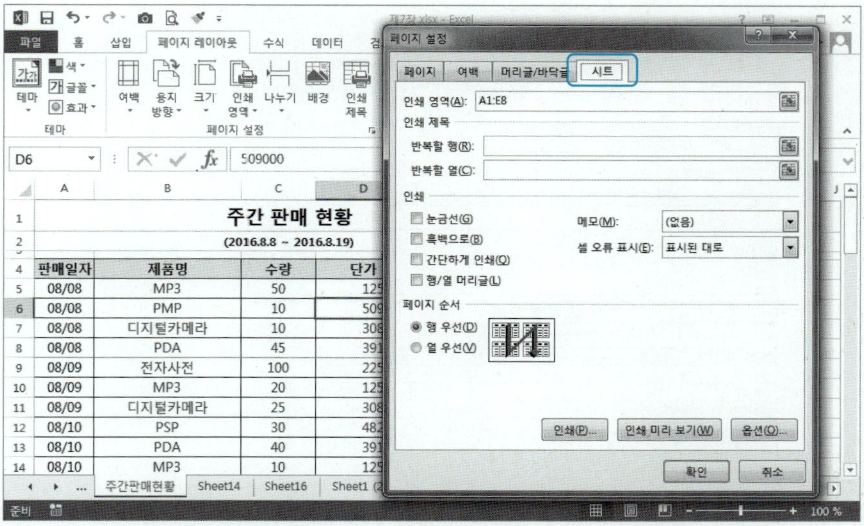

| 그림 7-12 | [페이지 설정] 대화 상자의 [시트] 탭

[페이지 설정] 대화상자의 [시트]탭은 다음과 같은 기능이 있다.

❶ 인쇄영역 워크시트에서 인쇄할 영역을 별도로 지정한다. 해제할 경우에는 [파일]–[인쇄영역]–[인쇄 영역 해제]메뉴를 이용한다.

❷ 인쇄제목 문서의 제목은 보통 맨 처음 페이지에만 작성을 하게 된다. 반복할 행 또는 열의 범위를 지정하면 모든 페이지에 지정된 내용이 반복하여 인쇄된다.

❸ 인쇄 눈금선, 행/열 머리글 등의 인쇄 옵션을 설정한다. 컬러 대신 흑백 출력도 가능하며, 시트 내의 메모도 인쇄할 수 있다.

❹ 페이지 순서 페이지에 번호를 부여하는 순서를 결정한다.

## 2.1.5 머리글과 바닥글 설정하기

머리글/바닥글을 설정해서 각 페이지 상단이나 하단에 페이지 번호, 현재 날짜, 파일 이름 등을 추가한다. [보기]–[통합 문서 보기]–[페이지 레이아웃] 보기를 선택하면 머리글과 바닥글 영역이 [그림 7–13]과 같이 나타난다.

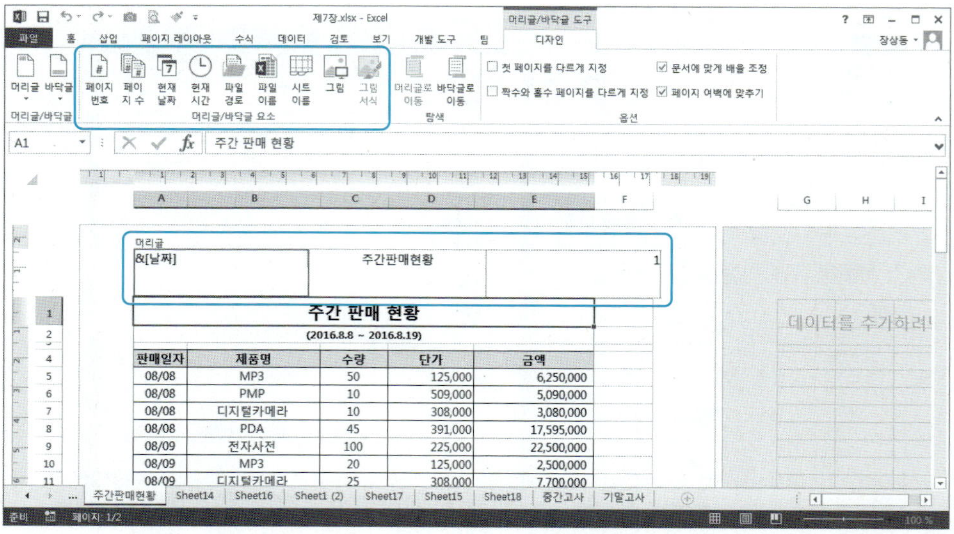

| 그림 7-13 | [머리글/바닥글 도구]

시트의 머리글 영역의 왼쪽 구역에는 날짜, 가운데 구역에는 탭(시트명), 오른쪽 구역에는 페이지가 입력되어 있다. 필요에 따라 [머리글/바닥글 도구]–[디자인]–[머리글/바닥글 요소] 그룹의 내용을 각 구역에 추가할 수 있다.

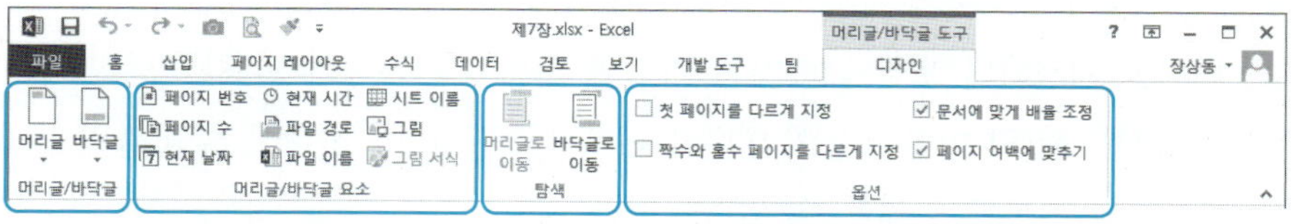

| 그림 7-14 | [머리글/바닥글 도구]–[디자인] 탭

[그림 7-14]의 [머리글/바닥글 도구]에는 다음과 같은 기능이 있다.

❶ 머리글/바닥글　머리글/바닥글 목록 16개를 이용해서 머리글/바닥글을 설정한다.
❷ 머리글/바닥글 요소　머리글과 바닥글에 삽입할 요소를 사용자가 직접 선택한다.
❸ 탐색　머리글과 바닥글로 옮길 수 있도록 도와준다.
❹ 옵션　머리글과 바닥글을 페이지별로 다르게 지정할 수 있다.

[그림 7-15]와 같이 [페이지 설정]대화상자에서 [머리글/바닥글]탭을 선택해도 머리글과 바닥글을 입력할 수 있다.

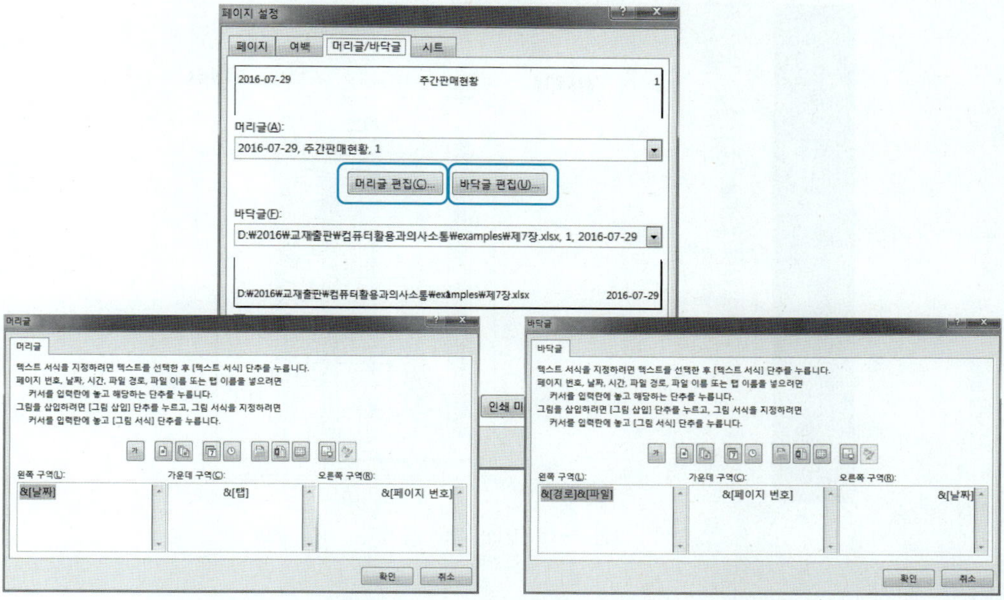


| **그림 7–15** | [페이지 설정] 대화상자에서의 머리글, 바닥글 편집

❶ 머리글 편집 [머리글 편집] 버튼을 클릭하면, 용지의 상단에 자동으로 쓰여질 글을 직접 입력할 수 있다.

❷ 바닥글 편집 [바닥글 편집] 버튼을 클릭하면, 용지의 하단에 자동으로 쓰여질 글을 직접 입력할 수 있다.

## 2.2 인쇄 백스테이지와 인쇄설정

엑셀에서 작성한 문서가 바르게 인쇄되는지 인쇄 전에 [인쇄 미리보기]를 통해 확인해야 한다. [그림 7–16]과 같이 [파일]–[인쇄] 메뉴를 선택하여 인쇄 백스테이지를 본다. 인쇄 백스테이지의 오른쪽에 [인쇄] 옵션 화면과 인쇄 미리보기 화면에서 인쇄될 내용을 미리 확인한 후 화면에서 [인쇄]단추를 클릭하면 인쇄가 시작된다.

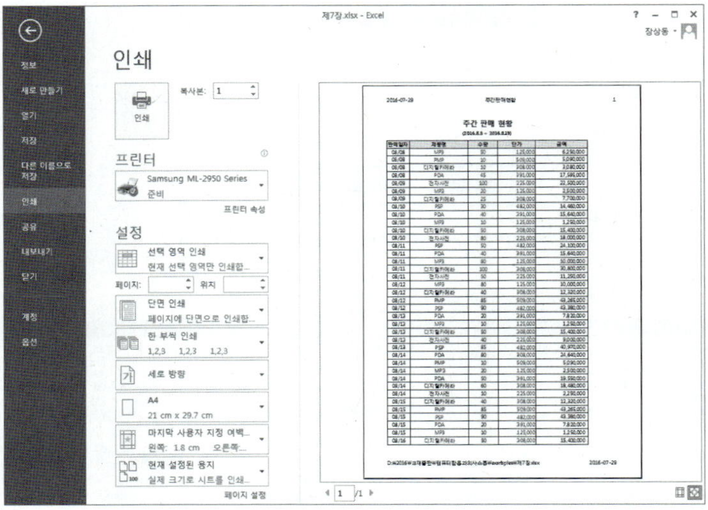


| 그림 7-15 | 인쇄 백스테이지

[그림 7-16]에 나타난 인쇄 관련 기능은 다음과 같다.

❶ 인쇄　종이로 인쇄하기 위한 인쇄 옵션을 설정하는 [인쇄] 대화상자가 나타난다.

❷ 프린터 속성　인쇄할 프린터 속성을 조절한다.

❸ 페이지 설정　용지방향, 크기, 여백, 머리글/바닥글, 제목을 설정하는 [페이지 설정]대화상자가 나타난다.

❹ 한부씩 인쇄　출력 부수가 여러 부일 때 지정한다.

❺ 인쇄 용지 방향　인쇄할 용지의 방향을 지정한다.

❻ 인쇄 용지 크기　인쇄할 용지의 크기를 설정한다.

❼ 인쇄할 화면 비율　인쇄할 화면의 배율을 설정한다.

❽ 페이지 설정　페이지 설정 대화상자를 표시할 수 있다.

❾ 레이블 인쇄 마법사　엑셀 추가 기능으로 엑셀 옵션의 추가 기능 설정에서 설정하여 표시할 수 있으며 레이블 인쇄 마법사가 실행된다.

❿ 인쇄 화면 미리보기 표시　인쇄 화면이 미리 표시된다.

⓫ 여백 표시 및 확대/축소　상하 좌우 여백, 머리글/바닥글의 여백 눈금선을 표시하여 여백을 마우스로 드래그 하여 조절한다. 또한 확대/축소 단추를 누를 때마다 확대 또는 축소되어 나타난다.

# 연습문제

**1** 주어진 “사원별실적결과” 시트를 열어 다음 지시사항을 지정하시오.

1) 제목을 고정하는 틀고정을 지정.
2) 1행부터 3행까지의 데이터 제목을 인쇄제목으로 지정하시오.
3) 데이터의 제목과 사원번호가 ‘A010’부터 ‘A020’까지의 데이터만 인쇄되도록 인쇄 영역으로 지정하시오.

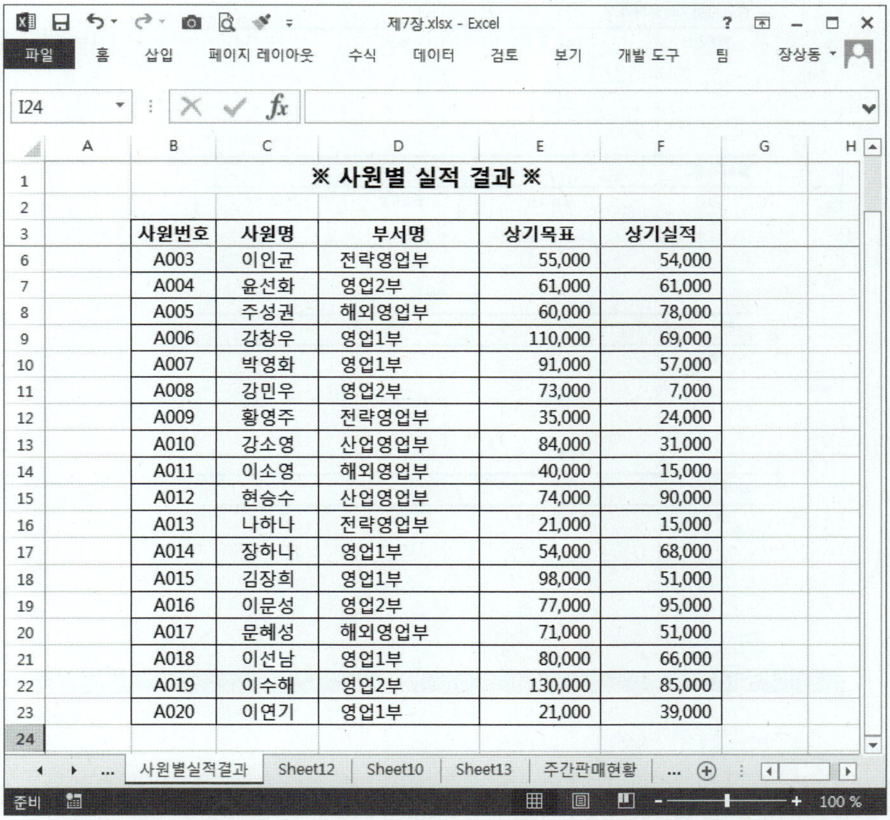

※ 사원별 실적 결과 ※

| 사원번호 | 사원명 | 부서명 | 상기목표 | 상기실적 |
|---|---|---|---|---|
| A003 | 이인균 | 전략영업부 | 55,000 | 54,000 |
| A004 | 윤선화 | 영업2부 | 61,000 | 61,000 |
| A005 | 주성권 | 해외영업부 | 60,000 | 78,000 |
| A006 | 강창우 | 영업1부 | 110,000 | 69,000 |
| A007 | 박영화 | 영업1부 | 91,000 | 57,000 |
| A008 | 강민우 | 영업2부 | 73,000 | 7,000 |
| A009 | 황영주 | 전략영업부 | 35,000 | 24,000 |
| A010 | 강소영 | 산업영업부 | 84,000 | 31,000 |
| A011 | 이소영 | 해외영업부 | 40,000 | 15,000 |
| A012 | 현승수 | 산업영업부 | 74,000 | 90,000 |
| A013 | 나하나 | 전략영업부 | 21,000 | 15,000 |
| A014 | 장하나 | 영업1부 | 54,000 | 68,000 |
| A015 | 김장희 | 영업1부 | 98,000 | 51,000 |
| A016 | 이문성 | 영업2부 | 77,000 | 95,000 |
| A017 | 문혜성 | 해외영업부 | 71,000 | 51,000 |
| A018 | 이선남 | 영업1부 | 80,000 | 66,000 |
| A019 | 이수해 | 영업2부 | 130,000 | 85,000 |
| A020 | 이연기 | 영업1부 | 21,000 | 39,000 |

**2** 다음 그림과 같이 이력서 양식에 본인의 데이터를 입력하여 문서를 작성하시오. 작성한 이력서 문서를 인쇄영역으로 지정하시오.

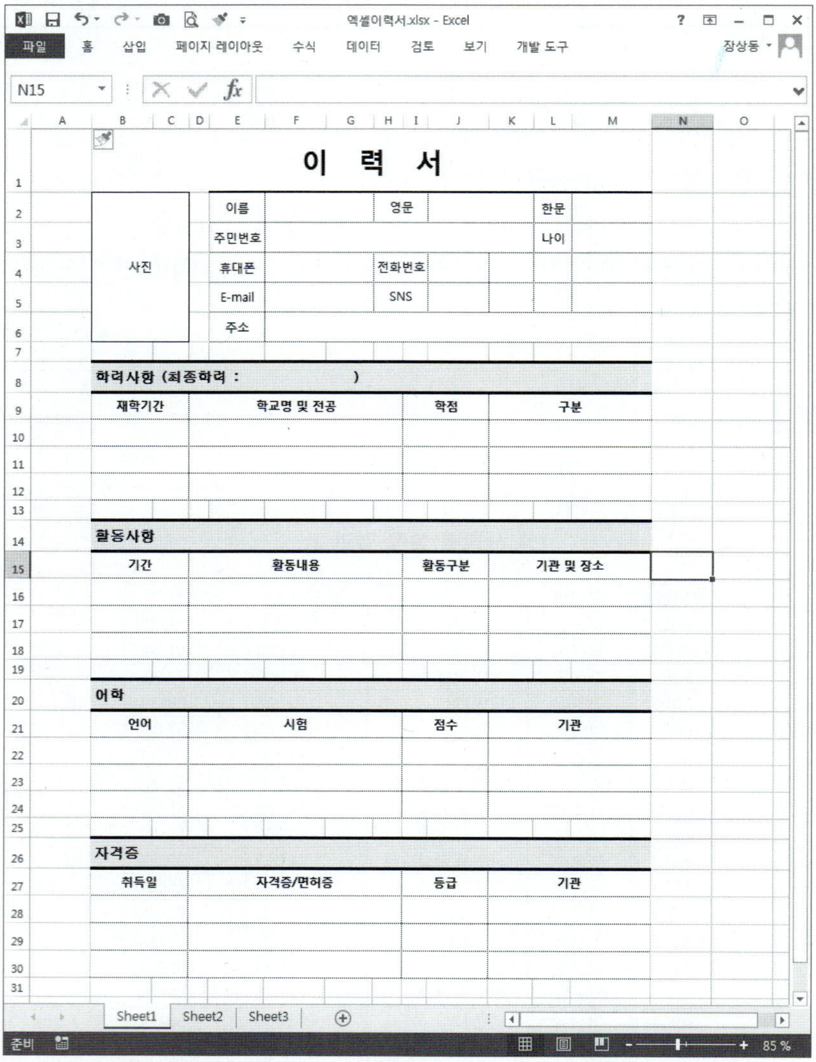

# 의사소통과 프레젠테이션

Chapter 01_ 의사소통과 프레젠테이션
Chapter 02_ 파워포인트의 기초
Chapter 03_ 다양한 개체 편집
Chapter 04_ 슬라이드 마스터와 디자인
Chapter 05_ 프레젠테이션 준비
Chapter 06_ 프레지의 기초
Chapter 07_ 다양한 개체의 사용
Chapter 08_ 실행과 관리

PART | 02

Chapter 01

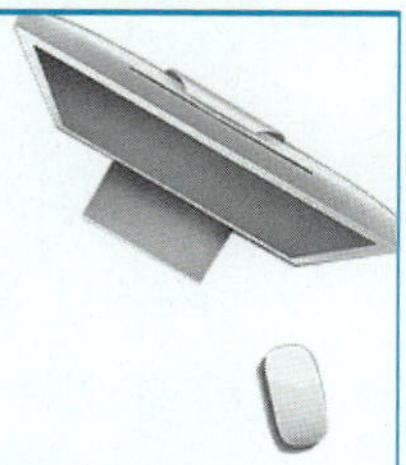

# 의사소통과 프레젠테이션

## 01 의사소통과 프레젠테이션

의사소통(意思疏通) 또는 휴먼 커뮤니케이션(human communication, anthroposemiotics)은 사람의 의사나 감정의 소통으로 '가지고 있는 생각이나 뜻이 서로 통함'이라는 의미를 지니고 있으며, 인간이 사회생활을 하기 위해서 가장 필수적으로 가지고 있어야 하는 능력이다. 상호간 소통을 위해 사용되는 매체로는 구어(口語)와 문어(文語)는 물론 몸짓, 자세, 표정, 억양, 노래, 춤 등과 같은 비언어적 요소들까지 포함된다. 의사소통은 정보를 전달하기 위하여 혹은 관계를 형성하고 유지하기 위하여 메시지를 교환하는 교류으로 볼 수도 있다. 인간 사이에 의사소통이 일어나기 위해서는 상호반응을 해야 하고, 이러한 상호작용의 내용이나 해석에 따라서 다양한 의미의 전달이 이루어진다. 우리는 단 한순간도 의사소통 하지 않고는 살 수 없다. 말을 하지 않는다고 해서 의사소통을 하지 않는 것은 아니다. 말하지 않는 것 자체로도 어떤 메시지를 전달하고 있는 것이다. 현대의 경우, 직접적인 소통 외에도 네이버, 다음, 네이트와 같은 포털 사이트나, 페이스북, 트위터등의 소셜서비스 등으로도 인터넷을 이용해 불특정 다수와의 의사소통을 이루기도 한다.

최근 의사소통능력은 기초직업능력으로 요구되고 있다. 의사소통능력이란 상대방과 대화를 나누거나 문서를 통해 의견을 교환할 때, 상호 간의 전달하고자 하는 의미를 정확하게 전달할 수 있는 능력을 의미한다. 또한 글로벌 시대에서 필요한 외국어 문서의 이해 및 의사표현 능력 등도 요구된다. 현대를 살아가는 모든 사람들에게 사회생활에서 필요한 원만한 인간관계를 유지하고, 업무 성과를 높이기 위해서는 최소한의 의사소통능력이 요구된다.

의사소통은 인간이 처한 환경이나 상황에 따라 다양한 형태의 의사소통 영역이 있다. 자신과의 내재적 의사소통, 다른 사람과의 인적 교류, 그룹 내에서의 단체 행동, 조직 내에서의 단체 행동, 문화를 초월한 문화간 교류 등이 그 예가 될 수 있다. 글로벌한 문화간의 의사소통에서 가족간 의사소통, 직장생활에서 의사소통 등 다양한 형태로 구체화 될 수 있다.

직장생활에서 의사소통은 공식적인 조직 안에서의 조직과 팀의 효율성과 효과성을 성취할 목적으로 생산성을 높이고, 사기를 진작시키고, 정보를 전달하고, 설득하려는 의도를 가지고 있으며 구성원 간에 정보를 공유하는 중요한 기능을 한다. 또한 제각기 다른 사람들이 서로에 대한 시각의 차이를 좁혀주며, 선입견을 줄이거나 제거해 줄 수 있는 중요한 수단이 되기도 한다. 직장생활에서의 의사소통 능력으로는 문서이해능력, 경청능력, 문서작성능력, 의사표현 능력, 기초 외국어 능력 등이 있다. 이 중 문서이해능력, 경청능력, 문서작성능력, 의사표현 능력 등은 프레젠테이션을 수행하기 위한 일련의 과정에 의해 습득되고 향상될 수 있다. 프레젠테이션의 기술을 습득함으로써 다음과 같은 의사 소통 능력을 향상시키도록 한다.

- 프레젠테이션 주제에 대해 자료를 수집하고 분석 정리하는 문서 이해능력
- 차트, 수치데이터, 이미지 등을 이용한 문서 표현의 시각화 능력
- 스토리보드를 작성하고 텍스트의 도해 표현 등을 통한 문서 작성 능력
- 상대방의 이야기를 듣고 의미를 파악하는 경청 능력
- 상대방의 이야기에 적절히 반응할 수 있고 자신의 의사를 목적과 상황에 맞게 설득력을 가지고 표현하는 능력
- 말하는 사람이 자신의 생각과 감정을 듣는 사람에게 음성 언어나 신체언어로 표현하는 의사표현 능력

# 02 프레젠테이션이란?

## 2.1 프레젠테이션의 정의

프레젠테이션[1]은 발표자가 원하는 목표를 달성하기 위해 정해진 시간 안에 청중에게 어떠한 사실이나 정보, 자신의 의견 등을 전달하고 설득 또는 청중이 납득함으로써, 발표자가 원하는 방향으로 청중의 의식이나 행동의 변화를 유도하는 일련의 과정이다.

## 2.2 프레젠테이션 도구

기업 등의 환경에서는 프레젠테이션을 함으로써 계획안이 실제의 계획에 오를 수 있는지 아닌지가 결정된다. 특히 그 성공 여부에 따라 엄청나게 비싼 광고비가 움직이는 일도 있으므로, 최신의 업무 도구를 이용하는 것이 일반적이다. 오늘날에는 아래의 보조 도구들이 널리 이용되고 있다.

- 개인용 컴퓨터 프레젠테이션 소프트웨어
- 워드 프로세서 소프트웨어
- 스프레드시트 소프트웨어
- 사진 제작 소프트웨어
- 영상 캡처(하드웨어)
- 동영상 편집 소프트웨어
- HTML/텍스트 에디터와 웹 브라우저

1) 프레젠테이션(Presentation) 또는 시청각설명회(視聽覺說明會)는 듣는 이에게 정보, 기획, 안건을 제시하고 설명하는 행위를 가리킨다. 즉 시청각 자료를 활용한 발표라고 할 수 있다. 간단히 '발표'라고도 하며, 'PT'로 줄여서 말하기도 한다. 국립국어원은 2007년 7월, '프레젠테이션'이라는 용어를 사용하지 말고 '시청각설명회'라는 쓰임말을 사용할 것을 권고하고 있으나 현재 거의 쓰이지 않고 있다. 또한 Presentation의 발음은 영어권에서 '프레젠테이션과'과 '프리젠테이션' 모두 허용하지만 우리나라의 국어사전과 일반 IT 용어사전에서 '프레젠테이션'으로 표기하고 있다.(출처: Wiki 피디아)

## 2.3 프레젠테이션의 세가지 핵심

### 1 쉬운 설명

알기 쉬운 설명이란 청중의 수준에 맞추어 제안 내용이 알기 쉽게 어려운 용어 없이 간결하게 정리된 메시지를 논리적으로 설명하는 기술이다. 모든 청중이 발표자가 사용하는 전문용어와 그 영역의 지식이 많은 경우에는 아는 내용뿐이라 지루해 할 수도 있기 때문에 그 수준에 맞추어야 한다. 일반적으로 청중의 수준을 확인하기 힘든 경우에는 가장 쉬운 수준에 맞춘다.

### 2 신뢰성

제안 내용과 함께 전달하는 사람에게 신뢰가 가지 않으며 이해는 가지만 저절로 고개가 끄덕여지지 않을 수 있다. 구체적이고, 성공 이미지가 생생해야 한다.

### 3 공감

인간은 감정의 동물이기 때문에 머리로는 알아도 마음이 반대하면 판단을 내릴 수 없다. 듣는 사람 개개인이 프레젠테이션 내용에 공감이 갈 수 있도록 감정을 이입할 수 있어야 한다.

## 2.4 이상적인 프레젠테이션 구조

프레젠테이션을 대부분 새로운 정보를 전달하는 데 목적을 둔다. 이상적인 프레젠테이션을 위해서는 [그림 1-1]과 같이 서론의 시작 부분에서 청중이 호기심과 기대감을 가지도록 발표할 내용에 대한 전반적인 주제의 배경과 목표, 예비 결론을 알려준다. 본론에서는 핵심이 되는 내용과 자신의 생각을 논리적으로 전개시키고, 마지막 결론에서는 전체 내용을 다시 한 번 요약하면서 중요한 내용을 한 번 더 짧게 강조하고 마무리 한다. 결론이 길어지지 않도록 유의한다.

**서론**

- 주제의 배경, 목표, 예비 결론
- 목차

**본론**

- 본론 1 + 흥미
- 본론 2 + 흥미
- ……

**결론**

- 요약 및 마무리
- 주요사항 재강조
- 질의 응답
- 끝인사

| 그림 1-1 | 이상적인 프레젠테이션 구조

## 2.5 프레젠테이션 실행 단계

전체 프레젠테이션의 실행 단계는 용도에 따라 다양한 방법이 있을 수 있으나 [그림 1-2]와 같은 실행 순서에 의해 프레젠테이션을 제작하는 것이 일반적이다.

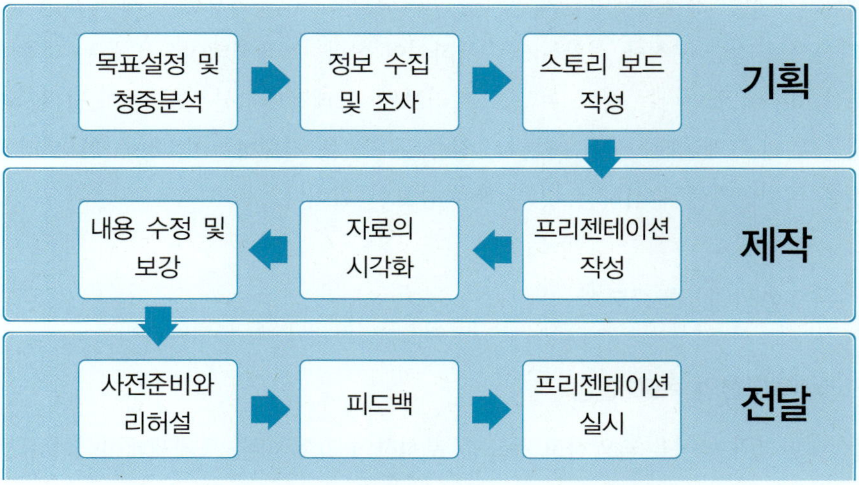


| 그림 1-2 | 프레젠테이션 실행 순서

# 03 프레젠테이션 제작 과정과 기법

프레젠테이션은 듣는 사람이 납득하여 어떤 실행을 할 수 있도록 말하는 사람이 제안하는 것이다. 여기서 실행이란 학교의 경우에는 수업을 통한 개념 전달, 조사 및 분석 현황 보고, 작품 결과의 전달 등이 될 수 있다. 기업의 경우 상품 구매, 사업 투자, 계획 승인, 직원 채용, 제도 변경 등 다양한 판단이 포함될 것이다.

프레젠테이션은 발표자가 내용을 일방적으로 전달하는 것이 아니라 상호 작용이 이루어지는 커뮤티케이션과정이므로 청중과 소통하는 마음으로 발표를 해야한다. 발표 자료도 잘 기획해야 하고, 발표 자료도 기획을 바탕으로 청중이 이해하기 쉽도록 가독성이 높은 표현과 디자인을 고려해 제작해야 한다.

프레젠테이션 과정을 크게 기획, 발표 자료 제작, 전달의 3단계로 나누어 살펴본 후 성공적인 프레젠테이션을 위해 각 단계에서 고려해야 할 사항 몇 가지를 소개한다.

## 3.1 프레젠테이션 기획

기획이란 어떤 대상의 변화를 가져올 목적을 확인하고, 그 목적을 성취하는 데 가장 적합한 행동을 설계하는과정이다. 프레젠테이션을 성공적으로 이끌려면 첫 번째 단계인 기획에서는 제작하고자 하는 프레젠테이션의 용도를 먼저 파악하여 그 용도에 맞게 목표를 설정해야 한다. 다음으로 청중 분석을 정확하게 수행하여야 한다. 프레젠테이션을 듣는 청중에 따라 청중 분석 이후에 일어나는 정보 수집, 스토리보드, 프레젠테이션 도구 등이 달라지기 때문에 무엇을 위해 프레젠테이션을 하는지, 청중은 무엇을 기대하는지, 청중으로부터 얻고자 하는 것은 무엇인가를 분석하는 것은 매우 중요한 일이다.

### 3.1.1 목표설정 및 청중분석

#### 1 프레젠테이션의 목표 설정

프레젠테이션의 목적을 파악하고 용도를 분석하여 그에 따른 프레젠테이션의 유형을 결정해야 한다. 프레젠테이션의 용도는 지면을 통해 일일이 나열하기에 너무 많다. 여기서는 수업, 조사 및 분석 내용의 보고, 커뮤니케이션, 제안 등의 몇 가지 용도에 대해 프레젠테이션의 특징을 간단히 살펴보도록 하자.

① 수업을 위한 프레젠테이션 수업을 위해 학생에게 프레젠테이션 할 때는 학생이 수업에 잘 집중하도록 지루하지 않는 역동적이면서도 수업의 내용을 정확히 전달해야 한다.

② 조사 및 분석 내용의 전달을 위한 보고형 프레젠테이션 선생님이나 학부모를 대상으로 프레젠테이션 할 때는 분석 자료를 바탕으로 교육 내용이나 제안 내용을 완곡하면서 때로 정서에 호소하는 방법으로 설득력을 가져야 한다.

③ 커뮤니케이션을 위한 프레젠테이션 커뮤니케이션을 위한 프레젠테이션은 상호 작용을 위해 청중이 쉽게 이해하도록 해야하고 논리적으로 설득력이 있어야 한다. 청중들과 교감할 수 있는 친근한 내용, 재미를 유발하는 장면이 포함되면 더 효과적이다.

④ 의사 결정을 위한 제안형 프레젠테이션 의사 결정을 위한 제안형 프레젠테이션은 청중이 발표자가 원하는 방향으로 의사를 결정하도록 유도해야 한다. 의사 결정에 필요한 중요 부분만 요약해서 전달하고, 발표자는 청중의 의도를 명확히 파악한 후 진행해야 목표를 달성할 확률을 높일 수 있다.

## 2 청중 분석

프레젠테이션이 용도에 맞게 목적과 방향이 명확해지면 청중의 유형을 분석한다. 다음과 같이 청중의 유형에 따라 프레젠테이션 전략이 달라진다.

① 제안자 필요성에 대한 장황한 설명 보다는 필요성 충족에 중점을 두어야 한다. 제안한 내용에 대해 강한 긍정을 하기 때문에 필요성을 제안한 것에 대한 칭찬도 필요하다.

② 결정자 투자에 대비한 효과 측면을 설득력 있게 전달해야 한다. 의사결정에 대한 책임감으로 심적 부담이 많아 도입 후의 효과에 더 큰 관심이 있다. 그러므로 실패 가능성에 대한 두려움을 없앨 수 있는 내용도 필요하다.

③ 실행자 상품 구매, 사업 투자, 계획 승인, 직원 채용, 제도 변경 등 다양한 실행의 주체자이기 때문에 도입단계에서 편의성, 효율성, 안정성에 중점을 두도록 한다.

④ 사용자 제품이나 서비스의 경우는 사용의 편이성에, 제도 도입의 경우는 본인의 이해관계에 중점을 두어 내용을 전달한다.

그 외 청중의 성별, 사람 수, 연령, 지역 등의 기본 정보를 파악하고 업무와 관련이 있다면 업종과 업무 내용, 직무 등을 알아두어야 한다. 청중이 예비 지식이 있는지도 중요한 요소가 되며 청중의 수준에 맞추어야 한다. 사전에 청중의 수준이 파악이 되지 않을 때는 프레젠테이션의 내용을 가장 쉬운 수준에 맞추어야 한다. 전문용어보다는 일반적인 표현을 쓰도록 한다.

### 3.1.2 정보 수집 및 조사

설문조사, 보고 자료, 통계 자료, 신문, 잡지, 인터넷 등에서 자료를 수집한다. 자료는 최대한 많이 수집하도록 하고 가공된 정보를 최대한 활용한다. 수집된 자료를 바탕으로 신뢰성, 정확성, 신선도, 적합성 등을 분석하여 불필요한 정보를 제거하고 대분류에서 소분류로 분리하여 원하는 정보를 추출한다.

필요에 따라 설득 방법(이성, 감성), 전개 방법(귀납법, 연역법), 발표자 선정(단독, 릴레이식), 발표 매체(파워포인트, 프레지, 원노트, 네이버 오피스), 자료형태(발표용, 배포용) 등의 전략 수립도 필요하다.

### 3.1.3 스토리 보드 작성

전체 스토리를 설계하고 개체를 디자인하는 방법을 결정한다. 스토리보드는 실제 프레젠테이션 제작에 필요한 것을 모두 기록하는 작업이다. 제목, 도해, 발표할 내용, 애니메이션 여부 등 전체적인 구성을 미리 작성해보는 문서이기 때문에 전체적인 구성을 미리 파악할 수 있고, 실제 작업 시간과 과정을 상당 부분 단축시킨다. 스토리보드는 전체적인 내용이 프레젠테이션 주제에 맞게 유기적으로 연결될 수 있도록 구성한다.

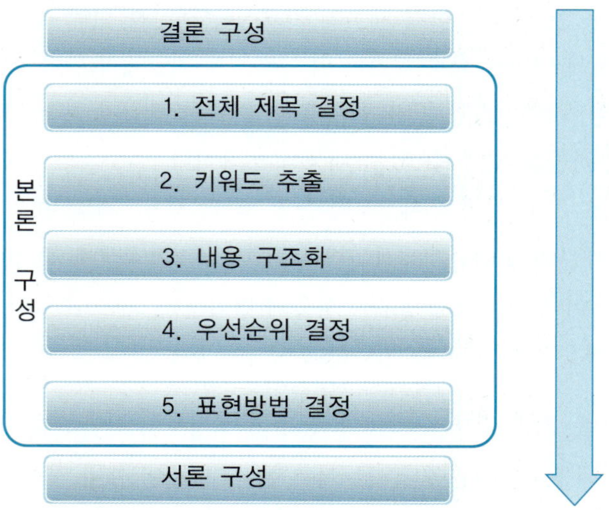


| 그림 1-3 | 내용 구성 순서

스토리보드에는 제목 및 핵심 내용을 작성하고 도해(차트, 표, 그림 등)를 스케치한다. 발표할 내용을 모두 기술하고 전체적으로 읽어본 후 누락되거나 불필요한 내용을 확인하고 수정한다. 문장으로 생각을 전달하면 누락과 모순을 발생하기 쉽기 때문에 도해 사고를 활용하는 것이

좋다. 도해 사고를 활용하면 구상력, 아이디어 창조력, 전달력이 크게 향상된다. 도해 사고란 문제 분석, 아이디어의 구축, 내용의 상호 관련성을 파악하여 그림으로 생각하고, 그림을 그려 그 내용을 전달하는 것이다. 이러한 내용을 구성하는 순서는 [그림 1-3]과 같다.

## 3.2 프레젠테이션 제작

### 3.2.1 프레젠테이션 작성

프레젠테이션 기획이 끝나면 스토리보드를 토대로 발표 자료를 제작한다. 프레젠테이션 작성 시 청중에게 적합한 내용을 효과적으로 표현하기 위해서는 레이아웃이나 디자인 표현 능력, 메시지를 쉽게 전달하기 위한 표현 능력, 적절한 색 조화의 표현 능력, 다른 프로그램을 활용한 표현 능력, 멀티미디어를 활용한 표현 능력 등이 필요하다.

### 3.2.2 자료의 시각화

시각자료의 텍스트는 글꼴, 글자 크기, 줄 간격 등에 따라 내용 전달력이 달라지므로 크기나 배치를 잘 선정해야 하고 자료의 배치에 따른 시선의 움직임을 고려해야 한다. 문장을 가감하여 압축하고, 텍스트 보다는 도형이나 차트를 사용하여 문서의 구조를 단순화하여 한눈에 내용이 들어오도록 한다. 유사색을 주로 사용하고 주변환경에 따라 밝기도 적절히 조절한다. 보색은 되도록 회피하되 필요하면 페이지나 슬라이드당 한두 번 정도 허용한다.

### 3.2.2 프레젠테이션 도구의 선택

전 세계적으로 가장 많이 사용하는 프레젠테이션 도구는 파워포인트이다. 파워포인트는 한 슬라이드에 너무 많은 내용을 담으면 지루해질 수 있다. 프레지는 화려하고 역동적이지만 잘못 사용하면 눈의 피로와 어지러움을 호소하는 청중이 발생할 수 있다. 프레지는 한 장의 캔버스에 프레젠테이션에 들어갈 내용을 모두 입력하기 때문에 파워포인트처럼 한 장 한 장 슬라이드로 이루어진 것이 아니라 전체 내용이 하나의 캔버스에 담겨져 슬아이드가 끝날 때마다 발표자가 다음 전개로의 개념을 이어나갈 필요 없이 한 편의 스토리를 듣고 이해하는 구조임을 이해하고 잘 활용해야 한다. 그 외에도 키노트, 온라인 상의 웹 오피스 프로그램 등 프레젠테이션용으로 사용하는 다양한 프로그램이 있다. 스토리보드로 작성한 내용을 바탕으로 자신이 기획한 내용을 잘 표현하고 절달할 수 있는 프레젠테이션 도구를 선택하여 작성한다. 파워포인트와 프레지는 〈표 1-1〉과 같은 차이점이 있다. 다음장부터 파워포인트와 프레지를 이용하여 프레젠테이션을 작성하는 방법을 차례로 익힌다.

| 표 1-1 | 파워포인트와 프레지의 차이점

| 구분 | 파워포인트 | 프레지 |
|---|---|---|
| 제작 방식 | 소프트웨어 설치 | 웹 접속 또는<br>소프트웨어 설치(데스크톱 버전) |
| 페이지 구성 | 각 장(슬라이드) | 한 장(캔버스) |
| 슬라이드 쇼 전개 방식 | 선형적(화면전환) | 비선형적(경로 이동, ZUI 방식) |
| 애니메이션 효과 | 다양한 애니메이션 사용 | 줌인, 줌아웃, 나타내기, 회전 |
| 저장 방식 | 파일 형태로 컴퓨터에 저장 | 웹 공간에 저장 |

## 3.3 전달

### 3.3.1 사전준비와 리허설

발표에 앞서 사전준비가 필요하다. 발표시기, 발표순서, 발표장소 및 이동방법, 발표장 크기, 장비(빔 프로젝트, 노트북 등), 소프트웨어 버전, 기타 편의 시설등을 미리 확인하고 리모컨 등의 기계 작동 방법도 확실히 익혀두거나 혹시 모를 상황에 대비해 화면을 넘겨주는 사람을 배치하는 것도 좋다.

리허설을 통해 예행 연습을 충분히 해야한다. 발표를 앞두고 예행연습을 충분히 하고 프레젠테이션을 진행하면 전체 프로세스에 대한 실수나 발표 시간상의 오차가 줄어든다. 리허설을 진행하는 동안은 모든 행동과 농담 한마디까지 치밀하게 계획하여 완벽해질 때 까지 준비해야한다. 특히 프레젠테이션 실시에서 설명하는 무대에서의 세가지 언어를 포함하여 실제 청중 앞에서 발표하는 것처럼 이미지 트레이닝을 하여야 한다.

- 발표자료를 파악하고 100% 이상 숙지한다.
- 순서를 정해 연습한다.
- 전체 소요 시간을 미리 측정하면서 반복해서 연습한다.
- 머릿 속에서 상상하지 말고, 직접 말로 연습한다.
- 실제 상황처럼 연습한다.
- 적절한 속도, 성량, 발음으로 진행한다.
- 다양하고 역동적인 동작을 적절히 사용하여 청중이 집중할 수 있도록 연습한다.

### 3.3.2 피드백

피드백은 성공적인 프레젠테이션을 위해 반드시 필요한 과정으로 피드백을 통해 부족한 부분을 보완한다. 피드백을 통해 최종 자료를 검토하고 프레젠테이션에 주어진 시간과 슬라이드 발표 시간상의 오차를 조절하며, 여러 가지 문제점을 파악하여 수정과 보완이 가능하게 한다.

피드백 방법에는 다음과 같은 것이 있다.

- 거울 앞에서의 발표
- 동료들 앞에서 발표 후 조언 청취
- 발표내용을 녹음, 녹화
- 이미지 트레이닝

### 3.3.3 프레젠테이션 실시

무대에서 발표자는 음성 언어, 시각 언어, 신체 언어의 세 가지 언어를 사용해야 한다. 음성 언어는 목소리의 사용으로 목소리는 큰편이 좋고, 내용에 맞춘 속도와 높이 조절이 가장 중요하다. 또한 정확한 발음으로 표준어를 사용해야 한다. 시각 언어는 시각자료와 발표자와의 균형을 의미한다. 여기서 균형이란 시각자료가 발표자의 자리를 뺏지 않고 보조 수단 역할만 수행하도록 제어하는 방법과 애니메이션과 발표자의 이야기만 청중이 보고 듣도록 하는 방법이다. 신체 언어는 음성 언어를 강조하는 방법으로 발표자의 무대를 역동적으로 만드는 기술로써 다음과 같은 다양한 구체적인 요소들을 만족시켜야 한다.

- 표정관리 자연스런 미소와 함께 자신감과 안정감이 있어야 한다.
- 시선처리 스크린은 20%정도 보고, 80% 이상은 Z자로 청중과 골고루 시선 맞추기를 해야한다.
- 손의 활용 기본은 바지 재봉선에 위치시키고, 청중을 지목할때는 손가락을 곧게 펴고 손바닥이 위로 향하도록 절도있게 사용해야 한다. 발표자의 말을 강조하는 수단이기 때문에 자연스러운 연출을 할 수 있도록 해야한다.
- 서있는 자세/위치 청중을 정면으로 마주보는 자세가 기본자세이며, 어깨와 허리는 곧게 펴고 불필요한 몸의 흔들림이 없어야 한다.

발표할 때 내용전개 순서를 요약해서 정리하면 [그림 1-4]와 같다.

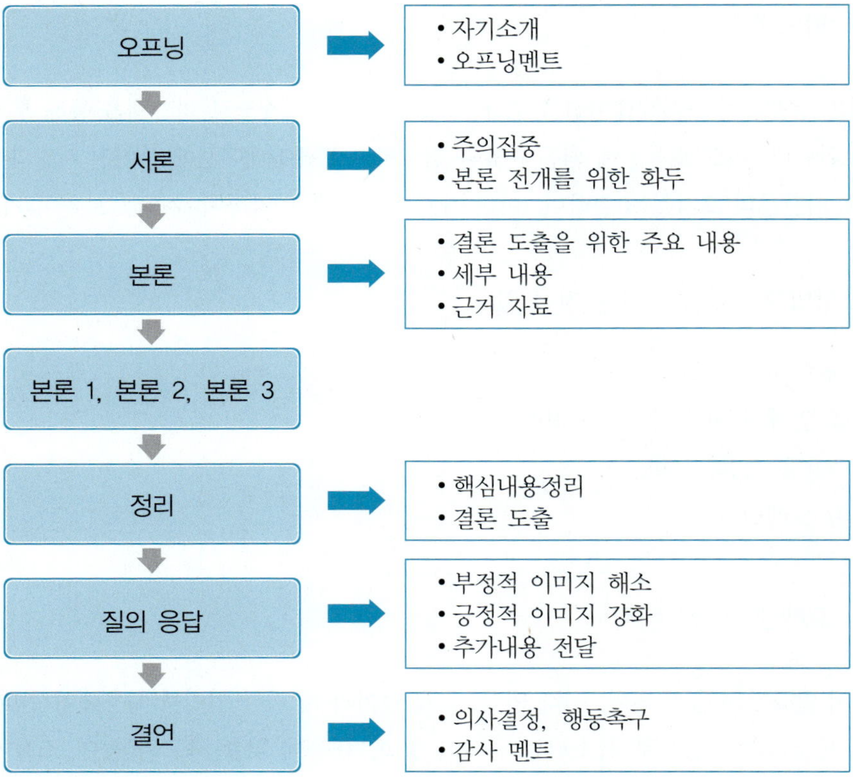


| 그림 1-4 | 내용 전개 순서

## 1 자기소개

- **소개 주체** 제3자가 소개 또는 본인이 직접 소개
- **소개 내용** 소속, 담당업무, 직위, 성명, 전공, 경력 등
- **주의사항**
  - 인사말부터 하여 주의집중 유도 후 몸 인사를 한다.
  - 청중이 박수 중일 때는 박수가 끝날 때까지 기다린다.
  - 본인 이름을 말할 때는 한 글자씩 천천히 발음한다.
  - 자화자찬은 금물이다.
  - 자기소개 직후 발표준비를 위한 침묵은 금물이다.

  자기소개 후 자연스럽게 오프닝으로 이어지도록 한다.

## 2 오프닝

- 청중에 대한 감사멘트

예 바쁘신 업무에도 불구하고 이렇게 참석해 주셔서 대단히 감사합니다. 여러분을 모시고 이렇게 발표를 할 수 있게 된 것을 진심으로 기쁘게 생각하며, 이런 자리를 만들어 주신 ㅇㅇ님을 비롯해 모든 실무자 여러분께 다시한번 감사 드립니다.

- 프레젠테이션 주제와 목적 설명

예 말씀 드릴 주제는 대학생활 4년은 이렇게 보내자 입니다

- 프레젠테이션 배경/경위 설명

예 대학 새내기로서 앞으로 대학생활을 설계해서 멋지고 보람차게 …

- 청중에게 요구하는 점

예 발표내용을 들어 보시고 예상되는 문제점이나 보완사항을 말씀해 …

- 전체개요 및 발표시간 운영계획

예 발표 소요시간 등 사전 안내.

- 질문 요령

예 질문은 발표 후 받겠다는 등

- 배포자료 안내 및 수령여부 확인

예 자료 수령 여부와 보는 방법 안내

- 종료 후 일정안내

예 시설견학, 다과회, 선물 등

## 3 서론

서론의 3대 역할 주의집중, 동기부여, Link

- 음향효과, 시각효과, 깜짝쇼, 주제와 관련된 질문, 인용,
- 신문기사 등 일상적 화제, 주제와 관련된 가상 상황 제시

## 4 질의 응답

- 반대의견 반대이유 공감 후 답변
- 대안제시 감사 표시 후 답변
- 추가정보 요구 감사 표시 후 답변
- 내용확인 질문자를 질책하지 않도록 주의하면서 답변
- 공격 맞대응 하지 말고 수용적인 태도
- 자기과시 자기과시 욕구 충족멘트 후 답변

**질의응답 8단계**

질의응답 안내 ⇨ 질문자 지목 ⇨ 질문 경청 ⇨ 질문에 대한 감사 ⇨ 질문 내용 정리 ⇨ 답변 ⇨ 이해여부 확인 ⇨ 질문에 대한 감사

## 5 클로징

- 마무리를 암시하는 예고를 한다.

  예 지금까지 내용을 종합해 보면 ......, 제 결론을 말씀드릴 때가 된 것 같습니다.
- 핵심 내용을 정리하고 결론을 강조한다(경우에 따라 생략 가능)
- 강한 메시지로 마무리한다. (실행 촉구 등)
- Follow-up 차원에서 발표자의 연락처를 제시한다.

  예 발표내용과 관련해서 더 궁금하신 점 답변해 드리겠습니다.
- 끝까지 경청해준 데 대한 감사메시지를 전한다.

  예 지금까지 장시간 경청해 주신 여러분께 감사말씀 드리면서 발표를 마치겠습니다. 감사합니다.

**클로징할 때 주의사항**

- 발표하지 않은 새로운 정보를 언급하지 않는다.
- 끝나기 전에 자료를 챙기지 않는다.
- 5분 이내로 짧게 끝낸다.

# 연습문제

**1** 자신의 대학 생활과 관련하여 프레젠테이션 주제를 선정하시오.

**2** 1번에서 선정한 주제로 자료를 수집하고 요약 정리하시오.

**3** 2번에서 작성된 요약번을 이용하여 전체 제목과 부제목등을 설정하고 아래 표와 같이 대분류, 중분류로 나누어 주제별로 키워드를 3~5개씩 추출하시오.

| 키워드 | | 세부 내용 |
|---|---|---|
| 대분류 | 중분류 | |
| | | |

**4** 2~3번에서 작성된 내용으로 중심으로 청중을 학생으로 가정하여 스토리보드를 작성하시오.

**5** 4번의 스토리보드의 내용에 도해로 표현할 수 있는 부분을 찾아내어 도해로 표시하시오.

**6** 4번의 프레젠테이션을 작성했다고 가정하고 오프닝 시나리오와 클로징 시나리오를 작성하고 리허설을 수행해보자.

[Work sheet : 오프닝 시나리오 작성하기]

| 구분 (표현단계) | 시나리오 |
|---|---|
| 감사말씀 | |
| 주제 소개 | |
| 배경 소개 | |
| 청중 요구사항 | |
| 전체개요 및 운영계획 | |
| 질의응답 안내 | |
| 배포자료 확인 | |
| 종료 후 일정안내 | |

[Work sheet : 클로징 시나리오 작성하기]

| 구분(표현단계) | 시나리오 |
|---|---|
| 예고 | |
| 내용 정리 및 결론 강조 | |
| 강한 메시지 | |
| 연락처 제시 | |
| 경청에 대한 감사 | |
| 기타 | |

**7** 다음 문장을 읽고 목적을 분석해보자.

> 사장님으로부터 다음주 월요일에 회사를 방문하는 미국 펀드회사임원을 대상으로 우리 회사를 소개하라는 지시를 받았다.
> 펀드회사 임원의 방문 목적은 다음달에 있을 우리 회사 회사체 발행에 투자할지 여부를 검토하기 위한 사전 정보수집이며, 우리 회사의 회사체 발행 규모는 1,000억원으로 미국펀드회사의 매입 능력은 500억원으로 예상하고 있다.

**[목적분석 실습]**

**8** 현대인이 스토리텔링에 열광하는 배경에 대해 조사하여 요약정리 하시오.

**9** 커뮤니케이션 기술인 스토리텔링을 활용하고 있는 사례를 찾아 기술하시오.

Chapter 02

# 파워포인트의 기초

## 01 파워포인트란

파워포인트의 정식 명칭은 마이크로소프트(MS) 오피스 파워포인트이다. 정보를 기반으로 제품・서비스・솔루션을 하나로 통합해 효과적인 협동 작업을 할 수 있도록 플랫폼을 제공하는 오피스 시스템에 포함되어 있다. 여러 사람 앞에서 자신의 생각을 발표하거나 공동 작업을 할 때 시각적 보조 자료로 활용할 수 있도록 프레젠테이션을 도와주는 소프트웨어이다.
프레젠테이션을 효과적으로 작성・발표하고, 공동 작업을 하는 데 도움을 주는 도구들의 모임이 파워포인트이다. 가장 큰 기능은 프레젠테이션을 위한 자료를 만드는 데 있다. 보고회・세미나・화상교육 등을 할 때 파워포인트를 이용해 만든 화면을 대형 화면이나 빔 프로젝트를 사용해 스크린에 띄워 사용할 경우, 프레젠테이션의 효과를 높일 수 있는 것이 장점이다. 화상교육을 할 경우, 기존의 괘도・오에이치피(OHP)・실물화상기보다 훨씬 실감이 나기 때문에 교사나 기업체의 연수 등에서 많이 이용한다.
1987년에 Apple 매킨토시용으로 1.0 버전이 출시되었고, 1990년 처음 윈도우용이 도입되었다. 그 후 2002년 XP 오피스 파워포인트, 2006년 출시된 파워포인트 2007, 파워포인트 2010 등 업그레이드 버전이 주기적으로 출시되고 있다. 파워포인트에는 팀 구성원끼리 작업 영역을 공유하고 공동으로 작업할 수 있는 기능, 다른 사용자가 볼 수 없도록 전달・복사・인쇄하지 못하게 하는 기능, 효과적인 발표를 할 수 있도록 도와주는 그래픽・애니메이션・멀티미디어 기능 등 다양한 기능이 들어 있다.

## 1.1 파워포인트의 기능

### 1 다양한 슬라이드 레이아웃 삽입 기능

파워포인트를 이용하여 발표할 때는 발표자가 클릭을 하거나 또는 자동으로 화면이 넘어가게 하여 진행하는데, 이 때 하나의 화면에 해당하는 작업 영역을 '슬라이드(slide)'라고 한다. 슬라이드는 프레젠테이션 파일을 이루는 가장 기본단위이다. 파워포인트에는 프레젠테이션을 처음 만드는 사용자라도 손쉽게 레이아웃을 만들 수 있도록 여러 종류의 슬라이드 레이아웃을 제공한다.

### 2 디자인 서식 파일을 이용한 문서 작성 기능

테마를 이용하여 프레젠테이션에 적합한 디자인과 색상, 글꼴 등을 손쉽게 적용할 수 있다.

### 3 다양한 형태의 멀티미디어 개체 삽입 기능

도형이나 차트, 사진, SmartArt, 비디오, 오디오 등의 다양한 멀티미디어 개체 삽입하기 용이하도록 [리본]메뉴의 [삽입]탭을 제공한다.

### 4 간편한 슬라이드 쇼와 애니메이션을 이용한 동적인 문서 제작 기능

파워포인트에서 제공하는 다양한 애니메이션 효과를 목록에서 선택하여 적용할 수 있다. 슬라이드 쇼 효과와 애니메이션을 적절히 사용하면 상대방의 분위기를 전환하고 더욱 내용에 집중하게 한다.

### 5 프레젠테이션의 관리와 공동 작업 기능

슬라이드를 여러 구역으로 그룹화 하여 다른 사람과 공동으로 프레젠테이션 작업을 진행할 수 있다. 나눈 각 구역을 개별적으로 맡아 작업을 직행하고 [비교] 기능을 이용하여 여러 사람이 나누어 작업한 프레젠테이션을 쉽게 병합할 수 있다.

# 02 사용자 인터페이스와 환경 설정

파워포인트 2013의 화면 구성은 [그림 2-1]과 같다.

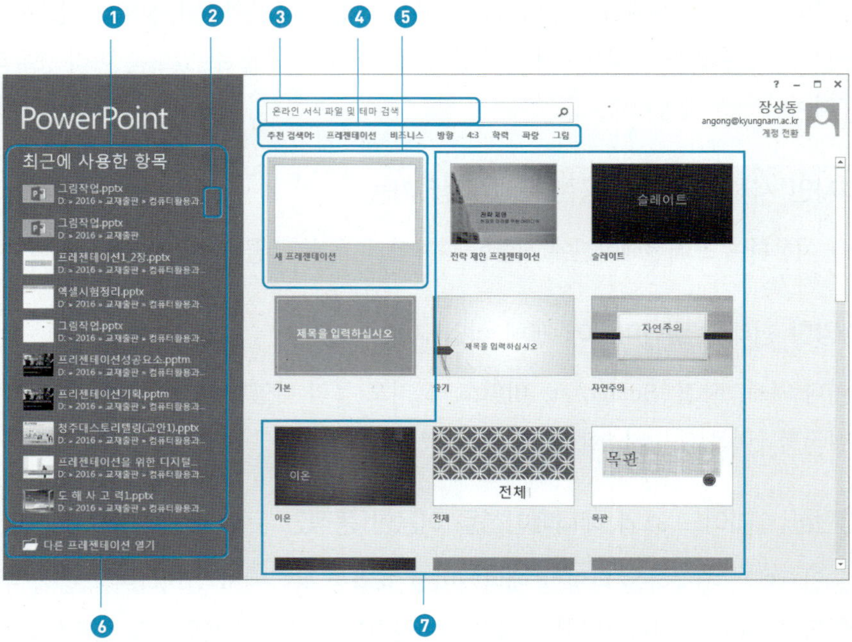

| 그림 2-1 | 파워포인트 실행 첫 화면

❶ 최근에 사용한 항목
❷ 고정 단추
❸ 온라인 서식 파일 및 테마 검색 상자
❹ 추천 검색어
❺ 새 프레젠테이션
❻ 다른 프레젠테이션 열기
❼ 예제 서식 파일

❶ 최근에 사용한 항목  최근에 사용한 파일 목록을 표시하며, 클릭 한 번으로 파일을 바로 연다.

❷ 고정 단추  파일 목록을 고정/해제 한다.

❸ 온라인 서식 파일 및 테마 검색 상자  인터넷에 연결되어 있는 경우, 온라인으로 서식 파일 및 테마를 검색하고 다운로드하여 사용한다.

❹ 추천 검색어  온라인 서식 파일에서 자주 사용될 예제를 모아 놓았다.

❺ 새 프레젠테이션  빈 새 프레젠테이션을 만든다.

❻ 다른 프레젠테이션 열기　기존 프레젠테이션 파일을 불러온다.

❼ 예제 서식 파일　특정 주제나 목적에 맞는 서식을 제공한다. 온라인 서식 파일 및 테마 검색 상자를 이용하여 검색한 내용을 고정 단추를 이용하여 고정가능 하다.

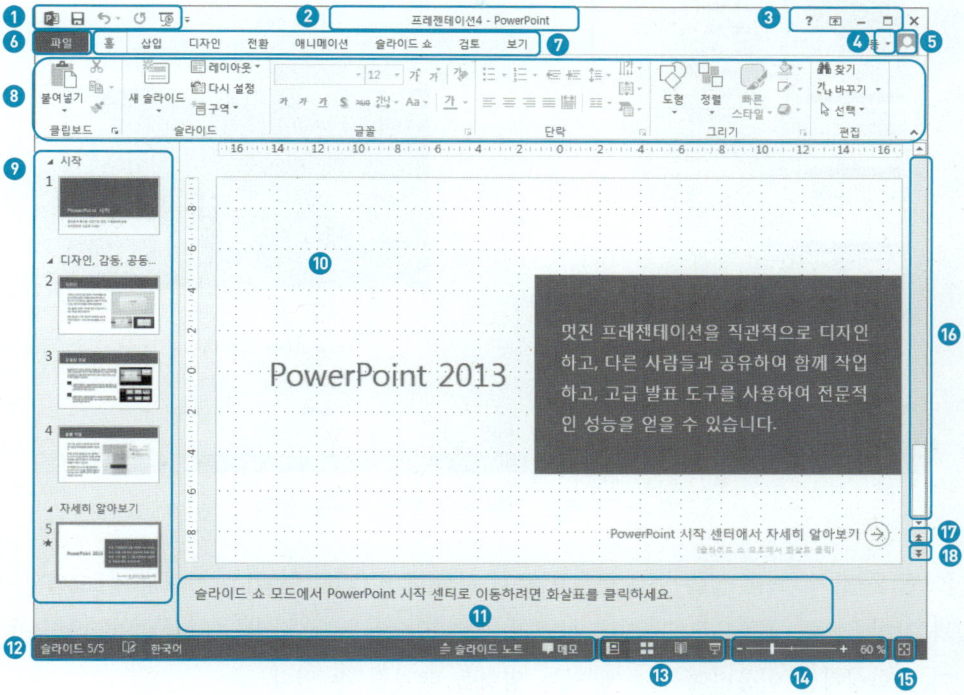


| 그림 2-2 | 파워포인트 2013 화면 구성

❶ 빠른 실행 도구 모음
❷ 제목 표시줄
❸ 화면 조절 아이콘
❹ [리본 메뉴 표시 옵션]
❺ 도움말 아이콘
❻ [파일] 탭
❼ 리본 메뉴 탭
❽ 리본 메뉴
❾ [슬라이드] 탭
❿ 슬라이드 창
⓫ 슬라이드 노트
⓬ 상태 표시줄
⓭ 화면 보기 단추
⓮ 화면 크기 조절 도구
⓯ 창 크기 맞춤 단추
⓰ 슬라이드 막대
⓱ 이전 슬라이드
⓲ 다음 슬라이드

❶ 빠른 실행 도구 모음

빠른 실행 도구 모음에는 파워포인트에서 자주 사용하는 명령을 모아 놓았다. [그림 2-3]과 같이 빠른 실행 도구 모음 오른쪽에 있는 [빠른 실행 도구 모음 사용자 지정]아이콘을 클릭하고 [기타 명령] 이전의 목록 중에서 필요한 메뉴를 선택하면 빠른 실행도구 모음에 추가된다. 빠른 도구 모음에 이미 추가된 명령 아이콘을 제거 할 때는 이미 체크 된 목록을 한 번 더 클릭하면 빠른 실행 도구 모음에서 제외된다.

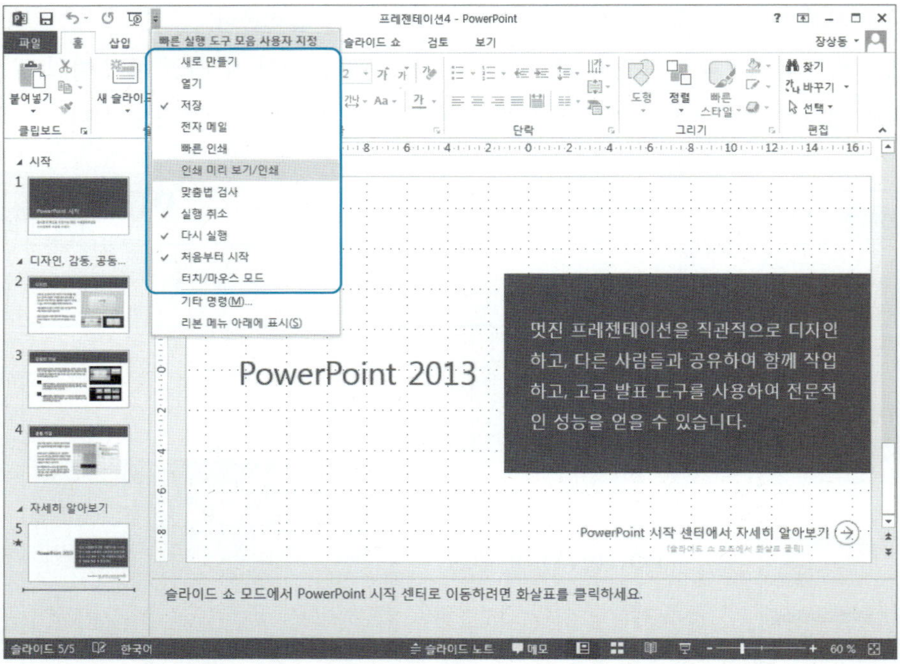


| **그림 2-3** | 빠른 실행 도구 모음 사용자 지정

[그림 2-3]의 [빠른 실행 도구 모음 사용자 지정]에서 [기타 명령]을 선택하면 [그림 2-3]과 같이 [빠른 실행 도구 모음]이 선택된 채로 [PowerPoint 옵션] 대화상자가 나타난다. 이 대화상자를 이용하여 목록에 없는 명령을 추가할 수 있다.

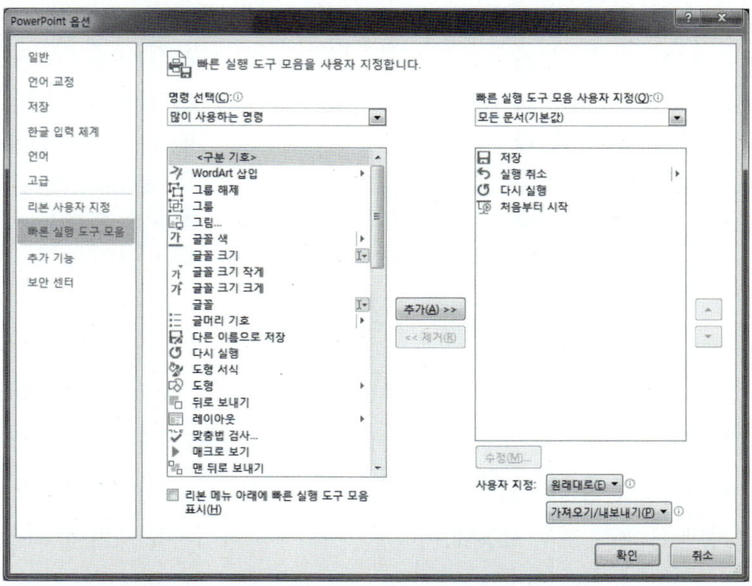


| **그림 2-4** | [빠른 실행 도구 모음 사용자 지정]의 [기타 명령]

**❷ 제목 표시줄**

현재 작업 중인 프레젠테이션의 파일명이 표시된다.

**❸ 화면 조절 아이콘**

파워포인트 프로그램 창을 최소화, 최대화, 종료하는 명령 아이콘의 모음이다.

**❹ [리본 메뉴 표시 옵션]**

리본 메뉴를 화면에서 감추거나 표시한다. [그림 2-4]는 리본 메뉴를 감춘 상태를 나타낸다. 리본 메뉴 최소화/확장 버튼은 [리본 메뉴 자동 숨기기], [탭 표시], [탭 및 명령 표시] 기능을 수행한다.

**❺ 도움말 아이콘**

도움말 아이콘을 클릭하면 'PowerPoint 도움말' 사용할 수 있다.

**❻ [파일] 탭**

파워포인트 2013의 [파일]탭은 [그림 2-5]와 같이 [정보] 그리고 [새로 만들기], [열기], [저장], [다른 이름으로 저장], [인쇄], [공유], [내보내기], [닫기], [계정], [옵션] 메뉴로 구성되어 있다.

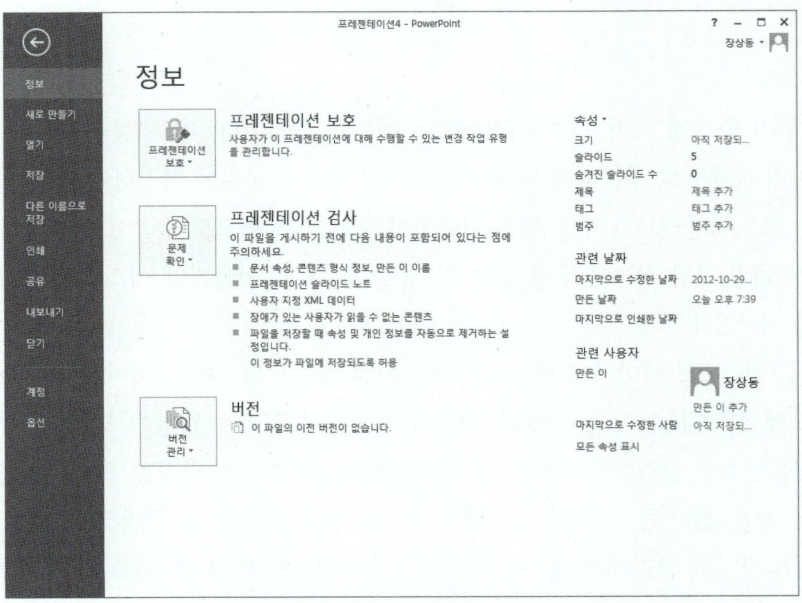


| 그림 2-5 | [파일] 탭

**❼ 리본 메뉴 탭**

리본 메뉴 탭은 파워포인트 2013의 기능 메뉴를 분류하여 표시되는 탭으로 [홈], [삽입], [디자인], [전환], [애니메이션], [슬라이드 쇼], [검토], [보기] 탭이 기본으로 표시된다. 슬라이드에 삽입된 개체를 선택하면 개체의 종류에 따라 편집을 위한 탭이 추가된다.

[그림 2-6]과 같이 이미지를 선택하면 [그림 도구]-[서식] 탭이 표시된다.

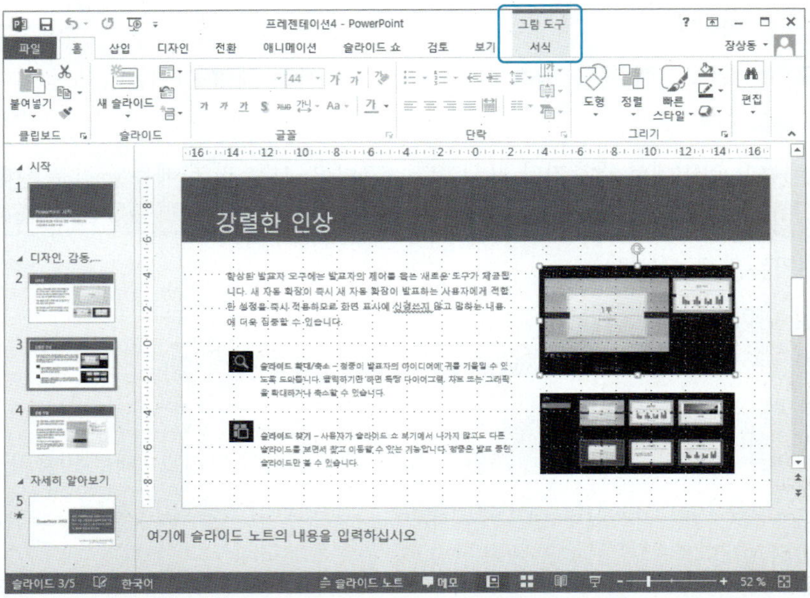


| 그림 2-6 | [그림 도구] 탭

## ❽ 리본 메뉴

메뉴 탭의 종류에 따라 기능을 적용하는 메뉴가 리본이다. 각 기능을 적용할 수 있는 버튼들이 종류별로 구분되어 나열되어 있으며 버튼을 종류를 확장하여 나열할 수 있다.

- [홈] 탭 사용빈도가 가장 높은 기능들이 모여 있는 탭으로 슬라이드, 글꼴, 단락, 그리기 등의 편집 기능이 모여 있으며, 새 슬라이드를 만들거나 텍스트의 서식 등을 수정할 수 있다.
- [삽입] 탭 표, 이미지(그림, 클립아트, 사진 등), 도형, 차트, 비디오/오디오 등 슬라이드에 삽입할 수 있는 다양한 미디어 개체를 삽입하는 명령이 모여 있다.
- [디자인] 탭 슬라이드의 크기 및 방향, 테마, 배경 등의 디자인 요소를 수정하는 기능을 모은 탭으로, 선택한 요소에 따라 표시되는 도구들이 달라진다.
- [전환] 탭 쇼 보기에서 슬라이드가 다른 슬라이드로 바뀔 때 나타나는 효과를 지정한다. 슬라이드와 슬라이드 사이에 다양한 화면 전환 효과를 지정할 수 있는 도구이다.
- [애니메이션] 탭 객체에 애니메니션 효과를 적용하여 동적인 프레젠테이션을 만드는 기능을 모아 놓았다.
- [슬라이드 쇼] 탭 슬라이드 쇼를 이용하여 리허설 등의 연습을 진행할 수 있는 기능을 모았다.

- [검토] 탭　슬라이드에 메모를 추가하거나 두 개의 파일을 비교하여 수정된 내용을 적용하거나 취소하는 등의 다양한 검토 작업 기능을 모아 놓았다.
- [보기] 탭　여러 슬라이드, 슬라이드 노트, 슬라이드 마스터, 유인물 마스터 등의 여러 유형의 보기 형식을 선택하고 수정할 수 있는 기능을 모아 놓았다.

**❾ [슬라이드] 탭**

작성하는 슬라이드가 요약되어 표시되는 공간이다. 나열된 슬라이드 사이에 클릭하여 Enter↵ 키를 누르면 슬라이드가 추가되며 마우스 오른쪽 버튼을 클릭하여 단축메뉴로 슬라이드의 이동과 복사, 새 슬라이드 추가 등의 작업을 할 수 있다.

**❿ 슬라이드 창**

슬라이드를 직접 편집하는 작업 영역으로 텍스트, 도형, 차트 등 [삽입] 탭의 개체를 삽입하고 편집하는 영역이다.

**⓫ 슬라이드 노트**

슬라이드 내용에 대한 부연 설명이나 발표할 내용을 입력하는 영역이다.

**⓬ 상태 표시줄**

현재 보고 있는 슬라이드 번호, 맞춤법 검사, 언어 등과 같은 부가 정보를 표시한다. [그림 2-7]은 상태 표시줄에서 마우스 오른쪽을 클릭하면 나타나는 [상태 표시줄 사용자 지정] 메뉴이다. 표시된 영역의 리스트 중 체크된 내용은 상태 표시줄에 나타나고 해제된 내용은 상태 표시줄에서 제거된다.

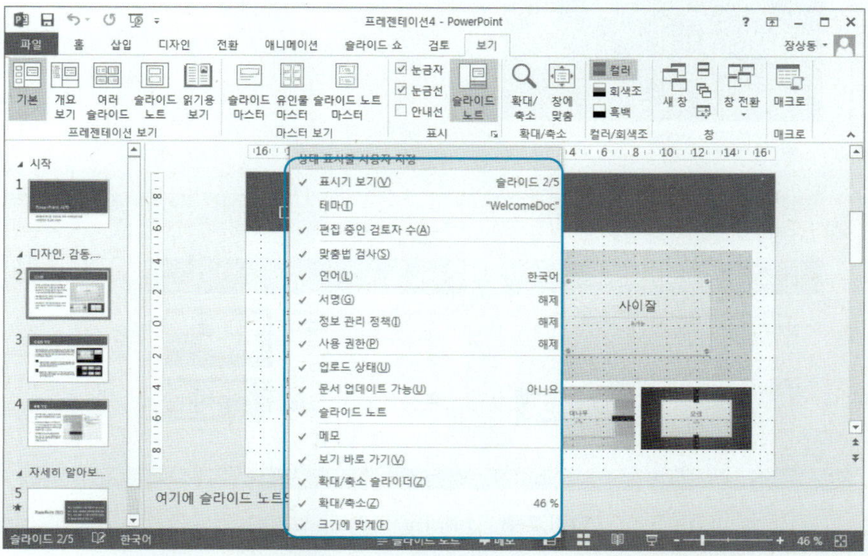


| 그림 2-7 | [상태 표시줄]의 [상태 표시줄 사용자 지정] 메뉴

### ⓭ 화면 보기 단추

파워포인트 화면 보기를 아래와 설명과 같이 기본/여러 슬라이드/읽기용 보기/슬라이드 쇼의 네 가지 형태로 바꿀 수 있다.

- 기본　왼쪽에 슬라이드 및 개요 창, 가운데에 슬라이드 편집 창, 하단에 슬라이드 노트 창이 표시된다.
- 여러 슬라이드　파일에 있는 슬라이드를 한꺼번에 보여준다.
- 읽기용 보기　슬라이드 쇼 보기와 비슷하지만 화면 아래쪽에서 보기 형태 및 슬라이드 이동 등의 조작이 가능하며 발표자 컴퓨터에서 화면에 꽉 채우지 않고 프레젠테이션을 실행할 수 있다.
- 슬라이드 쇼　슬라이드 쇼를 처음부터 보여주지 않고 현재 선택한 슬라이드부터 보여준다.

[그림 2-8]은 [여러 슬라이드]를 실행한 예이고, [그림 2-9]는 [읽기용 보기]를 실행한 예를 나타낸다.

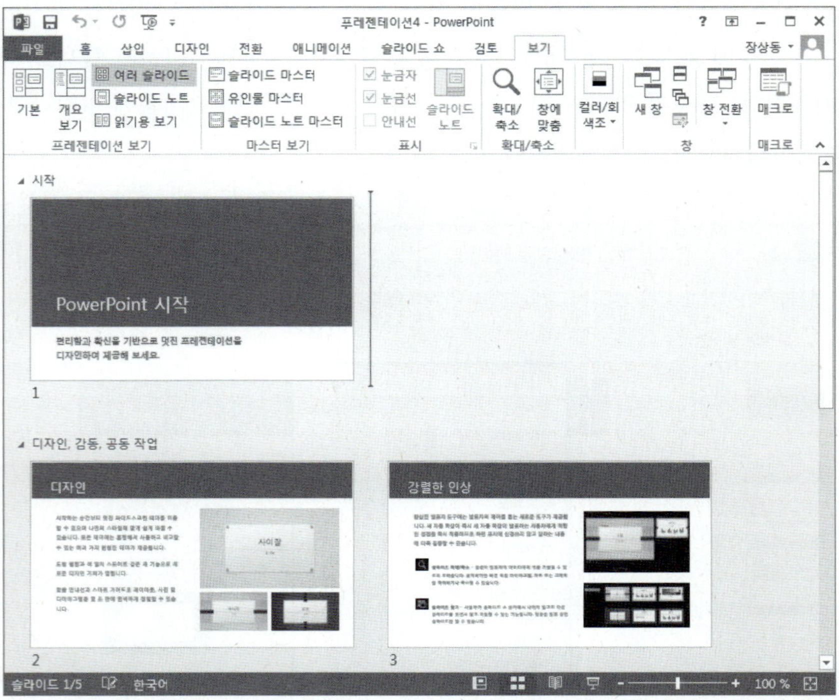


| 그림 2-8 | [여러 슬라이드] 보기

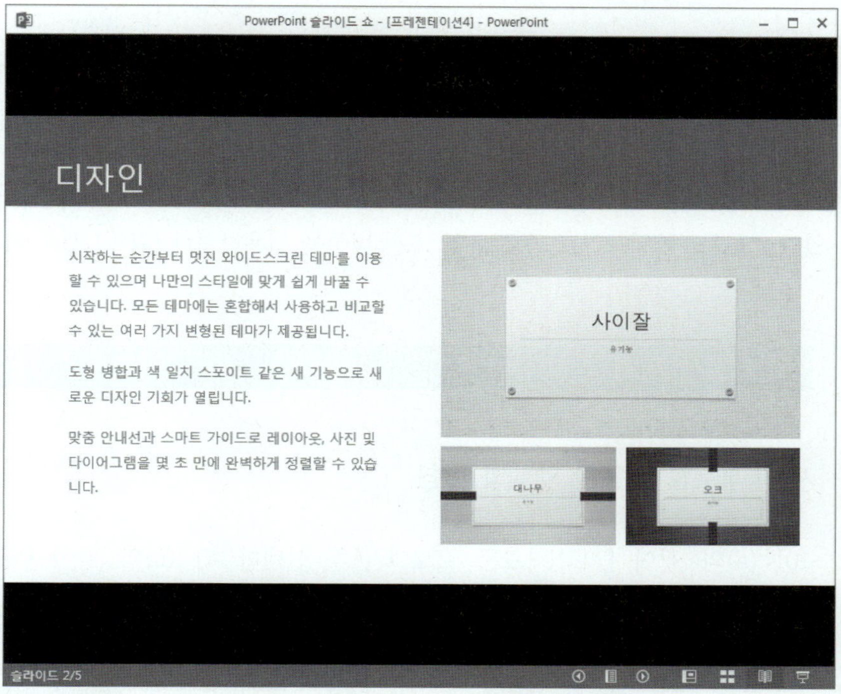


| **그림 2-9** | [읽기용] 보기

⓮ 화면 크기 조절 도구

화면 크기 조절 도구를 이용하여 직접 화면 배율 크기를 입력하거나, 슬라이드 막대를 움직여서 슬라이드 창에 표시된 슬라이드의 크기를 조절한다.

⓯ 창 크기 맞춤 단추

창 크기 맞춤 단추를 클릭하면 현재 프로그램 창에 맞게 슬라이드 크기를 자동 조절한다.

⓰ 슬라이드 막대

클릭하면 현재 슬라이드 번호와 제목이 표시되며, 막대를 클릭한 다음 드래그하면 원하는 슬라이드로 이동할 수 있다.

⓱ 이전 슬라이드

이전 슬라이드로 이동한다.

⓲ 다음 슬라이드

다음 슬라이드로 이동한다.

# 03 파워포인트의 시작과 종료

파워포인트는 [시작] 메뉴 또는 바로 가기 아이콘을 이용하거나, 파워포인트 파일 직접 실행할 수 있다. 그리고 파워포인트 종료는 창 조절 버튼을 이용하거나 [파일] 탭을 이용한다.

## 3.1 파워포인트의 실행

### 3.1.1 [시작] 메뉴를 이용한 엑셀의 실행

[그림 2-10] (a)와 같이 [시작]-[모든 프로그램]을 선택한 뒤 (b)와 같이 [Microsoft Office]-[PowerPoint 2013]을 클릭하면 파워포인트 프로그램이 시작된다.

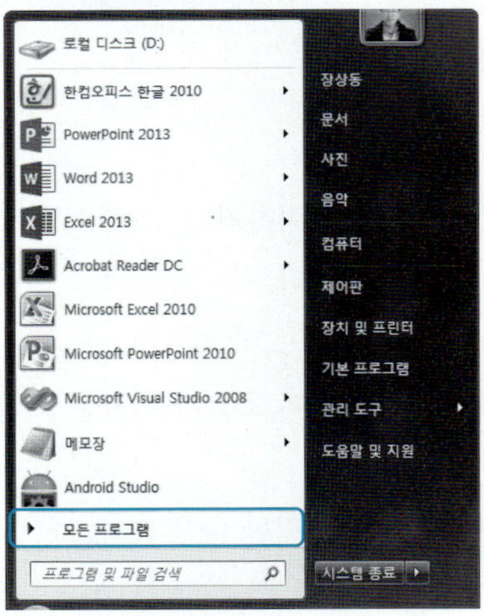


(a) [모든 프로그램] 선택

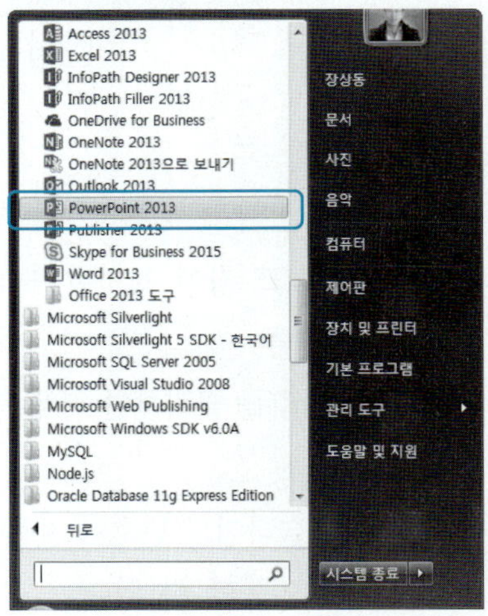


(b) [PowerPoint 2013]선택

| **그림 2-10** | 시작 메뉴를 이용한 파워포인트의 실행

### 3.1.2 바로가기 아이콘을 이용한 실행

[그림 2-10]의 [Microsoft Office]-[PowerPoint 2013]에서 마우스 오른쪽 버튼을 클릭한 후, [그림 2-11] (a)와 같이 [보내기]-[바탕화면에 바로 가기 만들기] 메뉴를 이용하여 바탕화면에 바로 가기 아이콘을 생성한다. 생성된 바로 가기 아이콘을 더블클릭하면 파워포인트가 실행된다.

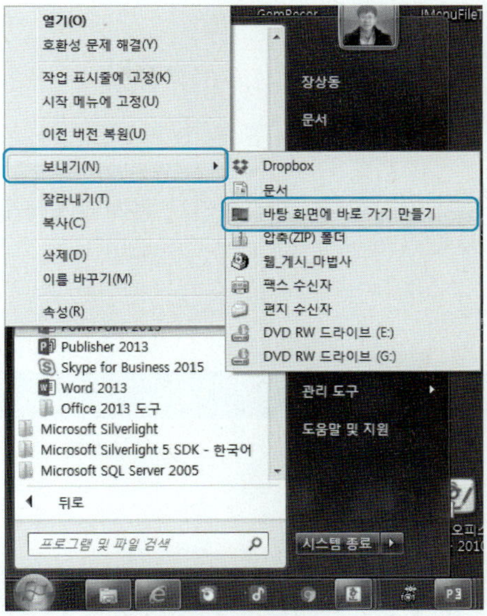


(a) 바로 가기 아이콘 만들기

(b) 바로 가기 아이콘

| 그림 2-11 | 바로 가기 아이콘 만들기와 바로 가기 아이콘

### 3.1.3 파워포인트 파일을 직접 실행

컴퓨터의 저장 장치에 있는 파워포인트 파일을 직접 더블클릭하면 파워포인트가 실행되고 해당 문서가 열린다.

## 3.2 파워포인트의 종료

### 3.2.1 [파일] 탭의 메뉴를 이용한 종료

현재 실행중인 프레젠테이션 파일을 닫고 프로그램을 종료하려면 [파일]–[닫기]를 클릭한다.

### 3.2.2 창 조절 버튼을 이용한 종료

창 조절 버튼을 이용하여 파워포인트 프로그램을 종료하려면 닫기(✕) 버튼을 클릭한다.

# 04 파워포인트의 문서 관리

파워포인트는 프레젠테이션 단위로 문서를 만들어 저장한다. 파워포인트 문서를 만들고 저장하는 방법에 대해 알아보자.

## 4.1 프레젠테이션 만들기

### 4.1.1 빈 새 프레젠테이션 만들기

파워포인트 2013을 실행하고 [그림 2-12]와 같이 [새 프레젠테이션]을 클릭하면 [그림 2-13]과 같이 새 프레젠테이션이 생성된다.

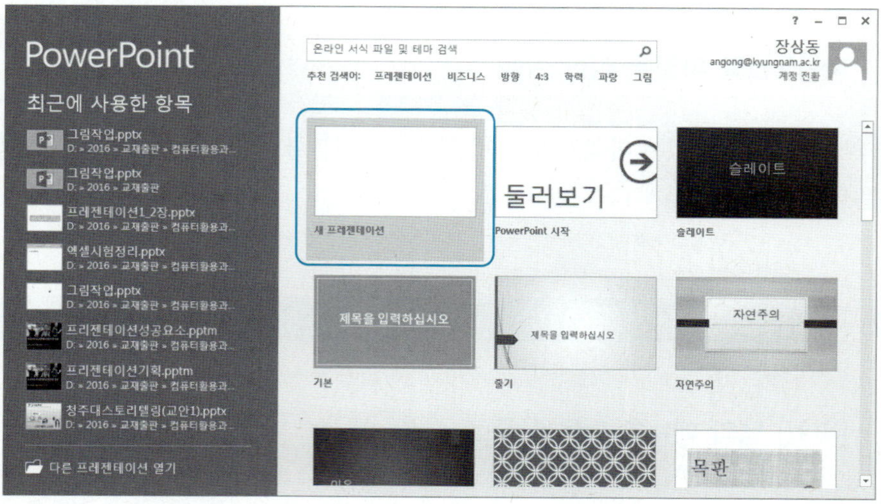


| 그림 2-12 | 새 프레젠테이션 생성

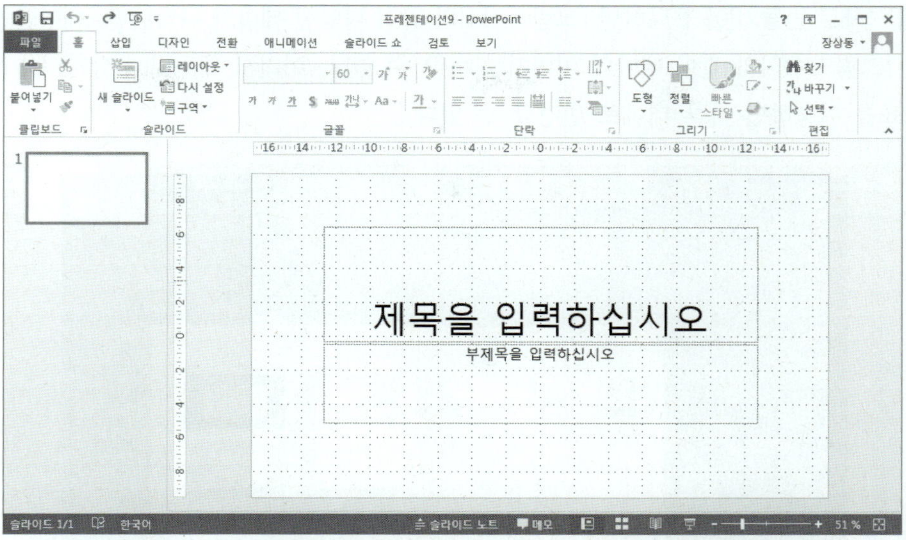


| 그림 2-13 | 생성된 새 프레젠테이션

### 4.1.2 테마를 이용한 새 프레젠테이션 만들기

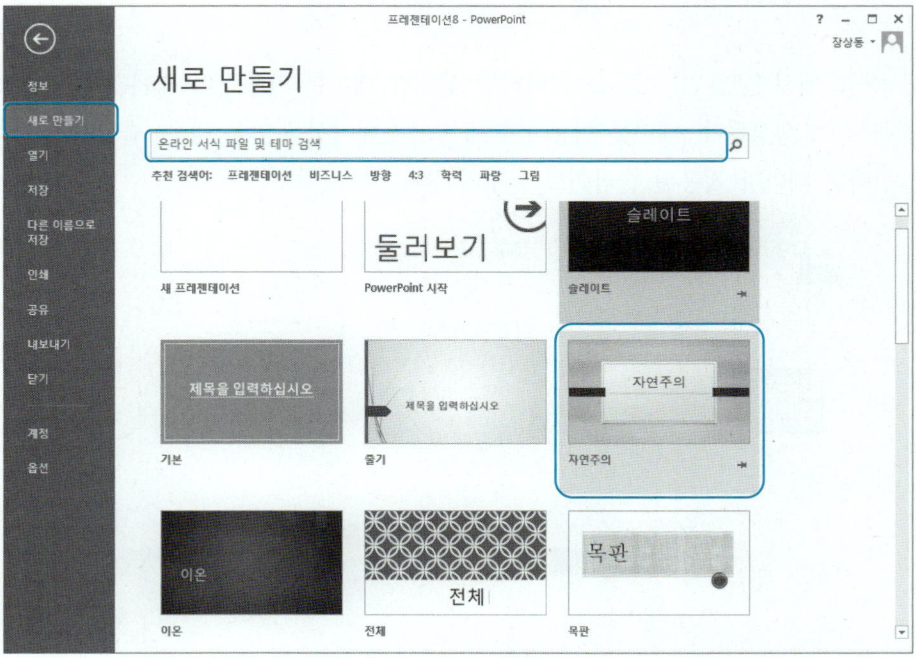


| 그림 2-14 | 새 프레젠테이션을 위한 테마 선택

[파일]-[새로 만들기]를 클릭하면 [그림 2-14]와 같이 다양한 테마가 나타난다. 테마를 클릭하면 [그림 2-15]와 같이 테마의 이미지를 바꿀 수 있다. 여기서 테두리 가장자리에 있는 화살표를 이용하면 다른 테마로 변경할 수 있다.

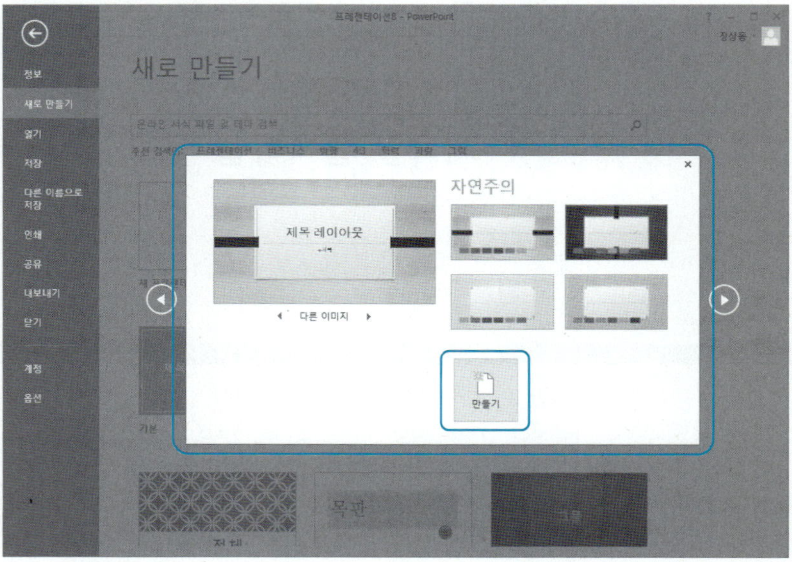


| 그림 2-15 | 테마 이미지 변경창

[그림 2-15]에서 [만들기] 버튼을 클릭하면 선택한 테마를 이용한 프레젠테이션이 [그림 2-16]과 같이 생성된다. 테마를 이용하여 새 프레젠테이션을 만든 경우, 슬라이드를 추가하면 선택된 테마가 적용된 슬라이드가 추가된다.

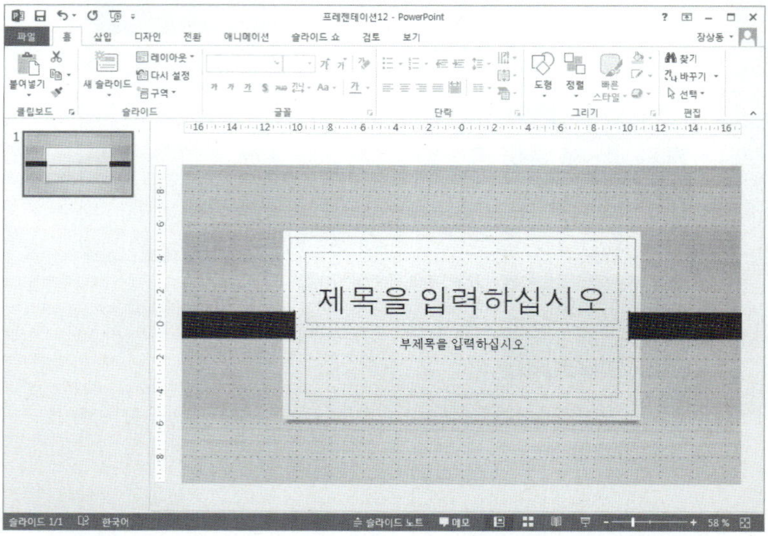


| 그림 2-16 | 선택한 테마(자연주의)가 적용된 새 프레젠테이션

### 4.1.3 서식을 이용한 새 프레젠테이션 만들기

파워포인트는 사진 앨범, 달력 및 일정을 위한 다양한 서식 파일과 많은 프레젠테이션 리소스를 제공한다. 서식 파일을 사용하면 멋진 프레젠테이션을 빠르게 만들 수 있다.
서식 파일은 프레젠테이션을 만들기 위한 패턴이다. 서식 파일은 텍스트 및 슬라이드 디자인과 같은 미리 구성된 설정을 제공하므로 빈 시트에서 시작하는 것보다 빠르게 프레젠테이션을 만들 수 있다.
파워포인트에는 사전 설치된 서식 파일도 있고, Office.com 웹 사이트에서 다른 서식 파일을 다운로드할 수도 있다. 이러한 서식 파일을 이용하여 새 프레젠테이션을 시작할 수 있어서 이미 작성된 디자인을 사용할 수 있기 때문에 사용자는 슬라이드 내용만 제작하면 된다.
사용자가 직접 만들어 저장해 놓은 [내 서식 파일] 메뉴를 이용하여 필요에 따라 사용할 수도 있고, [Office.com 서식 파일] 창에 있는 [PowerPoint 프레젠테이션 및 슬라이드] 메뉴를 사용하면 주제별로 정리된 서식 파일을 사용할 수 있다. 그 외에도 다양한 형태의 서식 파일을 지원한다.

#### [추천검색어]를 이용한 새 프레젠테이션 만들기

사전 설치된 서식 파일을 이용해서 파일을 생성해보자. [파일]–[새로 만들기]–[추천 검색어]에 있는 검색어 중 하나를 클릭하면 [그림 2-17]과 같이 나타난다. [그림 2-17]은 [추천검색어]에서 프레젠테이션을 선택한 결과이다.

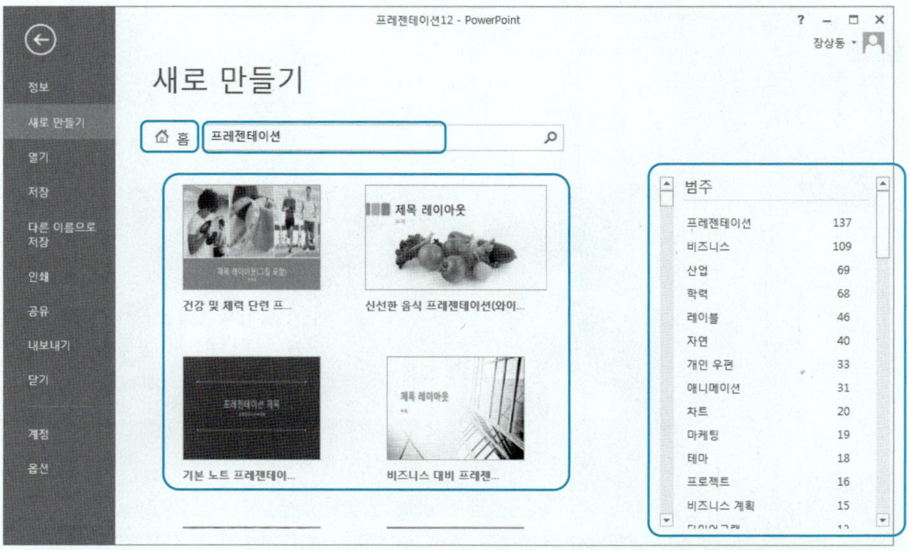


| 그림 2-17 | 사전 설치된 서식 파일을 이용하여 새 프레젠테이션 만들기

[그림 2-17]의 오른쪽에는 다양한 범주가 나타나고 [홈]버튼을 클릭하면 [추천검색어] 화면으로 돌아갈 수 있다. [건강 및 체력 단련 프레젠테이션]을 선택하면, [그림 2-18]과 같이 서식파일의 공급자 정보, 간단한 설명, 다운로드 크기 등의 정보가 나타난다.

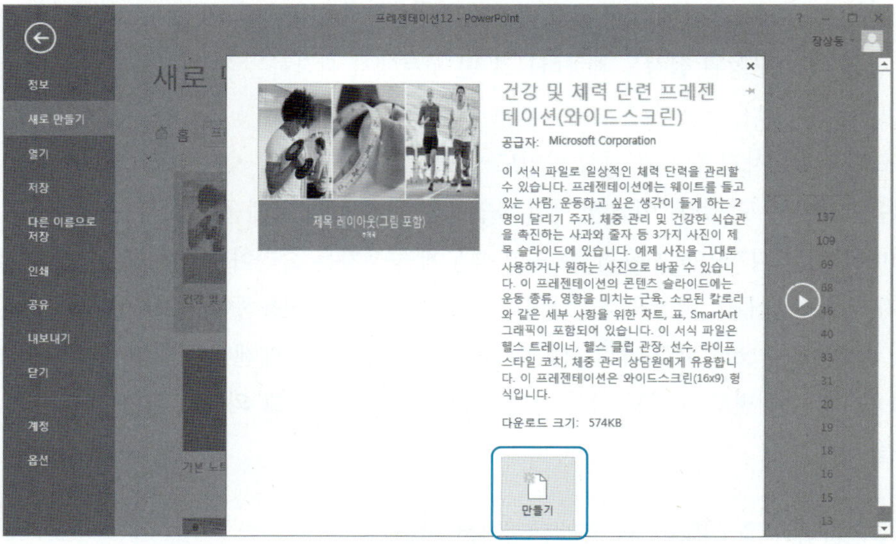


| **그림 2-18** | 서식 파일의 정보

[만들기] 버튼을 클릭하면, [건강 및 체력 단련 프레젠테이션] 서식을 다운로드하여 [그림 2-19]와 같이 새 프레젠테이션을 시작한다.

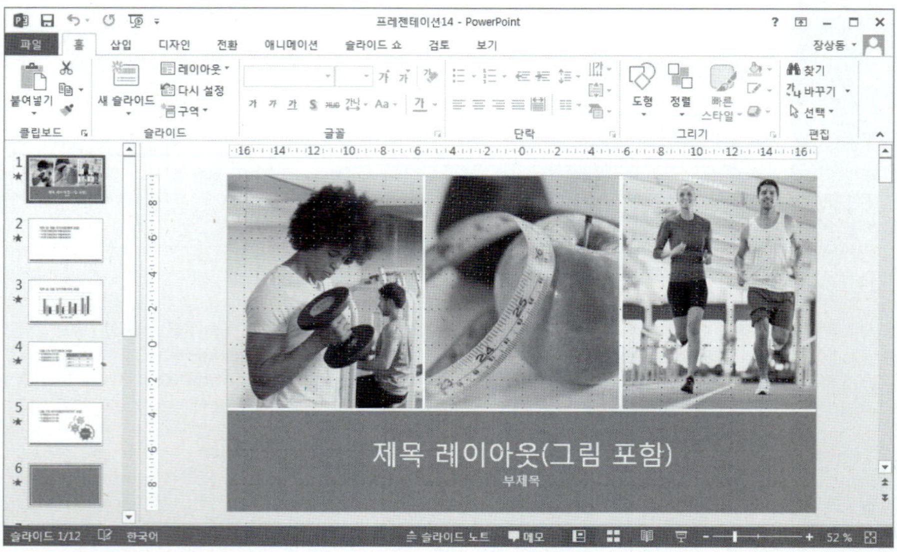


| **그림 2-19** | [건강 및 체력 단련 프레젠테이션] 서식으로 만든 새 프레젠테이션

## 4.2 프레젠테이션 문서 저장

프레젠테이션 문서의 저장은 빠른 실행 도구 모음의 [저장]을 클릭하거나 [파일]-[저장] 또는 [다른 이름으로 저장]을 클릭하면 그림 [2-20]과 같이 파일을 저장하기 위한 화면이 나타난다.

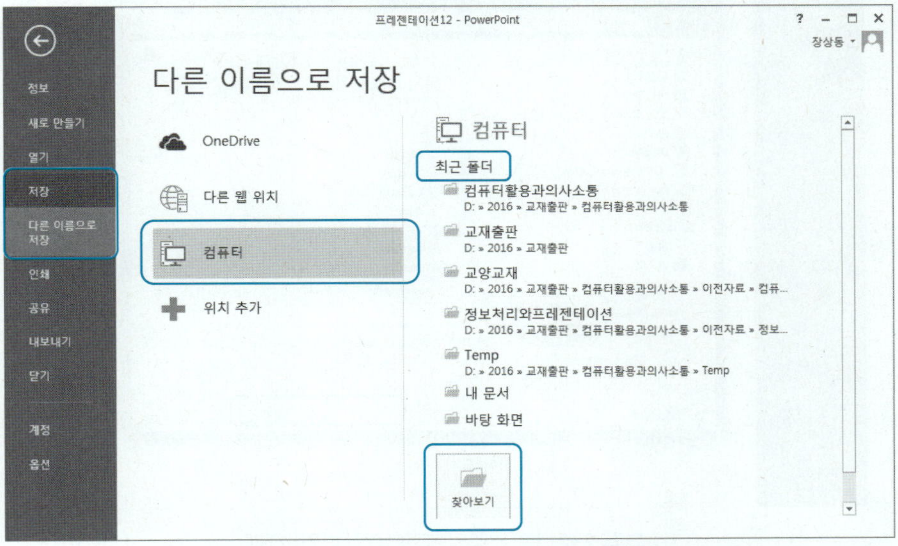


| 그림 2-20 | [파일]-[저장] 메뉴를 이용한 파일의 저장

[그림 2-20]과 같은 화면이 나타나면 [최근 폴더]를 클릭하여 기존에 작업하던 폴더에 빠르게 접근하거나, [찾아보기]를 클릭하여 [그림 2-21]과 같이 [다른 이름으로 저장] 대화 상자가 나타난다. [다른 이름으로 저장] 대화 상자에서 저장할 폴더를 지정하고 [파일 이름]을 "건강및체력단력"으로 입력하여 [저장] 버튼을 클릭하면 파일이 저장된다.

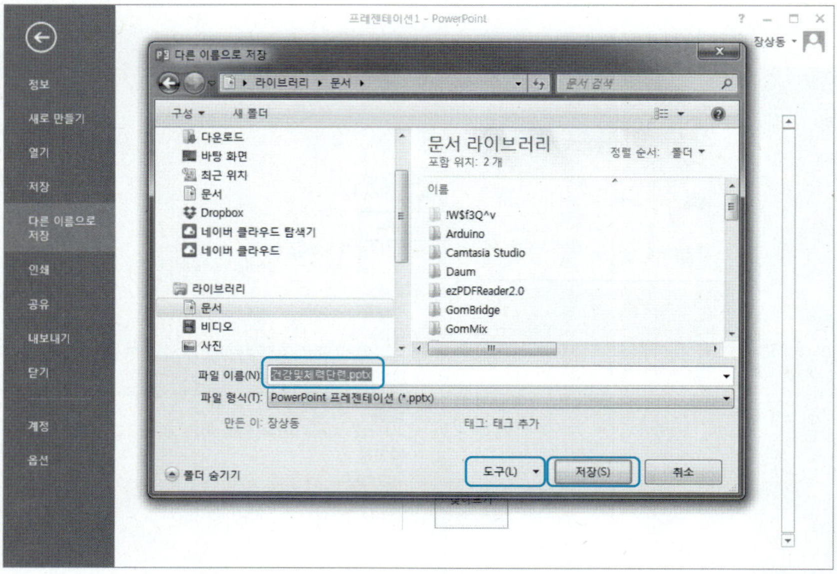

| 그림 2-21 | "건강및체력단력" 파일 저장

[다른 이름으로 저장] 대화상자의 [저장] 버튼 옆에 있는 [도구]-[일반 옵션]를 이용하여 파일에 열기나 쓰기 암호를 지정한다. 설정한 암호를 제거하려면 [일반 옵션] 대화상자에서 설정한 암호를 모두 지우고 저장한다.

# 05 슬라이드

파워포인트의 작업 단위를 슬라이드라 한다. 한 단위의 배경에 다양한 개체들을 추가하여 편집하며 화면에 보이는 한 장면이다.

## 5.1 첫 번째 슬라이드

새 프레젠테이션을 만들면 자동으로 첫 번째 슬라이드가 나타나는데, 이 슬라이드는 프레젠테이션의 표지 역할을 하는 [제목 슬라이드]이다. [그림 2-22]와 같이 제목 슬라이드는 '제목' 텍스트 상자와 '부제목' 텍스트 상자로 구성된다. 제목과 부제목 부분을 클릭해서 편집한다.

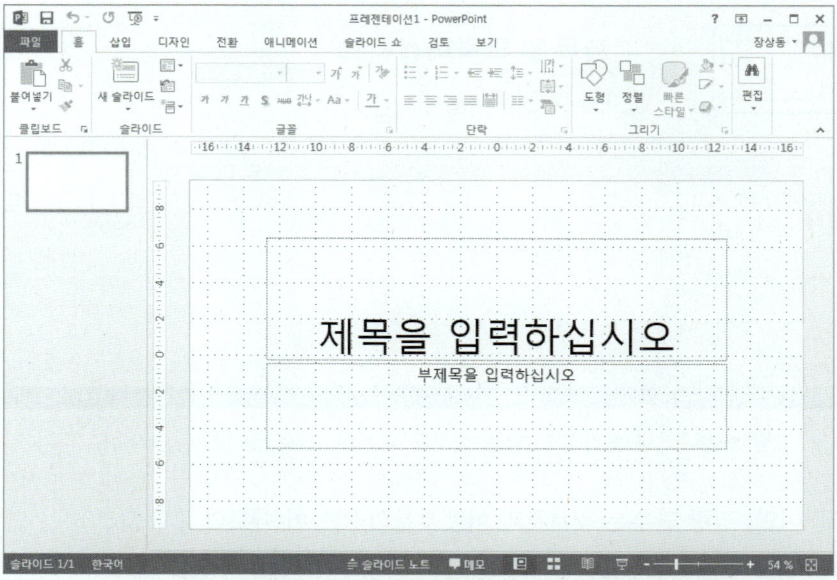


| 그림 2-22 | 첫 번째 슬라이드

## 5.2 슬라이드 삽입

### 5.2.1 슬라이드 추가

프레젠테이션의 내용은 제목 슬라이드 다음에 내용 슬라이드를 추가하면서 작성한다. 새 슬라이드를 삽입할 때는 메뉴를 이용하거나 팝업 메뉴 혹은 단축키 등을 이용한다.

#### [홈]–[슬라이드]–[새 슬라이드]를 이용한 추가

[홈]–[슬라이드]–[새 슬라이드]를 클릭하면 새 슬라이드가 추가된다.

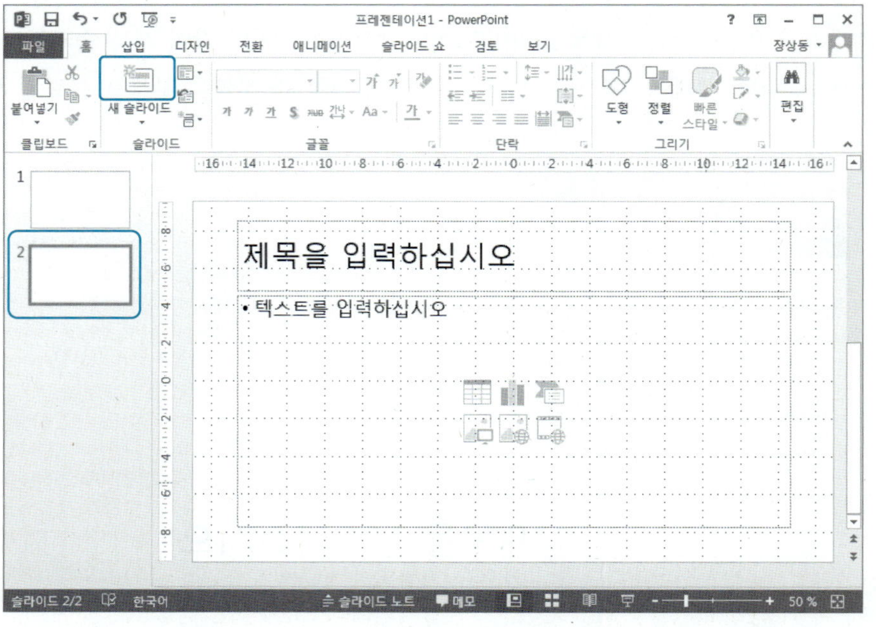


| 그림 2–23 | [새 슬라이드] 명령 단추를 이용한 [제목 및 내용] 슬라이드 추가

[새 슬라이드] 명령 단추는 윗부분과 아랫부분의 기능이 다르다. [새 슬라이드] 단추의 윗부분( )을 클릭하면 [그림 2–23]과 같이 가장 기본 레이아웃인 [제목 및 내용] 슬라이드가 추가된다.

### [홈]-[슬라이드]-[새 슬라이드] 아래쪽 확장 단추를 이용한 추가

[새 슬라이드]의 아래쪽 확장 단추(새 슬라이드 ▾)를 클릭한 뒤, [그림 2-24]에 표시된 여러 가지 레이아웃이 나타나면 원하는 레이아웃의 새 슬라이드를 선택하여 삽입한다. [그림 2-25]는 [비교] 레이아웃을 선택하여 삽입한 결과이다.

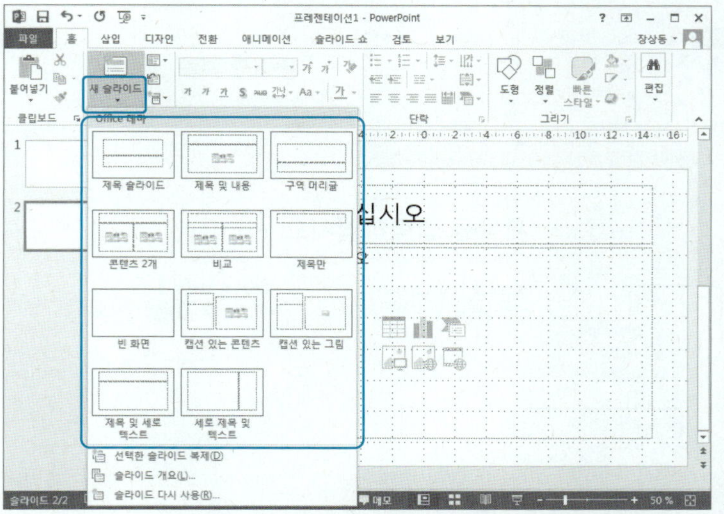


| 그림 2-24 | [새 슬라이드] 명령 단추를 이용한 특정 레이아웃의 슬라이드 추가

[그림 2-25]는 [비교] 레이아웃을 선택하여 삽입한 결과이다.

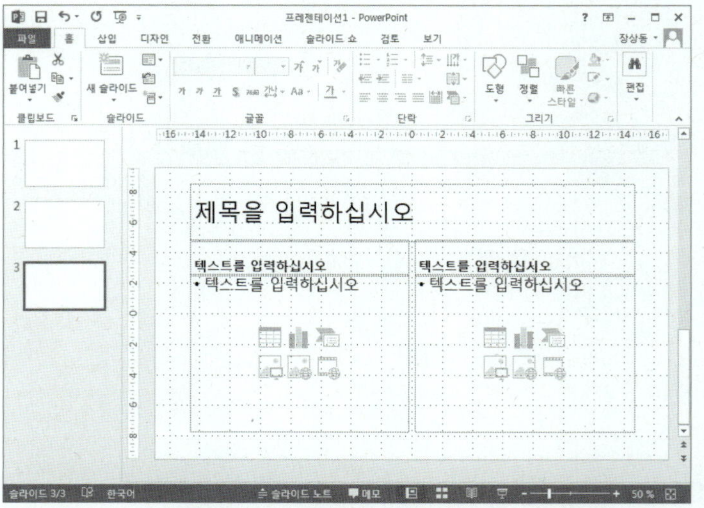


| 그림 2-25 | 삽입된 [비교] 레이아웃

### 팝업 메뉴를 이용한 추가

슬라이드 보기의 특정 슬라이드를 선택한 뒤 마우스 오른쪽 버튼을 클릭하면 [그림 2-26]과 같이 팝업 메뉴가 나타난다. 팝업 메뉴의 [새 슬라이드] 메뉴를 선택하면 [제목 및 내용] 슬라이드가 삽입된다.

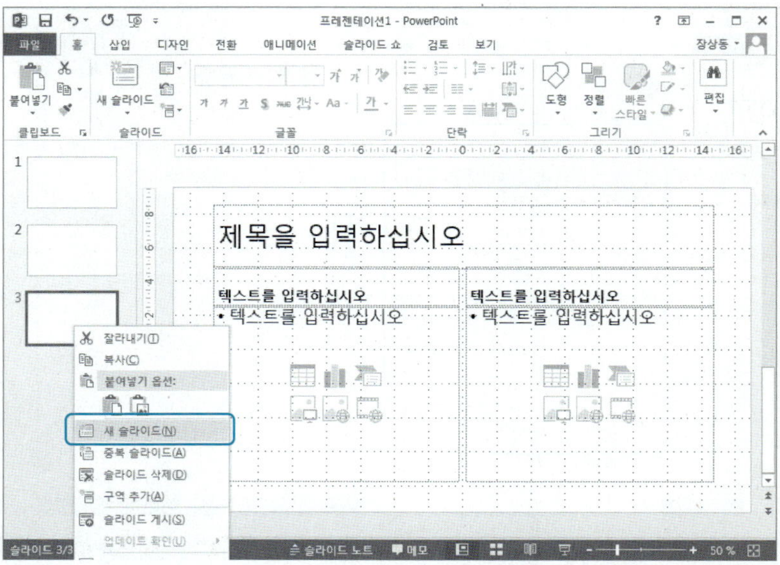


| 그림 2-26 | 팝업 메뉴를 이용한 새 슬라이드 추가

## 워드로 작업한 개요 파일을 이용한 슬라이드 작성

MS 워드 프로그램의 개요 보기를 이용하여 수준별로 정리한 파일을 파워포인트의 슬라이드 개요 기능을 이용하여 불러오면 작업 진행 속도를 빨리 할 수 있다.

워드 파일을 만들어 파워포인트에 추가하는 과정을 살펴보자. 발표 내용을 요약 정리했다고 가정하고 MS워드 2013을 실행하여 [그림 2-27]과 같이 작성하고 파일이름을 '건강한 삶을 위하여.docx'로 저장하자.

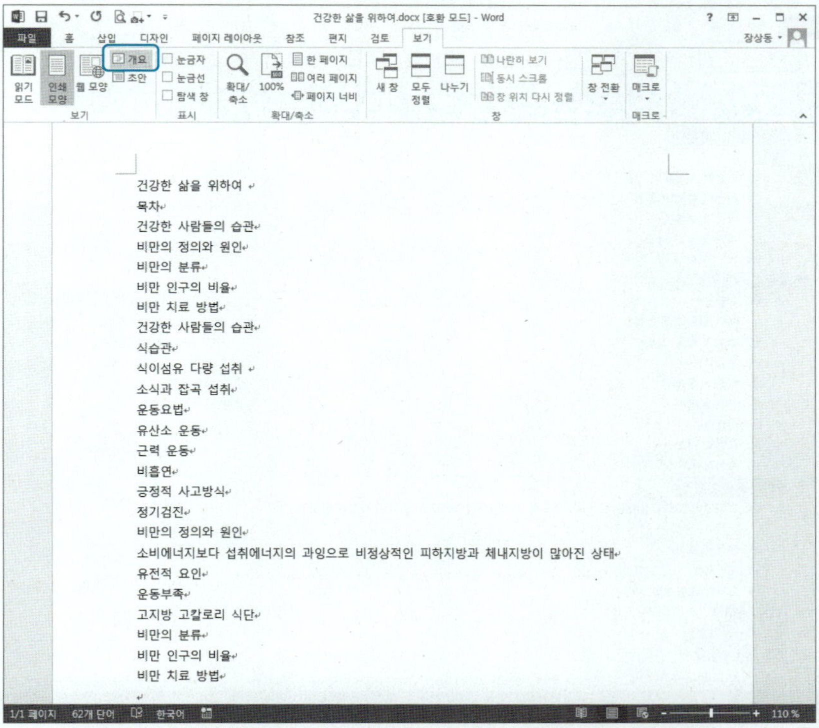


| 그림 2-27 | 건강한 삶을 위하여.docx 파일

[그림 2-27]에 표시된 [보기]-[문서 보기]-[개요]를 클릭하면 [그림 2-28]과 같이 화면 보기가 개요 보기로 변경된다. 개요 보기에서 문서의 내용에 수준을 지정한다. 기본적으로 모든 내용은 단락을 기준으로 [본문]로 되어 있다. 전체 범위를 선택하여 [수준 2]로 지정한 다음 Ctrl 키를 이용하여 [그림 2-28]과 같이 1, 2, 8, 18, 23, 24, 25 번째 단락의 내용을 선택한 뒤 [수준 1]로 지정한다. 수준을 지정하는데 정해진 순서는 없다. 한 단락씩 차례로 수준을 정해도 무관하다.

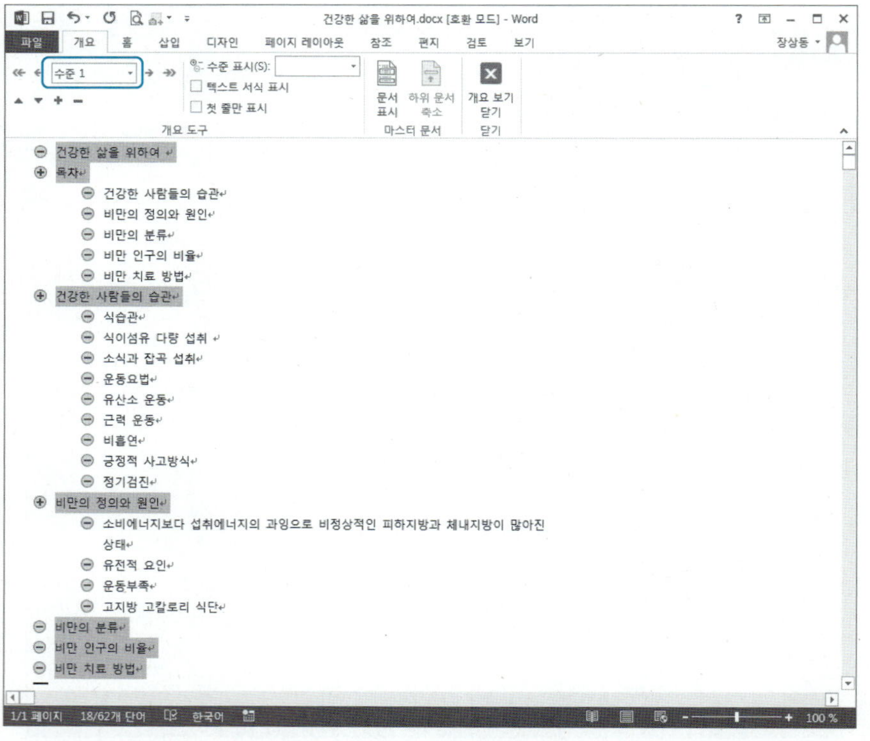

| 그림 2-28 | 1, 2, 8, 18, 23, 24, 25 번째 단락에 대해 개요 [수준 1] 지정

Ctrl 키를 이용하여 [그림 2-29]와 같이 4개의 단락(10, 11, 13, 14번째 단락)을 선택하고, [개요]-[개요도구]-[개요 수준]을 클릭하여 [수준 3]으로 지정하여 [그림 2-29]와 같은 결과가 나오면 MS 워드 프로그램을 종료한다.

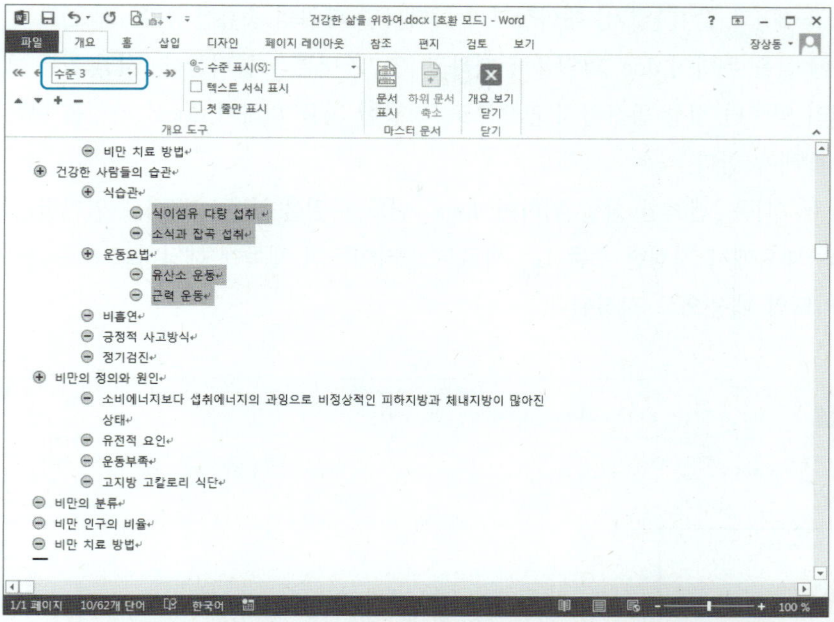


| 그림 2-29 | 10, 11, 13, 14 번째 단락에 대해 개요 [수준 3] 지정

[그림 2-29]에서 작업 완료한 개요 파일을 이용하여 새로운 프레젠테이션을 시작하는 방법을 알아보자. 파워포인트를 실행시켜 [그림 2-30]과 같이 [파일]-[열기] 명령을 클릭한다.

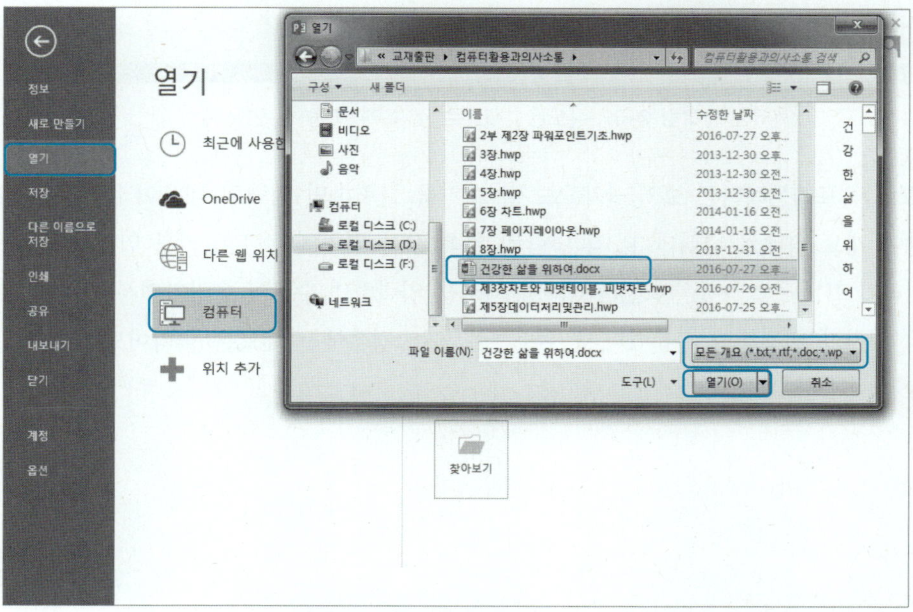


| 그림 2-30 | 개요 파일 열기

[그림 2-30]과 같이 [열기] 대화상자가 나타나면 파일의 종류를 [모든 개요]로 선택한 뒤 '건강한 삶을 위하여.doc' 파일을 선택하고 [열기] 버튼을 클릭한다. 저장해 둔 개요 파일이 열려 있으면 정상 동작하지 않으므로 '건강한 삶을 위하여.docx' 파일을 닫은 상태에서 수행해야 한다.

[그림 2-31]은 '건강한 삶을 위하여.docx' 워드 파일을 [모든 개요]로 열기한 결과이다. 워드의 개요에서 지정한 수준 1은 새로운 슬라이드의 제목에 해당하고 수준 2부터는 각 슬라이드의 내용으로 지정된다.

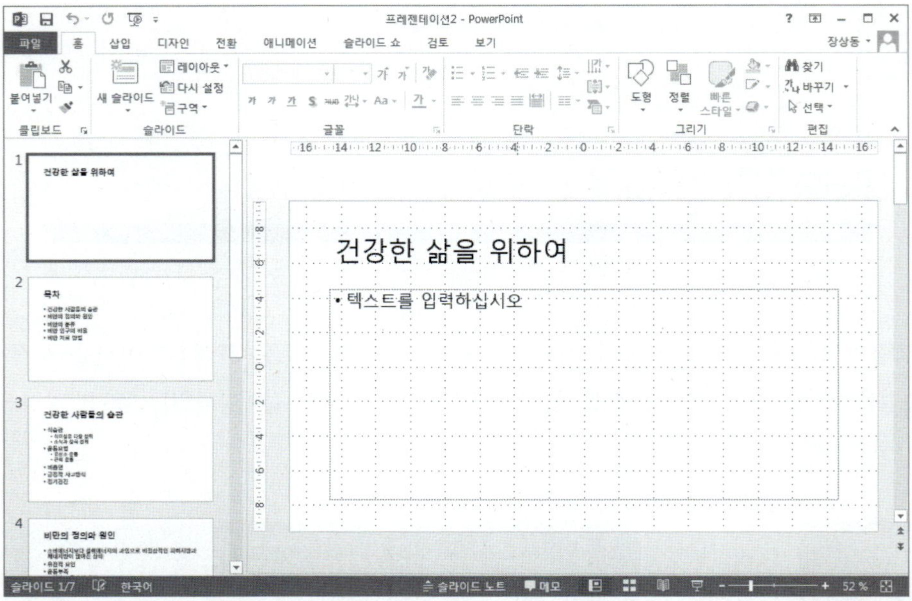


| **그림 2-31** | [모든 개요]로 새 프레젠테이션 만들기

[보기]-[프레젠테이션 보기]-[개요보기] 보기를 클릭하면 입력된 내용이 [그림 2-32]와 같이 개요 형태로 나타난다. 각 단락의 왼쪽 시작 위치에서 Tab 키를 입력하면 수준이 내려가고(1 → 2 → 3 ...) Shift + Tab 키를 입력하면 수준이 올라가면서 슬라이드에서의 위치가 변경되고 수준 2에서 수준 1로 되는 경우에는 새로운 슬라이드가 추가된다.

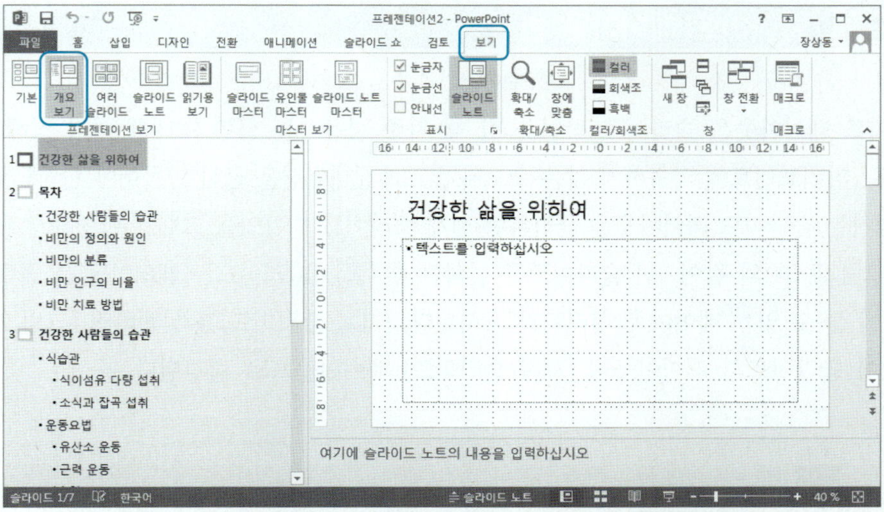


| 그림 2-32 | 슬라이드 개요 보기

## [홈]-[슬라이드]-[새 슬라이드] 아래쪽 확장 단추-[슬라이드 개요]를 이용한 추가

[그림 2-33]과 같이 [홈]-[슬라이드]-[새 슬라이드] 아래쪽 확장 단추-[슬라이드 개요]를 클릭하면 [개요 삽입] 대화상자가 나타난다. [개요 삽입] 대화상자에서 개요의 수준이 지정된 워드 파일을 선택하면, 워드 파일에 지정된 개요의 수준에 따라 슬라이드로 추가된다.

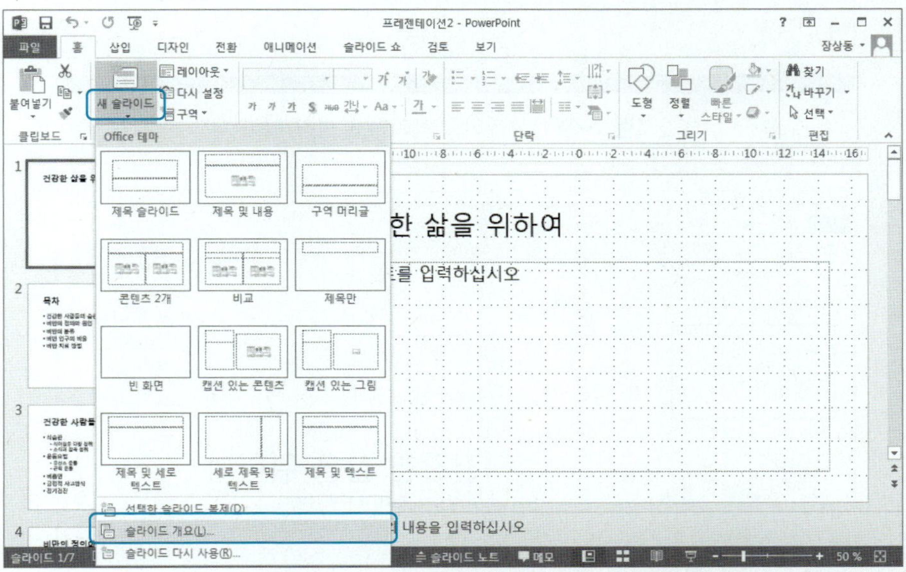


| 그림 2-33 | [슬라이드 개요]를 이용한 삽입

## 5.3 슬라이드 레이아웃 변경

슬라이드 레이아웃은 슬라이드 작업을 할 때 자주 사용하는 화면 형태를 미리 정해 놓은 것으로, 파워포인트에 익숙하지 않은 초보자가 프레젠테이션을 급히 만들어야 할 때 유용하다. 원하는 슬라이드 레이아웃을 클릭하면 현재 슬라이드 디자인을 그대로 반영해서 보여준다. [그림 2-34]와 같이 1번 슬라이드를 선택한 후 [홈]-[슬라이드]-[레이아웃]을 클릭하면 한 눈에 볼 수 있는 레이아웃 갤러리가 표시된다. [제목 슬라이드]를 선택하면 [그림 2-35]와 같이 슬라이드의 레이아웃이 [제목 슬라이드] 레이아웃으로 변경된다.

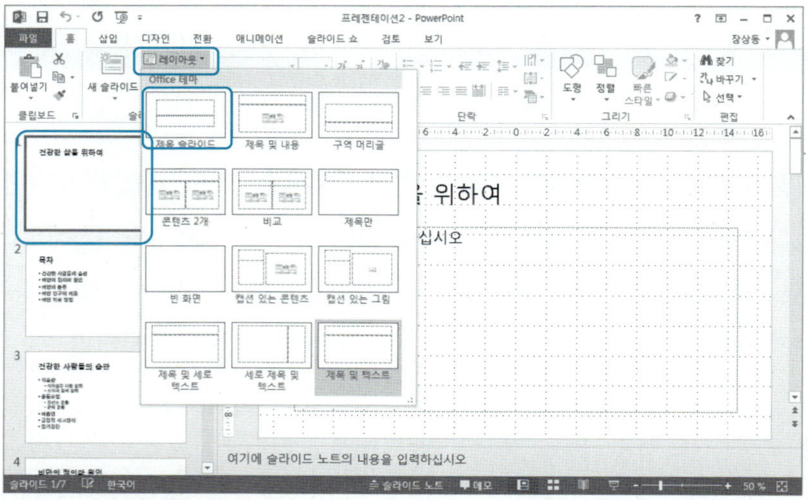


| 그림 2-34 | 슬라이드 레이아웃 변경 메뉴

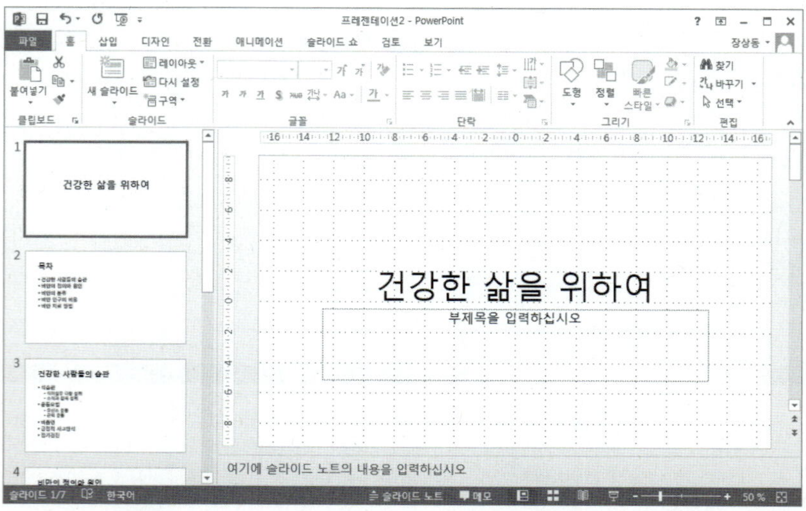


| 그림 2-35 | 변경된 [제목 슬라이드]

## 5.4 기타 슬라이드 조작하기

### 5.4.1 슬라이드 복사하기 및 붙여넣기

[슬라이드]탭에서 복사할 슬라이드를 선택하고 마우스의 오른쪽 버튼를 클릭한다. [그림 2-36]과 같이 팝업 메뉴가 나타나면 [복사]를 선택한다.

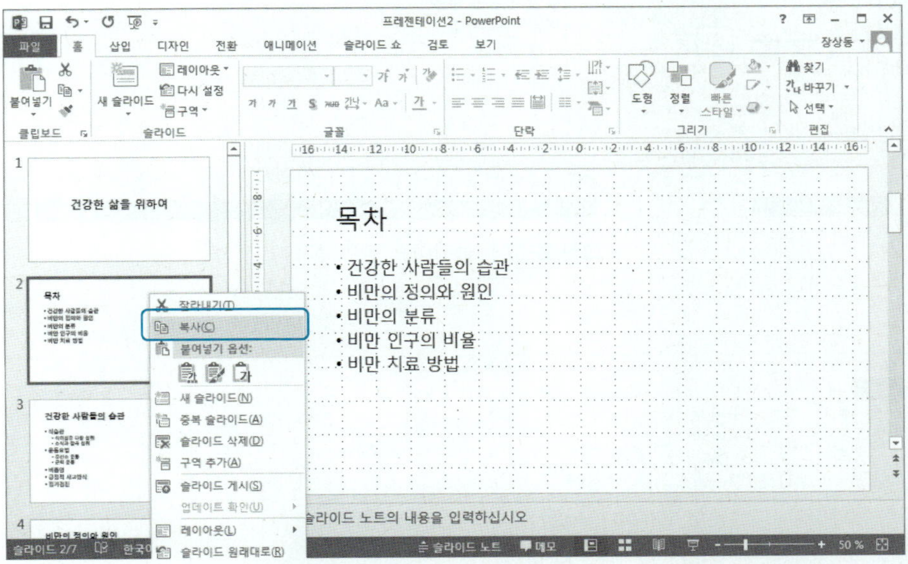


| 그림 2-36 | 슬라이드 복사

원하는 위치에 복사한 슬라이드를 붙여넣기 한다. 슬라이드와 슬라이드 사이에서 마우스 오른쪽을 클릭하여 붙여넣기 하면 지정된 위치에 복사되고, 특정 슬라이드를 선택한 후 마우스 오른쪽을 클릭하여 붙여넣기 하면 그 슬라이드 바로 다음 슬라이드로 삽입된다. [그림 2-37]에서는 슬라이드 2번에 마우스 오른쪽을 클릭하여 붙여넣기 한다. 붙여넣기 옵션은 대상 테마 사용, 원본 서식 유지, 그림, 텍스트만 유지가 있다. 옵션은 상황에 따라 선택해서 사용한다. 현재는 테마나 서식 등이 지정되어 있지 않으므로 임의로 대상 테마 사용을 선택한다. [그림 2-38]과 같이 3번 슬라이드에 2번 슬라이드와 같은 내용이 추가된다.

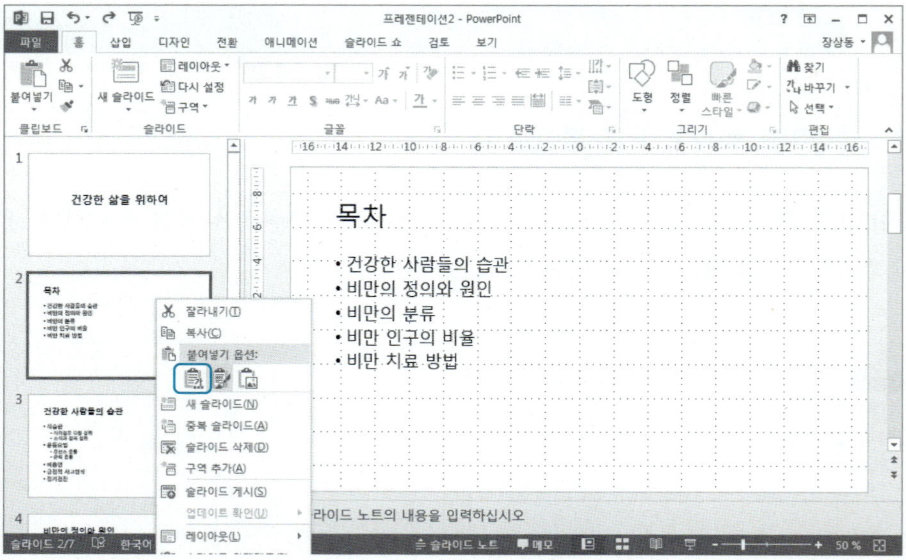

| 그림 2-37 | 슬라이드 붙여넣기

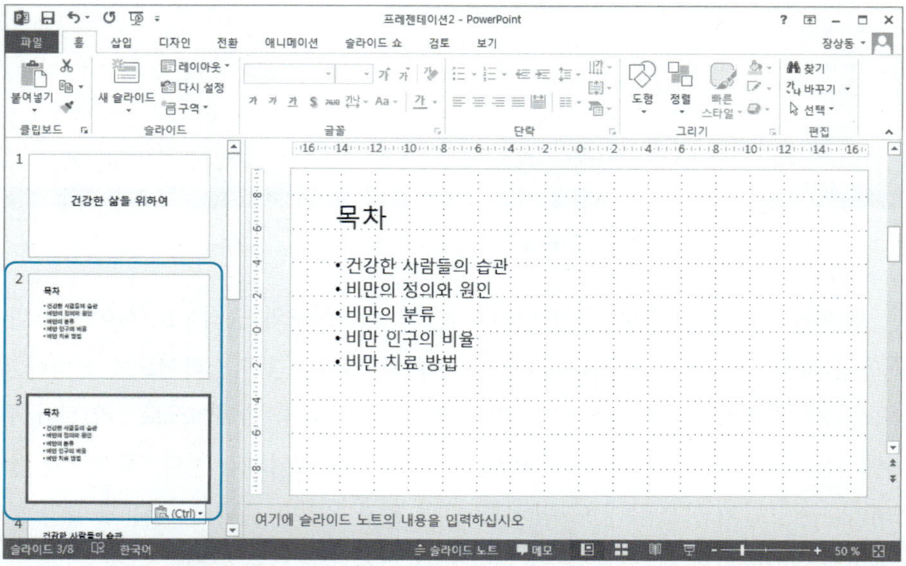

| 그림 2-38 | 슬라이드 붙여넣기 수행 결과

### 5.4.2 슬라이드 위치 이동

옮기고 싶은 슬라이드를 마우스 오른쪽을 클릭으로 드래그 하여 슬라이드와 슬라이드 사이의 원하는 위치에 가로 선이 나타나는 순간 마우스 단추에서 손을 떼면, 이동 및 복사 메뉴가 있는 팝업 메뉴가 나타난다. [그림 2-39]는 3번 슬라이드를 마우스 오른쪽으로 드래그 하여 4번과 5번 슬라이드 사이에서 가로 선이 나타날 때 마우스에서 손을 떼었을 때의 화면이다. 이 때 나타난 팝업 메뉴에서 [이동] 메뉴를 클릭하면 선택되었던 3번 슬라이드가 4번과 5번 슬라이드 사이로 이동한다. 또는 3번 슬라이드를 드래그하여 4번과 5번 사이에 갖도 놓으면 바로 이동한다.

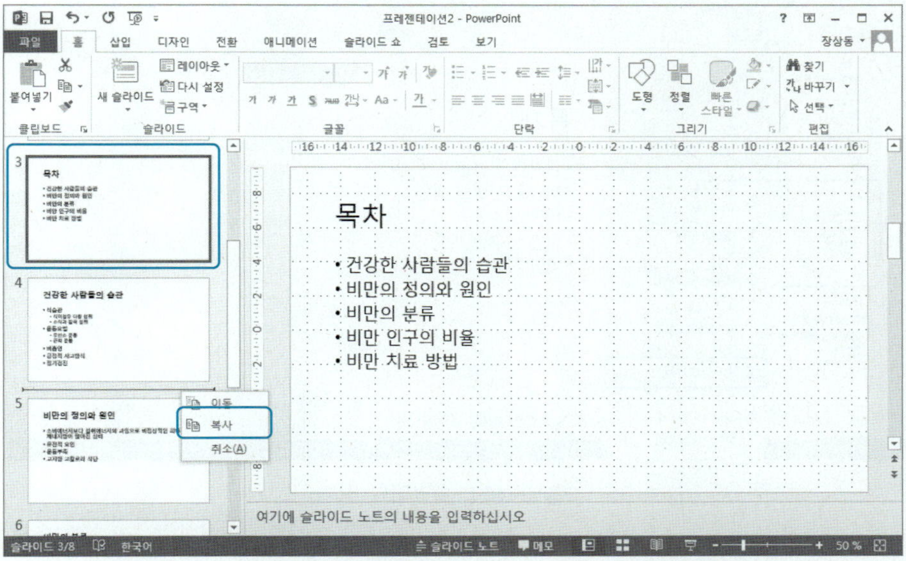


| 그림 2-39 | 슬라이드 이동

### 5.4.3 슬라이드 삭제

여러 슬라이드 중에서 불필요한 슬라이드만 선택하여 삭제할 수 있다. [그림 2-40]과 같이 [슬라이드]탭에서 삭제할 슬라이드를 선택하고 팝업 메뉴에서 [슬라이드 삭제]를 선택하거나, [홈]-[슬라이드]에서 [삭제]를 클릭하면 선택된 슬라이드가 삭제된다. 좀 더 빠르게 삭제하려면 Ctrl 키나 Shift 키를 이용하여 슬라이드를 하나 또는 그 이상 선택한 후, 키보드에서 Delete 키를 입력한다.

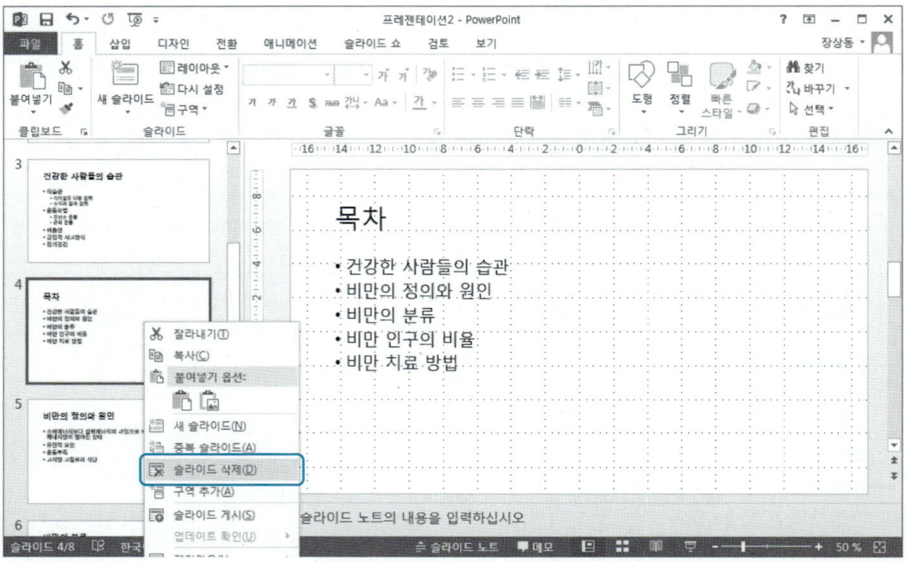


| 그림 2-40 | 슬라이드 삭제

Chapter 03

# 다양한 개체 편집

[그림 3-1]은 다양한 개체를 삽입할 수 있는 [삽입] 메뉴의 요소를 보여준다. 표, 이미지, 일러스트레이션, 링크, 텍스트, 기호, 미디어 등의 그룹에 있는 다양한 개체를 슬라이드에 삽입하고 사용하는 방법에 대해 알아보자.

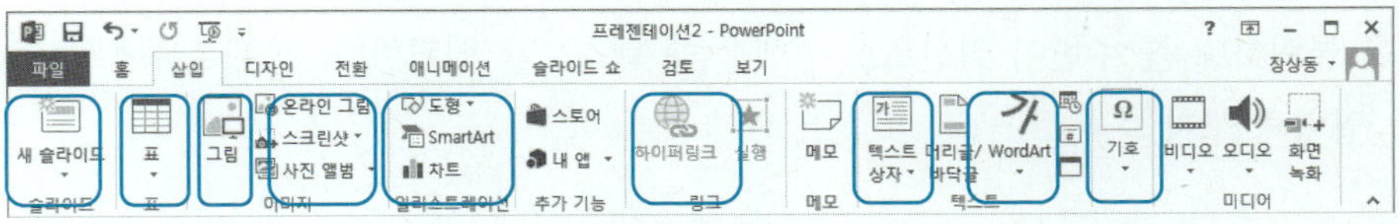


| 그림 3-1 | [삽입] 탭

# 01 텍스트 삽입

슬라이드에 원하는 내용을 전달하는 요소 중 텍스트만큼 쉽고 명료하게 이해할 수 있는 요소도 없을 것이다. 여기에서는 텍스트를 삽입하고 꾸미고 배치하는 방법을 알아보자.
한글 프로그램이나 MS 워드와 달리 파워포인트에서는 텍스트를 삽입할 수 있는 공간을 만들어야 그 자리에 텍스트를 입력할 수 있다.

## 1.1 기본 레이아웃의 개체 틀에 제목 또는 본문 텍스트 삽입하기

슬라이드를 삽입한 후 슬라이드 레이아웃을 원하는 형태로 선택할 수 있는데 레이아웃에는 제목 개체 틀과 본문 개체 틀이 다양하게 섞여 있어서 개체 틀 안에 텍스트만 입력하면 선택한 레이아웃의 슬라이드를 쉽게 만들 수 있다. [그림 3-2]와 같이 1번 슬라이드의 개체 틀 내부를 클릭하여 틀 주변이 점선으로 변했을 때 텍스트를 입력한다. 부제목틀에 '한국대학교'를 입력해 보자.

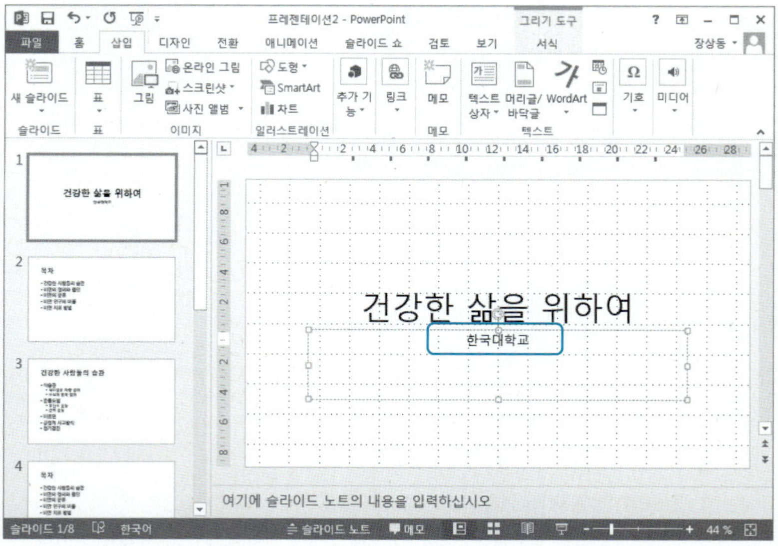


| 그림 3-2 | 개체 틀에 텍스트 삽입하기

# 02 도형

슬라이드에 원이나 사각형 같은 기본적인 도형뿐만 아니라 화살표, 순서도, 현수막 등 다양한 도형을 삽입하여 텍스트를 입력할 수 있다.

## 2.1 도형 삽입

도형 갤러리의 선, 사각형, 타원 등의 도형을 슬라이드에 그릴때는 도형 아이콘을 클릭한 후 슬라이드에 마우스로 드래그 한다. [홈]-[그리기]-[도형]을 클릭하거나, [삽입]-[일러스트레이션]-[도형]을 클릭하면, [그림 3-3]과 같이 도형 갤러리가 나타난다. 원하는 도형을 선택한 뒤, 슬라이드에서 드래그하면 도형이 삽입된다.

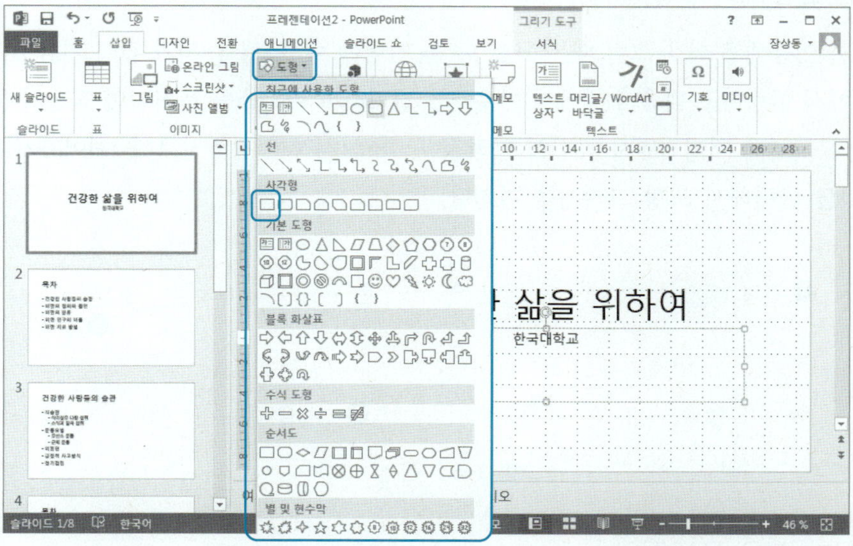


| **그림 3-3** | 도형 선택

[그림 3-3]에서 [모서리가 둥근 직사각형]을 선택한 후, 슬라이드에 마우스로 드래그하여 [그림 3-4]와 같이 삽입한다. Shift 키를 누른 상태에서 드래그하여 직선을 그리면 15도, 30도, 45도의 경사가 있는 직선을 그릴 수 있고, Shift 키를 누르고 사각형을 그리면 정사각형을, Shift 키를 누른 상태에서 타원을 그리면 원을 그릴 수 있다.

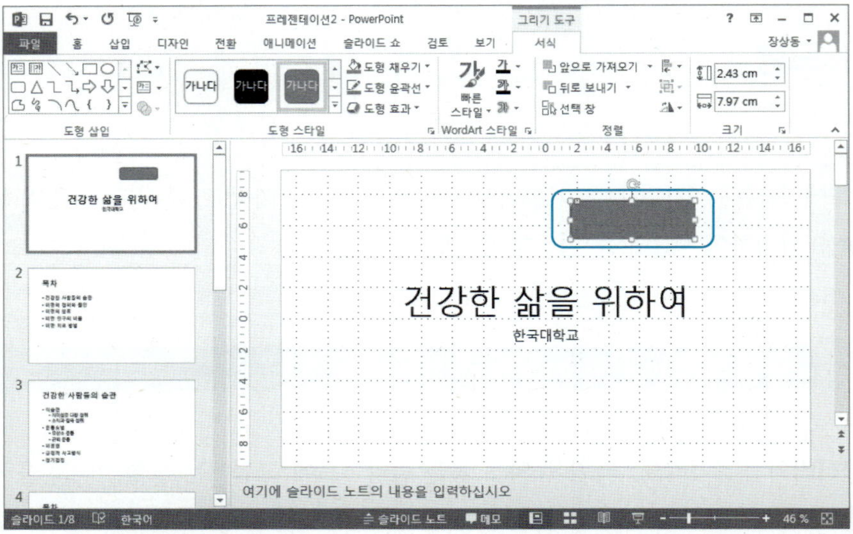

| 그림 3-4 | 드래그를 이용한 도형 삽입 결과

## 곡선 삽입

곡선을 이용해 도형을 그릴 때는 곡선 을 선택한 후 [그림 3-5]와 같이 처음 시작하는 위치에서 클릭하고 다음 위치에서 마우스를 클릭하고 마우스를 움직이면 직전의 클릭 위치가 부드럽게 처리되면서 곡선이 그려진다. 처음 시작한 점까지 선을 이어가거나 중간에 더블 클릭해서 도형 그리기를 마친다.

| 그림 3-5 | 곡선 그리기

## 자유형, 자유 곡선 삽입

자유형과 자유 곡선은 마우스를 클릭한 상태로 끌어 옮기면서 곡선을 그린다. 마우스 단추를 더블클릭하면 선 그리기를 끝낼 수 있다.

## 2.2 도형 선택

### 개체 한 개 선택하기

도형은 처음부터 기본색이 채워지기 때문에 도형 내부를 클릭하면 그 도형을 선택할 수 있다. 선은 선 자체를 클릭한다.

### 개체 여러 개 선택하기

한꺼번에 몰려있는 여러 도형을 선택할 때는 마우스를 드래그 하여 도형들을 모두 덮을 수 있을 만큼 사각 영역을 그린다. 그러나 여러 곳에 떨어져 있는 도형들을 한꺼번에 선택할 때는 첫 번째 도형은 그냥 클릭하고, 두 번째 도형부터는 Shift 키 또는 Ctrl 키를 누른 상태에서 클릭한다.

## 2.3 도형 크기 및 모양 조절하기

도형과 관련된 크기 조절, 복사, 서식 지정 등의 작업은 도형을 먼저 선택해야 한다. 도형을 선택하면 [그림 3-6]과 같이 도형이 따라 다양한 개수의 동그란 점, 네모난 점, 다이아몬드 모양의 점이 나타난다.

**그림 3-6** 도형 크기 및 모양 조절, 회전

### 도형 크기 조절

사각을 이루고 있는 8개의 '크기 조절 핸들'을 이용하여 도형의 크기를 조절한다. 각 면에 있는 사각형 크기 조절 핸들 중 윗면과 아랫면은 상하 높이 조절을 하고, 왼쪽면과 오른쪽 면에 있는 사각형은 좌우의 너비를 조절한다. 각 모서리에 있는 4개의 원형 크기 조절 핸들은 대각선으로 높이와 너비를 동시에 조절한다. 8개의 점 중에 하나를 선택하여 마우스로 드래그하면 크기가 조절된다.

Ctrl 을 누른 상태로 크기 조절 핸들을 드래그하면 드래그 하는 방향과 반대쪽도 똑같이 크기가 조절된다.

### 도형 모양 조절

마른모 꼴의 [모양 조절 핸들]을 도형의 종류에 따라 없는 경우도 있지만 도형의 기본 모양은 유지하면서 세부 간격이나 크기 등을 조절할 수 있다.

### 도형 회전

제일 상단에 위로 솟은 연두색 원은 [회전 핸들]을 클릭해 시계 방향이나, 시계 반대 방향으로 움직이면 도형이 회전한다.

## 2.4 도형 서식

도형을 선택하면 리본 메뉴에서 [그리기 도구]–[서식]탭이 추가되어 나타난다. [서식]탭에서는 도형을 삽입하고 서식을 수정할 수 있는 다양한 옵션이 있다. 슬라이드에 삽입된 도형을 선택하거나 [서식]탭을 클릭하면 [그림 3–7]과 같이 그리기 도구 모음이 나타난다. 각 그룹의 기능은 왼쪽에서 차례로 다음과 같다.

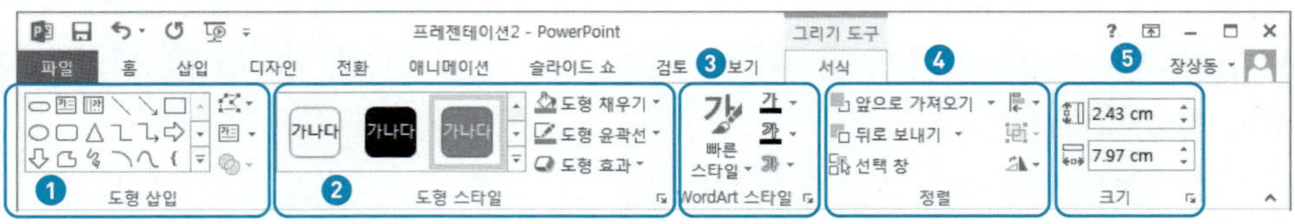

| 그림 3–7 | 도형 서식

❶ [도형 삽입] 그룹　리본 메뉴에는 도형 중 일부만 표시되어 있으므로 확장 단추 ▲나 ▼를 클릭하여 도형을 선택하거나 자세히(▼)를 클릭하여 도형 갤러리에서 도형을 선택한다.

❷ [도형 스타일] 그룹　도형의 채우기 색이나 윤곽선, 효과 등을 하나의 스타일로 만들어 도형에 쉽게 적용할 수 있다. 도형 스타일 위로 마우스 포인터를 올려 놓으면 도형에 도형 스타일이 어떻게 적용되는지 미리 살펴볼 수 있다.

❸ WordArt 스타일　워드 아트 스타일로 서식을 바꿀 수 있다.

❹ [정렬] 그룹　파워포인트에서는 도형을 서로 겹치면서 새로운 효과를 만들 수 있다. 개체를 서로 겹치면 위에 있는 개체가 아래에 있는 개체의 일부를 가리므로 쌓인 순서를 알 수 있다. 맨 앞으로 가져오기 또는 맨 뒤로 가져오기를 이용해서 선택한 개체를 다른 개체보다 위에, 혹은 아래에 배치할 수 있다.

❺ [크기] 그룹　도형의 정확한 크기를 지정할 때 높이나 너비 항목에 크기를 입력한다. 특정 배율로 그림 크기를 조절하려면 그룹 이름 오른쪽에 있는 ◲을 클릭한 후 대화상자에서 배율을 조절한다.

## 2.5 도형 꾸미기

같은 도형이라도 어떻게 꾸미느냐에 따라 분위기가 완전히 달라진다. 도형을 변신시키는 방법에는 여러 가지가 있다. 그 중에서 빠른 스타일을 이용하는 방법과 리본 메뉴의 도구를 이용하는 방법, 그리고 도형 서식 대화상자를 이용하는 방법에 대해 알아보자.

### 2.5.1 빠른 스타일을 이용한 도형 꾸미기

빠른 스타일이란 도형에 적용할 서식을 미리 만들어 놓은 것으로 한번의 클릭으로 채우기와 윤곽선, 효과 등 다양한 서식을 한꺼번에 적용할 수 있다. 스타일을 지정하고자 하는 도형을 선택한 후, [홈]–[그리기]–[빠른 스타일]을 클릭하여 도형 빠른 스타일을 지정하거나 [그림 3–8]과 같이 [그리기도구]–[서식]–[도형스타일]에서 자세히(▾)를 클릭하여 스타일을 지정한다.



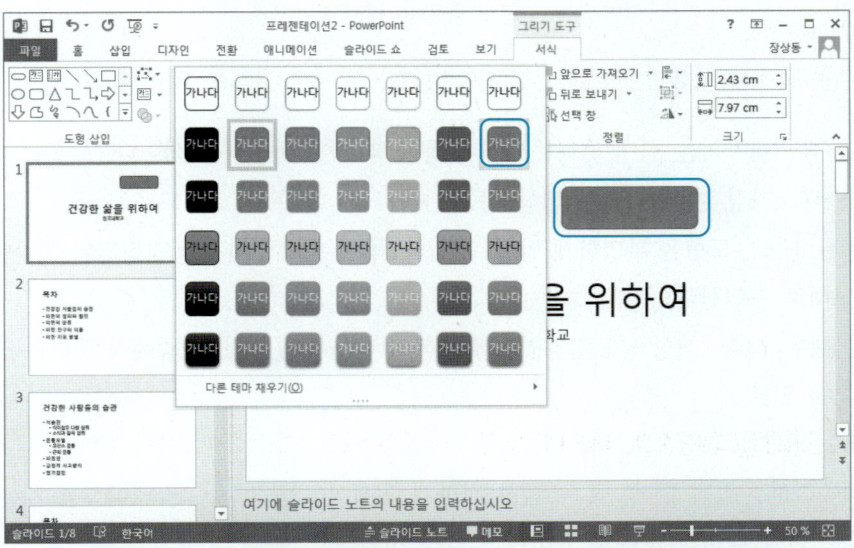


| 그림 3–8 | 도형 스타일 지정하기

### 2.5.2 도형 채우기

빠른 스타일 외에도 원하는 색상이나 그림, 또는 텍스처를 이용해 도형을 채울 수 있다. 도형을 선택한 후, [홈]-[그리기]-도형 채우기 를 클릭하거나 [그림 3-9]와 같이 [그리기 도구]-[서식]-[도형 스타일]에 있는 도형 채우기 도형 채우기 를 클릭하면 도형을 채울 여러 옵션이 나타난다. [그림 3-9]와 같이 [채우기 없음]을 선택하면 도형의 윤곽선을 제외한 도형의 색이 없어진다. 각 메뉴의 기능은 위쪽에서 차례로 다음과 같다.

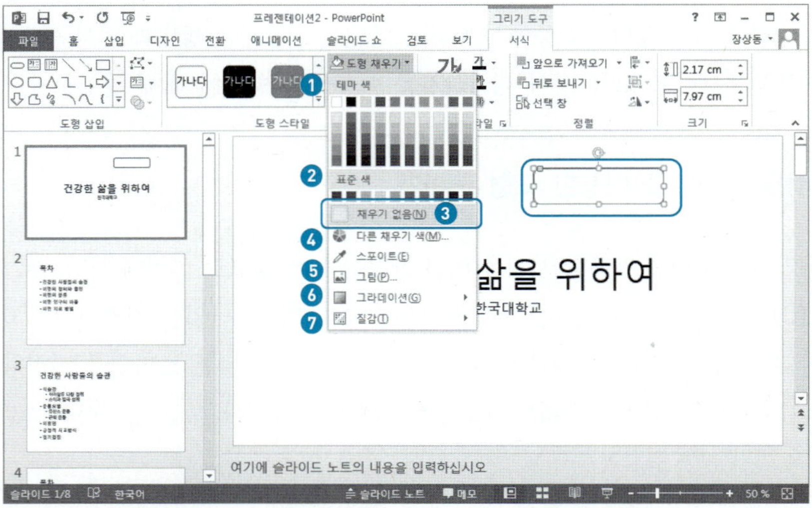


| 그림 3-9 | [도형 채우기]-[채우기 없음] 지정

[도형 채우기]에서 사용할 수 있는 채우기 방법은 위에서 차례로 다음과 같다.

❶ 테마 색 테마색은 현재 슬라이드에 적용된 테마에 어울리는 색이다.

❷ 표준 색 가장 기본이 되는 색상 제공한다.

❸ 채우기 없음 도형을 투명하게 만들 수 있다. 슬라이드에 배경이 지정되어 있다면 배경이 그대로 드러난다.

❹ 다른 채우기 색 색상표가 열리면서 표준색이나 사용자 지정 색 중에서 원하는 색을 지정할 수 있다.

❺ 그림 도형을 그림으로 채운다.

❻ 그라데이션 점점 밝게, 혹은 점점 진하게 색상이 변해가는 그라데이션을 채운다.

❼ 질감 질감 갤러리 중에서 원하는 질감을 선택해서 채운다.

### 2.5.3 도형 윤곽선

도형의 윤곽선을 설정하려면 [홈]-[그리기]-도형윤곽선 이나 [그림 3-10]과 같이 [그리기 도구]-[서식]-[도형 스타일]에 있는 도형 윤곽선 을 클릭한 후 외곽선 색상이나 스타일을 선택한다. 각 메뉴의 기능은 위쪽에서 차례로 다음과 같다.

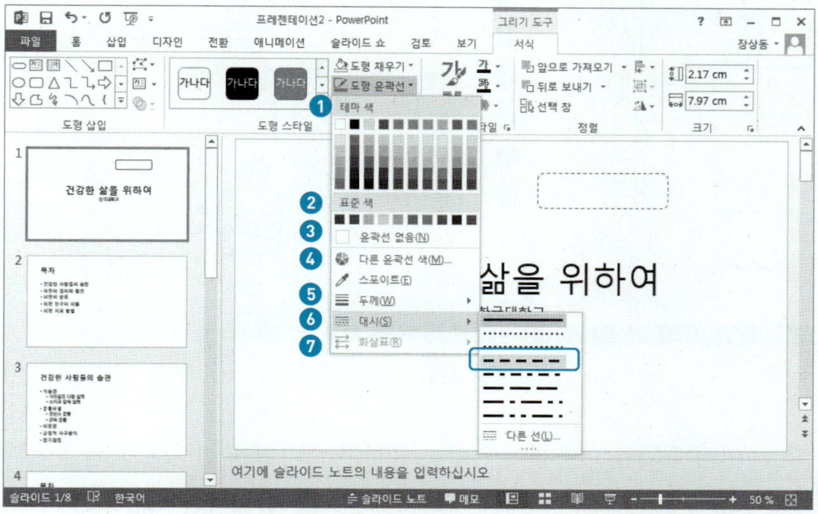


| 그림 3-10 | 도형 윤곽선

❶ 테마 색/표준 색 　테마색은 현재 슬라이드에 적용된 테마에 어울리는 색들이다.

❷ 최근에 사용한 색 　최근에 사용자 지정 색에서 사용한 색이 표시된다.

❸ 윤곽선 없음 　기존의 윤곽선을 제거한다.

❹ 다른 윤곽선 색 　선택하면 색 대화상자가 나타나서 원하는 색을 선택할 수 있다.

❺ 두께 　윤곽선의 두께를 지정한다.

❻ 대시 　점선인지 직선인지 등 윤곽선의 스타일을 지정한다. 하지만 윤곽선이 두껍지 않으면 눈에 잘 띄지 않으므로 주의한다.

❼ 화살표 　화살표 스타일을 지정한다. 이 옵션은 직선이나 화살표 도형을 선택했을 때만 사용할 수 있다.

### 2.5.4 도형효과

[홈]-[그리기]-[도형효과] 나 [그리기 도구]-[서식]-[도형 스타일]에 있는 도형효과 도형 효과 를 이용하면 도형에 그림자나 입체효과 등 특수효과를 추가할 수 있다. [그림 3-11]과 같이 [도형 효과]를 클릭한 후 효과를 선택하면 실시간 미리보기가 된다.

도형에 따라 사용할 수 없는 효과도 있다. 각 메뉴의 기능은 위쪽에서 차례로 다음과 같다.

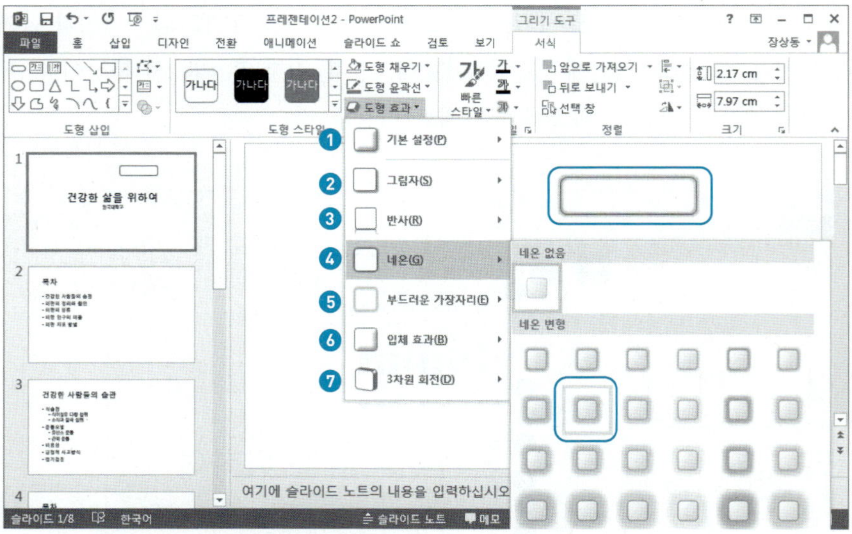


| 그림 3-11 | 도형 효과

❶ 기본설정　여러 효과를 이용하여 자주 사용하는 스타일을 지정해 놓은 것이다. 한번의 클릭으로 도형의 스타일을 평면적인 느낌으로, 혹은 입체적인 느낌으로 바꿀 수 있다. 다른 효과들을 따로 설정할 필요없이 [기본 설정]스타일에서 선택하면 편리하다.

❷ 그림자　도형의 바깥이나 안쪽에 그림자를 만든다. 도형에 그림자를 추가하면 입체적인 느낌을 줄 수 있다. 적용했던 그림자를 제거하려면 '그림자 없음'을 클릭한다.

❸ 반사　선택한 방향이나 크기에 따라 도형이 반사된 것과 같은 효과를 만든다.

❹ 네온　도형 주변에 네온 효과를 만든다. [다른 네온색]을 선택하면 색 대화상자가 열리면서 원하는 네온 색을 지정할 수 있다.

❺ 부드러운 가장자리　도형 주변을 부드럽게 처리한다. 부드럽게 표시하는 크기는 1포인트에 50포인트까지이다.

❻ 입체 효과　도형을 볼록하거나 오목한 입체적인 모습으로 바꾼다. 좀 더 세밀하게 조절하고 싶다면 [입체효과] 창 아래에 있는 [3차원 옵션] 항목을 선택하여 도형 서식 대화상자를 이용한다.

❼ 3차원 회전　도형을 수직이나 수평, 또는 특정한 방향으로 약간씩 회전시킨다. 정확한 회전값을 지정하려면 [3차원 옵션] 항목을 선택하여 [도형 서식] 대화상자를 이용한다.

## 2.6 도형 편집

### 1 도형의 이동

도형을 선택하고 Shift 키를 누른 상태로 드래그하면 수직, 또는 수평이동 한다. Ctrl + 방향키(←→↑↓)를 이용하면 미세 조정이 가능하다. 여러 도형을 한꺼번 선택한 후 적용하면 여러 도형이 동시에 이동한다. [그림 3-11]에서 네온 효과를 지정한 도형을 [그림 3-12]와 같이 마우스로 드래그 하여 이동시켜보자.

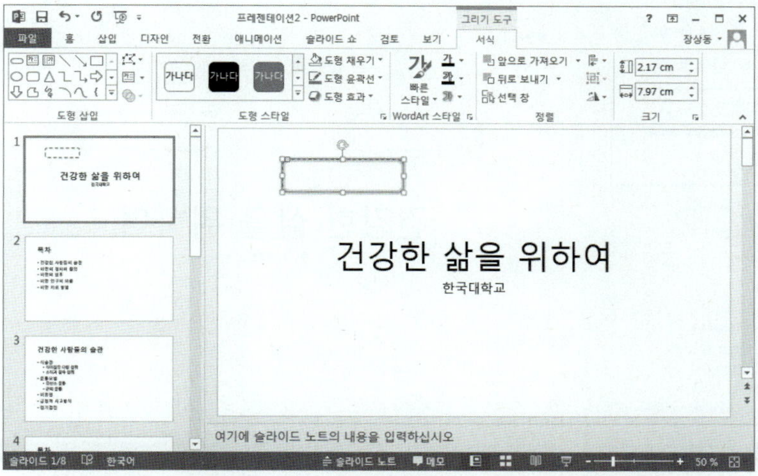


| 그림 3-12 | 도형의 이동

## 2 도형의 복사

복사할 도형을 선택하고 Ctrl 키를 누른 상태에서 드래그하거나 Ctrl + D 를 이용하면 도형을 복제한다. Shift 키를 함께 누르고 드래그 하면 도형을 수평이나 수직으로 복사한다. 도형을 복사하면 이전 도형의 스타일과 똑같이 복사된다. 단축기 Ctrl + D 를 이용하여 도형을 여러번 복제한 뒤, [그림 3-13]과 같이 맨 마지막 도형만 우측으로 이동시켜보자.

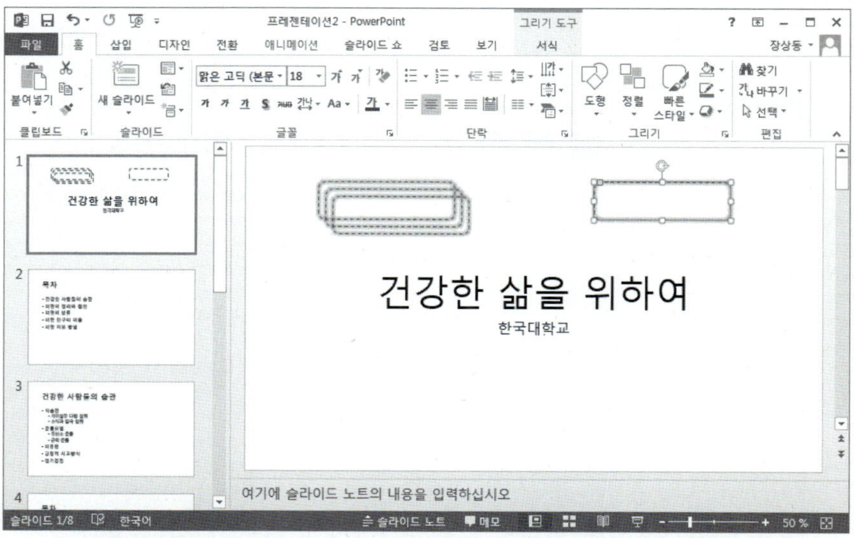


| 그림 3-13 | 도형의 복사

## 3 도형의 맞춤과 배분

여러 도형들이 슬라이드 위에 불규칙하게 놓여있을 때 맞춤 기능을 이용하면 간격이 일정하게 도형을 늘어놓거나 기준위치에서 나란히 늘어서도록 도형들을 정리할 수 있다. 도형사이의 간격을 일정하게 유지할 필요가 있을 경우 간격을 유지하고자 하는 도형들을 선택한 뒤, [홈]-[그리기]-[정렬]을 클릭하여 [맞춤]메뉴에서 [가로간격 동일하게] 명령을 선택하거나 [그리기 도구]-[서식]-[정렬]-[맞춤]-[가로간격 동일하게]를 클릭하면 [그림 3-14]와 같이 여러 도형의 간격이 같아진다.

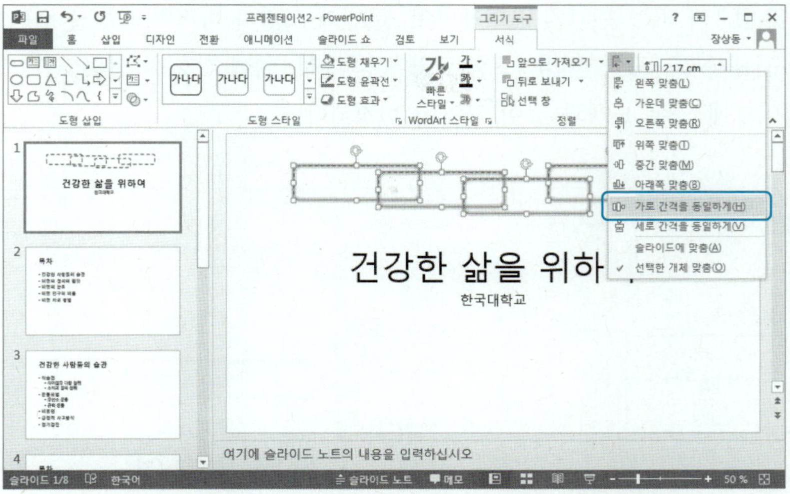

| 그림 3-14 | [가로 간격을 동일하게]를 적용

도형을 가로나 세로의 특정 기준선을 기점으로 정렬하고자 할때도 정렬하고자 하는 도형을 선택한 상태에서 [그리기 도구]-[서식]-[정렬]-[맞춤]에서 정렬 방식을 지정한다. 세로 정렬 도형일 경우 [왼쪽 맞춤], [가운데 맞춤], [오른쪽 맞춤] 중에서 선택하고, 가로 정렬 도형일 경우 [위쪽 맞춤], [중간 맞춤], [아래쪽 맞춤] 중에서 선택한다. [그림 3-15]는 [위쪽 맞춤]을 적용한 결과가 나타나 있다.

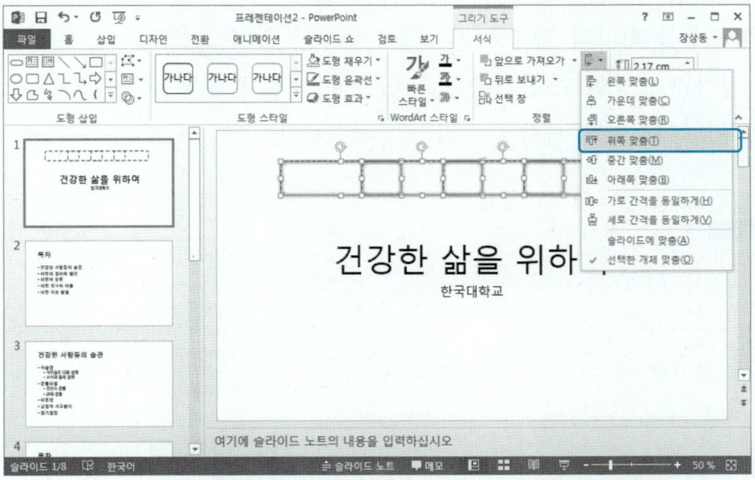

| 그림 3-15 | [위쪽 맞춤]을 적용

## 4 도형의 모양 변경

이미 그려놓은 도형을 다른 모양으로 바꾸려면 기존 도형을 삭제하고, 원하는 도형을 골라 새로 그리는 것이 일반적이지만, 도형편집 을 이용하면 쉽게 도형 모양을 바꿀 수 있다. Shift 키 또는 Ctrl 키를 이용하여 첫 번째 도형과 마지막 도형을 선택한 뒤, [그리기 도구]-[서식]-[도형 편집]-[도형 모양 변경]에서 [빼셈 기호]를 선택하면 [그림 3-16]의 슬라이드에 있는 도형과 같이 모양이 변경된다.

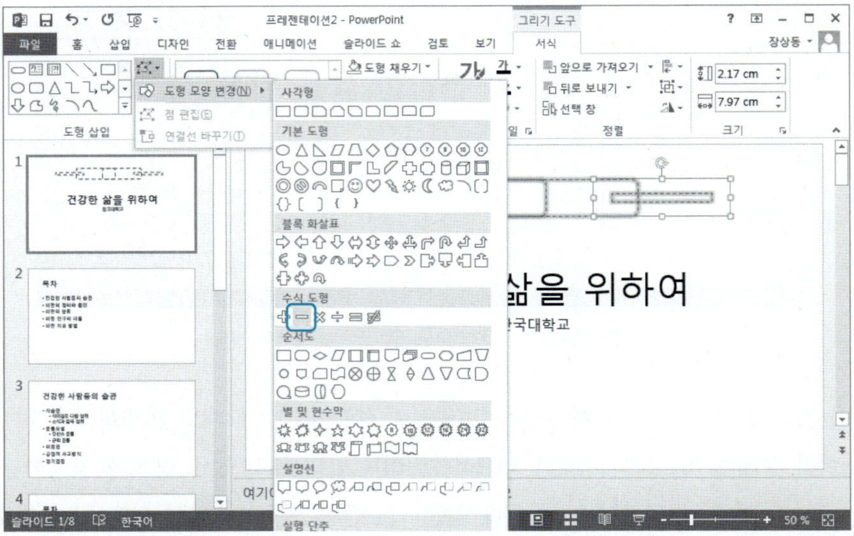


| 그림 3-16 | 도형 모양 변경

## 5 그룹지정 및 그룹해제

여러 개의 도형을 하나의 개체로 인식하여 다루는 것이 그룹화이다. 여러 개의 도형을 이용하여 갖가지 모양의 도형을 만들 수 있으며, 이렇게 만든 도형을 하나로 그룹화하면 하나의 개체로 인식되어 서식을 지정하기 편리하다.

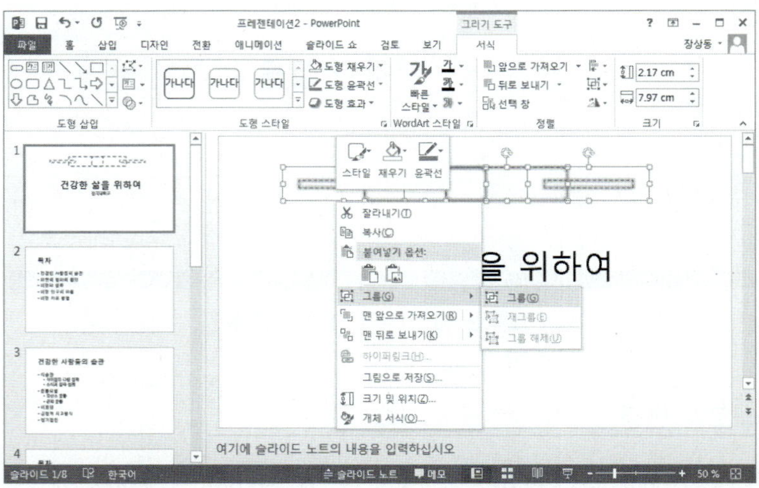


| 그림 3-17 | 그룹 지정

[그림 3-17]과 같이 그룹화 할 도형들을 선택하고 마우스의 오른쪽 단추를 클릭하여 단축메뉴가 나타나면, [그룹]-[그룹]을 클릭한다. [그림 3-18]은 그룹화된 결과를 나타낸다. 하나의 도형처럼 8개의 [크기 조절 핸들]과 1개의 [회전 핸들]이 생겨났다.

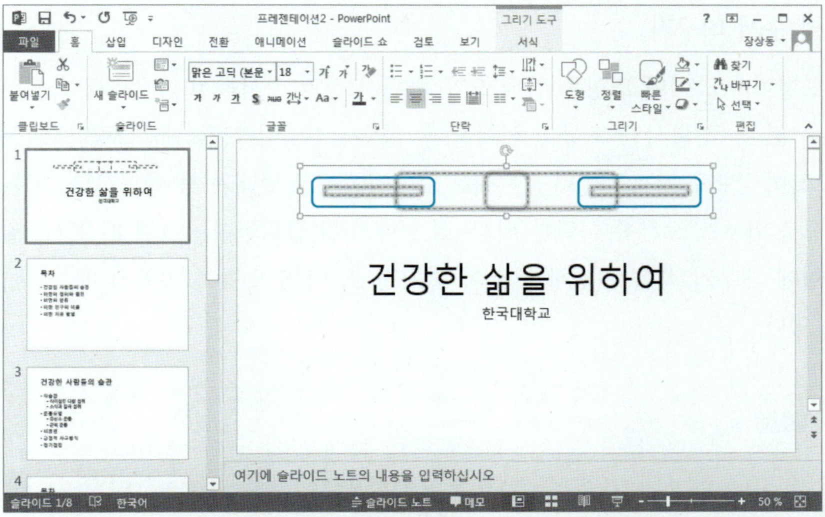


| 그림 3-18 | 그룹 지정 결과

[그림 3-18]에서 표시된 도형을 Ctrl 키를 이용하여 한번 더 선택한 뒤, 방향키를 이용하여 아래로 이동시키면 [그림 3-19]와 같이 그룹이 형성된 상태에서도 위치의 변경이 가능하다. 복잡한 도형의 경우 각각의 도형을 복사하는 것보다 그룹화 시켜서 복사하는 것이 훨씬 더 효율적인 경우가 많다.

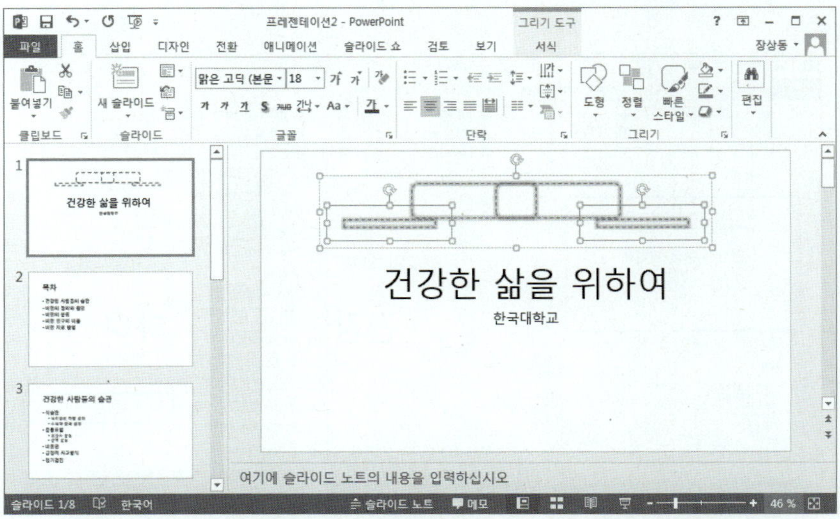


| 그림 3-19 | 그룹 지정 상태에서의 도형 이동

그룹을 해제할 때는 그룹화 된 도형을 선택한 후 [그룹]-[그룹 해제]를 클릭한다. 그룹과 그룹해제 기능은 도형 편집 시에 수시로 필요한 기능이므로 단축키를 활용하면 편리하다. 그룹은 Ctrl + G 키를 사용하고 그룹해제는 Ctrl + Shift + G 키를 사용한다.

## 6 정렬 순서 바꾸기

같은 도형이라도 어떤 도형을 위에 오게 하는지 정렬 순서를 바꿈으로써 다양한 효과를 만들 수 있다. 정렬시킬 도형을 선택한 후 [홈]-[그리기]-[정렬]을 클릭하고 [맨 앞으로 가져오기]/[앞으로 가져오기]나 [맨 뒤로 보내기]/[뒤로 보내기]를 클릭한다. 또는 정렬시킬 도형을 마우스 오른쪽 클릭한 뒤 [뒤로 보내기]를 클릭한다. [그림 3-20]과 같이 하나의 도형에 채우기 색을 지정하면 같이 겹처진 또 다른 도형이 위쪽에 배치되어 있음을 알 수 있다.

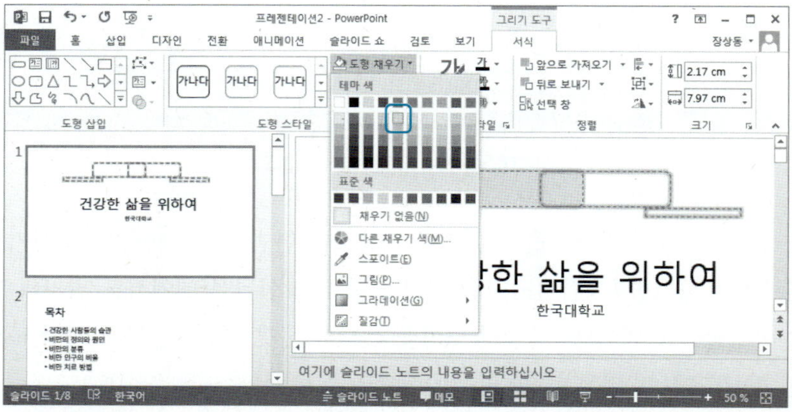

| 그림 3-20 | 도형에 색 채우기

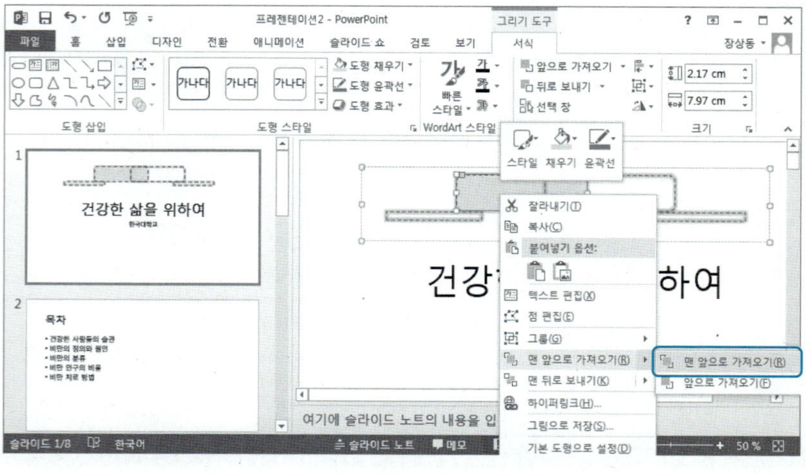

| 그림 3-21 | 도형의 정렬 순서 바꾸기

채우기 색이 지정된 도형이 제일 위쪽에 위치하여 다른 도형의 모양을 가릴 수 있도록 지정하자. 채우기 색이 지정된 도형을 선택한 뒤 마우스 오른쪽을 클릭하여 [그림 3-21]과 같이 팝업 메뉴가 나타나면 [맨 앞으로 가져오기]를 지정하면 [그림 3-22]와 같이 다른 도형이 가려지고 선택된 도형이 제일 위쪽에 위치한다.

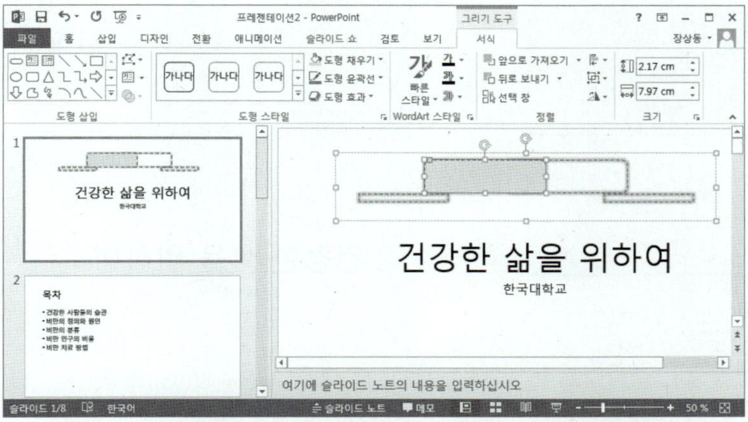


| 그림 3-22 | 선택된 도형 맨 앞으로 가져오기

## 7 도형에 텍스트 삽입

원이나 사각형 같은 기본적인 도형뿐만 아니라 화살표, 순서도, 현수막 등 다양한 도형에 텍스트를 입력할 수 있다. 텍스트의 삽입을 원하는 도형에 마우스 오른쪽 버튼을 클릭하여 [텍스트 편집]메뉴를 실행한다. [그림 3-23]과 같이 이라는 글자("건")를 입력하거나 선택된 도형 위에 텍스트 상자를 추가하여 텍스트를 입력한다. 텍스트 상자는 다음 절에서 학습한다.

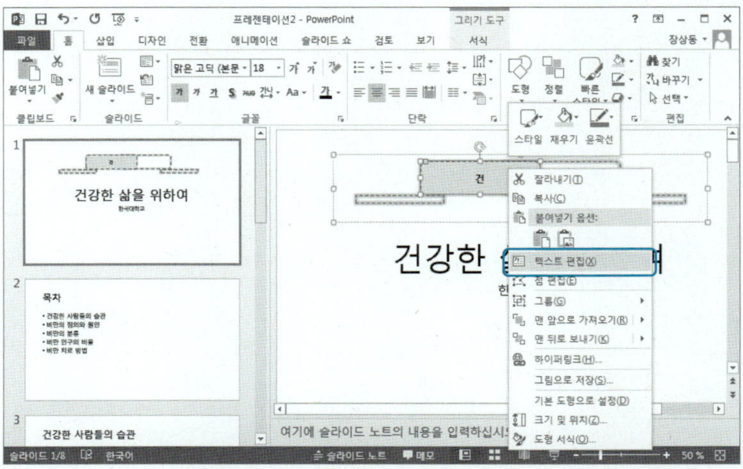


| 그림 3-23 | 텍스트 추가

## 8 도형의 삭제

삭제 하고자 하는 도형을 선택하고 Delete 키를 누르면 도형이 삭제된다. 지금까지 작업한 도형을 선택하고 Delete 키를 입력하면 [그림 3-24]와 같이 도형이 제거된다.

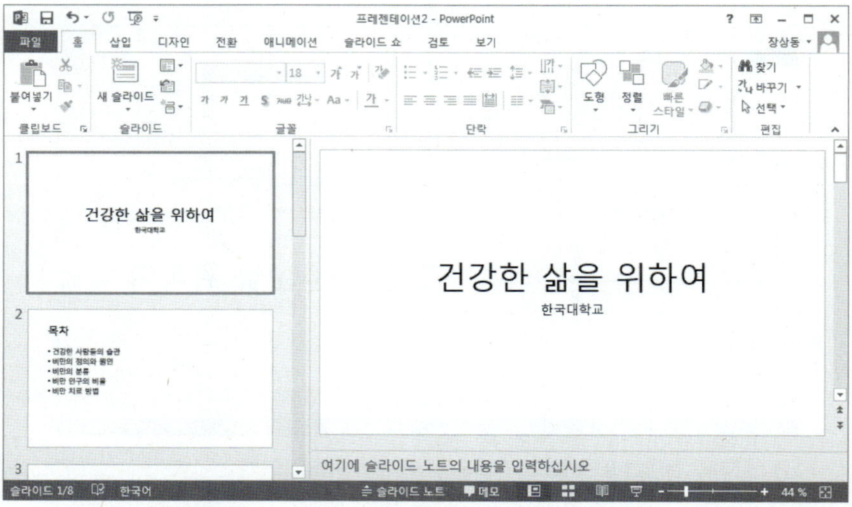


| 그림 3-24 | 도형 삭제 결과

# 03 텍스트 상자

## 3.1 텍스트 상자 및 텍스트 삽입

슬라이드의 임의의 위치에 텍스트를 입력하고자할 때 텍스트 상자를 사용한다. [삽입]-[텍스트]-[텍스트 상자]를 클릭한 후, 1번 슬라이드의 빈 공간에 드래그하여 텍스트 상자를 추가하여 [그림 3-25]와 같이 텍스트를 입력한다.

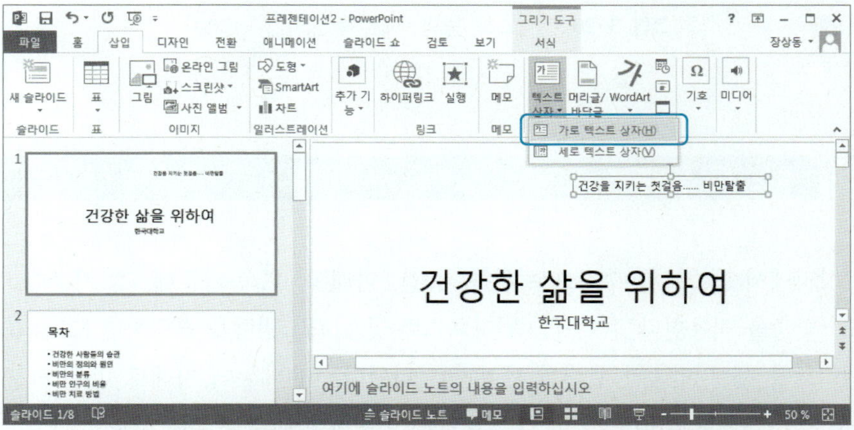


| 그림 3-25 | 가로 텍스트 상자에 텍스트 입력하기

## 3.2 텍스트 방향 조정

텍스트 상자의 종류에는 가로 텍스트 상자와 세로 텍스트 상자가 있지만 텍스트 방향을 가로, 세로, 모든 텍스트 90도 회전, 모든 텍스트 270도 회전, 세로형으로 변경할 수 있다. 슬라이드 2번의 텍스트 상자를 선택한 후, [홈]-[단락]-[텍스트 방향]을 클릭하면 [그림 3-26]과 같이 텍스트 방향을 변경하는 메뉴가 나타낸다. 각 메뉴에 차례로 마우스 포인터를 가져가서 실시간으로 미리보기 한 후 Esc 키를 이용하여 메뉴를 취소하자.

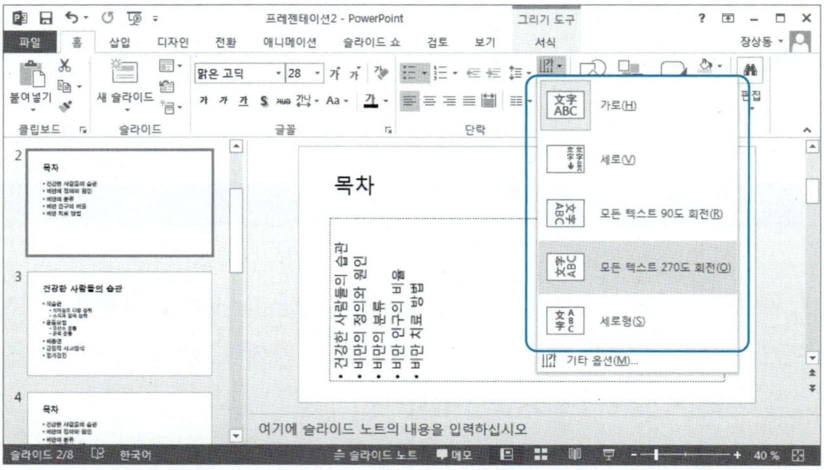


| 그림 3-26 | [텍스트 방향] 메뉴의 실시간 미리보기

## 3.3 텍스트 맞춤

텍스트 상자에서 텍스트를 수직으로 위쪽, 중간, 아래쪽, 위쪽 가운데, 정 가운데, 아래쪽 가운데로 맞춤을 적용한다. [홈]-[단락]-[텍스트 맞춤] 명령을 클릭하면 [그림 3-27]과 같이 텍스트를 세로 맞춤과 관련한 메뉴가 나타난다. 각 메뉴에 차례로 마우스 포인터를 가져가서 실시간으로 미리보기 한 후 Esc 키를 이용하여 메뉴를 취소하자.

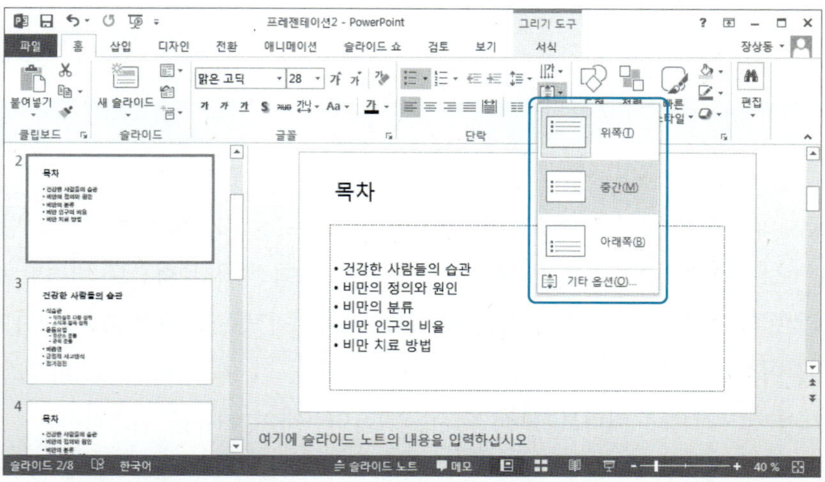


| 그림 3-27 | [텍스트 맞춤] 메뉴의 실시간 미리보기

[그림 3-26]과 [그림 3-27]에서 [기타 옵션] 메뉴를 클릭하면 [그림 3-28]과 같이 [도형 서식] 창이 나타난다. [도형 서식] 창을 텍스트 상자와 텍스트의 서식을 지정한다. 텍스트 상자에 대한 서식을 변경할 때는 [도형 옵션]을 사용하고, 텍스트의 서식을 변경할 때는 [텍스트 옵션] 메뉴를 이용한다.

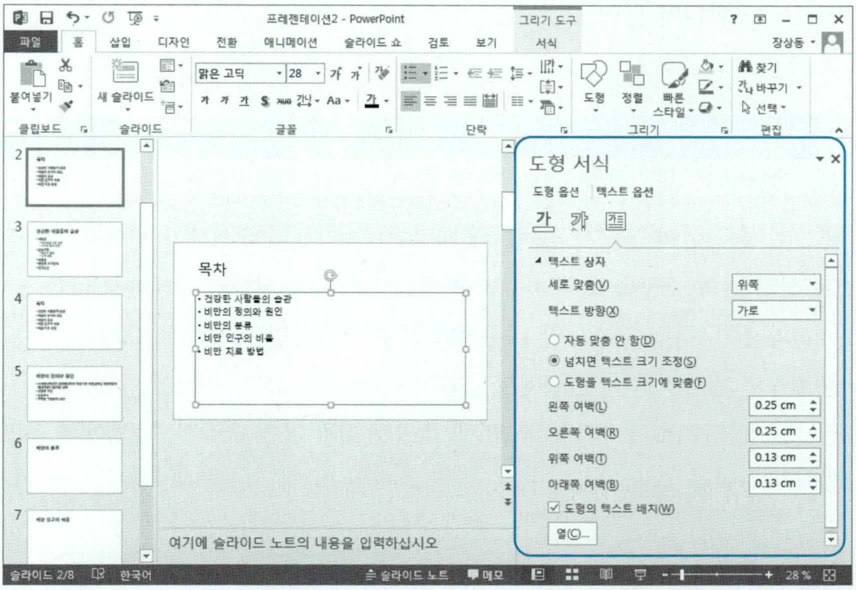


| 그림 3-28 | [도형 서식] 창

# 04 텍스트 서식

텍스트를 꾸밀 때는 서식 도구 모음을 이용하는데, 여기에는 글꼴이나 크기, 정렬방식 등 다양한 서식이 포함되어 있다.

## 4.1 글꼴 바꾸기

글꼴은 텍스트 상자 안의 글꼴을 한꺼번에 바꾸거나, 원하는 텍스트만 선택해서 바꿀 수 있다. 텍스트 상자 안의 글꼴을 모두 바꾸려면 텍스트 상자를 선택한 상태에서 글꼴을 바꾸고, [그림 3-29]와 같이 특정 텍스트만 바꾸려면 해당 텍스트만 마우스로 드래그 하여 선택한 후 글꼴을 바꾸면 된다. [홈]-[글꼴]에서 글꼴이나 글자색, 크기, 진하게 등의 서식을 이용해서 글자서식을 바꿀 수 있다. [그림 3-29]에 표시된 것과 같이 슬라이드 2번에서 '비만'이란 글자를 선택하고 글꼴 '궁서', 크기 '40', 글꼴 스타일 '굵게', 글꼴 색 "빨강"으로 지정하자.

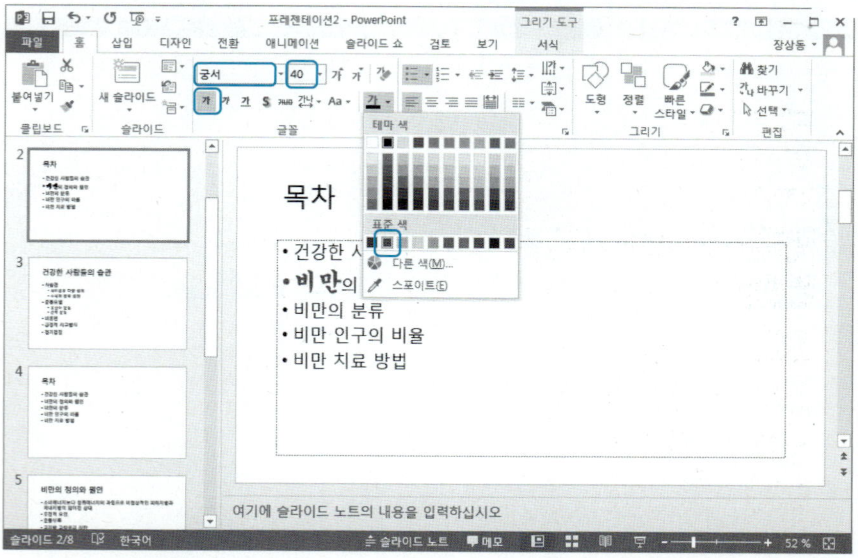


| 그림 3-29 | 글꼴, 글꼴 크기, 글꼴 스타일, 글꼴 색 바꾸기

## 4.2 서식 복사

개체에 적용된 서식을 다른 개체에 적용할 때 서식 복사 도구를 이용한다. '비만' 단어에 지정한 서식을 다른 단어에 적용하기 위해 [그림 3-29]와 같이 '비만' 텍스트를 선택한 후 [서식 복사] 명령 아이콘을 더블 클릭한다. 마우스 포인터가 로 바뀌면, 해당 서식을 적용할 텍스트를 클릭하거나 드래그 하여 [그림 3-30]과 같이 여러 곳에 복사한다. 복사가 끝나면 Esc 키로 서식 복사를 마친다. [서식 복사] 명령 아이콘을 한번만 클릭하면 서식 복사가 한번만 가능하다.

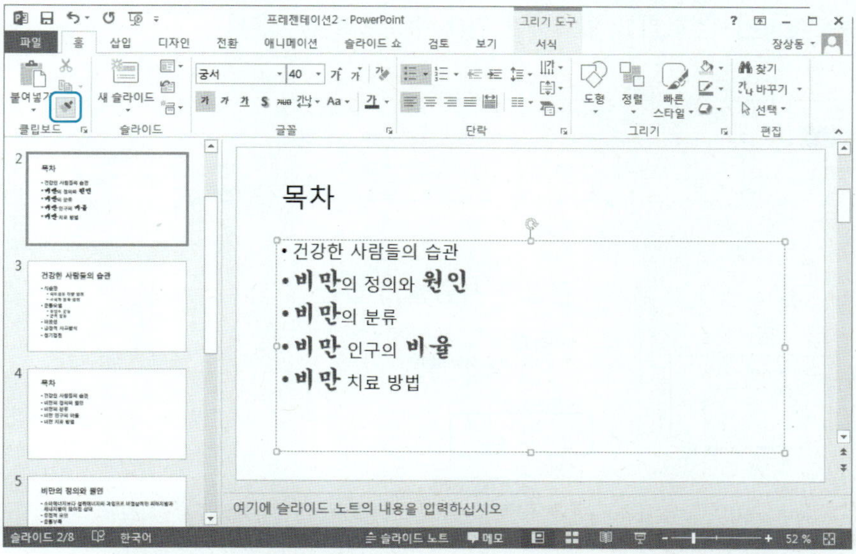


| 그림 3-30 | 서식 복사

## 4.3 단락 바꾸기/줄 바꾸기

텍스트를 입력하다가 Enter↵ 키를 입력하면 줄이 바뀌면서 새 단락이 시작되고 새 단락 앞머리에 글머리 기호가 자동으로 붙는다. 만약 단락을 새로 만들지 않으면서 줄만 바꾸고 싶다면 Shift 키를 누른 상태에서 Enter↵ 키를 입력하면 된다.

## 4.4 목록 수준 늘림과 줄임

텍스트를 단계별로 들여 쓰거나 내어 쓸 때는 목록 수준 늘림/목록 수준 줄임 기능을 이용한다. 들여 쓸 줄에 마우스 포인터를 두고 [홈]–[단락]에 있는 목록 수준 늘림 을 클릭하면 한 단계 목록 수준을 늘릴 수 있다. 한 번 더 클릭하면 두 단계, 한 번 더 클릭하면 세 단계, 이런 식으로 목록 수준 늘림 도구를 클릭하는 횟수에 따라 텍스트를 적절하게 들여 쓸 수 있다. 목록 수준 줄임 을 클릭하면 들여 썼던 텍스트를 같은 방법으로 내어 쓸 수 있다. 또는 각 단락의 시작 위치에 커서를 두거나 [그림 3-31]처럼 슬라이드 3번의 텍스트 상자에서 단락 범위를 지정하고 키를 입력하면 수준을 내린다. 다시 원래대로 수준을 높이도록 Shift + 키를 입력하면 원래 수준으로 돌아온다.

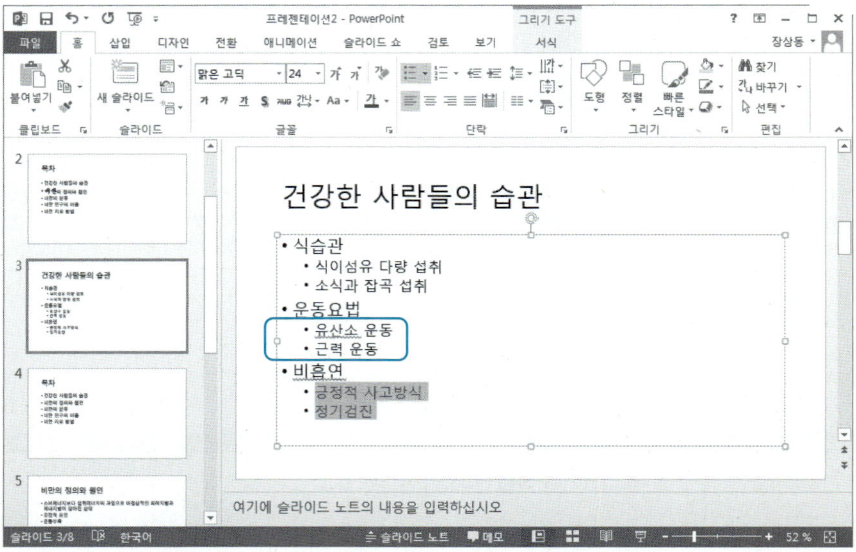


| 그림 3-31 | 키를 이용한 수준 내리기

## 4.5 글머리 기호 및 번호 매기기

슬라이드에서 텍스트 개체 틀에 텍스트를 입력하면 자동으로 글머리 기호가 붙으면서 텍스트가 입력된다. 이 글머리 기호는 다른 기호나 그림으로도 바꿀 수 있다. 텍스트를 입력하기 전에 미리 글머리를 바꿀수 있고, 텍스트를 입력한 후라면 글머리 기호를 바꿀 텍스트를 선택하고 [홈]-[단락]에 있는 글머리 기호의 확장단추를 클릭한 후 원하는 기호를 선택하면 된다. 기호 위로 마우스 포인터만 가져가도 실시간 미리보기할 수 있다. [그림 3-32]와 같이 2번 슬라이드의 텍스트 상자를 선택하고 번호 매기기의 확장단추를 클릭한 후 원하는 번호 형식에 마우스 포인터를 가져가면 글머리 기호가 번호 형식으로 미리보기 된다. 미리보기 한 후 Esc 키를 입력하면 원래의 글머리 기호를 유지할 수 있다.

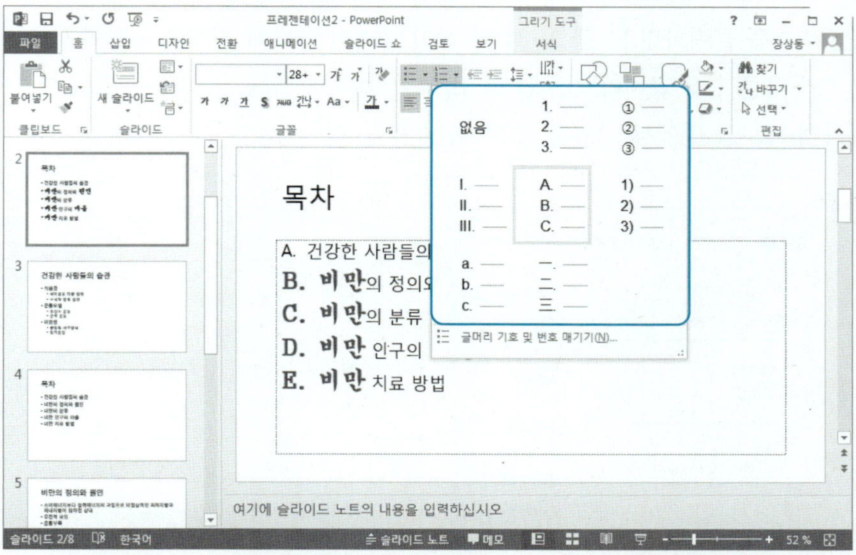


| 그림 3-32 | 번호 매기기

파워포인트에서 제공하는 그림이나 미리 만들어 둔 그림을 글머리 기호로 사용할 수 있다. 글머리 기호 의 확장단추를 클릭한 후 [글머리 기호 및 번호 매기기]를 선택하면 [그림 3-33]의 왼쪽 그림과 같이 [글머리 기호 및 번호 매기기] 대화상자가 나타난다. [글머리 기호 및 번호 매기기] 대화상자에서 [그림] 버튼을 클릭하면 [그림 3-33]의 오른쪽 그림과 같이 [그림 삽입] 창이 나타난다.

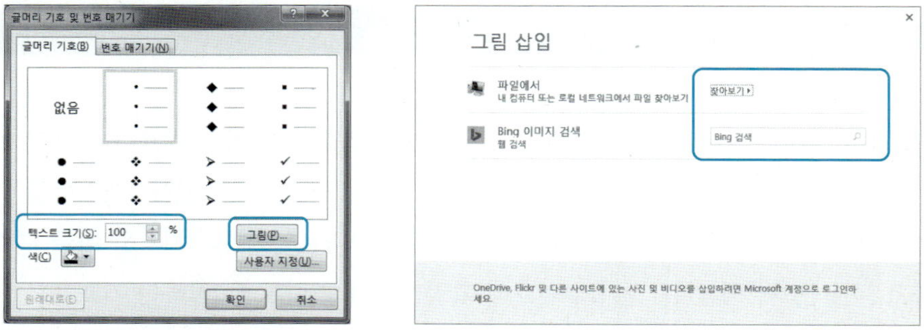


| **그림 3-33** | 글머리 기호의 사용

[그림 삽입] 창의 [찾아보기]를 이용하여 내 컴퓨터에 저장된 그림을 삽입하거나 [Bing 검색]을 이용하여 온라인 또는 오프라인으로 그림을 검색하여 삽입 할 수 있다. [그림 삽입] 창을 닫고 [글머리 기호 및 번호 매기기] 대화상자에서 원하는 도형(별표 글머리 기호)을 선택한 후 [확인] 버튼을 클릭하면 [그림 3-34]와 같이 글머리 기호에 선택한 도형이 나타난다. 글자의 크기가 다른 경우 글머리 기호의 크기도 다르게 나타난다. [그림 3-33]의 오른쪽 그림에 있는 [텍스트 크기]에서 크기를 조절하면 된다.

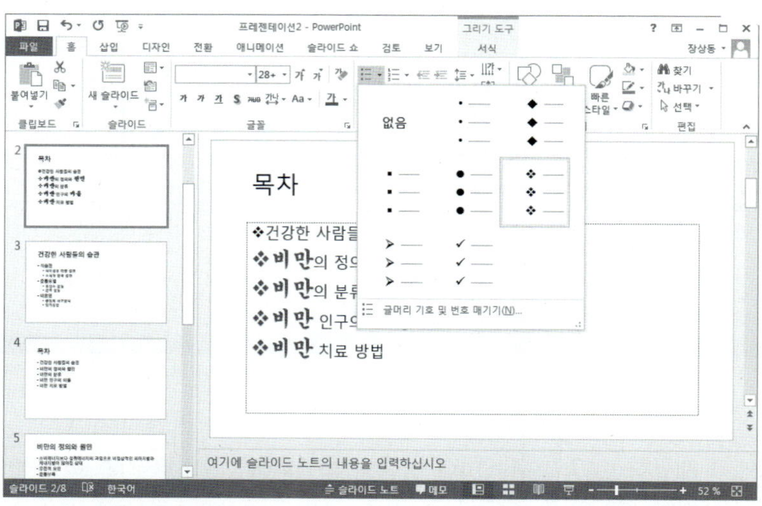


| **그림 3-34** | '별표 글머리 기호'를 그림 글머리 기호로 지정한 결과

## 4.6 줄 간격 조절하기

텍스트의 줄간격이 너무 좁으면 내용을 쉽게 이해하기 힘들고 너무 크면 화면 분할이 어색해져 산만해 보인다. 이럴 때는 [줄간격]을 조정하여 단락 사이의 간격을 적절히 조정한다. [그림 3-35]와 같이 3번 슬라이드의 텍스트 상자를 선택한 후, [홈]-[단락]에서 줄간격 오른쪽에 있는 확장 단추를 클릭하여 줄간격 1.5를 선택해보자.

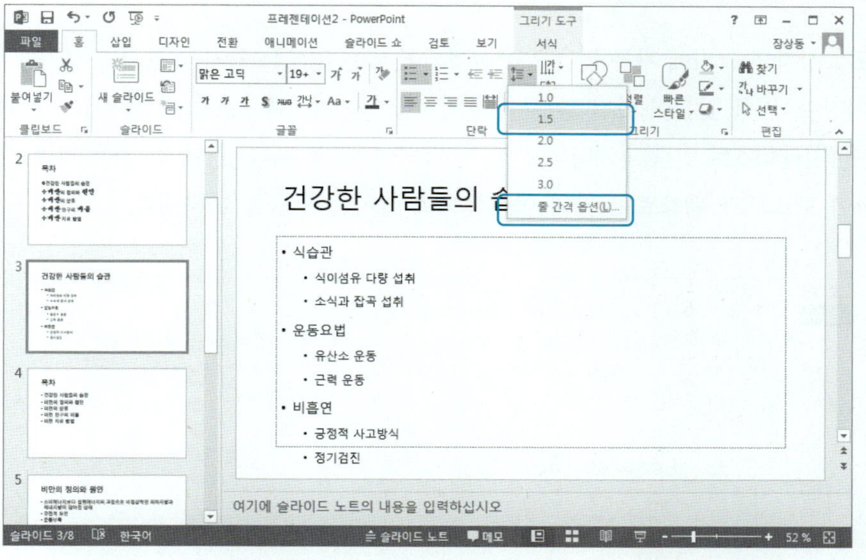

| 그림 3-35 | 줄간격 설정

[그림 3-35]에서 [줄 간격 옵션]을 클릭하면 [그림 3-36]과 같이 [단락] 대화상자가 나타나 더 상세하게 줄 간격을 조절할 수 있다.

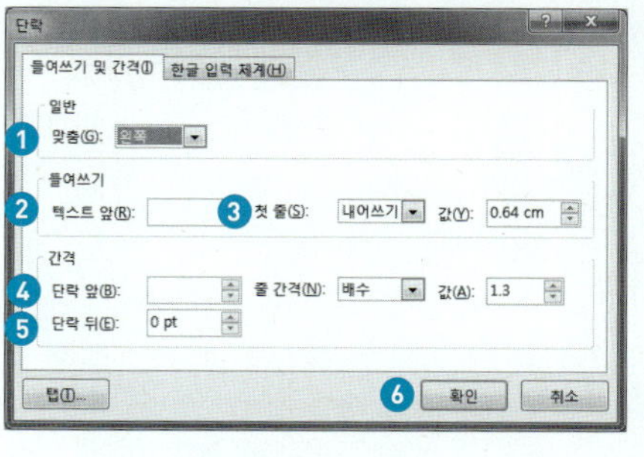

| 그림 3-36 | [단락] 대화상자

각 옵션의 기능은 다음과 같다.

❶ [일반]–[맞춤]　왼쪽, 가운데, 오른쪽, 양쪽 맞춤, 균등 분할 맞춤을 선택한다.
❷ [들여쓰기]–[텍스트 앞]　단락 왼쪽에 간격을 적용한다.
❸ [들여쓰기]–[첫 줄]　여러 줄로 구성된 단락에서 첫 줄을 들여쓰기 한다.
❹ [간격]–[단락 앞]　단락 앞(위쪽)의 간격을 변경한다.
❺ [간격]–[단락 뒤]　단락 뒤(아래쪽)의 간격을 변경한다.
❻ [간격]–[줄간격]　선택한 텍스트의 모든 줄 간격을 변경한다.

텍스트가 상자의 크기에 자동 맞춤으로 설정되어 있는 경우는 글자의 크기가 상자에 알맞도록 줄여진다. 자동 맞춤이 아닌 경우는 텍스트 상자가 아래쪽으로 늘어난다. [그림 3-37]은 [홈]–[단락]–[텍스트 맞춤]–[기타 옵션]을 선택하여 [도형 서식] 창에서 [자동 맞춤 안 함]을 선택하여 텍스트가 텍스트 상자의 아래쪽으로 늘어난 모습을 나타낸다.

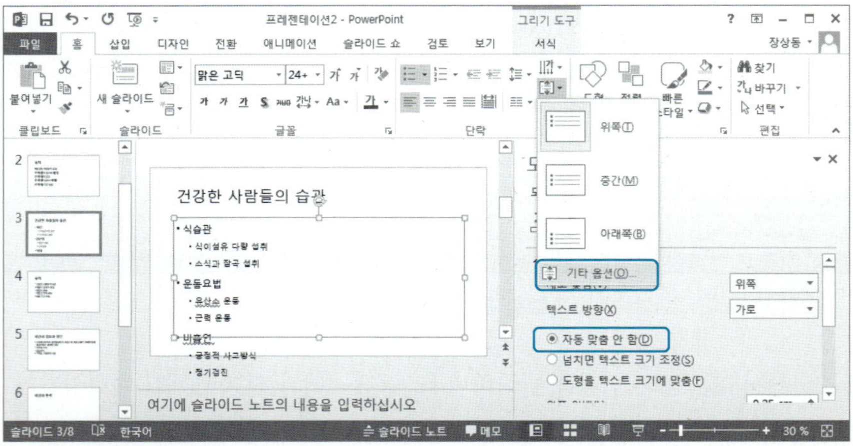


| 그림 3-37 | [자동 맞춤 안 함] 설정

## 4.7 단 나누기

목록의 내용을 하나의 열로 나타내기에 부적합한 경우 여러 단으로 나누어 나타낸다. 3번 슬라이드에서 텍스트 상자를 선택하고 [그리기 도구]–[서식]–[단락]–[단]을 클릭하면 단 수를 지정하는 메뉴가 나타난다. 2단으로 지정하면 [그림 3-38]과 같이 텍스트 상자의 내용이 2단으로 나뉜다. [기타 열] 메뉴를 이용하면 단 사이의 간격도 조절할 수 있다.

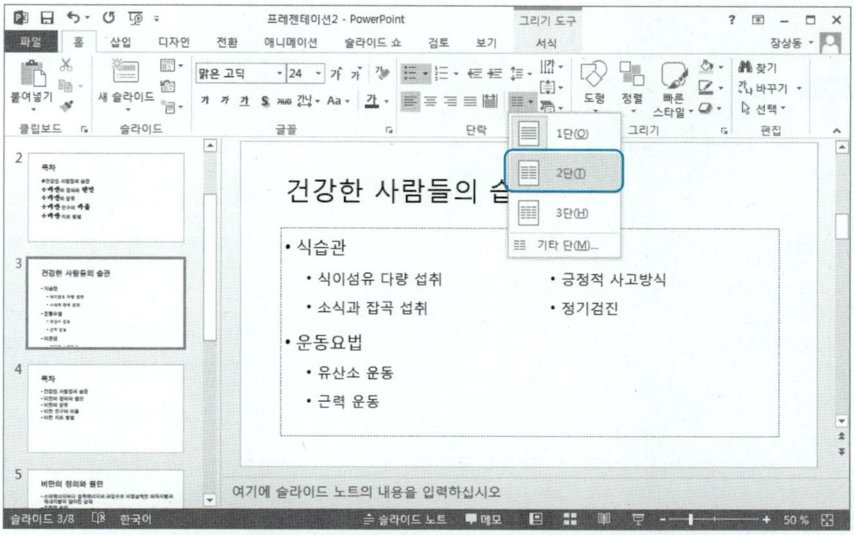


| 그림 3-38 | 단 나누기

## 4.8 목록 순서 변경

[그림 3-38]의 텍스트 상자를 1단으로, [도형 서식] 창에서 [넘치면 텍스트 크기 조정]으로, 줄간격을 1로 설정한 후, [그림 3-39]와 같이 뒤 '비흡연' 목록과 '긍정적 사고방식' 목록의 순서를 변경해보자. '긍정적 사고방식'의 글머리 기호에 마우스 커서를 위치시켜서 마우스 커서의 모양이 [그림 3-39]와 같이 변경되면 드래그 해서 원하는 위치에 놓으면 순서가 변경된다.

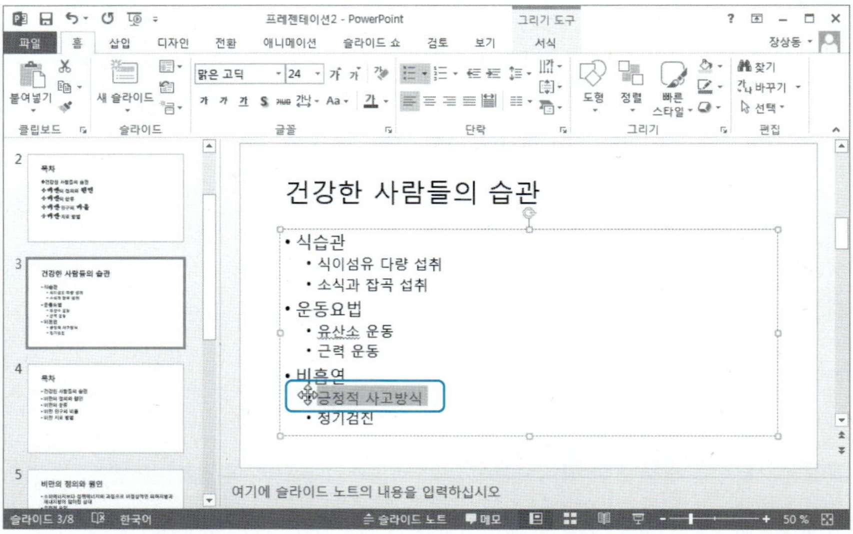


| 그림 3-39 | 목록 순서 변경

마지막 두 단락 '긍정적 사고방식'과 '정기 검진'을 범위 선택하고 Shift + Tab을 이용하여 비흡연과 같은 수준으로 변경하자.

# 05 그림

일러스트레이션 개체 중 그림과 클립 아트를 이용하여 슬라이드 내용과 관련된 그래픽을 준비하여 이해력을 높이고 시각적인 디자인을 연출한다. 준비되어 있는 그림을 삽입하거나, 오피스 프로그램에서 제공하는 클립아트 그래픽을 슬라이드에 삽입하거나 그림도구를 이용한 그래픽 편집방법을 살펴보자.

## 5.1 그림 삽입

그림은 [삽입]–[이미지]–[그림] 메뉴를 이용하여 슬라이드에 삽입한다. [삽입]–[이미지]–[그림]을 클릭하여 [그림 3-40]과 같이 [그림 삽입] 대화상자가 나타나면 [라이브러리]–[사진]–[사진 샘플] 폴더에서 "펭귄.jpg" 선택하고 삽입하자.

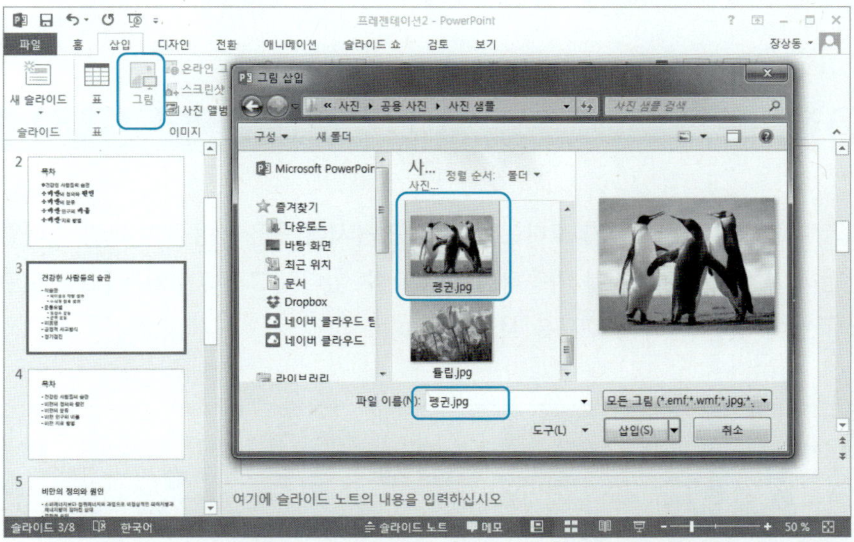


| 그림 3-40 | [그림 삽입] 대화상자

[그림 3-41]은 선택한 '펭귄.jpg'가 삽입된 결과이다. '펭귄' 그림을 선택하면 [그림 3-41]과 같이 [그림도구]-[서식]탭이 나타난다.

| 그림 3-41 | 삽입된 그림

## 5.2 그림 편집

삽입된 그림을 그대로 사용하기 보다는 [그림도구]-[서식]탭을 이용하여 그림 스타일 및 서식을 간단히 조정하여 이미지를 가공하여 사용할 수 있다. [그림 3-42]는 [그림 도구] 메뉴의 [서식] 탭에 있는 여러 도구들을 보여준다.

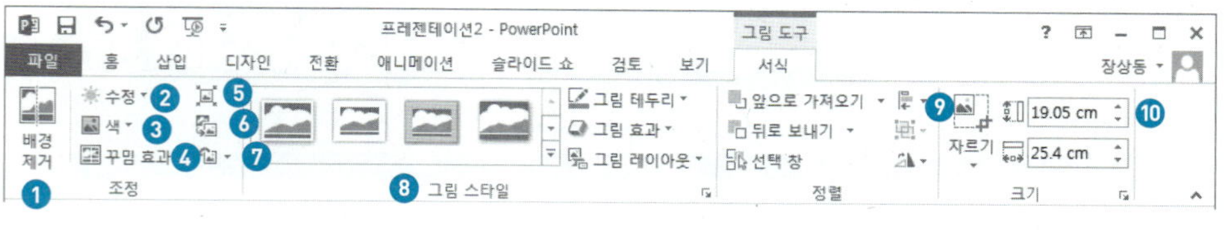


| 그림 3-42 | [그림 도구]-[서식] 탭

각 그룹이나 메뉴의 기능은 다음과 같다.

❶ 배경제거 그림에서 배경 부분을 제거한다.

❷ 수정 그림의 선명도와 밝기/대비를 조정한다.

❸ 색 채도와 색조를 조절하거나 다른 색으로 그림을 칠할 수 있다.

❹ 꾸밈 효과 스케치나 그리기 등 그림에 꾸밈 효과를 적용할 수 있다.

❺ 그림 압축 기본적으로 슬라이드에 삽입된 그림은 품질 손상 없이 압축되는데 이 항목에서 압축을 해제할 수 있다.

❻ 그림 바꾸기 현재 그림의 서식을 유지하면서 그림 파일만 바꾼다.

❼ 그림 원래대로 그림에 적용했던 모든 서식을 취소하고 원래 그림으로 되돌린다.

❽ 그림 스타일 미리 제공되는 스타일을 적용할 수 있다.

❾ 자르기 그림에서 필요하지 않는 부분을 잘라내어 제거할 수 있다.

❿ 그림 크기 그림의 크기를 직접 입력하여 변경할 수 있다.

## 1 그림 스타일

[그림 3-41]에서 삽입된 '펭귄' 그림에 '단순형 프레임, 흰색' 스타일을 적용해 보자. [그림 3-43]과 같이 '펭귄' 그림을 적당한 크기로 변경하고, [그림 도구]-[서식]-[그림 스타일]을 클릭한 후 '단순형 프레임, 흰색'을 선택한다.

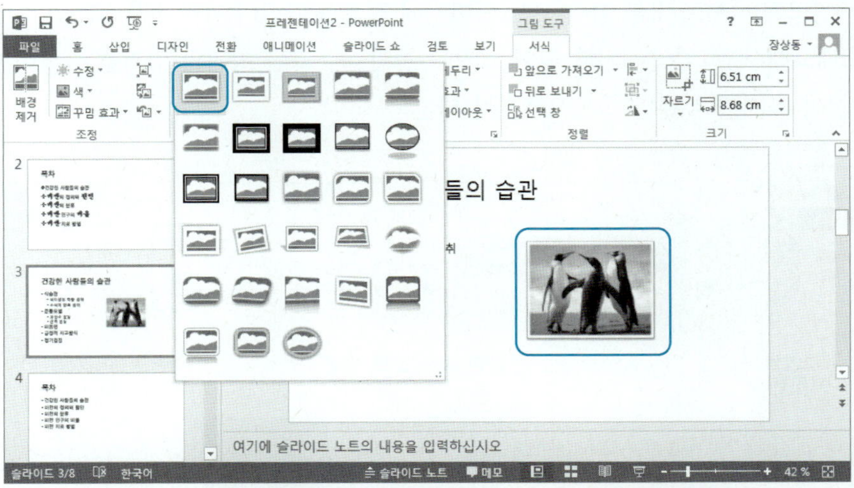


| 그림 3-43 | 그림 스타일 적용

## 2 그림 크기 조정

그림 크기를 높이 7cm, 너비 9cm로 변경해 보자. 크기 및 위치 서식에서 [가로 세로 비율 고정]이 체크되어 있으면 원하는 그림크기를 지정할 수 없기 때문에 체크를 해제한 후 그림 크기를 설정해야 한다. [그림 3-44]에 표시된 [크기 및 위치] 아이콘을 클릭한다. [그림 서식] 창이 나타나면 [가로 세로 비율 고정]의 체크를 해제하고 [그림 도구]-[서식]-[크기]나 [그림 서식] 창에서 도형 [높이]를 "7"로, 도형 [너비]를 "9"로 입력한다.

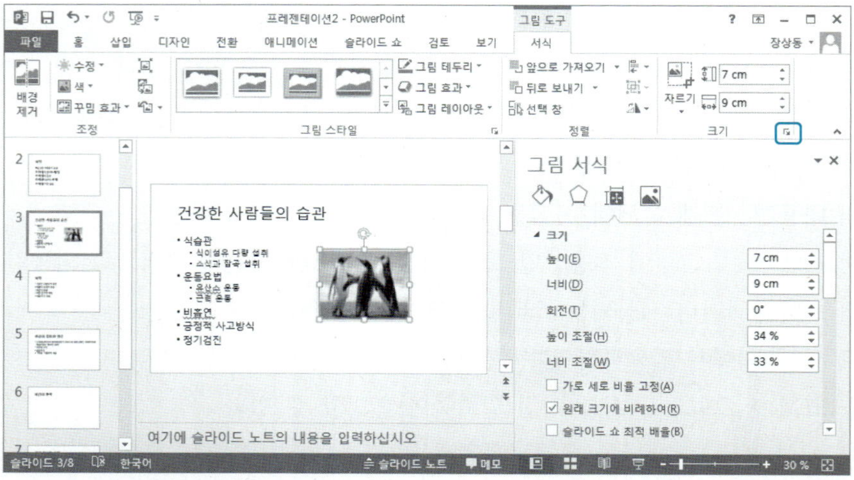

| 그림 3-44 | [가로 세로 비율 고정] 해제 및 크기 변경

## 3 자르기

그림의 크기가 아닌 필요 없는 부분을 잘라내는 자르기 기능을 사용해보자. [그림 도구]-[서식]-[크기]-[자르기]를 선택한다. 이미지에 검정 윤곽선이 나타나면 상단의 검정 라인을 드래그해서 [그림 3-45]와 같이 크기를 줄인 후, 그림 이외의 영역을 클릭하면 검정 윤곽선이 표시된 부분만 그림으로 남는다.

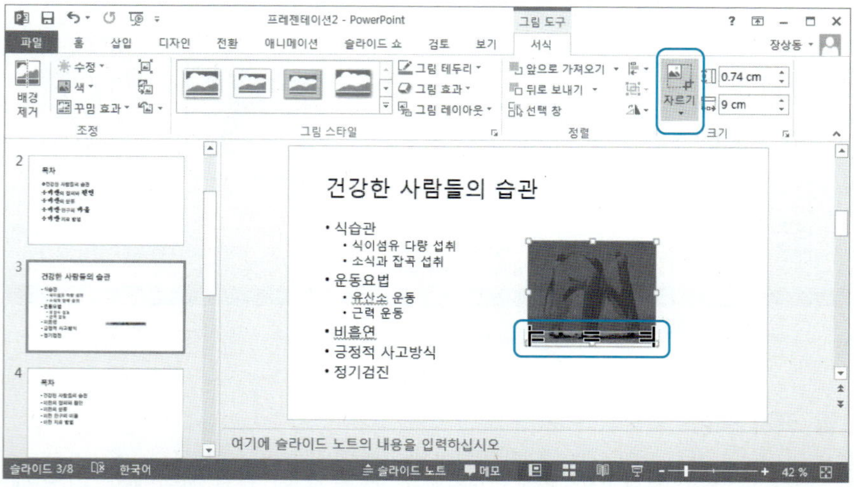

| 그림 3-45 | 자르기

# 06 사진 앨범

사진 앨범은 사진 여러 장을 슬라이드로 적절히 배치하여 프레젠테이션을 만들 수 있는 기능이다.

## 6.1 사진앨범 만들기

윈도우에서 기본을 제공하는 그림을 이용해 사진 앨범을 제작해보자. [삽입]–[이미지]–[사진 앨범]을 클릭하면 [사진 앨범] 대화상자가 나타난다. [파일/디스크] 버튼을 클릭하면 [새 그림 삽입] 대화상자가 나타난다. 그림에 표시된 '사진 샘플' 폴더로 이동한 후 앨범으로 제작하고자 하는 파일을 Ctrl 또는 Shift 키를 이용하여 여러개 선택하고 [삽입] 버튼을 클릭하면 [사진 앨범] 대화상자의 [앨범에서 그림 위치]에 선택한 파일의 목록이 나타난다. 목록 아래의 [화살표]를 이용하여 순서를 바꾸거나 [제거] 버튼을 이용하여 불필요한 목록을 제거할 수 있다. [그림 3-46]과 같이 [그림 옵션]은 [모든 그림 아래에 캡션 넣기]를 체크하고, [그림 레이아웃]은 [제목을 가진 그림 4개], [프레임 모양]은 [모서리가 둥근 직사각형]으로 변경하고 [만들기] 버튼을 클릭하면 새 사진 앨범이 프레젠테이션으로 생성된다.

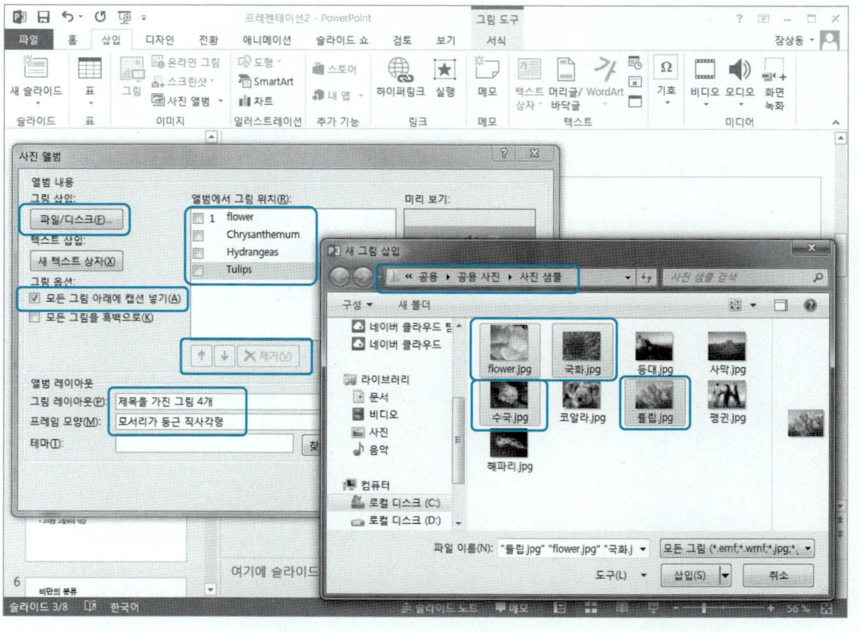


그림 3-46 | 새 사진 앨범 만들기

새 앨범이 생성되면 검정색 배경이 있는 Office 테마가 일괄적으로 적용된다. [그림 3-47]은 [그림 3-46]에서 설정한 내용에 새로운 디자인을 적용한 프레젠테이션이다. 슬라이드 1번은 [제목 슬라이드]이다. 슬라이드 2번의 상단에는 제목을 입력하는 텍스트 상자가 생성되어 있다. 각 사진의 도형은 [모서리가 둥근 직사각형]이 적용되어 있고 그림 아래에 캡션이 들어가 있다. [그림 3-47]과 같이 [디자인]-[테마]에서 원하는 테마를 선택하여 변경해 보자.

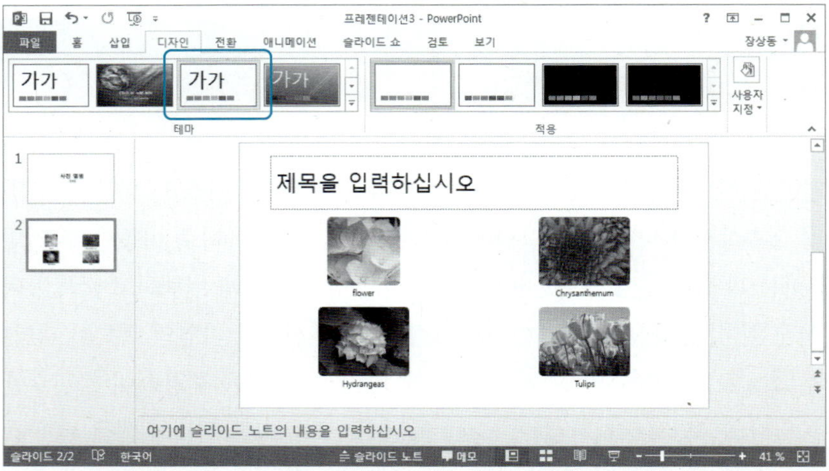


| 그림 3-47 | 새 앨범에 디자인 적용하기

# 07 표 만들기

표는 데이터의 현황이나 일목요연한 자료를 표현하는데 사용한다. 단순하게 표 형태만을 유지하는 것이 아니라 표를 응용하여 여러 가지 모양으로 표현이 가능하다. 최근에는 도형을 이용하여 표의 형태로 표현하는 경우가 많다. 먼저, 표를 만드는 방법에 대해 알아보자.

## 7.1 표 삽입하기

슬라이드 5번에서 [그림 3-48]과 같이 [삽입]-[표]를 선택하면 만들고자 하는 표의 열과 행의 개수를 지정할 수 있는 메뉴가 표시된다. 원하는 모양의 표의 행렬 개수에 맞게 마우스로 드래그 하면 슬라이드에 표가 그려진다.

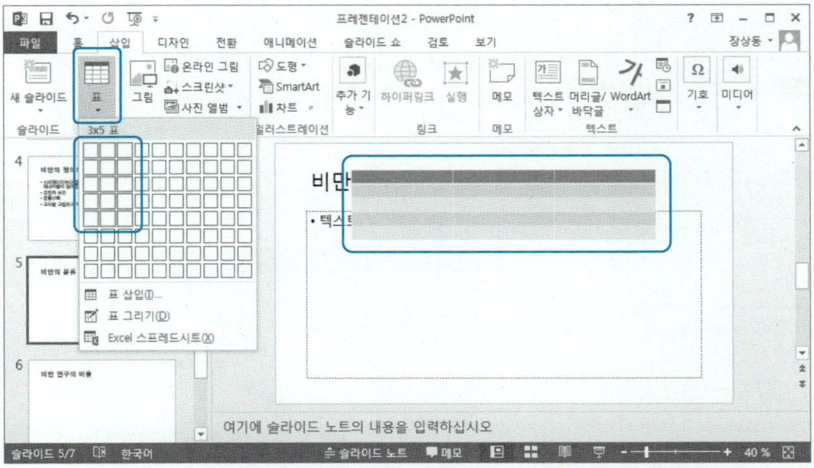


| 그림 3-48 | 표 삽입

## 7.2 표에 텍스트 입력

### 셀에 내용 입력하기

표 안의 각 셀에 내용을 입력할 때는 각 셀을 클릭하거나 Tab 키를 눌러 마우스 포인터를 옆셀로 옮기면서 내용을 입력한다. 〈표 2-1〉을 [그림 3-48]에 있는 슬라이드 5번의 표에 [그림 3-49]와 같이 입력하고 슬라이드 레이아웃을 [제목만]으로 변경하자.

| 표 2-1 | 슬라이드에 삽입할 표의 내용

| 구 분 | | 증 상 |
|---|---|---|
| 형태에 따른 분류 | 사과형 비만 | 지방이 주로 복부에 많이 분포 |
| | 서양배형 비만 | 지방이 엉덩이와 허벅지에 주로 분포 |
| 지방위치에 따른 분류 | 피하지방형 | 지방이 주로 피부 아래의 피하에 저장 |
| | 내장지방형 | 지방이 복강 안쪽 내장 사이에 존재 |

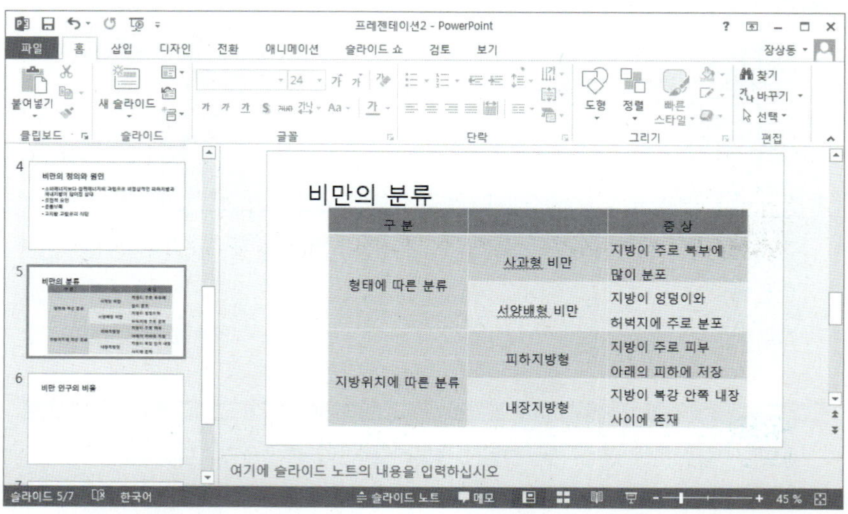


| 그림 3-49 | 표의 내용 삽입 및 [제목만] 레이아웃으로 변경

## 7.3 표 편집

### 1 표 크기 조절

표의 크기가 너무 크거나 너무 작을 때 표의 크기를 전체적으로 조절할 수 있다. 표를 선택한 후 표의 바깥 테두리 부분에 사각형으로 표시되어 있는 [크기 조절 핸들]을 이용하여 표의 크기를 변경한다. 글자의 크기가 표에 꽉 찰 정도로 큰 경우에는 조절이 용이하지 않다. [크기 조절 핸들]을 드래그하여 [그림 3-50]과 같이 적절한 위치와 크기로 변경해보자.

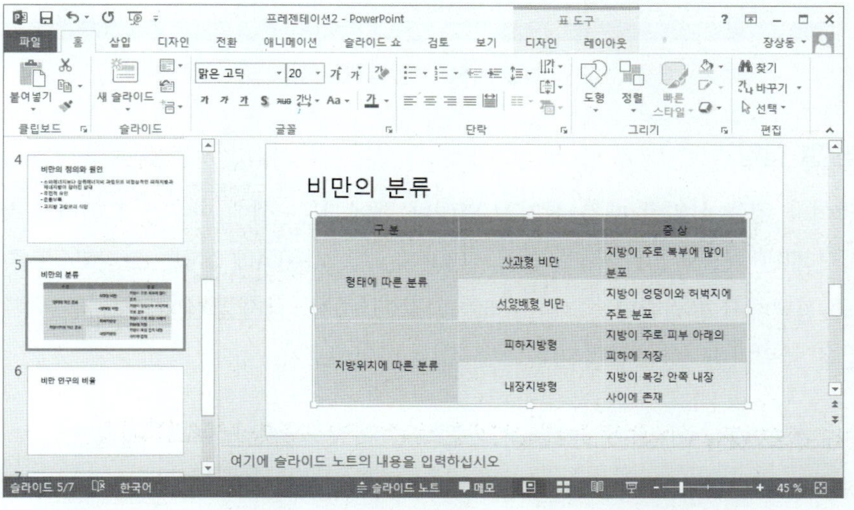


| 그림 3-50 | 표의 위치 및 크기 변경

### 2 행/열 크기 조절하기

열과 열, 행과 행 사이의 구분선을 클릭하여 마우스 커서 모양이 바뀌면, 드래그 하여 셀의 크기를 조절할 수 있다. 열/행의 크기를 줄이더라도 표의 크기는 바뀌지 않기 때문에 인접한 열/행의 크기가 달라진다. 예를 들어, 열/행의 크기를 줄이면 바로 인접한 열/행의 크기가 늘어남으로써 원래 표의 크기를 유지한다. 슬라이드 5번의 표에서 마우스 커서가 [그림 3-51]과 같이 변경되면 열 너비나 높이를 수정할 수 있다. 표의 크기 수정과 함께 첫 번째 열과 두 번째 열의 너비를 줄이고 세 번째 열의 너비를 넓혀 [그림 3-51]과 같이 수정하자.

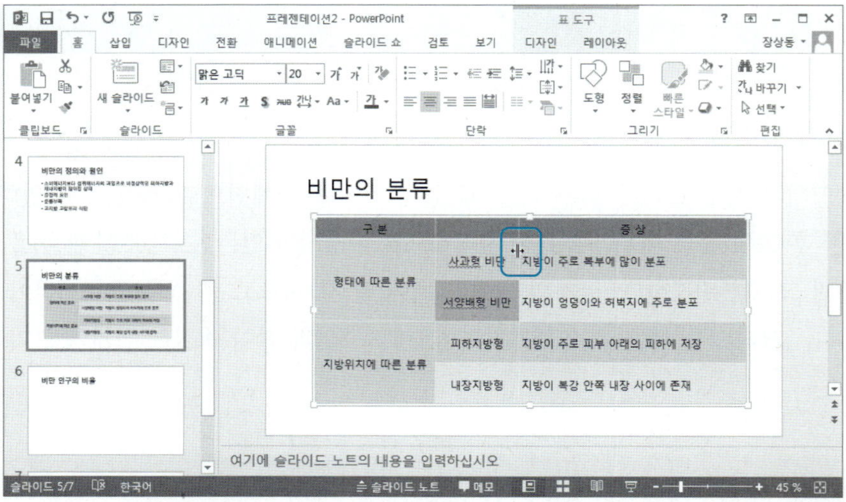

| 그림 3-51 | 열 너비 조정

## 3 행/열 삽입

새 열이나 행을 삽입할 때는 삽입할 열이나 행에 있는 셀에 마우스 포인터를 두고 [표 도구]-[레이아웃]에 있는 [위에 삽입], [아래에 삽입], [왼쪽에 삽입], 그리고 [오른쪽에 삽입] 중 선택해서 클릭한다. [그림 3-52]와 같이 "증상" 글자 뒤에 커서를 두고 [오른쪽에 삽입]을 클릭하면 열이 삽입된다. 오른쪽에 삽입해보자.

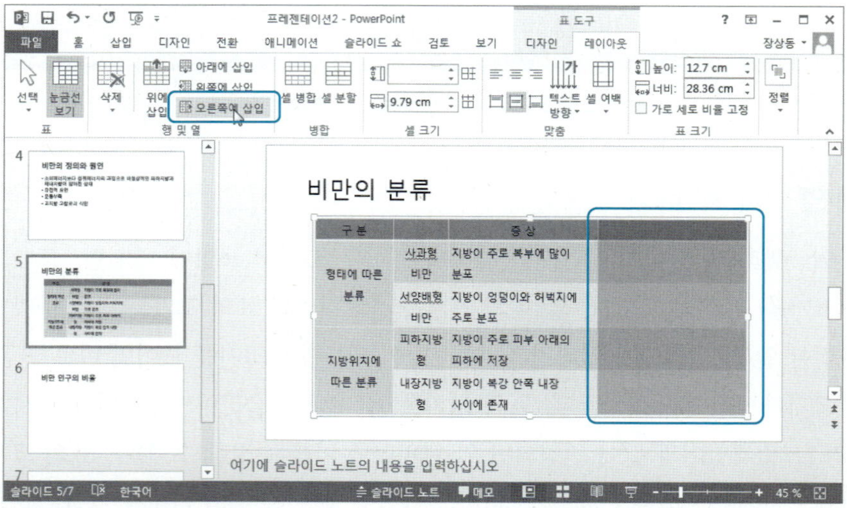

| 그림 3-52 | 열 삽입

## 4 행/열 삭제

열이나 행을 삭제할 때는 삭제할 열이나 행에 있는 셀에 마우스 포인터를 두고 마우스 오른쪽 버튼을 클릭한 뒤 행 삭제나 열 삭제를 선택하거나 [표 도구]–[레이아웃]에 있는 삭제를 클릭한다. 열을 삭제하려면 [열 삭제]를, 행을 삭제하려면 [행 삭제]를 클릭한다. [그림 3–53]은 [그림 3–52]에서 추가된 마지막 열에 커서를 위치시켜 열을 삭제한 결과를 나타낸다. 열을 삭제하고 나면 표의 크기가 열 크기만큼 줄어들기 때문에 표 크기를 다시 수정해 주어야 한다.

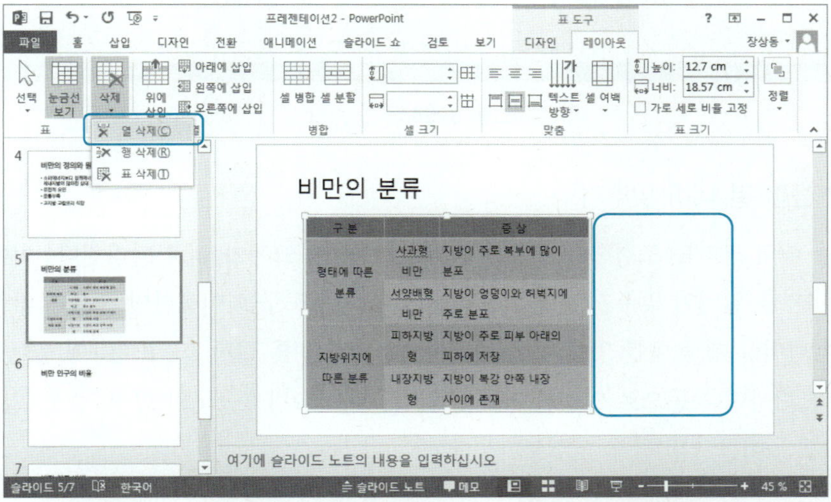


| 그림 3–53 | 열 삭제

## 5 셀 병합

셀 병합이란 둘 이상의 셀을 하나의 셀로 합치는 것을 말한다. [그림 3–54]와 같이 병합할 셀 영역을 선택한 후 [표 도구]–[레이아웃]–[병합]에 있는 [셀 병합]을 클릭하면 두 개의 셀이 하나로 병합된다. 슬라이드 5번의 표에서 병합이 필요한 부분을 모두 수정하자.

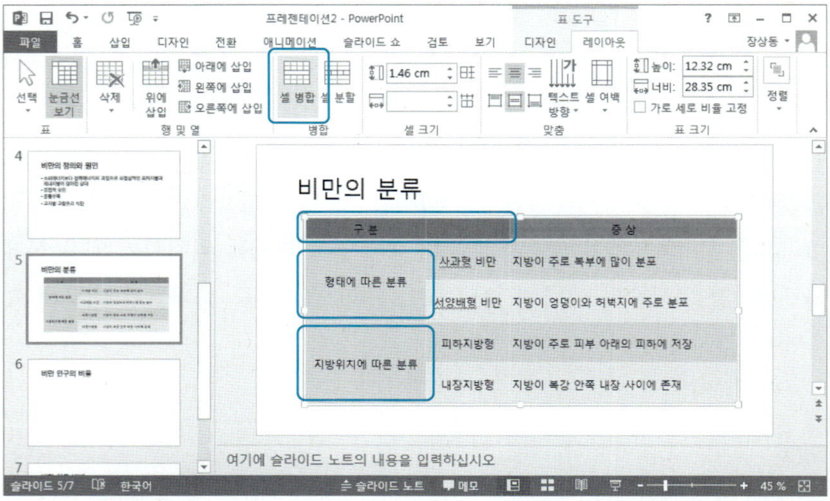


| 그림 3-54 | 셀 병합

## 6 행 높이/열 너비 맞추기

열이나 행의 크기를 조절하다보면 표 안에 있는 셀의 크기가 서로 달라진다. 이럴 때 각 셀의 크기를 일일이 맞추기는 매우 어려운 일이지만 도구를 이용하면 손쉽게 맞출 수 있다. 열 너비나 행 높이를 맞출 셀을 지정한 후 [열 너비를 같게] 또는 [행 높이를 같게] 를 클릭하면 자동으로 일정한 크기로 맞춰준다. [그림 3-55]와 같이 '증상' 열을 선택해서 행 높이를 일정하게 맞춰보자.

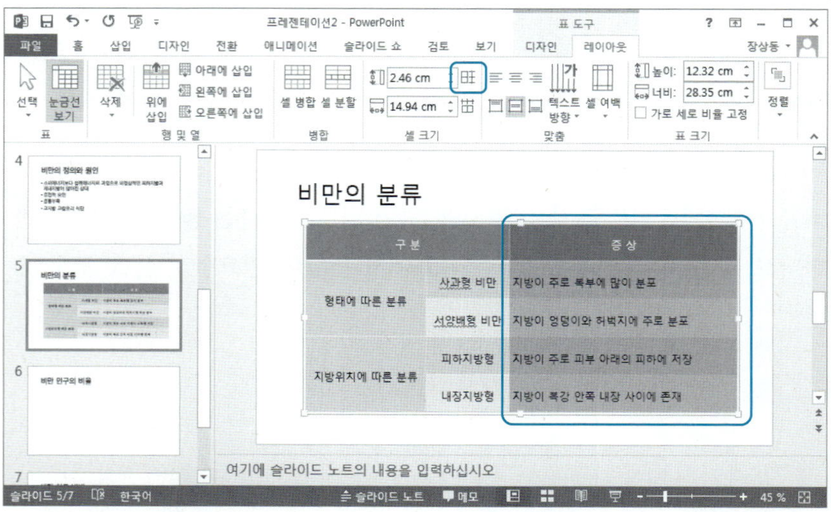


| 그림 3-55 | '증상' 열에 [행 높이를 같게]를 지정한 결과

## 7 내용 정렬

셀 안에 텍스트를 입력하면 기본으로 왼쪽 맞춤과 위쪽 맞춤을 기준으로 텍스트가 정렬되기 때문에 전체 모양에 어울리게, 입력한 텍스트에 맞게 텍스트를 다시 정렬해야 한다. 일반적으로 표제 항목은 가운데 맞춤 정렬, 표 본문은 가운데나 왼쪽 맞춤 정렬, 표 전체는 세로 가운데 맞춤 정렬한다. 텍스트를 정렬하려면 정렬하고자 하는 셀을 선택하고 [홈]–[단락]에서 나 에서 원하는 정렬방법을 클릭한다. [표 도구]–[레이아웃]–[맞춤]에 표시된 명령 아이콘을 이용하여 [그림 3–56]의 표와 같이 셀의 크기 조절과 함께 다양한 정렬을 수행하자.

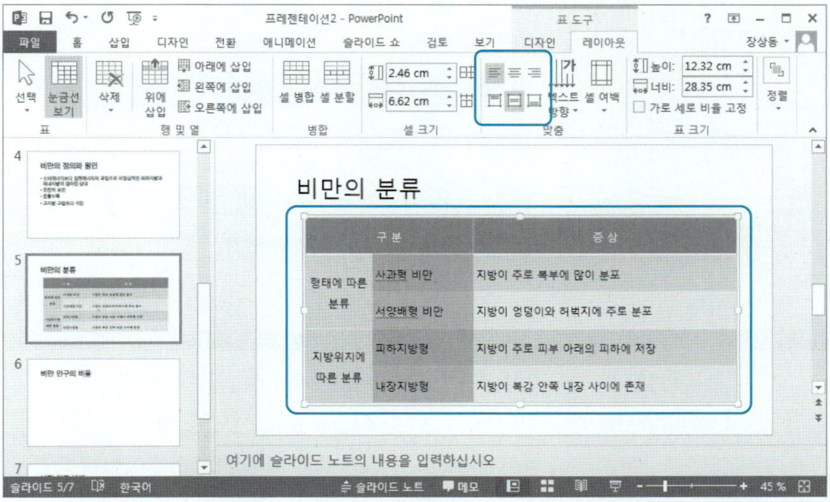


| 그림 3–56 | 셀의 크기 및 표 내용의 정렬

## 8 표 스타일

작성한 표는 도형처럼 테두리나 여러 가지 효과를 줄 수 있고, 기본 설정된 표 스타일 외에도 다양한 형태의 표를 만들 수 있다. [표 도구]-[디자인]탭을 이용하면 미리 정의되어 있는 표 스타일을 이용하여 멋진 표를 빠르게 꾸밀 수 있다. 표를 선택한 후 [그림 3-57]과 같이 [표 도구]-[디자인]-[표 스타일]에서 '보통 스타일1-강조6'을 선택해 보자.

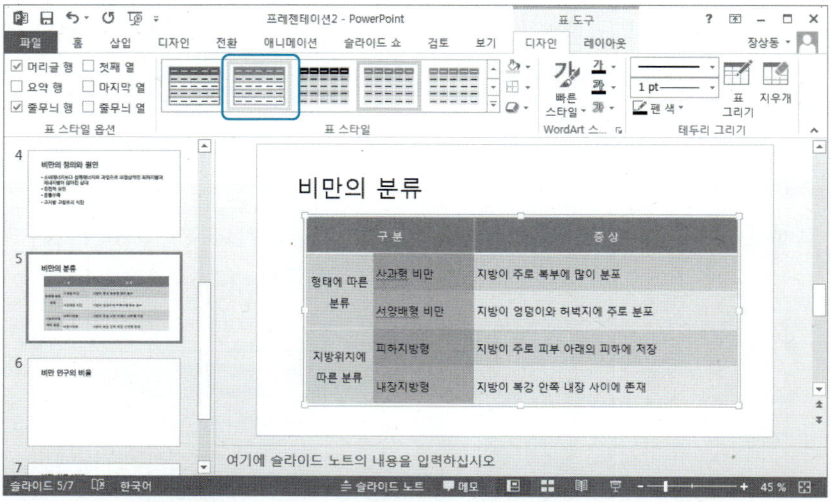


| 그림 3-57 | '보통 스타일1 - 강조6' 표 스타일 적용

# 08 차트 만들기

파워포인트에서는 차트를 이용하여 데이터의 현황 등을 시각적으로 화려하게 표현할 수 있다. 표로 작성된 수치 데이터를 보다 효율적으로 한 눈에 파악할 수 있도록 그림으로 표현하는 차트는 우리가 일반적으로 말하는 '그래프' 개념을 생각하면 된다.

## 8.1 차트 삽입하기

차트를 만들려면 차트를 구성할 수치 데이터가 있어야 하는데 이 데이터는 주로 엑셀 시트로 구성되어 있는 경우가 많다. 파워포인트 2013에서는 차트를 작성하는 과정의 두 번째 단계에서 엑셀 워크시트에 데이터를 입력할 수 있도록 엑셀 프로그램과 연동된다. 파워포인트의 엑셀 프로그램 창이 실행되면 해당 데이터 영역에 데이터를 직접 입력하거나 다른 엑셀 시트의 데이터를 복사하여 차트 영역에 붙여넣기로 차트를 작성한다.

차트 삽입은 [삽입]-[차트] 메뉴를 이용하는 방법 외에 [홈]-[슬라이드]-[레이아웃] 작업 창에서 [제목 및 내용] 레이아웃을 선택하여 차트 삽입 아이콘( )을 클릭하는 방법이 있다. 먼저 [제목 및 내용]레이아웃의 새 슬라이드를 [그림 3-58]과 같이 추가하고 제목에 "비만 인구의 비율"을 입력한다.

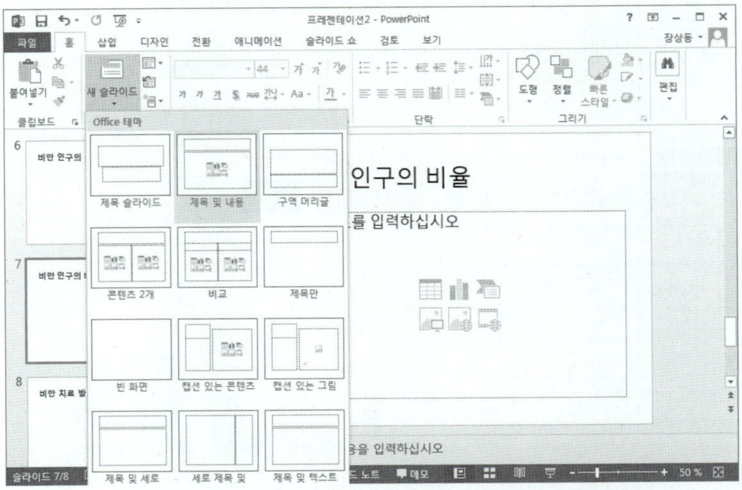


| 그림 3-58 | [제목 및 내용] 슬라이드 추가

슬라이드 한 가운데에 나타난 [차트 삽입] 아이콘을 클릭하면 [그림 3-59]와 같이 [차트 삽입] 대화상자가 나타난다.

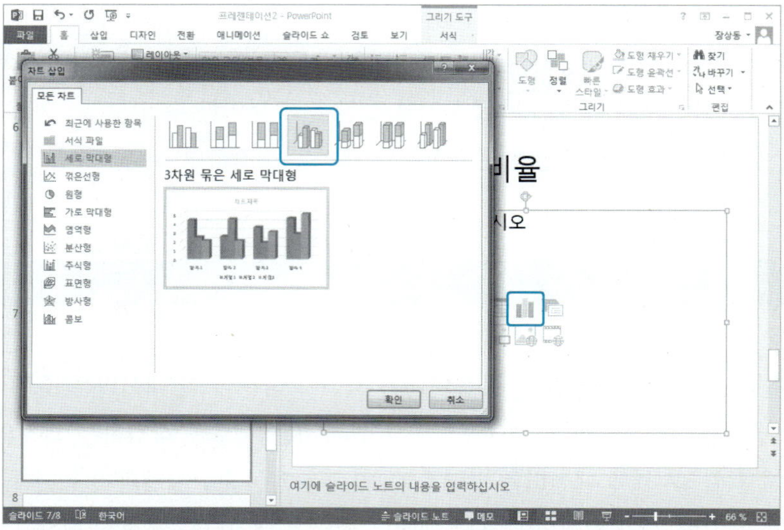


| 그림 3-59 | 차트 삽입

[차트 삽입] 대화상자가 나타나면 묶은 세로막대형이 기본 차트로 설정되어 있으나 여기서는 [그림 3-59]와 같이 '3차원 묶은 세로 막대형'을 선택하고 [확인] 버튼을 클릭한다. 차트 종류를 선택하고 나면, 데이터를 입력할 수 있도록 엑셀 2013 프로그램이 실행된다. [그림 3-60]의 왼쪽에 있는 파란실선 영역이 차트 데이터 범위이며, 파란색 데이터 영역의 끝점을 마우스 드래그로 조절하여 입력할 항목의 개수와 데이터의 개수를 조절한다. 마지막 합계 필드는 검산을 위해 sum()함수를 이용하여 계산한 결과이다.

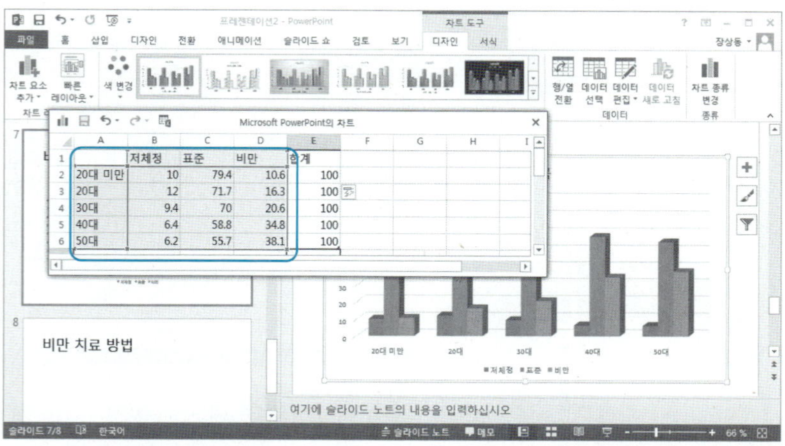


| 그림 3-60 | 차트에 필요한 데이터 입력

[그림 3-60]과 같이 입력한 후 파랑색 라인이 표시된 범위(A1:D6)를 가리키도록 영역을 변경한 뒤 엑셀을 종료하면 [그림 3-61]과 같이 차트가 완성된다.

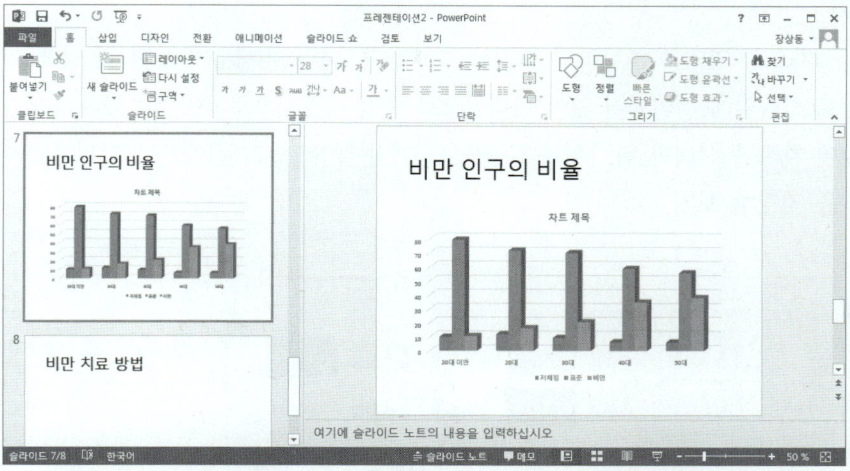


| 그림 3-61 | 차트가 삽입된 결과

## 8.2 차트 편집하기

### 1 빠른 차트 스타일 변경

삽입된 차트의 영역을 클릭하면 편집상태가 된다. 다양한 채우기 효과 및 입체효과가 빠른 차트 스타일에 정의되어 있어 선택만으로 멋진 디자인으로 꾸밀 수 있다. [그림 3-62]와 같이 차트를 선택한 뒤, [차트 도구]-[디자인]-[차트 스타일]에서 삽입된 차트에 '스타일 7'을 지정해 보자.

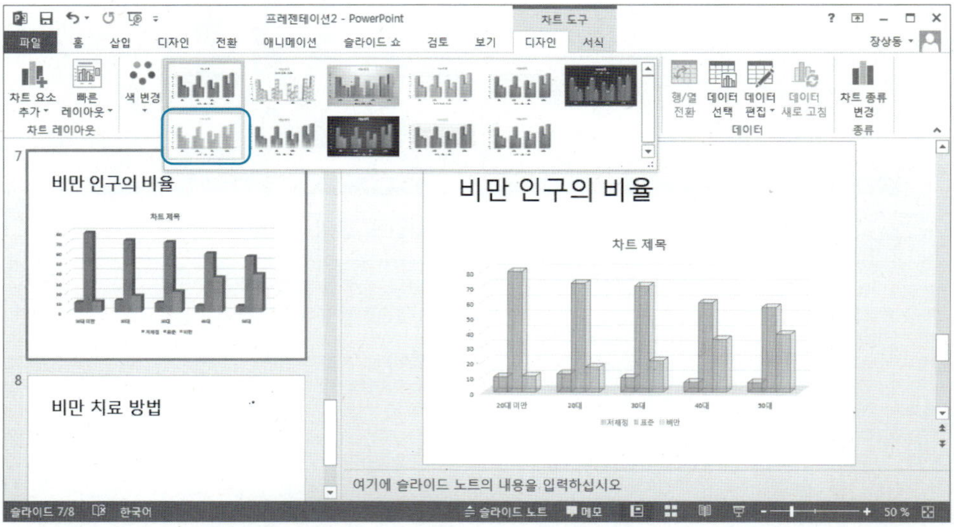


| 그림 3-62 | 차트 [스타일 7]의 적용

## 2 차트의 빠른 레이아웃 변경

차트를 삽입하면 그림 영역과 범례만 표시되나 일반적으로 사용되는 차트 레이아웃이 미리 정의되어 있어 차트에 구성요소를 간단히 추가하고 배치할 수 있다. 차트 종류에 따라 제공되는 차트 레이아웃이 조금씩 다르며 [차트 도구]-[디자인]-[차트 레이아웃]-[빠른 레이아웃]에서 차트 레이아웃을 변경한다. [그림 3-63]와 같이 차트 [레이아웃 4]를 선택해보자.

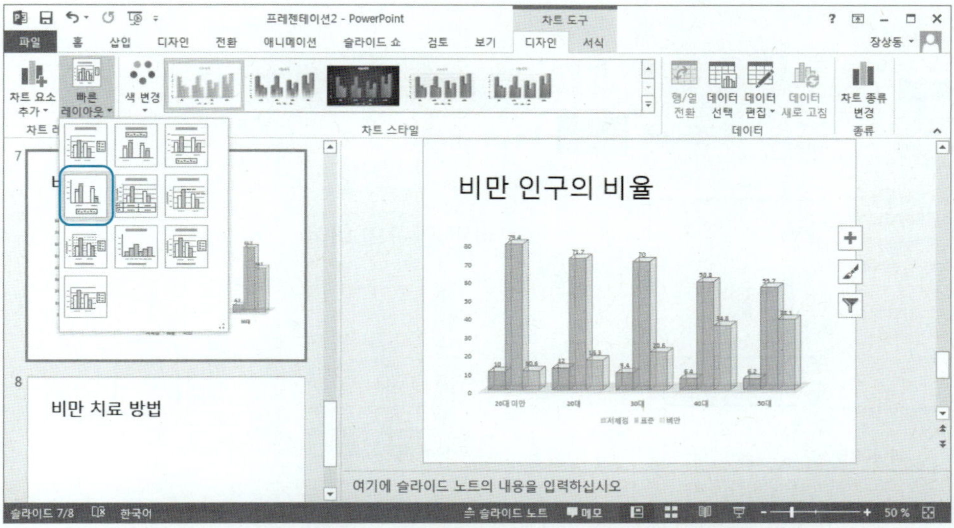


| 그림 3-63 | 차트 [레이아웃 4]의 적용

## 3 차트 요소 변경

차트에는 다양한 구성 요소들이 존재한다. 빠른 차트 레이아웃을 이용하여 간단히 차트의 레이아웃을 구성할 수 있지만 [차트 도구]-[차트 요소 추가]를 이용하여 사용자가 직접 차트의 구성 요소를 추가 및 제거하거나 위치를 자유롭게 변경하는 등의 편집을 수행하여 원하는 레이아웃의 차트로 꾸밀 수 있다.

[그림 3-64]와 같이 차트를 선택하고 [오른쪽에 범례 표시]를 클릭하여 범례의 위치를 오른쪽으로 변경해 보자.

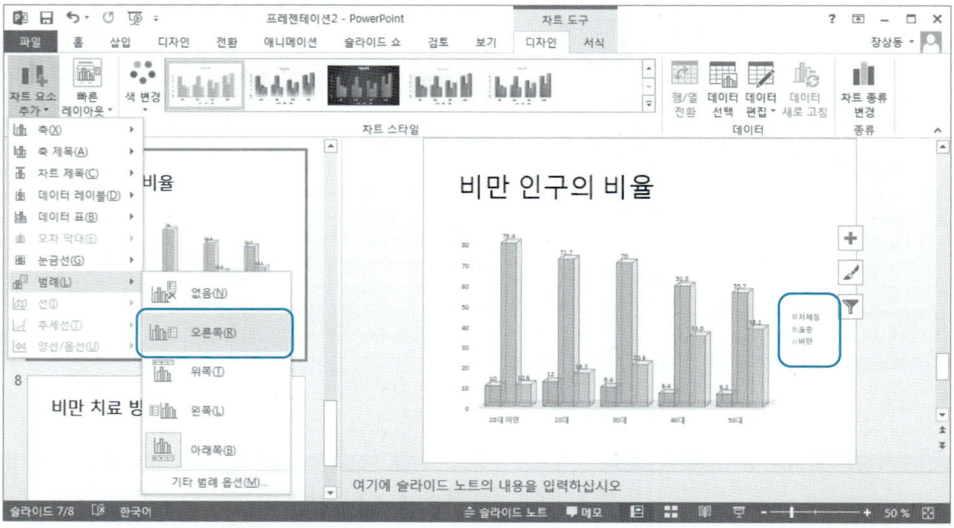


| 그림 3-64 | 범례의 위치 변경

범례의 위치가 변경되었다면, [그림 3-65]에 표시된 메뉴를 순서대로 선택하여 텍스트 상자가 나타나도록 한다. 차트의 [기본 가로] 축 제목은 “연령”, [기본 세로] 축 제목은 “비율”이라고 입력하면 슬라이드 7의 차트에 표시된 부분과 같은 결과가 나타난다. 기타 자세한 차트의 편집은 엑셀을 참고하면 된다.

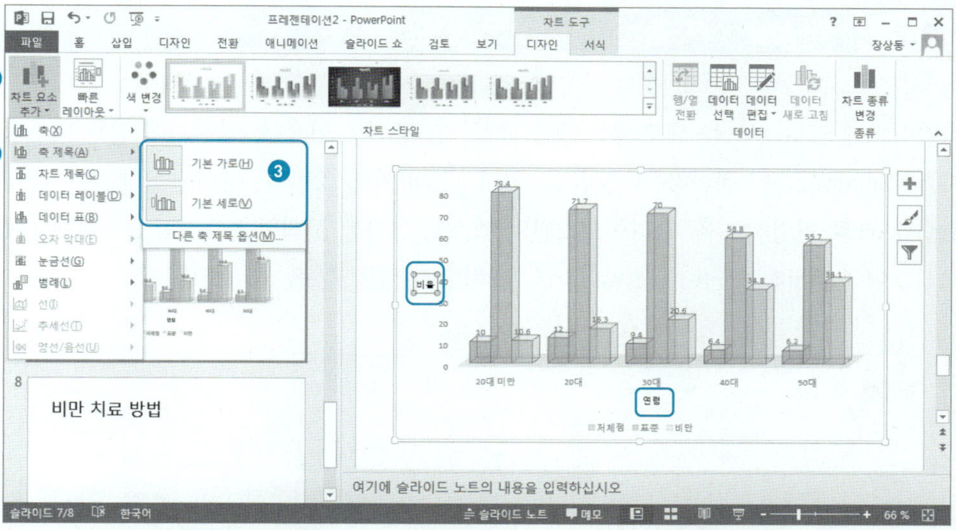


| 그림 3-65 | 기본 가로 및 기본 세로 축 제목 설정

# 09 스마트아트 그래픽 개체

스마트아트는 필요한 내용을 그래픽이나 도표로 전달하는 것으로 전체적인 내용을 한눈에 볼 수 있기 때문에 텍스트보다 훨씬 강한 인상을 전달할 수 있다. 흔히 그래픽 요소라고 하면 포토샵이나 일러스트레이터와 같은 전문 프로그램으로 만들어 슬라이드에 삽입해 사용하는 경우가 많다. 그래서 포토샵 등에 익숙하지 않으면 그래픽을 사용하기가 어려웠다. 하지만 파워포인트 2013에 있는 '스마트아트' 기능을 사용하면 누구나 쉽게 그래픽과 도식을 삽입하고 수정할 수 있다.

## 9.1 SmartArt 그래픽 개체 삽입하기

SmartArt는 [삽입]–[일러스트레이션]–[SmartArt]를 이용해 삽입한다. 새로 추가한 슬라이드의 레이아웃에 따라 [그림 3-58]의 [제목 및 내용] 레이아웃과 같이 슬라이드의 한가운데 있는 SmartArt 삽입 아이콘( )을 클릭하여 삽입하는 방법이 있다.

## 9.2 텍스트 상자를 SmartArt로 변환

슬라이드에 SmartArt를 새로 추가하여 삽입하는 방법도 있으나, 작성되어 있는 텍스트 상자를 SmartArt로 변환하는 방법도 있다. 슬라이드 2번에 작성된 [텍스트 상자]를 SmartArt로 변경해보자. 슬라이드 2번의 텍스트 상자를 선택한 후 [그림 3-66]에 사각형 표시되어 있는 [홈]-[단락]-[SmartArt 그래픽으로변환] 을 클릭한다.

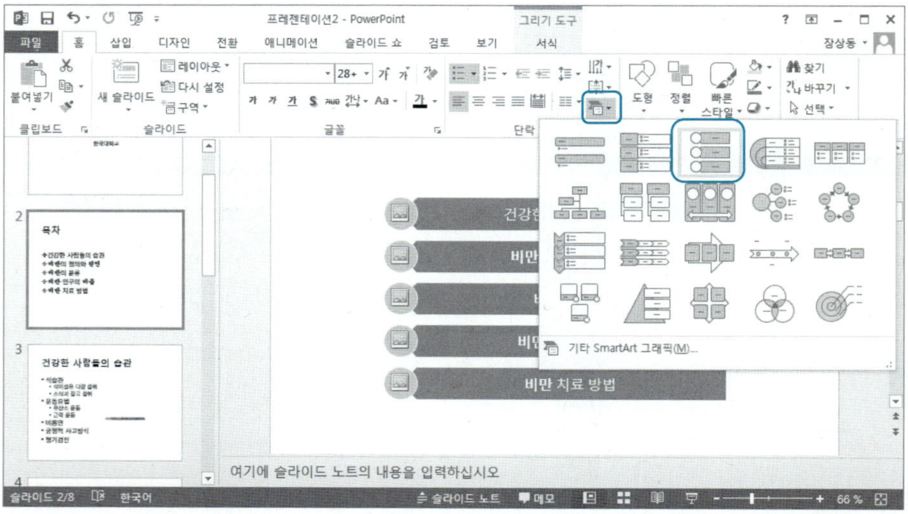

| 그림 3-66 | 텍스트 상자를 SmartArt로 변환

SmartArt 갤러리가 나타나면, [그림 3-66]과 같이 '세로 그림 강조 목록형'을 선택한다. 다른 형태를 선택하고 싶은 경우, [기타 SmartArt 그래픽]을 클릭하여 [SmartArt 그래픽 선택] 대화상자가 나타나면 원하는 형태를 선택한다.

## 9.3 SmartArt 그래픽 개체 편집

### 1 도형 추가 및 삭제

SmartArt 그래픽은 여러 개의 도형으로 이루어져 있다. 하지만 내용에 따라 도형이 더 필요할 경우도 있고, 남는 경우도 있다. 도형을 추가 또는 제거해야 할 때는 [그림 3-67]에 표시된 텍스트 입력 상자를 편집한다. 개요와 유사하게 [Tab] 또는 [Shift]+[Tab] 키를 이용하여 수준을 조절할 수 있다.

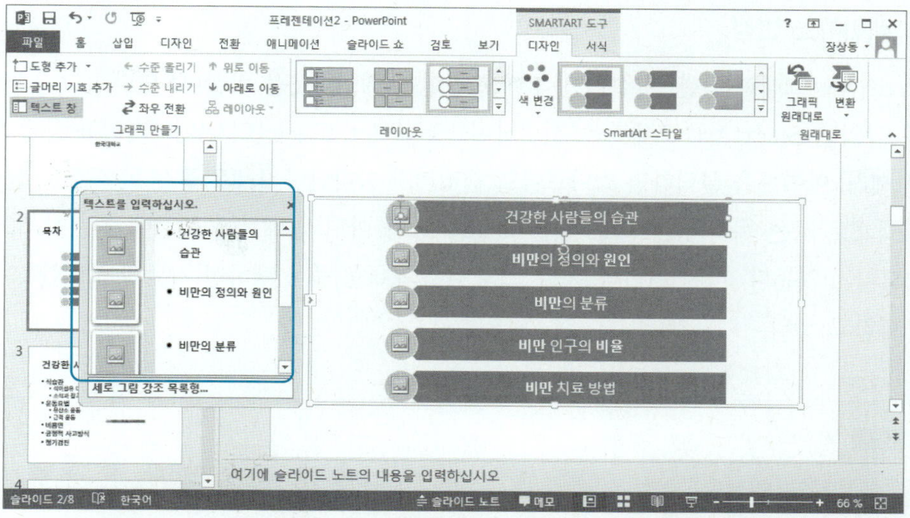


| 그림 3-67 | 텍스트 입력 상자

## 2 SmartArt 그래픽에 그림 추가

그림 아이콘이 있는 SmartArt 그래픽의 경우 그림 아이콘을 클릭하면 원하는 그림을 삽입할 수 있다. [그림 3-68]과 같이 [그림 삽입] 대화상자가 나타난다. [그림 삽입] 대화상자를 이용해서 임의의 그림을 설정하면 SmartArt 그래픽에 그림이 추가된다. 모든 SmartArt 그래픽의 그림 아이콘에 임의의 그림을 삽입하자.

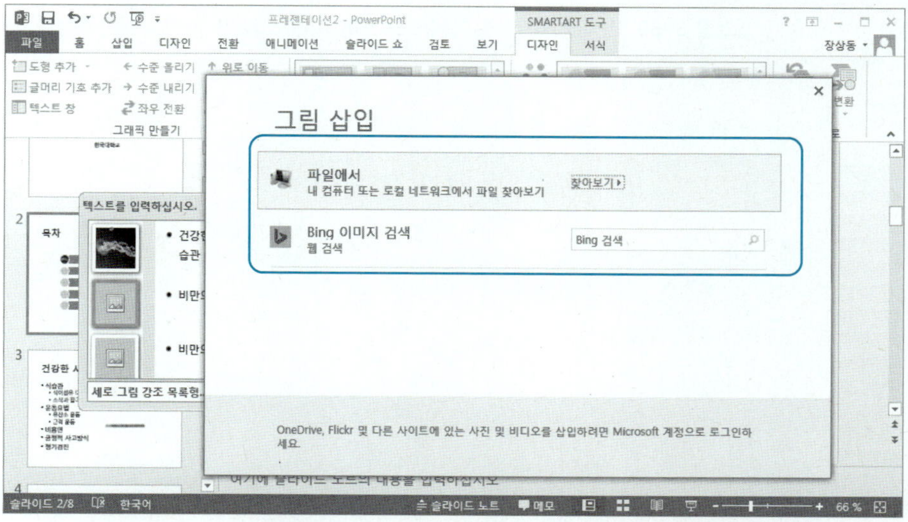


| 그림 3-68 | SmartArt 그래픽에 그림 삽입

## 3 레이아웃 변경

SmartArt 그래픽을 한 번 삽입한 후에도 간단히 레이아웃을 바꿀 수 있다. [그림 3-69]에 삽입된 SmartArt 그래픽을 선택하여 [SmartArt 도구]-[디자인]-[레이아웃]에 있는 [자세히] 아이콘을 클릭하면 스마트아트 갤러리가 나타난다. [세로 곡선 목록형]을 선택하자. [세로 곡선 목록형]은 그림 있는 SmartArt가 아니기 때문에 기존에 지정한 그림은 나타나지 않는다. 다시 이전의 [세로 그림 강조 목록형]을 선택하면 기존의 삽입한 그림을 포함하고 있다.

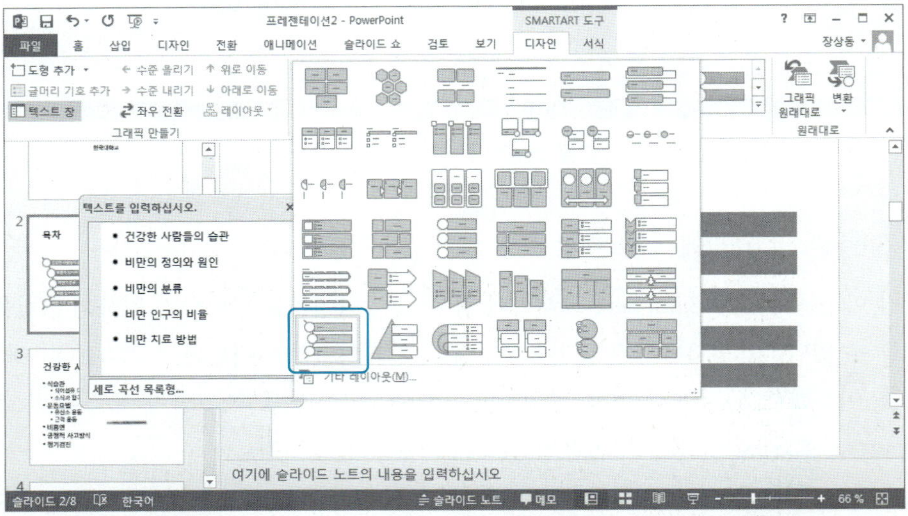


| 그림 3-69 | [세로 곡선 목록형]으로 SmartArt 그래픽 변경

## 4 스타일 적용

SmartArt 스타일은 자주 사용하는 스타일을 스마트아트 그래픽에 쉽게 적용하는 기능이다. SmartArt 그래픽 안의 각 도형의 스타일을 따로 지정할 수도 있지만, SmartArt 스타일을 이용하여 SmartArt 그래픽 전체에 동일한 스타일을 적용할 수 있다.

SmartArt 그래픽을 선택한 후 [SmartArt 도구]-[디자인]-[SmartArt 스타일]에 있는 [자세히] 아이콘을 클릭하면 [그림 3-70]과 같이 현재 선택된 스마트아트 그래픽에 적용할 수 있는 스타일이 실시간 미리보기 된다. 여기서는 [3차원]-[만화] 스타일을 선택해보자.

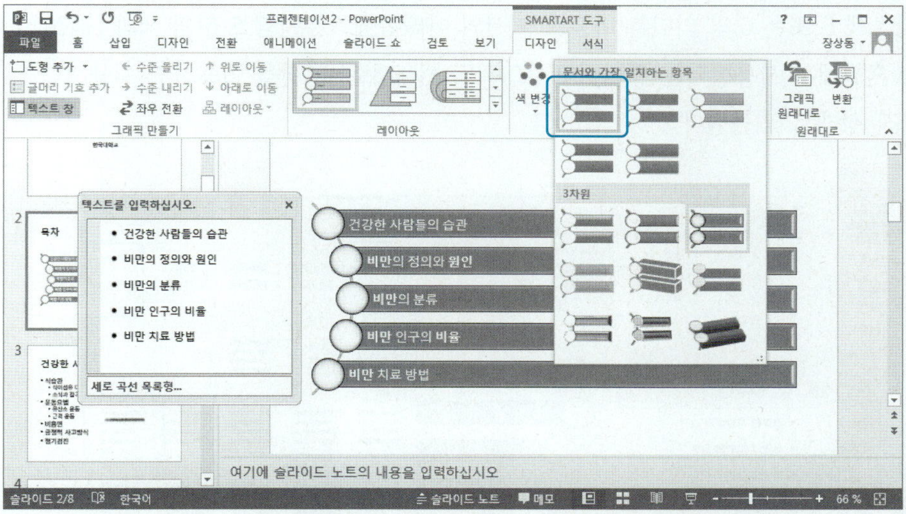


| 그림 3-70 | [3차원]-[만화] 스타일 적용

## 5 색 변경

SmartArt의 색변경 기능을 사용하면 슬라이드의 테마 색을 SmartArt 그래픽에도 적용할 수 있다. 테마 색을 SmartArt에 적용했을 경우 슬라이드의 테마 색을 바꾸면 스마트아트 색도 함께 변경된다.

SmartArt 그래픽을 선택한 후 [색변경] 명령을 클릭하면 [그림 3-71]과 같이 현재 테마에 어울리는 색이 나타나고 마우스 포인터를 위치시키면 실시간 미리보기가 된다. SmartArt 그래픽의 각 도형마다 서로 다른 색을 적용할 수 있고, 테마 색들을 기본으로 그라데이션을 적용할 수도 있다. 여기서는 [색상형 범위-강조색 5 또는 6]을 선택해보자. '강조색 5 또는 6'의 의미는 마우스 커서의 아래쪽에 있는 [강조 5]의 색과 [강조 6]의 색을 혼합해서 사용한다는 의미이다. [그래픽 원래대로] 명령을 이용하면 적용시킨 서식을 이전 상태로 되돌린다.

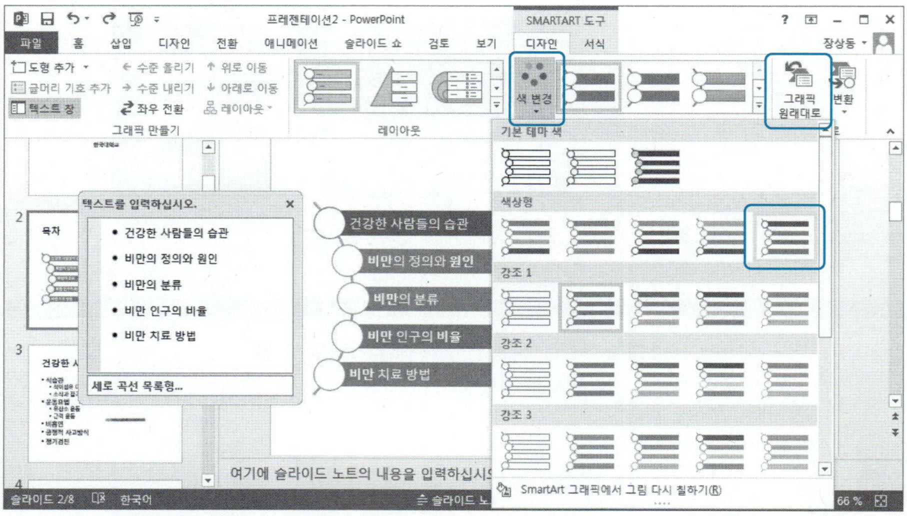


| 그림 3-71 | [색상형 범위 – 강조색 5 또는 6]의 적용

## 6 수준 적용

SmartArt 그래픽 중에는 개요 수준이 적용된 개체가 있다. 개요 수준에 따라 글자의 크기나 모양이 달라진다. 슬라이드 3번에 있는 글머리 기호 목록 상자를 선택한 뒤 [세로 블록 목록형]을 선택하면 [그림 3-72]와 같이 수준 1과 수준 2의 내용이 다르게 나타난다.

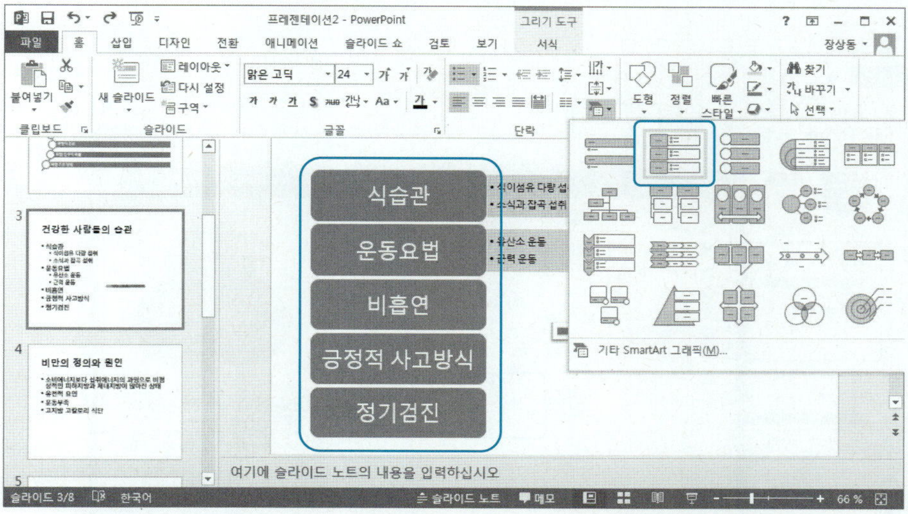


| 그림 3-72 | 개요 수준이 적용되는 [세로 블록 목록형] SmartArt

변경된 [세로 블록 목록형] SmartArt를 선택하고 [그림 3-73]에 표시된 영역과 같이 "마음 가짐"을 한 줄 추가하고 "긍정적 사고방식"의 맨 왼쪽에 [Tab] 키를 입력하여 한 수준 내리면 SmartArt 그래픽에 변경된 내용이 수준별로 바로 적용된다.

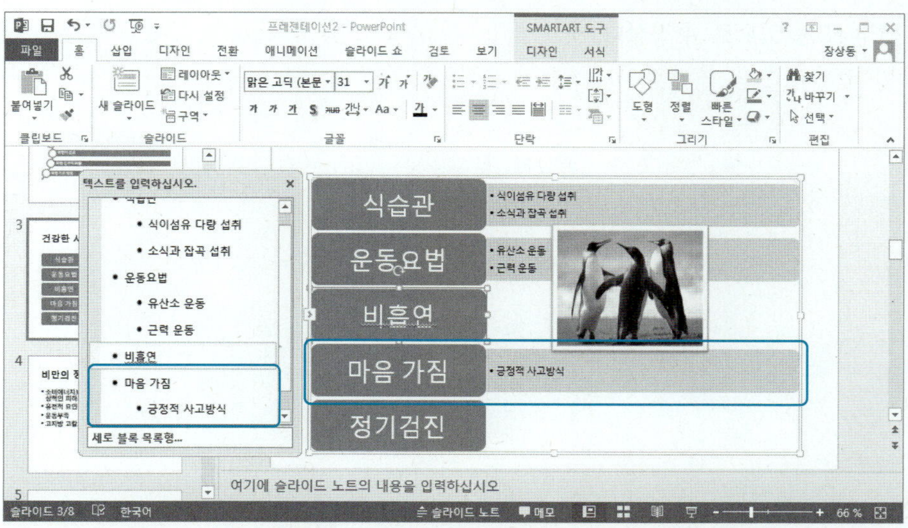


| 그림 3-73 | 내용 추가 및 수준 변경

## 7 SmartArt 그래픽의 응용

슬라이드에 SmartArt를 새로 추가하여 삽입하는 방법과 SmartArt에서 작업된 도형을 활용하는 방법을 살펴보자. SmartArt 그래픽을 이용하여 원하는 도형의 색이나 스타일을 적용 후 기본 도형으로 사용하면 그래픽 작업이 용이하다. [그림 3-74]의 슬라이드 4번에 [삽입]-[일러스트레이션]-[SmartArt]를 이용하여 [관계형]의 [기본 벤형]을 삽입하자.

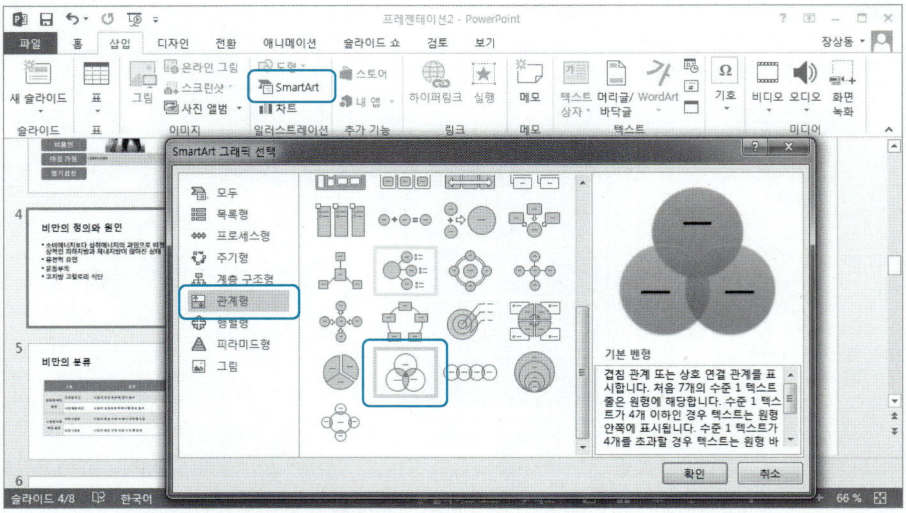


| 그림 3-74 | [관계형]의 [기본 벤형] SmartArt의 삽입

글머리 기호 목록의 두 번째 목록 “유전적 요인”부터 4번째 목록 “고지방 고칼로리 식단”을 잘라내기 하여 [그림 3-75]의 표시된 영역에 붙여넣기 한다. [SmartArt 도구]-[디자인]-[SmartArt 스타일]에서 [3차원]에 있는 [광택처리]로 지정하고 색은 [색상형 범위-강조색 4 또는 5]으로 수정한다.

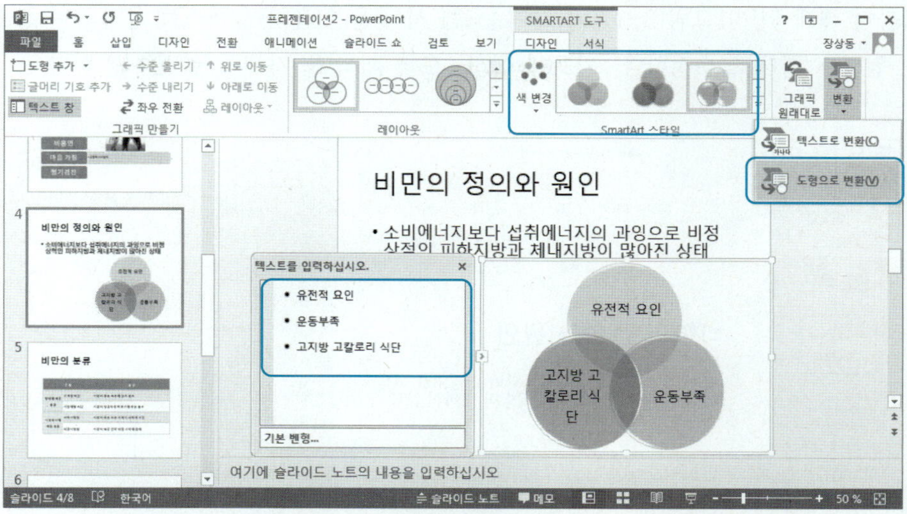


| 그림 3-75 | SmartArt 편집 후 도형으로 변환하기

[SmartArt 도구]-[디자인]-[원래대로]-[변환]-[도형으로 변환] 명령을 클릭하면 [그림 3-76]과 같이 [SmartArt 도구] 탭이 사라지고 [그리기 도구] 탭이 나타나면서 도형으로 변환된다. 도형이 그룹으로 묶여 있어서 개별적이 도형으로 사용하고자 하는 경우에는 [그림 3-76]과 같이 그룹을 해제 한다.

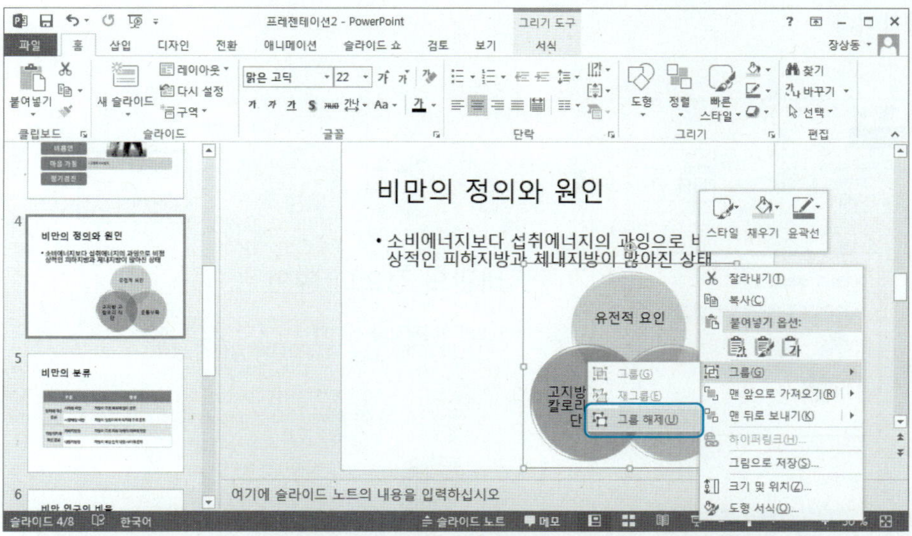


| 그림 3-76 | 도형 그룹 해제

그룹이 해제 되면 [그림 3-77]과 같이 [도형 서식]을 이용하여 텍스트 상자의 속성 옵션을 원하는 형태로 수정한다. 기호에 따라 [도형 서식]을 자세히 설정하면 된다.

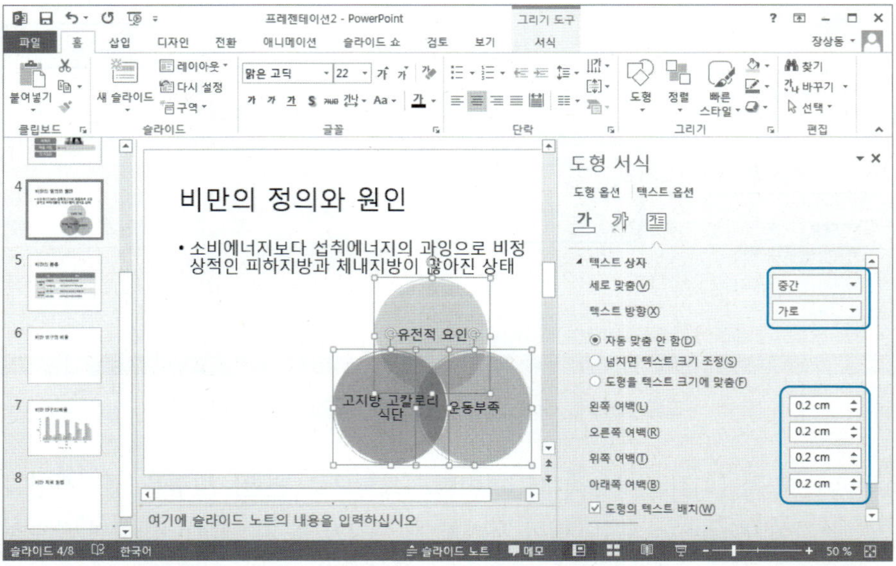


| 그림 3-77 | 텍스트 상자 옵션 수정

[그림 3-78]은 도형을 슬라이드에 적절히 배치하고 도형의 높이와 너비를 4cm로 수정한 결과이다.

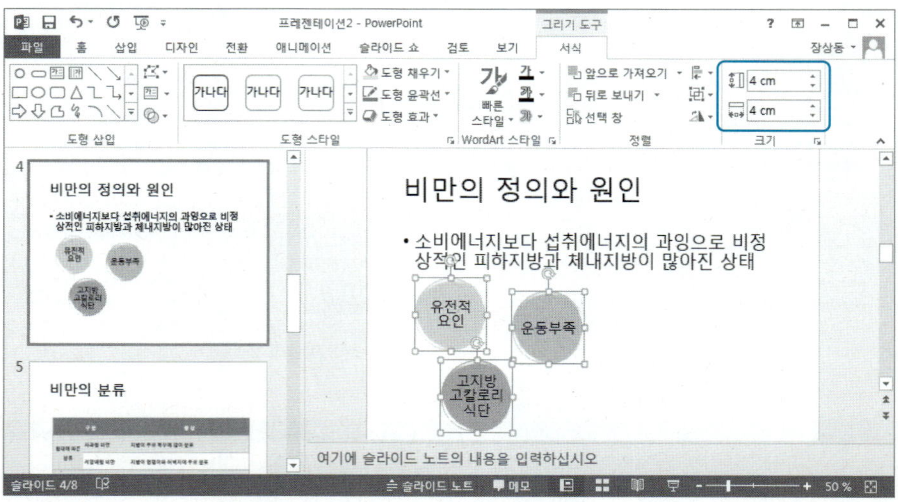


| 그림 3-78 | 도형의 크기 및 위치 수정

도형 중에 하나를 [그림 3-79]와 같이 [기본 도형으로 설정]하자.

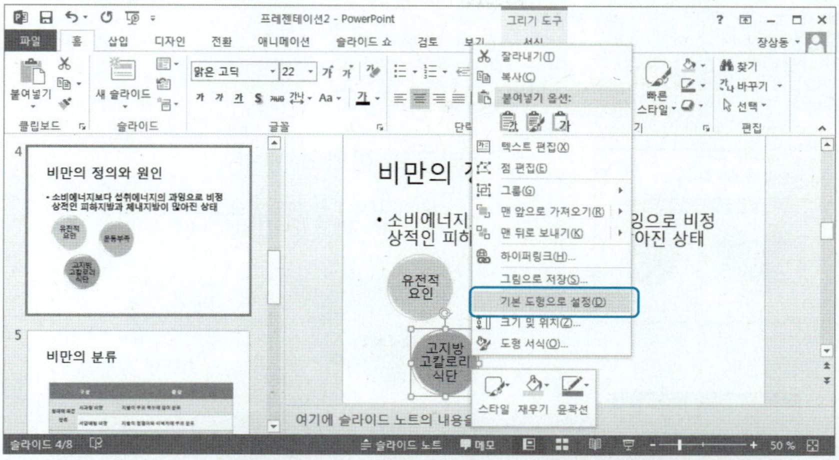


| 그림 3-79 | 기본 도형으로 설정

기본 도형으로 설정하면 삽입하는 모든 도형에 기본 도형으로 지정한 도형의 서식이 적용된다. 즉, 도형을 추가하면 도형의 서식이 적용된 상태에서 추가된다. 슬라이드 4번에 [오른쪽 화살표]를 추가하여 [연한 파랑]으로 지정하고, [타원]을 추가하여 너비를 6cm, 높이를 6cm, '비만'을 텍스트로, 도형 채우기 색을 빨강으로 설정한 후 [그림 3-80]과 같이 배치하자.

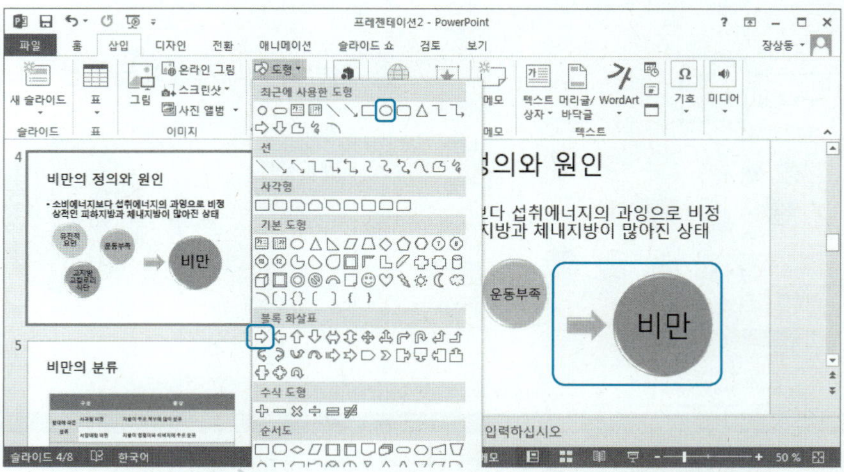


| 그림 3-80 | 새로운 서식이 적용된 기본 도형 추가하기

[그림 3-81]과 같이 [타원]을 추가하여 회전시키자

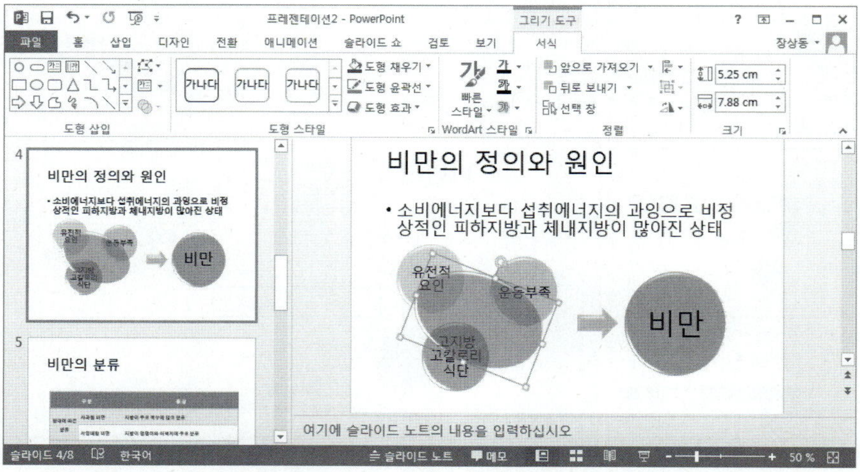


| **그림 3-81** | [타원] 추가 및 회전

[그림 3-82]와 같이 [도형 효과]는 [기본 설정]-[없음], [도형 채우기]는 [채우기 없음], [도형 윤곽선]은 [대시]-[파선], [정렬]-[맨 뒤로 보내기]로 설정하면 [그림 3-82]와 같은 결과가 나타난다. [도형 효과]를 [없음]으로 설정하면 적용되었던 기본 도형의 서식이 제거된다.

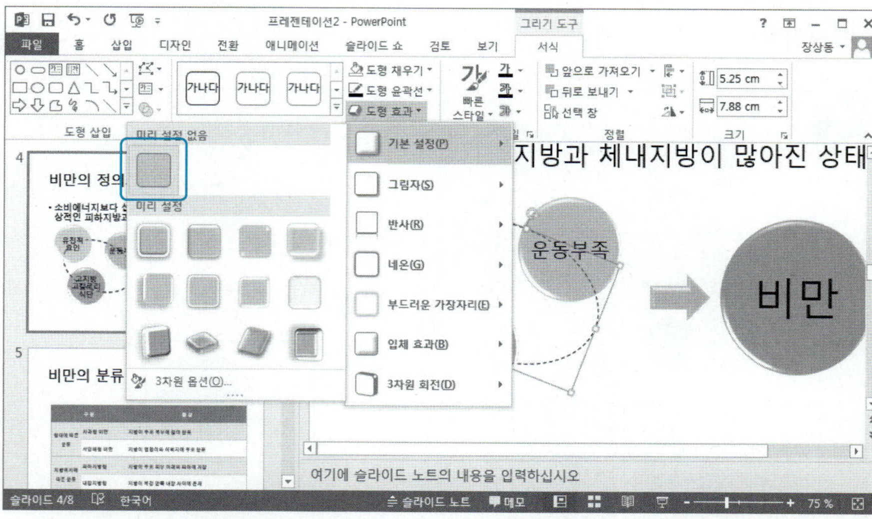


| **그림 3-82** | [도형 효과]를 [없음]으로 변경하고 도형 편집하기

맨 뒤로 보낸 도형이 가려지지 않는 경우는 그 도형의 앞쪽에 있는 도형에 투명도가 적용되어 있기 때문이다. 투명도를 "0"으로 설정하면 뒤에 있는 도형의 윤곽이 비쳐 보이지 않는다. 도형을 선택한 뒤 마우스 오른쪽을 클릭하여 [도형 서식]창을 띄운 후, [그림 3-83]과 같이 [도형 서식] 창에서 투명도를 "0"으로 설정하면 비쳐 보이던 파선이 더 이상 나타나지 않는다.

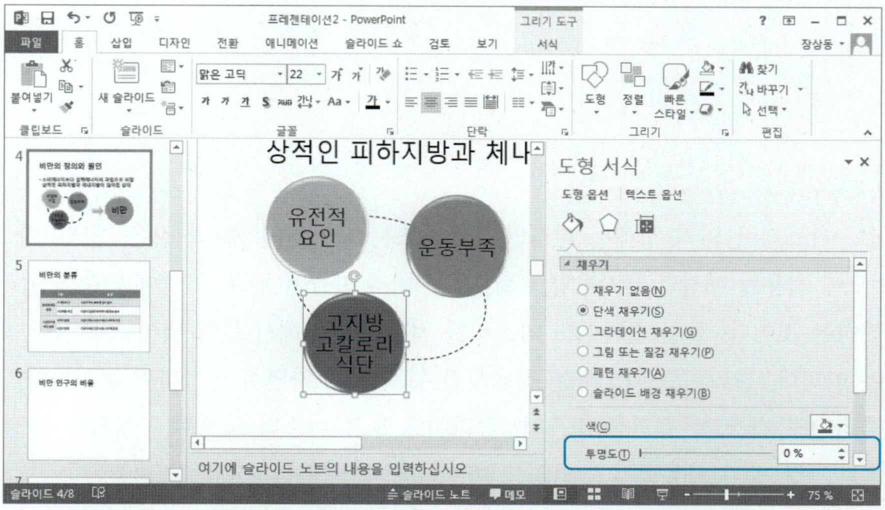


| 그림 3-82 | 투명도 설정하기

마지막으로 불필요한 슬라이드 6번은 제거하자.

Chapter 04

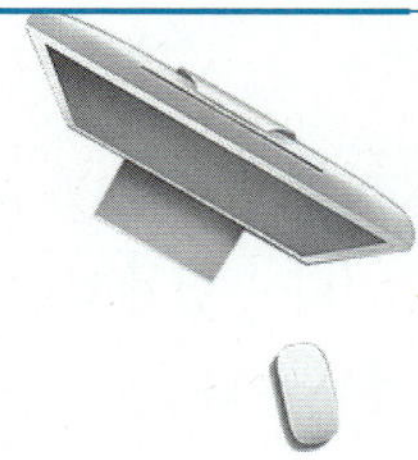

# 슬라이드 마스터와 디자인

슬라이드 마스터란 미리 정해둔 디자인 '양식' 또는 디자인의 '틀'과 같은 개념이다. 전체 슬라이드에 적용될 배경과 글자모양, 크기 등을 미리 만들어 두고 그 틀에 맞추어 슬라이드를 제작하는 것이다. 물론 슬라이드 마스터를 적용했다고 해서 틀에 벗어난 편집이 불가능한 것은 아니다. 슬라이드 마스터를 적용시킨 뒤 수정해 가면서 작성하면 편리하다. 마스터는 슬라이드 마스터, 유인물 마스터, 슬라이드 노트 마스터 등으로 구분하여 설정한다. 여기서는 가장 많이 사용되는 슬라이드 마스터에 대해서 알아보자.

# 01 슬라이드 마스터의 이해

## 1.1 슬라이드 마스터란?

파워포인트 2013에서는 최상위 슬라이드 마스터와 각 슬라이드 레이아웃별 마스터가 존재한다. 최상위 슬라이드 마스터에서 제목이나 본문의 글꼴이나 맞춤 서식을 변경하고, 개체의 크기 및 위치를 조정하고, 배경 디자인을 변경하면 해당 레이아웃의 슬라이드에만 변경된 서식이 적용된다. 그러나 개별 슬라이드 레이아웃의 마스터를 디자인하면 해당 레이아웃의 슬라이드에만 변경된 서식이 적용된다. 이렇게 디자인된 슬라이드 마스터를 저장한 문서가 바로 디자인 서식 파일(*.potx)이다. [그림 4-1]의 왼쪽 슬라이드 마스터를 변경하면 오른쪽의 슬라이드 레이아웃에 적용되어 나타난다. 그리고 이미 작성된 슬라이드에도 슬라이드의 레이아웃별로 마스터에서 작업한 내용이 적용된다.

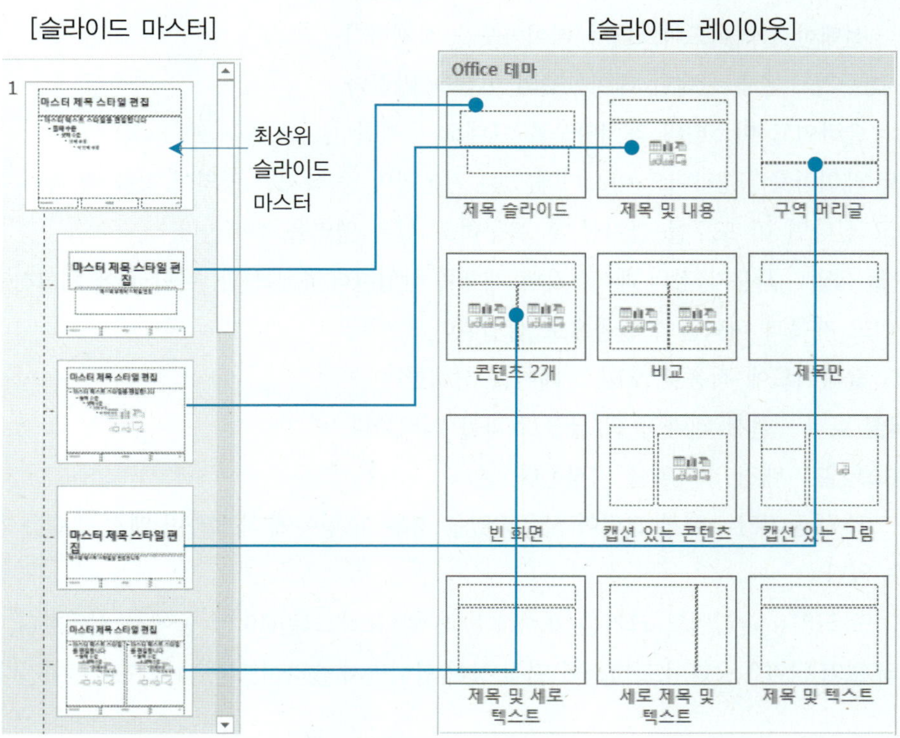


| 그림 4-1 | 슬라이드 마스터의 이해

## 1.2 슬라이드 마스터 도구 모음

[보기]-[프레젠테이션 보기]-[슬라이드 마스터]를 클릭하면 [그림 4-2]와 같이 슬라이드 마스터 화면으로 전환되면서 [슬라이드 마스터]탭에는 슬라이드 마스터를 편집하는 데 사용되는 다양한 도구들이 표시된다.

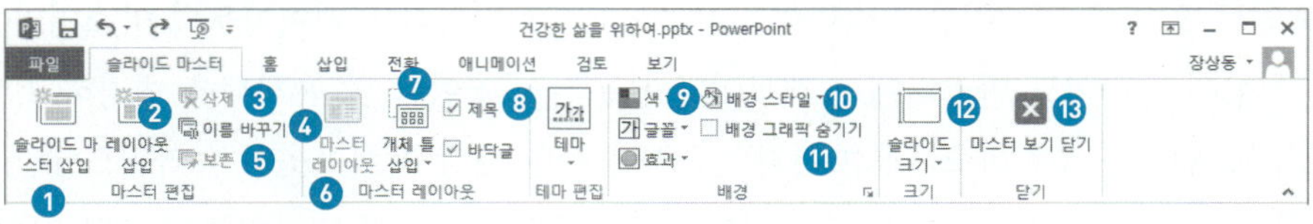


| 그림 4-2 | 슬라이드 마스터 리본 메뉴

❶ 슬라이드 마스터 삽입 새로운 슬라이드 마스터를 삽입할 수 있다.

❷ 레이아웃 삽입 파워포인트 2013에서는 제목 마스터를 만들지 않는 대신 표준 레이아웃들이 함께 제공되므로 그 중에서 '제목 레이아웃'의 서식을 원하는 형태로 수정해 사용한다. '레이아웃 삽입' 아이콘을 클릭하여 사용자가 직접 만든 사용자 정의 레이아웃을 삽입한다.

❸ 삭제 선택한 슬라이드마스터나 레이아웃을 삭제한다.

❹ 이름 바꾸기 현재 선택한 레이아웃의 이름을 바꾼다.

❺ 보존 슬라이드 마스터와 레이아웃을 그대로 유지한다.

❻ 마스터 레이아웃 슬라이드 마스터에 있는 기본영역 중 삭제한 영역이 있을 때 다시 복구하고 싶다면 이 도구를 클릭한 후 복구하고 싶은 영역을 선택한다.

❼ 개체 틀 삽입 사용자 정의 레이아웃에 개체를 삽입한다. [제목]과 [바닥글]에 체크하면 슬라이드 제목과 바닥글이 자동으로 삽입된다.

❽ 테마 슬라이드에 적용할 오피스 테마를 선택한다.

❾ 색/글꼴/효과 현재 테마의 색/글꼴/효과를 선택한다.

❿ 배경 스타일 배경 스타일을 지정한다.

⓫ 배경 그래픽 숨기기 배경 그림이 사용되었을 경우 이 항목에 체크하면 배경 그림을 감출 수 있다.

⓬ 슬라이드 크기 슬라이드 크기를 표준(4:3)과 와이드스크린(16:9) 중에서 선택한다.

⓭ 마스터 보기 닫기 슬라이드 마스터 편집 창이 닫히면서 슬라이드 편집 창으로 돌아간다.

## 02 슬라이드 마스터에서 테마활용

테마란 프레젠테이션에서 사용되는 구성 요소의 색, 글꼴, 그래픽 효과를 모아놓은 디자인 집합을 말한다. 테마는 총 21개 색을 정의한 집합인 테마색과 영어 제목 글꼴과 본문 글꼴, 한글제목 글꼴과 본문글꼴을 정의한 집합인 테마 글꼴과 개체에 다양한 효과를 정의한 테마 효과로 구성된다.

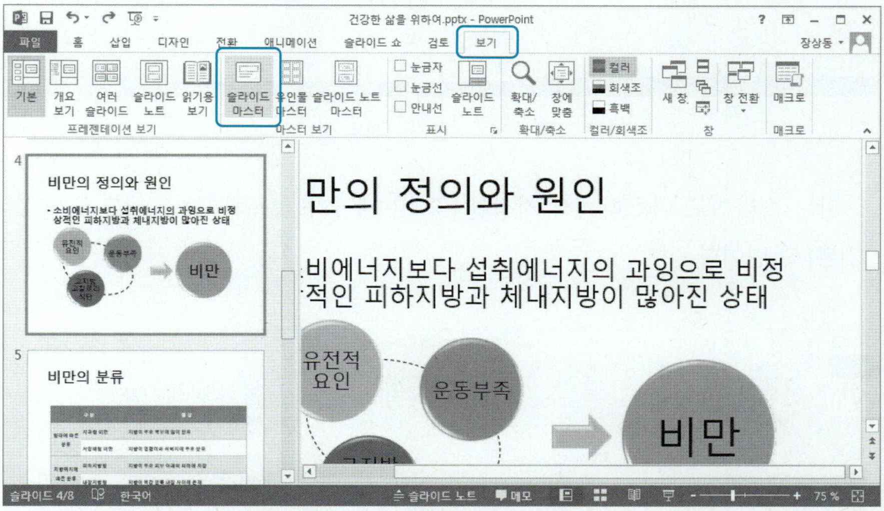


| 그림 4-3 | 슬라이드 마스터 보기로 이동하기

슬라이드 마스터에서 테마를 적용하기 위해 [그림 4-3]과 같이 [보기]-[프레젠테이션 보기]-[슬라이드 마스터]를 클릭한다. [그림 4-4]와 같이 [슬라이드 마스터]탭과 함께 슬라이더 마스터 보기 화면이 나타난다. [슬라이드 마스터]-[테마편집]-[테마]를 클릭하면 테마 캘러리가 나타난다. [줄기] 테마를 선택한다. 필요에 따라 [배경]탭에 있는 [색], [글꼴], [효과]를 변경하면 [줄기] 테마 전체의 색이나 글꼴, 효과가 변경된다. [줄기] 테마가 적용되면 [마스터 보기 닫기]를 클릭하고 [보기]-[프레젠테이션 보기]의 [기본] 보기로 복귀한다.

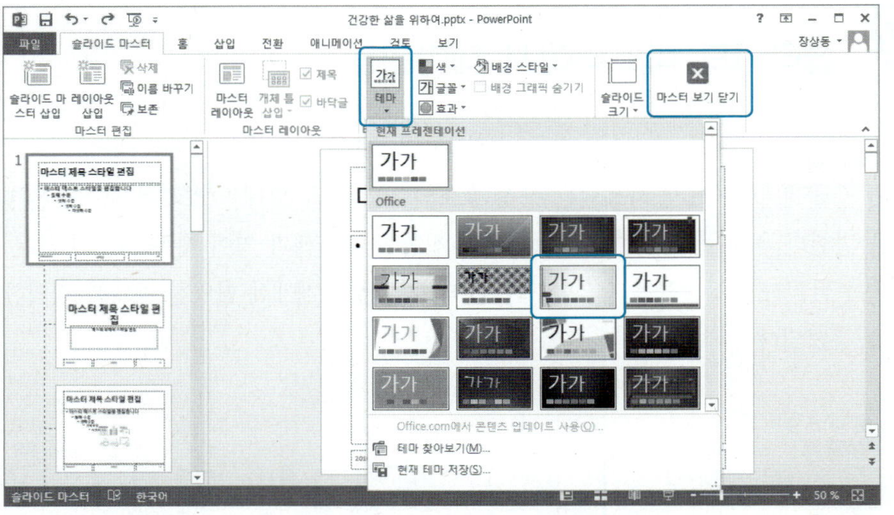

| 그림 4-4 | [줄기] 테마 선택

[그림 4-5]는 슬라이드 마스터에서 지정한 [줄기] 테마가 적용된 [보기]-[프레젠테이션 보기]의 [기본] 화면이다.

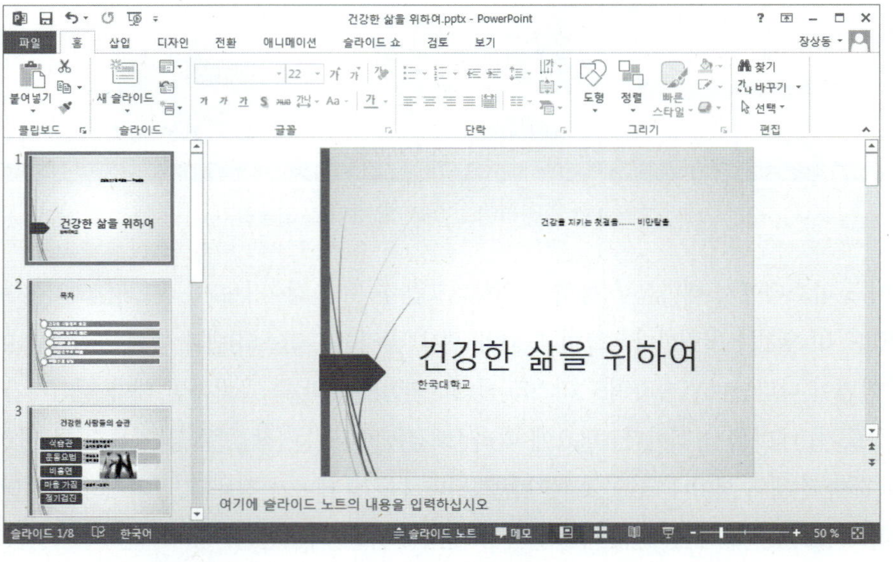

| 그림 4-5 | [줄기] 테마가 적용된 프레젠테이션 [기본] 보기 화면

# 03 슬라이드 마스터 편집

## 3.1 본문 슬라이드 마스터 편집

슬라이드 마스터는 모든 슬라이드에 공통으로 적용되는 슬라이드 마스터를 의미한다. [보기]–[마스터보기]–[슬라이드 마스터]를 선택하면 슬라이드 마스터 화면으로 전환되는데, 이 때 작업 중이던 슬라이드가 숨겨지며 슬라이드의 개체가 틀만 표시되는 마스터 화면 보기로 전환된다. [그림 4-6]은 본문 슬라이드 마스터의 구성을 나타낸다. 각 영역의 위치는 테마의 종류에 따라 다르게 나타나기 때문에 유의해야 한다.

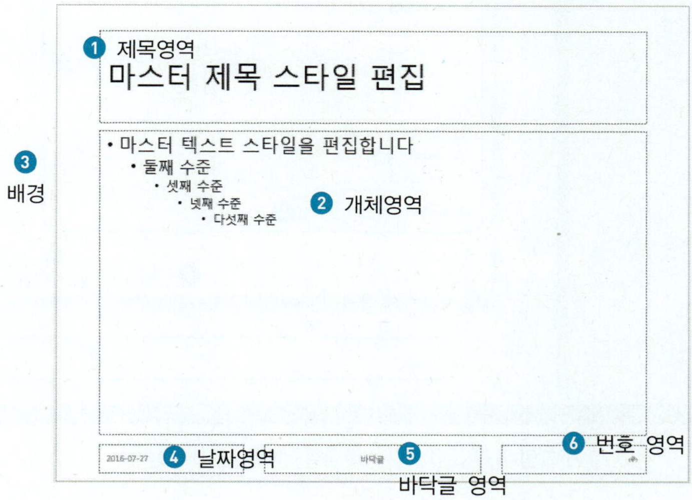


| 그림 4-6 | 본문 슬라이드 마스터의 구성

[그림 4-6]의 각 영역은 다음과 같은 기능을 가진다.

❶ **제목영역** 모든 슬라이드에 적용될 제목 스타일을 만든다. 제목에 해당하는 서식(글꼴, 크기, 색상 등)을 지정해 두면 새 슬라이드가 만들어질 때마다 자동적으로 같은 서식이 적용된다. '마스터 제목 스타일 편집'이라고 적힌 상자나 상자 안의 텍스트에 원하는 서식을 지정한다. 텍스트를 직접 입력하는 곳은 아니다.

❷ **개체영역** 텍스트 상자에 적용되는 서식을 지정하는 곳으로 이곳에서 글머리 기호나 텍스트에 관한 서식을 지정해두면 역시 모든 슬라이드에 자동적으로 적용된다.

❸ **배경** 슬라이드의 배경을 지정하는 곳으로 모든 슬라이드에 공통으로 적용될 배경을 지정한다.

❹ 날짜영역　슬라이드에 표시될 날짜를 지정하는 곳이다.

❺ 바닥글영역　특정 문구나 작성자의 이름 등 바닥글에 해당하는 내용을 지정한다

❻ 번호영역　슬라이드 번호를 지정하는 곳이다.

❹, ❺, ❻번은 [삽입]-[머리글/바닥글]을 클릭하면 나타나는 [머리글/바닥글] 대화상자의 각 기능을 설정한다. [그림 4-7]은 날짜, 바닥글, 슬라이드 번호를 지정하는 [머리글/바닥글] 대화상자를 나타낸다.

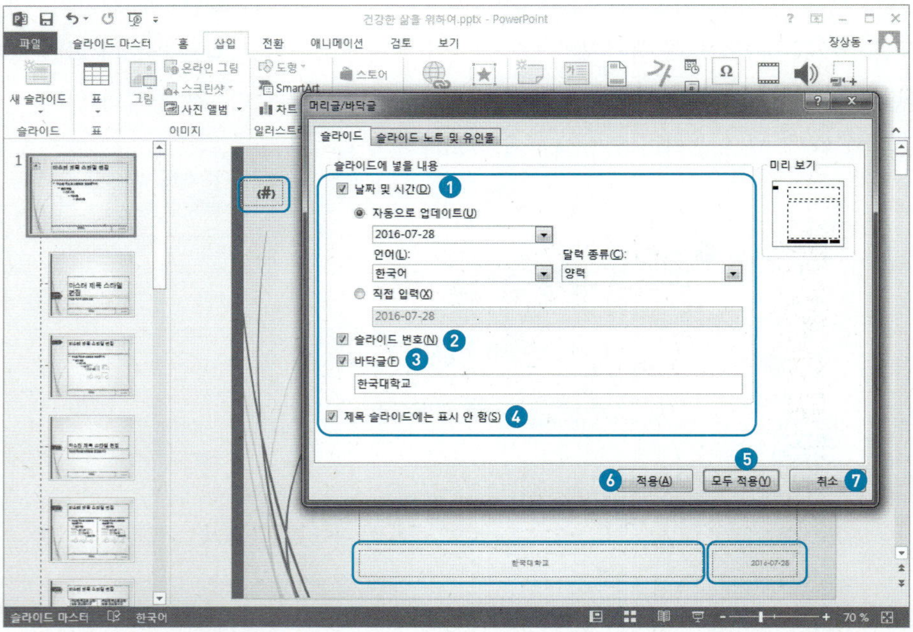


| 그림 4-7 | [머리글/바닥글] 대화상자 설정 및

[그림 4-7]의 [머리글/바닥글] 대화상자에서 [슬라이드에 넣을 내용]에 나타나는 각 옵션은 다음과 같은 의미를 가진다.

❶ 날짜 및 시간　'자동으로 업데이트' 옵션을 선택한 후 목록단추를 눌러 날짜 서식을 선택할 수 있으며, 프레젠테이션을 열 때마다 현재 시스템의 날짜로 계속 업데이트된다. 업데이트 되지 않는 고정 날짜를 사용하려면 '직접 입력' 옵션을 선택하고 날짜를 직접 입력한다.

❷ 슬라이드 번호　모든 슬라이드에 슬라이드 번호를 표시한다.

❸ 바닥글　모든 슬라이드의 바닥글 영역에 입력한 내용이 표시된다. 보통 작성자 이름이나 상호 등을 삽입한다.

❹ 제목 슬라이드에는 표시 안 함 이 옵션을 선택하면 슬라이드 레이아웃 중 모든 제목 슬라이드에는 머리글/바닥글이 표시되지 않는다.

❺ 모두 적용 모든 슬라이드에 머리글/바닥글 내용이 적용된다.

❻ 적용 현재 슬라이드에만 머리글/바닥글 내용이 적용된다.

❼ 취소 [머리글/바닥글] 대화상자가 종료되고 설정한 머리글/바닥글이 적용되지 않는다.

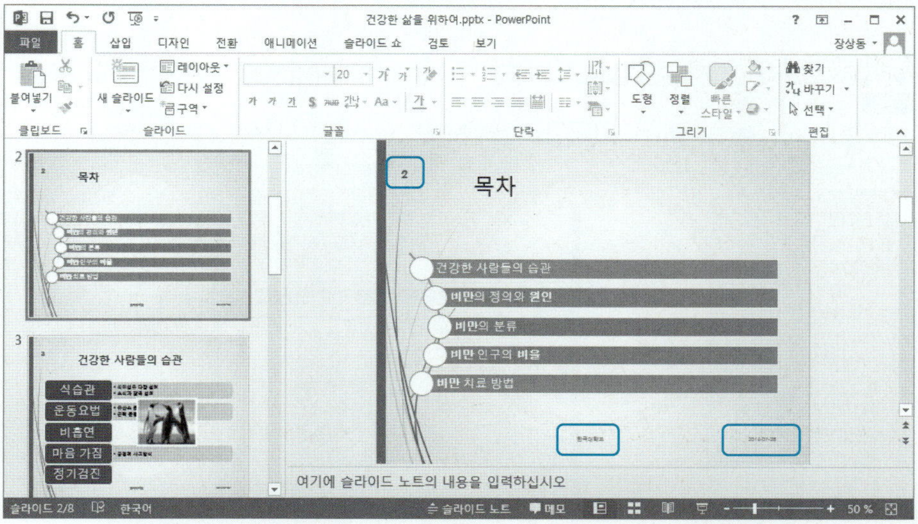


| 그림 4-8 | 슬라이드 마스터를 이용한 날짜, 바닥글, 슬라이드 번호 적용

[그림 4-7]과 같이 [머리글/바닥글] 대화상자를 설정하고 [모두 적용] 버튼을 클릭한다. [줄기] 슬라이드 마스터의 1페이지에서 페이지 번호영역에는 글꼴을 [굵게], 글꼴 색은 [파랑]으로 설정한다. 날짜 영역은 텍스트 상자의 너비를 넓혀 날짜가 한꺼번에 보이도록 설정한다. 바닥글 영역은 가운데 정렬을 설정한다. 설정이 끝나고 [마스터 보기 닫기]를 클릭하면 [그림 4-8]과 같이 [제목 슬라이드]를 제외한 모든 슬라이드에 지정한 서식에 따라 번호, 바닥글, 날짜가 나타난다. 슬라이드 마스터에서 번호, 바닥글, 날짜 및 시간 영역의 위치나 내용을 변경하면 프레젠테이션 전체의 내용이 변경되는 반면, [기본] 보기에서 번호, 바닥글, 날짜 및 시간 영역의 내용을 변경하면 수정한 슬라이드에만 적용된다.

## 3.2 개별 레이아웃 마스터 만들기

슬라이더 마스터 보기에서 슬라이더 마스터(슬라이드 1번)는 하위에 달려있는 슬라이드 레이아웃에 공통으로 적용될 대표 스타일을 지정하는 곳이고, 하위에 달려있는 개별 레이아웃은 프레젠테이션의 각종 보기에서 슬라이드를 추가할 때 적용할 레이아웃의 마스터를 지정하는 곳이다.

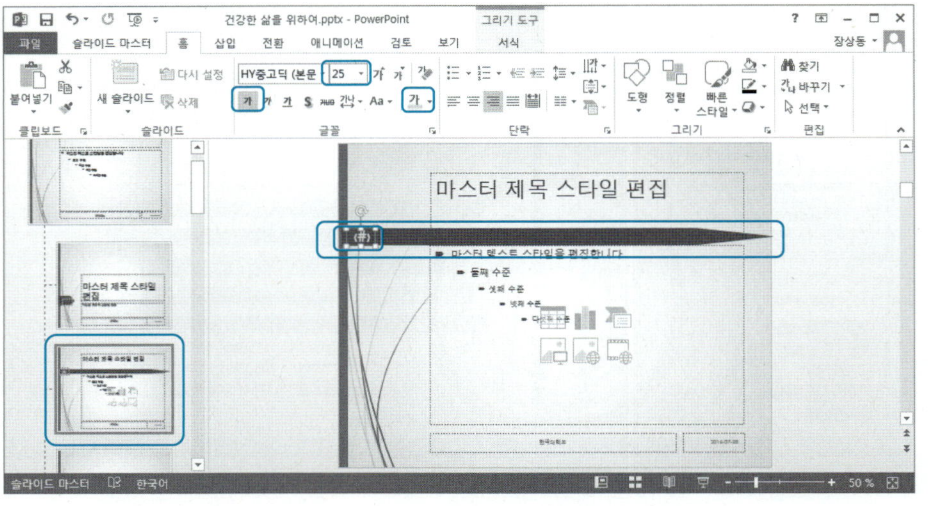


| 그림 4-9 | [제목 및 내용] 레이아웃 마스터 변경하기

[제목 및 내용] 레이아웃의 마스터를 변경하고 적용된 결과를 살펴보자. [그림 4-9]와 같이 [슬라이드 마스터]에서 [제목 및 내용] 레이아웃에 있는 페이지 번호의 글자크기 "25", 글꼴색 "노랑", "굵게"로 수정하고, 번호 주위에 있는 그림을 제목과 내용 사이에 길게 늘어진 막대형태로 변경하고 [마스터 보기 닫기]를 클릭하면 [그림 4-10]과 같은 결과가 나타난다. [제목 및 내용] 레이아웃인 6번 슬라이드에만 변경 내용이 적용되었으며, [홈]-[슬라이드]-[새 슬라이드]에도 적용되었다. [제목 및 내용] 레이아웃의 새 슬라이드를 추가하면 [그림 4-9]에서 변경한 내용이 적용된 채로 새 슬라이드가 추가된다.

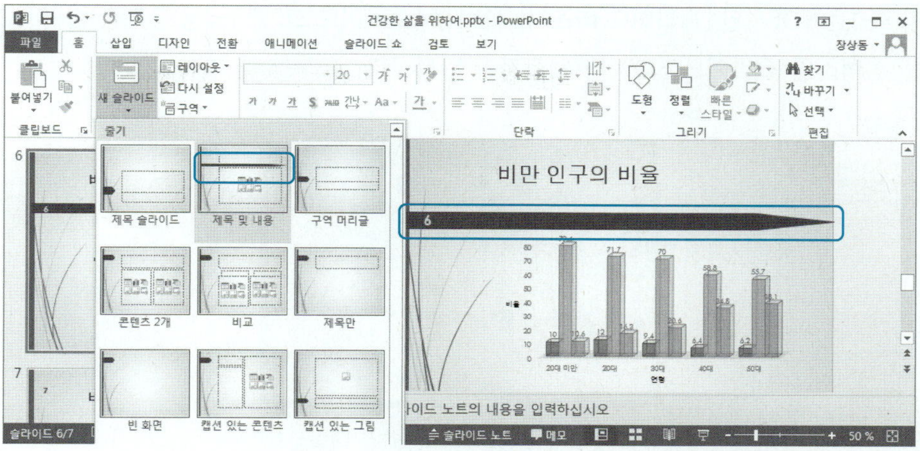

| 그림 4-10 | [제목 및 내용] 레이아웃 마스터의 변경 결과

## 04 슬라이드 크기

기본적인 슬라이드 크기는 와이드스크린(16:9)로 지정되어 있으며 슬라이드 방향은 가로이다. 프레젠테이션을 수행하는 빔에 따라 슬라이드 크기를 변경해야 한다. [그림 4-11]과 같이 프레젠테이션의 슬라이드 크기를 표준(4:3)으로 변경하자.

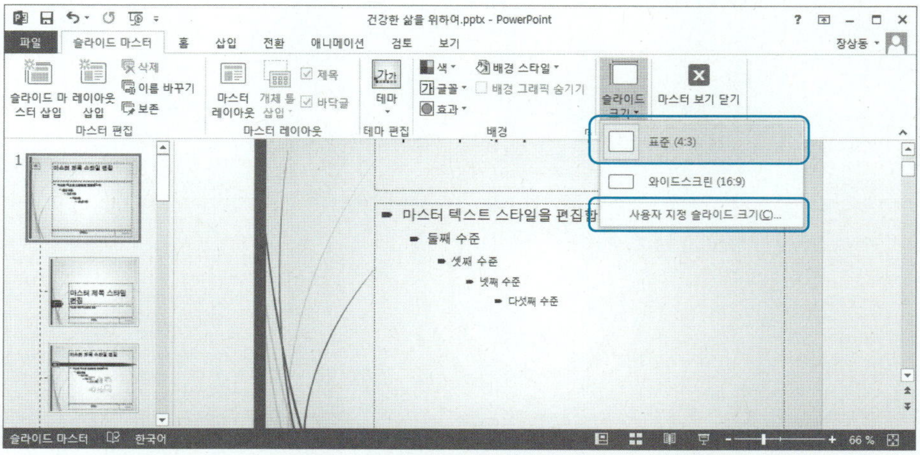

| 그림 4-11 | 슬라이드 크기 지정

[그림 4-11]에 표시된 [슬라이드 마스터]-[크기]-[슬라이드 크기]-[사용자 지정 슬라이드 크기]를 선택하면 슬라이드 크기 대화 상자가 나타난다.

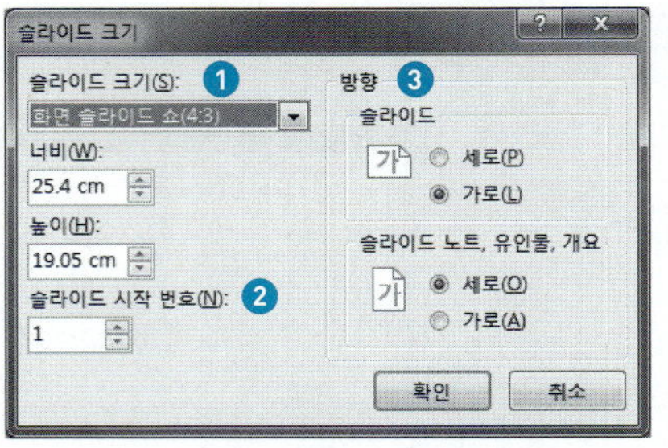


| **그림 4-12** | [슬라이드 크기] 대화상자

[슬라이드 크기] 대화상자에 나타난 옵션의 기능은 아래와 같다.

❶ 슬라이드 크기  현재 지정된 값은 '화면 슬라이드 쇼(4:3)' 이며, 다양한 화면 슬라이드 쇼 크기나 A4, B4, 오버헤드와 같은 크기로 변경할 수 있다. 그 밖의 크기는 너비와 높이의 값을 직접 입력한다.

❷ 슬라이드 시작 번호  모든 슬라이드의 번호를 변경한다. 만약 슬라이드 1인 제목 슬라이드에 슬라이드 번호를 제외하고 슬라이드 2의 번호를 1번으로 시작하려면 슬라이드 시작 번호를 '0'으로 설정한다.

❸ 방향  슬라이드의 기본 방향은 '가로'이며, 슬라이드 노트, 유인물, 개요의 기본방향은 '세로'이다.

Chapter 05

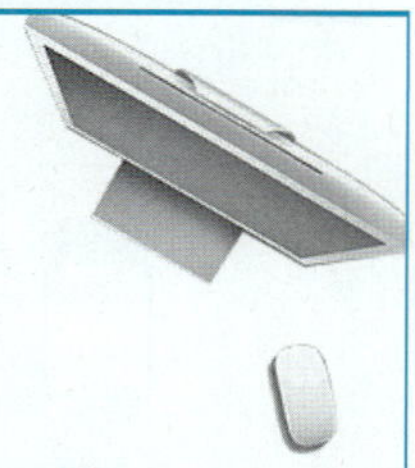

# 프레젠테이션 준비



## 01 화면전환 효과 및 애니메이션 적용하기

모든 슬라이드가 작성 완료되면 프레젠테이션을 위한 준비 작업을 한다. 이 때 청중들에게 작성된 슬라이드들을 시각적으로 좀 더 부각시키기 위하여 정지된 화상이 아닌 움직임이 있는 슬라이드를 표현하는 방법으로 슬라이드가 한 장씩 넘어갈 때마다 효과를 주는 화면전환 효과와 각 슬라이드에서 만들어진 개체에 움직이는 효과를 적용하는 사용자 애니메이션 효과가 있다.

### 1.1 슬라이드 화면전환 효과 주기

슬라이드 쇼를 진행하는 동안 다음 슬라이드로 이동할 때 애니메이션 효과를 나타낼 수 있다. 슬라이드 화면전환 효과는 슬라이드가 바뀔 때마다 나타나는 효과를 말하는데, 다양한 화면 전환 효과와 더불어 전환 속도와 소리 등을 추가로 설정할 수 있다.

[전환]–[슬라이드 화면 전환]–[자세히]를 클릭하여 원하는 화면전환 효과를 선택하면 화면전환이 적용된다. [그림 5-1]과 같이 슬라이드 6번을 선택한 후, [화려한 효과]–[큐브]를 지정하고 [미리보기]하여 작업창에서 결과를 확인하자.

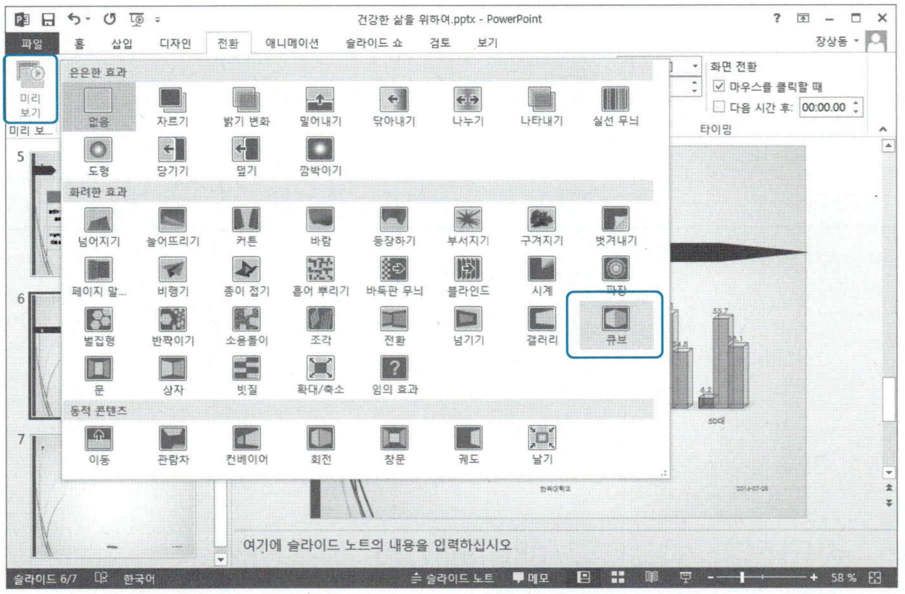


| 그림 5-1 | 화면전환 효과 지정

하나의 화면 전환 효과를 전체 슬라이드에 적용하고자 하는 경우에는 [전환]-[타이밍]-[모두 적용] 명령 아이콘을 클릭하면 된다.

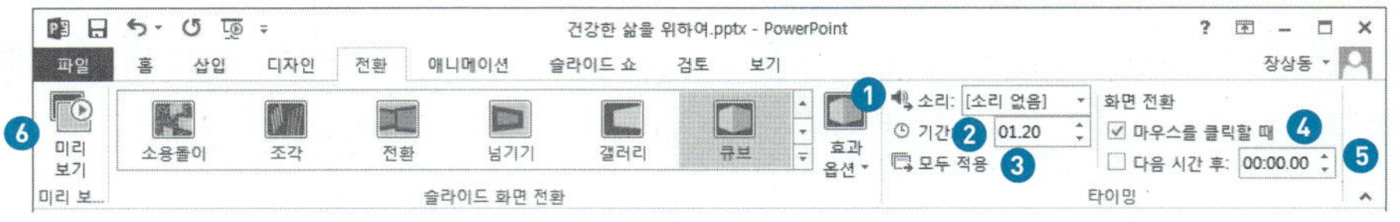


| 그림 5-2 | [전환] 메뉴의 구성

[그림 5-2]에 나타난 [전환] 탭의 명령을 이용하면 다음과 같은 기능을 수행할 수 있다.

❶ 소리 화면 전환이 진행될 때 소리 효과를 추가한다. [반복재생]을 체크하면 다음 소리가 재생될 때까지 반복해서 재생된다.

❷ 기간 시간을 지정하여 화면 전환 속도를 조절한다. 화면 전환 속도는 가능한 빠르게 진행하는 것이 좋다.

❸ 모두 적용 모든 슬라이드에 동일한 화면 전환 효과가 적용된다.

❹ 화면 전환-마우스를 클릭할 때 슬라이드 쇼를 진행할 때 마우스를 클릭하면 다음 슬라이드로 전환되면서 설정한 화면 전환 효과가 재생된다.

❺ 화면 전환-다음 시간 후 설정한 시간(초 단위)이 지나면 자동으로 다음 슬라이로 전환되면서 설정한 화면 전환 효과가 재생된다.

❻ 미리 보기 설정한 화면 전환 효과를 슬라이드 창에서 재생한다.

# 02 애니메이션 효과 주기

애니메이션 효과는 슬라이드에 날개를 다는 격이다. 아무런 효과 없이 텍스트나 밋밋한 도형으로만 구성된 슬라이드에 집중하기란 그다지 쉽지 않다. 그러나 적당히 애니메이션 효과를 적용하면 슬라이드가 역동적인 느낌을 줄 수 있다. 사용자 애니메이션은 크게 나타내기, 강조, 끝내기, 이동 경로로 나뉘며, 각 세부 효과를 적용한 후에는 순서나 속도 등을 자유롭게 변경할 수 있어 애니메이션을 세밀하게 제어할 수 있다.

## 2.1 애니메이션 만들기

애니메이션을 적용할 슬라이드 5번의 "비만" 글자가 입력된 도형을 선택하여 [애니메이션]–[애니메이션 창]을 클릭하면 [그림 5-3]과 같이 슬라이드 오른쪽에 [애니메이션 창]이 나타난다. [애니메이션]–[애니메이션]–[자세히]를 클릭하여 [시계 방향]을 선택하면 [애니메이션 창]에 도형에 지정한 애니메이션이 나타난다.

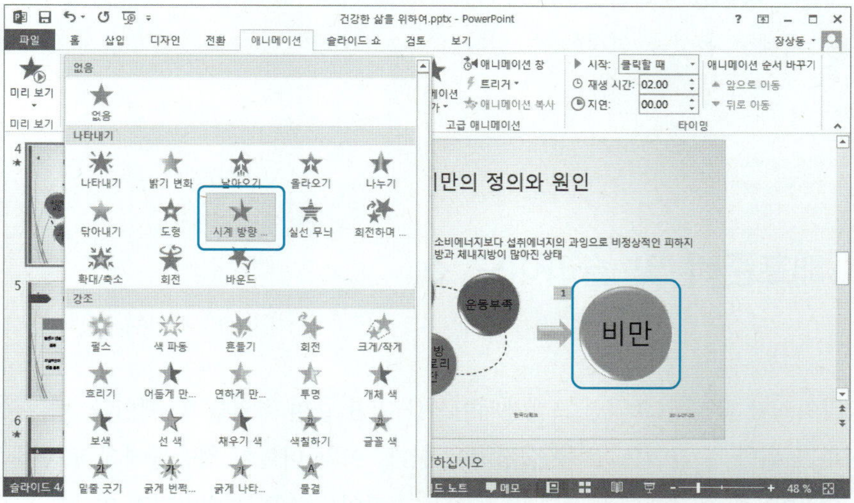

| 그림 5-3 | 애니메이션 효과 적용하기

[애니메이션]–[고급 애니메이션]–[애니메이션 창]을 클릭하면 [그림 5-4]의 그림 오른쪽과 같이 [애니메이션 창]이 나타난다. '유전적 요인', '운동부족', '고지방 고칼로리 식단' 도형에도 임의의 애니메이션을 하나씩 지정하면 [그림 5-4]와 오른쪽 [애니메이션 창]에 차례로 등록된다.

[애니메이션 창]에 등록된 리스트의 번호는 도형에 적용된 번호와 같으며 [재생 시작] 버튼을 클릭하면 애니메이션을 미리 실행하여 보여준다.

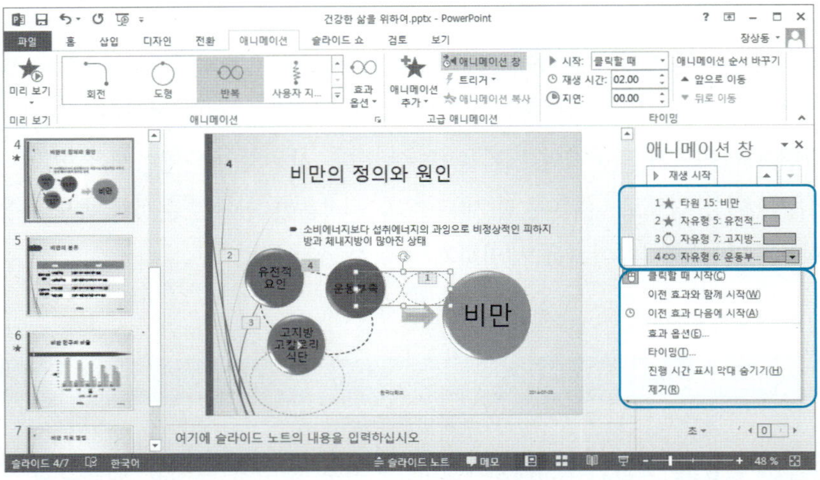

| 그림 5-4 | 애니메이션 효과 적용하기

[애니메니션 창]의 1, 2, 3, 4는 마우스로 드래그하여 순서를 바꾸거나 [재생 시작] 버튼 옆의 화살표를 이용하여 위/아래 순서를 바꾼다. [애니메이션 창]의 애니메니션을 선택하고 마우스 오른쪽 버튼을 클릭하면 애니메이션의 시작 방식, 효과 옵션, 타이밍 등 애니메이션과 관련된 자세한 옵션을 설정할 수 있다.

## 03 배포준비 및 슬라이드 쇼

모든 슬라이드가 작성 완료되면 프레젠테이션을 위한 준비 작업을 할 때이다. 즉, 청중들에게 보여주기 위한 '슬라이드 쇼'를 설정해야 한다. 이와 더불어 청중들에게 도움이 되도록 작성된 슬라이드를 인쇄하여 배부하기도 한다. 슬라이드 쇼의 설정방법과 인쇄에 대해 알아보자.

## 3.1 슬라이드 쇼

슬라이드 쇼 보기를 통해 슬라이드에 적용된 각종 애니메이션과 미디어 개체를 모니터 전체에서 살펴볼 수 있다. 발표 전에 불필요한 슬라이드를 숨기거나, 발표자가 슬라이드 쇼를 진행하면서 각종 펜으로 설명을 기록하고 잉크 주석을 프레젠테이션에 저장할 수 있다.

### 3.1.1 불필요한 슬라이드 숨기기

프레젠테이션에서 전체 화면 슬라이드 쇼 중에는 표시되지 않을 슬라이드를 숨길 수 있다. [그림 5-5]에서 슬라이드 7번을 선택한 뒤 [슬라이드 숨기기] 명령아이콘을 클릭하면 현재 화면에는 나타나지만 슬라이드 쇼를 진행하는 동안에는 나타나지 않는다. 슬라이드 7번의 번호에 사선이 그어진다.

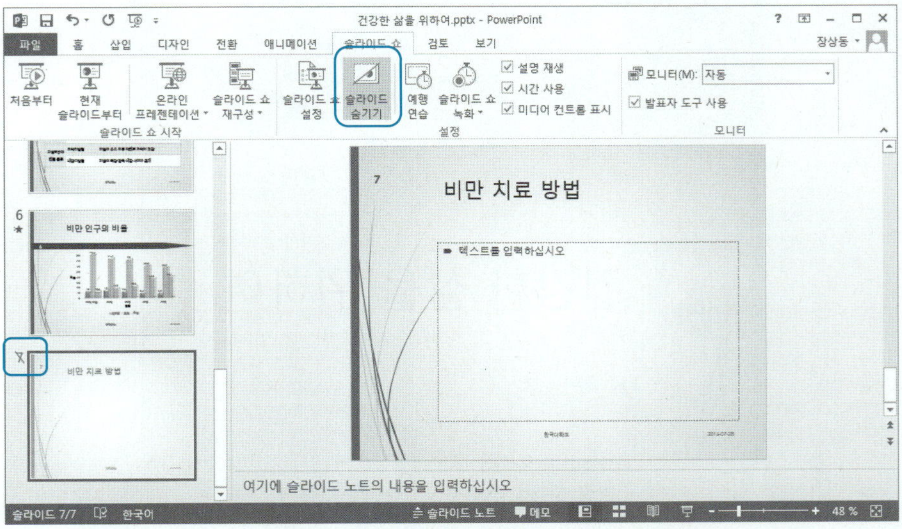


| 그림 5-5 | 슬라이드 숨기기

### 3.1.2 처음부터 슬라이드부터 쇼 시작

첫 번째 슬라이드부터 슬라이드 쇼를 시작하는 방법으로 현재 슬라이드의 위치에 상관없이 무조건 첫 슬라이드부터 쇼가 진행된다. 첫 번째 슬라이드로부터 슬라이드 쇼를 시작하려면 [그림 5-6]에 표시된 [슬라이드 쇼]-[슬라이드 쇼 시작]-[처음부터]를 클릭하거나 [보기]-[프레젠테이션 보기]-[슬라이드 쇼]를 클릭한다.

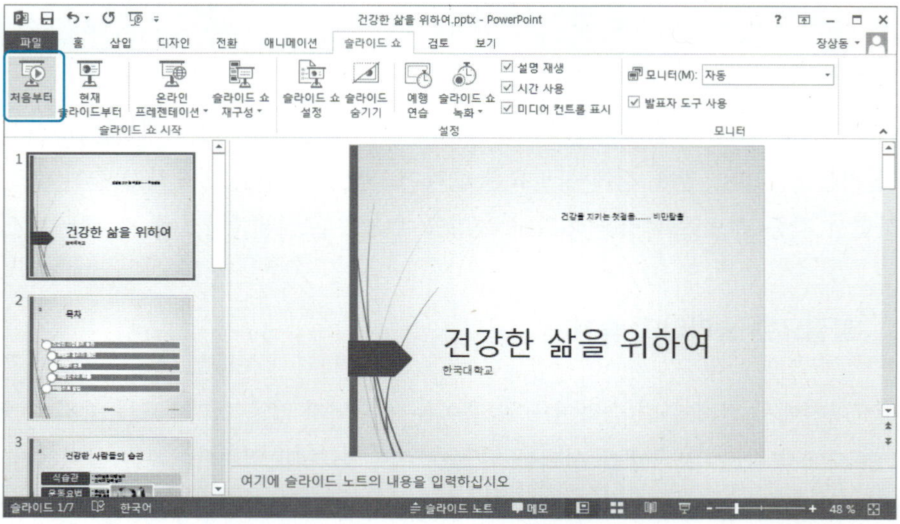


| 그림 5-6 | 처음부터 슬라이드 쇼 시작

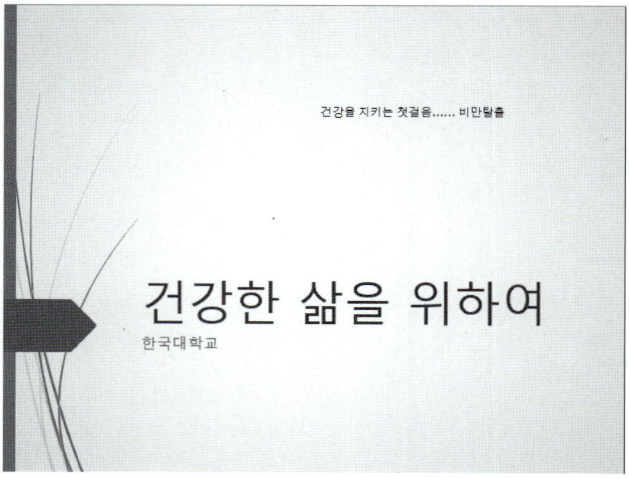


| 그림 5-7 | 슬라이드 쇼의 첫 화면

[그림 5-7]과 같이 슬라이드 쇼가 진행되면 마우스로 클릭하여 다음 슬라이드를 하나씩 보거나 다음 중 하나의 명령을 수행하여 슬라이드 쇼를 제어한다.

- 마우스를 클릭하면 다음 슬라이드로 이동된다
- 화면 좌측하단의 이동단추 중 [이전 슬라이드](◁) 또는 [다음 슬라이드](▷)을 클릭한다.
- 단축키 Page Up / Page Down 키를 입력하여 슬라이드를 이동한다.
- 특정 슬라이드로 이동하려면 슬라이드 번호를 입력하고 Enter↵ 키를 입력한다.
- 중간에 쇼를 중단하려면 Esc 키를 누르거나, 마우스 오른쪽 단추를 눌러 [쇼마침] 메뉴를 선택한다.

- 마지막 슬라이드까지 쇼가 진행되면 블랙 스크린이 표시되며, 한 번 더 클릭하면 쇼가 중단되고 이전의 슬라이드 보기로 이동한다.

### 3.1.3 현재 슬라이드부터 쇼 시작

슬라이드 쇼 중간에 쇼를 중단했다면 다시 중단된 슬라이드부터 쇼를 진행해야 한다. 슬라이드 쇼를 진행할 슬라이드로 이동한 후 [그림 5-8]과 같이 [슬라이드 쇼]-[슬라이드 쇼 시작]-[현재 슬라이드로 부터]를 클릭하면 현재 선택된 슬라이드부터 슬라이드 쇼가 시작된다.

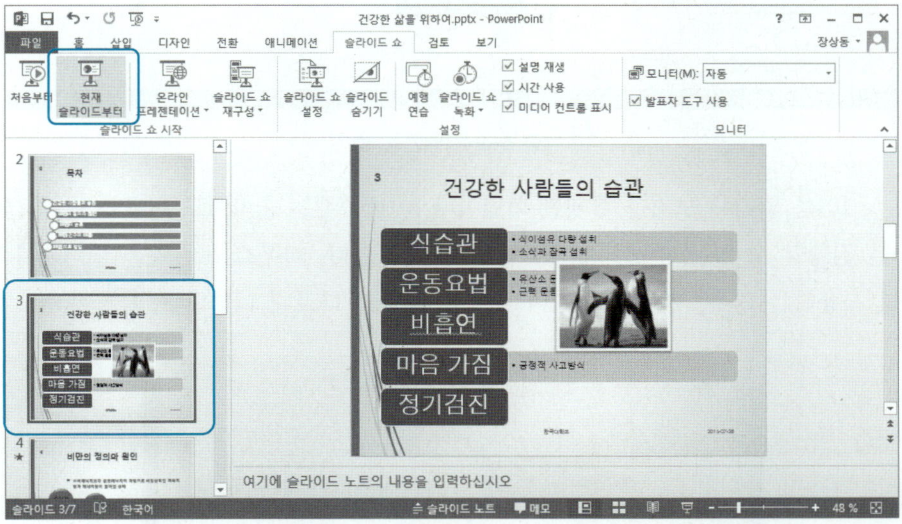


| 그림 5-8 | 현재 슬라이드부터 쇼 시작

### 3.1.4 읽기용 보기

읽기용 보기를 사용하면 파워포인트 프로그램 창의 크기에 맞춰 슬라이드 쇼를 진행할 수 있다. [그림 5-9]와 같이 [보기]-[프레젠테이션 보기]-[읽기용 보기]를 선택하면 프로그램 창의 크기에 맞춰 첫 슬라이드부터 슬라이드 쇼를 시작한다.

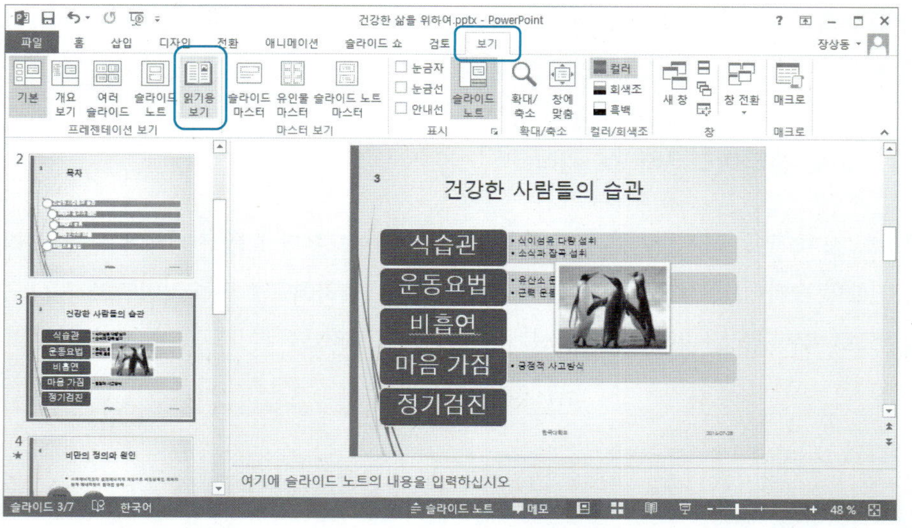

| 그림 5-9 | 읽기용 보기

[그림 5-10]은 읽기용 보기를 실행한 화면이다. 아래쪽에는 슬라이드 번호화 함께 슬라이드 쇼를 진행할 수 있는 간단한 명령 아이콘이 나타난다. 마우스 오른쪽을 클릭해서 단축 메뉴를 사용하는 경우, 기존의 슬라이드 쇼와 메뉴가 다르게 나타난다.

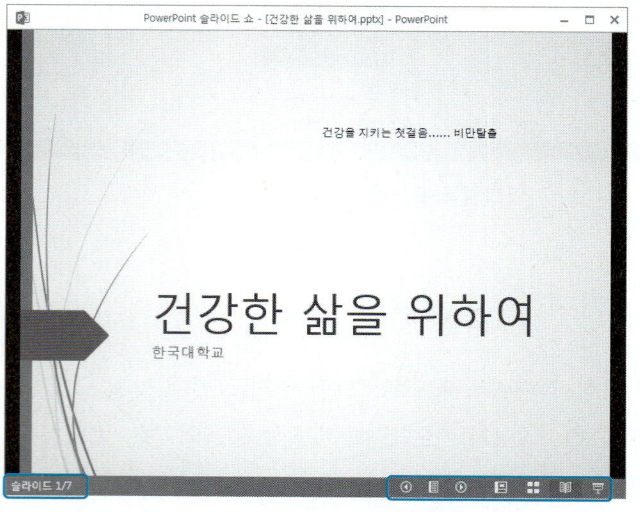


| 그림 5-10 | 읽기용 보기의 실행화면

### 3.1.5 잉크 주석 달기

슬라이드 쇼 중간에 중요한 항목에 볼펜, 싸인펜, 형광펜을 이용하여 잉크 주석을 달고 저장할 수 있다. 슬라이드에 기록된 잉크 주석의 일부만 지우거나 슬라이드 전체의 잉크 주석을 제거할 수 있다.

슬라이드 쇼를 진행하는 동안 [그림 5-11]과 같이 마우스 오른쪽 버튼을 클릭하여 [포인트 옵션] 메뉴에서 펜 종류를 선택하거나 [포인트 옵션]-[잉크색] 메뉴에서 잉크 색을 선택한 뒤 마우스를 드래그하여 [그림 5-12]와 같이 밑줄을 긋거나 설명을 그린다.

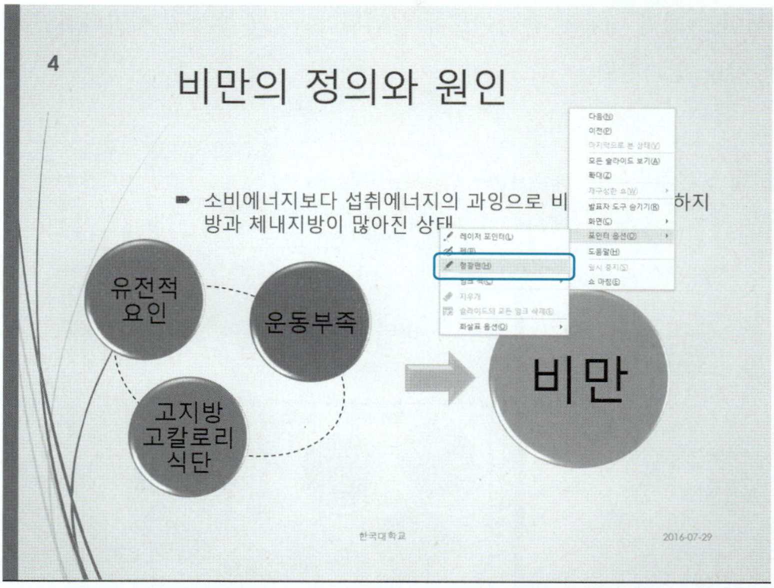


| **그림 5-11** | 잉크 주석 달기를 위한 형광펜 선택

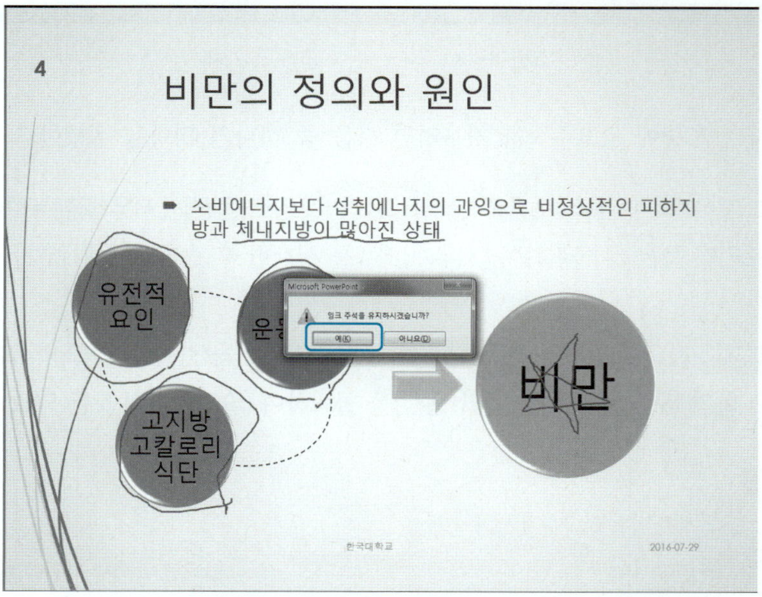


| **그림 5-12** | 잉크 주석 달기

펜 도구를 해제하고 화살표로 돌아가려면 마우스 오른쪽 단추를 눌러 [포인트 옵션]-[화살표]메뉴를 클릭하거나 Esc 키를 한 번 입력한다. Esc 키를 두 번 입력하면 쇼가 중단된다. 잉크 주석이 기록된 상태에서 슬라이드 쇼를 중단하면 [그림 5-12]와 같이 잉크주석을 슬라이드에 저장할 것인지를 묻는 메시지 창이 나타난다. [예]를 눌러 저장하면 [그림 5-13]과 같이 잉크 주석이 그래픽 개체로 슬라이드에 삽입된다. 잉크 주석을 제거하려면 잉크 주석을 선택 후 Delete 키를 입력한다.

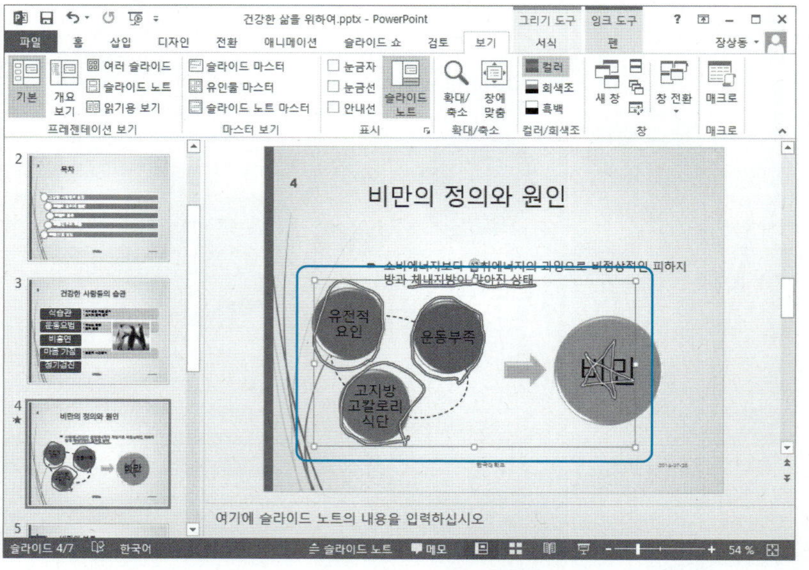


| 그림 5-13 | 잉크 주석 그래픽 개체

쇼를 진행하는 도중에 잉크주석을 지우려면 다음 중 하나의 명령을 실행한다.

- 일부 잉크 지우기　마우스 오른쪽 단추를 눌러 [포인트 옵션]-[지우개]메뉴나 화면 좌측 하단의 [포인터 옵션]을 클릭하여 [지우개]메뉴를 선택한 후 슬라이드에서 지울 잉크를 드래그한다.
- 모든 잉크 지우기　마우스 오른쪽 단추를 눌러 [포인트 옵션]-[슬라이드의 모든 잉크 삭제]메뉴나 화면 좌측 하단의 [포인터 옵션]을 클릭하여 [슬라이드의 모든 잉크 삭제]를 선택한다.

## 3.2 쇼 재구성

같은 내용의 프레젠테이션을 다른 주어진 시간에 맞게 여러 번 진행할 경우 발표 양을 조절해야 한다. 이 때 매 번 슬라이드를 재편집하거나 슬라이드를 숨기기 및 표시 설정을 하기보다는 필요한 슬라이드만 쇼를 진행할 수 있도록 재구성하는 것이 좋다. 또한 상황에 맞게 슬라이드 순서도 자유롭게 재배치하고, 재구성한 슬라이드만 인쇄할 수도 있다.

쇼를 재구성하려면 [그림 5-14]와 같이 [슬라이드 쇼]-[슬라이드 쇼 시작]-[슬라이드 쇼 재구성]-[쇼 재구성]을 클릭한다.

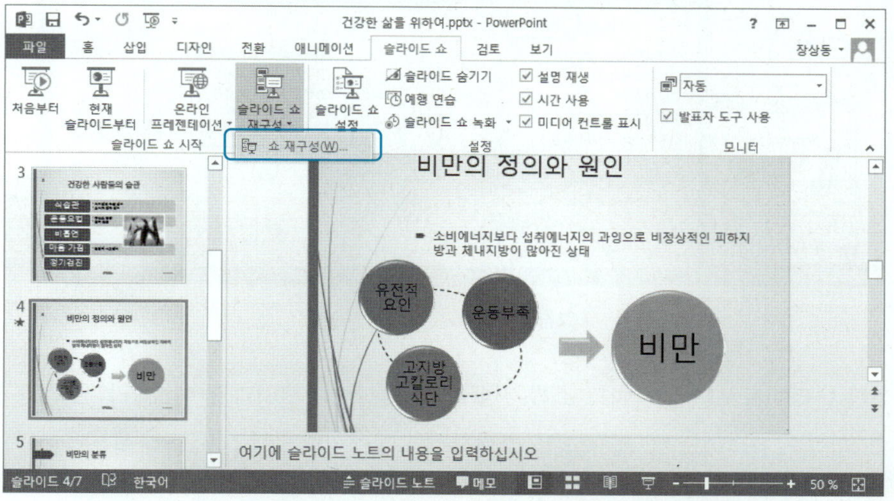


| 그림 5-14 | 쇼 재구성 시작

[그림 5-15]와 같이 [쇼 재구성] 대화상자가 나타나면 [새로 만들기]를 클릭한다. [쇼 재구성하기] 대화상자가 나타나면 재구성에 필요한 슬라이드를 [추가]하고 [슬라이드 쇼 이름]을 "비만요약"으로 입력한다. [그림 5-15]와 같이 지정한 뒤 순서를 확인하고 대화상자를 모두 닫는다.

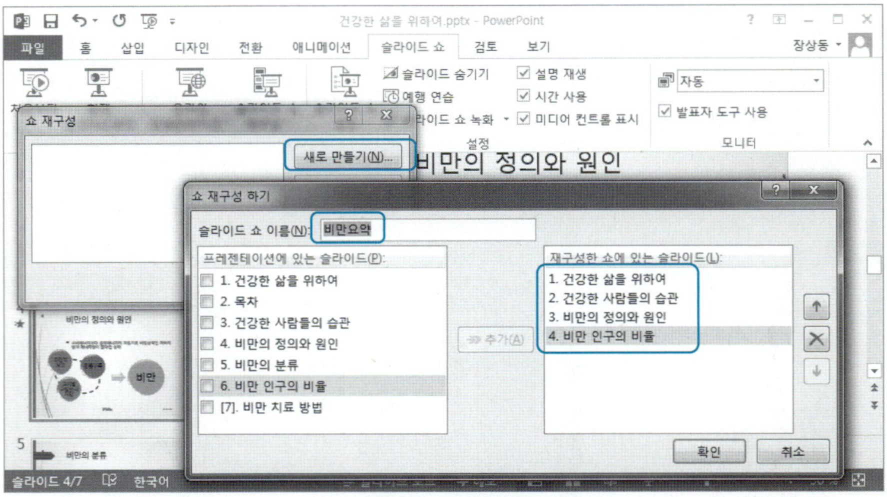


| 그림 5-15 | 쇼 재구성 설정

재구성한 슬라이드로만 슬라이드 쇼를 진행하려면 [그림 5-16]과 같이 [슬라이드 쇼]-[슬라이드 쇼 시작]-[슬라이드 쇼 재구성]을 클릭한 후, 재구성한 쇼 [비만요약] 목록을 클릭한다.

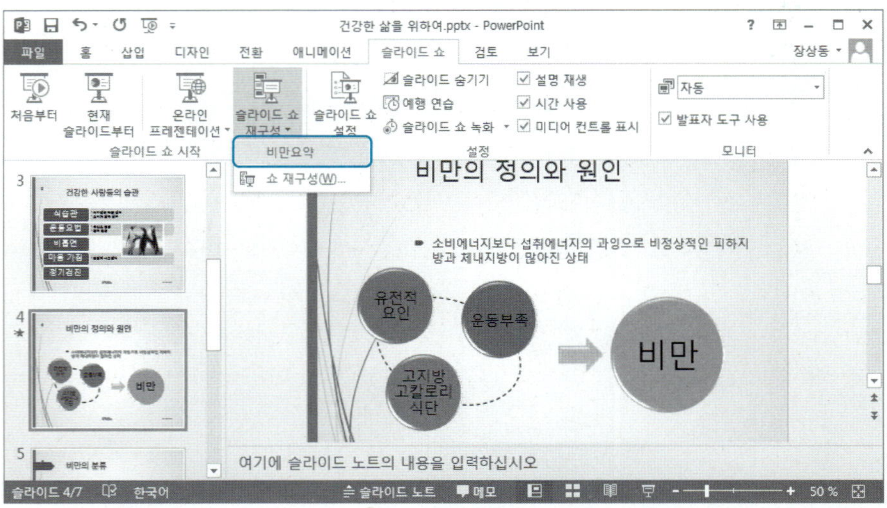


| 그림 5-16 | 재 구성한 쇼 실행

## 3.3 예행연습

전체 프레젠테이션에 소요되는 발표 시간을 예측하고 정해진 발표시간에 맞추기 위해 예행연습 기능을 사용한다. 예행 연습 기능을 통해 각 슬라이드에 소요되는 시간과 전체 프레젠테이션의 소요시간을 확인하고 저장할 수 있다.

[그림 5-17]과 같이 [슬라이드 쇼]-[설정]-[예행연습]을 클릭하면 예행연습이 시작된다.

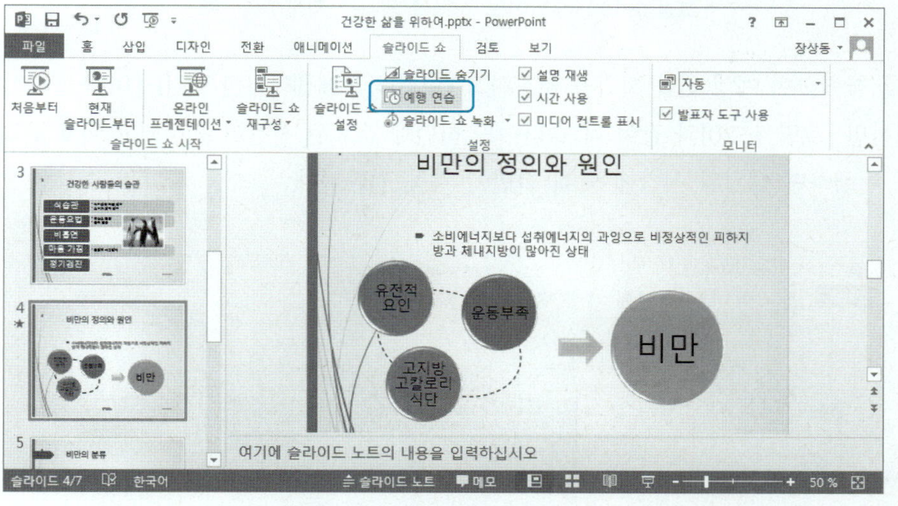


| 그림 5-17 | 예행 연습 시작

슬라이드 쇼가 시작됨과 동시에 [녹화] 도구 모음이 표시되면서 쇼가 녹화되기 시작한다. 첫 번째 슬라이드의 예행연습이 끝나면 [다음]을 클릭하여 다음 슬라이드로 이동한다. [그림 5-18]은 예행연습의 [녹화] 도구 모음 구성을 나타낸다.

| 그림 5-18 | [예행연습] 도구 모음

[그림 5-18]의 도구 모음은 다음과 같은 역할을 한다.

❶ 다음 다음 슬라이드로 이동한다.
❷ 녹화 일시 중지 예행연습을 일시 중지하며, 다시 한 번 클릭하면 다시 시간이 기록된다.
❸ 슬라이드 시간 현재 슬라이드의 소요시간을 기록한다.
❹ 반복 현재 슬라이드에 소요된 슬라이드 시간을 초기화시켜 다시 시간을 기록한다.
❺ 총 소요시간 전체 프레젠테이션에 소요된 시간을 기록한다.

마지막 슬라이드까지 예행연습이 진행되면 [그림 5-19]와 같이 슬라이드 쇼에 걸린 총 소요 시간을 표시해주는 메시지 창이 실행된다. 슬라이드 쇼 진행 시 기록됐던 시간을 저장하려면 [예]를, 저장하지 않으려면 [아니오]를 클릭한다.

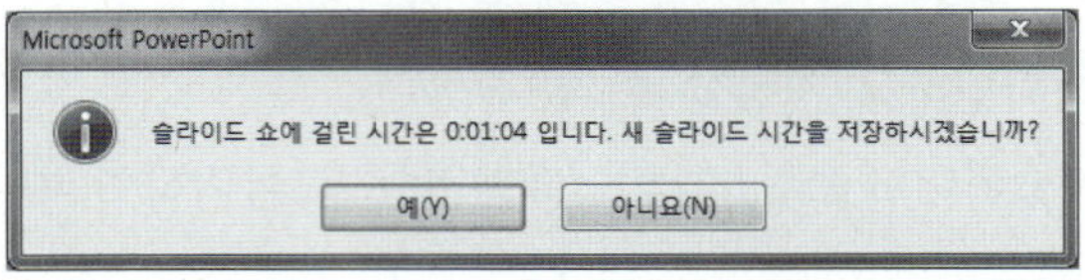


| 그림 5-19 | 슬라이드 쇼의 실행시간 저장 여부 확인

[예]를 클릭하여 예행 연습 시간을 저장하고 [보기]-[프레젠테이션 보기]-[여러 슬라이드]를 선택하면 [그림 5-20]과 같이 각 슬라이드 하단에 소요된 시간이 표시되고 이후 슬라이드 쇼를 진행하면 설정된 시간에 맞춰 화면이 자동 전환된다.

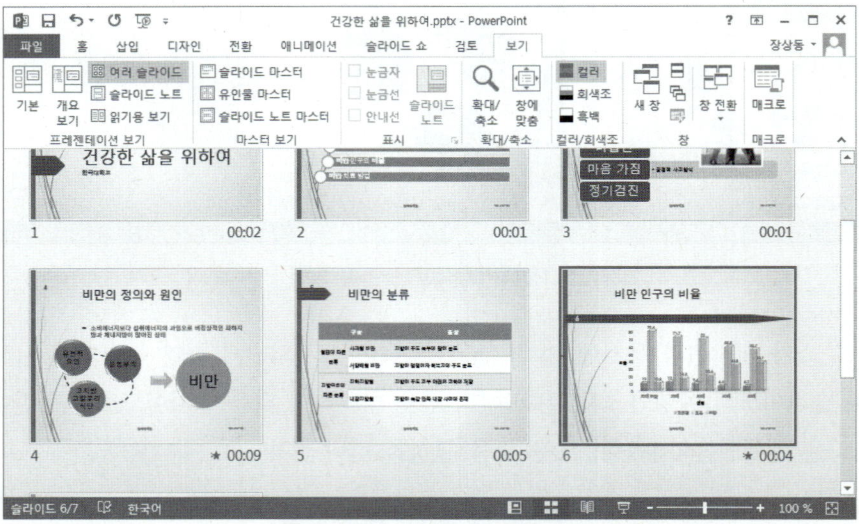


| 그림 5-20 | [여러 슬라이드] 보기의 예행연습 시간 기록

각 슬라이드에 기록된 시간의 미세 조정을 원하는 경우 [그림 5-21]과 같이 [전환]-[타이밍]의 [다음 시간 후]에서 상세 시간을 설정한다.

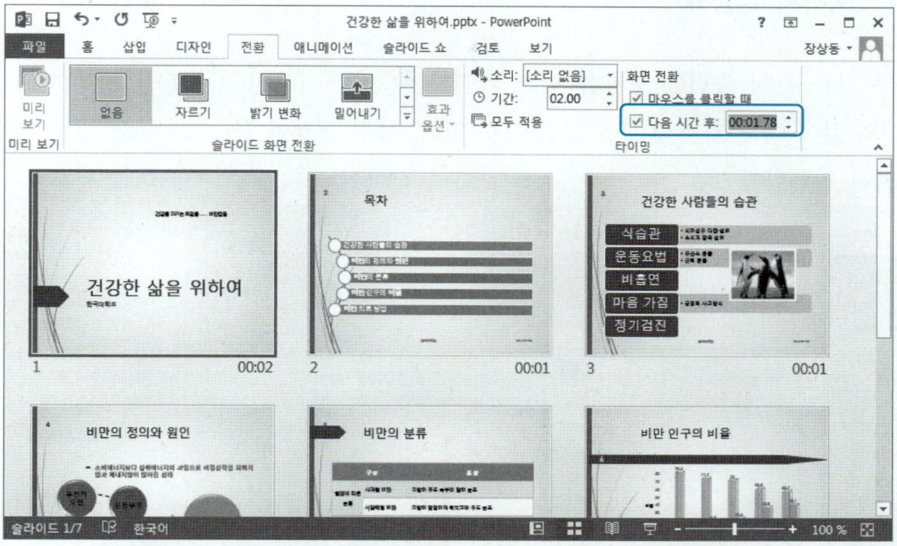


| 그림 5-21 | [전환]-[타이밍]의 [다음 시간 후]에서 상세 시간 설정

## 3.4 인쇄

### 3.4.1 페이지 설정하기

미리 보기를 통해 출력할 모양을 미리 확인할 수 있다. [파일]-[인쇄]를 선택하면 [그림 5-22]와 같이 여러 가지 옵션을 조절할 수 있다. 옵션 설정이 끝나면 [인쇄] 명령아이콘을 클릭하여 인쇄한다.

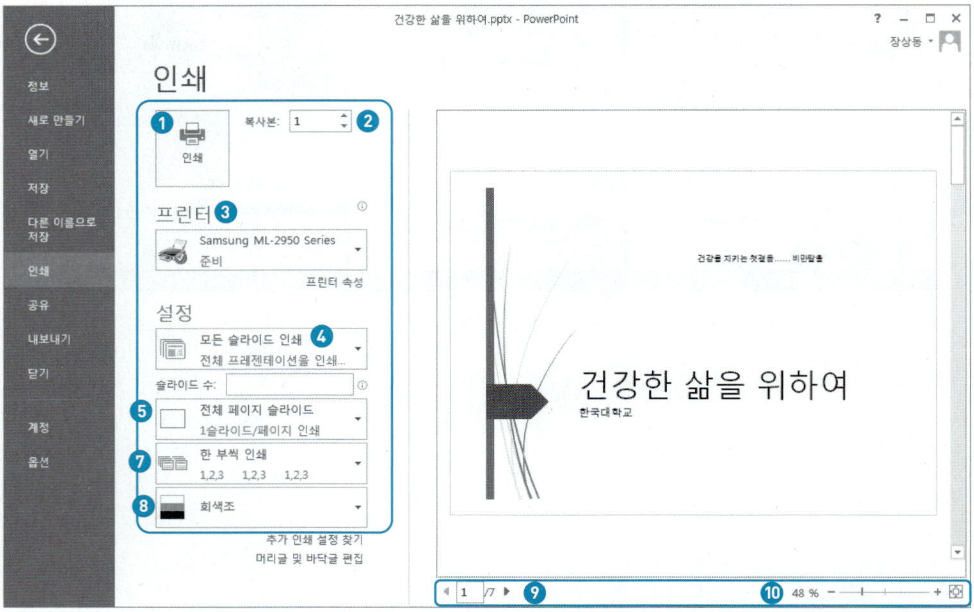


| 그림 5-22 | 인쇄 옵션

인쇄를 위한 옵션의 기능은 다음과 같다.

❶ 인쇄　클릭하면 인쇄를 시작한다.

❷ 복사본　인쇄 매수를 지정한다.

❸ 프린터　사용할 프린터를 선택한다.

❹ 모든 슬라이드 인쇄　인쇄할 슬라이드를 선택한다. 기본으로 '모든 슬라이드 인쇄'가 선택되어 있다. 인쇄할 슬라이드를 옵션에 따라 필요한 범위만 인쇄 가능하다.

❺ 전체 페이지 슬라이드　슬라이드, 슬라이드 노트, 개요, 유인물 등 인쇄할 대상과 인쇄 모양을 지정한다.

❻ 한 부씩 인쇄　여러 부를 인쇄할 경우 선택할 수 있다.

❼ 회색조　컬러, 회색조, 흑백으로 인쇄할 수 있다.

❽ 머리글 및 바닥글 편집 클릭하면 '머리글/바닥글' 대화상자가 나타난다. 슬라이드의 머리글이나 바닥글에 표시될 날짜 및 시간, 슬라이드 번호 등을 지정한다.

❾ 슬라이드 이동 화살표를 이용하여 한 슬라이드씩 이동하거나 슬라이드 번호를 입력하여 원하는 슬라이드를 바로 미리 보기 할 수 있다.

❿ 페이지 확대/축소 미리 보기 화면을 크게 하거나 작게 하여 보여준다.

### 3.4.2 내보내기

프레젠테이션 문서를 완성한 후 파워포인트 파일 형식 외에도 [그림 5-23]에 표시된 다양한 파일 형태로 문서를 저장할 수 있다. 웹에 게시할 때 사용하거나 다른 사람이 프레젠테이션의 내용을 편집하지 못하도록 지정할 때 많이 사용한다. 주로 PDF로 저장하는 경우가 많으며 비디오 파일(*.mp4)로도 저장 가능하다.

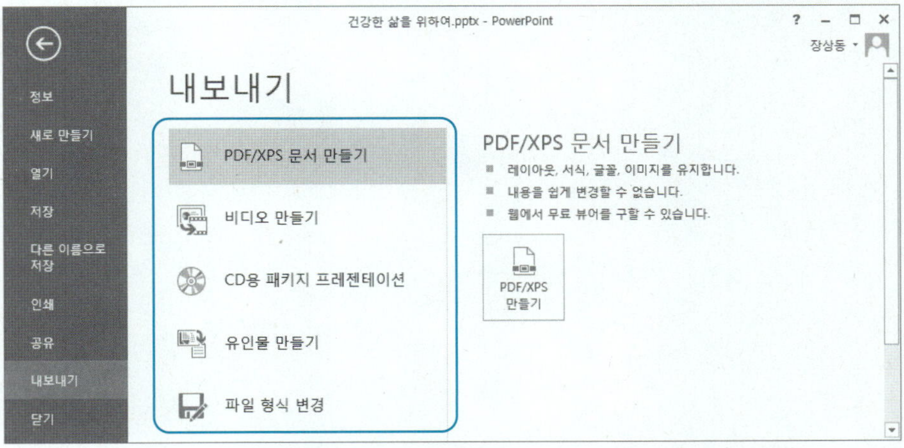


| 그림 5-23 | 다양한 형태의 내보내기

## 연습문제

1. 현재까지 배운 기능들을 골고루 적용 및 활용하여 자신의 소개서를 작성하시오.

2. 공동 작업 방법을 조사해서 자기소개서에 적용하시오.

3. 구역 나누기 기능을 조사하고 자기소개서에 적용하시오.

Chapter 06

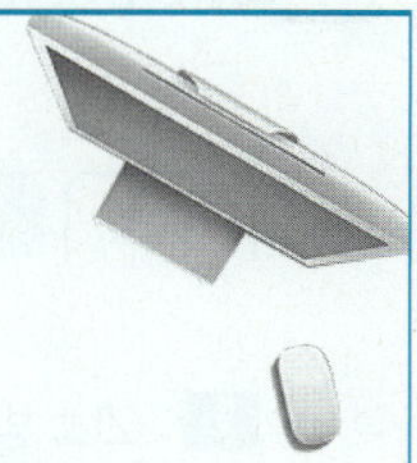

# 프레지의 기초

## 01 프레지란

프레지(Prezi)는 클라우드 기반의 프레젠테이션 도구이다. 프레지란 이름은 프레젠테이션의 앞부분에서 따온 말이며, 줌 효과로 화면을 전환하는 인터페이스(Zoomable User Interface, ZUI)로 유명하다. 2012년 SBS에서는 프레지를 활용한 뉴스 프레지를 선보이기도 했다.

헝가리 출신의 건축가 겸 시각예술가 아담 솜러이 피셔(Adam Somlai-Fischer)는 2001년부터 줌을 활용한 프레젠테이션으로 좋은 반응을 얻었다. 2007년 부다페스트 기술대학 교수인 피터 할라시(Peter Halacsy)는 이를 이용한 프레젠테이션 도구를 만들자고 설득했고, 전문경영인 피터 아바이(Peter Arvai)를 영입하며 2009년 4월 프레지 서비스를 시작하게 된다. 결국 기존의 건축가였던 아담은 슬라이드 안에 자신이 생각하고 원하고 모든 것을 효과적으로 표현하는 '프레지(Prezi)'라는 회사를 창업했다.

프레지는 여러 장의 슬라이드를 넘기면서 발표하는 파워포인트나 키노트와는 달리, 캔버스라 불리는 커다란 한 장의 종이 위에서 모든 데이터를 펼쳐 놓고 자신이 이야기하고자 하는 장면들을 확대・축소, 이동해가며 이야기 순서에 맞춰 보여주는 방식으로 스토리텔링을 표현하기에 가장 적합한 도구이다.

## 1.1 프레지의 기능

### 1 ZUI 방식의 작업 기능

프레지에서 사용하는 ZUI(Zoomable User Interface) 방식은 한 장의 캔버스 위에 텍스트, 이미지 등 여러 오브젝트를 위치시키고 발표 화면에 보여줄 오브젝트의 순서를 프레지의 패스 기능으로 설정하여 카메라가 캔버스에 다가가고 멀어지는 느낌처럼 확대・축소, 이동하면서 설정한 패스 순서대로 오브젝트들을 발표 화면에 보여주는 기능이다.

### 2 부드러운 화면전환 기능

해당 슬라이드에서 다음 슬라이드로 화면 전환시 내용이 끊기는 듯한 느낌의 프레젠테이션 툴에 비해 패스를 통한 각 개체들 간의 이동이 물 흐르듯 자연스럽게 진행된다.

### 3 온라인 기반의 작업 방식

사용자가 컴퓨터에 별도의 프로그램을 설치해야 구동할 수 있는 다른 프로그램과는 달리 프레지는 온라인만 연결되어 있으면 홈페이지(http://prezi.com) 가입만으로 곧바로 프레지를 사용할 수 있으며, 인터넷이 자유로운 환경에서 공간의 제약을 거의 받지 않고 어느 곳에서든 작업 가능하다.

### 4 데스크탑 프로그램 지원

인터넷이 연결되어 있지 않거나 작업 용량이 큰 경우를 위해 데스크탑에 프로그램을 설치하여 오프라인으로 사용할 수 있도록 지원한다.

### 5 줌 인/아웃 기능

프레지는 거대한 캔버스에 삽입된 콘텐츠를 수시로 확대・축소해가며, 발표 진행에 어울리는 장면을 자유롭게 구성할 수 있다.

### 6 다양한 개체 삽입 및 검색 기능

프레지에서는 일상적으로 많이 활용되는 이미지, 심볼 & 모양, 유투브 동영상, 이미지파일( *.pdf) 등을 캔버스에 삽입할 수 있다. 또한 파워포인트 등에서 쉽게 만들 수 있는 차트, 도형, 스마트 아트 개체들도 PNG 형식의 이미지로 변환하여 삽입 가능하다.

### 7 여러 가지 레이아웃의 제공

프로그램에 삽입된 자료들을 하나로 묶어주기 위해 레이아웃을 사용할 수 있다. 프레지에서는 작업 보조를 위한 다양한 형태의 레이아웃을 제공한다.

### 8 파워포인트와 연계

프레지와 파워포인트 등의 프레젠테이션 툴을 함께 사용하면 발표 목적과 상황에 맞게 활용할 수 있다. 작성해둔 PPT 슬라이드를 프레지에 삽입할 수 있으며, 인터넷에 연결되어 있는 경우 PPT 슬라이드에 프레지 파일을 삽입할 수 있다.

### 9 오프라인 발표를 위한 포터블(Portable) 다운로드

작업해둔 내용을 오프라인이나 불특정한 컴퓨터를 통해 발표할 상황이라면, 플래시 기반의 포터블 형식으로 내용을 다운로드하고 이것을 활용해 발표에 사용할 수 있다(단, 발표용 컴퓨터에는 플래시 플레이어가 설치된 상태이어야 한다)

### 10 PDF를 통한 문서화기능

작업 중인 프레지 파일의 패스 구성에 따라 PDF 문서를 만들 수 있다. 이를 토대로 청중대상의 유인물이나 보고용 문서 제작이 가능하며, 플래시 구동이 어려운 곳에서는 이것을 토대로 프레젠테이션을 진행할 수도 있다.

### 11 소셜 매체들과의 공유

SNS 시대에 각광받기 시작한 프로그램답게, 온라인에서 작업한 내용들은 손쉽게 트위터, 페이스북, 메일 등을 통해 많은 이들과 공유할 수 있다.

# 02 프레지 회원 가입

프레지는 플래시 기반의 온라인 프레젠테이션 도구이다. 프레지를 온라인이나 오프라인에서 사용하기 위해 가장 우선적으로 프레지 사이트에 접속하여 회원가입을 해야 한다.

## 2.1 사이트 접속

프레지는 마이크로소프트의 인터넷 익스플로러(버전 10 이상)를 포함한 대부분의 웹 브라우저에서 사용할 수 있으나 프레지를 원활하게 사용하기 위해서는 구글 크롬 또는 모질라 파이어 폭스, 사파리 같은 웹브라우저 사용을 권장한다.

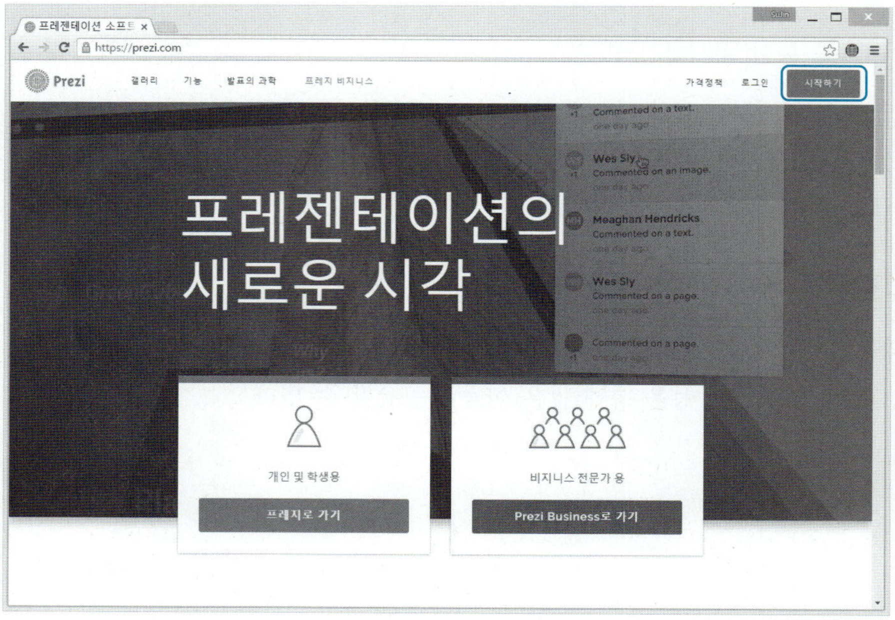


| 그림 6-1 | 프레지 사이트 접속 화면

프레지를 사용하려면 [그림 6-1]과 같이 크롬 웹 브라우저를 이용하여 프레지 홈페이지(http://prezi.com)에 접속한다. [개인 및 학생용]으로 가입하는 방법과 [비즈니스 전문가용]으로 가입하는 두 가지 방법이 있다. 일단 프레지 웹 페이지의 우측 상단에 있는 [시작하기]를 클릭하여 프레지 사이트에 직접 가입하자.

### 2.1.1 라이선스 유형 및 특징

프레지를 개인이 가입하는 계정은 모두 7가지로 원하는 라이선스를 선택하여 가입할 수 있고, 일반 계정인 Public, Enjoy, Pro, Pro Plus 라이선스 4가지와 교육용 계정인 에듀 인조이, 에듀 프로, 에듀팀 라이선스 3가지로 구분하여 가입할 수 있다.
[그림 6-2]는 일반 계정의 Enjoy, Pro, Pro Plus 3가지 라이선스 가입에 대하여 자세히 설명하고 있다.

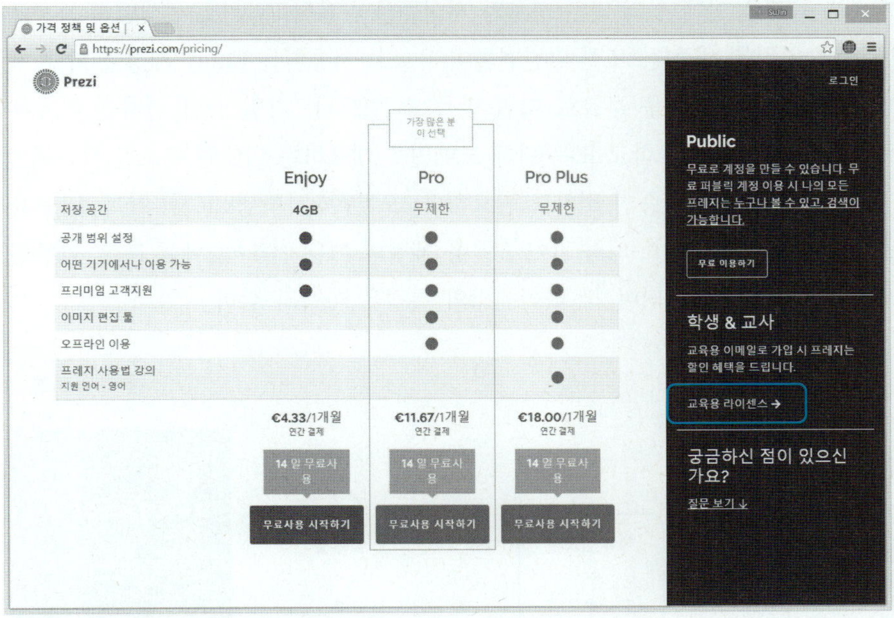


**| 그림 6-2 |** 일반 계정 종류

- Public 라이선스는 무료로 사용할 수 있는 계정으로, 인터넷이 연결된 온라인에서만 작업 가능하다. Public 라이선스에서 제작한 모든 프레지는 다른 사람이 볼 수 있게 공개되며 비공개로 보안 설정을 할 수 없기 때문에 중요한 작업 또는 보안을 유지해야 하는 작업인 경우에는 사용을 피해야 한다. 또한 편집 기능에 제한이 있고 프레지 로고가 왼쪽 하단부분에 항상 나타나며 100MB 저장 공간을 제공한다.
- Enjoy 라이선스는 1년에 51.96€의 비용을 지불해야 하는 유료계정이다. 현재 프레지 화면에서는 한 달에 4.33€라고 표시되어 있다. 휴대용 프레지로 다운로드하여 사용할 수 있고, 공개/비공개 설정이 가능하다. 프레지 로고를 제거하여 나만의 로고를 사용할 수 있으며 4GB의 저장 공간을 제공한다.

- Pro 라이선스는 1년에 140.04€의 비용을 지불해야하는 유료계정이다. 현재 프레지 화면에서는 한 달에 11.67€라고 표시되어 있다. 무제한의 저장 공간을 사용할 수 있으며 다른 내용들은 Enjoy 라이선스와 동일하다. 가장 큰 차이점은 프레지를 데스크탑으로 설치하여 오프라인에서 사용이 가능하다는 점과 이미지 편집 기능이 지원된다는 점이다.
- Pro Plus 라이선스는 1년에 216€의 비용을 지불해야하는 유료계정이다. 현재 프레지 화면에서는 한 달에 18€라고 표시되어 있다. 다른 내용들은 Pro 라이선스와 동일하고, 프레지 사용법 강의를 지원한다는 점이 추가되었다.

프레지라는 플랫폼 안에서 더 많은 정보와 지식들을 공유하고 학생, 선생님 또는 사회적인 기업에 많은 지원을 해준다. 또한 일반인들이 유료로 사용하는 Enjoy 계정을 학생, 선생님들은 동일한 기능과 환경을 무료로 지원 받을 수 있으나, 가입 승인 절차를 거쳐야 하는 번거로움이 있다. 가입 시 학교 또는 단체 도메인을 대표하는 이메일 주소를 사용해야 하고 또한 프레지 본사의 가입 승인 절차도 필요하다. 오른쪽의 [학생&교사] 항목의 [교육용 라이센스]를 클릭하면 [그림 6-3]과 같이 교육용 계정의 에듀 인조이, 에듀 프로, 에듀팀 라이센스 가입 페이지가 표시되며 각 라이센스의 특징은 다음과 같다.

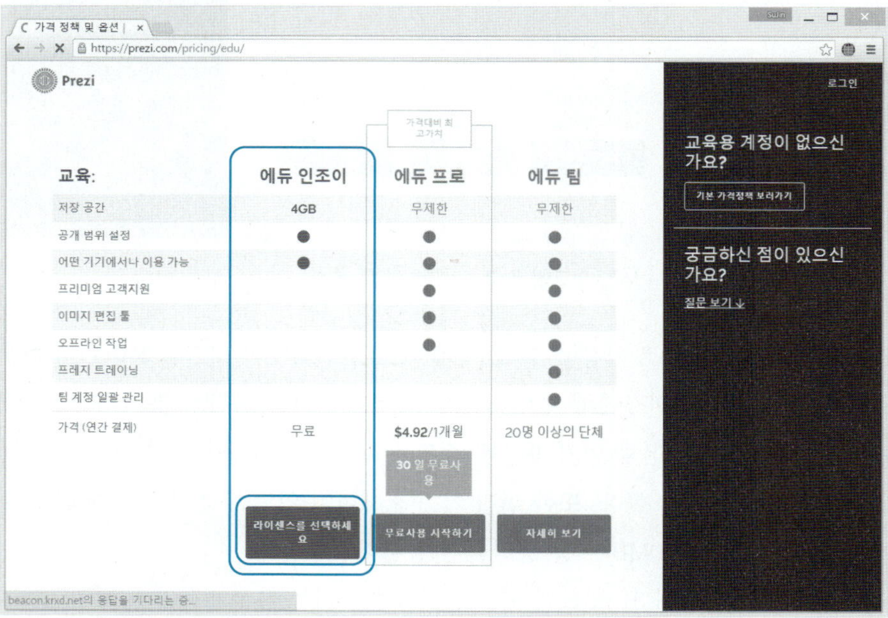


| 그림 6-3 | 교육용 계정 종류

- 에듀 인조이 라이센스는 Enjoy 라이센스 내용과 동일하다. 휴대용 프레지로 다운로드하여 사용할 수 있고, 공개/비공개 설정이 가능하다. 프레지 로고를 제거하여 나만의 로고를 사용할 수 있으며 4GB의 저장 공간을 제공한다.

에듀 프로 라이센스는 학생 또는 선생님이 프레지를 더욱 전문적으로 사용하고자 할 때 제공되는 라이센스로 1년에 59.04$의 비용을 지불해야한다. 현재 프레지 화면에서는 한 달에 4.92$라고 표시되어 있다. 이 에듀 프로 라이센스는 Pro 라이센스 보다 대폭 할인된 비용으로 동일한 기능들을 제공 받을 수 있다.

그 외 에듀 팀 라이센스는 학교에서 여러 라이센스(20명 이상)를 한 번에 구입하여 관리 페이지에서 구성원에게 개별로 할당 가능하다.

## 2.2 회원가입

무료인 에듀 인조이 라이센스로 가입해보자. [그림 6-3]에 표시된 링크 [라이센스를 선택하세요]를 클릭하면 [그림 6-4]와 같이 학생/교사 인증 과정이 나타난다.

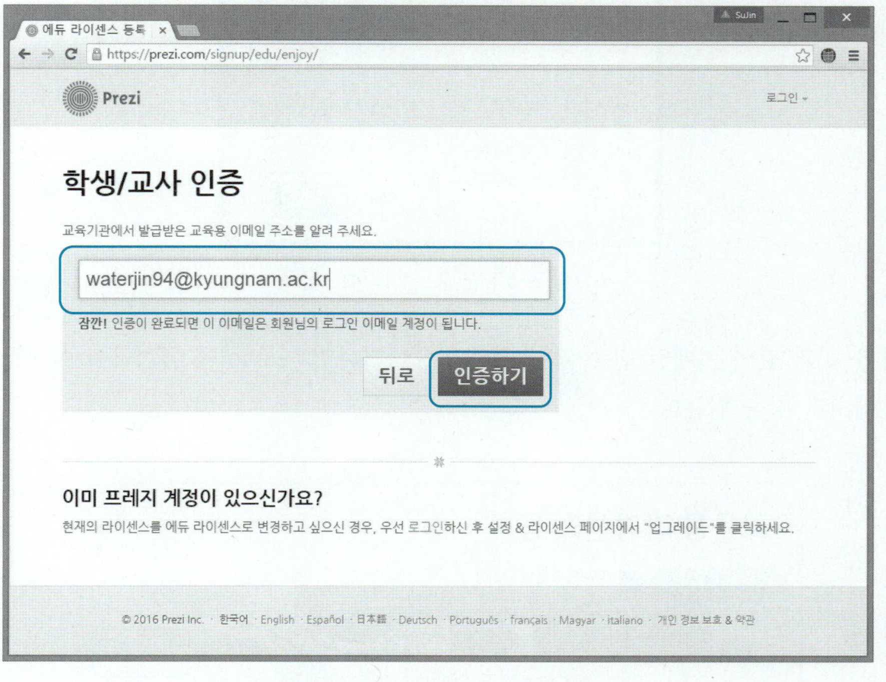


| 그림 6-4 | 학생/교사 인증 과정

[그림 6-5]와 같이 자신이 소속한 교육기관 상세 정보를 입력하고, [계속]을 클릭한다.

| 그림 6-5 | 인증 상세 정보 입력

[그림 6-6]과 같이 이메일 전송 확인 메시지가 나타나면 [Close]를 클릭하여 이메일 전송 확인 메시지 창을 닫는다.

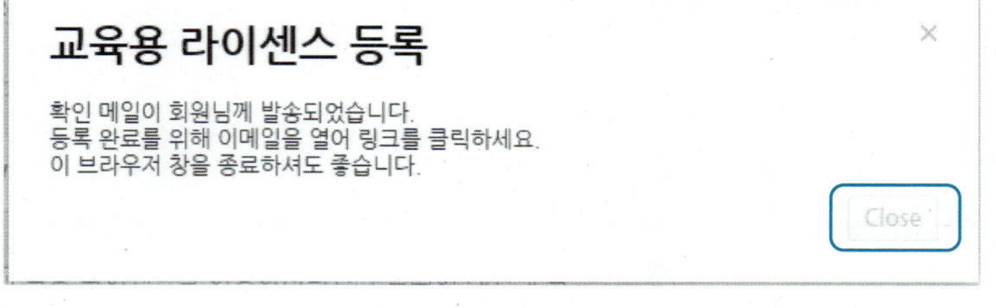


| 그림 6-6 | 이메일 전송 확인 메시지

가입 신청한 자신의 이메일로 로그인하여 받은 편지함을 열어 'Prezi'에서 보내온 메일을 확인하면 메일의 내용이 [그림 6-7]과 같다. 라이센스 등록을 진행할 수 있는 메시지 본문에 있는 링크를 클릭하거나 링크 주소를 복사하여 크롬의 주소창에 붙여 넣고 Enter↵ 키를 누르면 승인이 완료된다.

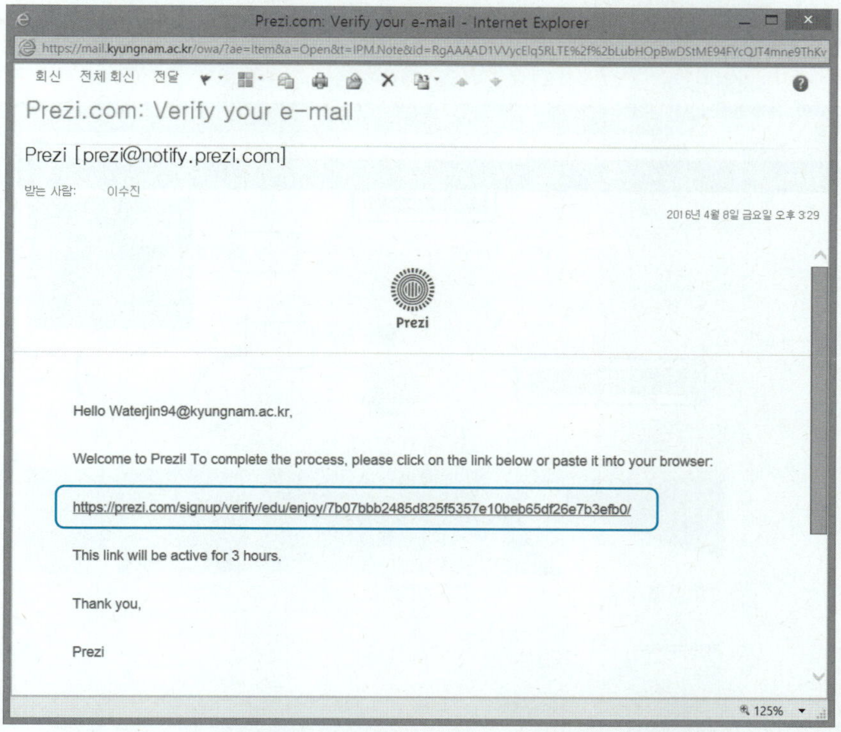


| 그림 6-7 | EDU 라이센스 등록 링크

[그림 6-8]은 회원 가입이 완료된 프레지의 첫 화면이다. 프레지에 로그인하면 항상 작업한 프레지들을 확인할 수 있는 [내 프레지] 화면이 나타난다. [새로운 프레지]를 클릭하여 새 프레지를 제작한다. 상단에 표시된 메뉴를 이용하여 로그아웃하거나 개인의 정보를 갱신한다. 프레지는 웹페이지를 닫는다 하더라도 자동 로그아웃이 되지 않으므로 반드시 로그아웃하고 웹 페이지를 종료해야하며, 로그아웃 상태인 경우에는 이 영역에 로그인 메뉴가 나타난다.

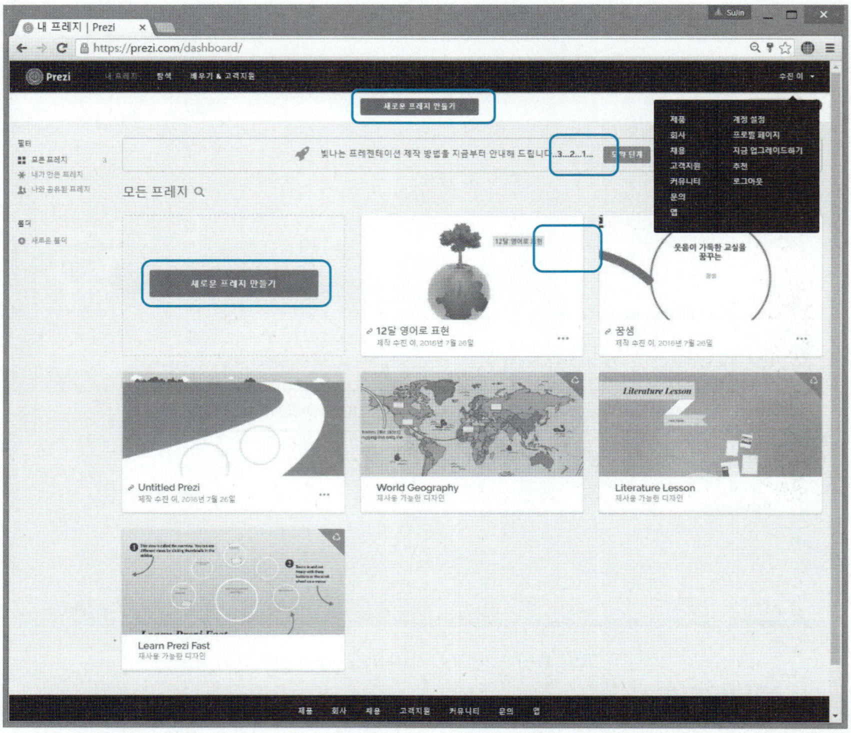

| 그림 6-8 | 프레지 회원 가입 결과 화면

# 03 프레지의 인터페이스

## 3.1 프레지 접속 화면 구성

프레지 사이트(Prezi.com)는 [그림 6-9]의 상단에 있는 [내 프레지], [탐색], [배우기&고객 지원]의 3가지 탭 메뉴를 제공한다. 각 탭의 고유 기능을 간단히 살펴보자.

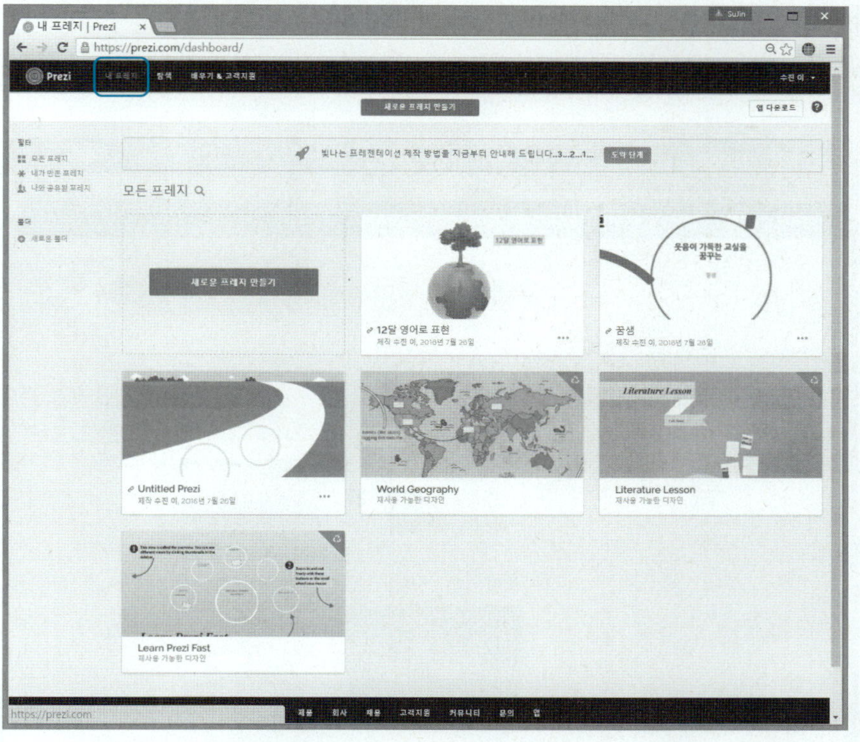

| 그림 6-9 | [내 프레지] 탭 페이지

### 3.1.1 [내 프레지] 탭

[내 프레지] 탭 페이지는 자신의 프레지를 만들고 관리하는 곳이다. 온라인에서 작업한 프레지 파일이 저장되며 이곳에서 만들어 놓은 파일을 관리한다. [모든 프레지] 메뉴는 프레지에서 기본으로 제공하는 프레지와 내가 만든 프레지를 모두 보여준다. 그리고 개별적으로 [내가 만든 프레지]와 [나와 공유된 프레지]로 구분하여 제공된다. [폴더]의 [새로운 폴더] 메뉴

를 선택하면 우측에 폴더를 관리하는 메뉴로 변경된다. [그림 6-9]의 콘텐츠 영역은 [내 프레지] 탭의 본문 페이지를 나타낸다.

### 3.1.2 [탐색] 탭

[탐색] 탭은 다른 사용자들이 만들어 공개한 프레지를 검색하거나 감상하는 곳이다. 다른 사용자들이 프레지를 함께 공유하며 다양한 분야의 인기 있는 프레지 작품을 감상할 수 있다. [그림 6-10]은 [탐색] 탭의 메뉴들을 보여준다. [추천 프레지]와 [인기있는 페이지] 두가지로 분야별 다양한 프레지를 활용할 수 있다. 또한 다른 언어권의 프레지, 공개 또는 재사용 2가지 권한의 프레지도 검색하여 [내 프레지]로 복사 저장하여 사용할 수 있다. [그림 6-10]은 [탐색]탭 페이지를 나타낸다.

| 그림 6-10 | [탐색]탭 페이지

### 3.1.3 [배우기&고객지원] 탭

[그림 6-11]과 같이 [배우기&고객지원]탭은 프레지를 학습할 수 있는 동영상 자료 또는 새 소식을 제공한다. 라이센스별로 제한적이지만, 프레지의 문의사항을 24시간 내에 답을 받을 수 있는 [프리미엄 고객지원] 기능을 제공하는 페이지이다.

| 그림 6-11 | [배우기&고객지원]탭 페이지

## 3.2 새 프레지 파일 생성

프레지 작업은 프레지 사이트에 접속 및 로그인하여 [그림 6-9]의 [내 프레지] 탭의 상단 또는 본문에 있는 [새로운 프레지 만들기] 링크를 클릭하면 [그림 6-12]와 같이 [빈 프레지 시작]과 [템플릿 사용] 버튼이 나타난다. 화면에서 제공하는 다양한 템플릿을 사용하고자 하는 경우에는 원하는 템플릿을 선택한 후, [템플릿 사용] 링크를 클릭한다. [최신]에 인접한 [더보기] 이용하면 더 많은 템플릿을 이용할 수 있다. 프레지는 계속 변화하고 있어 메뉴의 명칭이나 위치가 이전의 버전과 다른 경우가 종종 있다.

| 그림 6-12 | 템플릿 적용 여부 설정 페이지

빈 공간에서 작업을 시작하기 위해 [빈 프레지 시작] 링크를 클릭하면 [그림 6-13]과 같이 프레지 작업을 할 수 있는 편집 모드로 들어간다. 작업이 끝나면 상단의 저장 버튼을 클릭하여 저장한다. 프레지 사이트에 온라인으로 저장된다.

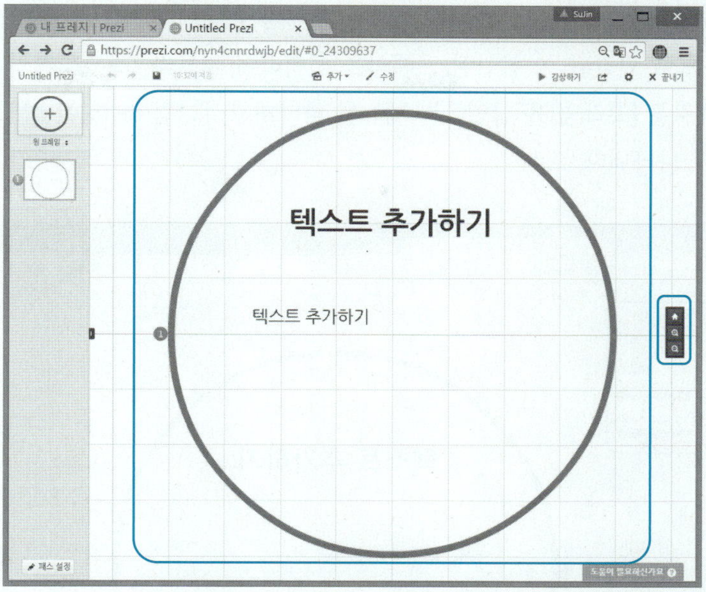


| 그림 6-13 | 프레지 [편집 모드] 화면

### 3.2.1 캔버스와 줌 인/아웃

[그림 6-13]의 프레지 편집 화면에 표시된 영역을 캔버스(Canvas)라고 한다. 캔버스는 프레지의 작업 공간이다. 프레지는 대부분의 작업이 캔버스를 확대/축소하면서 진행된다. 캔버스에서 확대 또는 축소하고 싶은 부분에 마우스 포인터를 위치시키고 마우스 휠을 돌리면 마우스를 중심으로 캔버스가 확대(줌 인) 또는 축소(줌 아웃)된다. 캔버스의 빈 공간을 마우스로 클릭한 채 드래그 하면 캔버스 위치가 변경된다.

### 3.2.2 캔버스의 지브라 도구를 이용한 줌 인/아웃

캔버스 오른쪽 경계선에 가까이 마우스 커서를 위치시키면 [그림 6-13]처럼 캔버스의 지브라 도구가 나타난다. 캔버스의 개체를 편집하는 기본 편집도구를 지브라 도구라고 한다. 캔버스의 지브라 도구에서 전체 보기()를 클릭하면 캔버스의 전체내용을 나타낸다. 줌 인()을 클릭하면 캔버스가 확대되고 줌 아웃()을 클릭하면 캔버스가 축소된다.

### 3.2.3 [페이지 프레임] 메뉴

프레임은 캔버스에서 보여주고자 하는 영역을 만들어 주는 기능이다. 프레임은 괄호, 원, 사각, 투명 프레임 4가지로 구성된다. 프레임을 넣기 위해서 화면 외쪽 상단의 프레임 선택 옵션을 열어 프레임의 종류를 정한 후 선택된 프레임을 캔버스로 드래그&드롭 하면 패스(장면)가 자동으로 연결된다. 삽입된 프레임을 선택하여 지브라 도구로 편집가능하다. [그림 6-14]는 새로운 [프레임]을 삽입하는 메뉴를 나타내고, [그림 6-15]는 삽입된 프레임 수정하는 메뉴를 나타낸다.

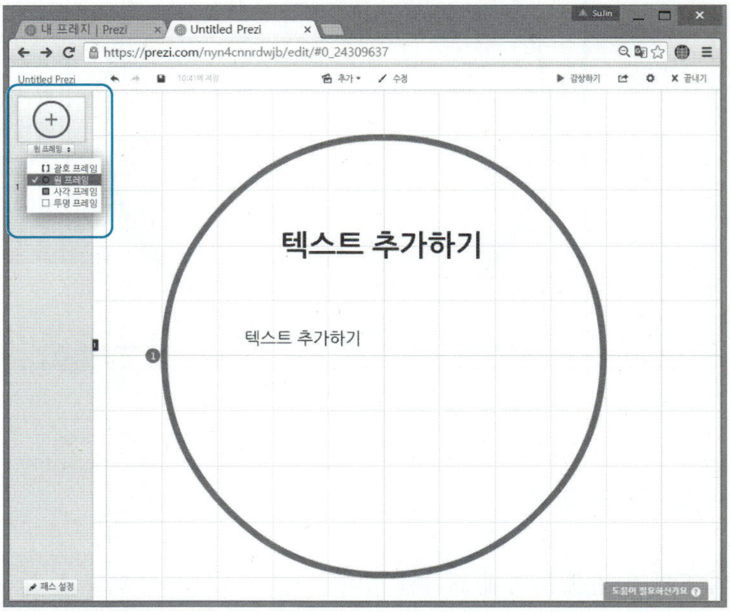


| 그림 6-14 | 프레임 삽입

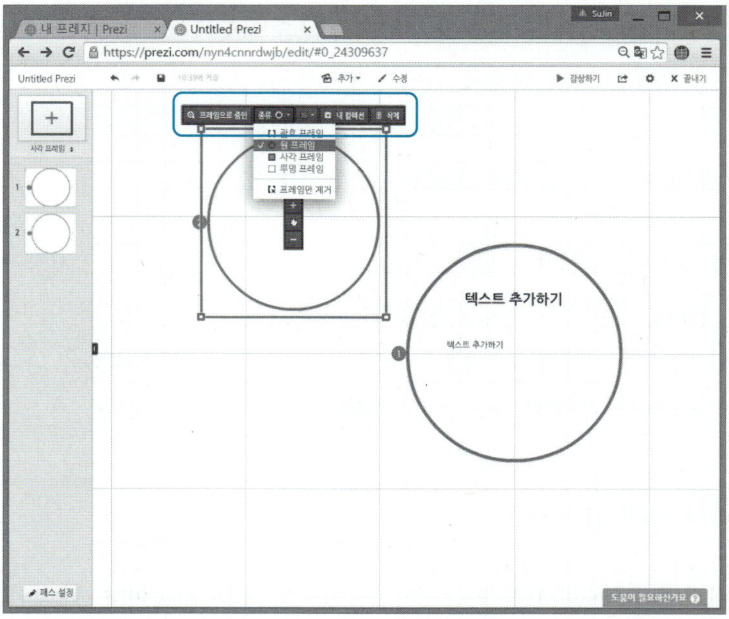


| 그림 6-15 | 프레임 수정 메뉴

### 3.2.4 [추가] 메뉴

[추가] 메뉴를 이용하여 캔버스에 삽입하는 개체는 이미지, 심볼&모양, 유투브 동영상, 내 컬렉션, 레이아웃, 화살표/선/형광펜, 배경음악 추가, 파일(PDF, 동영상), 파워포인트 등 다양한 형태가 있다. [그림 6-16]은 [추가] 메뉴를 나타낸다.
각 메뉴의 기능은 다음과 같다.

- 이미지 내 컴퓨터에 저장된 이미지 파일을 삽입한다.
- 심볼&모양 사각형, 원형, 삼각형 등의 여러 가지 다양한 심볼을 선택하여 삽입한다.
- 유튜브 동영상 YouTube 동영상 링크를 추가하여 동영상을 삽입한다.
- 내 컬렉션... 프레지 안의 개체를 내 컬렉션에 추가할 수 있으며 저장해 둔 컬렉션을 불러와서 사용한다.
- 레이아웃 프레지의 장면을 미리 만들어 놓고 손쉽게 구성할 수 있는 레이아웃을 선택하여 삽입한다.

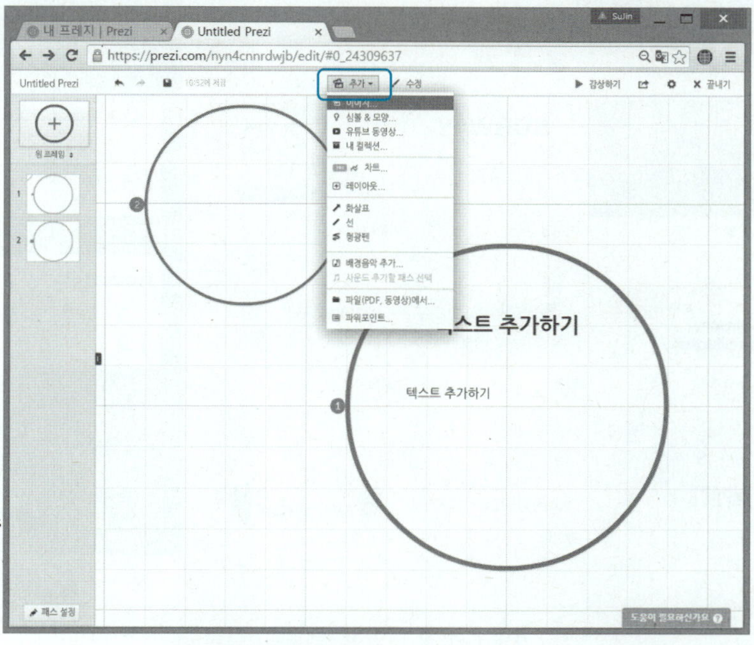


| 그림 6-16 | [추가] 메뉴

- 화살표/선/형광펜 프레지에 필요한 선 개체를 삽입한다.
- 배경음악 추가 내 컴퓨터에서 음악 파일을 불러와서 프레젠테이션 전반에 배경으로 사용할 음악을 삽입한다.
- 패스에 사운드 삽입 선택한 패스에 사운드를 삽입한다.

- 파일(PDF, 동영상)에서... 내 컴퓨터에서 파일(PDF)이나 그외 동영상 파일을 불러와 삽입한다.
- 파워포인트 파워포인트 파일(확장자가 ppt 또는 pptx0을 불러와서 프레지에 삽입한다. 파워포인트의 슬라이드가 프레지의 편집 가능한 형태로 변환되어 삽입이 가능하다.

### 3.2.5 [템플릿] 메뉴

[템플릿] 메뉴는 자주 사용되는 프레지 작업을 기본 설정하여 배경의 이미지와 색상, 프레임, 글꼴, 글꼴의 색상 등을 미리 만들어 빠르게 디자인을 변경해준다. 새로운 프레지를 클릭하여 템플릿 선택창에서 선택 후 사용한다. 한번 선택한 템플릿은 작업 중간에 바꾸기가 어렵기 때문에 신중하게 고려해야한다. [그림 6-17]은 템플릿 창에서 [더보기]탭을 클릭하면 최신 템플릿 외의 다양한 템플릿을 나타낸다.

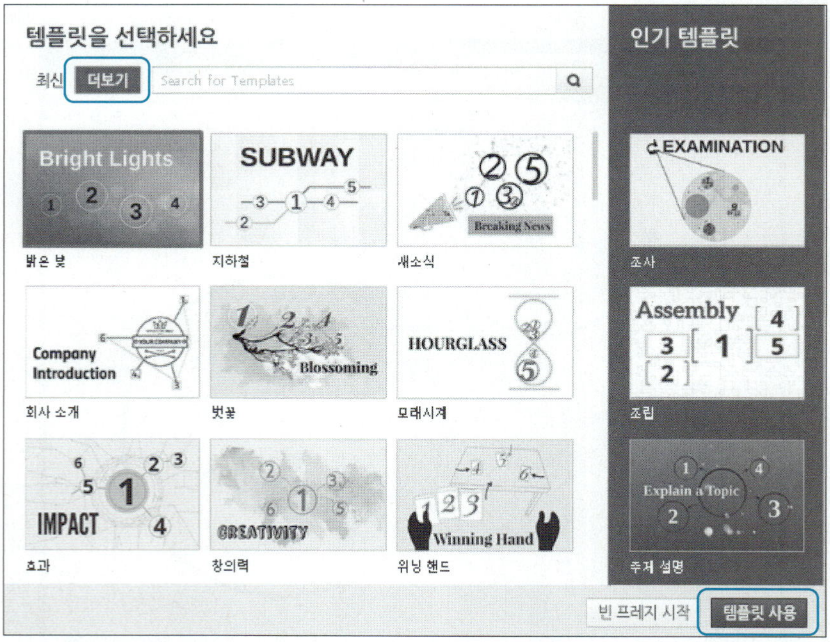


| 그림 6-17 | 다양한 [템플릿] 종류

Chapter 07

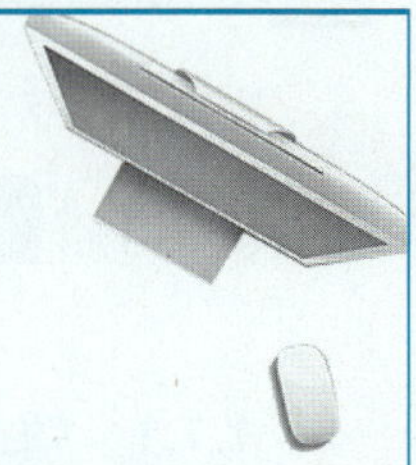

# 다양한 개체의 사용

## 01 캔버스에 다양한 개체의 사용

텍스트 외에 이미지, 미디어, 레이아웃, 파일 등 다양한 개체들을 캔버스에 삽입하려는 경우 상단에 있는 [추가] 메뉴를 이용하고, [패스 설정] 메뉴를 이용해 삽입된 각 개체에 패스를 지정하여 개체간 이동을 설정하며 마우스 휠을 이용하여 개체를 확대/축소할 수 있다.

## 1.1 텍스트

### 1.1.1 텍스트 입력

새로운 프레지를 시작할 때마다 원형 프레임이 기본 설정되어 있고, 원형 프레임 내부에 "텍스트 추가하기" 입력란이 존재한다. [그림 7-1]과 같이 입력란에 "프레지 시작" 텍스트를 입력하고, 폰트는 [제목], 정렬은 가운데로 지정하자.

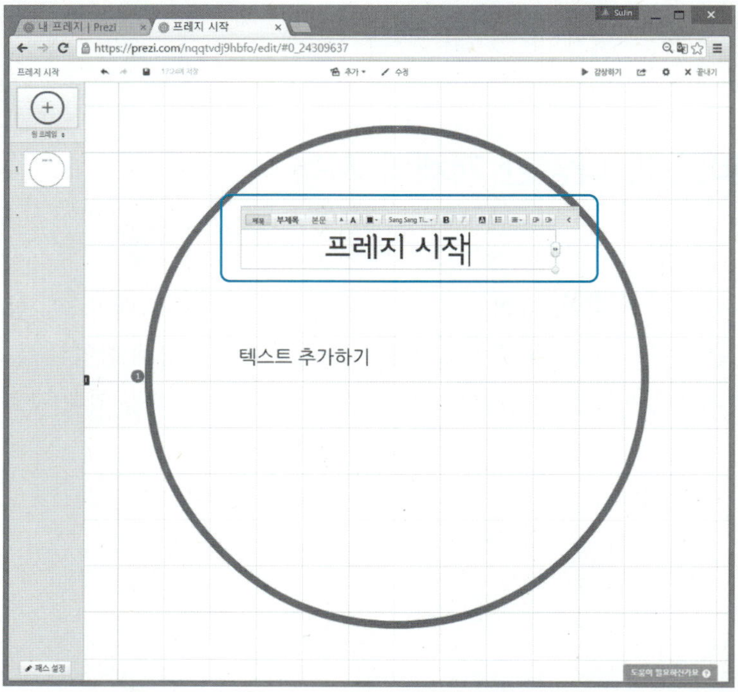


| 그림 7-1 | 입력란을 이용한 텍스트 입력

### 1.1.2 지브라 도구를 이용한 텍스트 상자 편집

[그림 7-1]과 같이 수정 후 텍스트 상자를 선택하면 [그림 7-2]와 같이 텍스트 상자의 지브라 도구가 표시된다. 캔버스 내의 개체를 클릭하면 생성되는 편집도구를 지브라 도구라고 한다. 지브라 도구의 + 또는 - 버튼을 이용하여 텍스트의 크기를 변경하고 을 이용하여 텍스트 상자를 이동한다. 텍스트 수정 을 클릭하여 텍스트를 수정하고 삭제 를 이용하여 텍스트 상자를 삭제한다.

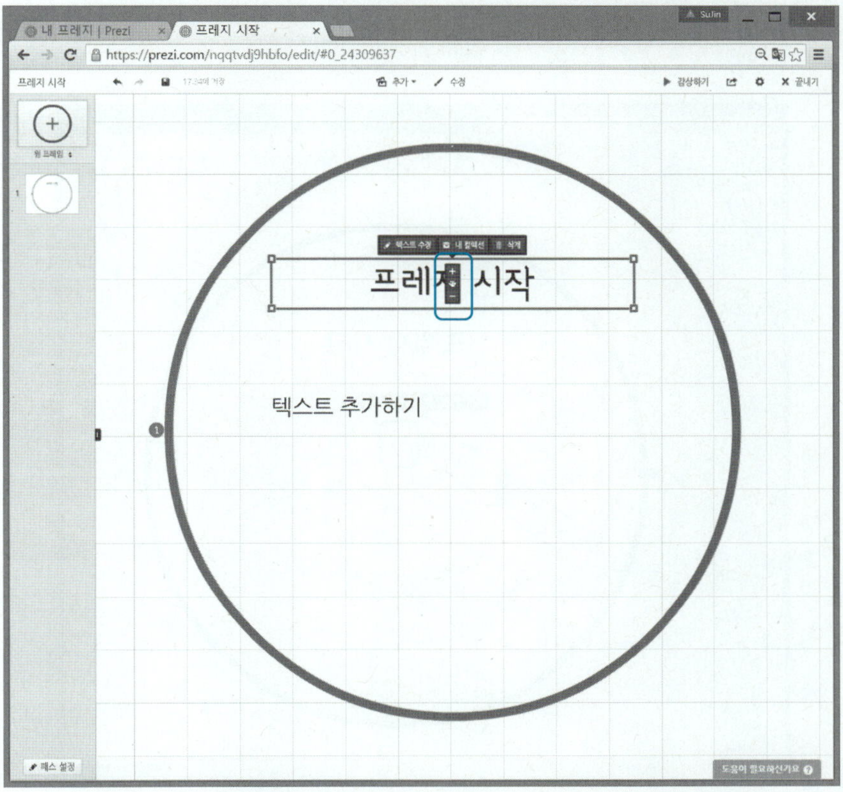


| 그림 7-2 | 텍스트 입력 상자의 변환 도구

### 1.1.3 텍스트 상자의 회전과 크기 조절

텍스트 상자를 선택하면 모서리에 네 점이 생긴다. 텍스트 입력 상자의 크기를 확대하거나 축소하려면 모서리의 네 점의 화살표(↘) 모양일 때 드래그한다. 모서리의 각 점에 화살표가(↘) 나타날 때는 텍스트 상자를 회전 가능하도록 도형이 확장된다. 텍스트 상자를 회전하려면 [그림 7-3]과 같이 마우스 커서가 ↻ 모양 일 때 드래그한다.

캔버스의 임의의 위치를 클릭하여 텍스트 입력 상자가 나타나면 "텍스트 회전과 크기 조절"을 입력하고 적당한 크기로 조절하고 회전시킨 후 [그림 7-3]과 같이 두 개의 텍스트 상자를 편집해 보자.

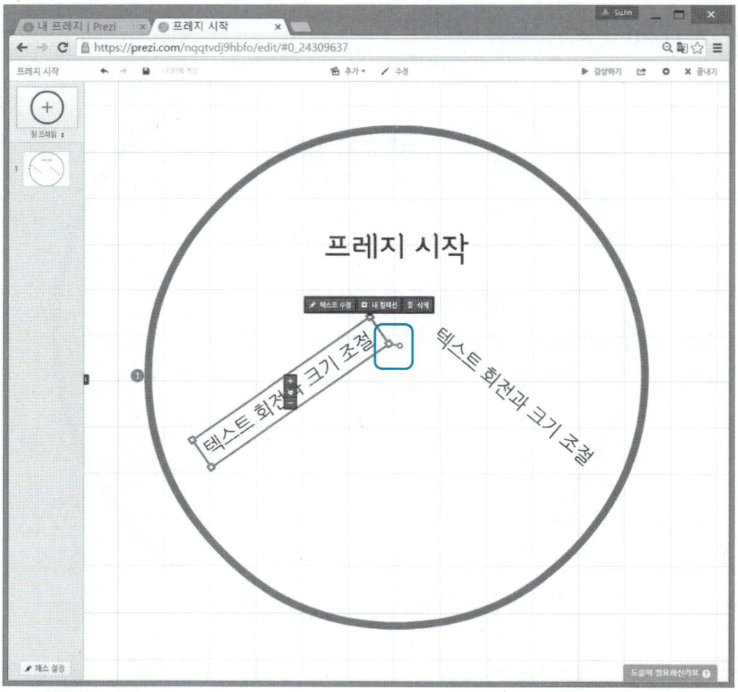


| 그림 7-3 | 텍스트 상자의 회전

## 1.2 이미지

### 1.2.1 내 컴퓨터의 이미지 가져오기

[추가]-[이미지] 메뉴를 클릭하면 [열기] 대화상자가 나타난다. [열기] 대화상자에서 내 컴퓨터에 저장된 이미지 파일을 선택하고 [열기] 버튼을 클릭하면 [그림 7-4]와 같이 파일이 업로드된다. 임의의 이미지를 선택하고 드래그해서 [그림 7-4]의 캔버스와 같이 적당한 위치에 배치하고, 이미지 모서리에서의 커서 모양인 화살표(↘) 모양과 ↻ 모양을 이용하여 크기를 조절하자. 인터넷의 속도에 따라 업로드 시간이 다소 걸릴수 있다.

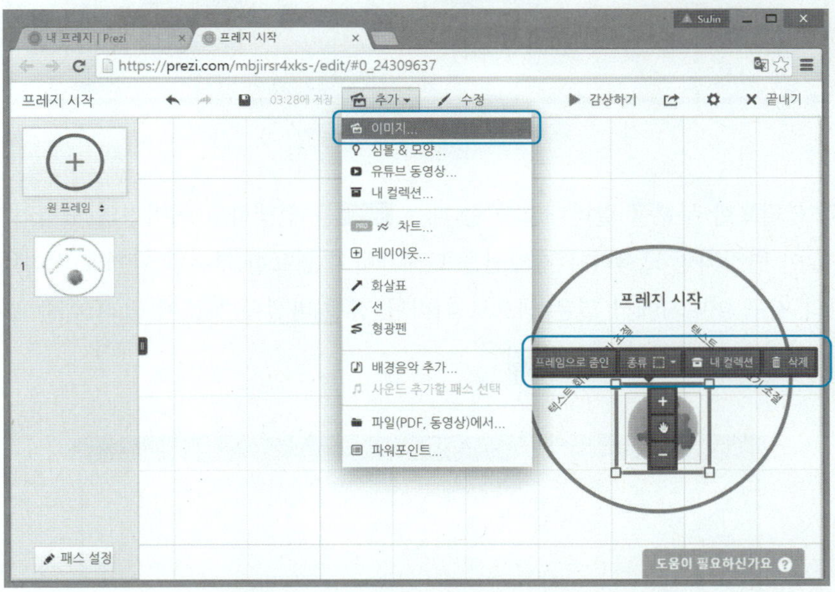


| 그림 7-4 | 내 컴퓨터의 이미지 가져오기

### 1.2.2 지브라 도구를 이용한 이미지 편집

[그림 7-4]와 같이 이미지를 선택하면 이미지 지브라 도구가 표시된다. 이미지 지브라 도구의 바꾸기 는 다른 그림으로 변경하고자할 때 사용한다. 바꾸기 를 클릭하면 [그림 7-5]와 같이 오른쪽에 [이미지 변경] 창이 표시되며, [파일 선택]을 클릭하여 이미지 추가할 때와 같은 순서로 파일을 선택한 뒤 [변경] 버튼을 클릭하면 선택한 이미지로 변경된다.

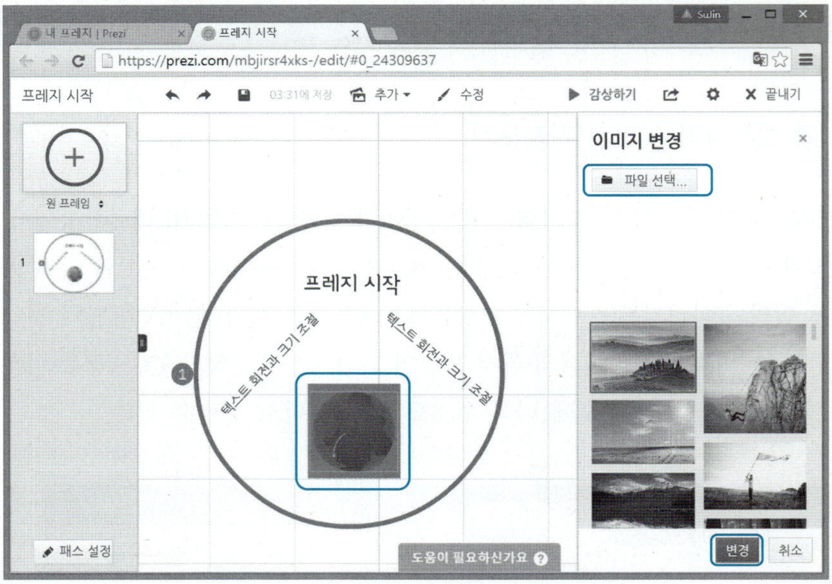


| 그림 7-5 | 이미지 변경

이미지의 불필요한 부분을 잘라내고자 할 때는 자르기를 선택하고 이미지의 모서리가 [그림 7-6]과 같이 변경되면 모서리나 경계선을 드래그하여 필요한 부분만 남기고 잘라낸다. [그림 7-6]의 지구 이미지에서 옅은 색으로 나타난 점선 바깥쪽 부분이 잘려 나갈 부분이다. 삭제를 클릭하면 이미지가 삭제된다.

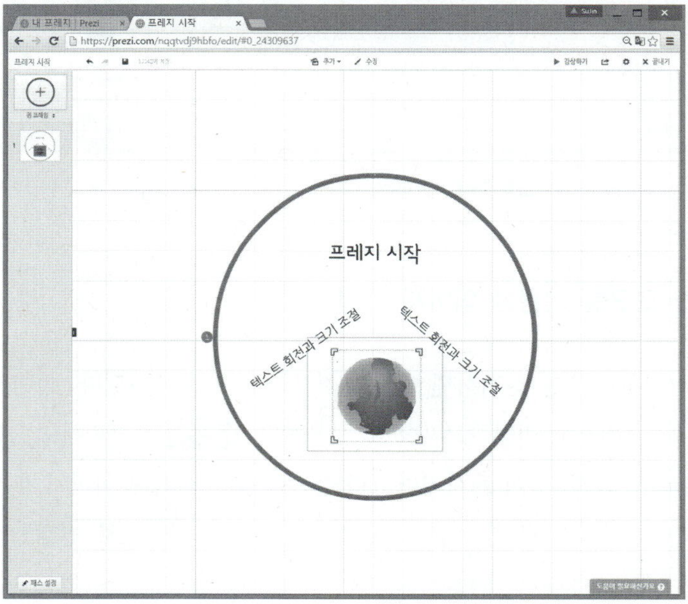


| 그림 7-6 | 이미지 자르기

## 1.3 심볼&모양

심볼&모양은 프레지에서의 클립아트이다. [추가]-[심볼 & 모양]을 클릭하면 [그림 7-7]과 같이 [Style] 창이 나타나고, 총 10가지의 Style이 있으며 유사한 모양의 다양한 디자인 패턴이 제공된다.

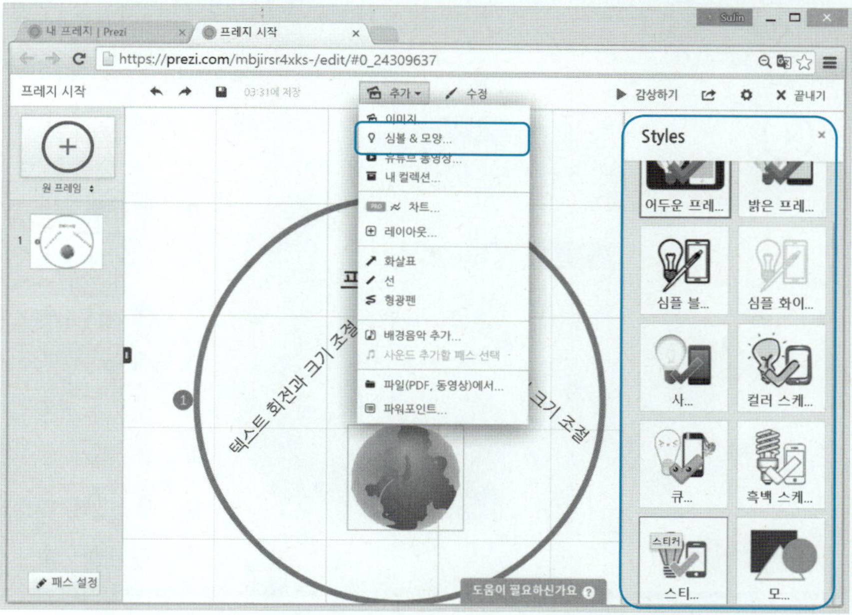

| 그림 7-7 | [Styles] 창

[그림 7-7]의 [Styles] 창의 아래쪽에 있는 [스티커] 스타일을 클릭하면 [그림 7-8]과 같이 스티커 범주의 다양한 클립아트가 나타난다. 마우스 휠이나 줌인()을 이용해서 지구 이미지를 확대한 뒤 지도의 특정 위치에 주황색 깃발 클립아트를 지도의 중앙에 드래그해서 삽입하자. 클립아트의 지브라 도구는 이미지의 지브라 도구와 기능이 같다. 캔버스 공간 확보를 위해서 [Styles] 창을 닫자.

| 그림 7-8 | 줌 인과 스티커 스타일 삽입

## 1.4 화살표

[추가]-[화살표]를 클릭하여 커서 모양이 바뀌면 캔버스 위에서 드래그하여 화살표를 그린 후 화살표의 끝점을 드래그하여 길이를 조정하고, 선의 가운데 점을 드래그하여 곡선으로 만든다. [그림 7-9]와 같이 화살표를 추가하고 위쪽 화살표는 곡선으로 변경하자. 화살표를 선택하면 나타나는 지브라 도구를 이용하여 화살표의 색깔이나 두께를 조절한다.

| 그림 7-9 | 화살표 삽입 및 곡선 만들기

## 1.5 프레임

### 1.5.1 프레임의 삽입

프레임은 프레지에서 보여주고자 하는 영역을 자유롭게 만들어 주는 가장 중요한 요소이다. 캔버스 왼쪽에서 추가하고자 하는 임의의 프레임을 선택하고, 캔버스로 드래그하여 [괄호 프레임]을 삽입해보자. [그림 7-10]과 같이 [괄호 프레임]이 삽입 되면서 왼쪽에 있는 패스 목록에 자동으로 추가 된다.

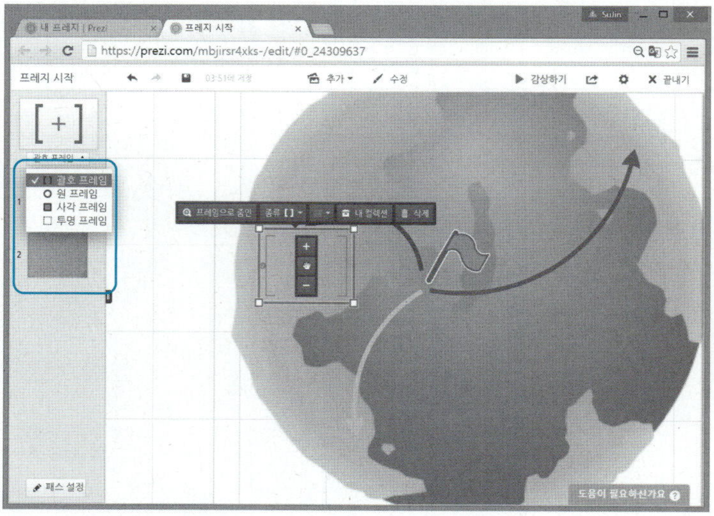


| 그림 7-10 | [괄호 프레임] 삽입

### 1.5.2 프레임의 도형의 변경

캔버스에 삽입된 [괄호 프레임]을 클릭하면 지브라 도구가 표시된다. 대괄호 모양이 보이지 않도록 [그림 7-11]과 같이 지브라 도구를 이용하여 프레임 종류를 [투명 프레임] 프레임으로 변경해보자.

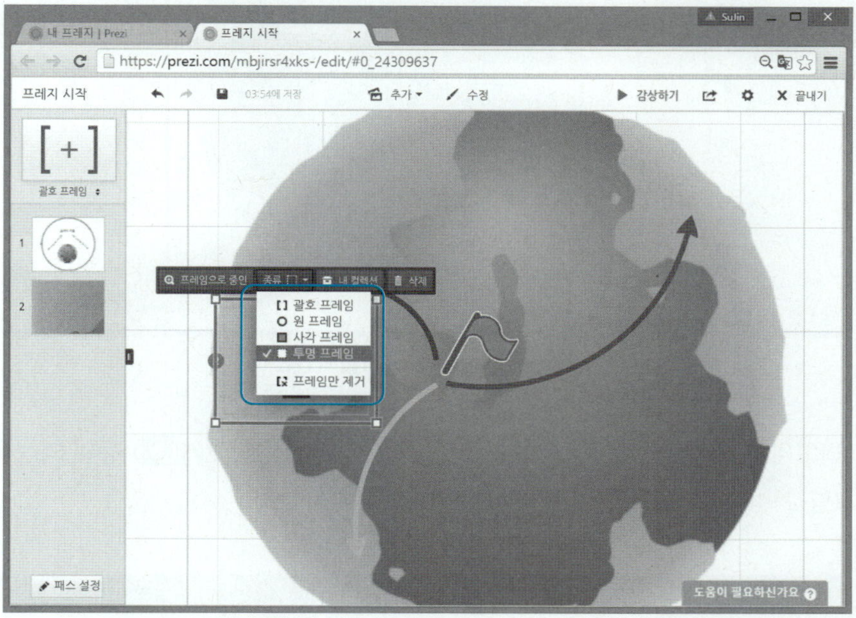


| 그림 7-11 | 프레임의 모양 변경

### 1.5.3 프레임을 이용한 그룹화

[그림 7-11]에서 변경한 프레임을 화살표와 깃발을 포함하도록 크기와 위치를 변경한 뒤, 마우스로 프레임의 테두리를 선택해서 드래그 해보자. 프레임의 영역 내에 들어 있는 개체는 자동으로 그룹화 되어 화살표와 깃발이 함께 움직인다. [그림 7-12]와 같이 Shift 키를 이용하여 선택한 개체를 지브라 도구의 [그룹] 버튼으로 그룹화 하는 방법이 있다. [그룹]을 클릭하면 명시적으로 그룹화되어 개체를 하나씩 따로 움직이지 못한다. 그룹으로 묶인 개체를 선택하면 [그룹] 버튼이 [그룹 해제]로 변경되고, 한 번 클릭할 때마다 그룹과 해제가 토글된다. 그룹 지정이 되더라도 개개의 객체는 개별적으로 이동 가능하다.

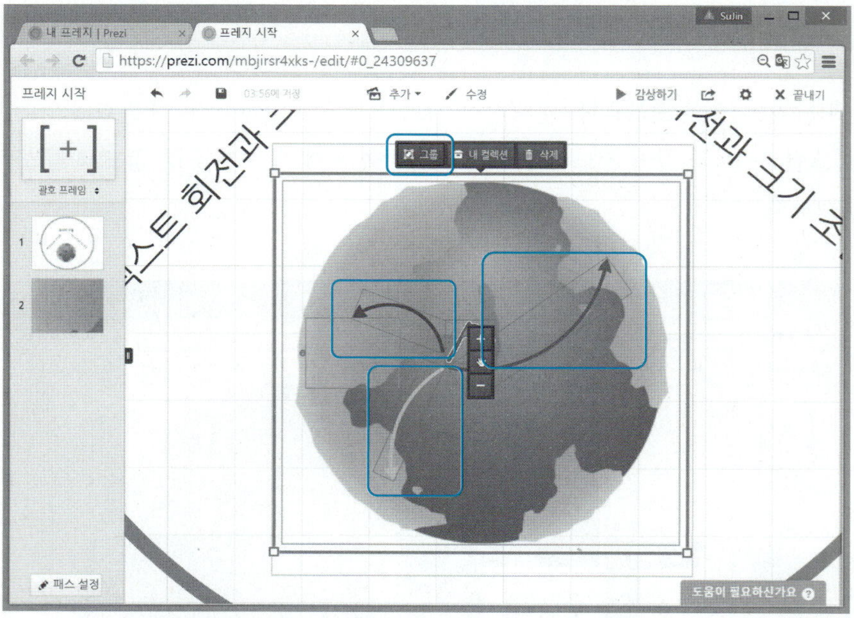

| 그림 7-12 | 개체 그룹 지정

[그림 7-12]의 상태에서 마우스 휠이나 줌 아웃( ) 또는 전체 보기( ) 등의 기능을 사용하여 [그림 7-13]과 같이 줌 아웃 시키자.

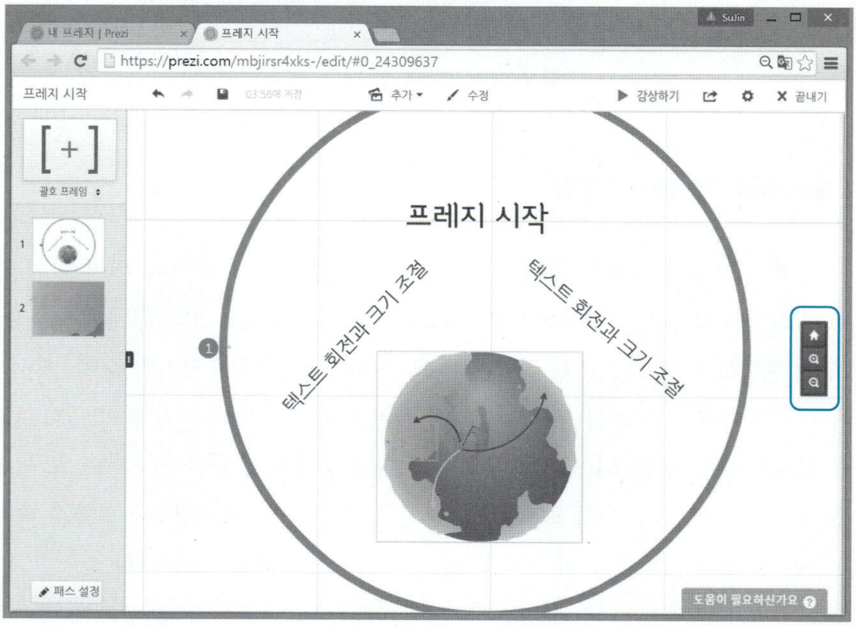


| 그림 7-13 | 줌 아웃

## 1.6 레이아웃

레이아웃은 다수의 프레임을 특정 작업에 알맞도록 미리 그려 놓은 배치도다. [그림 7-13]에서 [추가]-[레이아웃]을 클릭하면 [그림 7-14]와 같이 [레이아웃] 창에 싱글 레이아웃과 멀티 레이아웃 2가지로 표시된다. 임의의 레이아웃을 캔버스에 삽입하려면 해당 레이아웃을 캔버스로 드래그하면 된다.

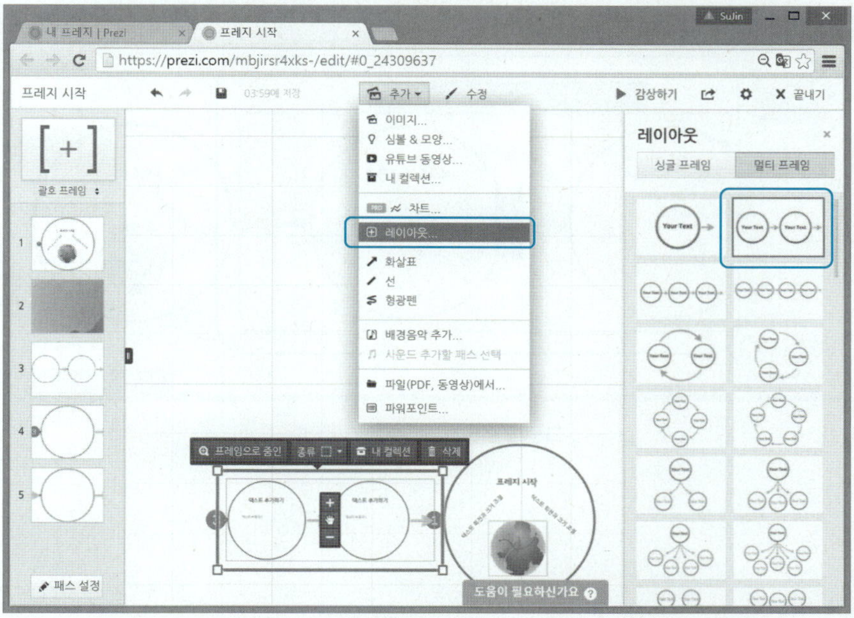

| 그림 7-14 | [레이아웃] 창

레이아웃이 삽입이 되면 패스 목록에 추가된 레이아웃의 패스도 모두 추가된다. 지브라 도구를 사용하여 줌 아웃해서 [그림 7-15]와 같이 크기를 변경하고, 배치해보자.

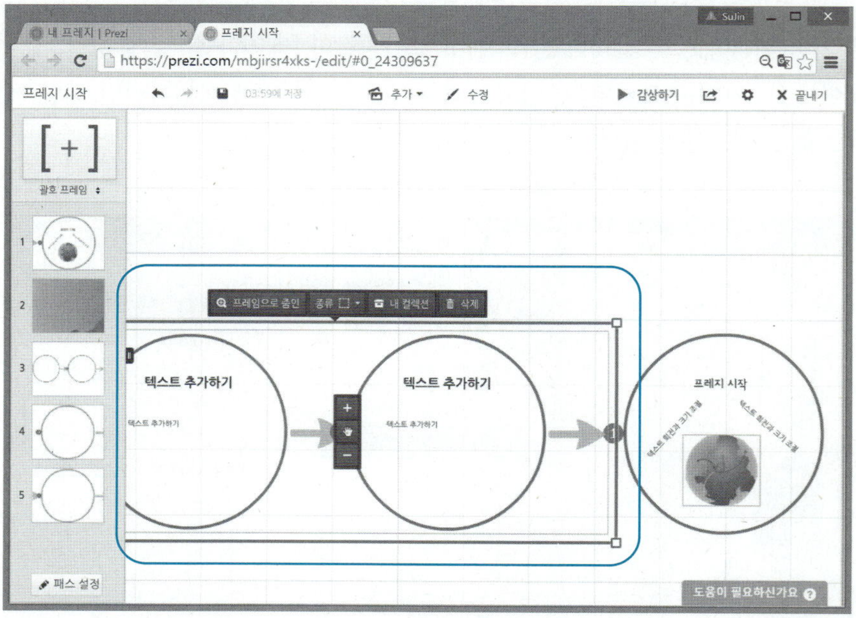


| 그림 7-15 | 삽입된 레이아웃

## 1.7 유튜브 동영상

[유튜브 동영상]은 유튜브(You Tube)와 연동되어 동영상 파일의 링크만으로 유튜브 동영상을 삽입하고 재생할 수 있다. 유튜브(http://www.youtube.com) 사이트에 접속한 후 [그림 7-16]과 같이 검색어를 입력하여 원하는 동영상을 검색한다. 검색된 동영상의 URL을 복사한다.

| 그림 7-16 | 유튜브 동영상 URL 복사

[그림 7-17]의 [추가]-[유튜브 동영상...] 메뉴를 클릭한다. [유튜브에서 동영상 가져오기] 창의 입력란에 [그림 7-17]의 주소창에서 복사한 URL을 붙여 넣고 [삽입] 버튼을 클릭한다.

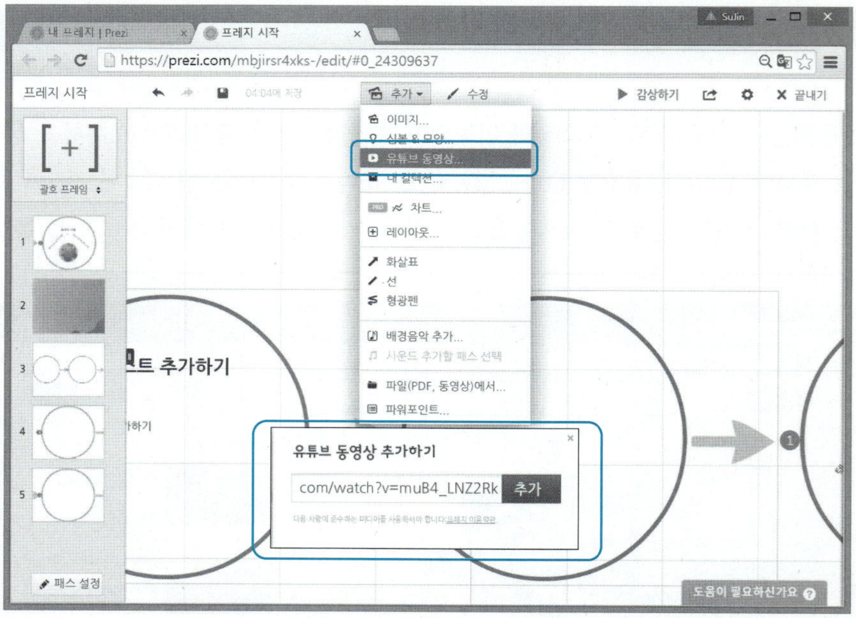


| 그림 7-17 | 유트브에서 동영상 가져오기에 URL 붙여넣기

동영상이 삽입되면 [그림 7-18]과 같이 가운데 원 프레임 안에 적당한 크기로 배치한다. 캔버스 여백에 클릭한 후 동영상의 좌측 하단으로 마우스 포인터를 위치시키면 플레이 버튼(▶)이 나타난다. 해당 플레이 버튼을 클릭하여 동영상이 정상적으로 플레이 되는지 확인한다. 유튜브 외의 웹서비스 동영상은 프레지에 삽입할 수 없다.

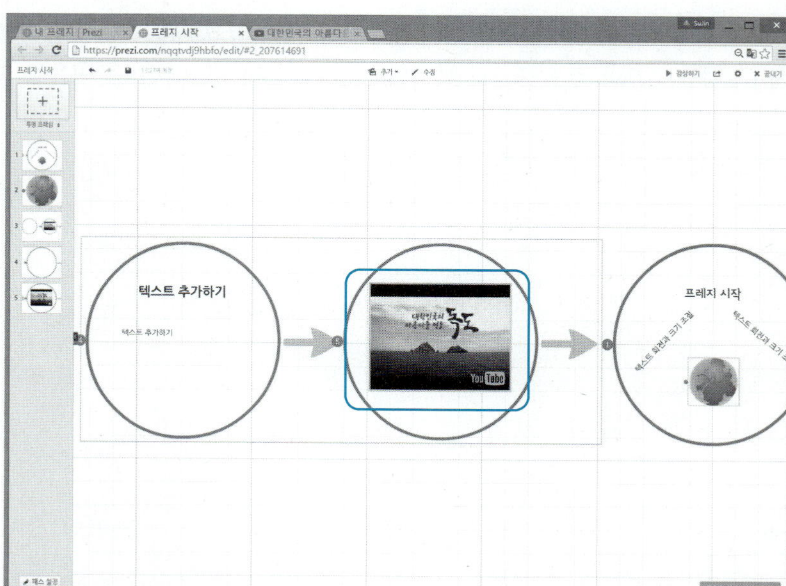


| 그림 7-18 | 삽입된 유튜브 동영상

## 1.8 배경 음악

[배경음악 추가]는 프레지 전체에 일괄적으로 음악을 삽입하는 방식으로 한번 삽입되면 이후에는 별도로 제어하지 못한다. 지원하는 소리 파일 형식은 MP3, FLAC, WMA, WAV, OGG 등이며 MP3 파일 형식이 호환성이 좋다. [추가]–[배경음악 추가] 메뉴를 클릭하면 [열기] 대화상자가 나타난다. [내 PC]–[음악]폴더에 기본으로 제공되는 MP3 파일 중 임의의 하나를 선택한 후 [열기] 버튼을 클릭하면 배경 음악이 삽입된다. 배경 음악은 하나의 파일만 삽입 가능하며 배경 음악 파일이 삽입된다

다양한 형태의 파일 삽입

프레지에는 다양한 형태의 동영상 그리고 이미지, PDF 파일 등의 삽입이 지원된다. 프레지에서 불러올 수 있는 동영상 파일의 형식은 flv, f4v, avi, mov, wmv, mpg, mpeg, mp4, m4v, 3gp 등이 있다. jpg, png, gif, swf 등의 이미지 파일도 지원한다. PDF 파일의 경우 한 페이지씩 이미지 형태로 순차적으로 삽입된다. 불필요한 이미지는 삭제 후 작업한다. 배경음악 삽입하는 방법과 동일하다. 동영상 파일이 삽입되면 적절한 크기로 조절한 다음 임의의 위치에 드래그 하면 된다. 캔버스의 빈 공간에 클릭한 뒤 동영상의 좌측 하단으로 마우스 포인터를 위치시키면 플레이 버튼(▶)이 나타난다. 플레이 버튼을 클릭하여 동영상이 정상적으로 플레이 되는지 확인한다.

## 1.9 내 컬렉션

내 컬렉션에는 자주 사용하는 개체를 저장해 놓고 필요시마다 캔버스에 삽입하여 사용할 수 있다. [그림 7-19]와 같이 원 프레임을 선택하고 마우스 오른쪽을 클릭하여 [내 컬렉션에 추가] 메뉴를 선택하면 내 컬렉션에 원 프레임이 등록된다.

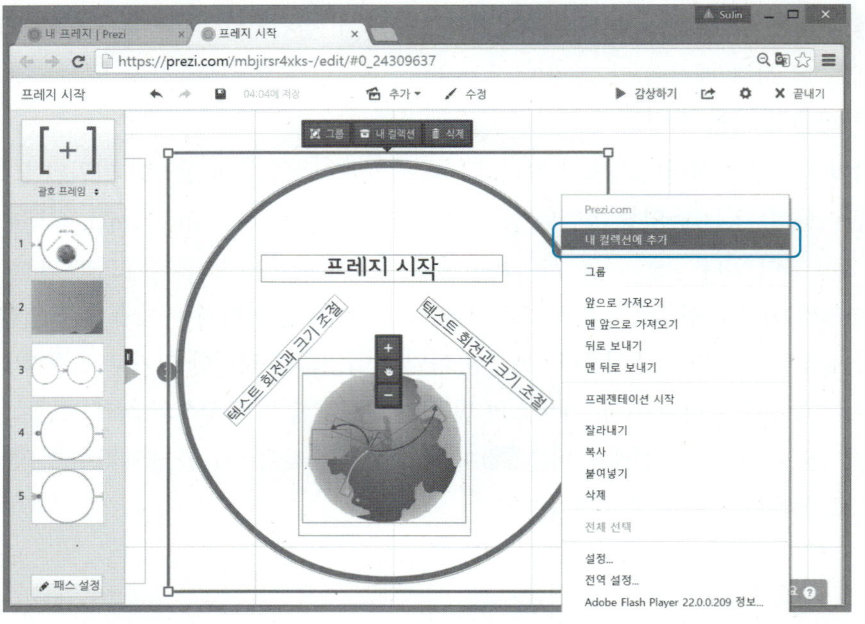


| 그림 7-19 | 내 컬렉션에 추가

등록된 원 프레임을 내 캔버스에서 확인해보자. [추가]-[내 컬렉션...] 메뉴를 클릭하면 [그림 7-20]과 같이 [컬렉션] 대화상자가 나타난다. [그림 7-19]에서 등록한 원 프레임이 등록되어 있다. 내 컬렉션이 다양한 형태의 개체나 개체 그룹을 등록해 놓고 필요에 따라 선택해서 삽입할 수 있다.

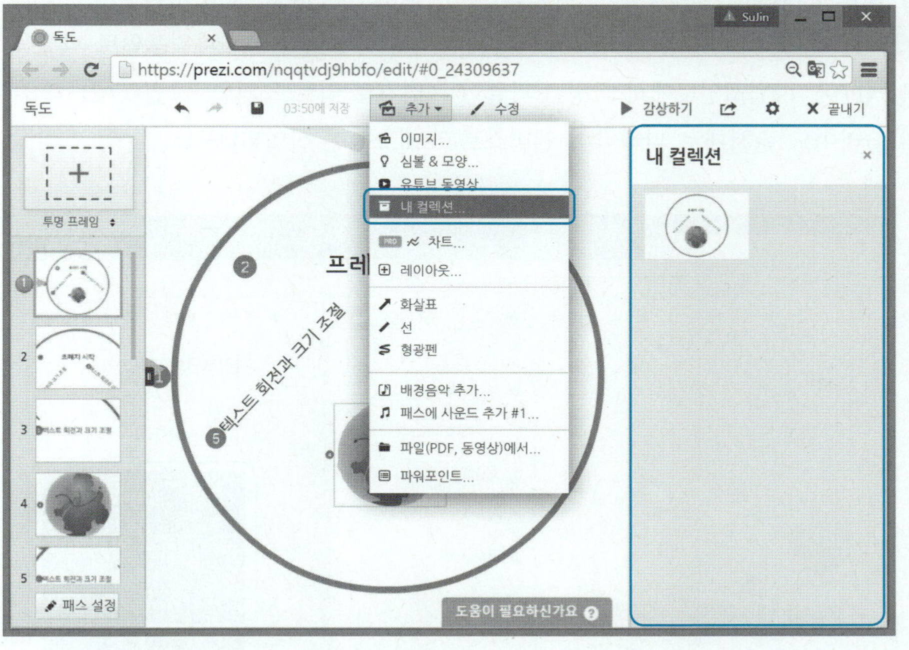


| 그림 7-20 | [내 컬렉션]

## 1.10 파워포인트

프레지에서는 파워포인트로 작성된 파일을 프레지로 업로드 할 수 있는 기능을 제공한다. 프레지와 호환 가능하도록 변환되기 때문에 파워포인트 화면이 작성했던 내용대로 불러와지지 않는다. 특히, 애니메이션, 적용된 테마, 화면전환 등은 전혀 나타나지 않는다. [추가]-[파워포인트...] 메뉴를 클릭하여 [열기] 대화상자가 나타나면 파워포인트 파일을 찾아서 선택한다. 파워포인트에서 작성된 파일이 프레지로 업로드 되면 [그림 7-21]과 같이 파일의 슬라이드 순서대로 나타나며 캔버스로 드래그하면 삽입된다.

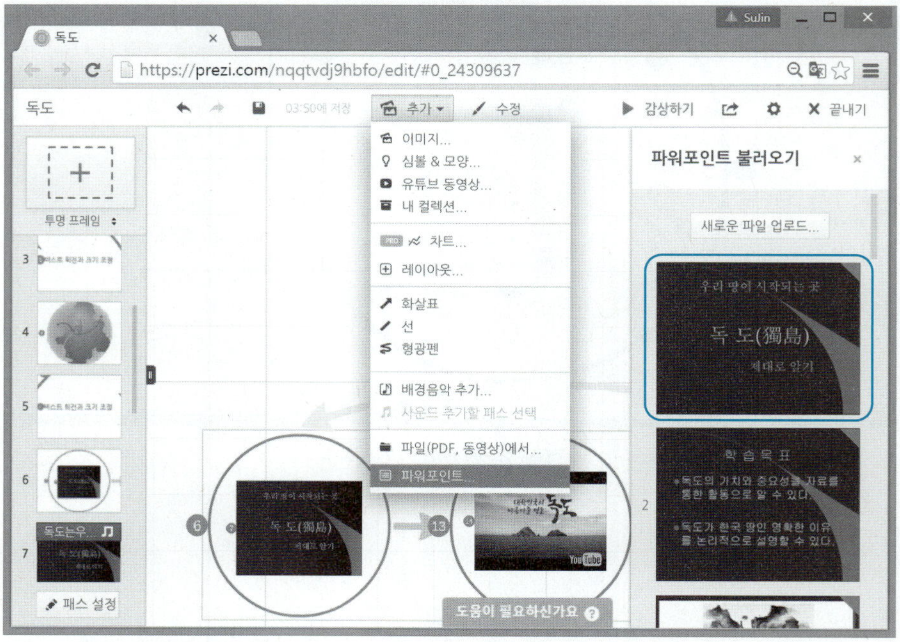


| 그림 7-21 | 파워포인트 내용 삽입

## 1.11 테마

테마는 배경 화면이나 기본 폰트 또는 템플릿을 적용시켜 작업을 빠르게 도와준다. 자주 사용하는 값들을 설정한 후에 해당 테마를 저장할 수도 있고, 기존의 템플릿을 수정하여 저장할 수도 있다. 캔버스의 상단에 있는 [수정]을 클릭하면 [그림 7-22]와 같이 [수정]창에 [테마]가 표시된다.

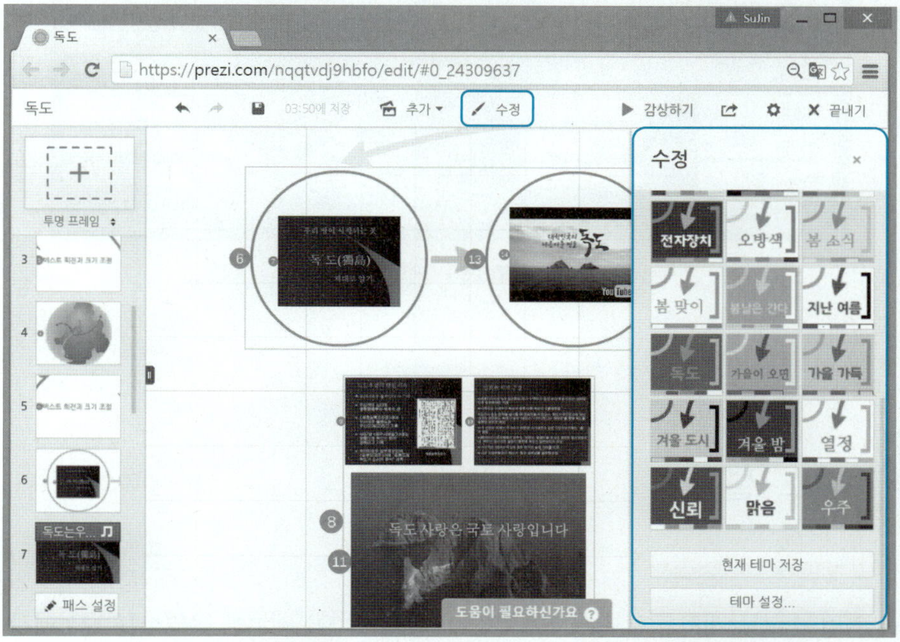


| 그림 7-22 | 테마

[그림 7-23]과 같이 [테마]창의 [테마 설정]에서는 3D Background, Custom Logo, Text color, Background Color 외 각 개체들의 색상을 변경할 수 있다. 설정 방법은 컬러 팔레트에서 원하는 컬러를 지정하여 적용할 수 있는 [Wizard]와 웹 색상번호 RGB값을 입력하여 상세하게 컬러값을 입력하는 [Advanced]이 2가지가 있다. [Advanced]는 Color Cop이라는 소프트웨어가 필요하다.

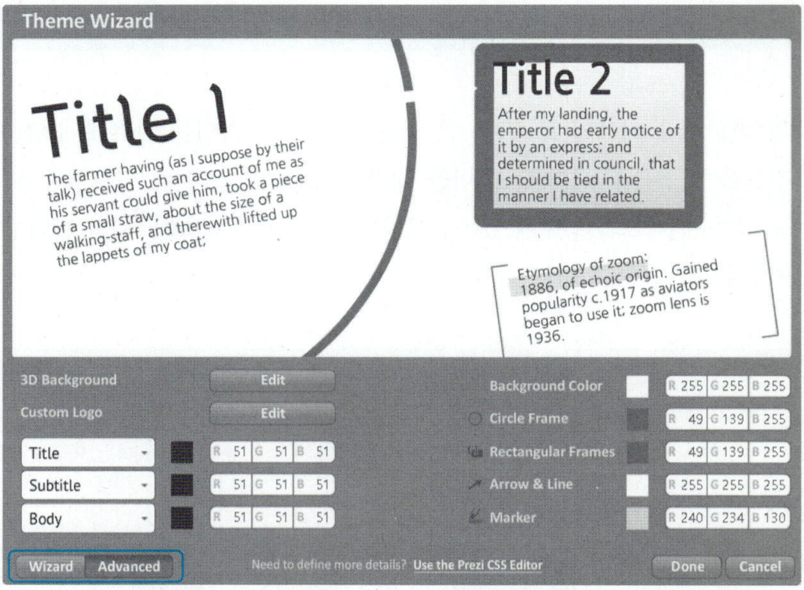


| 그림 7-23 | 테마 설정

## 02 패스 설정

패스는 어떤 순서로 개체를 보여줄지를 결정하는 기능이다. 개체를 삽입하는 과정에서 계속 해서 설정하기도 하고 필요한 개체를 모두 삽입 후 한 번에 패스를 설정하기도 한다.

패스는 다음과 같은 특징이 있다. 패스 1번에서 시작해서 마지막 패스까지 하나로 이어지며 다중 패스를 설정할 수 없다. 편집화면에서는 개체간의 크기가 제각각이지만 감상하기 모드에서는 패스에 따라 움직임이 만들어지며 모든 개체의 크기가 동일하게 나타난다. 패스가 설정되면 작은 개체는 크게 큰 개체는 작게 움직여 각 개체가 화면에 꽉 차 보이도록 한다. 즉, 패스가 설정된 개체에서 다음 패스로 이동하는 경우, 다음 패스가 이전 패스 보다 크면 화면이 줌 아웃되고 이전 패스보다 작으면 줌 인된다. 회전이 적용된 개체에 패스가 적용된 경우에는 캔버스를 회전시켜 수평인 상태로 개체가 나타난다.

## 2.1 패스 설정

화면의 움직임을 만들어주는 패스의 설정은 좌측의 [패스 설정]을 클릭하여 패스 설정 모드에서 한다. 생각의 순서를 정리하는 과정이다. 삽입되어 있는 개체를 보여줄 순서를 정리한 다음 보여주고자 하는 순서대로 클릭한다. [그림 7-24]에서 왼쪽에 있는 [패스 설정] 버튼을 클릭하면 패스 목록 창에는 패스가 설정된 순서대로 하나의 화면씩 나열되고, 캔버스에도 각 개체의 패스 순번이 나타난다. 패스 목록에서 특정 패스 포인트 번호를 선택하면 선택된 개체만 강조되면서 발표 화면을 채운다.

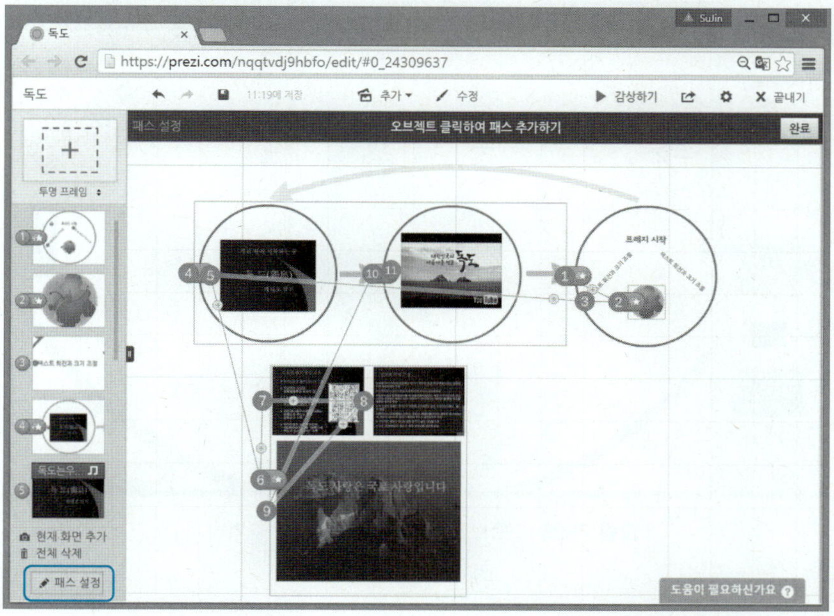


| 그림 7-24 | 패스 설정 모드

[그림 7-24]에서 [전체 삭제] 메뉴를 선택하면 설정된 패스 번호가 모두 사라진다. 패스가 사라지면 자신이 표현하고자 하는 번호의 순서대로 클릭하여 패스를 설정하자. [그림 7-25]의 패스 설정에서 ❻번의 경우에는 지구 모양을 줌 인하여 깃발에 설정했다. 프레임의 크기가 매우 작아 번호가 뚜렷하게 나타나지 않지만 왼쪽의 패스 목록에는 실제 화면에 나타날 형태로 보여주기 때문에 설정된 패스를 한눈에 알아 볼 수 있다. 패스 설정이 끝나면 캔버스 상단의 [오브젝트 클릭하여 패스 추가하기]에 [완료] 버튼을 클릭한다.

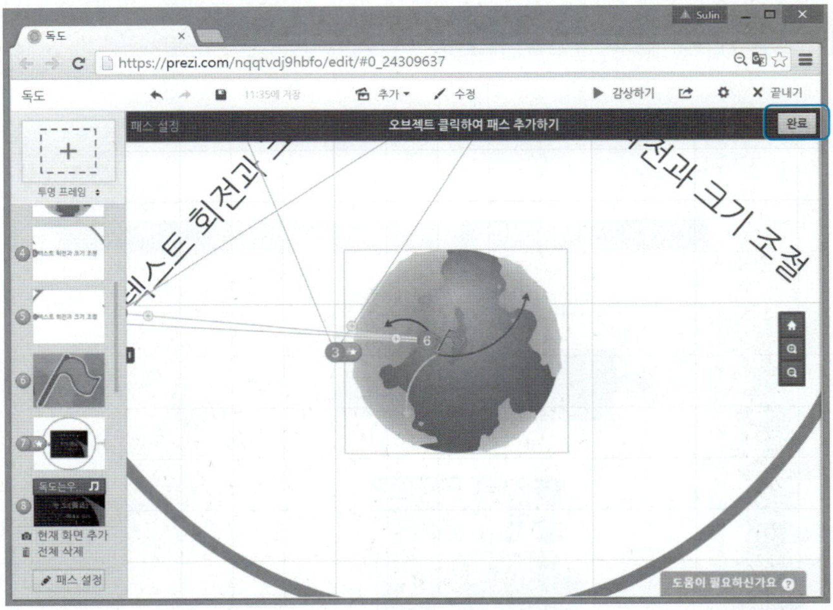


| 그림 7-25 | 오브젝트 클릭하여 패스 추가하기

## 2.2 패스 순서 변경 및 제거

[그림 7-25]의 패스 포인트 ❹번과 ❺번 패스 포인트의 순서를 바꿔보자. 패스 포인트의 순서를 바꾸는 방법은 다양하다. 예를 들어, ❹번 패스 포인트를 드래그 하여 다른 개체에 놓으면 그 개체에 ❹번 패스 포인트가 할당된다.

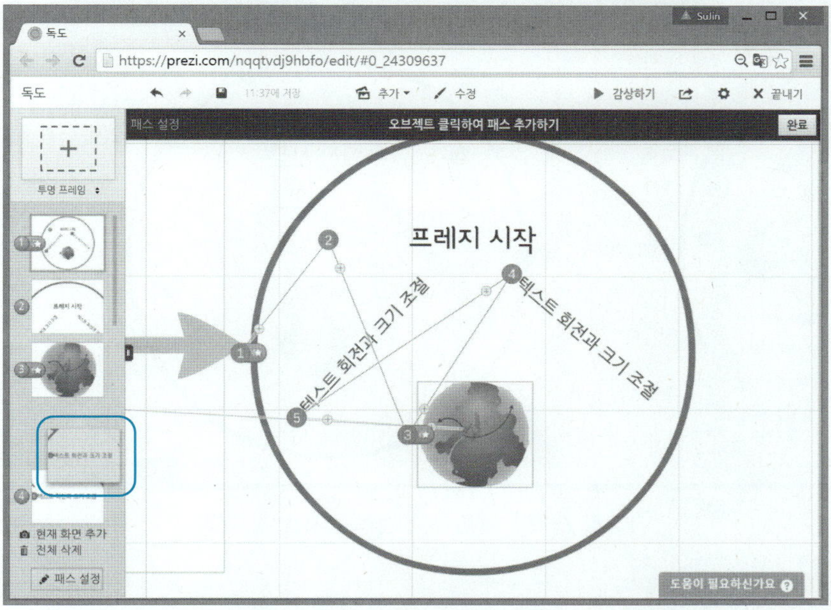


| 그림 7-26 | 패스 순서 변경

또는 패스 목록에서 드래그로 순서를 변경해도 된다. [그림 7-26]의 왼쪽 표시 영역과 같이 왼쪽의 패스 목록에서 ❺번 패스를 드래그하여 ❸번과 ❹번 패스 포인트 사이에 놓으면 [그림 7-27]과 같이 패스 포인트 순서가 바뀐다. 패스 변경 결과는 캔버스에도 나타난다.

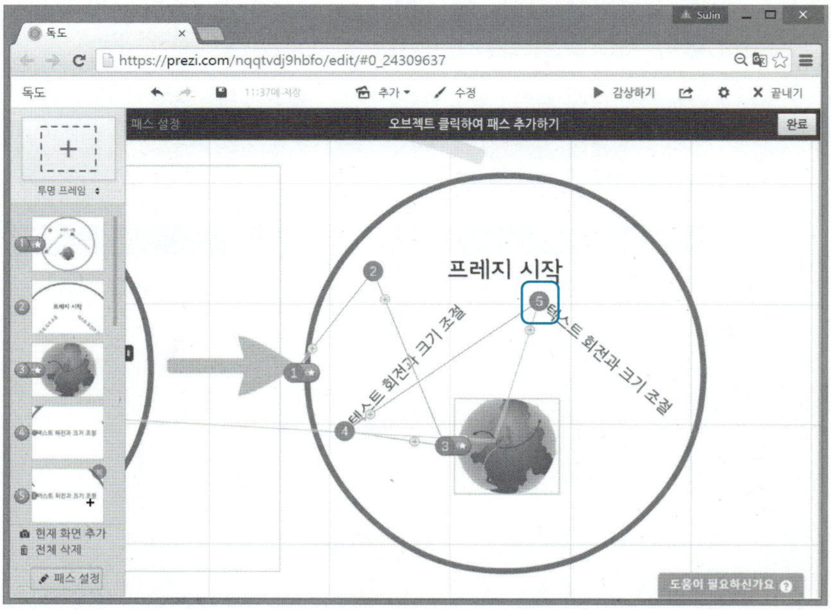


| 그림 7-27 | ④번과 ⑤번의 순서 변경 결과

## 2.3 패스 중간 삽입 및 재설정

패스가 설정되어 있는 상태에서 새로운 개체를 클릭하면 다음 번호가 할당된다. 실제 작업을 수행하다 보면 패스 중간에 특정 번호를 지정해야 하는 경우가 있다. 이런 경우에는 캔버스에 있는 번호와 번호 사이의 ⊕ 기호를 드래그 하여 개체에 할당하면, ⊕가 지정된 개체에 번호가 지정된다.

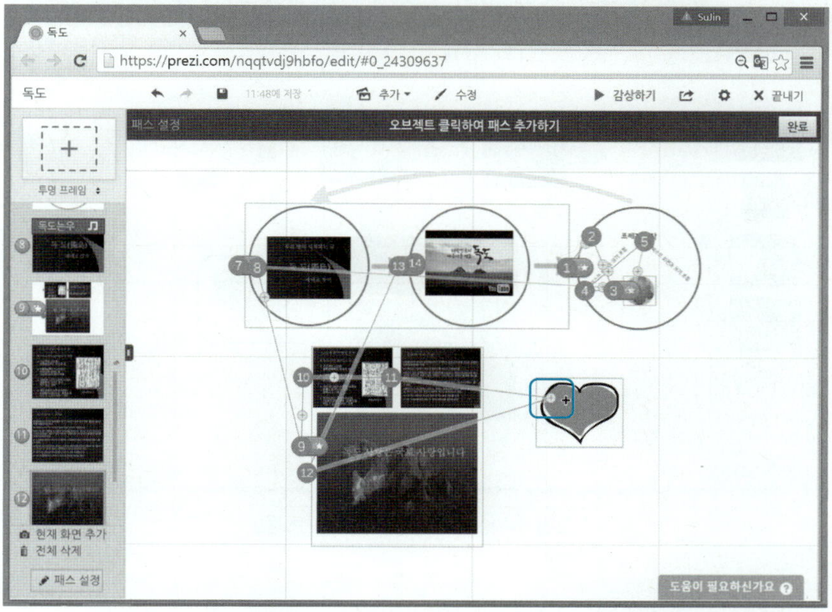


| 그림 7-28 | 패스 중간 삽입을 위한 드래그 동작

[그림 7-28]의 패스 ⓫번과 ⓬번 사이의 ⊕를 드래그하여 [그림 7-28]과 같이 이미지 개체에 할당하면, 이미지 개체의 번호는 패스 ⓬번이 되고, 변경 이전의 ⓬번 이후부터는 번호가 하나씩 밀려 ⓭번의 경우 ⓮번이 된다. [그림 7-29]는 하트 이미지에 패스가 추가된 결과를 나타낸다.

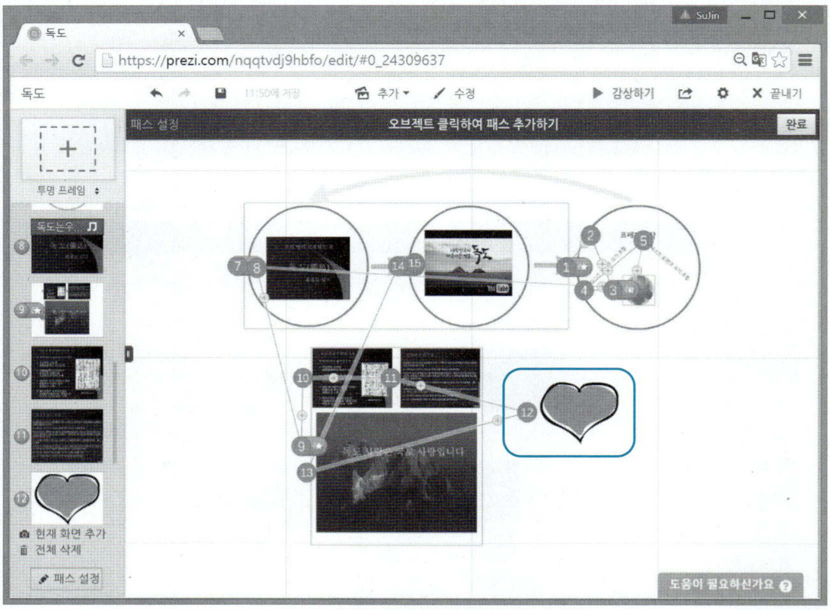


| 그림 7-29 | 패스 ⑫의 삽입 결과

## 2.4 패스 삭제

패스 목록에서 특정 패스에 마우스를 가져가면 [그림 7-30]과 같이 선택 패스 삭제(⊗) 표시가 나타난다. ⊗를 클릭하면 해당 패스만 삭제 되고 실제 개체에는 아무런 변화가 일어나지 않는다.

모든 패스를 삭제하고자 하는 경우에는 [그림 7-30]의 좌측 제일 하단에 있는 [전체 삭제] 메뉴를 클릭한다. 캔버스내의 개체에는 아무런 영향을 주지 않으며 패스 설정만 모두 제거된다.

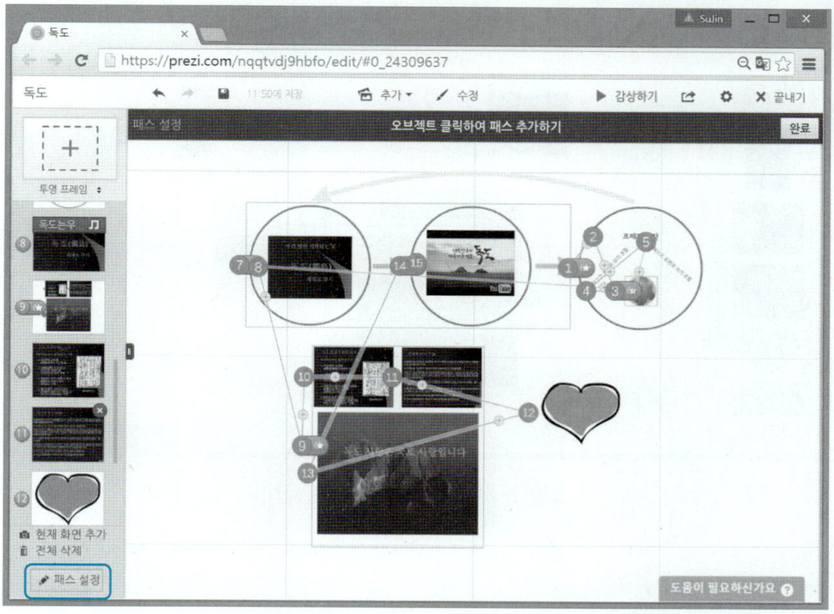


| 그림 7-30 | 패스 삭제 방법

## 2.5 특정 패스에 음악 설정

프레지에 배경 음악이 삽입된 경우에는 소리 파일을 별도로 제어할 수 없다. 특정 부분에서만 소리가 나도록 하려면 [그림 7-31]과 같이 소리를 삽입하고자하는 패스를 목록(썸네일 화면)에서 선택한 후 [추가]-[패스에 사운드 추가 #7...] 메뉴를 클릭한다.

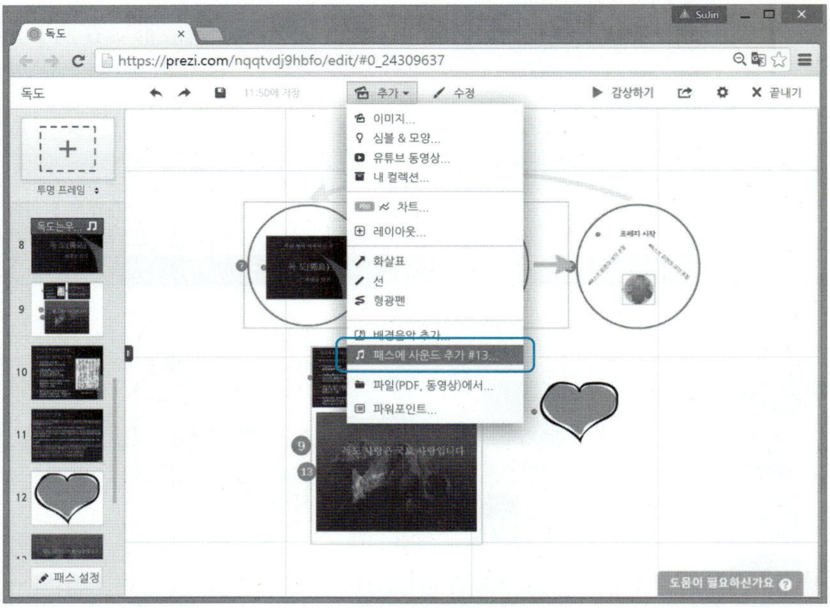


| 그림 7-31 | 패스에 사운드 삽입

[열기] 대화상자가 나타나면 삽입하고자 하는 음악 파일을 선택한다. [그림 7-32]와 같이 특정 패스에 음악이 삽입되면 플레이 도구가 표시된다.

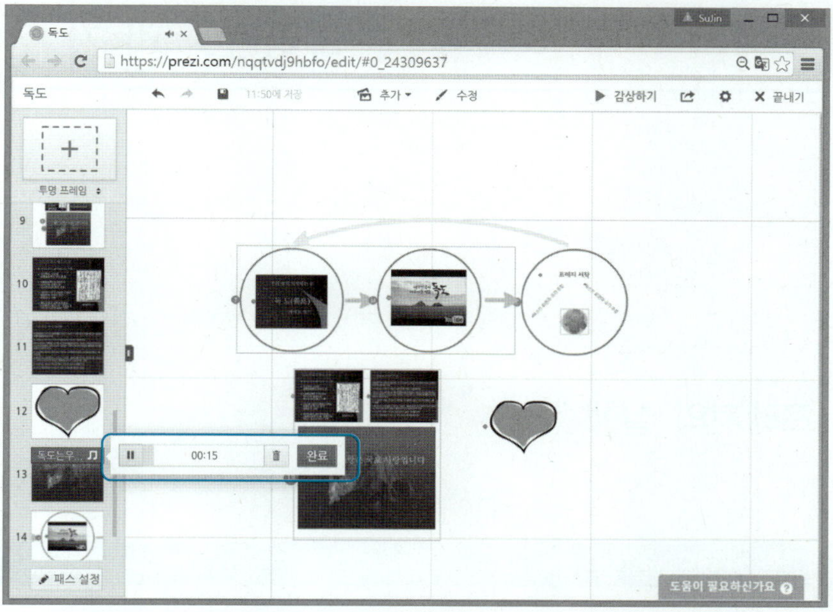


| 그림 7-32 | 특정 패스에 삽입된 음악

[그림 7-32]와 같이 임의의 패스에 음악을 지정한 후, [완료]를 클릭하면 패스 설정이 종료된다. 프레지 상단의 디스켓 모양의 [저장]을 클릭한 후 [감상하기]를 클릭하면 패스 설정을 확인할 수 있다. 프레지 편집 모드에서의 모든 편집 작업이 끝나면 우측 상단에 있는 [끝내기] 버튼을 이용하여 프레지 편집 모드를 종료한다.

Chapter 08

# 실행과 관리

## 01 프레지의 실행

### 1.1 웹에서의 실행

프레지 편집 모드를 종료하면 [그림 8-1]과 같이 프레지 관리 모드가 나타난다. 프레지 미리보기 화면 하단의 화살표 메뉴를 이용하여 프레젠테이션을 진행한다. 플레이 버튼을 이용하면 전체 내용을 차례로 자동 진행한다. 특정 패스에 음악이 삽입되어 있는 경우에는 음악이 끝나고 나서 다음 패스로 진행하기 때문에 화살표를 이용하여 강제 진행할 필요가 있는 경우도 있다. 화면 전체에서 진행하고자 할 경우에는 우측의 전체화면 버튼을 클릭한다. 전체화면을 클릭하면 전체화면에서 프레젠테이션을 진행한다.

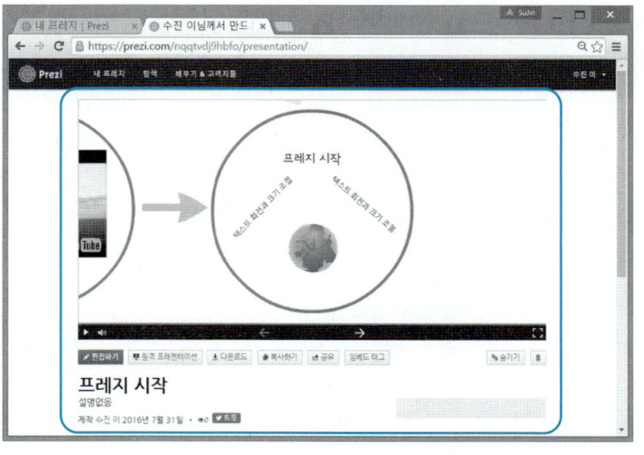


| 그림 8-1 | 프레젠테이션 진행

## 1.2 다운로드를 이용한 실행

[그림 8-1]의 하단에 있는 [다운로드] 버튼을 클릭하면 [그림 8-2]와 같이 [감상하기]와 [편집하기&감상하기] 메뉴가 나타난다.

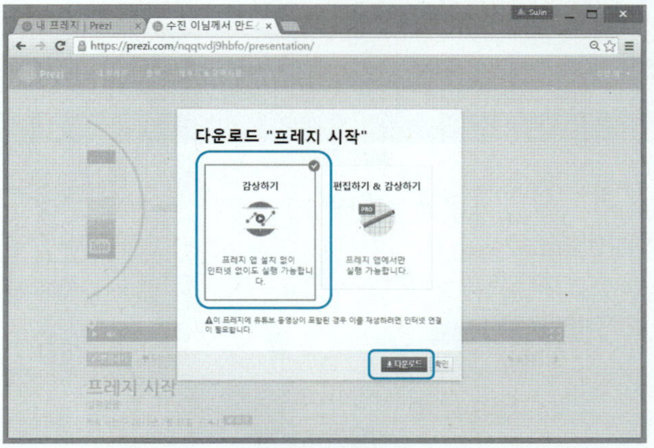


| 그림 8-2 | 다운로드

[감상하기]를 선택하고 [다운로드]를 클릭하면 [다운로드] 폴더에 zip 파일로 다운로드 된다. [그림 8-3]은 다운로드한 파일의 압축을 풀고, 압축이 풀린 폴더에 있는 "Prezi.exe" 파일을 실행한 모습을 나타낸다. 웹상에서 실행하는 것과 같이 PC에서도 실행가능하다.

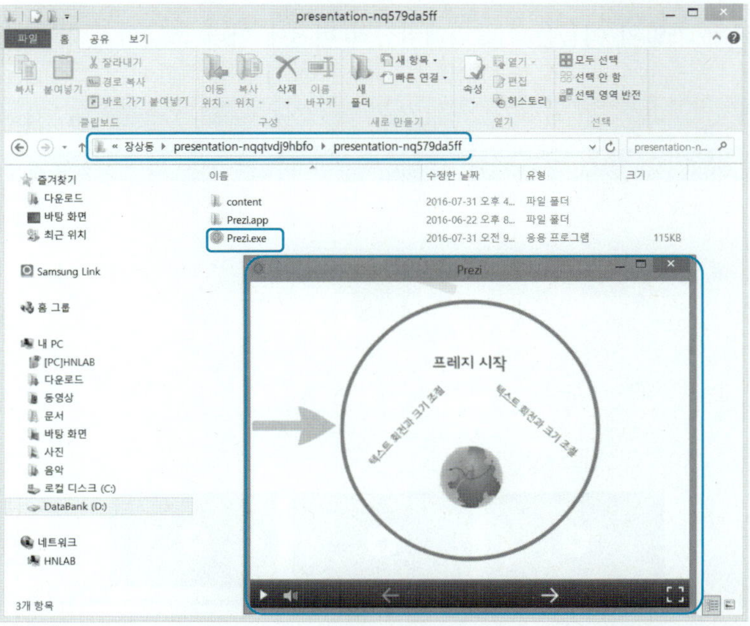


| 그림 8-3 | PC에서 프레지 프레젠테이션 실행하기

## 1.3 PC용 어플리케이션에서의 실행

PC에서 프레지 파일을 편집하고 수정하려면 유료 결제해야 하며, 프레지 메인 화면에서 [그림 8-4]에 표시된 [앱 다운로드]를 클릭한다. 현재 프레지에서 제공하는 윈도우용/맥용 프레지 파일은 "PreziDesktop_6.13.3.0.exe"이다.

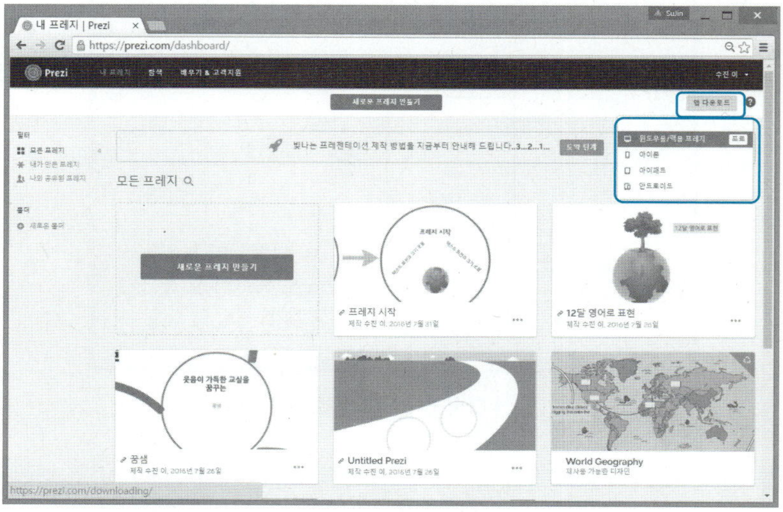


| 그림 8-4 | 프레지 어플리케이션 다운로드

[그림 8-5]는 프레지 어플리케이션(윈도우용/맥용 프레지)을 클릭했을 때 나타난 화면이다. 다운로드된 파일의 이름은 어플리케이션의 버전에 따라 조금씩 상이할 수 있다.

| 그림 8-5 | 윈도우용/맥용 프레지 다운로드 화면

[그림 8-6]은 다운로드 완료된 후 프레지를 실행하고, [Prezi Desktop] 셋업 대화상자에서 [설치]를 클릭한다. 셋업 완료된 화면에서 [시작하기]를 클릭하면 된다.

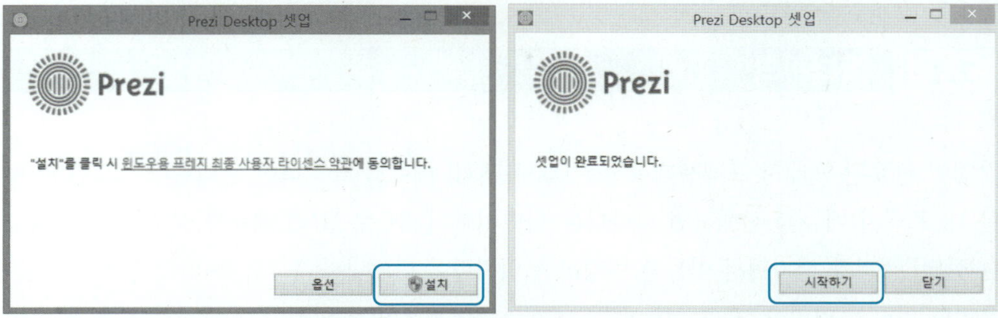


| 그림 8-6 | 윈도우용/맥용 프레지 실행화면

[그림 8-7]은 프레지 설치 후 초기 실행화면이다. 그러나 프레지를 PC에서 편집하려면 프레지 계정을 Pro 또는 에듀 프로 라이센스로 유료 결제해야 한다.

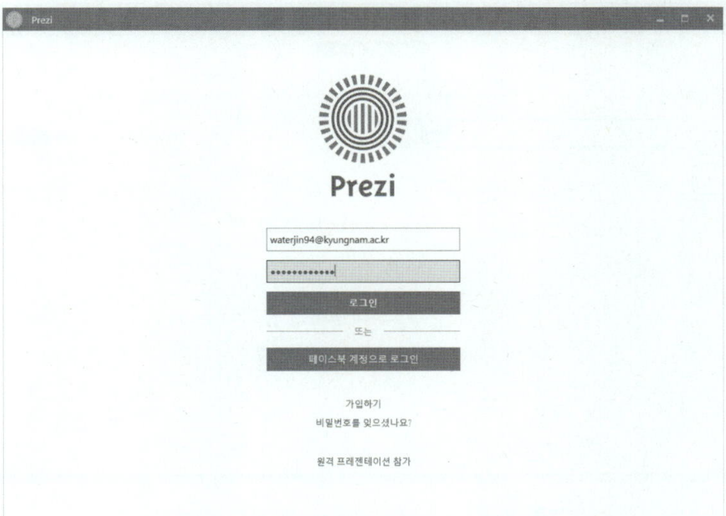


| 그림 8-7 | Prezi 어플리케이션 실행 초기 화면

# 02 내 프레지 관리

## 2.1 폴더관리

작업이 완료된 프레지 프레젠테이션은 [내 프레지] 메뉴를 클릭하여 관리한다. [그림 8-8]은 내 프레지 메뉴를 선택하면 나타나는 화면이다. [새로운 폴더] 메뉴를 클릭하면 [제목없는 폴더] 폴더가 생기면서 이름을 변경하는 입력란이 나타난다. [그림 8-8]과 같이 "독도는 우리땅"이라고 입력한 후 [저장] 버튼을 클릭하면 [제목없는 폴더]의 이름이 [독도는 우리땅]으로 변경된다. [폴더]-[새로운 폴더] 아래쪽에 있는 [독도는 우리땅]은 임의로 만든 폴더이며 [모든 프레지] 폴더는 새로운 프레지 작업 내용이 기본적으로 저장되는 폴더이다.

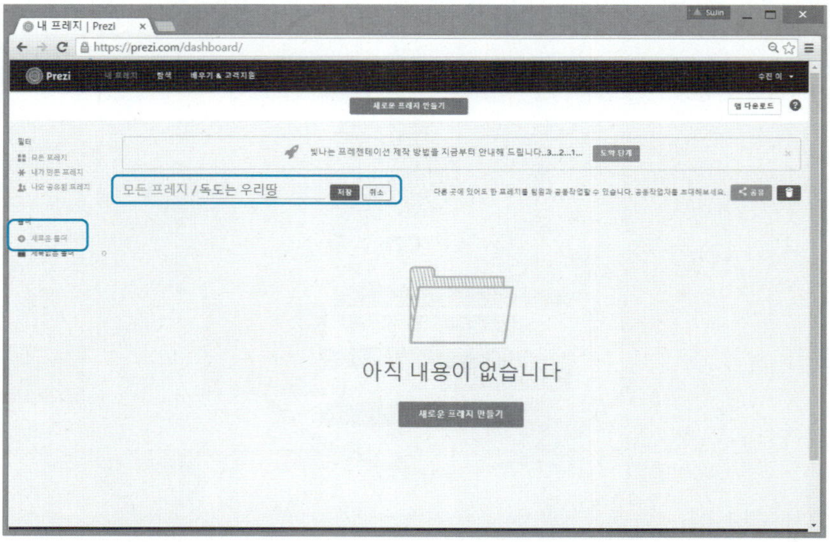


그림 8-8 내 프레지에서 새 폴더 만들기

[그림 8-9]와 같이 [모든 프레지] 폴더를 클릭한 뒤 지금까지 작업한 "독도" 프레지의 ··· 를 클릭하면 [폴더에 추가] 메뉴가 표시된다. 이동할 폴더 [독도는 우리땅]의 체크 박스를 클릭하고, [폴더에 추가하기]를 클릭하면 "독도" 프레지 파일이 [독도는 우리땅] 폴더로 이동 저장된다.

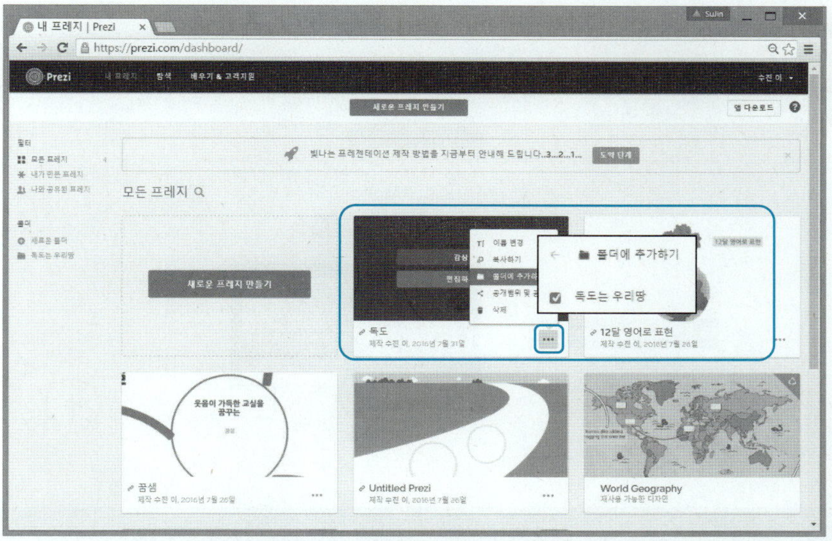


| 그림 8-9 | 프레지 파일의 이동

## 2.2 공유

공유하기는 작업 내용을 다양한 형태로 공유하는 옵션이다. 감상하기 모드를 공유할 수 있고 공동으로 하나의 프레지에서 편집도 가능하다.

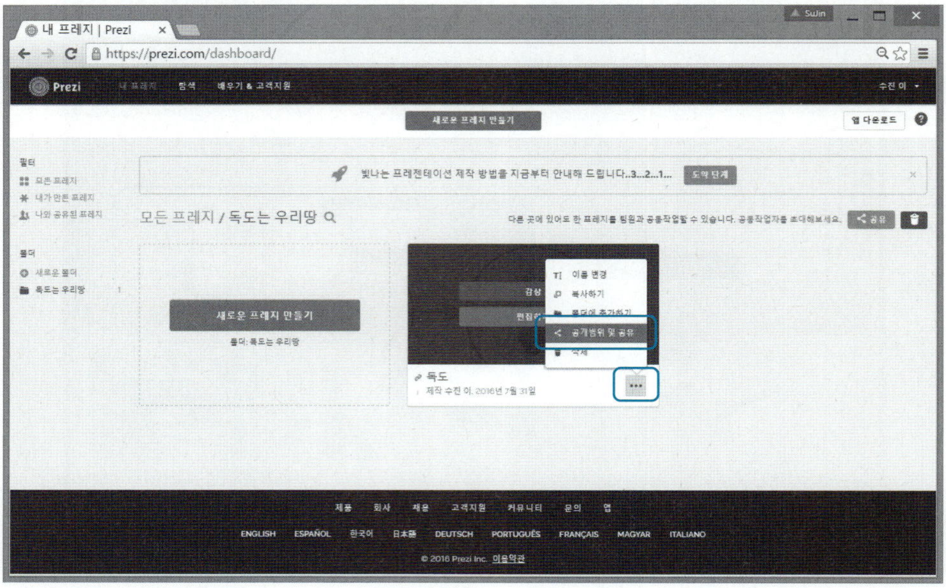


| 그림 8-10 | 공유 메뉴

[그림 8-10]에 표시된 [공개범위 및 공유] 메뉴를 클릭하면 [그림 8-11]과 같이 다양한 공개범위 설정 방법이 제공된다. [나의 공동작업자]를 통해서 프레지에 등록된 사용자의 이메일을 추가하여 특정인과 공유할 수 있다. [이 프레지 복사 및 재사용 허용]의 체크 설정기능은 해당 프레지를 검색, 감상, 복사, 편집을 할 수 있도록 하는 기능이다.

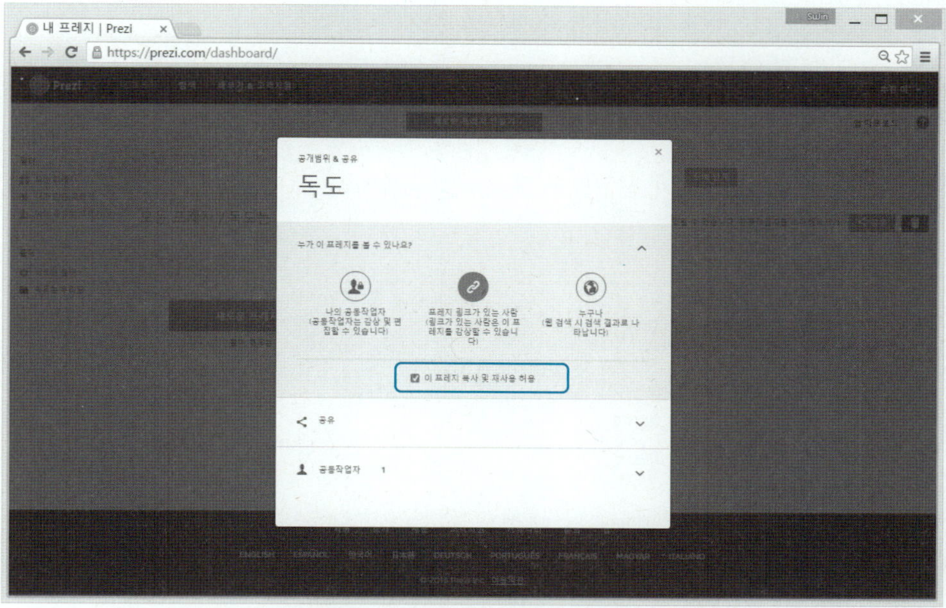


| 그림 8-11 | 공개 범위 & 공유 설정

## 연습문제

1 프레지 기능을 활용하여 자기 소개서를 작성하라.

2 공동 작업 방법을 조사하라.

3 공유 기능을 활용하여 친구들과 프레지를 공유하라.

# 찾아보기


**D**

DATEDIF 함수 142

**Z**

ZUI 395, 396

**ㄱ**

가로 막대형 차트 170
가상분석 223
고급 필터 208, 215
곡선 삽입 306
그룹지정 316
그룹해제 316
글꼴 38
꺾은선형 차트 169

**ㄴ**

날짜 및 시간함수 138
날짜 채우기 61
날짜/시간 데이터 35
논리함수 144

**ㄷ**

단 나누기 331
데이터 채우기 61
데이터 통합 233
데이터 표 230
데이터베이스 206, 207
데이터베이스 함수 155
도형 갤러리 305
도형 편집 313
도형의 모양 변경 315

**ㄹ**

레코드 207

**ㅁ**

메뉴 8
목표값 찾기 227
문자 데이터 34
문자 채우기 60
문자열함수 134

**ㅂ**

배경 음악 429
배포준비 380
부분합 218
빠른 레이아웃 175
빠른 스타일 309
빠른 실행 도구 모음 7
빠른 차트 스타일 350

**ㅅ**

사용자 정의 목록 62
사진앨범 337
상대 참조 101
서식 복사 325
세로 막대형 차트 169
셀 강조 규칙 108
셀 병합 343
셀 서식 64
셀 스타일 64
쇼 재구성 387
수식 97
수식 표시 164

수식분석 161
수치 데이터 33
수학함수 128
숫자 채우기 60
스마트아트 353
스토리 보드 260
스파크 라인 186
스프레드시트 4
슬라이드 289, 304
슬라이드 마스터 366
슬라이드 쇼 380
슬라이드 크기 375
슬라이서 197
시나리오 223
시트 간 참조 104

ㅇ

애니메이션 377
연결선 제거 163
연산자 99
열 너비 75
열 삭제 80
열 삽입 78
워크시트 27
워크시트 복사 31
워크시트 삭제 29
워크시트 삽입 28
워크시트 이동 32
워크시트 이름 30
원형 차트 169
유튜브 동영상 427
의사소통 253
의사소통능력 254
이름 정의 105
인쇄 241
인쇄 백스테이지 247
인쇄설정 247
잉크 주석 384

ㅈ

자동 필터 208, 215
자료 정렬 68
자료 편집 54
절대 참조 102
정렬 318
정보능력 3
제목 표시줄 8
조건부 서식 84
줄 간격 329

ㅊ

차트 168, 347
차트 스타일 177
참조되는 셀 추적 161
참조하는 셀 추적 162
창 조절 메뉴 7
찾기/참조 함수 149
채우기 핸들 58

ㅋ

캔버스 409

ㅌ

테두리 서식 39
테마 369, 433
통계함수 120
통합문서 12, 20

ㅍ

파워포인트 270

| | |
|---|---|
| 패스 | 434 |
| 페이지 레이아웃 | 237 |
| 표 | 65, 339 |
| 프레젠테이션 | 254 |
| 프레젠테이션 기획 | 258 |
| 프레지 | 395 |
| 피벗 차트 | 199 |
| 피벗 테이블 | 189 |
| 피벗(Pivot) | 189 |
| 필드 | 207 |

ㅎ

| | |
|---|---|
| 한자 | 36 |
| 함수 | 113 |
| 함수 마법사 | 114 |
| 행 높이 | 77 |
| 행 삭제 | 82 |
| 행 삽입 | 81 |
| 행/열 전환 | 177 |
| 혼합 참조 | 103 |
| 화면전환 | 377 |

## 저자 소개

**김우완**

경북대학교 전자공학과 졸업(공학사)

Texas A&M University, ELEN(공학석사, 공학박사)

현재 : 경남대학교 컴퓨터공학과 교수

**장상동**

경남대학교 전산통계학과 졸업(이학사)

경남대학교 대학원 컴퓨터공학과(공학석사, 공학박사)

현재 : 경남대학교 컴퓨터공학과 교수


# 컴퓨터활용과 의사소통


인　　쇄 : 2016년　8월 25일

발　　행 : 2016년　8월 30일

저　　자 : 김우완 · 장상동

발 행 처 : 도서출판 한산

서울시 서대문구 수색로 6길 43번지 105동 602호

TEL : (02)304-3504　FAX : (02)304-3505

발 행 인 : 김 기 영

등록번호 : 제 10-1745 호

I S B N : 979-11-87555-01-8　　　93560

잘못된 책은 바꾸어 드립니다.

가격　23,000원